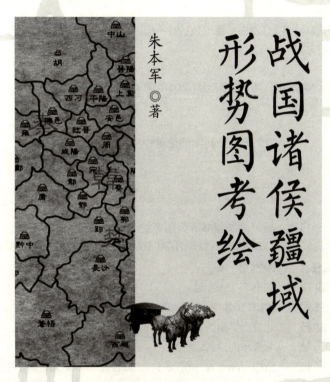

战国诸侯疆域形势图考绘

朱本军 ◎ 著

Zhanguo Zhuhou Jiangyu
Xingshitu Kaohui

北京大学出版社
PEKING UNIVERSITY PRESS

图书在版编目（CIP）数据

战国诸侯疆域形势图考绘 / 朱本军著 .—北京：北京大学出版社，2019.10
（博雅史学论丛）
ISBN 978-7-301-29271-6

Ⅰ.①战… Ⅱ.①朱… Ⅲ.①疆域—历史地图—中国—战国时代 Ⅳ.① K992.626

中国版本图书馆 CIP 数据核字 (2018) 第 033726 号

北京市社会科学理论著作出版基金资助项目

书　　　名	战国诸侯疆域形势图考绘 ZHANGUO ZHUHOU JIANGYU XINGSHITU KAOHUI
著作责任者	朱本军　著
责 任 编 辑	刘书广　张　晗
标 准 书 号	ISBN 978-7-301-29271-6
出 版 发 行	北京大学出版社
地　　　址	北京市海淀区成府路 205 号　100871
网　　　址	http://www.pup.cn　新浪微博：@北京大学出版社
电 子 信 箱	zpup@ pup.cn
电　　　话	邮购部 010-62752015　发行部 010-62750672 编辑部 010-62755217
印 刷 者	大厂回族自治县彩虹印刷有限公司
经 销 者	新华书店 650 毫米 ×980 毫米　16 开本　46 印张　771 千字 2019 年 10 月第 1 版　2022年12月第 4 次印刷
定　　　价	138.00 元

未经许可，不得以任何方式复制或抄袭本书之部分或全部内容。
版权所有，侵权必究
举报电话：010-62752024　电子信箱：fd@pup.pku.edu.cn
图书如有印装质量问题，请与出版部联系，电话：010-62756370

图目录

图1-1　《古今历代中华地图》之战国七雄图 / 4
图1-2　程恩泽《国策地名考》之魏地图 / 5
图1-3　程恩泽《国策地名考》之秦地图 / 5
图1-4　马征麟《历代地理沿革图》之"战国七雄图"/ 7
图1-5　杨守敬《历代舆地沿革险要图》之"七国形势图"/ 9
图1-6　邹兴钜《春秋战国地图》之"战国地图"分幅图 / 10
图1-7　欧阳缨《中国历代疆域战争合图》之"战国时代图"/ 12
图1-8　顾颉刚《中国历史地图集(古代史部分)》之"战国时代图"/ 13
图1-9　郭沫若主编《中国史稿地图集》之"战国时期黄河中下游地区(前291)"/ 15
图1-10　《中国历史地图集》之"公元前350年战国形势图"/ 16
图1-11　程光裕、徐圣谟主编《中国历史地图》之"战国七雄图"/ 18
图1-12　钱穆《国史大纲》之"战国斗争图"插图 / 19
图1-13　李晓杰《中国行政区划通史(总论先秦卷)》之战国附图 / 20
图1-14　标点绘线定疆界绘法示意图 / 31
图1-15　插花地、交地示例图——城邑犬牙交错 / 35
图1-16　插花地、交地疆域的错误划分 / 35
图1-17　"插花地"示例图——城邑与"交地"/ 35
图1-18　"插花地"示例图——交地与边界划分 / 35

图 1—19　插花地、交地的边界处理 / 36
图 2—1　史念海先生绘制的"薄洛之水"/ 51
图 2—2　长平—泫氏水系图 / 60
图 2—3　杨守敬"长平—泫氏水系图" / 60
图 2—4　河渊示意图 / 72
图 2—5　谭其骧《汉以前黄河下游河道形势图》/ 101
图 2—6　史念海《春秋战国黄河下游图》/ 101
图 2—7　春秋战国黄河下游图 / 152
图 3—1　武遂—皋落—王垣交通图 / 286
图 3—2　女戟—浍水流域交通图 / 288
图 3—3　太行山南麓交通图 / 318
图 3—4　上党及周边城邑分布图 / 318
图 3—5　韩通二周交通图 / 338
图 3—6　公元前333年韩国三川及周边形势图 / 341
图 3—7　韩国新郑及周边形势图 / 371
图 3—8　公元前333年韩国形势全图 / 372
图 4—1　赵国太原周边形势图 / 393
图 4—2　中山国及河间地区形势图 / 420
图 4—3　春秋末期卫国城邑分布 / 441
图 4—4　赵邯郸南境与魏边界形势图 / 453
图 4—5　公元前333年卫国形势全图 / 454
图 4—6　赵齐边界形势图 / 455
图 4—7　赵—燕—齐—中山形势图 / 456
图 4—8　公元前333年赵国形势全图 / 457
图 5—1　春秋末期齐国疆域形势 / 471
图 5—2　春秋末期鲁国疆域 / 495
图 5—3　齐楚边界形势图 / 507
图 5—4　公元前333年齐国形势全图 / 507
图 6—1　魏国河西形势图 / 526
图 6—2　魏国河东形势图 / 534
图 6—3　魏国上洛地区周边形势图 / 541
图 6—4　春秋末期宋国疆域 / 553
图 6—5　公元前333年宋国形势全图 / 564

图 6-6　魏楚边界形势图 / 565
图 6-7　公元前 333 年魏国形势全图 / 565
图 7-1　春秋末期秦国疆域 / 582
图 7-2　秦国陇西边界形势图 / 594
图 7-3　秦-义渠-乌氏边界形势图 / 602
图 7-4　巴蜀形势图 / 613
图 7-5　公元前 333 年秦国形势全图 / 614
图 8-1　楚国西部边界形势 / 650
图 8-2　公元前 333 年楚国形势全图 / 666
图 9-1　公元前 333 年燕国形势全图 / 673
总-1　公元前 333 年诸侯疆域形势图 / 673

战国货币

货 2−1 "大阴"尖足布 / 67
货 2−2 "封氏"三孔布 / 82
货 2−3 "高女一釿"桥形布 / 86
货 2−4 "郭"三孔布 / 98
货 2−5 "虑虒"平首尖足布 / 127
货 2−6 "鄪邡"平首尖足布 / 130
货 2−7 "平台"三孔布 / 144
货 2−8 "上艾"三孔布 / 167
货 2−9 "上博"三孔布 / 167
货 2−10 "上曲阳"三孔布 / 168
货 2−11 "寿阴"平首尖足布 / 170
货 2−12 "余水"平首尖足布 / 177
货 2−13 "土匀"平首方足布 / 177
货 2−14 "无终"三孔布 / 185
货 2−15 "武平"平首尖足布 / 189
货 2−16 "五陉"三孔布 / 196
货 2−17 "武阳"三孔布 / 196
货 2−18 "西都"尖足布 / 200
货 2−19 "中都"平首方足 / 200

货2—20 "隰城"平首方足 / 201

货2—21 "下博"三孔布 / 201

货2—22 "新处"三孔布 / 206

货2—23 "阳曲"尖足布 / 227

货2—24 "言阳"釿桥足布 / 231

货3—1 "鄝"平首方足布 / 272

货3—2 赵国"平周"平首尖足布 / 280

货3—3 "兹氏"平首尖足布 / 281

货3—4 "阳邑"平首尖足布 / 292

货3—5 "孟"尖足布 / 295

货3—6 "涅"平首方足布 / 298

货3—7 "襄垣"平首方足布 / 298

货3—8 "同是"平首方足布 / 300

货3—9 "屯留"平首方足布 / 300

货3—10 "长子"平首方足布 / 303

货3—11 "鄝"平首方足布 / 303

货3—12 "卢氏百涅"锐角桥足布 / 320

货3—13 "卢氏半釿"桥足布 / 331

货4—1 "霍人"平首尖足布 / 378

货4—2 燕系"平阴"平首方足布 / 387

货4—3 燕系"安阳"平首方足布 / 387

货4—4 赵系"平阴"平首方足布 / 387

货4—5 赵系"平邑"平首方足布 / 387

货4—6 "宋子"三孔布 / 405

货4—7 "阿"三孔布 / 410

货6—1 魏"漆垣一釿" / 517

目　录

自　序 ·· 1
凡　例 ·· 1

第一编　战国疆域之底图考绘

第一章　战国历史地图的研究与绘制概述 ······················· 3
　第一节　历代战国诸侯疆域及形势图绘制述略 ················· 4
　　一　《古今历代中华地图》之"战国七雄图" ················· 4
　　二　程恩泽《国策地名考(1—5卷)》之序图 ················· 5
　　三　马征麟《历代地理沿革图》之"战国七雄图" ·········· 7
　　四　杨守敬《历代舆地沿革险要图》之"七国形势图" ···· 9
　　五　邹兴钜《春秋战国地图》之"战国地图" ················ 10
　　六　欧阳缨《中国历代疆域战争合图》之"战国时代图" ···· 12
　　七　顾颉刚《中国历史地图集(古代史部分)》之
　　　　"战国时代图" ································· 13
　　八　郭沫若主编《中国史稿地图集》之
　　　　"战国时期形势图(前291)" ······················ 15
　　九　谭其骧主编《中国历史地图集》之
　　　　"诸侯称雄形势图(前350)" ······················ 16

十　程光裕等主编《中国历史地图》之"战国七雄图" …………… 18
十一　钱穆《国史大纲》之"战国斗争图"插图 ………………… 19
十二　李晓杰《中国行政区划通史（先秦卷）》之战国附图 …… 20
第二节　研究思路、方法与框架 ………………………………… 22
　一　研究思路与步骤、方法 …………………………………… 23
　二　研究的基础问题厘定与原则约定 ………………………… 31
　三　研究框架 …………………………………………………… 37

第二章　《中国历史地图集》战国地名及方位校补（前333）…… 38
第一节　《中国历史地图集》战国地图的不足与改进 ………… 38
　一　《中国历史地图集》"战国时期"地图的缺憾与不足 …… 38
　二　对《中国历史地图集》"战国时期"地图的改进 ………… 40
第二节　《中国历史地图集》战国地名校补 …………………… 42
第三节　公元前333年以降地名变更系年 ……………………… 249

第二编　公元前333年诸侯疆域考绘

第三章　韩（含二周）及周边诸侯疆域边界考 ………………… 269
第一节　韩旧都平阳及周边区域边界考 ………………………… 271
　一　韩国城邑考 ………………………………………………… 271
　二　魏国城邑考 ………………………………………………… 276
　三　赵国城邑考 ………………………………………………… 280
　四　韩旧都平阳区域韩—赵—魏疆域考绘 …………………… 282
第二节　韩上党—太行山南麓及周边疆域考 …………………… 288
　一　赵上党及周边城邑考 ……………………………………… 291
　二　韩上党及周边城邑考 ……………………………………… 297
　三　魏上党及周边城邑考 ……………………………………… 307
　四　韩上党—太行山南麓及周边区域疆域考绘 ……………… 309
第三节　韩宜阳—三川及周边区域边界考 ……………………… 319
　一　韩国城邑考 ………………………………………………… 319
　二　魏国城邑考 ………………………………………………… 328
　三　二周城邑考 ………………………………………………… 332
　四　楚国城邑考 ………………………………………………… 333

五　韩三川区域疆域考绘 …………………………………… 336
　第四节　韩新郑及周边区域边界考 …………………………… 341
　　一　韩国城邑考 ………………………………………………… 341
　　二　魏国城邑考 ………………………………………………… 347
　　三　楚国城邑考 ………………………………………………… 358
　　四　新郑区域韩—楚—魏—二周疆域考绘 ……………………… 367

第四章　赵(含中山、卫)与周边诸侯疆域边界考 …………… 373
　第一节　赵太原及周边区域疆域考 …………………………… 374
　　一　赵国城邑考 ………………………………………………… 374
　　二　楼烦考 ……………………………………………………… 382
　　三　林胡考 ……………………………………………………… 384
　　四　襜褴考 ……………………………………………………… 385
　　五　燕国城邑考 ………………………………………………… 385
　　六　太原及周边区域赵—楼烦—林胡—匈奴—襜褴—
　　　　燕疆域考绘 ……………………………………………… 388
　第二节　中山国—河间区域及周边疆域考 …………………… 393
　　一　赵国城邑考 ………………………………………………… 393
　　二　中山国城邑考 ……………………………………………… 395
　　三　燕国城邑考 ………………………………………………… 406
　　四　齐国城邑考 ………………………………………………… 411
　　五　中山国—河间区域疆域考 ………………………………… 417
　第三节　赵邯郸及周边疆域考 ………………………………… 420
　　一　赵国城邑考 ………………………………………………… 420
　　二　魏国城邑考 ………………………………………………… 428
　　三　卫国城邑考 ………………………………………………… 436
　　四　齐国城邑考 ………………………………………………… 448
　　五　赵邯郸及周边疆域考绘 …………………………………… 453

第五章　齐(含鲁)及周边诸侯疆域边界考 …………………… 458
　　一　齐国城邑考 ………………………………………………… 472
　　二　鲁国城邑考 ………………………………………………… 481
　　三　泗上诸侯考 ………………………………………………… 497
　　四　九夷(东夷)考 ……………………………………………… 500

五　楚国城邑考 …………………………………………………… 501
　　六　齐—鲁—楚—泗上诸侯—九夷疆域考绘 ………………… 503

第六章　魏(含宋)及周边诸侯疆界考 …………………………… 508
第一节　魏河西—上郡区域周边疆域考 ………………………… 510
　　一　魏城邑考 …………………………………………………… 510
　　二　秦国城邑考 ………………………………………………… 516
　　三　义渠戎 ……………………………………………………… 525
　　四　魏河西区域疆域考绘 ……………………………………… 525
第二节　魏河东—安邑区域周边疆域考 ………………………… 526
　　一　魏城邑考 …………………………………………………… 526
　　二　赵城邑考 …………………………………………………… 531
　　三　韩国城邑考 ………………………………………………… 533
　　四　魏河东安邑区域北部边界考绘 …………………………… 533
第三节　魏上洛及周边区域疆域考 ……………………………… 535
　　一　魏国城邑考 ………………………………………………… 535
　　二　楚国城邑考 ………………………………………………… 535
　　三　秦国城邑考 ………………………………………………… 537
　　四　韩国城邑考 ………………………………………………… 538
　　五　魏上洛区域疆域考绘 ……………………………………… 538
第四节　魏国大梁及周边区域疆域考 …………………………… 541
　　一　魏国城邑考 ………………………………………………… 541
　　二　卫国城邑考 ………………………………………………… 546
　　三　宋国城邑考 ………………………………………………… 546
　　四　楚国城邑考 ………………………………………………… 560
　　五　韩国城邑考 ………………………………………………… 562
　　六　魏国大梁区域疆域考绘 …………………………………… 562

第七章　秦(含义渠、巴、蜀)及周边诸侯疆域边界考 ………… 566
第一节　秦陇西及周边区域疆域考 ……………………………… 582
　　一　秦与绵诸戎 ………………………………………………… 584
　　二　秦与邽、冀之戎 …………………………………………… 584
　　三　秦与乌氏戎 ………………………………………………… 585
　　四　秦与朐衍戎 ………………………………………………… 586

五　秦与獂戎 ………………………………………… 588
　　　六　秦与翟戎 ………………………………………… 588
　　　七　秦与羌戎 ………………………………………… 589
　　　八　秦陇西及周边区域疆域考绘 …………………… 592
　第二节　秦北部义渠及周边区域疆域考 …………………… 594
　　　一　义渠戎 …………………………………………… 594
　　　二　秦城邑考 ………………………………………… 600
　　　三　秦与义渠疆域考 ………………………………… 601
　第三节　秦南郑及巴蜀区域疆域考 ………………………… 602
　　　一　蜀国城邑考 ……………………………………… 602
　　　二　巴国城邑考 ……………………………………… 608
　　　三　秦国城邑考 ……………………………………… 612
　　　四　秦与巴蜀疆域考 ………………………………… 613

第八章　楚(含越)及周边诸侯疆域边界考 ……………………… 615
　第一节　楚西境疆域考 ……………………………………… 644
　　　一　楚与巴国 ………………………………………… 644
　　　二　楚与西南夷 ……………………………………… 648
　第二节　楚南境疆域考绘 …………………………………… 650
　　　一　楚国城邑和区域考 ……………………………… 650
　　　二　杨越考 …………………………………………… 652
　　　三　东越考 …………………………………………… 652
　第三节　楚东境疆域考绘 …………………………………… 653
　　　一　楚与吴疆域盈缩考 ……………………………… 653
　　　二　楚与越王勾践之"越"疆域盈缩考 …………… 662

第九章　燕(含东胡)及周边诸侯疆域边界考 …………………… 667

附录　战国诸侯年表 ……………………………………………… 674
战国地名索引 ……………………………………………………… 686

自　序

呈现在读者面前的这本书,严格来讲,是我整理翻译《战国策》的副产品之一。2009年起,我秉持着为从事国际政治和外交学相关领域研究的学者和学生翻译一部"中国视野下国际关系"作品的信念,开始着手从中国古代国际政治与外交的视角对北京大学图书馆藏南宋姚宏校注本《战国策》(被黄丕烈编入《士礼居黄氏丛书》,清光绪十三年(1887)上海蜚英馆石印本)进行白话文翻译整理和解读①。为形象而直观地展现其中一些篇章所蕴含的地缘政治思想和外交游说逻辑,我打算为部分策文绘制若干诸侯形势图。为收事半功倍之效,我首先对前人的地图成果进行考察,主要包括:清乾隆五十四年(1789)刊刻《古今历代中华地图》之"战国七雄图"、清道光十二年(1832)刊刻程恩泽《国策地名考(1—5卷)》之序图、清同治十年(1871)刊印马征麟《历代地理沿革图》之"战国七雄图"、清同治十八年(1879)刊刻杨守敬《历代舆地沿革险要图》之"七国形势图"、民国元年(1912)刊印邹兴钜之《春秋战国地图》、民国十二年(1923)刊印欧阳缨《中国历代疆域合图》、1955年出版顾颉刚等《中国历史地图集(古代史部分)》之"战国时代图"、1978年出版郭沫若主编《中国史稿地图集》之"战国时期形势图(前291)"、1982年出版谭其骧主编《中国历史地图集》之"诸侯称雄

---

① 所翻译解读的这部作品名为《政治游说——〈战国策〉译读》,已由首都师范大学出版社于2015年2月正式出版发行。

形势图（前350）"、1980年出版程光裕等主编《中国历史地图》之"战国七雄图"、1996年重印（初版于1940年）钱穆《国史大纲（修订本）》之"战国斗争图"和2009年出版复旦大学历史地理研究所李晓杰《中国行政区划通史（先秦卷）》之战国附图。不过，在对上述地图进行深入研读考察后，我发现有以下几方面不能完全满足需要：一是地图的底图无山川地势，我不得不在翻译解读时费大量的笔墨来叙述《战国策》中策士们口中的地理形势。二是古今地名不完备且鲜有详细对照，读《战国策》的人不得不来回检索地名及方位，不利于旁通掌握基于地缘的思维方法。三是无连续时间下的诸侯称雄空间形势图，不利于理解策士们政治游说的背景和逻辑。因此，我决定在翻译解读完《战国策》之后，系统地为所译读的作品绘制相应的战争战略形势图。

当真正开始考绘地图的时候，我才发现历史地图的考绘是如此综合的一个领域，在绘图过程中所遇到的每一个课题，几乎都曾经或迄今仍然是一个在学界有待研究的大课题，且无法回避。一是诸侯纪年与公元纪年统一的问题。诸侯纪年与公元纪年相统一，从司马迁的《史记·六国年表》到汲郡古书《竹书纪年》年表，到司马光的《资治通鉴》年表，到近代的陈梦家、范祥雍、钱穆、杨宽和日本学者平势隆郎的年表，或详或略，基本上都是各执一说，未详孰是。二是战国史料系年编排的问题。战国史料零散且有相当大一部分没有确切年份，对这些史料逐一进行系年考证，至为复杂。三是战国历史地名的定点标绘问题。一幅准确的底图是考绘疆域的基础前提，而要对历史地图的郡县城邑山川陵谷等地理要素的方位进行定点标绘，本身即十分复杂：其中，有战国史料明文记载的，有战国史料未记载而后世史料有记载的，有新近考古发掘出来的。更为复杂的是，这些地理要素在诸侯国间的不断攻伐兼并中时而更名，时而改置，同地异名、同名异地，或简称，或别称，或合称，极其繁杂。四是带有山川地势的底图绘制。利用现代地图绘制软件精确地将这些地理要素一一标绘出来，绘制出带有战国郡县城邑山川陵谷等地理要素，并形象直观展示地形地貌的地形图，需要对现代测绘技术所能达到的水平有一定的了解，需要有跨历史学和信息科学的学科背景。五是在所绘底图上考证绘制确切时间点下的空间形势图。疆域考绘的复杂之处在于，虽然要考察的只是战国，但却需要往前追溯到春秋时期，往后延及秦、汉。此外，为与所翻译的《战国策》篇章相对应，还必须对几乎年年都有变动的诸侯疆域进行考绘，以满足解读《战国策》的需要。

凡此种种，可以想见工作量之巨大。尽管充满了挑战，但是我确信这个课题是非常有意义的。其意义不仅仅在于充实我翻译解读的《战国策》各篇章，更可能会对战国这一时期历史地理某些方面的讨论有所助益。譬如，1974年黄盛璋、杨宽两位前辈关于"宅阳"的争鸣：黄盛璋先生在《试论三晋兵器的国别和年代及其相关问题》①中对杨宽先生《战国史》②中将公元前375年之"宅阳"定为韩地提出疑义，其理由是《史记·穰侯列传》明文记载秦昭王三十二年（前275）"穰侯为相国，将兵攻魏，走芒卯，入北宅，遂围大梁"，而据《史记正义》引《竹书纪年》"宅阳一名北宅"，宅阳为魏地是确定无疑的，怎能定为韩地呢？如果将空间与时间相结合，就会发现杨宽先生《战国史》所载"宅阳"属韩的时间与黄盛璋先生所认定"宅阳"属魏的时间相去一百年，一百年间人世沧桑，诸侯国之间攻伐兼并，疆域几多变化，怎可同日而语。但是，如果有一系列时间－空间确定的疆域图，恐怕就不会存在这种争论了。我所考绘的这幅公元前333年诸侯疆域形势图就是战国历史地图集中的一幅。

在交付《战国策》译稿后，对译著后附的地图，我总感到有些惴惴：一是由于自己略懂GIS绘图软件而不精通，底图系以Google地形图为底图描摹手绘，虽有山川之形，但无经纬度，在精度方面问题自然不会少；二是战国古地名的标绘完全采自《中国历史地图集》（以下简称"《图集》"）第一册战国部分，虽当时在绘制过程中感到《图集》底图在地名方位、河流等方面或许存在一些问题，但匆忙之间并未校补，也未细究；三是所考绘的几十幅地图重蹈了历代战国历史地图之覆辙，有图而无文字论证，从学术研究的角度来看，失之随意。由于战国史料相对贫乏，勘定疆界是非常复杂的，如果不能以文字框定个人在所绘地图中的取舍原则，所绘之图实际上是为学界留下新的问题。为减少这种疑问，让学界得以充分讨论，我决心不避一己之寡陋，将考绘论证的逻辑及取舍原则以文字形式表达出来。这便是这一部书的来由。

在我准备做这个专题研究的时候，又做了两方面的考察：一是致电复旦大学历史地理研究所图书馆的同仁，同时请洛阳师范学院王国强副教授

---

① 黄盛璋：《试论三晋兵器的国别和年代及其相关问题》，《考古学报》，1974年第1期，第13—44页。
② 杨宽：《战国史》，上海：上海人民出版社，1980年7月第2版，第601页。

（毕业于复旦大学历史地理研究所）帮忙打听当年谭其骧、杨宽等诸位前辈在标绘战国地名方位和考绘公元前350年诸侯疆域之时，有无迄今尚未公开之释文，得到的答案均是"无"。后来又得知在谭先生倡导下与《图集》配套的考释文字原本是有计划整理出版的，但并未完全实现，已出版的释文中与战国历史地理相关的内容寥寥，这意味着，除谭其骧先生和杨宽先生等公开出版或发表的论著之外，别无他物可作参考。二是对1982年《图集》公开出版以来的一些新考古成果和讨论进行了梳理和研究，对其中的战国地名及方位进行了校补。在诸侯称雄形势图方面，由于没有前期释文讨论稿可资参考，逆向推理《图集》考绘公元前350年诸侯形势图的依据，其难度更甚于从头开始做研究。根据对自己所掌握史料的反复推敲论证，我决定放弃逆向论证《图集》公元前350年形势图合理性的做法，而选择公元前333年作为研究的新起点，个中缘由，我在本书第一章第二节的开篇进行了申论。

　　这项研究占用了我数年来大量的休息时间，这许多年来，我基本上过着双面生活，在八小时之外每天"焚膏油以继晷"，挑灯夜战。以此亦可以想见我的家人，特别是我妻子郝传玺对我的研究的支持以及他们无怨无悔对家庭的担当。北大确实是一个实现梦想的地方，我所要查阅的文献，总能很方便地从北大图书馆获得，我因此不必奔波各地去查找文献。这个成果的出版，还要感谢北京大学图书馆古籍部姚伯岳、胡海帆两位前辈，以及北京大学城市与环境学院历史地理研究所韩茂莉和北京大学历史系何晋两位教授，在本书尚为初稿之时，曾得到他们的鼓励与推荐。书稿后来得到"北京市社会科学理论著作出版基金"的资助，在责任编辑刘书广的细致校审下，又历时数年多次修订方顺利与大家见面。地图的清绘，历时近五年，由专业绘图人士王晓明完成。在考绘地图的五年时间里，时常因地名定点、定线更置而致总图和分图频繁修改，他总是不厌其烦。其精湛的绘图技术为本书增色不少，在此一并表示感谢。

　　最后，要表达一份歉意，经过这一轮系统而详实的研究考证，我之前为译读《战国策》所考绘之诸侯疆域形势图的有些区域绘制得不够准确，这意味着相关地图都需要再次补充绘制，希望等再版时改进。本研究之结论并非定论，相信随着新史料的发现，本书所考绘的地图会有继续改进的空间，其所起之作用正如前文所言，主要是抛砖引玉，让学界能有一个讨论的蓝本，使之更臻完善的同时，为未来更进一步研究打下良好基础。我本人也希望借此机会与各位方家一起讨论交流,并欢迎任何批评建议,我的邮箱是 bjzhu@pku.edu.cn。

是为序。

二〇一九年十月
于北京大学

凡 例

一、本书所考证之地名，凡同地异名，或同地更名，或同音异字但属同一地者，均同条排列并在"（）"中补充异名。如，观、观津、观泽，虽以不同名称见诸不同史料，但实为一地，在列此地名时，采用"**观（观津、观泽）**"。

二、本书凡考证一地之所属，一般按公元纪年时间先后顺序以"1、2、3……"依次排列史料。凡发生于同年同一事件之不同来源史料，概系于同一年之下，不单列序号。

三、本书史料之公元系年，春秋部分依中华书局1981年版杨伯峻《春秋左传注》，战国部分主要依杨宽《列国纪年订正表》（载台湾商务印书馆2002年版《战国史料编年辑证》）。

四、本书所绘地图底图数据（国界、省界、地名、河流、地形等）来自中华人民共和国国家基础地理信息系统提供的最新1：400万数据（部分政区名更新至2015年），绘法上吸取并参考了中国古历史地图"古郡国题以墨，今州县题以朱"的方法，今地名着褐、古地名着墨，便于检索的同时反映古今地名及地理方位之变迁。

五、为行文方便，本书对若干常出现的参考文献进行了简化缩写：

《索隐》——司马贞：《史记索隐》；

《集解》——裴骃：《史记集解》；

《正义》——张守节：《史记正义》；

睡虎地秦简《编年记》——睡虎地秦墓竹简整理小组：《睡虎地秦

墓竹简·编年记》，北京：文物出版社，1977年；

《货系》——汪庆正主编：《中国历代货币大系·先秦货币》，上海：上海人民出版社，1988年；

《集成》——中国社会科学院考古研究所编：《殷周金文集成》，北京：中华书局，2007年；

《近出》——刘雨、卢岩：《近出殷周金文集录》，北京：中华书局，2002年；

《二编》——刘雨、严志斌：《近出殷周金文集录二编》，北京：中华书局，2010年；

《玺汇》——罗福颐主编：《古玺汇编》，北京：文物出版社，1981年；

《钱典》——丁福宝主编：《古钱大辞典》，北京：中华书局，1982年影印；

《武陵》——张光裕、吴振武：《武陵新见古兵三十六器集录》，载《中国文化研究所学报》新第六期，香港：香港中文大学出版社，1997年，第335—381页；

《陶汇》——高明编：《古陶文汇编》，北京：中华书局，1990年；

《新收》——台湾"中研院"史语所钟柏生、黄铭崇、陈昭容、袁国华等编：《新收殷周青铜器铭文暨器影汇编》，台北：艺文印书馆，2006年。

《包山楚简》——湖北省荆沙铁路考古队编：《包山楚简》，北京：文物出版社，1991年。

《中国古今地名大辞典》——臧励和等编：《中国古今地名大辞典》，上海：商务印书馆，1933年。

《战国史料编年辑证》——杨宽：《战国史料编年辑证》，台北：台湾商务印书馆，2002年。

六、为避免所引原文与考证文字相混淆，本书对所引原文中的书名以波浪线"～～～"标示。

七、原文或释文之通假字、缺字以"（　）"标注，如"戉（越）""佮（令）""（赵惠文王）十六年"。

八、依典籍版本实录原文。典籍版本不同会出现文字记载不同，如《资治通鉴·赧王十四年》"唐眛"《史记·秦本纪》作"唐眛"，实指同一人。本书在引用原文时一仍其旧，倘有校改，必加注说明。本书所参考重要典籍的版本如下：

《战国策》——(南宋)姚宏《战国策》33卷(据黄丕烈《士礼居黄氏丛书》20种,清光绪十三年[1887]上海蜚英馆石印本,北京大学图书馆馆藏);

《史记》——司马迁:《史记》,北京:中华书局,1982年;

《汉书》——班固:《汉书》,北京:中华书局,1962年。

《资治通鉴》——司马光:《资治通鉴》,北京:中华书局,1956年。

另要特别说明的是本研究对《资治通鉴》材料的引用。

《资治通鉴》虽成书于北宋,但其中的战国时事以《史记》为主线时夹杂了其他今所未见的史料,正如杨宽先生所言,其所"使用史料有的在宋以后已经散失,可以补史记和战国策的不足"(杨宽《战国策》1980年第2版第8页),因此在本书的章节中仍采选了《资治通鉴》的部分内容。

第一编　战国疆域之底图考绘

第一章
战国历史地图的研究与绘制概述

历史地图的考绘难度,谭其骧先生在《中国历史地图集》"前言"中总结说:"历代疆域、政区、城邑、水系等各项地理要素的变迁极为复杂频繁,而文献记载或不够明确,或互有出入,要一一考订清楚,并在图上正确定位、定点、定线,工作量繁巨。"[①]尽管谭先生是针对整个中国历史地图大面而言的,但是这种总结也基本符合战国历史地图的考绘。战国时期各诸侯国之间兼并不断,加上战国的传世历史文献非常有限,要对这一时期各诸侯国的疆域或势力范围进行逐一考证,并绘制出相应的形势图,确实是相当困难的。尽管如此,历代还是有一些学者勉力而行,在此方面做了不少尝试。下面就拣一些重要的、与战国历史地图相关的作品进行介绍,并通过对这些作品的评述来阐述本研究之意义。

---

① 谭其骧主编:《中国历史地图集(第一册)》,北京:中国地图出版社,1982年。

第一节　历代战国诸侯疆域及形势图绘制述略

一　《古今历代中华地图》之"战国七雄图"

图1-1　《古今历代中华地图》之战国七雄图

清乾隆五十四年(1789)刊刻的《古今历代中华地图》地图集绘有自周至清十二幅沿革地图：大清国海陆道程图、禹贡九州图(附古帝王都)、周职方氏图、春秋列国图、战国七雄图、秦三十六郡图、西汉州郡图、东汉州郡图、三国州郡图、两晋南北朝图(附五胡十六国)、唐十五道图、大明一统志图。其中的"战国七雄图"(如图1-1所示)大致有如下特点：

•底图绘制技术方面，这套图集是早期中国历史地图的一个代表，其基本绘法是以名山大川为参照地标来标绘地名，无比例尺。其中的"战国七雄图"采用了此绘法，同时方位采用"上北下南左西右东"，与古中国地图"上南下北左东右西"稍有不同。

•战国古地名揭示方面极为简略,只标绘了战国时期少数重要地名。另,此图在体例上未将战国古地名与今地名(作者所处年代的地名)作区分,以致古今地名相互夹杂,较为混乱。

•疆域勘定与界线绘制方面,以不同色块对战国诸侯疆域进行标绘,并在图例中进行了说明。如,其在图例中有"秦(黄)、楚(赤)、韩(白)、魏(紫)、赵(白)、齐(黄)、燕(赤)、周(赤)、卫(白)、中山(白)、夷(白)"之语,在图上涂相应颜色的区块以相区别。

这幅图的不足之处是显而易见的:一是底图绘制比较粗略,山川及地名方位不够精准,使得地图本身只是一般意义上的"示意图"。二是战国古地名极少,图中仅仅列出了各诸侯国的首都、名山大川、各诸侯国重要城邑(如韩国的"宜阳"、秦国的"武功"等)。三是疆域形势缺少时间—空间的概念。虽然此图对战国各诸侯国疆域进行了勘定,但遗憾的是没有指明确切的时间点,战国两百多年间疆域时有盈缩,无确切标准年代的疆域图几乎没有任何意义。

二 程恩泽《国策地名考(1—5卷)》之序图

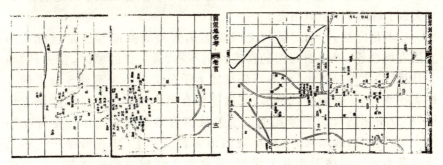

图1—2 程恩泽《国策地名考》之魏地图　　图1—3 程恩泽《国策地名考》之秦地图

清道光十二年(1832)刊刻、由程恩泽编纂的《国策地名考》(1—5卷)[①]是一部专门为《战国策》考证地名方位的舆地专著。其对《战国策》所涉之"大都小邑,以及山林川泽之属"的地理方位进行考释,凡《战国策》中所出现的地名"皆在所录……不见策文者不录"。为使阅《战国策》者对古、今(即清代)舆地一目了然,在这部著作的卷文之前,作者绘制了一套序图,含《战国舆地总图》一幅和分幅图十幅(周、秦、韩、赵、魏、楚、燕、宋、卫、中山)

---

① (清)程恩泽纂,狄子奇笺:《国策地名考》(1—5卷),北京:中华书局,1991年影印。

(如图1-2、1-3所示)。

这套序图为研习《战国策》者提供了一个关于周、秦、韩、赵、魏、楚、燕、宋、卫、中山等十诸侯国大致的总体形势及各诸侯国方舆细节。此套图的主要特点：

• 底图绘制技术方面，引入比例尺，采用古代中国历史地图的另一种绘法——"画方计里"：每幅图分割为数十块方块，每块方块的比例尺相同，这样可以粗略计算地与地之间的距离。此绘法，较之直接以名山大川为地标参照的绘法精确很多。

• 战国古地名揭示方面，综合采用了"名山大川"和"画方计里"定点标绘的方法，将战国时期出现的诸多地名分国别标绘。另，这套序图的底图只有战国古地名，无今地名。

• 疆域勘定与界线绘制方面，未绘疆域而只定地名及方位。在地图的组织编排上是"总图-分幅图"的形式，其中《战国舆地总图》是以全景的方式展示10个诸侯国的地理概然方位和形势，而"周地图""秦地图""韩地图""赵地图""魏地图""楚地图""燕地图""宋地图""卫地图""中山地图"等分幅地图则提供了关于这些诸侯国的地理细节。从分幅图上的地名分布，可大致了解诸侯的疆域情况。

其不足之处，一是尽管较之只以名山大川为基准参照定点标绘的方法有所改进，但地图底图的精确性仍不够，最主要的原因，首先是"画方计里"的比例尺过小，将几百公里或上千公里以一个不到5毫米的方格来代替，细节方面远远不够；其次是没有考虑到地球为球面，"画方计里"的方格比例尺为平面比例。二是战国古地名疏于简略。尽管在序言中作者称凡《战国策》中所出现的地名在文字上"皆在所录……不见策文者不录"，但序图却并未做到，只列出了比较重要的地名。三是未绘诸侯疆域。大概作者的本意更侧重于绘出战国地名的地理方位，而并不打算绘诸侯疆域形势。

三 马征麟《历代地理沿革图》之"战国七雄图"

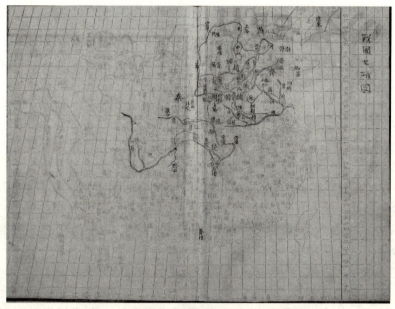

图 1—4 马征麟《历代地理沿革图》之"战国七雄图"

清同治十年(1871)刊印的马征麟《历代地理沿革图》图集中有一幅"战国七雄图"(如图 1—4 所示)。在这幅地图的说明部分,马征麟对其价值和进步性进行了申论:

  战国旧图止载国名,其疆界之曲屈,大率断鹤续凫,而非其实。如魏之东界,春秋时偪阳灭于晋,偪阳在今山东沂州府南境。又,苏秦称魏"东有淮、颍、沂、黄",张仪谓"东与齐境南界",则苏秦谓"有鸿沟、陈、汝、许、鄢、昆阳、邵陵、舞阳、新郪",皆在今河南陈州、许、汝、南阳等府州及江南之徐州、安徽颍州府、泗州之北境,今乃一切划为楚境,而魏之东只与宋、卫为邻而已。魏之西北界,则张仪云"西与韩境、北与赵境",是矣。是故,魏境赢于东而缩于西,韩西邻秦之曲沃,今则一切划为魏界而又奄及于西河之外,岂以春秋时晋取秦少梁,其后梁山遂为晋望,至战国而犹治其故与? 不知此时秦已并晋之曲沃而有之,且惠王所谓"西丧地于秦七百里"者安在? 抑岂延水经注"以少梁为大梁"之误而为之与? 郤芮曰"梁近秦而幸焉",则岂有近秦之梁而为魏地者？一魏之四境,乃至敛其东南而大侈其西,其他亦可概见。兹于各国犬牙相错,必指其阨塞所在以实之,庶于纵横之势,瓜分豆剖之迹较为了然。

战国策:"韩西有宜阳、常坂之塞,南有陉山。"西南二字盖传写互误。

从马征麟的申论中可知其在前人基础上之大进步。其所绘"战国七雄图"的主要特点:

• 底图绘制技术方面,在"画方计里"的基础上引入"球面投影"和经纬线定点标绘的方法,并利用经纬线来划带分幅。另值一提的是,此图对经、纬线的选取也是比较讲究的:经线以当时的首都北京为0°经线,以东为东经,以西为西经;纬线以赤道为0°基准线。

• 战国古地名揭示方面,主要通过经纬线来定点标绘。此外,此图在古今地名的标绘上参考吸取了唐代贾耽"古郡国题以墨,今州县题以朱"的表示法,古地名着墨、今地名着朱,不仅古今地名一目了然,而且亦可看出古今地理之变迁。

• 疆域勘定和界线绘制方面,提供了各诸侯国的大致疆域范围。

其问题也是相当明显的:一是战国地名及方位脱漏讹误之处很多。从图上看,战国古地名寥寥,这对于研习战国史料之人了解当时列国不断变化之形势,是相当不够的。二是疆域范围没有时间一空间相结合的概念。在其所绘地图的说明部分,马征麟虽在申论中大致考述了魏国四境的基本情况,但是他是以静态的视角来看待的,认为春秋时偪阳灭于晋,战国时魏当有偪阳,战国苏秦已言魏有"鸿沟、陈、汝、许、鄢、昆阳、邵陵、舞阳、新郪",因而不能将这些地点划为楚,云云,似是而实非。在战国初期三家分晋时,魏继承晋国之部分领地,"有鸿沟、陈、汝、许、鄢、昆阳、邵陵、舞阳、新郪"不假,但在战国后期,随着诸侯国间的攻伐兼并和蚕食鲸吞,原属魏之领土已丧失大半,其所绘之战国七雄图倘指战国前期,还算明了,但如指整个战国时期,则大谬。更何况,其所举之张仪所描述的地理形势(前311)与苏秦所描述的地理形势(前333)在时间上相去二十余年,中间有许多变化,不可同日而语。

四 杨守敬《历代舆地沿革险要图》之"七国形势图"

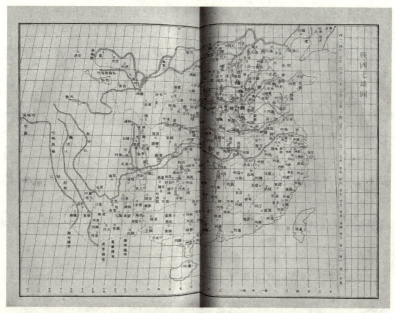

图 1—5 杨守敬《历代舆地沿革险要图》之"七国形势图"

清代最完备的一幅战国历史地图为杨守敬的《历代舆地沿革险要图》之"七国形势图"。自1864年起,杨守敬及其门徒根据古代文献,经十五年的努力,绘出了上起春秋列国,下至明代的历代疆域、郡县地理图,并将历代地图集而为一,汇编成册,名曰《历代舆地沿革险要图》,于1879年刊刻发行。其中,含"战国七雄图"一幅(以下简称"杨图",如图1—5所示)。杨图的特点,梁前超在《杨守敬与〈历代舆地沿革险要图〉》中进行了概括,兹举其大略如下[①]:

· 底图绘制技术方面,以1863年实测《大清一统舆图》作为基础,但又不拘泥于这个基础,同时还参阅了其他史地资料,如税安礼的《历代地理指掌图》、六严的《历代地理沿革图》等。具体绘法上采用了"球面投影"和经纬线划带分幅的方法。对"经纬线"的选取方面,经线以当时的首都北京为0°经线,以东为东经,以西为西经;纬线以赤道为0°基准线。采用经纬线划带分幅使得地名方位相对精确了很多。

---

① 梁前超:《杨守敬与〈历代舆地沿革险要图〉》,《地图》,1988年第2期,第42页。

・战国古地名揭示方面,杨图将战国时期重要地名方位与清代之地名方位进行了对应,并参考吸取了唐代贾耽"古郡国题以墨,今州县题以朱"的绘法,用朱色凸显战国地名及疆域,用墨色绘定清底图,既避免了古今地名之混淆,又反映了古今地名之变迁。

此外,疆域勘定和界线绘制方面,杨图对战国各诸侯国及其疆域进行了大致界定。梁文未涉及此。

其问题也还是有的。主要问题,谭其骧先生在《中国历史地图集》"前言"部分作了概括,兹举大略如下[①]:一是杨图虽然以刊行于1863年之《大清一统舆图》为底图,但这个底图在精确度方面与现代测绘技术所绘制之今图差别很大。二是战国古地名脱漏讹误之处很多。三是"杨图把一代疆域用同一比例尺画成一大幅图,然后分割成数十个方块,以一块为一幅,按自北而南、自东而西次序编排装订成册",比例尺过小,以致不能完全囊括战国时期相关史料所出现之地名,而只是选取了其中最为险要之地名关塞。

五 邹兴钜《春秋战国地图》之"战国地图"

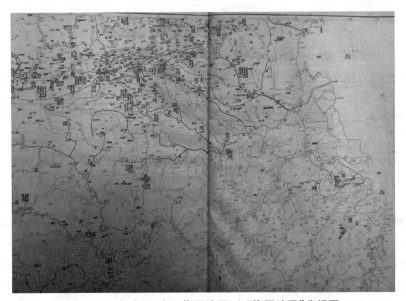

图1-6 邹兴钜《春秋战国地图》之"战国地图"分幅图

---

① 谭其骧主编:《中国历史地图集(第一册)》,北京:中国地图出版社,1982年。

中华民国元年(1912)武昌亚新地学社出版的邹兴钜《春秋战国地图》图集之"战国地图"(以下简称"邹图",如图1—6所示),对战国地名方位的考证标绘至为详尽。不仅如此,其在地图绘制技术方面亦有极大之改进。邹图大致有如下几个特点[①]:

• 底图绘制技术方面,较之前代有了极大进步。底图采用了通行于今的西式标准(也是今天的国际标准):在英国格林威治0°经线和赤道0°纬线基础上,采用经度跨度为1°和纬度跨度为1°的大比例尺划幅分带,比此前所有中国旧式地图都要精准,也更便于辨识阅览。在地图印刷工艺上采用从当时日本学来的先进方法——烂铜板法:用浓硫酸腐蚀铜板制成模板,然后着墨印刷而成。这种绘图和印刷工艺一改古中国历史地图以"名山大川"或"画方计里"定点标绘的手法,提升了中国历史地图绘制的整体水平。此外,尤值一提的是,邹图还采用"松毛虫"表现山脉地势,并用圆圈套字标出山脉名称,提升了地图的可读性。

• 战国古地名揭示方面,邹图极为详细,几乎囊括了战国时期所有见诸史料的古地名。同时,对某些不常见的地名补充了来源说明,如"楚策之寿陵当与宜阳近""燕策之西山谓熊耳及嵩高诸山也",等等。另外,邹图对古今地名进行了区分:在今地名上,邹图取材1863年实测之《大清一统舆图》,同时还参考了一些省、县之详图,极为详细;为便于阅读查找,邹图吸取了中国古地图"古郡国题以墨,今州县题以朱"的绘法,通过对今地名着浅朱色、古地名着墨色对古今地名进行区分。

• 疆域勘定和界线绘制方面,邹图无。

邹图之不足,以现在的眼光来看,也是有的。一是尽管邹图在战国古地名的揭示上极为完备,但此图只揭示了传世史料中已有的地名,对于出土文献中出现的战国古地名几乎没有揭示。二是某些关键地名还有讹误。如魏国河西长城,邹图自郑沿洛水一直标绘到今陕西延安、米脂县一带,虽其标绘是根据《史记·魏世家》"筑长城,塞固阳",但"固阳"并非《史记正义》引《括地志》所认定的"在银州银城县界",而应只到今陕西韩城。

[①] 文士员:《近代中国新化邹氏地学与武昌亚新地学社》,《湖南文史》第38辑,1990年,第117—130页。

六　欧阳缨《中国历代疆域战争合图》之"战国时代图"

图1—7　欧阳缨《中国历代疆域战争合图》之"战国时代图"

中华民国十二年(1923)武昌亚新地学社出版、由欧阳缨绘制的《中国历代疆域战争合图》，上起三代，下迄民国，是继清代杨守敬《中国历代舆地险要图》之后"近代第一本全面系统、内容丰富的中国历史地图册"[①]。其中之"战国时代图"(如图1—7所示)，大致有如下几个特点：

•底图绘制技术方面，和前述邹图一样，采用通行于今的西式标准绘法，并采用武昌亚新地学社从日本引进的"烂铜板法"印制，一改古中国历史地图以"名山大川"或"画方计里"定点标绘的手法，提升了可读性。

•战国古地名揭示方面，标绘了各诸侯国重要地名、国界、关隘、战场、津渡、长城等。在古今地名的区分上，欧图今地名采用《大清一统舆图》作为底本着朱色，与着墨色的战国古地名相得益彰，十分便于阅读和索引。不仅如此，欧图有了"时间－空间"的概念，在底图上体现诸侯国都的迁移。

---

① 周岩：《记著名地图编辑学家欧阳缨》，《地图》，2005年第6期，第77—79页。

• 疆域勘定和界线绘制方面,欧图绘制了七国疆域图,并用不同颜色的区块来标绘不同诸侯国的疆域范围,七国之间犬牙交错的形势形象直观。

欧图之不足,以现在的眼光来看:一是其战国古地名仍有缺漏讹误之处。图中战国地名虽不少,但是仍有相当大的缺失,诸多出现在《史记》《战国策》中的地名未标绘在图上,更遑论近代出土文献中出现的战国古地名了。此外,战国古地名中夹杂不少非战国时期的地名,如"萧关""散关",乃后世关隘名,战国史料未曾出现。二是所绘诸侯疆域图没有标明时间,在几乎年年都有疆域盈缩的战国时代,无确切时间点的疆域形势图没有任何意义。

七 顾颉刚《中国历史地图集(古代史部分)》之"战国时代图"

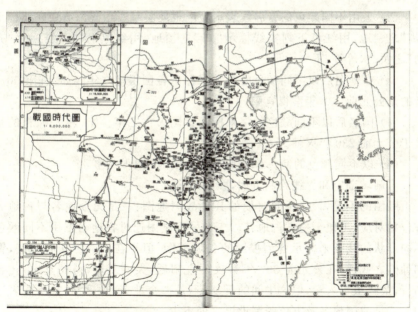

图 1-8 顾颉刚《中国历史地图集(古代史部分)》之"战国时代图"

1955 年由顾颉刚和章巽合编、谭其骧校订的《中国历史地图集(古代史部分)》[①]问世,标志着继民国武昌亚新地学社《中国历代疆域战争合图》之后,我国沿革地理图集的编纂又进入一个新的发展阶段。其中有一幅"战

---

① 顾颉刚、章巽:《中国历史地图集(古代史部分)》,北京:地图出版社,1955 年。

国时代图"(以下简称"顾图",如图1—8所示),其特点如下:

•底图绘制技术方面,完全采用流行于今的国际标准绘法:以国际通行的英国格林威治的0°经线和赤道0°纬线为参照,以4°经纬度作为一个单元来划幅标绘战国时期地名及其方位,不仅考虑到地球曲面投影问题,而且标明了确切的比例尺为八百万分之一。

•战国古地名揭示方面,主要根据经纬度进行定点标绘。不过,顾图只标绘了战国古地名,无今地名。此外,在古地名揭示上顾图有了非常强的"时间-空间"意识,将全部战国地名标绘于一副底图的同时,试图反映出整个战国时期(前468—前221)的地名变迁和大事:

(1)采用括注表示地名变迁。如"少梁(夏阳)",指的是一地先后不同名,公元前327年,秦将"少梁"更名为"夏阳"①,公元前327年之后,实际只称"夏阳"。

(2)采用不同颜色的专名线表示城邑隶属关系。用蓝色下划虚线标示"周"之领地,用红色下划实线标示"郑"之领地,用红色下划点线标示"齐国"之领地,等等,不一而足。

(3)在地名后以不同颜色的数字来标示各国得地之年。如"宜阳307"指的是公元前307年秦得宜阳。

(4)国名后以不同颜色数字来标示该国灭亡之年。如"韩230"指的是秦于公元前230年灭韩。

(5)以不同颜色的箭头来标示不同诸侯国领土向外扩张。

•疆域勘定和界线绘制方面,顾图未涉及。

顾图的不足,较之于同时期的其他战国地图:一是无今地名与古地名方位相对应,不便于检索古地名。二是尽管试图通过在地名下用不同颜色不同形状的线条来标示各诸侯国的疆域范围,但是在细节方面有疏漏,譬如韩国之武遂,在公元前307年秦攻下宜阳后,失而复得,得而复失,几经周折,最终虽仍入秦,但这中间的反复,不是一个地名和一个数字所能表达的。三是战国地名及方位脱漏讹误之处不少。

---

① 《史记·秦本纪》:"十一年,县义渠。归魏焦、曲沃。义渠君为臣。更名少梁曰夏阳。"

八　郭沫若主编《中国史稿地图集》之"战国时期形势图(前 291)"

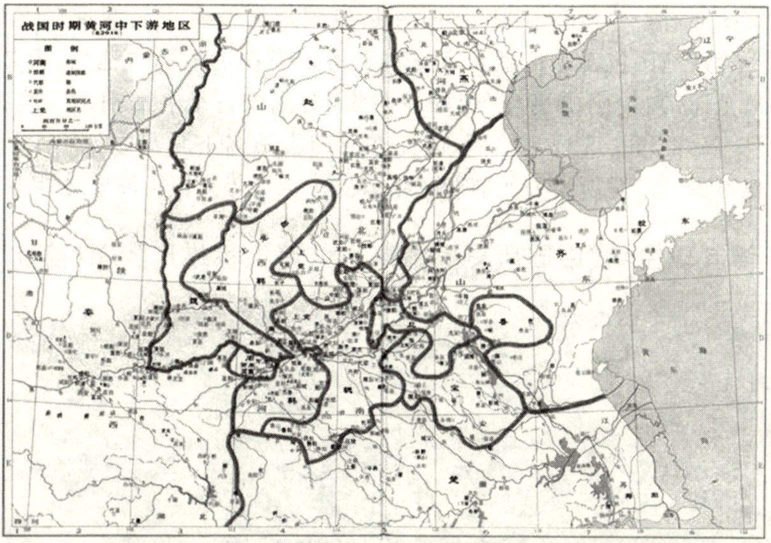

图 1-9　郭沫若主编《中国史稿地图集》之"战国时期黄河中下游地区(前 291)"

1978 年出版的一部与《中国史稿》相配套的地图集——《中国史稿地图集》①分列有"战国时期形势(前 291)""战国时期水利工程",以及"战国时期黄河中下游地区(前 291)"三幅图(以下简称"郭图",如图 1-9 所示)。其中,"战国时期形势(前 291)"简要列出了公元前 291 年中原各诸侯国及周边少数民族部落的大致方位。这幅图的主要特点:

- 地图底图绘制技术方面,采用了流行至今的国际测绘方法,以球面投影和经纬线划幅分带,并以实测中华人民共和国行政区划图为底图,成为第一幅以新中国版图为底图的历史地图。
- 战国古地名揭示方面,不仅包含传世文字史料中出现的战国古地名,还包含了若干出土史料中出现的战国古地名。在古今地名的表示方面,采用了今地名着浅朱色、古地名着墨色的标绘方法,便于阅读检索古今地名的同时,"使我们能够从现在的地理概念去理解它的历史变化",可以看到古今地名的变迁。
- 疆域勘定和界线绘制方面,郭图非常明确地绘制了确切时间点公元

---

① 郭沫若主编:《中国史稿地图集》,北京:地图出版社,1978 年。

前291年的诸侯疆域形势图。这为研究学习战国历史的人提供了明确的时间－空间参照点。

郭图亦有一些值得补遗之处：一是战国地名及方位脱漏讹误之处不少。尽管该地图包含了传世文字史料和考古发掘的战国古地名，但是，由于它只是作为《中国史稿》配套的地图集，对战国古地名的揭示完全根据《中国史稿》的行文需要来绘制，因此在战国古地名上脱漏之处不少，讹误之处也不少。二是所绘公元前291年诸侯称雄形势图值得商榷之处不少。

九 谭其骧主编《中国历史地图集》之"诸侯称雄形势图(前350)"

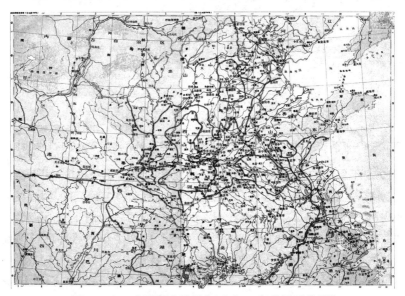

图1－10 《中国历史地图集》之"350年战国形势图"

1982年起陆续公开出版的《中国历史地图集》为迄今为止最完整、最详尽的一部以现代测绘技术绘制的中国历史地图集。这部图集共有二十个图组，三百零四幅图。其中，战国时期的地图有七幅，分别为："诸侯称雄形势图(前350)"一幅(如图1－10所示)、"韩魏"一幅、"赵中山"一幅、"齐鲁宋"一幅、"燕"一幅、"秦蜀"一幅、"楚越"一幅。《中国历史地图集》战国时期图有如下几个特点：

• 地图底图绘制技术方面，采用了流行于今的国际通用标准绘法：以英国格林威治的0°经线和赤道0°纬线为参照，根据需要以跨度1°或2°经纬度作为一个单元来划幅标绘战国时期地名及其方位，并标明比例尺大小。

•战国古地名揭示方面极为详尽,所绘的地名、山川、亭障、关塞等既参考了大量的传世历史典籍资料,又吸收了近代(截至1982年)考古发现和研究成果,战国地名的完备程度超过以往任何时期之战国历史地图,迄今无出其右者。在古今地名标绘映衬方面,吸收采纳了中国古地图"古郡国题以墨,今州县题以朱"的绘法,今地名采用实测中华人民共和国1980年行政区划图,着淡朱色,古地名则着墨色,古今地名相互映衬,既方便阅读又便于检索。此外,该图集的"时间—空间"观念极强,在将战国政区变迁尽收一图的基础上尽量体现其变迁过程:(1)城邑变迁,通过诸如"魏^1""魏^2""韩^1""韩^2""韩^3""韩^4"等来标绘不同时期诸侯国迁都的情况。(2)地名变迁,通过诸如"少梁(夏阳)""阴晋(宁秦、华阴)""安阳(宁新中)"等括注形式来表示一地多名、一地改名。(3)封国的标绘,如秦国的"商""高陵""泾阳",为秦国在不同时期分封的诸侯,均在图上一一标绘。(4)郡县设置,如"韩魏"分幅图中有秦国占领原属韩国三川地区后设置的"三川郡"等郡名。

•疆域勘定和界线绘制方面,绘定了确切时间点的诸侯疆域形势。该图较此前的其他战国诸侯疆域图最为进步的地方,是不仅绘定了确切时间点上的诸侯疆域形势,而且这个与各诸侯国纪年统一编排的公元纪年是可稽考的。《中国历史地图集》战国时期的主要考绘工作由杨宽先生承担,杨宽先生所有的考绘工作又基于其编排的年表和编年史料[1]。这使得整个疆域形势图有详实的史料可供稽查。

《中国历史地图集》战国时期图的缺憾与不足之处,谭其骧先生在"前言"部分概括说[2]:"一是对于某一个历史时期,不管历史长短,都只有显示某一年代疆域政区的一幅全图,看不到这个时期的前后变化。二是历史上每一个政权的疆域都时有伸缩,政区划分时有变革,治所时有迁移,地名时有改易……除一小部分用不同符号注记或括注表示外,大部分在这套图上是查不到的。三是并不能完全确定所有城邑的具体方位,特别是古代的水道径流、湖泊形状等。"这几点不足与缺憾,虽针对整个地图集而言,但基本也适于战国地图。

---

[1] 杨宽先生的年表和史料系年在其专著《战国史料编年辑证》(台北:台湾商务印书馆,2002年)中有全面而系统的体现。

[2] 谭其骧主编:《中国历史地图集》,北京:中国地图出版社,1982年。

十　程光裕等主编《中国历史地图》之"战国七雄图"

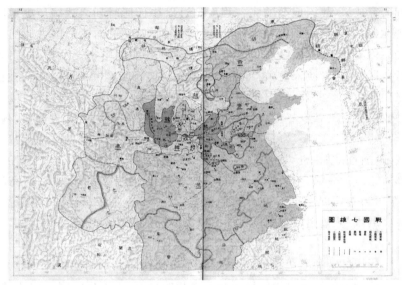

图 1-11　程光裕、徐圣谟主编《中国历史地图》之"战国七雄图"

1980年我国台湾省中国文化大学出版社出版的《中国历史地图》（程光裕、徐圣谟主编）[①]含"战国七雄图"一幅（以下简称"程图"，如图 1-11 所示）。该图有如下几个特点：

• 地图底图绘制技术方面，采用现代测绘技术，以国际通行的英国格林威治 0°经线和赤道 0°纬线为参照，以 3°经线和 2°纬线的跨度作为一个单元来划幅标绘战国时期地名及其方位。此外，与前述所有地图的显著不同之处在于，程图底图将"地势"引入中国历史地图：采用九百万分之一的今地图地势渲染图，将战国古地名、山川标以墨色，今地名地势以浅色衬在底层，地势图尽显山川形势，使得诸侯形势更加形象直观。

• 战国古地名揭示方面，程图对战国古地名的标绘甚少，只有一些重要的关塞、地名。

• 疆域勘定和界线绘制方面，程图标绘了诸侯国与戎狄的疆域，并用不同的色块来区分疆域范围。

其不足之处：一是战国古地名的揭示过于疏简，这幅图只是象征性标

---

① 程光裕、徐圣谟：《中国历史地图》，台北：中国文化大学出版社，1980年。

示出了部分战国地名,绝大多数地名及方位不在其列,更像一幅示意图。二是"时间-空间"概念不强。程图在底图上用箭头线标绘诸侯国迁都,可见考虑到了时间变化下的空间格局,但是在至关重要的诸侯疆域方面,却只绘了形势图而无具体的时间点。对于几乎年年都有疆域盈缩的战国诸侯而言,没有确切时间点的疆域形势图没有任何意义。

十一 钱穆《国史大纲》之"战国斗争图"插图

图1-12 钱穆《国史大纲》之"战国斗争图"插图

1996年由商务印书馆再版(初版于1940年)的《国史大纲(修订版)》①在讲述战国时期"军国斗争之新局面"时,配附了一幅手绘"战国斗争图"(如图1-12所示)。这幅图虽然是一幅插图,但是众多学术著作插图的一个代表,有一些特点:

• 底图绘制技术方面,由于此图的目的只是配合说明战国诸侯斗争形势,因此至为简略,没有经纬度,主要以名山、大川、长城等地标来定位战国地名。

• 战国古地名揭示方面,此图只标绘出一些重要的战国古地名及关

---

① 钱穆:《国史大纲(修订版)》,北京:商务印书馆,1996年。

卡,无今地名。这种做法大约是为了凸显当时的形势。在中国古代,整个攻守形势一般由山、川和人工军事工事构筑起来,这幅示意图把握了这一点。此图有一定的"时间—空间"概念。虽然此图没有指明诸侯斗争形势的具体年代,但是从图中的标示可以了解到此形势图之前、之后疆域之变迁。比如,图中有"221秦灭齐""399田氏并齐""312秦取楚汉中""363楚取韩南阳"等。图中标注的时间跨度从公元前399年至公元前221年,达170余年。

• 疆域勘定和界线绘制方面,此图大致划定了各诸侯国的疆域范围。

相应地,其问题亦来源于此。该图作为反映当时形势的示意图是可以的,但是如果用于考察整个战国时期的地理方位和疆域,则过于简略:地名及方位过少;已标绘的地名及方位在没有经纬度的情况下过于失真。

十二 李晓杰《中国行政区划通史(先秦卷)》之战国附图

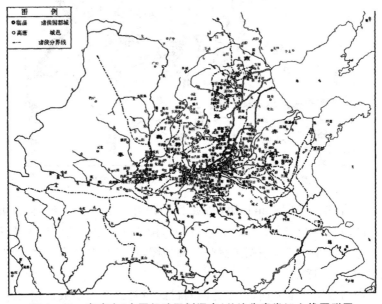

图1—13 李晓杰《中国行政区划通史(总论先秦卷)》之战国附图

2009年复旦大学出版社出版的《中国行政区划通史(总论、先秦卷)》[①]附录了李晓杰先生绘制的若干幅战国地图:公元前350年战国诸侯称雄形

---

① 周振鹤、李晓杰:《中国行政区划通史(总论、先秦卷)》,上海:复旦大学出版社,2009年。

势图一幅、公元前280年战国诸侯称雄形势图一幅（以下简称"李图"，如图1—13所示）。为显示某些细节，公元前350年的诸侯疆域形势示意图分幅为"齐鲁宋"一幅、"韩魏"一幅、"赵中山燕"一幅；公元前280年的诸侯称雄形势图分幅为"齐国"一幅、"韩魏"一幅。这部著作的附图主要用来揭示战国政区及方位，因此，较之专门地图集所绘之形势图，无论地名、方位还是制图方面，都较为简略。

但其可贵之处，一是对《中国历史地图集》第一册之"战国诸侯称雄形势图（前350）"各诸侯的疆域范围进行了修正。从对《中国历史地图集》战国时期图与李图的比较中，可见李图的部分思路。二是与前代所有战国地图相比，新增绘了一幅公元前280年诸侯称雄形势图。此外，尤值一提的是，前述战国历史地图，除《中国历史地图集》战国时期图可循纪年踪迹，其他历史地图要么无时间点，要么所采用诸侯纪年与公元纪年语焉不详。李图明确显示其所绘诸侯疆域形势图的纪年采用的是日本学者平势隆郎的《新编史记东周年表》[①]，可见李图的严谨。

除上述不同时期绘制的战国历史地图，还有一些著作中有战国诸侯形势地图插图，这些图并非为体现战国历史地理和诸侯疆域形势而专门考绘，因此也比较简略和随意，此不再分述。

从上面对历代战国诸侯疆域及形势图的述略中可以看到，历史地图的考绘确实是"一门非常综合的科目，它既直接反应史地学界对这段历史的研究程度，又反映测绘技术所能达到的水平"[②]，两者缺一不可。此外，通过对历代战国历史地图绘制的考察发现，尽管从其标绘的地名方位和疆域图中可以推知各家在绘制之时都进行过充分的考证，但却并无与之配套的系统的考释文字流传于世。谭其骧先生曾言及《中国历史地图集》"释文应该紧跟着图集的出版整理成书出版"，并在1986年夏《中国历史地图集》全八册修订完毕后的一次会议上筹划由各参与考绘的单位将地名定点标绘所依据的"原始记录整理成文，分卷陆续出版"，规划释文分东北、西北、西南、蒙古、青藏、中原王朝六卷[③]。不过，只在1988年9月由中央民族学院出版

---

① 此年表详见周振鹤、李晓杰《中国行政区划通史（总论先秦卷）》附录部分。
② 谭其骧主编：《中国历史地图集》，北京：中国地图出版社，1982年。
③ 谭其骧主编：《中国历史地图集》释文汇编·东北卷》，北京：中央民族学院出版社，1988年。有关《释文》的规划说明，详见"序"和"《中国历史地图集》释文汇编总编例"。

社出版了"东北卷",其他卷册此后一直没有出版。约30年后的2015年7月,人民出版社出版的《谭其骧全集》中收录了谭其骧先生所撰《中国历史地图集》部分地名释文[①],2016年9月中国藏学出版社出版的《〈中国历史地图集〉南宋、元时期西北边疆图幅地理考释》收录了邓锐龄先生对南宋、元时期西北边疆地名考释,及明时期《亦力把里》图幅国界线走向说明和东汉到明各时期全图西北边疆部分说明[②]。已公开出版的释文,极少涉及战国,以致很多战国时期地名及方位在学界得不到充分讨论。鉴于战国地图考绘这一方面的不足,本书拟对某一确切年份的战国诸侯疆域形势进行考绘,尝试在弥补有图无文证缺憾的同时,抛砖引玉,使某些方面得到更进一步探讨。

第二节　研究思路、方法与框架

战国诸侯疆域,理论上,可以随机抽取任意一确切年进行考绘。但是,由于战国史料零散,直接与疆域相关的史料相对粗疏,随机抽取任意一确切年份来绘制疆域形势图在实际考证层面颇有难度。为尽可能降低考证难度,本书从战国两百多年的历史进程中抽取"公元前333年"作为切入点。其主要原因是在《史记》《战国策》中有大量游说之辞记录了该年楚、燕、魏、韩、齐等诸侯国的地理方位和疆域轮廓,较其他年份更详细。另外,需要特别指出的是,以往研究战国史地的部分学者以为苏秦等游说之士言语荒诞不可信,《史记》,尤其是《战国策》中策士的游说之辞不能当做信史采纳。其实未必。作为一个游说之士,要让一国之君或一国之相听信于他,虽然言辞中可能存在避重就轻或夸大其词,但在基本地理方位、疆域范围、事件及事件发生的地点等常识性的客观事实上必不可能有误,否则,绝无成功游说之可能。因此,在本书中未回避直接引用战国策士的游说之辞。

选择公元前333年只是一个开端,要考绘一幅相对合理的诸侯形势图,研究步骤、研究方法和前提约定都十分重要,为开宗明义,试申论如下。

---

① 谭其骧:《谭其骧全集》,北京:人民出版社,2015年,第352—494页。
② 邓锐龄:《〈中国历史地图集〉南宋、元时期西北边疆图幅地理考释》,北京:中国藏学出版社,2016年。

一 研究思路与步骤、方法

虽然公元前333年苏秦所描述各诸侯国地理方位和疆域轮廓相对清晰,但并不代表各诸侯国的疆域可以遽然确定。比如,《战国策·魏策一·第十·苏子为赵合从说魏王》:"(前333)大王之地,南有鸿沟、陈、汝南,有许、鄢、昆阳、邵陵、舞阳、新郪;东有淮、颍、沂、黄、煮枣、海盐、无疏;西有长城之界;北有河外、卷、衍、燕、酸枣,地方千里。"在古今汉语中,"有"有两种含义,一是"包含在内",如"中国南有云南",一是"不包含在内",如"中国南有缅甸",对魏国而言,到底这些地名是"包含在内",还是"不包含在内"?需要在这个大致轮廓下缜密考证各地名的变迁,并确定在某一个时间点上这个地名的所属。为确定公元前333年各诸侯国的疆域范围,本书大致按以下步骤展开:

(一)先考察诸侯国发端及进入战国前的疆域沿革

尽管直接与疆域相关的战国史料比较粗疏,但是通过梳理战国之前各诸侯国的疆域沿革却可以补充战国史料中缺失的地名,辅助战国诸侯疆域的勘定。以楚国为例,直接运用战国史料虽可以大致勾勒其疆域轮廓,但是在细节上却容易语焉不详,倘若先梳理战国之前楚国的疆域沿革,则可弥补战国史料的不足。《史记·楚世家》记载:

1 (未详何年)熊渠甚得江、汉间民和,乃兴兵伐庸、杨粤,至于鄂……乃立其长子康为句亶王,中子红为鄂王,少子执疵为越章王,皆在江上楚蛮之地。

2 (前706)楚武王三十五年,楚伐随……始开濮地而有之。

3 (前690)楚武王五十一年,伐随。武王卒师中而兵罢。子文王熊赀立,始都郢。

4 (前688)楚文王二年,伐申过邓。

5 (前684)楚文王六年,伐蔡,虏蔡哀侯以归,已而释之。楚强,陵江汉间小国,小国皆畏之。

6 (前678)楚文王十二年,伐邓,灭之。

7 (前671)成王恽元年……使人献天子,天子赐胙,曰:"镇尔南方夷越之乱,无侵中国。"于是楚地千里。

⑧（前656）楚成王十六年，齐桓公以兵侵楚，至陉山。

⑨（前654）楚成王十八年，成王以兵北伐许，许君肉袒谢，乃释之。

⑩（前650）楚成王二十二年，伐黄。

⑪（前646）楚成王二十六年，灭英。

⑫（前638）楚成王三十四年……楚成王北伐宋，败之泓。

⑬（前633）楚成王三十九年，鲁僖公来请兵以伐齐，楚使申侯将兵伐齐，取谷，置齐桓公子雍焉。……灭夔。夏，伐宋，宋告急于晋，晋救宋，成王罢归。将军子玉请战……晋败子玉于城濮。

⑭（前623）楚穆王三年，灭江。

⑮（前622）楚穆王四年，灭六、蓼。

⑯（前618）楚穆王八年，伐陈。

⑰（前611）楚庄王三年，是岁灭庸。

⑱（前608）楚庄王六年，伐宋，获五百乘。

⑲（前606）楚庄王八年，伐陆浑戎，遂至洛，观兵于周郊。

⑳（前601）楚庄王十三年，灭舒。

㉑（前598）楚庄王十六年，伐陈，杀夏征舒……已破陈，即县之。

㉒（前597）楚庄王十七年春，楚庄王围郑，三月克之……庄王自手旗，左右麾军，引兵去三十里而舍，遂许之平……夏六月，晋救郑，与楚战，大败晋师河上，遂至衡雍而归。

㉓（前594）楚庄王二十年，围宋五月，城中食尽，易子而食，析骨而炊。宋华元出告以情。庄王曰："君子哉！"遂罢兵去。

㉔（前575）共王十六年，与晋兵战鄢陵，晋败楚。

㉕（前538）灵王三年七月，楚以诸侯兵伐吴，围朱方。八月，克之。

26 (前534)楚灵王七年,就章华台。

27 (前533)楚灵王八年,使公子弃疾将兵灭陈。

28 (前531)楚灵王十年,召蔡侯,醉而杀之。使弃疾定蔡。

29 (前530)楚灵王十一年,伐徐以恐吴。灵王次于干溪以待之。

30 (前528)楚平王元年,复陈、蔡之地而立其后如故,归郑之侵地。

31 (前523)楚平王六年,使太子建居城父,守边。

32 (前519)楚平王十年,吴使公子光伐楚,遂败陈、蔡,取太子建母……遂灭钟离、居巢而去。楚恐,城郢。

33 (前511)楚昭王五年,吴伐取楚之六、潜。

34 (前509)楚昭王七年,楚使子常伐吴,吴大败楚于豫章。

35 (前506)楚昭王十年冬,吴王阖闾、伍子胥、伯嚭与唐、蔡俱伐楚,楚大败,吴兵遂入郢。……昭王亡也至云、梦。云、梦不知其王也,射伤王。王走郧。

36 (前505)楚昭王十一年六月,败吴于稷。楚封吴王弟夫概于堂溪。楚昭王灭唐。

37 (前504)楚昭王十二年,吴复伐楚,取番。楚恐,去郢,北徙都鄀。

38 (前496)楚昭王二十年,楚灭顿,灭胡。

39 (前489)楚昭王二十七年春,吴伐陈,楚昭王救之,军城父。

40 (前487)惠王二年,灭陈而县之。

尽管单独一年份的史料不足以划定楚国的疆域,但是一旦将若干年的疆域盈缩系年编排在一起,楚国疆域版图就清晰很多。从上文所述战国之前楚疆域盈缩沿革来看,自楚国初封沮漳之地到公元前487年,楚国疆域扩张非常清晰:西境灭夔,在今长江流域以扞关为攻防据点与蜀邻壤,扞关以西为蜀地(含兹方),以东为楚地;西北境将庸、杨粤、鄂纳入版图,至上洛与三晋邻壤;将随、唐、濮、邓、鄀、许、蔡、黄、英等地纳入版图,北至大梁、榆关、负黍、鲁阳、陉山、衡雍与三晋邻壤；伐陆浑戎后至洛与周邻壤；至淮、泗上与宋邻壤；灭莒与鲁齐邻壤；东境有江、六、蓼、潜、陈、舒、稷、杞、棠溪，至番、朱方、徐、干溪、城父、钟离、居巢、胡、顿、豫章、零娄，与吴邻壤。战国初期楚国的疆域版图大抵如此。

(二) 再考察进入战国后至公元前333年期间诸侯疆域变迁

春秋结束时诸侯疆域大致确定后，要确定公元前333年的疆域情况，还须考察进入战国后至公元前333年期间诸侯国疆域变迁。仍以楚国为例，虽其在春秋结束时的疆域轮廓已经非常清晰了，但是进入战国后至公元前333年期间领土还有进一步的扩张和收缩：

1 (前447) 四十二年，楚灭蔡。(《史记·楚世家》)

  (前447) 四十二，楚灭蔡。(《史记·六国年表·楚》)

2 (前445) 四十四年，楚灭杞。与秦平。(《史记·楚世家》)

  (前445) 四十四，灭杞。杞，夏之后。(《史记·六国年表·楚》)

3 (前443) 是时越已灭吴而不能正江、淮北；楚东侵，广地至泗上。(《史记·楚世家》)

4 (前439) 荆有云、梦、犀、兕、麋、鹿盈之，江、汉鱼、鳖、鼋、鼍为天下饶。(《战国策·宋卫策·第二·公输般为楚设机》)

5 (前431) 简王元年，北伐灭莒。(《史记·楚世家》)

  (前431) 楚简王仲元年，灭莒。(《史记·六国年表·楚》)

6 (前413) 晋烈公三年，楚人伐我南鄙，至于上洛。(《水经·丹水注》引《竹书纪年》)

7 (前412) 四十四，伐鲁、莒及安阳。(《史记·六国年表·齐》)

8 (前399) 三，归榆关于郑。(《史记·六国年表·楚》)

9 (前393) 九，伐韩，取负黍。(《史记·六国年表·楚》)

  (前393) 九年，伐韩，取负黍。(《史记·楚世家》)

10 (前391) 十一年，三晋伐楚，败我大梁、榆关。楚厚赂秦，与之平。(《史记·楚世家》)

11 (前377)肃王四年,蜀伐楚,取兹方。于是楚为扞关以距之。(《史记·楚世家》)

(前377)四,蜀伐我兹方。(《史记·六国年表·楚》)

12 (前371)十六年,伐楚,取鲁阳。(《史记·魏世家》)

(前371)十年,魏取我鲁阳。(《史记·楚世家》)

(前371)十六,伐楚,取鲁阳。(《史记·六国年表·魏》)

(前371)十,魏取我鲁阳。(《史记·六国年表·楚》)

13 (前358)楚师出河水,以水长垣之外者也。(《水经·河水注》引《竹书纪年》)

14 (前369—前340)楚宣王灭邾,徙居于此。(《水经·江水注》引《竹书纪年》)

15 (前347)(魏惠王二十四年,)楚伐徐州。(《史记·越王句践世家》司马贞《索隐》)

16 (前334)"愿魏以聚大梁之下,愿齐之试兵南阳、莒地,以聚常、郯之境,则方城之外不南,淮、泗之间不东,商、於、析、郦、宗胡之地,夏路以左,不足以备秦,江南、泗上不足以待越矣。……楚三大夫张九军,北围曲沃、於中,以至无假之关者三千七百里,景翠之军北聚鲁、齐、南阳,分有大此者乎?且王之所求者,斗晋、楚也;晋、楚不斗,越兵不起,是知二五而不知十也。此时不攻楚,臣以是知越大不王,小不伯。复雠、庞、长沙,楚之粟也;竟泽陵,楚之材也。越窥兵通无假之关,此四邑者不上贡事于郢矣。臣闻之,图王不王,其敝可以伯。然而不伯者,王道失也。故原大王之转攻楚也。"于是越遂释齐而伐楚。楚威王兴兵而伐之,大败越,杀王无强,尽取故吴地至浙江,北破齐于徐州。而越以此散,诸族子争立,或为王,或为君,滨于江南海上,服朝于楚。《史记·越王勾践世家》

(前334)越王无疆伐齐。齐王使人说之以伐齐不如伐楚之利,越王遂伐楚。楚人大败之,乘胜尽取吴故地,东至于浙江。越以此散,诸公族争立,或为王,或为君,滨于海上,朝服于楚。(《资治通鉴·周显王三十五年》)

⑰ (前333)七,围齐于徐州。(《史记·六国年表·楚》)

(前333)十,楚围我徐州。(《史记·六国年表·齐》)

据上述史料,楚战国疆域在春秋版图的基础上:(1)与齐、越、魏、秦、韩(郑)相邻;(2)将蔡、杞纳入版图,边界延伸到兹方、於中、上洛、鲁阳、榆关、大梁、徐州、浙江等地。

尽管疆域轮廓更加清晰,但若要勘定公元前333年楚国的疆域,还需要对公元前333年至公元前221年期间所涉城邑所属沿革进行考察,来反证和补充大致疆域轮廓下具体城邑,特别是边境城邑的所属。

(三) 再考察城邑所属沿革来反证补充公元前333年诸侯疆域

为使得反证、补充工作更为细致,本书拟对具体城邑采用纵向时间的"地名年表"和横向的时空论证来推断城邑在公元前333年的所属。"地名年表"多见于地方志之地名志。地方志中,在反映某个地名变迁时,往往将同一地名在不同朝代的名称、方位、所辖范围等按时间顺序编排出来,既条理清晰,又能体现其变迁。仍以楚国为例,楚国的"上庸",系年如下:

上庸

① (前895至前880)熊渠生子三年。当周夷王之时,王室微,诸侯或不朝,相伐。熊渠甚得江、汉间民和,乃兴兵伐庸、杨粤,至于鄂。(《史记·楚世家》)

② (前314)张仪西并巴、蜀之地,北取西河之外,南取上庸。(《战国策·秦策二·第六·秦武王谓甘茂曰》)

③ (前311)今(秦)将以上庸之地六县赂楚。(《史记·楚世家》)

④ (前304)与楚上庸。(《史记·秦本纪》)

(前304)二十五年,怀王入与秦昭王盟,约于黄棘。秦复与楚上庸。(《史记·楚世家》)

(前304)二十五,与秦王会黄棘,秦复归我上庸。(《史记·六国年表·楚》)

⑤ (前280)又使司马错发陇西兵,因蜀攻楚黔中,拔之。楚献汉北及上庸地。(《资治通鉴·赧王三十五年》)

(前280)秦伐楚,楚军败,割上庸、汉北地予秦。(《史记·楚世家》)

庸,即上庸,在今湖北竹山县。通过系年,很容易知道公元前314年之前,上庸属楚,公元前314之后转属秦,公元前304年复属楚,公元前280年复属秦。这样,可以确定在公元前333年时上庸属楚无疑。

另外,值得一提的是,纵向的"地名年表"对于判定那些有连续史料支撑的地点所属有很大帮助,但对于单则史料的判定则用处不大。譬如"武始",见诸史料的只有一则:

1 (前294)向寿伐韩,取武始。(《史记·秦本纪》)

此前此后均未有文献再次记载"武始"。单从这则史料,只知公元前294年秦伐韩,攻占了韩国的武始。带来的问题:一是不清楚"武始"在何处,譬如,《史记集解》:"地理志魏郡有武始县。"《史记正义》:"括地志云:'武始故城在洺州武始县西南十里。'"《读史方舆纪要》:"武始在邯郸西南",三处史料对同一地名的方位注解各不相同,根本无法判断孰是孰非;二是不知道公元前294年属韩之前武始有无所属变更,怎么判定公元前333年武始的所属? 为解决这个问题,必须要辅以横向的时空论证。

怎么辅以横向的时空论证呢? 以"武始"为例,如果将武始"地名年表"辅以横向的时空逻辑来论证,会发现将"武始"定位在"邯郸西南"是有问题的。在公元前294年"向寿伐韩,取武始"之前的公元前307年,秦始出函谷关伐韩宜阳,至公元前294年时,秦刚刚攻下韩国之宜阳,从空间上秦要到达邯郸一带,有两条道路可达:一条是从孟津渡过黄河后经太行山南麓,东经魏国的南阳、修武,再沿太行山麓北上经汤阴、渡过漳水到达邯郸;另一条是从孟津渡过黄河后经太行山南麓,沿少水逆流而上,进入上党高地,经高都、长平、长子、路、涉后抵达邯郸。可是,秦军要穿越这两条道路并非易事,《资治通鉴·赧王四十二年》记载"(前273)魏王不听,卒以南阳为和,实修武",魏国为防范秦国在攻夺太行山南麓魏国城邑之后进一步东出,于公元前273年在太行山南麓东边的修武构筑强大的军事防线来抵挡秦军,秦国绝无可能在公元前294年就轻易越过魏国的修武进攻赵国首都邯郸附近的"武始"。显然,公元前294年秦国不可能从太行山南麓经南阳、修武抵达邯郸。另一条道路,《史记·秦本纪》:"(前260)四十七年,秦攻韩上党,上党降赵,秦因攻赵,赵发兵击秦,相距。秦使武安君白起击,大破赵于长平,四十余万尽杀之。"直至公元前260年,秦方进入上党高地,突破上党重要关隘长平,如何能在公元前294年越过长平到达邯郸西南之"武始"? 从横向的时间—空间逻辑上来论证,"武始"在邯郸西南也无可能。其地理方位,应为当时秦攻下宜阳后秦韩边境韩国三川境内、宜阳附近,这样就非常确定应采信《史记正义》所引《括地志》之说,在"洛州武始县西南十里"。但是,除《括地志》外,唐代洛州并无"武始县"的记载,这使得要确定武始的方位趋于复杂。

战国"武始"的具体方位,同样可以从时间—空间逻辑上推理定位。《史记·韩世家》"(前307)秦拔我宜阳,斩首六万"、《史记·秦本纪》"(前307)秦拔宜阳,斩首六万,涉河,城武遂"、《史记·秦本纪》"(前294)向寿伐韩,取武始",秦国是先攻占了宜阳,然后北上越过黄河攻占韩国的武遂,然后才是公元前294年"伐韩,取武始",而秦要伐武遂,必须经过渑池,可见武始应该是宜阳—渑池—武遂以东,又《史记正义》指明"武始"在"洛州武始县西南十里",唐"洛州"即今"洛阳"。可知武始在宜阳—渑池—武遂以东、洛阳以西。又,《战国策·秦策一·第七·司马错与张仪争论于秦惠王前》"(前294)秦攻新城、宜阳,以临二周之郊"、《史记·秦本纪》"(前294)十三年,向寿伐韩,取武始。左更白起攻新城"、《史记·白起列传》"(前294)昭王十三年而白起为左庶长,将而击韩之新城"和《吕氏春秋·开春》"(前294)韩氏城新城,期十五日而成",秦军攻宜阳后的路线,一路由向寿伐武始,一路由白起攻新城。韩国的"新城"是因为秦攻宜阳而新建,具体方位杨宽《战国史料编年辑证》考辨曰:"此新城,既名新城,亦可统称为伊阙。白起于昭王十三年所攻者为新城,编年记统称为伊阙,白起于十四年又大破韩、魏于伊阙。是役相战两年,白起先攻克韩之新城,继而韩得魏之助,退守伊阙,白起又大破之。此一新城建于称为龙门之伊阙以南五十里,当时亦可统称为伊阙。此新城与楚之新城不同。楚之新城更在其西南约五十里,在今伊川县西南。"①杨宽所辨可从,其地当在今河南洛阳洛龙区龙门镇南。"武始"和"新城"不可能在宜阳的同一方向上,否则应该是一军先攻武始、再攻新城,而不是一路攻武始的同时另一路攻新城,这样,可以排除"武始"在"宜阳"与"新城"之间。前述考证"武始"又在渑池—宜阳以东,洛阳以西,这样来看,"武始"当在今河南新安县与洛阳市之间。"武始"的具体方位,台湾三军大学编著之《中国历代战争史》地图册第二册附图2—59标绘在今河南新安县与洛阳市之间的磁涧镇②,可从。

至于"武始"在公元前333年的所属,可以根据"武始"周边的城邑在公元前333年的情况来综合确定,从对武始周边的宜阳、渑池、穀塞等地名在

---

① 杨宽:《战国史料编年辑证》,台北:台湾商务印书馆,2002年,第728页。
② 台湾三军大学:《中国历代战争史》(第二册地图册),北京:中信出版社,2013年。

公元前333年属韩来看,武始在这些城邑以东。秦在韩之西,必须先出殽塞,越过渑池,攻破宜阳方可能伐武始,公元前333年武始属韩可以确定无疑。

(四)最后标点绘线,考定疆域

通过对公元前333年某一区域内城邑的所属进行标绘,把这些城邑看做一个一个的点,连点成线,大致可以得一条城池线,两国的疆域界线当在两个诸侯国城池线的中间(如图1—14所示)。

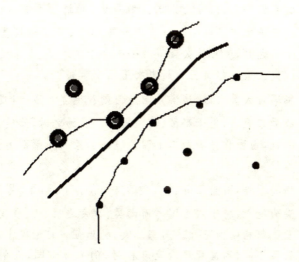

图1—14 标点绘线定疆界绘法示意图

二 研究的基础问题厘定与原则约定

尽管前文对本书考绘疆域界线的研究思路、步骤和方法进行了详细说明,但是,要按部就班按上面的步骤展开考察并非易事。比如,"地名年表"最基础的工作首先是统一诸侯纪年并将诸侯纪年与公元纪年对应,然后再编排史料,可是诸侯纪年的统一及与公元纪年的对应自《史记·六国年表》、汲郡古冢之《竹书纪年》至近代各方家之纪年都莫衷一是,本书是如何考虑和取舍的? 再如,标点绘线是如何处理"隙地""插花地"和彼可来我可往的"交地"所属的? 所有这些问题,不同的人看法各不一样。为避免在疆域考绘过程中出现前后不一致或含混不清的情况,本节用专门的篇幅来补充说明基础问题和约定相关处理原则,不管这种约定在其他人那里是如何考虑的，本书将按照这些约定来操作。

（一）战国已存在"疆域"的概念

战国时期是否存在"疆域"，是本研究最为基础的问题。如果战国时期各诸侯国的疆域被限制在封闭墙垣的城邦之内，我们谈"诸侯国疆域和边界"这个命题是没有必要的。谈"诸侯国疆域及边界划定"这个命题的一个重要前提是：诸侯国所守之土超越城邦的"城墙"而以他物作为边界。从传世的史料，我们可以分析推断战国时期已经存在"疆域"的概念。

[1] 古者四海之内，分为万国。城虽大，无过三百丈者；人虽众，无过三千家者。……今取古之为万国者，分以为战国七，能具数十万之兵，旷日持久数岁。……今千丈之城、万家之邑相望也。（《战国策·赵策三·赵惠文王三十年》）

[2] 斶闻古大禹之时，诸侯万国。何则？德厚之道得，贵士之力也。故舜起农亩，出于野鄙，而为天子。及汤之时，诸侯三千。当今之世，南面称寡者乃二十四。（《战国策·齐策四·齐宣王见颜斶》）

[3] 周爵五等，而土三等：公、侯百里，伯七十里，子、男五十里。不满为附庸，盖千八百国。而太昊、黄帝之后，唐、虞侯伯犹存，帝王图籍相踵而可知。周室既衰，礼乐征伐自诸侯出，转相吞灭，数百年间，列国耗尽。至春秋时，尚有数十国，五伯迭兴，总其盟会。陵夷至于战国，天下分而为七，合从连衡，经数十年，秦遂并兼四海。以为周制微弱，终为诸侯所丧，故不立尺土之封，分天下为郡县，荡灭前圣之苗裔，靡有孑遗者矣。（《汉书·地理志》）

据上面的史料，上古之时有诸侯万国，按照公侯伯子男附庸的等级筑城，假设彼时不存在疆域的概念，即一国诸侯所辖范围仅为一城邦，一城之范围"虽大，无过三百丈者，人虽众，无过三千家者"，万国即有万个城邦，各自管辖一城之地。到商汤之时，史料言"及汤之时，诸侯三千"，只有诸侯三千，也就是上古的万国诸侯相互攻伐兼并，疆域扩大了。假设在商汤诸侯三千之时也不存在疆域，只是攻伐兼并之后一国所辖之城相对上古之时扩大了，那么在战国时期"南面称寡者乃二十四"、"分以为战国七"之时，当存在"疆域"的概念了。为什么这么说呢？史料言，在战国时，城虽大也不过

"千丈",千丈之外,不可能都是没有归属的隙地,显然,战国时诸侯国所守之土已超越城邦的"城墙"而以他物作为边界。也就是说,战国时一定存在"疆域"的概念了。

周振鹤先生在《中国行政区划通史(总论)》中也持这种观点,认为①:"春秋以后,在经济逐渐发展、边区日益开发、人口不断增多的情况下,双方敌对倾向加强,以至于发生战争",争夺封国与封国之间的无主土地;春秋后期至战国,"边境的概念已完全形成,城邦国家已经转化为领土国家"。

(二)补充校正《中国历史地图集》战国地名及方位

本章第一节对历代战国诸侯疆域及形势图绘制成果已有评介:历代对战国古地名、诸侯疆域进行研究与标绘者不止一家,但是成绩最为突出者,非《中国历史地图集》之"战国地图"莫属。

尽管《中国历史地图集》"战国地图"对战国郡县城邑山川亭塞的方位做了非常详实的考证和标绘工作,但是从新的考古发现中我们仍发现了一些重要的、对于考定诸侯疆域范围极为重要的地名或有缺失,或标绘方位不甚准确。凡此种种,在疆界划定之前都需要进行补缺与修正。所校补的地名及其方位在第二章有详细论证,此不赘述。

(三)统一战国各诸侯纪年与对应到公元纪年

将战国各诸侯国纪年与公元纪年统一,并将本身极为零散的战国史料按公元纪年进行统一编排是本研究的一个大前提,没有这个前提,是无法编排疆域变迁的史料的,更遑论考绘不断盈缩的疆域边界。

截至目前,与统一战国诸侯纪年相关的成果,比较重要的有司马迁《史记·六国年表》、汲郡古冢《竹书纪年》②、钱穆《列国世次年数异同表》③、陈梦家《六国纪年》④、方诗铭《中国历史纪年表》⑤、范祥雍《战国年表》⑥、杨宽《列国纪年订正表》⑦、柏杨《中国历史年表》⑧、日本学者平势隆郎《新编史记

---

① 周振鹤、李晓杰:《中国行政区划通史(先秦总论卷)》,上海:复旦大学出版社,第85页。
② 该书已亡佚,但可从《水经注》等史料中寻找片段。
③ 钱穆:《先秦诸子系年》,北京:商务印书馆,2005年。
④ 陈梦家:《六国纪年》,上海:学习生活出版社,1955年。
⑤ 方诗铭:《中国历史纪年表》,上海:上海人民出版社,2007年。
⑥ 范祥雍:《古本竹书纪年辑校订补》,上海:上海古籍出版社,2011年。
⑦ 杨宽:《战国史料编年辑证》,台北:台湾商务印书馆,2002年,第81—99页。
⑧ 柏杨:《中国历史年表》,海口:海南出版社,2006年。

东周年表》①等。各家在诸侯统一纪年方面互有出入,莫衷一是。

本研究对诸侯纪年与公元纪年做了如下一些考究工作:(1)对上述各家的年表进行了综合梳理、比对,找出了各家年表的不同之处;(2)对先秦历法进行了相关研究;(3)编排考校《史记》《竹书纪年》《战国策》等史料对若干历史事件的叙述逻辑。通过考究,我以为杨宽先生《列国纪年订正表》更为合理,因而在战国诸侯纪年与公元纪年对应统一上采纳了其年表,并基于此表编排史料。史料的系年编排主要参考了杨宽先生《战国史料编年辑证》、郭人民先生《战国策校注系年》②和范祥雍先生《战国策笺证》的相关考辨。

(四)"插花地""隙地"与"交地"的处理原则

在本节"一研究思路与步骤、方法"的"(四)标点绘线,考定疆域"中,提到考察某一区域各诸侯国疆域时采用连点成线的办法来确定疆域,但是在实际绘线时,因存在"插花地""隙地"和"交地",需要约定一些处理原则。

所谓"插花地",即犬牙交错且分属多个诸侯国的地带;所谓"隙地",指没有所属关系的未开发地带;所谓"交地",即《孙子兵法》所谓"彼可来我可往之地"。这三种类型的地带,在具体绘制界线时非常复杂。比如,在图1—15所示的区域有两个相邻诸侯国——卫国和魏国:卫国和魏国有一些城池相互交错,我们应该如何来为这两个诸侯国划界?一般的划界方式(如图1—16所示):将这个区域内的所有卫国城池用一条封闭的曲线围住,所有的魏国城池用另一条封闭的曲线围住。这种划界方式有一个常识缺陷:

---

① 日本学者平势隆郎之《新编史记东周年表——中国古代纪年の研究》,由复旦大学历史地理研究所周振鹤先生推介于国内(周振鹤:《评日本学者平势隆郎所著〈新编史记东周年表〉》,《中国史研究动态》,1996年第5期)。笔者考其年表至少有两大弊端不足取:一是年表对各诸侯国采用"即位改元"而非"逾年改元",这种统一的处理方法值得商榷。譬如,《史记·六国年表·赵》:"八年,秦王翦虏王迁邯郸。公子嘉自立为代王。"下一年《史记·六国年表·赵》记载:"代王嘉元年。"这是明显的"逾年改元"。赵国岂有此前全用"即位改元"而单单在这一年改变祖制而采用"逾年改元"之理?二是倘若平势隆郎按"即位改元"编制的年表为真,如将各诸侯纪年下的事件按照公元系年编排后,会发现原本在不同史料中集中记载同年同一件事的史料分跨多年,而且整个历史事件的逻辑全部混乱了。譬如,公元前298年的五国攻秦,按照平势隆郎之年表,五国攻秦与函谷关之时,秦还能攻楚析地取十五城,极不符合常理。如按其年表,这样的例子不胜枚举。如果要让按平势隆郎之年表编排的历史事件符合事件的先后逻辑,意味着要重新调整改写《史记》"本纪""世家"中的各诸侯王公之纪年,也要调整春秋各诸侯纪年,春秋、战国的历史分期断代乃后人所为,自春秋至战国,鲁、秦、楚、三晋、燕等诸侯并未亡国而是政权续延,岂有春秋采用"逾年改元"而战国重新采用"即位改元"之理? 如若采用平势隆郎之年表,相当于改写中国先秦历史,所系重大,实不敢妄取。

② 郭人民:《战国策校注系年》,郑州:中州古籍出版社,1988年。

这意味着,每次卫国出兵往南或北,魏国每次出兵往东或西,都要相互借道。春秋战国史料中关于是否"借道"于他国,是当作一个重大事件来看的,应该是有明确史料记载的。如果在史料中从未提及,那么这种划界方式是有问题的。也就是说,对于"插花地"的城池,是不能用封闭的界线将其囊括在内以示属于某国的。这就需要为这类区域统一约定处理原则。

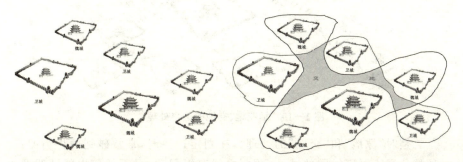

图 1-15 插花地、交地示例图——城邑犬牙交错　图 1-16 插花地、交地疆域的错误划分

一是对"插花地"的处理。虽然不能用封闭的界线将其囊括在内以示属于某国,但是对于城池犬牙交错的两个诸侯国而言,实际上是可以大致确定明确边界的。比如,图 1-17 虚线区域内所示,赵、魏之间有一些独立防守的城池相互之间犬牙交错,按照前文提到的,我们是不能将各自的城池连成一个封闭区域给出两国的一个明确疆界的。但是,至为明显的是,虚线犬牙交错区域的南部全部城池都属于魏国、北部的全部城池全部属于赵国,那么,魏、赵两国实际势力范围是非常明显的,如图 1-18 实线所示

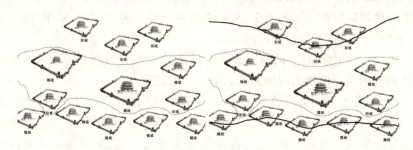

图 1-17 "插花地"示例图——城邑与"交地"　图 1-18 "插花地"示例图—交地与边界划分

对于中间虚线部分,在本书进行界线勘定时,采用"边界折中划一"的原则:将争议区域城邑较少的一方所有领土划分给另一方,另一方孤悬在外的城邑用彼可来我可往的公共交通来衔接(如图 1-19 所示)。

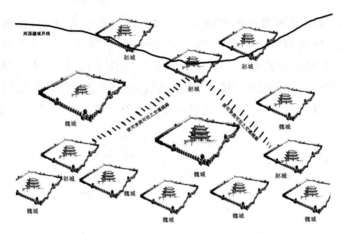

图1—19 插花地、交地的边界处理

二是对"隙地"和"交地"的处理。在划定边界时,常常碰到两种情况:一种是分属不同诸侯国的城邑,两两之间离得很远,且无任何史料证明两城之间区域的所属,在划定界线时如何取舍?另一种情况是分属不同诸侯国的城邑极为集中,城与城之间交错在一起,城与城之间的道路彼可来我可往,在划定疆域界线时该如何取舍?对于这两类问题,在本书中约定采用两个原则:

(一)以"山川形便"和"军事工事"相结合判定的原则解决"隙地"归属问题。所谓"山川形便",就是以天然山川地势作为边界划定的依据;所谓"军事工事",就是以城垣、长城、亭、障、关塞作为边界。在古代,战争以崇山峻岭、长河大川作为天然防御工事,或凭借天然山川构筑军事工事,或在没有天然屏障时构筑军事工事,是一个普遍现象。因此,本书采用"山川形便"和"军事工事"相结合判定的原则。

(二)以"相近相连"的原则解决"插花地"问题。所谓"相近相连",就是城邑相近则认为两城之间的领土属于同一诸侯国。

但是,需要特别指出的是,尽管本书采用了"相近相连""山川形便"和"军事工事"相结合判定的原则,但也不是绝对地以天然防线或军事工事作为实际边界线。很多时候,这些实际的军事界线、天然屏障通常是防御外敌进入内部的最后一道实体防线,其实际边界应该在最后这道实体防线之外有所延伸,比如长城,虽然出现斗争的地点只在长城的某一段,但是其势力范围可能在长城以外,长城成为进可攻退可守的屏障。也就是说,本书在边界绘制与考定时也还根据史料透露的形势判断真实的领土边界线在这些明确界限之外是否有缓冲区。

三 研究框架

为使得整个研究层次分明和逻辑清晰,拟对整个研究的行文按照"编—章—节"的体例进行编排:

第一编主要做一些基础工作,对本书的思路、步骤、方法和地图底图进行论证。包括两章:第一章对研究思路和步骤、方法、基本问题和原则进行厘定和约定;第二章校补《中国历史地图集》战国地名及方位,并绘制公元前333年战国地图。

第二编对公元前333年诸侯疆域范围进行考绘。包括七章,分别对韩(含二周)、赵(含中山、卫)、齐(含鲁)、魏(含宋)、秦(含义渠、乌氏)、楚(含越)和燕等诸侯国和少数民族部落的活动范围进行考证,并绘制诸侯疆域形势图。

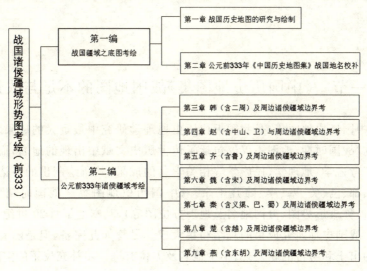

第二章
《中国历史地图集》战国地名及方位校补(前333)[①]

第一节 《中国历史地图集》战国地图的不足与改进

《中国历史地图集》是我国近代历史地理学研究中最重大的成果之一。其中的"战国时期"地图不仅仅包括了传世历史文献中出现的地名，而且还吸收了考古学、地理学、民族学等相关学科的成果，其所绘制出的各诸侯国山、川、都、邑、关、塞、亭、障凡千余。《中国历史地图集》"战国时期地图"（含诸侯称雄形势图、分国地名及地理方位图等），基本上是对20世纪80年代之前战国史地研究成果的总结和集大成。尽管如此完备，但是随着地下文物的出土和考古的新发现，不少地名及方位有进一步补充校正的空间。

一 《中国历史地图集》"战国时期"地图的缺憾与不足

《中国历史地图集》第一册"战国时期"地图（以下全部简称《图集》）的缺憾，在第一章中有所涉及，但未及详述。以今天的眼光来看，还有如下三点需进一步申论。

[①] 本章之研究曾获2014年北京大学日本桐山教育基金资助，写入本章时在原基础上作了大篇幅修正。

一是所绘地图需要更进一步细化"时间—空间"。第一章评介《图集》时已指出其已有很强的"时间—空间"观念,在将战国二百多年地名的历史变迁尽收一图的同时,尽量用不同标记或括注来标示不同时期的城邑、地名、区域、封国、郡县等的变迁。但是,在实际阅读过程中,这种标绘方法在某种程度上反而引起了一些不必要的混淆,让研究者短时间内无法理顺各种关系。比如,战国时期的楚"黔中郡"与秦"黔中郡",虽同名,而实际上疆域范围完全不同,据《史记·楚世家》"(前277)二十二年,秦复拔我巫、黔中郡"及《史记·秦本纪》"(前277)三十年,蜀守若伐楚,取巫郡,及江南,为黔中郡",秦之"黔中郡"包含了原楚国之巫郡、江南郡和黔中郡,《图集》中仅标绘了一处"黔中郡",这处地名到底是指楚国的,还是秦国的? 如果是楚国的,按《图集》标绘变迁区域的体例,就缺了秦国的,反之,就缺了楚国的。又如,秦国的"郑国渠",《史记·六国年表·秦》"(前246)始皇帝元年,击取晋阳,作郑国渠",秦国修筑"郑国渠"的时间当在公元前246年前后,《图集》直接标绘在秦底图上,很容易让人误以为在公元前246年之前就已有郑国渠。诸如郑国渠之类的例子,还有各国的长城,虽是在不同时期不同年代修建的,但《图集》一律在一张底图上全部标绘出来,很容易让人误解自战国之始各诸侯国即有非常完备的军事防御体系。

二是底图今地名变迁带来地名检索的不便。历史地图以"古郡国题以墨,今州县题以朱"的绘法标绘古今地名,主要是为方便从今地名快速定位古地名,或从古地名快速定位今地名。《图集》以实测中华人民共和国1980年行政建制为底图来绘制,在当时并不过时。但是,时至39年后的今日,中国政区设置已经历了多次变更:有"县"升级为"市"的(如河南荥阳县升级为荥阳市),有"县"变为"区"的(如"临淄县"变为"临淄区"),有"市"更名的(河北完县更名为河北顺平县),有"市"单列为直辖市的(如原属四川省辖重庆市升格为中央直辖重庆市),行政区划的范围也多有变更,凡此种种,不一而足。这个问题虽非《图集》本身造成的,但是以今天的视角来看,确实有此不足。尽管如此,历史地理学界并未对地图进行更新,无论是研究还是论著,凡有引图,仍以此图为底本,稍感遗憾。

三是仍有相当一部分战国地名缺失或方位不准确。战国古地名及方位的精确定位是绘制疆域形势图的基础,尽管《图集》地名及方位的标绘基于传世文献和截至20世纪80年代考古学、地理学、民族学等相关成果,但此后30多年来,一些新史料和出土文物中的地名对《图集》地名又有了新的补充和修订。据目前初略统计,有至少403个战国地名可在商榷后校正补充到《图集》中。

二、对《中国历史地图集》"战国时期"地图的改进

针对《图集》的特点和不足,本研究拟在以下几个方面进行改进:

(一)考证校补《中国历史地图集》战国地名及方位

所校补的地名主要有四个来源:

一是史料提及,但《图集》中未涉及的地名。这些缺失的地名,有来自先秦典籍的,比如"鼓",《战国策·赵策四·第八·三国攻秦赵攻中山》"齐闻此,必效鼓",《图集》无;有先秦典籍未提及,但之后的地理志提及的,如"斄、美阳、武功",《元和郡县志·卷二·关内道二·武功县》"孝公作四十一县,斄、美阳、武功,各其一也",《图集》无。

二是近代出土文献中有,但在战国相关典籍中未出现的地名。出土的战国简牍、战国兵器、战国货币等器物文字中有相当一部分涉及地名。这些地名在辨识和方位考证方面比较复杂,有两个基本面会影响本研究对其的取舍:一是对简牍、铭文等古文字的辨识,通常会出现各家持不同说法的情况,没有明确的史料佐证,不详孰是;二是古地名文字辨识得到公认,但其地理方位不可考,或语焉不详,或存在争议,不详孰是。对于这两种存在不确定性的地名,本书不予认定和辑录,而只辑录那些被辨识出来为战国地名,且有春秋、战国或秦汉史料佐证的地名。比如"高奴""漆垣"等地名虽未见诸战国传世史料,但是在出土器物铭文上有记录,以秦惠文王"王五年上郡疾戈"为例,从"王五年,上郡疾造,高奴工□"铭文来看,在战国秦惠文王时即有"高奴"地是确切无疑的,但《图集》未有标绘。此"高奴"的确切地理方位,又可根据《史记·项羽本纪》"立董翳为翟王,王上郡,都高奴"和《史记正义》"括地志:延州州城即汉高奴县"等史料来综合确定,其地当在今陕西延安市东北延河北岸,具体方位《图集》第二册秦时期5-6③6"高奴"有示。

三是先秦典籍中有明确记载,但一直难定其地理方位,直至近代考古发现,或有新史家将其方位坐实的地名。比如"阳(河阳、河雍)",历代史料如《水经·河水注》《太平寰宇记》《读史方舆纪要》、杨宽《战国史料编年辑证》等所指众说纷纭,《图集》第一册35-36④5最后将其标绘在今河南孟州市西紧邻黄河北岸的不远处。2001年考古发现位于孟州市西北18公里

海拔约137米山岭上的槐树乡古周城村(原桑洼村)有战国古城遗址①,不仅如此,还有一条由北向南的"轵(今河南济源市)→孟津→洛阳"的古官道,古周城村正好处在这条官道的山岭之处,正对孟津和轵,为重要的关隘。"河阳城"位置当在今河南孟州市古周城村。

四是方位《图集》已有定论,但不准确、需修正的地名。比如,"长平",《图集》第一册战国时期35—36③5将其标绘在丹水西岸。而据近代出土器物和史料记载,"长平"应该在今山西高平市西北丹河东岸长平村偏南、北王村北的川地上。

对于疆域范围之考定有直接帮助的,除了上述四种战国时期即有的地名外,还有一些虽在战国时期史料和出土文献中未有记录,但在后世地名中有所关涉的地名。比如,"赵襄子城(太平寰宇记卷四十:赵襄子城,在(祁)县西六里)""原过祠(太平寰宇记卷四十:襄子拜受,遂灭智氏,祠三神于百邑,使原过主之)""困闷城(太平寰宇记卷四十四引旧图经:赵简子至此病笃,遂筑此城,由此为名)""马邑城(太平寰宇记卷四十四:史记白起与赵括相战于长平之时,筑此城养马)""王离城(太平寰宇记卷四十四:史记秦将王离击赵筑)""头颅山(太平寰宇记卷四十四:一名白起台,在县西五里。上党记云:秦坑赵众,收头颅,筑台于垒中,因山为台)""鼠穴(太平寰宇记卷四十五:史记云:秦攻赵阏与,赵奢曰:'其道险狭,如两鼠斗于穴中,将勇者胜')"等,此类地名,后世或因人因事而追称其地,或因地而附会人与事,因无法确定战国时是否即有此称谓,为谨慎起见,本研究一律不纳入对《图集》地名的校补中。

需要特别提到的是,地名的产生有其根源,也有其延续性:春秋时期的地名,虽在战国典籍中未曾出现,但并不代表这个地名消失了,可能只是它们未曾在战国传世史料上出现而已;秦汉乃至秦汉之后的地名,并不一定是秦汉时期新命名,可能沿袭了战国地名的称谓,只是战国史料中未提及而已。由于本研究主要针对战国时期,对于战国史料中出现的春秋或之前的地名,以及见于后代记载而不见于战国记载的地名,均不予辑录。比如"韩原",在战国传世史料《战国策·韩策三·谓郑王》中有"昔者,穆公一胜于韩原而霸西州,晋文公一胜于城濮而定天下,此以一胜立尊令、成功名于天下"的记载,但是从文意上,此史料记载的是春秋时期秦对晋的攻伐,其中的"韩原"乃春秋地名,在战国史料和目前已出土的战国考古文献

---

① 《河南考证东周河阳古城》,人民日报(海外版),2001年7月27日第六版。

中未出现,《图集》中未辑录,在本次考校中我们也不予辑录。还比如"泥阳""朝那",这些地名为秦统一六国后秦代的地名,在本次考校中,我们也不予辑录。有些地名在战国史料中并未出现,而在春秋或秦汉史料中出现,但《图集》中辑录了的,特别是山川,《图集》有其特殊考量,本章一仍其旧,未作删减①。

本研究在地名、疆域方面对秦、楚、燕、赵、魏、韩、齐、宋、卫、中山等大小诸侯国所考甚详,而对匈奴、义渠、朝鲜、林胡、楼烦、东越、杨越、西南夷等少数民族所考甚略。对少数民族考证简略,并非视其为独立于中国之"外邦",而主要是因为史料的缺乏,尽管其活动范围不能具体确定,但都是中国历史版图不可缺少的一部分。

(二) 绘制新版战国历史地图

在校补《图集》的基础上,本研究还尝试绘制新版战国历史地图。与《图集》相比,新图大抵有三个方面的改进:

一是在"时间—空间"框架下细化战国历史地图。最终考绘一幅确切时间点(公元前333年)下的空间图,并将这一时间点之后的地名(改名、新设置郡县等)以地名变迁年表的形式排列出来,为后续考绘战国历史地图集提供参照基础。

二是更新底图今地名地理数据。此次底图今地理数据(国界、省界、地名、河流、地形等)来自中华人民共和国国家基础地理信息系统提供的最新1∶400万数据,其中部分政区名称修订到2015年。总图采用113°中央经线和25°、40°双标准纬线绘制。

三是在底图上体现山川地势。诸侯称雄之"势"殆由山川之"形"产生,为直观体现战国诸侯称雄形势,以地势图为底图,可提升历史地图的直观视觉效果。

第二节 《中国历史地图集》战国地名校补

本节校补公元前333年的战国地名词条达347条,涉403地。在编排本节体例时,考虑到战国时期诸侯国之间的疆域变动无居,以国别来单列

---

① 谭其骧主编《中国历史地图集(第一册)》"前言部分"对这种情况有特别说明:"河流、湖泊当代有记载的,按记载选择一部分入图,无记载的,按前代或后代画。……山川不见于当代记载的,一般即不作标注,有时不能不注,则采用前代或后代名称。"

所校补之地名①,似并不合理。如"邢丘",《水经·济水注》引《竹书纪年》"(前367)梁惠成王三年,郑城邢丘",《史记·秦本纪》"(前266)四十一年夏,攻魏,取邢丘、怀",此地在战国不同时期分别属韩、魏和秦,如若体例按照国别来划分,此地当列为韩地、魏地还是秦地?凡此种种,为避免重复罗列,加之本节的主要目的是为了校正和补充《图集》所佚失的地名及方位,因此,本节一律以汉语拼音字母顺序进行排列,表述严谨的同时便于索引。

另需特别指出的是,在地名的校正补充过程中,本书充分参考吸收了近代学人在考古学、地理学、民族学等方面的成果,凡前人已有详细论证且本研究认同其论证的,直接引述而不再重复论证,以示对前人及成果的尊重,具体的论证逻辑读者可以根据参考文献按图索骥;凡前人已有论证,但本研究认为值得商榷,或前人未有涉足的,均给出详细论证逻辑,以与方家探讨。

A

安次

[1] 安即生晨。(《玺汇》3453)

【《图集》】无。

【补释】"安即",即"安次",吴良宝引施谢捷《古玺印文字考释(十篇)》:"在今河北省安次县。"②吴引可从,地在今河北廊坊市安次区,具体方位如《图集》第二册西汉时期27—28④3 之"安次"所示。

【标绘③】F17

安陵

[1] 安陵莫嚣。(《包山楚简》简175)

[2] 江乙说于安陵君曰。(《战国策·楚策一·第十·江乙说于安陵君》)

【《图集》】39—40④7 之"安陵",在今山东胶南市东北;35—36④7 之

---

① 程恩泽《国策地名考》、张琦《战国策释地》、钱穆《史记地名考》等,均以秦、楚、燕、赵、魏、韩、齐、宋、卫、中山等国别的体例来分列地名。
② 吴良宝:《〈中国历史地图集〉战国部分地名校补》,《中国历史地理论丛》,2006年7月,第21卷第3辑,第144—151页。
③ 所有定点标绘的位置,均是对本书后《战国诸侯疆域形势图》地名的索引。

"安陵(鄢陵)",在今河南漯河市鄢陵区西北十五里;45—46③4之"安陵(鄢陵)",在今河南郾城县东四十五里。

【校释】史料一,吴良宝《古币考释两篇》:"安陵是楚设置的一个县。"① 史料二,可知安陵为楚国的一个封地。史料一、二所指当是一处,吴说可从。此安陵的具体方位,《中国古今地名大辞典·安陵》:"战国时楚王嬖臣封于安陵,是为安陵君缠,楚王万岁后,愿以身殉者也。阮籍诗:'昔日繁华子,安陵与龙阳。'按后汉书郡国志,汝南郡召陵有安陵乡安陵亭,汝南本楚地,召陵在今河南郾城县。"所指为今河南漯河市郾城区东四十五里之召陵。值得注意的是:战国时期,楚国有"鄢陵",《战国策·楚策四·第四·庄辛谓楚襄王曰》"君王左州侯,右夏侯,辇从鄢陵君与寿陵君",此"鄢陵"在今湖北宜城市南;魏国有"鄢陵"又称"安陵"②,《战国策·韩策一·第二十四·观鞅谓春申》"(前241)今则不然,魏且旦暮亡矣,不能爱其许、鄢陵与梧"和《战国策·魏策四·第二十四·魏攻管而不下》"(前225)魏攻管而不下。安陵人缩高,其子为管守",此"安陵(鄢陵)"在今河南鄢陵县西北十五里。但未见楚国之"安陵"又称"鄢陵",不详《图集》据何称此"安陵"为"安陵(鄢陵)"。此安陵的具体方位如《图集》45—46③4"安陵(鄢陵)"所示,只是名称要改为"安陵"。

【标绘】K15

安陆

⒈廿九年,攻安陆。(睡虎地秦简《编年记》)

【《图集》】无。

【补释】据此史料,战国时期有"安陆"地是毋庸置疑的。"安陆"之方位,吴良宝引睡虎地秦墓竹简整理小组编《睡虎地秦墓竹简》:"安陆在今湖北安陆一带。"③吴引可从,地在今湖北安陆市一带,具体方位如《图集》第二册秦时期11—12②5之"安陆"所示。

---

① 吴良宝:《古币考释两篇》,《中国国家博物馆馆刊》,2005年第2期,第8—13页。
② 据《战国策·楚策二·第一》"魏相翟强死,魏立公子劲为相"和《史记·秦本纪》"(秦昭王八年),魏公子劲、韩公子长为诸侯",魏国的"鄢陵",魏襄王分封给其弟公子劲,是为"安陵国"。
③ 吴良宝:《〈中国历史地图集〉战国部分地名校补》,《中国历史地理论丛》,2006年7月,第21卷第3辑,第144—151页。

【标绘】N14

安阳

$\boxed{1}$ 四十四,伐鲁、莒及安阳。(《史记·六国年表·齐》)

【《图集》】37—38③5 今内蒙古乌拉特前旗东有"安阳";37—38③10 今河北省张家口市阳原县东南有"安阳";39—40⑤2 今山东菏泽市曹县东有"安阳"。

【校释】此史料之"安阳",《图集》标绘在今山东菏泽市曹县东。杨宽《战国史料编年辑证》(1041页)提出质疑并考定在别处:"疑安阳即阿,'安''阿'声近通用,莒即在安阳附近。齐之莒,为五都之一,不可能为楚所得而用以封莒。"又《战国史料编年辑证》(187—188页):"此安阳当在东阿(今山东阳谷县东北五十里阿城镇)西北小湖阿泽之西北。东阿原称柯,即因阿泽而得名,安阳当因在阿泽之阳而得名,犹赵之阿邑或称安邑。"杨宽所辨似可从。其地在今山东阳谷县东北,《图集》以为此安阳在山东曹县东(39—40⑤2),误,《图集》39—40⑤2 之"安阳"当删掉,并在今山东东阿以北新增"安阳"。

【标绘】I17

安阳

$\boxed{1}$ 六年,安阳倫(令)韩壬、司刑欣(昕)餓、右库工师艾(着)固、冶亚斁(造)戟束(刺)(《集成》11562【六年安阳令矛】)

【《图集》】37—38③5 今内蒙古乌拉特前旗东有"安阳";37—38③10 今山西阳原县东南有"安阳";39—40⑤2 今山东菏泽市曹县东有"安阳"。

【补释】战国时期有多处"安阳",此安阳据考证为韩国之安阳。周翔(127页)引何琳仪《战国文字通论(订补)》①:"此为韩之安阳,即今河南正阳县。"并引高明《中国古文字学通论》②认为可能为韩桓惠王六年(前267)或韩王安六年(前233)(721页)之兵器。此安阳之方位可从,但是是否属韩国存疑。从兵器断代来看,公元前267年或公元前233年,韩国不可能占有今河南正阳县之地。

---

① 何琳仪:《战国文字通论(订补)》,江苏教育出版社,2003年,第117页。
② 高明:《中国古文字学通论》,文物出版社1987年,第718页。

【标绘】M15

B

白马口

① 决白马之口，魏无济阳，决宿胥之口，魏无虚、顿丘。(《战国策·燕策二·秦召燕王》)

② 决白马之口，魏无黄、济阳。(《史记·苏秦列传》)

【《图集》】35－36③7 有"垝津(围津、白马口)"，其地在今河南安阳市滑县北。

【校释】战国时之"垝津(围津)"与"白马口"为两地(具体考辨详见本节"垝津(围津)")。"白马口"的方位，《中国古今地名大辞典·白马津》："在河南滑县北，旧为河水分流处，一曰白马水，今堙。国策赵策张仪说赵王曰'守白马之津'，又燕策苏代说燕王曰'决白马之口，魏无济阳'，史记荆燕世家'刘贾将二万人，骑数百，渡白马津，入楚地'。正义：'黎阳一名白马津。'晋慕容德改黎阳津为天桥津，水经注作鹿鸣津。""白马口"当单独作为一个地名，地在今河南安阳市滑县北，具体方位仍如《图集》35－36③7"垝津(围津、白马口)"所示，只是其名当为"白马口"。

【标绘】J15

褒斜

① 栈道千里，通于蜀汉。(《史记·范雎蔡泽列传》)

【《图集》】43－44④7－④8 有"褒谷"，其地在今陕西汉中市汉台区褒城镇北。

【校释】《史记·货殖列传》："巴、蜀四塞，然栈道千里，唯褒、斜绾毂其口。"《元和郡县志》："褒斜道一名石牛道，至今犹为往来要途。谓之北栈，亦曰连云栈。"石牛道当为后世之剑阁道。秦蜀间之栈道，当即为"褒斜"道。陕西秦岭之谷，南口曰"褒"，在陕西省汉中市汉台区褒城镇北，北口曰"斜"，在今陕西省宝鸡市眉县西南，长四百五十里。《图集》43－44④7－④8 作"褒谷"，其名当作"褒斜"。

【标绘】L7－K8

北平

① 北平右巨。(《陶汇》3·752)

【《图集》】41—42③4—④3 有"右北平郡"。

【补释】吴良宝引何琳仪《古陶杂释》:"今玉田县境内。"①后晓荣《战国政区地理》②:"何琳仪释读为'右北平巨',似误。汉志中山国有'北平'县,'莽曰善和'。故址在今河北满城县北。"后说可从,在今河北满城县北,具体方位如《图集》第二册26①3之"北平"所示。

【标绘】F16

鄜衍

1 贼出子鄜衍。(《史记·秦始皇本纪》)

【《图集》】无。

【补释】据此史料,战国时有"鄜衍"是无疑的。其方位,钱穆《史记地名考》:"鄜衍,地名,当在平阳。"③平阳所在之地,钱穆《史记地名考》:"平阳,今岐山县西南,接宝鸡县界。"按钱穆所释,其地在今陕西岐山县东。

【标绘】K8

泌阳

1 廿七年,泌阳工师絉、冶象。(《集录》1171)

【《图集》】无。

【补释】泌阳之方位,周翔《战国兵器铭文分域编年研究》(122页):"泌阳,地名,战国韩邑,今河南泌阳县。"此兵器的铸造时间,周翔《战国兵器铭文分域编年研究》(122页)引高明《中国古文字学通论》(710页)确定时间在韩昭侯二十七年(前336)。苏辉《秦三晋纪年兵器研究》(122页)考定为公元前343年魏国铸造之兵器。虽然周、苏二人对此兵器的所属存争议,但其地理方位都确定在今河南泌阳县,可从。其具体方位当如《图集》第二册15—16⑥9之"比阳"所示。另,《吕氏春秋·似顺论》"齐令章子将而与韩、魏攻荆,荆令唐蔑将兵应……与荆人夹沘水而军",战国时称"沘"而非"泌",秦汉称"比阳"而非"泌阳",不详是否《集录》释文有误,姑录待后备考。

---

① 吴良宝:《〈中国历史地图集〉战国部分地名校补》,《中国历史地理论丛》,2006年7月,第21卷第3辑,第144—151页。
② 后晓荣:《战国政区地理》,文物出版社,2013年,第217页。
③ 钱穆:《史记地名考》,北京:九州出版社,2011年,第303页。

【标绘】M14

博关

1 秦攻齐,则楚绝其后,韩守成皋,魏塞午道,赵涉河、漳、博关,燕出锐师以佐之。(《战国策·赵策二·第一·苏秦从燕之赵始合从》)

2 大王不事秦,秦驱韩、魏攻齐之南地,悉赵涉河关,指搏关,临淄、即墨非王之有也。(《战国策·齐策一·第十七·张仪为秦连横齐王》)

【《图集》】无。

【补释】史料二"搏关",即"博关"。"博关"的方位,程恩泽《国策地名考·齐上·博关》:"正义:'博陵在济州西界,博关在博州。赵兵从贝州渡清河,指博关,则漯河南临淄、即墨危也。'舆地广记:'博州,战国属齐、赵、魏三国之交。'胡三省曰:'博关在济州西界之博陵,今山东东昌府博平县西北三十里有故博平城,即齐博陵也,以为博城者非。'"《读史方舆纪要·山东五·博平县·博平故城》:"县西北三十里,即齐博陵邑也。……亦谓之博关。战国策苏秦曰'赵涉河、漳、博关',张仪说齐曰'悉赵兵渡清河,指博关'皆谓此也。"按《国策地名考》所释,博关当在博陵境内黄河南岸的一个关口,其地当在今山东聊城市茌平县博平镇西北三十里。

【标绘】I17

博望

1 [内正面]六年,上郡守闲之造。高奴工师蕃,鬼薪工臣。[内背面]阳城。[胡背面]博望。(《近出》1194【六年上郡守闲戈】)

【《图集》】39—40③2 有"博望",在今山东聊城市北。

【补释】周翔《战国兵器铭文分域编年研究》(120页)引高明《中国古文字学通论》(714页)认定此兵器为秦昭王六年(前301)铸造,并先后置放在博望、阳城二地。又引吴镇烽《金文人名汇编(修订版)》①确定此兵器所置放之博望:"治所在今河南方城县西南博望集。"周引可从,其地在今河南方城县西南博望镇,具体方位如《图集》第二册22—23②6之"博望"所示。

---

① 吴镇烽:《金文人名汇编》,中华书局,2006年。

【标绘】L13

薄洛水

[1] 吾国东有河、薄洛之水，与齐、中山同之。(《史记·赵世家》)

今吾国东有河、薄洛之水，与齐、中山同之，而无舟楫之用。(《战国策·赵策二·第四·武灵王平昼间居》)

【《图集》】无。

【补释】薄洛水的基本情况，《读史方舆纪要·北直五·宁晋县·胡卢河》："县东南二十里。即禹贡之大陆泽……亦谓之薄洛水。战国策赵武灵王曰'吾国东有河、薄洛之水，与齐、中山同之……'是也。亦谓之广阿泽。"又，《读史方舆纪要·北直六·广宗县·漳水》："水经注：'漳水经经县故城西，其故津为薄洛津。'刘昭续汉志：'经县西有薄洛津。'战国策所谓'河、薄洛之水'，即此也。"张琦《战国策释地》："今宁晋大陆泽，一名广阿泽，即古河薄洛之水，齐界景州故城，中山界无极，皆相距百里。"《史记集解》："徐广曰：'安平经县西有漳水，津名薄洛津。'"钱穆《史记地名考》："经县，今河北之广宗县。今平乡县西五里有落莫水，合洺河入大陆泽，寰宇记谓即古薄洛津。"王先谦《鲜虞中山国事表疆域图说》："今漳水经广宗入宁晋泊，正在宁晋县东南。泊水上承大陆泽，相距数十里。考证旧典，是大陆泽迄今宁晋泊，通受薄洛水之称，故中山之地能跨薄洛水而有扶柳也。"吕苏生补释："薄洛水，即古漳水之异名。薄洛津，在今河北省宁晋县东南。"

以上为各家之说，虽大致相同，但仍有小异。"薄洛之水"的具体所指，需澄清与之息息相关的一个湖泽——"巨鹿泽"。关于"巨鹿泽"的称谓，《吕氏春秋·有始览》："九薮，赵之大陆其一也""晋之大陆，赵之巨鹿也"。从《吕氏春秋》的记载来看，春秋战国时期此沼泽同时有"巨鹿泽""大陆泽"的称谓，这是可以确定无疑的。战国之后，因其在汉广阿（今河北隆尧）境内，又称为"广阿泽"。其次，"巨鹿泽"的地理方位，《图集》37－38⑥10所示在今河北平乡县西并无多大问题，但是，从前述各家的史料来看，战国前期这片沼泽的范围比《图集》所示要大得多，《读史方舆纪要卷十四·北直五·真定府·赵州·宁晋县·胡卢河》："即禹贡之大陆泽……丁度曰：'胡卢河，横漳之别名也。在深、冀间，横亘数百里。'"当包括今河北宁晋以东和以南、冀州以西、南宫以西、巨鹿以北、隆尧以东及以南的广大地区。再次，这片沼泽中当有一个后世称之为"宁晋泊"的湖泊。吕苏生在辨及"薄洛之水"时提到"今漳水经广宗入宁晋泊，正在宁晋县东南。泊水上承大陆泽，相距数十里"，尽管在战国史料中均不见"宁晋泊"而只有"大陆泽",但从王先谦、吕苏生的考辨可见,战国时期的大陆泽中当有一湖泊(王先谦、吕苏生称其为"宁晋泊",战国当时未必有"宁晋"之名,但有湖泊之实),这个推断是合理的。大概是大禹治水之前漳水自太行山而下东北流,由于地势的原因,在漳水北岸的今河北巨鹿一带形成了一个沼泽,但漳水的主河道在沼泽边缘东北注入河水,经今河北冀州北、衡水、武邑县,在东光与"清河"交汇,再东北经泊头、沧州汇入古黄河。夏禹治水后,"(禹导河)至于大陆",河水北向拦腰穿过漳水进入巨鹿泽,形成了一个新的局面:漳水被河水拦腰折断并穿过,漳水上游在今河北平乡县东与河水会合,漳水下游成了河水的一条支流,仍经今河北冀州北、衡水、武邑县,在东光与"清河"交汇,再东北经泊头、沧州汇入黄河。《禹贡》河进入巨鹿泽后,由于水量巨大,加宽了原先漳水北岸巨鹿泽的范围,同时有大量的水壅滞形成一个湖泊;由于河水势猛,尽管在巨鹿泽一度壅滞,但其主河道仍北向出巨鹿泽,这种情况给外界的印象是各种河流自巨鹿泽而出,因此《尚书·禹贡》说"(禹导河)至于大陆,又北播为九河",自大陆泽(即巨鹿泽)又出了多条河。

最后来具体讨论"薄洛水"。顾祖禹《读史方舆纪要》:"亦称'大陆泽'。"但王先谦、吕苏生考辨认为顾祖禹所谓"薄洛水"亦称"大陆泽"不够严谨。那究竟"薄洛水"所指为何?王先谦、吕苏生辨正说:"今漳水经广宗入宁晋泊,正在宁晋县东南。泊水上承大陆泽,相距数十里。考证旧典,是大陆泽迄今宁晋泊,通受薄洛水之称,故中山之地能跨薄洛水而有扶柳也。"认为所谓的"薄洛水",是漳水自大陆泽至大陆泽以北数十里之宁晋泊(其地在今河北宁晋县东南)的统称。而近代史念海先生在《论〈禹贡〉的导河和春秋战国时期的黄河》中提出了不同看法,认为"水经注所载的薄洛津当是黄河离去后漳水独流时的名称","赵武灵王时黄河与薄洛之水确已分离,北流一段为黄河,东流一段为薄洛之水,也就是后来的漳水⋯⋯薄洛之水的名称也因之不限于东流这一股的故道,而且也用之于更上游一段的漳水河道,所以在今广宗县境就留下了一个薄洛津的名称",认为在今广宗县上游直至大陆泽、出大陆泽以后的漳水统称"薄洛之水"。史念海先生因此作出了"黄河与降水汇合于大陆泽后,又分别以两条河道出大陆泽,以北的河道,即黄河河道,以东北的河道,即为'薄洛之水'(也称为'漳水')"的判断,认为流经今河北武强县、交河县、沧州而东出的黄河为"薄洛之水"(如图2—1所示)。按史念海先生所辨,战国时期自大陆泽东出之水为"薄洛之水",此水北向经过高阳、容城县、次安、霸州的才为"河",那么《战国策·秦策四·第九》中策士说"齐南以泗为境,东负海,北倚河,而无后患"、《战国纵横家书·谓起贾》说"且使燕尽阳地,以河为竟"将都说不通了,因为按照史念海先生的考辨,东出的一支为"薄洛之水"而非"黄河",那"齐南以泗为境,东负海,北倚河,而无后患""且使燕尽阳地,以河为竟"的"河"必然指的是北行经高阳、霸州的那条河了,谭其骧先生质疑"这里所谓的'以河为境'的'河',依当时的形势推度,不会是山经河,因为山经河以北原是燕的腹心之地,燕若以这一线为境,不值得夸耀",并认为这两个史料中所谓的河"不像是汉志河,因为禹贡河以南、汉志河以北是赵国的'河间'地,其时'燕赵共相,二国为一',燕不会去侵占赵地。所以此时的河很可能是介于山经河与汉志河之间的禹贡河"①,符合战国时期诸侯国际的地缘政治形势。考史念海先生认为"黄河即薄洛之水、即漳水"的逻辑,一是基于他对战国时期黄河为禹贡河而无东出一支的认识,二是基于齐国的疆域不可能扩张到大陆泽附近的认识。以这两种认识为前提,而史料又说"吾国东有河、薄洛之水,与齐、中山同之",史念海先生为使史料逻辑上自洽,就只有从大陆泽引出一水称薄洛水。实际上,赵武灵王胡服骑射改革之时,齐国的疆域确实非常靠近大陆泽,与赵、中山共有薄洛水(详细考证见本书第四章第二节)。当从顾祖禹、王先谦、吕苏生等的考辨,所谓的"薄洛之水",是漳水自大陆泽至大陆泽以北数十里之宁晋泊(其地在今河北宁晋县东南)的统称,而非史念海先生所说的自大陆东出的一水称薄洛水。

【标绘】H15—H16

图2—1 史念海先生绘制的"薄洛之水"②

---

① 谭其骧:《长水集(下)》,北京:人民出版社,1987年,第80页。
② 此图截取自史念海《论〈禹贡〉的导河和春秋战国时期的黄河》(《陕西师范大学学报:哲学社会科学版》,1978年第1期)第61页"春秋战国黄河下游图"。

薄洛津

【《图集》】无。

【补释】尽管先秦史料中未提及"薄洛津",但从考证"薄洛之水"的材料来看,"薄洛水"的称谓只在战国才有,秦汉以后称"广阿泽","薄洛津"的称谓当根据"薄洛水"而来,因此,推定战国时期当有"薄洛津"。"薄洛津",当是跨薄洛水的一个津渡。吕苏生《鲜虞中山国事表疆域图说补释》认为"薄洛津,在今河北省宁晋县东南",而史念海《论〈禹贡〉的导河和春秋战国时期的黄河》则认为"薄洛津在今河北广宗县境,南距漳水和黄河会合处不远",并认为"水经注所载的薄洛津当是黄河离去后漳水独流时的名称"(即吕苏生所主张的薄洛津在今河北宁晋县东南)并不的确。究竟孰是孰非?根据《读史方舆纪要·北直六·广宗县·漳水》"水经注:'漳水经经县故城西,其故津为薄洛津。'刘昭续汉志:'经县西有薄洛津。'战国策所谓'河、薄洛之水',即此也"和《史记集解》"徐广曰:'安平经县西有漳水,津名薄洛津'","薄洛津"当在今河北广宗县西,史念海所说的"薄洛津在今河北广宗县境,南距漳水和黄河会合处不远"可从,在薄洛之水的边缘地带,具体方位当如《图集》第二册东汉时期47—48④3之"薄洛津"所示。

【标绘】H16

渤海

[1] 齐南有太山,东有琅邪,西有清河,北有渤海,此所谓四塞之国也。……即有军役,未尝倍太山,绝清河,涉渤海也。(《战国策·齐策一·苏秦为赵合从说齐宣王》)

[2] 秦攻燕,则赵守常山,楚军武关,齐涉渤海,韩、魏出锐师以佐之。秦攻赵,则韩军宜阳,楚军武关,魏军河外,齐涉渤海,燕出锐师以佐之。(《战国策·赵策二·苏秦从燕之赵始合从》)

【《图集》】39—40①5—6、41—42④4—5,以今渤海湾为渤海。

【校释】关于"渤海"的方位,顾祖禹《读史方舆纪要·历代州域形势·卷一》:"海之旁出者曰勃。自山东青、济北向沧、瀛,即所涉处也。瀛,今河间府。"又,《国策地名考·齐上·渤海》:"地理志'幽州有渤海郡,治浮阳,即今沧州',但下云:'绝清河,涉渤海',则渤海以海言,当时未尝置郡也。说文:'东海之别有勃澥',应劭曰:'海之横出者曰勃。'史记索隐:'崔浩曰:勃,旁跌出也。旁跌出者,横在齐北。又谓之䃼海。'国语:'渠弭于有渚。'

韦昭曰：'渠弭，裨海也，亦谓之少海，韩非子齐景公与晏子游于少海，是也。'渤海自在齐之北境，不指登莱大海。胡渭曰：'碣石以西至直沽口，禹时为逆河，战国时谓之渤海。渤海止此耳。以铁山沙门为渤海之口，而旅顺以东为大海，近志之失也。'"按《战国策》"绝清河，涉渤海""齐涉渤海"，所谓的"涉"，从上下文文意来看，其对象当指"河"，且齐无由不涉河而去涉漫无边际的"海"。《国策地名考》所引胡渭的注解，此处所指"渤海"非海，乃"禹时之逆河"，胡渭所言逻辑上可从。按胡渭所言，《战国策》中"未尝倍太山，绝清河，涉渤海""秦攻燕，则赵守常山，楚军武关，齐涉渤海，韩、魏出锐师以佐之"，正说明齐、燕以"渤海"为界，从整个逻辑上是正确的。"逆河"之方位，《书·禹贡》："（禹导河）至于大陆，又北播为九河，同为逆河，入于海。"蔡沈《书经集传》："意以海水逆潮而得名。"指黄河入海处的一段河流，在河口潮水倒灌下，呈逆流之势，以迎受海潮而得名。具体方位，胡渭《禹贡锥指》所指已十分明确："碣石以西至直沽口。""碣石"的方位，谭其骧先生指在今河北昌黎县北偏西十里之碣石山①，而记述战国时期历史事件的史料《战国策·燕策一·第一》中明确记载燕"南有碣石、雁门之饶"，昌黎在燕之东，不得谓之南，《战国策》中所指恐是另一处碣石。《山海经》"碣石之山，绳水出焉，东流注于河"，"绳水"不可考，碣石山当在今天津市以西，具体位置不详。"直沽口"，《大清一统志》"大直沽东南百余里为大沽口，众水由此入海，即杜佑通典所云三会海口也"，其地在今天津市塘沽区海河以南。也就是说，《图集》39—40①5—6，41—42④4—5之"渤海"当改为"海"，而黄河入海之前的一段河流，当为"渤海"。

【标绘】F18

不其

[1] 不其市节。（《陶汇》3·694）

【《图集》】无。

【补释】吴良宝《〈中国历史地图集〉战国部分地名校补》引曹锦炎《古玺通论》："在今山东即墨县西南。"②吴引可从，在今山东即墨市西南，具体方位如《图集》第二册西汉时期19—20②9之"不其"所示。

---

① 谭其骧：《长水集（下）》，北京：人民出版社，1987年，第93—104页。
② 吴良宝：《〈中国历史地图集〉战国部分地名校补》，《中国历史地理论丛》，2006年7月，第21卷第3辑，第144—151页。

【标绘】I21

C

苍梧

⃞1 南有洞庭、苍梧。(《战国策·楚策一·苏秦为赵合纵说楚威王》)

【《图集》】45－46⑦2－⑦3 有"苍梧(仓吾)",在今广西贺州市南,梧州市北。

【校释】苍梧,吴师道《战国策校注》:"正义云:'苍梧山在道州南。'按此乃楚、粤穷边处,交州、苍梧则粤地也。"张琦《战国策释地》:"古苍梧,汉零陵郡也。今湖南永州府至广西全州地。"张琦之释可从,在今湖南零陵－道县－广西全州一带。

【标绘】U10－U11

柴

⃞1 柴矢右。(《近出》1114)

柴内右。(《新收》1113)

【《图集》】无。

【补释】周翔《战国兵器铭文分域编年研究》[1]引杨宽《战国史》(增订本):"柴,地名,今山东新泰,战国鲁邑。"周引可从,其地在今山东泰安市新泰市,具体方位如《图集》第二册西汉时期19－20③6之"柴县"所示。

【标绘】J18

屏陵

⃞1 [正面]屏陵[背面]屏陵。(《集成》11461【屏陵矛】)

⃞2 屏陵。(《集成》11462【屏陵矛】)

【《图集》】无。

【补释】吴良宝《〈中国历史地图集〉战国部分地名校补》[2]、周翔《战国兵

---

[1] 周翔:《战国兵器铭文分域编年研究》,浙江师范大学硕士论文,2013年,第267页。
[2] 吴良宝:《〈中国历史地图集〉战国部分地名校补》,《中国历史地理论丛》,2006年7月,第21卷第3辑,第144－151页。

器铭文分域编年研究》①引《中国历史地名大辞典》:"孱陵,地名,即西汉所置之孱陵县,今湖北公安县西北,战国属楚。"吴、周所引可从,孱陵当在今湖北省荆州市公安县西,具体方位如《图集》第二册西汉时期22—23⑤6之"孱陵"所示。

【标绘】O13

昌城

[1] 燕周将,攻昌城、高唐,取之。(《史记·赵世家》)

[2] 昌城右戈。(《集成》10998【昌城右戈】)

【《图集》】39—40③5有"昌国(昌城)",其地在今山东淄博市东南;37—38⑥11有"昌城",其地在今河北冀州市西北。

【补释】史料一之昌城位置,《史记正义》:"括地志云:'故昌城在淄州淄川县东北四十里也。'"史料二,吴良宝:"其地与高唐应相近。地图集根据集解引徐广、正义引括地志的说法,将城定在今山东淄博市(地理志中称昌国),已是离国都临淄不远的齐国腹地,实有未当。"②按《史记集解》《史记正义》所辨方位,在今山东淄博市东南昌城,即《图集》39—40③5之"昌国(昌城)",但从上下文的空间逻辑上看,赵将燕周率兵攻齐之昌城、高唐,将昌城、高唐对举,此"昌城"当距离"高唐"不远,吴良宝先生所疑有理。另据《中国古今地名大辞典·昌国县》"后魏东清河郡所领武城县有昌国城",战国时期,"昌城""昌国城"多有混说,据史料"赵攻齐昌城"来看,"昌城"与"高唐"当同为齐、赵边境地带城邑,后魏时期的"昌国城"可能就是战国所谓的"昌城"。"昌城"的具体方位,齐、赵以天堑黄河为界,赵出兵伐齐的路线当自黄河津渡"平原津"跨河击齐,过河之后攻齐昌城、高唐,昌城当在平原津和高唐之间,其地当在今山东高唐县东。

【标绘】I17

昌成(昌壮)

[1] 十年,燕攻昌壮,五月拔之。(《史记·赵世家》)

【《图集》】37—38⑥11有"昌城",在今河北冀州市西北;39—40③5有

---

① 周翔:《战国兵器铭文分域编年研究》,浙江师范大学硕士论文,2013年,第27页。
② 吴良宝:《〈中国历史地图集〉战国部分地名校补》,《中国历史地理论丛》,2006年7月,第21卷第3辑,第144—151页。

"昌国（昌城）"，在今山东临淄区南。

【校释】《中国古今地名大辞典·昌城县》："正义：'壮字误，当作城。'汉志信都国有昌成侯国，右北平郡有昌城县，则此当为昌成。后汉志阜城故昌城，盖误'成'为'城'，正义因承其误也。后汉初昌成人刘植据城以迎光武。永平初改为阜城县。晋省入信都。故城在今直隶冀县西北五十里。"《读史方舆纪要卷十四·北直五·真定府·冀州·昌成城》："昌成城，在州西北。故赵邑。史记：'赵孝成王十年，燕攻昌城，拔之。'括地志：'冀州西北故昌成县是也。'汉置县，属信都国，宣帝封广川缪王子元为侯邑。后汉初，昌成人据城以迎光武。永平初改为阜成县，晋省入信都。水经注：'堂阳县北三十里有昌成城。'杜佑曰：'今城在信都县北。'"《图集》据《史记正义》将"昌壮"校正为"昌城"，《图集》第二册（秦）9－10④4和第二册（西汉）26③3均作"昌成"，可见战国时期的"昌壮"当校正为"昌成"，《中国古今地名大辞典》言《史记正义》承《后汉书·志第二十》之误，将"昌成"误作为"昌城"，可从。又因原始史料《史记》作"昌壮"，为便于检索，其战国时期名称校正为"昌成（昌壮）"较为合理。具体方位，仍如《图集》37－38⑥11"昌城"位置所示。

【标绘】H16

昌国

[1] 燕昭王大悦，亲至济上劳军，行赏飨士，封乐毅于昌国，号为昌国君。（《史记·乐毅列传》）

《图集》39－40③5有"昌国（昌城）"，在今山东临淄区南。

【校释】《史记正义》："故昌城在淄州淄川县东北四十里也。"《读史方舆纪要卷三十一·山东二·济南府·淄川县·昌国城》："县东北三十五里。本名昌城，齐邑也。赵世家：'惠文王二十五年，攻齐昌城、高唐，取之。'其后燕昭王以封乐毅，号为昌国君。汉置昌国县，属齐郡，晋、宋及后魏因之。""昌国"称"昌城"，不详《史记正义》认为"昌国"为"故昌城"所本于何，但《读史方舆纪要》误将"惠文王二十五年，攻齐昌城、高唐"的"昌城"与燕昭王"封乐毅于昌国"的"昌国"混为一谈是至为明显的，实际上"惠文王二十五年，攻齐昌城、高唐"的"昌城"别为一地，本章"昌城"词条已辨。《图集》采纳《读史方舆纪要》之说，将"昌国""昌城"认为是一地异名，有误，当校正为"昌国"，具体方位仍如《图集》39－40③5"昌国（昌城）"所示，只是名称要改为"昌国"。

第二章 《中国历史地图集》战国地名及方位校补（前 333） 57

【标绘】I19

常（尝）

①愿魏以聚大梁之下，愿齐之试兵南阳、莒地，以聚常、郯之境，则方城之外不南。《史记·越王勾践世家》

【《图集》】有"尝（39—40⑤4）"而没有"常"。

【校释】《史记索隐》："常，邑名，盖田文所封邑。郯，故郯国。二邑皆齐之南地。"钱穆《史记地名考》："今滕县东南有孟尝集。"程恩泽《国策地名考·齐上·尝》："路史：尝在南阳，田文之封，今滕县薛城南十里有孟尝集，或云即古尝邑，近志以史记公孙弘传有淄川国薛县误文，因以淄川为田文封邑，谬矣。"据三家之考辨，"常""尝"实为一地，为齐孟尝君之封邑，其地当在今山东枣庄市滕州市孟尝集。《图集》只标此地"尝"，名称有缺失，当校正为"常（尝）"，其方位仍如《图集》39—40⑤4 所示。

【标绘】K18

长平

①韩告秦曰："赵起兵取上党。"秦王怒，令公孙起、王齮以兵遇赵于长平。（《战国策·赵策一·第十一·秦王谓公子他》）

②夫以秦将武安君公孙起乘七胜之威，而与马服之子战于长平之下，大败赵师。（《战国策·赵策三·第八·平原君请冯忌》）

③秦攻赵于长平，大破之，引兵而归。（《战国策·赵策三·秦攻赵于长平》）

④秦、赵战于长平，赵不胜，亡一都尉。（《战国策·赵策三·秦赵战于长平》）

⑤长平之役，平都君说魏王曰："王胡不为从？"（《战国策·魏策四·长平之役》）

⑥而不忧民氓，悉其士民，军于长平之下，以争韩之上党。大王以诈破之，拔武安。（《战国策·秦策一·第五·张仪说秦王》）

⑦秦攻赵长平，齐、楚救之。（《战国策·齐策二·齐攻赵长平》）

【《图集》】35—36③5 有"长平"，地在今山西高平市西北丹水西岸。

【校释】"长平"的地理方位，有两种说法：一说在今高平市西二十一里，但未确指在何处。《史记正义》(括地志云:"长平故城在泽州高平县西二十一里,即白起败括于长平处")和《元和郡县志》泽州高平条(长平故城在县西二十一里)支持此种说法。一说在高平县西北二十一里王报村,《读史方舆纪要》泽州高平县长平城条(县西北二十一里,即秦白起破赵处)和《中国古今地名大辞典·长平》(在今山西高平县西北二十里王报村,今犹称旧县)支持此种说法。《图集》第一册35－36③5依《水经·沁水注》将其标绘在丹水西岸,殆受熊会贞、杨守敬《水经注图》的影响,而熊会贞、杨守敬误将图2－2中"长平水""绝水"颠倒,以致将长平城标绘在丹水东岸。王树新等《战国长平之战新考》根据实地考察,考定长平城故址方位在"丹河东岸今长平村偏南、北王村北的川地上"①。王说可从,其所指方位在《图集》35－36③5"长平"稍北,在今山西高平市西北丹河东岸的长平村偏南、北王村北的川地上。《图集》将其标绘在今山西高平市西北,大方向是没有问题的,但细节方面有待更正,应该在丹水河东岸。

【标绘】J13

长平水

【《图集》】无。

【补释】长平水、绝水、泫水、丹水同流而异源,《山海经》《汉书·地理志》《水经注》中所指甚明,但到宋之后其称开始混乱,宋元明清以来如《太平寰宇记》《读史方舆纪要》《肇域志》等地理总志,及清以来官修《高平县志》大都附会宋以后之说,加上长平之战的一些口耳传说,致使这几条水和与水相关的城邑位置混乱不堪。考察战国时这四条河及相关城邑的确切位置,宋以后的史料几不足为据,当以最早的文献记载为主。《水经·沁水注》记载:"山海经曰:沁水之东有林焉,名曰丹林,丹水出焉。即斯水矣。丹水自源东北流,又屈而东注,左会绝水。地理志曰:高都县有莞谷,丹水所出,东南入绝水是也。绝水出泫氏县西北杨谷,故地理志曰:杨谷,绝水所出。东南流,左会长平水,水出长平县西北小山,东南流径其县故城,泫氏之长平亭也。……其水东南流,注绝水。绝水又东南流径泫氏县故城北。竹书纪年曰:晋烈公元年,赵献子城泫氏。绝水东南与泫水会,水导源县西北泫谷,东流径一故城南,俗谓之都乡城。又东南径泫氏县故城南,世祖建武六年,封万普为侯国,而东会绝水。乱流东南入高都县,右入丹水。上党记曰:长平城在郡南山中,丹水出长平北山,南流,

---

① 王树新、谢克敏等主编:《战国长平之战新考》,北京:军事科学出版社,2007年,第70页。

秦坑赵众,流血丹川,由是俗名为丹水。斯为不经矣。"《汉书·地理志·上党郡》记载:"泫氏,杨谷,绝水所出,南至野王入沁。高都,莞谷,丹水所出,东南入泫水。"

按《水经·沁水注》和《汉书·地理志》,以及目前尚存的谷底河道,长平水、绝水、泫水、丹水的走向及相关城邑"长平""泫氏"当如图2—2所示。值得一提的是,清杨守敬、熊会贞师徒,谭其骧先生、杨宽先生均曾据《水经·沁水注》绘过河道城邑图。杨、熊所绘《水经注图》中的长平—泫氏水系①(如图2—3所示)殆依据宋后史料,将"丹水"的源头定为今高平市明家沟、李家河(回沟村→釜山村→贾村→杨家庄村,在北王庄村汇入今丹河),而实际上《汉书·地理志》记载得很清楚,丹水的源头是高都县西北的莞谷(其大致流向基本与今野川河吻合)。由于丹水绘错,其余诸水及城邑均错。杨宽先生(即《图集》第一册战国时期35—36)标绘古丹水发源于今丹朱岭,又根据《水经·沁水注》"水出长平县西北小山,东南流径其县故城,泫氏之长平亭也。……其水东南流,注绝水"的记载,将"长平城"标绘在古丹水河西岸。杨宽先生所绘水道城邑的问题至为明显,公元前262年长平之战时,秦、赵两军分别在一河的西、东两岸筑垒对抗,如若长平城在此河之西,秦当早已攻占长平城,与史不符,也与近代出土的长平之战遗址不符。谭其骧先生考绘的西汉水道城邑图(即《图集》第二册西汉"并州、朔方刺史部")考"丹水""泫水"水道及"泫氏"城址均可从②,唯其认为"绝水"发源于今丹朱岭值得商榷。倘"绝水"发源于今丹朱岭,依《水经·沁水注》关于"长平水"走向和"长平城"址的记载,依然会将"长平城"标绘在西岸,其问题同杨宽先生。

【标绘】J13

---

① 杨守敬等:《水经注图》,北京:中华书局,2009年
② 谭其骧:《谭其骧全集》第二卷,北京:人民出版社,2015年,第384页。

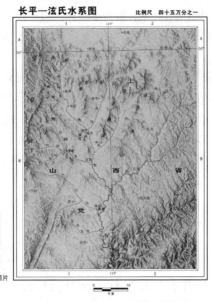

图 2—2　长平—泫氏水系图

图 2—3　杨守敬"长平—泫氏水系图"

长羊

[1] 王之所欲于魏者,长羊、王屋、洛林之地也。王能使臣为魏之司徒,则臣能使魏献之。……魏王曰:"善。"因献之秦。(《战国策·魏策三·芒卯谓秦王》)

【《图集》】无。

【补释】张琦《战国策释地》:"长羊、洛林与王屋并言,地必相近。二地应在今济源县西北,山西垣曲、阳城之间。……王屋故城在今济源县西八十里。洛林……应在济源西北山西垣曲、阳城之间。"《战国策释地》所辨叫从,长羊、洛林二地应当与王屋邻近,其大致方位在今山西垣曲县英言乡至蒲掌乡一带,不标绘具体的点。

【标绘】J13

郴

[1] 彬。(《鄂君启节》,《集成》12110 车节、12113 舟节)

【《图集》】无。

【补释】"彬"即"郴",吴良宝《〈中国历史地图集〉战国部分地名校补》:"在今彬州市。"①吴说可从,其地当在今湖南郴州市,具体方位如《图集》第二册西汉时期 22—23⑩ 7 之"郴县"所示。

【标绘】T14

成固

[1] 成固。(《集成》10928【成固戈】;《集成》10939【成固戈】;《集成》10940【成固戈】)

【《图集》】无。

【补释】黄盛璋《秦兵器分国、断代与有关制度研究》认定为秦兵器②。后晓荣《战国政区地理》(275 页)认定在今陕西城固县。《史记正义》:"梁州成固县也。"括地志云:'成固故城在梁州成固县东六里,汉城固城也。'"《华阳国志·汉中志·成固县》:"蜀时以沔阳为汉城,成固为乐城。"周翔《战国

---

① 吴良宝:《〈中国历史地图集〉战国部分地名校补》,《中国历史地理论丛》,2006 年 7 月,第 21 卷第 3 辑,第 144—151 页。
② 黄盛璋:《秦兵器分国、断代与有关制度研究》,《古文字研究(第 21 辑)》,北京:中华书局,2001 年。

兵器铭文分域编年研究》(238 页)引魏嵩山《中国历史地名大辞典》(376 页):"成固,地名,西汉有成固县,在今陕西省汉中市成固县东,汉江北岸。"各家所指方位相同,其具体方位如《图集》第二册 11−12①3"城固"所示。

【标绘】L9

乘轩里

①洛阳乘轩车苏秦,家贫亲老,无罢车驽马,桑轮蓬箧。(《战国策·赵策一·苏秦说李兑》)

【《图集》】无。

【补释】"乘轩车",吴师道《战国策校注》:"'乘轩车',一本'乘轩里'。既曰'乘轩车',而下文又云'无罢车驽马',则此作'里'为是。"程恩泽《国策地名考》:"河南志:'洛阳城东御道北孝义里西北隅有苏秦冢。'恩泽按:'太平寰宇记云郡国志苏秦宅在利仁里后,为后魏尚书高显业宅,未知即此否。'""乘轩车"当作"乘轩里",战国洛阳在今白马寺附近,"乘轩里"其地当在今河南洛阳白马寺附近。

【标绘】K13

赤丽

①三年,秦攻赤丽、宜安,李牧率师与战于肥下,却之。(《史记·赵世家》)

【《图集》】无。

【补释】《读史方舆纪要·北直五·灵寿县·肥累城》:"赤丽城,阚骃曰:'在肥累故城南。'"肥累城,在灵寿县西南七里,按《读史方舆纪要》"赤丽"在肥累城(今河北石家庄市藁城市南)南,地当在今河北石家庄东、正定县南,具体城址不详,不标绘具体的点。

【标绘】G15

重丘(长沙、垂沙)

①复雠、庞、长沙,楚之粟也。(《史记·越王勾践世家》)

②为主死易,垂沙之事,死者以千数。(《战国策·楚策三·苏子谓楚王曰》)

③长沙之难,楚太子横为质于齐。(《战国策·楚策四·长沙之

难》)

4 术视伐楚,楚令昭鼠以十万军汉中。昭睢胜秦于重丘。(《战国策·楚策二·术视伐楚》)

5 秦庶长奂会韩、魏、齐兵伐楚,败其师于重丘,杀其将唐昧,遂取重丘。(《资治通鉴·赧王十四年》)

秦乃与齐、韩、魏共攻楚,杀楚将唐昧,取我重丘而去。(《史记·楚世家》)

【《图集》】45—46⑤3有"长沙",地在今湖南长沙市;45—46③3有"重丘",在今河南泌阳县北;45—46③3有"垂沙",在近河南唐河县西南。《图集》将垂沙、重丘当作两个不同的地方。

【校释】史料一之"长沙",钱穆《史记地名考》:"隼在南阳,今河南鲁山县境,则长沙绝不在湖南可知。……溵水,一名沙河。疑长沙之名,即指此,则长沙、隼正相近。"史料二之"垂沙"事,横田惟孝《战国策正解》:"荀子'兵殆于垂沙,唐蔑死'。史记'楚怀王二十八年,秦与齐、韩、魏共攻楚,杀楚将唐昧','昧'与'蔑'同。"将"垂沙"事与"杀楚将唐昧"关联在一起,可知史料二与史料三乃一事之不同记载。长沙、垂沙当一地异名。又,范祥雍《战国策笺证》:"程恩泽谓'垂沙当在方城内外……非沛郡蕲县之垂乡'。朱师辙商君书解诂据吕氏春秋处方篇及水经注谓:'垂沙若果为地名,当在比水之滨。'此说盖同于俞正燮癸巳存稿卷七楚唐昧篇。史记六国年表、楚世家、乐毅传作'重丘',疑是一地异名。秦本纪作'楚攻方城'。"①认为"重丘之事"即"垂沙之事"。按《战国策·楚策二·术视伐楚》和《战国策·楚策二·四国伐楚》的事件逻辑:公元前301年,秦、齐、韩、魏四国伐楚,秦国将领术视和联军一起与楚国昭睢所部在重丘鏖战,四国伐楚的暂时结果是"昭睢胜秦于重丘",昭睢在重丘打败了秦国。昭睢所部在重丘战胜秦军后,"楚王欲击秦,昭侯不欲"。楚王要昭睢乘胜追击秦军,而昭睢不愿意,其原因,大约是觉得兵力不够,因此派桓臧去向驻扎在汉中的昭鼠借兵,结果昭鼠基于自身的考虑而没有分兵给昭睢,自然昭睢也没有追击秦军。结果,秦、齐、韩、魏四国反攻楚,大败楚于重丘,斩杀楚将唐昧,兵卒死者以千数。按照这个逻辑,"长沙""垂沙""重丘"当是一地异名或极为临

---

① 范祥雍笺证,范邦瑾协校:《战国策笺证》,上海:上海古籍出版社,2006年,第844页。

近,范祥雍所疑有理。

"重丘"之具体方位,《图集》标绘在今河南泌阳县北大致受两处文献的影响。一是《读史方舆纪要卷五十一·河南六·南阳府·唐县·沘水》:"史记秦会韩、魏、齐兵伐楚,败其兵于重丘,杀其将唐昧。胡氏曰:'重丘即芘丘矣。'"二是《中国古今地名大辞典》"慈丘山"条:"在河南泌阳县西北五十里。隋因置慈丘县。水经注作此丘山。古名重丘。史记楚世家秦与齐、韩、魏共攻楚,取重丘。"胡氏因何断定"重丘即芘丘"不得而知,《中国古今地名大辞典》大抵是因循了胡氏的说法,未可遽信。关于垂沙战役唐蔑之死,《吕氏春秋·似顺论》有详细记载:"齐令章子将而与韩、魏攻荆,荆令唐蔑将兵应之……与荆人夹沘水而军……章子甚喜,因练卒以夜奄荆人之所盛守,果杀唐蔑。"章子夜袭夹沘而军的唐蔑而斩杀之,由于是突然袭击,唐蔑被杀的垂沙在沘水之滨,《图集》标绘应无多大问题。据史料五,"败重丘""杀唐蔑"和"取重丘"是次第同时的,如果"重丘"即"芘丘"的话,离"垂沙"约一百五十里,在毫无障碍的情况下,快马至少需要半天时间,更不必说夜行,如何能同时?可见"垂沙(长沙)"与"重丘"要么同地异名,要么距离极近,本书姑作为一地进行标绘。其具体方位当如《图集》45—46③3之"垂沙",只是地名称谓改为"重丘(垂沙、长沙)",同时删去《图集》第一册45—46③3之"重丘"。

【标绘】M13

D

大沟(河沟)

① 二十二年,王贲攻魏,引河沟灌大梁,大梁城坏,其王请降,尽取其地。(《史记·秦始皇本纪》)

② 三年,秦灌大梁,虏王假,遂灭魏以为郡县。(《史记·魏世家》)

【《图集》】无"河沟",35—36④7、⑤7、⑤8有"鸿沟",35—36④7有"大沟""梁沟"。

【校释】钱穆《史记地名考》:"河沟,即鸿沟,亦作'阴沟'。"按《史记地名考》,如果"河沟"为"鸿沟"的话,"鸿沟"自大梁东南注入颍水,秦如何引"鸿沟"之水淹没大梁?此"河沟"当即35—36④7之"大沟""梁沟",为魏国首都大梁周边的护河,此护城河与"鸿沟"相连而非"鸿沟",是人工挖的一条沟渠,这条沟渠引的是"鸿沟"之水,钱穆所辨有误。《图集》35—36④7之

"大沟""梁沟",当作"大沟(河沟)""梁沟(河沟)"。

【标绘】K15

大箕(箕)

[1] 大箕。(《货系》1083)

【《图集》】无。

【补释】大箕,即春秋时期之"箕"。陈隆文《先秦货币地名与历史地理研究》①:"大箕在今太谷附近。"而《左传·僖公三十二年》"晋人败狄于箕",杨伯峻《春秋左传注》在考察诸家之说(含陈隆文所引谓其地在今山西太谷县附近)后,认为此箕在今山西省蒲县东北②。杨说可从,其地当在今山西蒲县东北。

【标绘】I12

大野泽

[1] 大野既猪,东原底平。(《尚书·禹贡》)

【《图集》】有"大野泽"。

【校释】大野泽,孔颖达疏:"地理志云:大野泽在山阳巨野县北。巨即大也。"《中国古今地名大辞典》:"在山东巨野县北五里。又名巨野,亦曰巨泽,济水故渎所入也。书禹贡:'大野既潴。'周礼职方:'薮曰大野。'尔雅:'十薮。鲁有大野。'五代以后,河水南徙,汇于巨野。元至元末为河水所决,遂涸。水经注云:'昔西狩获麟于是处。'今嘉祥县有获麟堆,嘉祥本巨野分置也。"据上述史料可知,"大野泽",又名"巨野"。巨野,在今山东省巨野县、嘉祥县一带,《图集》方位无误,但是,彼时的"大野泽"范围可能比《图集》所绘要广得多。

《战国策·齐策一·第十六·苏秦为赵合从说齐宣王》:"今秦攻齐则不然,倍韩、魏之地,至闻③阳晋之道,径亢父之险,车不得方轨,马不得并行,百人守险,千人不能过也。""阳晋之道"的方位,《中国古今地名大辞典·阳晋》:"战国卫邑,在今山东郓城县西,国策楚策张仪说楚曰'秦劫卫

---

① 陈隆文:《先秦货币地名与历史地理研究》,《中原文物》,2005年第2期,第57页。
② 杨伯峻:《春秋左传注》,北京:中华书局,2009年,第493页。
③ 即"卫",范祥雍《战国策笺证》:"阳晋,卫地,'闻'字当误。……'闻'字从'韦'声,与'卫'古亦可通用。"第545页。

取阳晋,则赵不南'。"《图集》39—40④2 有标绘。"亢父之险"的方位,《中国古今地名大辞典·亢父》:"秦置亢父县,北齐废,故城在今山东济宁县南五十里。"《图集》39—40④3 有标绘。从"秦攻齐则不然,倍韩、魏之地,至闱阳晋之道,经亢父之险"的文意,指的是秦攻齐的两条不同的路线:一条为"阳晋之道",另一条为"亢父之险"。如果"大野泽"的范围只如《图集》这么大的话,秦完全可以从大野泽(今山东巨野县)东与山东嘉祥县南部丘陵山地之间的平原地带穿过,而不必非要到今山东金乡县东北部的亢父。所谓的"亢父之险"的"险"当来自大野泽的泽地,大抵通过这个沼泽地带的路只有这一条,且最窄处"车不得方轨,马不得并行"。至于泽的范围,据《读史方舆纪要·山东四·济宁州·巨野县·巨野泽》:"泽东西百里,南北三百里。"

【标绘】J16—J17

大阴(阴)

①1 大阴。(转引自《先秦货币地名与历史地理研究》,如货 2—1 所示)

②2 六年,大阴令赒弩、上库工师中均疵、冶人逄。(《二编》1231【六年大阴令赒弩戈】)

③3 □年,大阴令鄋峙,上库工师公行逺,冶人屠所为。(《飞诺藏金》)

【《图集》】35—36②4 有"阴",在今山西霍县东南。

【校释】先秦地名"大×"多与"×"相通,此"大阴",当即《图集》之"阴"。史料一,陈隆文:"大阴在霍县。"史料二、三,周翔《战国兵器铭文分域编年研究》(187 页):"大阴,三晋某地,未详国属及地望。"另据《读史方舆纪要·山西三·平阳府·霍州·灵石县·阴地关》"光化五年,朱全忠攻太原,遣其将侯言以慈、隰、晋、绛兵入自阴地,取汾州。既而克用遣将李嗣昭等出阴地关,取隰、慈等州",阴地关的位置在今山西灵石县南关镇稍北,阴地当即今山西灵石县南关镇,《图集》标绘在今山西霍州市东南,有误。

第二章 《中国历史地图集》战国地名及方位校补(前333) 67

货2—1 "大阴"尖足布

【标绘】I12

丹水

【《图集》】35—36③5 有"丹水"。
【校释】详见本节"长平水"词条。

【标绘】J13

当城

[1] 坐城府。(《玺汇》3442)

【《图集》】无。

【补释】"坐城",即"当城",《中国古今地名大辞典》:"汉置。晋废。故城在今直隶蔚县东。汉周勃定代,斩陈豨于当城,即此。应劭曰:'当桓都山作城,故曰当城也。'"吴良宝:"地在今河北张家口市蔚县东北。"①其具体方位,据《蔚县志》②和《张家口地区地名志》③,在今河北张家口市蔚县西合营镇东,如《图集》第二册西汉时期"并州、朔方刺史部"17—18②12 之"当城"所示。

---

① 吴良宝:《〈中国历史地图集〉战国部分地名校补》,《中国历史地理论丛》,2006年7月,第21卷第3辑,第144—151页。
② 蔚县地方志编纂委员会:《蔚县志》,北京:中国三峡出版社,1995年,第36页。
③ 张家口地区行政公署地名办公室:《张家口地区地名志》,河北:河北省地名委员会办公室,1985年,第435页。

【标绘】F15

东国（下东国、东地）

[1] 薛公必破秦以张韩、魏。所以进兵者，欲王令楚割东国以与齐也。……楚王出，必德齐，齐得东国而益强，而薛世世无患。（《战国策·西周策·薛公以齐为韩魏》）

[2] 秦王闻之惧，令辛戎告楚曰："毋与齐东国，吾与子出兵矣。"（《战国策·楚策四·长沙之难》）

[3] 齐有东国之地，方千里。楚苞九夷，又方千里。（《战国策·秦策三·谓魏冉曰楚破》）

[4] 苏秦谓薛公曰："君何不留楚太子，以市其下东国。"（《战国策·齐策三·楚王死太子在齐质》）

[5] 夫有宋，则卫之阳城危；有淮北，则楚之东国危。（《战国策·齐策四·苏秦自燕之齐》）

[6] 因与韩、魏之兵，随而攻东国。（《战国策·楚策四·长沙之难》）

【《图集》】无。

【补释】《国策地名考·楚下·东国》："高注：'楚东国，近齐南境者。'鲍注：'楚之东地，即楚策下东国。'程恩泽：'正义曰：东国，谓下相、僮、取虑也。'顾祖禹曰：'谓寿春以东。'张琦战国策释地：'下相故城在今宿迁县北七十里；僮在今睢宁县境；取虑在今灵璧县北。'"《国策地名考·楚下·下东国》："高注：'下东国，楚东邑，近齐。'鲍注：'即楚策东地，盖楚国之东，其地近齐。楚地高而此下。'程恩泽：'胡三省曰：楚灭陈、蔡，封畛于汝，灭越，取吴故地，并有古徐、夷之地，皆在淮北，即楚所谓下东国。'"又，《国策地名考·楚下·东地》："程恩泽：'胡三省曰：东地盖楚之东境，淮汝之地也，合而考之，殆即东国之地，方五百里耳。'"综合以上各家分析，"东国""下东国""东地"所指范围近似，乃楚国东部境内的土地，是对淮河以北，楚国东北部临近齐国和古徐、夷等国领土的一个泛称，实指一地。大概对于楚国而言，因在楚之东境而称"东国""东地"；对于齐国而言，因在齐之南，古以"南"为"下"，故称其为"下东国"。其疆域范围大致在今江苏灵璧县、睢宁县、宿迁市、沭阳县、连云港市和今山东临沭县所辖范围内。

【标绘】K19

东武城

1. 东武城攻师玺。(转引自《中国古文字学通论》①)

2. 君无覆军杀将之功而封以东武城,赵国豪杰之士多在君之右,而君为相国者以亲故。夫君封以东武城,不让无功,佩赵国相印,不辞无能。(《战国策·赵策三·秦攻赵平原君使人请救于魏》)

3. 赵王封孟尝君以武城。孟尝君择舍人以为武城吏。(《战国策·赵策一·赵王封孟尝君以武城》)

4. 二年,秦攻武城,扈辄率师救之,军败,死焉。(《史记·赵世家》)

5. 桓齮定平阳、武城。(《史记·秦始皇本纪》)

   十四,桓齮定平阳、武城、宜安。(《史记·六国年表·秦》)

《图集》37—38⑥11 有"武城(东武城)",在今山东武城县西北。
【校释】《元和郡县图志河北道一·贝州·东武城县》《读史方舆纪要·北直六·广平府·清河县·东武城故城》和《肇域志·山东·东昌府·武城县·东武城》均引应劭"定襄有武城,故此加'东'",认为"东武城""武城"是一地异名。《图集》采纳了诸家之说,认定"东武城"和"武城"为一地异名。但从史料一、二和史料三、四、五来看,战国时期当有"武城"和"东武城"两地。史料一,据考证为战国齐国官印,可知战国时期有"东武城"地名无疑,且东武城一度属齐。史料二,公元前 257 年,赵封平原君"东武城"。史料三,公元前 286 年,赵封孟尝君以"武城",史料四、五,秦伐赵取武城。从史料一、二和史料三、四、五来看,"东武城"和"武城"是两地,"武城"的具体方位,据《汉书·地理志》,当如《图集》第一册 37—38⑥11 之"武城(东武城)"所示,在今山东武城县西北,而"东武城"当是齐国临近赵"武城"之地,赵攻下齐国此地后加封给平原君。"东武城"的具体方位,当在今山东武城县武城镇。

---

① 高明:《中国古文字学通论》,北京:北京大学出版社,1996 年,第 472 页。

【标绘】H17

东阳

① 秦拔我石城。王再之卫东阳,决河水,伐魏氏。(《史记·赵世家》)

② 傅抵将,居平邑;庆舍将东阳河外师,守河梁。(《史记·赵世家》)

③ 十九年,王翦、羌瘣尽定取赵地东阳,得赵王。(《史记·秦始皇本纪》)

④ 代、上党不战而已为秦矣,东阳、河外不战而已反为齐矣,中呼池以北,不战而已为燕矣。(《战国策·秦策一·张仪说秦王》)

⑤ 今又劫赵、魏,疏中国,封卫之东野,兼魏之河南,绝赵之东阳,则赵、魏亦危矣。(《战国策·齐策三·国子曰》)

⑥ 卅年,上郡守起高,工师猪、丞秦、(工)隶臣庚。东阳。(《集成》11370【四十年上郡守起戈】)

【《图集》】无。

【补释】《史记正义》:"括地志云:'东阳故城在贝州历亭县界。'按:东阳先属卫,今属赵。河历贝州南,东北流,过河南岸即魏地也。故言王再之卫东阳伐魏氏也。"《战国策释地》:"汉志属清河,今东昌府恩县西北六十里有东阳故城。"《国策地名考》:"恩泽案:'地理志清河郡有东阳县。'括地志:'东阳故城,在贝州历亭漳南镇,本汉东阳县,今为河间府故城县,地与山东恩泽县接境。'但此乃汉后县名,非赵之东阳也。马融三传异同说曰:'晋地自朝歌以北至中山为东阳,朝歌以南至轵为南阳。'杜预曰:'东阳,晋之山东邑,魏郡广平以北。'王氏曰:'自汉以前,东阳大抵是晋太行山东地,非有城邑也,楚汉之间始置东阳郡,则东阳亦广矣,大约今直隶大名、广平、顺德等府皆是。'狄子奇笺:'左传:东阳凡四。见赵胜帅东阳,荀吴略东阳,在今晋州;晏弱城东阳,在今临朐;吴师克东阳,在今费县。均与此有别。'"从史料二、四将"东阳""河外"对举,史料五将"河南""东阳"对举来看,"河外""河南"均是区域名,"东阳"当也是区域名,程恩泽所辨可从,亦即所谓的"卫东阳""赵地东阳",当是"太行山以东卫国境内""太行山以东赵国境内"一个概称,并非指卫国的"东阳城"、赵国的"东阳城"。按程恩泽《国策地名考》,"东阳"非楚汉所置在今山东恩县西北之东阳郡,《史记正义》《汉书·地理志》和

《括地志》所注均误,此"东阳"乃一个概称,并无城邑,当指自今河南淇县以北至今河北正定一带的太行山以东地区。史料六为出土秦国兵器铭文,据周翔《战国兵器铭文分域编年研究》(215页),具体断代在秦昭王四十年(前267),此戈铭文之"东阳"为戈所置用之地。从戈的铭文来看,此时的东阳当是一个具体的地名,而非一个区域名,也即,秦此时已经设置东阳县,其址当即《汉书·地理志》之东阳县,汉承秦,设东阳县,在今山东恩县西北。但是,最晚在公元前267年之前,东阳当为一个泛指区域。

【标绘】J15—I15

东闾

1 齐孙室子陈举,直言,杀之东闾,宗族离心。(《战国策·齐策六·齐负郭之民有狐咺者》)

【《图集》】无。

【补释】《国策地名考·齐上·东闾》恩泽案:"东闾,亦齐城门名,左传州绰门于东闾,杜预注:'东闾,齐东门也。'"其地当在今山东淄博临淄区东北齐都镇。

【标绘】I19

洞庭(江渊)

1 南有洞庭、苍梧。(《战国策·楚策一·苏秦为赵合纵说楚威王》)

2 秦与荆人战,大破荆,袭郢,取洞庭、五都、江南。荆王亡奔走,东伏于陈。(《战国策·秦策一·张仪说秦王》)

3 湘君:"驾飞龙兮北征,邅吾道兮洞庭。"(《楚辞·九歌》)

4 将运舟而下浮兮,上洞庭而下江。(《楚辞·九章·哀郢》)

5 帝张咸池之乐于洞庭之野。(《庄子·天运》)

6 又东南一百十里,曰洞庭之山,其上多黄金,其下多银铁。……帝之二女居之,是常游于江渊,澧、沅之风,交潇、湘之渊。(《山海经·中山经·中次十二经》)

7 沅水……入下隽西,合洞庭中;湘水……入洞庭下,一曰东南西泽。(《山海经·海内东经》)

8 鱼之美者,洞庭之鲋。(《吕氏春秋·孝行览》)

9 魏武侯与诸大夫浮于西河:"昔者,三苗之居,左彭蠡之波,右有洞庭之水。"(《战国策·魏一》)

【《图集》】45—46⑤3 有"洞庭",为湖名。

【校释】洞庭,吴师道:"洞庭在巴陵。"张琦《战国策释地》:"洞庭在今湖南岳州府城西南一里,一名巴丘。"吴、张所指大致方位无问题,但不详他们所指的是洞庭湖还是洞庭区域。从史料一、二将"洞庭"与区域名"苍梧""五都""江南"并提来看,"洞庭"当为一区域。又从史料三、四、七、九,战国及战国前有水名"洞庭"是无疑问的,水中有鱼,且洞庭水与长江相连,以至"将运舟而下浮兮,上洞庭而下江"。又史料五,"洞庭之野",指的是洞庭这个区域内的广远之处,这个广远之处非湖泽而是野。史料六,所指十分的确,山名为"洞庭山",对考"洞庭"其实没有直接帮助。从上面的史料来看,战国时期的"洞庭",《图集》只标绘为湖水名是有问题的,洞庭当是一个包括洞庭水、洞庭之野在内的一个区域。

洞庭水的范围有多大? 史料六称其为"江渊",所谓"江渊",实际透露两个信息:一是洞庭水与长江相连;二是洞庭水为陆地上聚集的回水。大抵是长江之水冲刷侵蚀江岸,使得江岸形成一个凹进去的洼地,江水经过时部分流水在此洼地回旋(如图2—4所示)。这个江渊到底有多大? 史料七说湘水入洞庭边缘的东南西泽。这个"东南西泽",不清楚是泽名"东南西"还是"东泽""南泽""西泽"三泽,但是,"泽"字透露的信息是"水草交错",大概指的是湘水穿过江渊旁水草交错的泽地。这样,形成的图景是:长江冲刷江岸形成一个回水的渊,渊周边是水草交错的泽,湘水穿过渊旁的泽地。

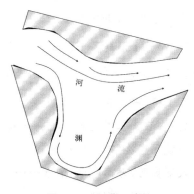

图 2—4 河渊示意图

综上所述:作为区域的"洞庭",其大致范围当为今湖南岳阳市以西、长江以南的广大区域,包括洞庭水、洞庭水周边的泽和泽之外的野;作为水的"洞庭",其名称当为"洞庭(江渊)",只是一个与长江连通且水量不大的渊,比《图集》所绘当小得多。

【标绘】P13—P14

邸阁城

[1] 古邸阁城,在清阳县东三十七里。赵平原君封东武城,为别邑于此,筑城以贮器械,因以名之。(《太平寰宇记·河北道五·贝州·清阳县》)

【《图集》】无。

【补释】《水经·洹水注》:"清河又东北经邸阁城东,城临侧清河。"《水经》之"清河"非战国之清河(详本节"清河"词条),据上面的史料,战国时有"邸阁城",其地当在今河北邢台市清河县东南。

【标绘】H16

定阳

[1] 昔者,魏王拥土千里,带甲三十六万,其强而拔邯郸,西围定阳,又从十二诸侯朝天子,以西谋秦。(《战国策·齐策五》)

[2] (十二)年,上郡守(寿之)造,漆垣工师爽、工更长骑,定阳。(《集成》11363【□年上郡守戈】)

【《图集》】37—38⑦5 有"定阳",在今延安市临镇固县村。

【校释】定阳,《水经·河水注》记载"河水又南合黑水"时描述"黑水"与"定水"之间的关系:"(黑)水出定阳县西山,二源奇发,同泻一壑,东南流径其县北,又东南流,右合定水,俗谓之白水也。水西出其县南山定水谷,东径定阳县故城南。应劭曰:'县在定水之阳也。定水又东注于黑水。'乱流东南入于河。"《图集》标绘在今延安市临镇固县村。实际上,1994 年《中华人民共和国地名词典(陕西省)·延安地区·宜川县》早已确指:"战国魏于今丹州镇西北党家湾乡定阳村设定阳邑,秦于此置定阳县。"战国"定阳"当在今宜川县党湾乡定阳村。

【标绘】I11

橐泉宫

[1] 橐泉宫,孝公起。(《汉书·地理志·雍》)

【《图集》】无。

【补释】焦南峰等《秦文字瓦当的确认和研究》："宫殿遗址在今陕西凤翔县长青乡孙家南头堡子壕。"①即今长青乡孙家南头村堡子壕的台地上。

【标绘】K8

都(都关)

$\boxed{1}$ 四十五，伐鲁，取都。(《史记·六国年表·齐》)

$\boxed{2}$ 取鲁之一城。(《史记·田敬仲完世家》)

【《图集》】无。

【补释】《读史方舆纪要·山东四·曹州·冤句城》："都关城，亦在(曹)州东北。"水经注："阳晋在廪丘城东南十余里，与都关为左右。"《读史方舆纪要·山东四·曹州·阳晋城》："阳晋城，在(曹)县北。故卫邑。……括地志：阳晋在乘氏县西北三十七里。司马贞曰：'阳晋，魏邑。'盖适齐之道，在卫国之西南。"又，据钱穆《史记地名考》："都关故城，今濮县东南，与郓城相近。或齐宣取鲁都，即此。"三家所说方位一致，其地当在今山东菏泽市巨野县西北、郓城县东南。具体方位如《图集》第二册21③2之"都关"所示。

【标绘】J16

顿丘

$\boxed{1}$ 决白马之口，魏无济阳；决宿胥之口，魏无虚、顿丘。(《战国策·燕策二·第一·秦召燕王》)

$\boxed{2}$ 齐遂伐赵，取乘丘，收侵地，虚、顿丘危。(《战国策·魏策一·楚许魏六城》)

$\boxed{3}$ 卅四年，邨(顿)丘命(令)燹、左工师晢、冶梦。(《集成》11321【三十四年顿丘戈】)

【《图集》】35—36③8 有"顿丘"，在今河南清丰西。

【校释】从史料考证来看，《图集》35—36③8 所示之"顿丘"，乃汉时期之"顿丘县"所在方位，而非战国时期"顿丘"的方位。春秋战国时期之"顿丘"方位，《诗经·卫风·氓》："送子涉淇，至于顿丘。"按文意和当时的交通条

---

① 焦南峰等：《秦文字瓦当的确认和研究》，《考古与文物》，2000年第3期，第64—71页。

件,"顿丘"当不会距淇河太远。又,《战国策·燕策二·第一·秦召燕王》"决白马之口,魏无济阳,决宿胥之口,魏无虚、顿丘",可见"虚"和"顿丘"距离"宿胥口"当不远且两地相近,否则,决宿胥口后如何能淹"虚"和"顿丘"?这里的"虚"为"殷墟",在今河南淇县境内,"顿丘"当离淇县不远。"顿丘"的具体位置,胡渭《禹贡锥指》和《水经注》曾考证过,但是《图集》仍采信《汉书·地理志》而对后世诸家注解未予采纳。胡渭《禹贡锥指》"顿丘故城在今浚县西",将其定位在今河南浚县西。《水经·淇水注》:淇水"又北经白祀山东,历广阳里,经颛顼冢西……淇水又北屈而西转,经顿丘北……淇水东北,经柂人山东、牵城西。"《水经·淇水注》中所涉地名,"白祀山"即今浚县白寺山,"柂人山"即今浚县善化山,"牵城"在今浚县王庄乡军寨。按《水经·淇水注》,顿丘应位于白寺山、善化山与王庄乡军寨之间,即浚县白寺乡和屯子镇一带。更为具体的位置,史念海《河南浚县大伾山西古河道考》认定浚县西北 13.5 公里处的蒋村遗址为古"敦丘城"遗址。王革勋《千古文明话淇河》①经过考证,也认为顿丘在今河南浚县西,而且也指明了在蒋村,说:"浚县蒋村的顿丘城,位于古淇水南岸,以诗经'送子涉淇,至于顿丘'而名扬中华数千年,是齐、晋、赵、卫的交通重镇。"史、王所指相同。从前文分析来看,史、王所指在今河南浚县西北蒋村遗址,符合《诗经》"送子涉淇,至于顿丘"和《战国策》"决宿胥之口,魏无虚、顿丘"所描述的空间逻辑,《图集》以《汉书·地理志》为基础标绘的今河南清丰县西有误,可以定论。

【标绘】J15

E

阿

1 夫三晋大夫皆不便秦,而在阿、鄄之间者百数。(《战国策·齐策六·齐王建入朝于秦》)

【《图集》】39-40③3 有"阿(柯、东阿)"。

【校释】顾祖禹《读史方舆纪要·山东四·东阿县·东阿故城》:"东阿故城,(东阿)县西二十五里。春秋时为齐之柯邑。庄十三年,公会齐侯,盟于柯。史记'齐桓公与鲁会柯而盟',又'鲁顷公卒于柯',皆此地。后为阿邑。赵成侯九年与其战阿下。又齐威王烹阿大夫。史记:'周显王十三年

---

① 《淇河文化资料汇编(一)》内部资料。

燕、赵会于阿。'秦时谓之东阿。"又,《国策地名考·齐上·阿》:"阿有二:属赵者为西阿,在今直隶保定府安州,史记赵与燕会阿,是也;属齐者为东阿,本春秋柯邑,庄十三年,公会齐侯盟于柯是也,又名阿泽,襄十四年,败公徒于阿泽是也。战国时为阿,史记齐威王烹阿大夫是也。汉志东郡有东阿县,括地志汉东阿县在东阿县西南二十五里,今在兖州府阳谷县东北五十里阿城镇,宋开宝八年,迁县治于今东阿县之南谷镇,而故城遂墟。"《图集》39—40③3 将"阿"进行了括注,为"阿(柯、东阿)",而据《读史方舆纪要·山东四·东阿县·东阿故城》,战国时当只作"阿","柯""阿泽"乃春秋时之称谓,而"东阿",乃秦时之称谓,战国时该地的称谓上不必同时注"柯""东阿"。

【标绘】I17

阿武

1 阿武。(《集成》10923【阿武戈】)

【《图集》】无。

【补释】周翔《战国兵器铭文分域编年研究》引《中国历史地名大辞典》①:"阿武,地名。目前所见关于阿武之最早记载,为汉书地理志涿郡所属之阿武侯国,西汉置,治所在今河北献县西北。"又引《战国文字通论》:"玺文呈齐系风格,知武强当属齐,阿武近武强,亦当属齐。据此戈铭,阿武至晚在战国时齐已设,早于史料之记载。"其地望,《读史方舆纪要北直四·河间府·献县·中水废县》"又阿武城,在县西北三十九里",当在今河北沧州市献县西北南皇亲庄与北皇亲庄之间,具体方位如《图集》第二册27—28⑦12"阿武"所示。

【标绘】G17

鄂

1 鄂。(《鄂君启节》,《集成》12110 车节、12113 舟节)

【《图集》】无。

【补释】鄂,是西鄂。陈伟《〈鄂君启节〉之"鄂"地探讨》②:"淯水经过西鄂等地注入汉水,正相应于舟节'自鄂市,逾油'而入汉这段航程。鄂自然

---

① 周翔:《战国兵器铭文分域编年研究》,浙江师范大学硕士论文,2013 年,第 250 页。
② 陈伟:《〈鄂君启节〉之"鄂"地探讨》,《江汉考古》,1986 年第 2 期,第 88—90 页。

应即西鄂。……西鄂所在的南阳是南北交通的要冲。"吴良宝:"在今河南省邓县一带。"①陈、吴说可从,其地在今河南邓州市一带。

【标绘】L13

洱阳

[1] 十年,洱阳令长疋、司寇粤相、左库工帀董棠、冶明铸戟。(《近出》1195【十年洱阳令戟】)

【《图集》】无。

【补释】周翔《战国兵器铭文分域编年研究》(129页)引杨宽《战国史》确定其时间大致为韩桓惠王十年(前263)之兵器。洱阳之地理方位,周翔(128页)引《十年洱阳令戈考》:"洱阳,史料未见,据其名推之,当在某名'洱'之水域北岸。孙敬明、苏兆庆先生以为此水即流经今河南南阳市之洱水,文献所见战国时韩有墨阳,正位于洱水北岸。墨、洱古音职部叠韵。故洱阳即韩邑墨阳。其说是。"周翔所引,未必定论。"洱水",为古水名,这一点是可以确定的。关于"洱水"之流向,除了周翔所引《十年洱阳令戈考》中的说法,还有其他说法:一是《汉书·地理志》:"卢氏,熊耳山在东,伊水出……又有育水,南至顺阳入沔;又有洱水,东南至鲁阳,亦入沔。"二是《水经·淯水注》:"洱水又东南流注于淯水。"三是中华书局《二十五史补编》引清代陈澧《汉志水道图说》:"洱水,今河南镇平县之潦河,南流至新野县及新野西南之白河,南流至湖北襄阳县入汉。"三家之说,《图集》在第二册西汉时期22—23③6采纳了清代陈澧《汉志水道图说》,明确标绘了"洱水"及其流向,即经今河南南阳西北在今南阳市与淯水合流,周翔引孙敬明、苏兆庆所谓"洱阳即韩邑墨阳"非也,"洱阳"当在洱水以北。

【标绘】L13

F

繁

[1] 三十四年②,使子击围繁、庞,出其民。(《史记·魏世家》)

---

① 吴良宝:《〈中国历史地图集〉战国部分地名校补》,《中国历史地理论丛》,2006年7月,第21卷第3辑,第144—151页。

② 原文为"十三年",据杨宽《战国史料编年辑证》(台北:台湾商务印书馆,2002年)第187页校正。

三十四①,公子击围繁、庞,出其民。(《史记·六国年表·魏》)

【《图集》】35—36③3 有"繁庞",在今陕西韩城市东南。

【校释】关于地名是"繁庞",还是"繁""庞",《图集》认定为"繁庞"。但是从《史记·六国年表·秦》"(秦灵公)十(年),补庞"和《史记·魏世家》"九年,伐败韩于浍。与秦战少梁,虏我将公孙痤,取庞"来看,别有一名"庞"之地。"庞"之地理方位,钱穆《史记地名考》:"<u>韩城县志</u>:繁庞城在县东南。即庞城也。"其地在今陕西韩城市东南。繁、庞二地当相近,故而连称"繁""庞"。《图集》当校正为"繁""庞"。

【标绘】J11

繁寺

1 繁寺。(《货系》1000)

【补释】吴良宝:"(地在)今山西浑源县西南。"②吴良宝所指还可进一步精确,其地当在今山西浑源县西南四十里裴村乡至驼峰乡一带,具体方位如《图集》第二册西汉时期17—18③11之"繁畤"所示。

【标绘】F14

方城

1 晋师遂侵方城之外,复伐许而还。(《左传·襄公十六年》)

2 以聚常、郯之境,则方城之外不南。(《史记·越王勾践世家》)

3 且魏有南阳、郑地、三川而包二周,则楚方城之外危。(《战国策·西周策·韩魏易地》)

4 起兵临羊肠,楚闻之,发兵临方城,而易必败矣。(《战国策·韩策二·公仲为韩魏易地》)

5 几瑟亡在楚,楚王欲复之甚,令楚兵十余万在方城之外。(《战国策·韩策二·冷向谓韩咎》)

6 齐使章子、魏使公孙喜、韩使暴鸢共攻楚方城,取唐昧。(《史

---

① 原文为"十三年",校正依据同上。
② 吴良宝:《〈中国历史地图集〉战国部分地名校补》,《中国历史地理论丛》,2006年7月,第21卷第3辑,第144—151页。

记·秦本纪》)

【《图集》】41—42④3、45—46③3 有"方城",在今河南南阳市北。

【校释】方城,《史记索隐》:"方城,楚之北境。之外,北境之北也。"《史记正义》:"括地志云:'方城山在许州叶县西南十八里。'左传云:楚大夫屈完对齐侯曰'楚国方城以为城',杜注云'方城山在南阳叶县南'。"《水经·潕水注》引盛弘之云:"叶东界有故城,始欒县,东至瀙水,达比阳界,南北联,联数百里,号为方城,一谓之长城云。"《图集》标绘方城的地理方位是没有问题的,问题在于方城筑造的时间。杨宽《战国史》(296 页)据《史记正义》引《括地志》"楚襄王控霸南土,争强中国,多筑列城于北方,以敌华夏,号为方城",认为:"楚方城……东半部早在春秋时代就已有了。东半部从鲁关起,向东经欒县,到达瀙水,折向东南,到达沘阳,形成矩形。这是利用山脉高地连接瀙水和沘水的堤防筑成,所以方城也称连堤。吕氏春秋曾说:魏文侯'南胜楚于连堤,东胜齐于长城'(下贤篇)。到战国时代楚顷襄王时,又扩建西半部,从鲁关向西,东北连翼望山,南向到达穰县,'累石为固',又形成另一个矩形。方城大概就是由于它筑成矩形而得名。"楚顷襄王在位执政的时间为公元前 298 年至公元前 263 年。从杨宽的考辨,可知公元前 333 年,楚国的方城只有《图集》所标绘方城的东半部。

【标绘】L13—L14

废丘

[1] 〔望山〕三年,大将李牧①、邦大夫王平、掾张丞所为。受事伐。废丘。〔悬刀〕废丘。(《二编》1344【三年大将李牧弩机】)

【《图集》】无。

【补释】周翔《战国兵器铭文分域编年研究》引《中国历史地名大词典》(第 692 页):"废丘,秦县名,治所即今陕西兴平市东南南佐村。"②周引可从,其地在今陕西咸阳兴平市东南南佐村,具体方位如《图集》第二册秦时期关中诸郡 5—6④6 之"废丘"所示。

---

① 原文为"吏牧",据周翔《战国兵器铭文分域编年研究》(浙江师范大学硕士论文,2013 年)第 104 页校正。

② 周翔:《战国兵器铭文分域编年研究》,浙江师范大学硕士论文,2013 年,第 104 页。

【标绘】K9

汾门(长城门)

①十九年,赵与燕易土:以龙兑、汾门、临乐与燕,燕以葛、武阳、平舒与赵。(《史记·赵世家》)

【《图集》】41—42④2 有"汾门",在今河北徐水县西北。

【校释】杨宽《战国史料编年辑证》(1081 页):"汾门又称长城门,乃燕南边靠易水所建燕长城之主要城门。汾门与武遂隔易水相对,在今河北徐水县西北。"《读史方舆纪要·北直三·易州·长城》:"水经注:易水东届关门城西南,即燕之长城门也。"《读史方舆纪要·北直三·保定府·安肃县·易水》:"晋咸康六年慕容皝伐后赵,自蓟城进破武遂津是也。津北对长城门,谓之汾门。史记赵世家'孝成王十九年赵以汾门与燕',即此,亦曰分门,又谓之梁门。"《中国古今地名大辞典·汾门》:"汾门……舒艺室随笔案:'水经易水注云,其水南径武隧县南、新城县北,俗又谓是水为武隧津,津北谓之汾门,史记赵以汾门与燕,即此也,亦曰汾水门。'"据杨宽、《读史方舆纪要》和《中国古今地名大辞典》,《图集》之"汾门"应校正为"汾门(长城门)",具体方位仍如《图集》所示,只是名称要改为"汾门(长城门)"。

【标绘】F16

汾旁

①九年,秦拔我陉。城汾旁。(《史记·韩世家》)

九,秦拔我陉。城汾旁。(《史记·六国年表·韩》)

②十二月,益发卒军汾城旁。……攻汾城,即从唐拔宁新中。(《史记·秦本纪》)

【《图集》】35—36③4 有"汾城",无"汾旁"。

【补释】《图集》35—36③4 之"汾城",取自《史记·秦本纪》,并将其标绘在今山西侯马市。从史料一、二来看,"汾旁""汾城"当为不同之两地。《读史方舆纪要·山西三·平阳府·曲沃县·陉庭城》:"韩世家:'桓惠王九年,秦拔我陉。城汾旁。'孔氏曰:'陉城在汾水旁。'似误。盖谓自陉城以至汾旁地也。"杨伯峻《春秋左传注》:"汾隰犹言汾水下湿之地……在襄汾、曲沃之间……汾旁即汾隰。""汾隰",按《图集》22—23⑤8—⑥8,指的是今山西汾水流域的洪洞县—临汾市—襄汾县的一个区域。杨伯峻所言甚是,

"汾旁"当指的是韩旧都陉城附近、汾水之旁,并非城邑,而是概指,其大致区域为今山西汾水流域的洪洞县—临汾市—襄汾县。

【标绘】J12—I12

汾陉塞

[1] 楚地……北有汾陉之塞、郇阳,地方五千里。(《战国策·楚策一·苏秦为赵合纵说楚威王》)

[2] 秦昭四十三,攻韩汾陉,拔之,因城河上广武。(《史记·范雎蔡泽列传》)

【《图集》】35—36⑤6 有"汾陉塞",在今河南许昌市东南。

【校释】《国策地名考·楚上·汾陉之塞》:"左传子庚治兵于汾,杜注:'襄城东北有汾丘城,此即汾陉之汾也。'郡国志:'襄城县有汾丘。'水经注:'颍水自颍阴又东,历罡丘城南,故汾丘也。'盖陉山在今郾城县,汾丘在今襄城县,俱属许州,陉山在东北,汾丘在西南,相距不过百里,当其间者,即所谓汾陉之塞也。吴以汾陉为韩地,盖以韩世家有'秦拔我陉。城汾旁'之文,故疑之耳,不知彼自为韩地,此自为楚地,各不相涉。"《图集》之"汾陉塞",当是取程恩泽《国策地名考》之说。"汾丘",据上面《国策地名考·楚上·汾陉之塞》引《郡国志》《水经注》及《读史方舆纪要·河南二·襄城县·汾丘城》等史料,其地在今河南襄城县东北是确凿无疑的。但是,对"陉山"却有不同的解读,《读史方舆纪要·河南二·新郑县·陉山》:"在县南三十里。今自陉山而西南,达于襄、邓,皆群山绵亘,故昔以陉山为南北之险塞。"其地当在今河南新郑市南三十里。《图集》第二册东汉44—45④2即标绘之"陉山",采纳了顾氏之说,在今河南新郑市南三十里处。又,《读史方舆纪要·河南二·襄城县·汾丘城》:"在县东北,盖与新郑陉山,俱为南北隘道,楚尝于此为塞以御北方。"邹兴钜《春秋战国地图》:"陉山与汾丘之间皆称汾陉之塞也,在今河南襄城县东北,临颍县北。"依邹兴钜《春秋战国地图》及《读史方舆纪要·河南二·襄城县·汾丘城》之说,汾陉塞为汾丘与陉山之间的某处重要关隘,以地形望之,其地大致在今河南许昌市许昌县西北。

【标绘】K14

封斯

[1] 封氏。(《货系》2486,如货2—2所示)

【《图集》】无。

【补释】"封氏"即"封斯",吴良宝引汪庆正《货系·总论》:"(其地)当在今河北怀来县北。"[①]如"封氏"为"封斯"的话,吴良宝所引方位有误,其地当在今河北赵县西北,具体方位如《图集》第二册西汉时期26③2之"封斯"所示。

货2—2 "封氏"三孔布

【标绘】H15

浮水(繁水)

[1] 自魏徙大梁,赵以中牟易魏,故赵之南界极于浮水,匪直专漳也。(《水经·渠水注》)

【《图集》】无。

【补释】浮水的记载,《读史方舆纪要·北直四·沧州·浮河》:"(沧)州东南五十四里。汉时自大河分流,东北出经浮阳县南,又东北流入于海。今自东光县南界之永济渠分流而东北,下流亦注于海。史记云赵之南界有浮水焉,此河矣。又十三州志:'浮水东入海。其西南二十三里有迎河,从南皮县来,分漳水以入于浮水。'"《水经·淇水注》:"清河东北流,浮水故渎出焉。按史记:'赵之南界有浮水焉。'浮水在南,而此有浮阳之称者。盖浮水出入,津流同逆混并,清、漳二渎,河之旧道,浮水故迹,又自斯别,是县有浮阳之名也。首受清河于县界,东北经高成县之苑乡城北,又东经章武县之故城北……浮水故渎又东经箧山北……浮渎又东北经柳县故城南……

---

① 吴良宝:《〈中国历史地图集〉战国部分地名校补》,《中国历史地理论丛》,2006年7月,第21卷第3辑,第144—151页。

浮渎又东北经汉武帝望海台,又东注于海。"《读史方舆纪要》和《水经注》所记载的浮水,其走向在今河北东光县南从古黄河分流东北向,经今河北浮阳县南,注入大海,是汉时另一条名为"浮水"之河,非"赵之南界极于浮水,匪直专漳也"之"浮水",《读史方舆纪要》误。

战国时期"赵之南界极于浮水"之"浮水",史念海《论〈禹贡〉的导河和春秋战国时期的黄河》说:"班固论述赵国的南疆,说至于浮水、繁阳、内黄、斥丘。浮水是一条较小的河流,也叫繁水,其故渎在今濮阳、清丰两县间(水经河水注)。繁阳当然更在浮水之北。由浮水和繁阳直向东去,正是齐国济西之地,齐国济西之地即是赵国的河东,则浮水和繁阳皆当在黄河之东,而不在其西。"①史念海对"浮水即繁水"的判断本自《读史方舆纪要》,《读史方舆纪要》有多处对浮水的走向进行了记载,其一是卷十六《北直七·大名府·南乐县·繁水》:"繁水,在废繁水县南五里。自内黄县流入境,又北注于永济渠。一名浮水。水经注:'浮水上承大河于顿丘县北,下流至东武阳东入河。'志云:县西北三十里有王村堤,繁水所经也。其堤南入清丰,北入大名县界。今繁水浅涸,非复故流矣。"其二是《同书同卷内黄县·繁水》:"繁水,县东二十六里。旧自顿丘县流入境,又东北入南乐县界,即浮水也。汉志云:'魏徙大梁,以地易赵。赵南至浮水、繁阳。即此地矣。'"其走向是非常清楚的:自顿丘县北的黄河分流而出,东北入今清丰县、南乐县,北入今大名县,最后入战国黄河(详本节"河"词条)。其具体走向,当大致如《图集》第七册44—45⑥3—⑦2所绘。

【标绘】J15—J16—I16

复

1 复命(令)之州加公苟日昏。(《包山楚简》简165、简189)

2 复尹之人。(《包山楚简》简164)

【《图集》】无。

【补释】徐少华《包山楚简地名十则》认定此"复"为楚国"复县",在古之大夏山附近的两汉复阳县一带②。徐说可从,其具体方位当如《图集》第二册22—23③7之"复阳"所示。

---

① 史念海:《论〈禹贡〉的导河和春秋战国时期的黄河》,《陕西师范大学学报(哲学社会科学版)》,1978年第1期,第57页。
② 徐少华:《包山楚简地名十则》,《文物》,1996年第2期,第60—66页。

【标绘】M14

富春

①富春大夫。(转引自《富春大夫甗》①)

【《图集》】无。

【补释】后晓荣《战国政区地理》(158页):"西安文物保护考古所藏战国楚系青铜器有'富春大夫'甗,铭文'富春大夫'。富春原属越国地,楚威王时灭越后,归于楚……由富春大夫甗铭文可知,早在战国时期,楚已置富春县,故址在今浙江富阳市。"其说可从,具体方位当如《图集》第二册24—25②4之"富春"所示。

【标绘】O20

富丘(币丘)

①梁惠成王十六年,邯郸伐卫,取漆、富丘,城之者也。(《水经·济水注》引《竹书纪年》)

②吾攻平陵,南有宋,北有卫,当涂有币丘。(《孙膑兵法·擒庞涓》)

【《图集》】无。

【补释】《水经·济水注》引《竹书纪年》:"酸渎首受河于酸枣县,东经酸枣城北、延津南,谓之酸水。……酸渎水又东北经燕城北,又东经滑台城南,又东南经瓦亭南。又东南会于濮……濮渠之侧有漆城。"张振泽《孙膑兵法校理》:"'币',亦作'市',音同'福'。史记秦始皇本纪:'于是遣徐市发童男女数千人入海求仙人。'正义作'徐福'。'福''富'音同互训,水经济水注引竹书纪年:'梁惠成王十六年,邯郸伐卫,取漆、富丘,城之。'梁惠成王十六年,即桂陵战役之年,此富丘应即市丘(币丘),乃卫国地。"张振泽所辨甚是,富丘、币丘为一地异名。按《水经·济水注》引《竹书纪年》的记载,"富丘"与"漆"地当近,"漆"地在今河南长垣县(《图集》35—36③7),"富丘(币丘)"当在今河南长垣县稍北。

【标绘】J15

G

高安

---

① 王辉:《富春大夫甗跋》,《考古与文物》,1994年第4期,第60—61页。

① 四年，与秦战高安，败之。(《史记·赵世家》)

【《图集》】无。

【补释】《史记正义》："盖在河东。"《读史方舆纪要·山西三·临晋县·虞乡城》："阳晋城西北有高安城。赵世家'(成侯)四年，与秦战高安'。"阳晋，《资治通鉴》周赧王十二年："秦取我蒲阪、晋阳、封陵。"胡三省注："晋阳，史记作阳晋，其地当在蒲坂之东，风陵之西，大河之阳；且本晋地，故谓之阳晋。"《括地志》："晋阳故城，今名晋城，在蒲州虞乡县西三十五里。"《图集》采纳胡三省之说将"阳晋(晋阳)"定在蒲坂之东、风陵渡之西、黄河之北，高安在其西北，其地在今山西运城市永济市东南。

【标绘】K11

高平

① 高坪左戟。(《集成》11020)

【《图集》】无。

【补释】吴良宝："高平在今江苏泗洪县南。"①吴说可从，地在今江苏宿迁市泗洪县南，具体方位如《图集》第二册西汉时期19—20⑤7之"高平"所示。

【标绘】L19

高丘

① 自鄂往，庚易丘，庚邡城，庚象禾，庚㐭焚，庚繁易，庚高丘，庚下□(蔡)，庚居鄾，庚郢。见其金节毋征，毋舍桴饲，不见其金节则征。(《鄂君启节》，《集成》12110 车节、12113 舟节)

【《图集》】无。

【补释】谭其骧《长水集(下)》："疑当在水经淮水注中润水所潴的高塘陂附近。陂已湮，故址当在今安徽临泉县南。自繁阳东行抵此。"②吴良宝引李家浩《鄂君启节铭文中的高丘》："高丘也见于《包山楚简》，在今安徽宿

---

① 吴良宝：《〈中国历史地图集〉战国部分地名校补》，《中国历史地理论丛》，2006年7月，第21卷第3辑，第144—151页。
② 谭其骧：《长水集(下)》，北京：人民出版社，1987年，第204页。

县北。"① 从鄂君的车行、舟行路程来看，吴引李说有误，当从谭其骧先生之说，其地在今安徽阜阳市临泉县南。

【标绘】M16

高奴（郜奴、高女）

① 四年，郜奴曹命（令）壮瞿，工师□疾，冶问。（《三代吉金文存》）

② 王五年，上郡疾造，高奴工□。（《秦出土文献编年》五九之《王五年上郡疾戈》）

③ 三年，漆工熙、丞诎造，工隶臣牟禾石高奴。（《秦出土文献编年》六五之《高奴禾石权》）

④ 高女一釿。（桥形布币铭文，如货2—3所示）

货2—3 "高女一釿"桥形布

【《图集》】无。

【补释】史料一为出土的战国兵器铭文，据苏辉《秦三晋纪年兵器研究》之考证，此兵器为公元前331年魏国铸造。李晓杰《中国行政区划通史·总论先秦卷》(343页)："高奴为魏上郡属县之一。"史料二亦为战国兵器铭文，据考证为秦惠文王更元五年（前328年）时的戈铭文。"高奴"之地，据《史记·项羽本纪》："立董翳为翟王，王上郡，都高奴"，《史记正义》："括地志：'延州州城即汉高奴县。'"其地当在今陕西延安市东北延河北岸，具体方位如《图集》第二册秦时期5—6③6之"高奴"所示。

---

① 吴良宝：《〈中国历史地图集〉战国部分地名校补》，《中国历史地理论丛》，2006年7月，第21卷第3辑，第144—151页。

【标绘】I10

高望

①　高望。(《近出》1103【高望戈】)

【《图集》】无。

【补释】周翔《战国兵器铭文分域编年研究》引《中国历史地名大辞典》①："高望，地名，西汉置高望县，汉书地理志第八下'上郡'条下有'高望'，云：'北部都尉治。'为该郡二十三县之一。治所在今内蒙古乌审旗北。戈铭呈晋系风格，依地望推之，当属赵，先秦典籍未见记载。"其地当在今内蒙古自治区鄂尔多斯市乌审旗北，具体方位如《图集》第二册西汉时期17—18④6之"高望"所示。

【标绘】G9

皋落（咎落）

①　晋侯使太子申伐东山皋落氏。(《左传·闵公二年》)

②　十一年，佫落宋令少曲夜、工师郤喜、冶丁。(《近出》365【十一年皋洛戈】)

十一年，咎落大命少曲眢、工师舍惠、冶午。(《新收》365【十一年皋洛戈】)

【《图集》】无。

【补释】周翔《战国兵器铭文分域编年研究》(123页)引《古文字通假字典》(182页)："战国属韩，今山西垣曲县南皋洛镇。'洛''落'均以各为声符，例可通假。"《左传·闵公二年·传》："晋侯使大子申生伐东山皋落氏。"杨伯峻《春秋左传注》："东山皋落氏，赤狄别种，今山西垣曲县东南有皋落镇，当即故皋落氏地。山西省昔阳县东南七十里亦有皋落镇，寰宇记谓此即山东皋落氏之地，恐不确。晋语一谓此骊姬之计，述骊姬语甚详。"蔡运章、杨海钦《十一年皋落戈及其相关问题》从出土兵器铭文考证其地在今山西垣曲县东南，为公元前301年韩国所铸之兵器②，吴良宝先生赞同其说③。

---

①　周翔：《战国兵器铭文分域编年研究》，浙江师范大学硕士论文，2013年，第107页。
②　蔡运章、杨海钦：《十一年皋落戈及其相关问题》，《考古》，1991年，第5期。
③　吴良宝：《〈中国历史地图集〉战国部分地名校补》，《中国历史地理论丛》，2006年7月，第21卷第3辑，第144—151页。

蔡、杨之说可从，其地在今山西省运城市垣曲县皋落乡皋落村。

【标绘】J12

高间

① 臣以车百五十乘入齐，虉逆于高间，身御臣以入。(《战国纵横家书·第八·苏秦谓齐王》)

《图集》无。

【补释】马王堆汉墓帛书整理小组："高间应是齐都临淄的城门。"

【标绘】I19

高阙塞

① 赵武灵王亦变俗胡服，习骑射，北破林胡、楼烦，筑长城，自代并阴山下，至高阙为塞，而置云中、雁门、代郡。(《史记·匈奴列传》)

《图集》37—38②3 有"高阙塞"，在今乌拉特后旗。

【校释】关于"高阙塞"的位置，历来众说纷纭，张益群、马晶《"高阙"地望研究综述》总括有三种说法：一种认为在狼山(阳山高阙)；一种认为在乌拉前山(阴山高阙)；一种认为"高阙"是对两山夹谷的形象描述，多处俱存①。

值得一提的是，学者一般据《史记·秦始皇本纪》"又使蒙恬渡河取高阙、陶山、北假中"和《水经·河水注》"并河以东，属之陶山，筑亭障为河上塞"的记载，加上张文虎、杨守敬等之辨，以"陶山"为"阳山"，而将赵武灵王长城之"高阙塞"定位为"阳山高阙"。不过，记述先秦秦汉的史料中，大量存在"阴""陶"混写的现象：《战国策·赵策四·第二·齐欲攻宋》"今又以何阳、姑密封其子，而乃令秦攻王，以便取阴"之"阴"，《战国策·赵策四·五国伐秦无功》"秦必据宋，魏冉必妒君之有阴地也。秦王贪，魏冉妒，则阴不可得已矣"之"阴"，《战国策·魏策三·秦败魏于华走芒卯而围大梁》"攻而不能拔，秦兵必罢，阴必亡，则前功必弃矣"之"阴"，据上下文，均当作"陶"。这一点，据1973年长沙马王堆出土的《战国纵横家书·第十五》"攻而弗拔，秦兵必罢，陶必亡"(所记与前引《战国策·魏策三·秦败魏于华走芒卯而围大梁》为同一事)，可以将《战国策》之"阴"为"陶"坐实。不详"阴

---

① 张益群、马晶："高阙"地望研究综述》，《阴山学刊》2016 年第一期，第 32—35 页。

(陰)""陶"混写是因字形相似而致误还是其他原因,但据此认定《史记·秦始皇本纪》和《水经·河水注》之"陶山"当为"阴山"可以定论。

而对"高阙"位置的确定,由于传世史料语焉不详,近代考古学者一般从《水经·河水注》"其山中断,两岸双阙,善能云举,望若阙焉。即状表目,故有高阙之名也。自阙北出荒中,阙口有城,跨山结局,谓之高阙戍"和《史记正义》"两山相对若阙,甚高,故言高阙"之说,寻找两山夹谷的地方,而将其定位在今狼山—乌拉后山山脉的计兰山口(阳山高阙)①或今大青山—乌拉前山山脉西端乌拉特前旗张连喜店村北侧的大沟(阴山高阙)②。不过,值得指出的是,"高阙"是山名,还是因山名塞,在前代学者中其实并没有定论:《史记正义》和《史记索隐》均注"高阙,山名",颜师古注《汉书·卫青霍去病列传》持两说,"高阙,山名也,一曰塞名也,在朔方之北",李贤注《后汉书·显宗孝明帝纪》调和两说,"高阙,山名,因以名塞,在朔方北"。考古学者直接从"其山中断,两岸双阙"或"两山相对若阙"来寻找赵武灵王长城西端之"高阙"塞址似并不完全合适。

那么,赵武灵王长城之"高阙"到底在哪里?辛德勇《阴山高阙与阳山高阙辨析》将《水经·河水注》之秦汉"高阙"定为"阳山高阙",将赵武灵王长城西端的终点"高阙"定为"阴山高阙",基本可从③。从战国时期赵武灵王鼎盛时期的拓边史料,如《战国策·赵策二·王破原阳以为骑邑》"(前307)王破原阳以为骑邑"、《史记·赵世家》"(前300)二十六年,复攻中山,攘地北至燕、代,西至云中、九原"、《史记·匈奴列传》"北破林胡、楼烦,筑长城,自代并阴山下,至高阙为塞"和出土的"廿七年安阳令戈"④等所出现的地名来看,基本可以佐证辛德勇的判断,这些地名均在战国阴山山脉(今大青山—乌拉前山山脉)以南的川地,未见在阳山山脉(今狼山—乌拉后山山脉)以南有战国遗物。另从地形上,阴山山脉西南余脉与南北走向的北河(今黄河)之间有一个缺口,正是一个天然适合通行南北川地的走廊地带,赵国没有理由不利用山河天险在此走廊地带筑塞防守,而在阴山山脉中断处防守。《史记·秦始皇本纪》"又使蒙恬渡河取高阙、陶山、北假中"

---

① 唐晓峰:《内蒙古西北部秦汉长城调查记》,《文物》1977 年第 5 期,第 18 页。
② 内蒙古自治区文物考古研究所:《2015 年内蒙古自治区文物考古研究所考古发现综述》,《草原文物》2016 年第 1 期,第 4 页。
③ 辛德勇:《秦汉政区与边界地理研究》,北京:中华书局,2009 年,第 181—256 页。
④ 《近出》1200"廿七年安阳令戈"上有铭文"廿七年,安阳令敬章、司寇窚衣口、右库工师梁丘、冶□事右荃萃戟",杨宽《战国史》(717 页)认定为赵国赵惠文王二十七年(前 272)所铸之兵器。

中蒙恬没有理由不取这个适合大兵团作战的走廊地带关塞而冒险寻求从"一夫当关万夫莫开"不适合大兵团作战的阴山中断处攻匈奴。所以应将"高阙"理解为阴山山脉西南余脉的山峰(即"高阙山"),赵武灵王在高阙山与北河之间的缺口筑城为塞,并因高阙山而名塞,当就是《史记·匈奴列传》所记载的"北破林胡、楼烦,筑长城,自代并阴山下,至高阙为塞"的"高阙塞"。

【标绘】E9

扞关(糜关、挺关)

$\boxed{1}$ 距糜关,北至于榆中者千五百里。(《战国纵横家书·第二一·苏秦献书赵王》)

$\boxed{2}$ 今燕尽齐之河南,距沙丘而至巨鹿之界三百里,距于扞关,至于榆中千五百里。(《战国策·赵策一·赵收天下且以伐齐》)

$\boxed{3}$ 秦之上郡近挺关,至于榆中者千五百里。(《史记·赵世家》)

$\boxed{4}$ 干关。(方足布铭文①)

【《图集》】37—38⑤5 有"挺关(遗遗之门)",在今陕西榆林市北。

【校释】据史料一、二,"扞关"即"糜关","糜关"的具体方位,马王堆汉墓帛书整理小组:"糜关,地名,未详。赵策作:'距于扞关,至于榆中千五百里。'赵世家说,'秦之上郡近挺关,至于榆中者千五百里',则似在今陕西省东北部延安一带。"吕祖谦《大事记》:"赵之扞关,陆地之关;楚之扞关,水道之关也。"程恩泽《国策地名考》:"以地形考之,赵之扞关,当在今陕西肤施县一带。……赵之榆中,自当在今陕西榆林府榆林县边城外。"范祥雍《战国策笺证》:"扞关,本非关之专名,但地有专指,遂沿为关名,犹长城、方城之类。纵横家书作'糜关',其地未详。挺关,地亦未详。"《图集》将其与"遗遗之门"合而为一,并标绘在 37—38⑤5 之"挺关(遗遗之门)"。"遗遗之门"的具体方位,程恩泽《国策地名考》:"按顾祖禹曰:'今陕西榆林镇废胜州北有榆溪塞者,汉曰广长榆塞,即当是国策所云出于遗遗之门,踰九限之固,绝五径之险者也。'……虽非确诂,而大意不甚相远也。"不知《图集》因何据将"挺关"与"遗遗之门"合而为一,但从现有史料可以明确得知"糜关"

---

① 转引自黄锡全:《"干关"方足布考——干关、扞关、挺关、糜关异名同地》,载《先秦货币研究》,北京:中华书局,2001年,第35—41页。

"扞关""挺关"所指为一处,是一地不同史料的不同称谓。

其地理方位,今人陈隆文《先秦货币地理研究》(35—41页)[1]在出土"干关"方足布的基础上对"干关(即扞关)"的地望进行了辨正:"赵国干关的地望,很可能在今东至吴堡、西到子洲、南至清涧、北到米脂的稍北地区,而其中尤以在南起绥德、北至榆林以南(包括米脂)的无定河谷的川道中的可能性为最大。"从当时的形势来看,陈说可从。

【标绘】H11

格氏

① 六年,格氏命(令)韩贵、工师亘公、冶𠁁。(《集成》11327【六年格氏令戈】)

【考释】周翔:"格氏,地名,未详地望。"[2]朱力伟:"格氏,不见于典籍记载,然属韩兵器无疑。1971年在河南新郑发现的一批窖藏兵器中亦有'格氏'地名,在河南荥阳北面张楼村采集的战国陶文中亦有'格氏'地名,牛济普先生指出当地就是格氏属境,其说可从。"[3]其地可采纳牛济普先生之说,在今河南荥阳市北城关乡张楼村小索城遗址。

【标绘】K14

葛孽(葛薜、葛築)

① 且王尝济于漳而身朝于邯郸,抱阴成,负蒿葛薜,以为赵蔽,而赵无为王行也。(《战国策·赵策四·齐欲攻宋》)

② 成侯与魏惠王遇葛孽。(《史记·赵世家》)

③ 葛築城,在县西南二十里。(读史方舆纪要·北直七·魏县·漳阴城)

【《图集》】37—38⑦10 有"葛孽",无"葛薜"。

【校释】"葛薜""葛築"即"葛孽"。《太平寰宇记·河北道七·洺州·肥乡县》:"隋图经云:葛孽城,俗呼葛鹉城,即赵武灵王夫人所筑,一云夫人城。"又,《读史方舆纪要·北直七·魏县·漳阴城》:"葛築城,在县西南二

---

① 陈隆文,《先秦货币地理研究》,科学出版社,2008年。
② 周翔:《战国兵器铭文分域编年研究》,浙江师范大学硕士学位论文,2013年,第183页。
③ 朱力伟:《东周与秦兵器铭文中所见的地名》,吉林大学硕士学位论文,第39页。

十里。史记'赵成侯及魏惠王遇于葛蘖',即此城也,今其地又有筑亭。"《读史方舆纪要·北直六·广平府·肥乡县·邯沟城》:"葛蘖城,在县西。战国策:'魏王抱葛蘖、阴成为赵养邑。'"按《太平寰宇记》,其地在今河北肥乡县西南,《图集》37—38⑦10 所示方位无误,名称当作"葛蘖(葛薛、葛築)"。从《史记》的记述来看,赵成侯之时即有"葛蘖",恐《太平寰宇记》所载此城为赵武灵王(前 325—前 299 在位)夫人所筑不确。

【标绘】I15

公陵

<u>1</u> 惠文王……葬公陵。(《史记·秦始皇本纪》)

【《图集》】无。

【补释】《史记正义》:"括地志云:秦惠文王陵在雍州咸阳县西北一十四里。"钱穆《史记地名考》:"今咸阳县北。"二说所定方位同,其地当在今陕西咸阳市西北。

【标绘】K9

沟城

<u>1</u> 沟城都司徒。(《玺汇》0017)

【《图集》】无。

【补释】吴良宝引黄盛璋《所谓"夏墟都"三玺与夏都问题》:"(其地在)今河北三河县。"①吴引可从,其地在今河北廊坊市三河市三河县。

【标绘】F17

句渎(句犊)

<u>1</u> 句犊五都□。(《玺汇》0353)

<u>2</u> 犊邑司马。(《玺汇》2131)

【《图集》】无。

【补释】吴振武《古玺合文考(十八篇)》:"'句犊'即左传桓公十二年的

---

① 吴良宝:《〈中国历史地图集〉战国部分地名校补》,《中国历史地理论丛》,2006 年 7 月,第 21 卷第 3 辑,第 144—151 页。

'句渎之丘','犏邑'亦即'句渎之丘',在今河南商丘县东南。"①后晓荣《战国政区地理》:"战国时,句渎属于魏地,即此印为魏国句渎县之官属印,魏置句渎县。古'句渎'故城在今山东菏泽市北句阳店。"吴、后二人对句渎的方位各持一说。"句渎",据《左传·桓公十二年》,春秋时又称"谷丘",当从吴振武之说,其地当在今河南商丘市东南,具体方位当如《图集》第一册春秋时期24—25④6之"谷丘"所示。

【标绘】K16

泒水

【《图集》】无。

【补释】《中国古今历史地名大辞典》:"即沙河,为猪龙河之上游。"又,"沙河",《中国古今历史地名大辞典》:"河北省猪龙河上游之沙河即古泒水。"《图集》第二册26②2标绘有"泒河"。此一河流在《图集》西汉之前未标绘,但此河当古已有之,对战国时期诸侯疆域的划定极为重要,今补。

【标绘】G15—G16—G17

姑幕(句莫)

① 陈华句莫廪伯陶釜。(《陶汇》3·47)

【《图集》】无。

【补释】"句莫"即"姑幕",吴良宝引董珊《战国题铭与工官制度》:"在今山东省诸城县北。"②吴引可从,地在今山东潍坊市诸城市北,具体方位如《图集》第二册西汉时期19—20②8之"姑幕"所示。

【标绘】I20

谷川

① 王欲则信公孙郝于齐,为韩取南阳,易谷川以归,此惠王之愿也。(《战国策·韩策一·或谓公仲曰听者听国》)

【《图集》】35—36④4—5有"穀川",为一条河流,源出今河南渑池县西,东南经河南新安县,会涧水后东至今河南洛阳市与洛水会。

---

① 吴振武:《古玺合文考(十八篇)》,《古文字研究(第17辑)》,北京:中华书局,1989年,第272页。
② 吴良宝:《〈中国历史地图集〉战国部分地名校补》,《中国历史地理论丛》,2006年7月,第21卷第3辑,第144—151页。

【补释】鲍彪《战国策注》:"谷水出渑池。"张琦《战国策释地》:"汉志弘农郡黾池下云:'谷水出谷阳谷,东北至谷城入洛。'今谷水出新安县西北山,东南会涧水,又东至河南府城,西南入洛。此言为韩取魏之河内,而以韩之新安与秦也。"《图集》标绘"縠川"流向无误,由于"縠""谷"繁简转化的原因,名称应该简化为"谷川"。

【标绘】K12—K13

鼓

[1] 齐闻此,必效鼓。(《战国策·赵策四·三国攻秦赵攻中山》)

【《图集》】无。

【补释】鼓的方位,杜预:"巨鹿下曲阳有鼓聚。"《汉书·地理志》:"巨鹿郡有下曲阳县。"《太平寰宇记·河北道十·镇州·鼓城县》:"鼓城县……本春秋鼓子之国,盖白狄别种也。汉为下曲阳县之地。"吕苏生《鲜虞中山国事表疆域图说补释》(第73页):"鼓聚即鼓国之都城,与昔阳实为一地。汉置下曲阳县,隋置昔阳县,寻改鼓城县,明省。故城在今河北省晋县西。"各家所说均指一处,在今河北晋州市西,其具体方位当如《图集》第一册22—23③11"鼓"所示。

【标绘】G15

鼓里

[1] 于是杀闵王于鼓里。(《战国策·齐策六·齐负郭之民有孤狐咺者》)

【《图集》】无。

【补释】《读史方舆纪要·山东六·青州府·莒州·葛沟店》:"又鼓里,在故莒城内,战国策'淖齿杀齐愍王于鼓里'是也。"鼓里,在今山东日照市莒县县城内。

【标绘】J19

固阳

[1] 筑长城,塞固阳。(《史记·魏世家》)

[2] 秦卫鞅围魏固阳,降之。(《资治通鉴·显王十八年》)

【《图集》】无。

【补释】固阳，《史记正义》："塞，先代反。括地志云：'榾阳县，汉旧县也，在银州银城县界。'按：魏筑长城，自郑滨洛，北达银州，至胜州固阳县为塞也。固阳有连山，东至黄河，西南至夏、会等州。榾音固矣。"《史记正义》又言："（括地志）所言非也。"其具体方位，张筱衡《梁惠王西河长城考》[①]："史记所说的榾阳应即现在的陕西省合阳县。"史念海《河山集》已辨之甚明[②]，可从。其地当在今陕西合阳县境内，魏河西长城附近。

【标绘】J11

观（观津、观泽）

1 梁惠成王二年，齐田寿帅师伐我，围观，观降。（《水经·河水注》引《竹书纪年》）

齐伐魏，取观津。（《资治通鉴·周显王元年》）

十一[③]，伐魏，取观。（《史记·六国年表·齐》）

2 三年，齐败我观。（《史记·魏世家》）

三，齐伐我观。（《史记·六国年表·魏》）

3 齐败我观津。（《史记·魏世家》）

九年，与韩、魏共击秦，秦败我，斩首八万级。齐败我观泽。（《史记·赵世家》）

二，齐败我观泽。（《史记·六国年表·魏》）

九，齐败我观泽。（《史记·六国年表·赵》）

七[④]，败魏、赵观泽。（《史记·六国年表·齐》）

与宋攻魏，败之观泽。（《史记·田敬仲完世家》）

【《图集》】35—36③8 有"观（观泽）"，在今河南清丰县南。

【校释】史料一为魏惠王二年（前368）之事，史料二为魏惠王三年（前367）之事，可能是一事跨年；史料三为魏襄王二年（前317）之事。从史料一、二、三可知，观、观津、观泽乃一地之不同称谓，《图集》35—36③8之"观

---

① 张筱衡：《梁惠王西河长城考》，《人文杂志》，1958年第6期。
② 史念海：《河山集（第七集）》，西安：陕西师范大学出版社，1999年，第254页。
③ 由于《史记·齐世家》漏掉了田剡一代，导致整个《史记·齐世家》和《史记·六国表·齐》不准确，此"齐威王十一年"据杨宽《列国纪年订正表》校正为"齐桓公七年"。
④ 依据同上，据杨宽《列国纪年订正表》（辑录于《战国史料编年辑证》，台北：台湾商务印书馆，2002年，第81—99页）校正为"齐宣王三年"。

(观泽)",当校正为"观(观津、观泽)",其地仍如《图集》所示,在今河南清丰县东南。

【标绘】J16

毌(毌丘)

[1] 四十九,伐卫,取毌。(《史记·六国年表·齐》)

明年,宣公与郑人会西城。伐卫,取毌丘。(《史记·田敬仲完世家》)

【《图集》】39－40⑤2 有"贯丘"。

【补释】《史记索隐》:"毌音贯,古国名,卫之邑。今作'毌'者,字残缺耳。"《史记正义》:"括地志云:'故贯城即古贯国,今名蒙泽城,在曹州济阴县南五十六里也。'"据钱穆《史记地名考》:"毌丘即春秋之'贯',在今山东曹县南十里。"其地当在今山东菏泽市曹县南十里处,《图集》39－40⑤2 之"贯丘"是也,但《图集》所标绘的该地的名称当校正为"毌(贯丘)"。

【标绘】K16

光狼城

[1] 白起攻赵,取代、光狼城。(《史记·秦本纪》)

秦取我二城。(《史记·赵世家》)

【《图集》】35－36③5 有"光狼城"。

【校释】光狼城,《史记正义》引《括地志》云:"光狼故城在今泽州高平县西二十里。"王树新等《战国长平之战新考》考定其在山西高平市马村镇康营村①,可从。《图集》标绘有误,当从王说改。

【标绘】J13

广养城

【《图集》】无。

【补释】《读史方舆纪要·北直三·保定府·清凉城》:"广养城,在(保定)府东九里。城冢记:'城周五里,南有河薮,相传燕昭王筑此城以牧马。'"《中国古今地名大辞典》:"在直隶清苑县东六里,南有河薮。相传燕昭王筑以养马处。"其地当在今河北保定东。

---

① 王树新、谢克敏等主编:《战国长平之战新考》,北京:军事科学出版社,2007年,第6页。

第二章 《中国历史地图集》战国地名及方位校补(前333) 97

【标绘】G16

广衍

① 广衍,上武,□阳。(《集成》11509【广衍矛】)

【《图集》】无。

【补释】吴良宝引崔睿《秦汉广衍故城及其附近的墓葬》:"在内蒙古准格尔旗。"①吴良宝所指为大致方位,不甚精确,其地当在今内蒙古鄂尔多斯市准格尔旗瓦尔吐沟,具体方位如《图集》第二册西汉时期 17—18③8"广衍"所示。

【标绘】F11

崞

① 崞。(转引自《战国政区地理》)

【《图集》】无。

【补释】后晓荣《战国政区地理》(125页):"战国赵币的平首尖足布有'椁'布,出自山西离石柳林一带。黄锡全判读'椁'为'崞',可从。汉志雁门郡属县崞,'莽曰崞张',其地在今山西省浑源西,西南距繁峙不远。此地战国属赵,从布币钱文看,赵置崞县。"后说可从,其地在今山西浑源县西二十里麻庄,具体方位当如《图集》第二册 17—18③11"崞县"所示。

【标绘】F14

郭(虢)

① 郭大夫甑。(转引自《郭大夫甑补说》②)

② 齐侯次于虢。(《左传·昭公七年》)

③ 齐人戎郭。(《战国策·赵策四·三国攻秦赵攻中山》)

④ 郭。(三孔布币,如货2—4所示)

【《图集》】无。

【补释】吴良宝引李家浩《燕国"洦谷山金鼎瑞"补释》:"左传昭公七年:

---

① 吴良宝:《〈中国历史地图集〉战国部分地名校补》,《中国历史地理论丛》,2006年7月,第21卷第3辑,第144—151页。

② 刘孝霞:《郭大夫甑补说》,《兰州学刊》,2012年第7期。

'齐侯次于虢。'春秋左氏地名补注卷九云:'虢与郭通。'方舆纪要:'高郭城,在河间府任丘县西十七里。汉县,属涿郡。'"①吴引可从,其地在今河北任丘市青塔乡后赵各庄村村北的西汉高郭侯国国都遗址,具体方位如《图集》第二册27—28⑦12"高郭"所示。

货2—4 "郭"三孔布

【标绘】G17

H

韩皋

1 二年,……城韩皋。(《史记·赵世家》)

2 䅅刀。(《货系》2340)

【《图集》】无。

【补释】史料二,吴良宝引李家浩《战国货币考(五篇)》:"'䅅刀'即水经圣水注中王肃所说的'韩侯城',音讹为'寒号城',即史记赵世家中的'韩皋',地在今河北省固安县东南。"②吴引可从,地在今河北廊坊市固安县东南。

【标绘】F17

河

---

① 吴良宝:《〈中国历史地图集〉战国部分地名校补》,《中国历史地理论丛》,2006年7月,第21卷第3辑,第144—151页。

② 吴良宝:《〈中国历史地图集〉战国部分地名校补》,《中国历史地理论丛》,2006年7月,第21卷第3辑,第144—151页。

第二章 《中国历史地图集》战国地名及方位校补(前333)　99

[1] 地广而兵强,战胜攻取,诏令天下,清济、浊河①,足以为限,长城、巨坊足以为塞。(《战国策·秦策一·第五·张仪说秦王》)

【《图集》】河水自宿胥口之后有三:一为37—38⑧10—⑦11—⑦12—⑥12—⑤12—⑤13(汉志河);一为37—38⑧10—⑦10—⑦11—⑥11—⑤12—⑤13(禹贡河);一为37—38⑧10—⑦10—⑦11—⑥11—⑤11—④12—④13(山经河)。

【校释】关于战国黄河走向的注释历来众说纷纭,近代最为著名的两种意见:一是谭其骧先生在《汉以前黄河下游河道形势图》中所考绘的战国黄河图(如图2—5所示),二是史念海先生在《论〈禹贡〉的导河和春秋战国时期的黄河》中所考绘的战国黄河图(如图2—6所示)。

需要指出的是,《图集》的"河"在同一时期有两个版本:版本一是谭其骧先生于1980年6月10日写成,载于1981年11月《历史地理》创刊号(上海人民出版社)的《汉以前黄河下游河道形势图》②,这幅图中的黄河走向与1982年10月出版的《图集》第一册"战国部分"中黄河的走向一模一样,在该图中黄河下游分为东出一支(谭称为"《汉志》河")和北出一支(谭称为"《禹贡》河")。版本二是杨宽先生于1980年7月出版的《战国史(修订本)》中的"战国前期中原地区形势图(公元前350年)",该图中的黄河只标绘了东出一支(即《图集》的"《汉志》河")。众所周知,《图集》第一册"战国部分"战国古今地名的考证标绘工作主要由杨宽先生承担,杨宽先生在《战国史(修订本)》的前言中提到1970年以后专门从事编绘先秦历史地理的工作,并特别提到对战国历史地理部分作的修改和补充,其中包括绘定黄河走向图。但是,几乎同一时期由杨宽先生本人承担考绘的两幅战国地图却迥异,可以推知《图集》在最后定稿时谭、杨两位前辈虽折衷选了其中一种绘法,但关于战国"河"的具体走向,是有值得商讨之处的。

此外,还需要特别提到的是,《图集》战国时期黄河的走向,与秦统一之后秦黄河的走向(《图集》第二册"秦时期")标绘有极大不同。自公元前350年诸侯攻伐兼并至秦统一后期(前207秦灭亡),虽出现过几次决河水攻城之事,但并未见史料有黄河大改道的记载,缘何前后如此迥异?从《图集》

---

① 原文为"济清河浊",据范祥雍笺证、范邦瑾协校《战国策笺证》(上海:上海古籍出版社,第172页)校正。

② 谭其骧:《长水集(下)》,北京:人民出版社,1987年,第85页。

战国"河"与秦"河"的走向对比来看,《图集》中关于战国黄河的走向,仍有可讨论的空间。

史念海先生在《论〈禹贡〉的导河和春秋战国时期的黄河》中标绘黄河的走向要早于谭、杨。基于对史念海所考证黄河走向的争鸣,谭其骧先生作《汉以前黄河下游河道形势图》文,并在争鸣考证的基础上绘制了《图集》第一册"战国部分"之黄河图。谭、史二人在史料方面的叙述和考证都非常详尽,且逻辑清晰,二人对黄河上游和中游的河道基本没有异议,但对战国时期黄河下游自宿胥口以下的河道走向的认识却有显著不同。鉴于战国黄河仍有讨论的空间,以及谭、史二人的论证逻辑互有不同,本词条将根据对历史事件时空逻辑的梳理,对公元前333年的战国黄河提出一点愚见,供方家批评指正。本词条论证的思路:首先,对谭、史、杨三人关于黄河走向的不同论述进行爬梳;其次,在爬梳的基础上考绘公元前333年黄河的走向。

谭、史、杨三人关于战国黄河下游的走向,大抵有如下几点不同:

一是战国时期下游的黄河河道到底是在宿胥口分支北向,还是在濮阳西北折而北向的问题。谭其骧先生主张自宿胥口北向,史念海先生主张自濮阳西北折而北向,并在其另一篇文章《河南浚县大伾山西部古河道考》中有完整的申论[①]。通过对史料的考察,我们发现如果战国有自宿胥口北向的一支黄河,有许多与地缘相关的历史事件解释起来将颇费周章:(1)对公元前382—公元前379年魏赵棘蒲战役解释不通。《战国策·齐策五》:"(前382)赵氏惧,楚人救赵而伐魏……赵得是藉也,亦袭魏之河北,烧棘沟,队黄城。"《史记·赵世家》:"(前381)六年,借兵于楚伐魏,取棘蒲。""(前379)(赵)拔魏黄城。""棘沟(棘蒲)"和"黄城"(详见本章"棘沟(棘蒲)""黄城"词条)分列于《图集》黄河东西两侧,在此一战中,争夺的焦点在此二城,按《图集》的标绘,对魏国而言,"棘沟(棘蒲)"在河之东,如何称魏之"河北"?且"棘沟(棘蒲)"孤悬在黄河之外,赵攻魏黄城根本不必顾虑棘沟(棘蒲)的兵力,只需要守住两城之间的黄河渡口即可,何必要伐棘沟(棘蒲)后,再渡天堑黄河取黄城?(2)对"决宿胥之口,魏无虚、顿丘"解释不通。《战国策·燕策二·秦召燕王》和《史记·苏秦列传》记载公元前311年张仪连横说魏时威胁魏国说:"(秦)决白马之口,魏无外黄[②]、济阳;决宿胥之

---

① 史念海:《河南浚县大伾山西部古河道考》,《历史研究》,1984年第2期,第50—71页。
② 《战国策》无"外黄"二字。

口,魏无虚、顿丘。""虚"和"顿丘"的地理方位,分别在今河南淇县和河南浚县北(详见本章的"虚""顿丘"地名词条),如果在宿胥口黄河叉为两支,河水一定往今河南淇县方向,而且还要经过顿丘,由于顿丘地势较高,水是避高就低的,所决的河水一定是要回落到地势较低北向那支黄河里去的,如何能淹顿丘?且真要决河切断魏国荡阴、邺区域与魏都大梁的往来,决顿丘附近的河堤更能达到效果,何必要"决宿胥之口"?

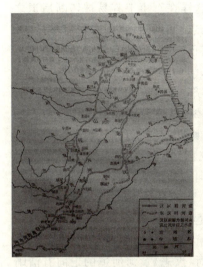

图 2—5 谭其骧《汉以前黄河下游河道形势图》①

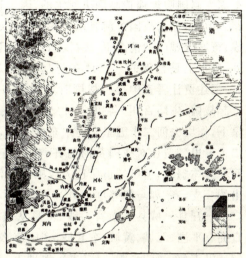

图 2—6 史念海《春秋战国黄河下游图》②

二是战国黄河是《禹贡》河旧迹、《汉志》河并存,还是只有汉志河的问题。谭其骧先生主张自宿胥口之后《禹贡》河和《汉志》河并存;史念海先生主张战国时期部分水道仍以《禹贡》河为主,但是绝无东出的《汉志》河,并认为自濮阳东出的《汉书·地理志》黄河河道是汉武帝元光三年(前132)黄河决口形成的;杨宽先生主张战国时期(前350)黄河河道已经按《汉志》河走向,无《禹贡》河河道。《图集》战国黄河在宿胥口分流,前文已经提出质疑,在此不再赘述。这里我们只谈论黄河在濮阳的情况。就目前史料,至少有三点可以质证战国黄河即已有《汉志》河河道:(1)公元前332年赵决

---

① 谭其骧:《长水集(下)》,北京:人民出版社,1987年,第85页。
② 史念海:《论〈禹贡〉的导河和春秋战国时期的黄河》,《陕西师范大学学报(哲学社会科学版)》,1978年第1期。

河灌齐魏兵事件。公元前332年在苏秦建立以赵国为中心的合纵联盟后，秦国瓦解合纵而贿赂齐、魏伐赵，赵"决河水灌之，兵去"①，如果当时的黄河只有《禹贡》河道，那公元前332年赵国所决之水的决水口当在今河北内黄—魏县—广平—丘县—威县—南宫一线的某个地方，但是从公元前332年这个时间点之前和之后的史料，赵国东部一直拥有平邑、元城、黄城、东武城（详见第四章第三节），齐、魏不可能在这些城邑都没有攻下的情况下孤军深入赵国腹地逼迫赵国决河水的，因为这样在军事上容易被切断后退之路。但是，如果战国黄河有东出的一支《汉志》河河道，赵国在保有平邑、元成、黄城等城邑的情况下，决《汉志》河以阻止齐军，拒敌于首都邯郸千里之外，逻辑上是合理的。（2）"齐与赵、魏，以河为境"的形势。《汉书·沟洫志》记述贾让奏言中提及战国时期黄河与齐、赵、魏三国形势："堤防之作，近起战国，雍防百川，各以自利。齐与赵、魏，以河为竟。赵、魏濒山，齐地卑下，作堤去河二十五里。河水东抵齐堤，则西泛赵、魏，赵、魏亦为堤去河二十五里。"贾让对战国黄河与齐、赵、魏三国形势的论述虽未明确指明时间和具体疆域，但可知道所述大致围绕黄河。如果战国时期的黄河没有东出的一支，齐、魏与赵邻壤之处当在《禹贡》河河道的今河北内黄—魏县—广平—丘县—威县—南宫一线，可是从城邑所属沿革来考察，赵国东部一直拥有平邑、元城、黄城、东武城，齐国怎么可能越过赵城而长期与赵邻壤？（3）《汉志》黄河的来源。《汉书·地理志》对《汉志》黄河河道的走向有清晰的勾勒，假如战国时无《汉志》河河道，在战国晚期至秦统一六国短短的几十年间突然在平原上从"无"到"有"冲刷出一条河道，且连绵经过馆陶、高唐、平原、东光、南皮十多个县，这种巨大的水患灾难在史书上是不可能不记载的。以上三点足见战国时期即已形成了《汉志》黄河河道，史念海先生战国黄河无东出《汉志》河河道是值得商榷的。

三是以濮阳为起点战国黄河河道的走向问题。谭、杨两位先生主张战国黄河自濮阳之后即按《汉志》河河道东去；史念海先生主张战国黄河自濮阳折而东北，沿《禹贡》河向北，并认为自濮阳东出的《汉志》黄河河道是汉武帝元光三年（前132）黄河决口形成的。要搞清楚战国黄河的河道走向，需要先考察对此问题至关重要的一条河——"浮水"。关于"浮水"，《汉书

---

① 《史记·赵世家》："十八年，齐、魏伐我，我决河水灌之，兵去。"此外，《史记·田敬仲完世家》"与魏伐赵，赵决河水灌齐、魏，兵罢"、《史记·六国表·魏》"三年，伐赵"、《史记·六国表·赵》"十八，齐、魏伐我，我决河水浸之"和《史记·六国表·齐》"十一年，与魏伐赵"均有相关记载。

•地理志》记载"(未详何年)赵地……南至浮水、繁阳、内黄、斥丘",但是一直以来,各家并未说清楚战国此"浮水"的具体走向。依顾祖禹《读史方舆纪要》,浮水的走向当自顿丘县北的黄河分流而出,东北入今清丰县、南乐县,北入今大名县,最后入隋唐之永济渠(详见本章"浮水(繁水)"词条),这一走向正好与《图集》中《汉志》河顿丘－清丰－南乐－大名段是重合的。如果战国的"浮水"是《读史方舆纪要》所记载的这个走向,那么,战国时期黄河河道的走向必定与《汉志》河是不重复的,否则就无法解释战国时期存在的"浮水"。

退一步,假设谭、杨战国黄河在今顿丘－清丰－南乐－大名段河道与《汉志》河河道完全一致的说法是成立的,这种假设无法清晰解释两则史料:第一则是魏武侯所置元城、魏县。《汉书·地理志》"元城"注引应劭:"魏武侯公子元食邑于此,故县氏焉。"《汉书·地理志》"魏县"注引应劭说:"魏县,魏武侯别都。"如果战国黄河在顿丘－清丰－南乐－大名段河道与谭其骧、杨宽两先生所主张的《汉志》河河道完全一致,从谭先生主编的《中国历史地图集》第一册37－38页可以看到"元城"和"魏县"分列在黄河南北,魏武侯在位时间为前395－前370,将别都孤悬在黄河之外且没有任何屏障、没有退路,这是令人匪夷所思的。即便有人认为这是对开疆拓土雄心的表示,但是将别都孤悬在没有屏障没有退路之处不像是一代雄主的做法。第二则是齐"伐晋,毁黄城,围阳狐"事件。《史记·田敬仲完世家》记录"(前413)宣公四十三年伐晋,毁黄城,围阳狐","黄城"和"阳狐",按《图集》,标绘在黄河的南北两侧,有天堑黄河阻隔,齐国"毁黄城"后紧接着"围阳狐"是如何做到的? 在对《图集》"阳狐"方位进行校正后(具体详见本章"阳狐"条),如果战国黄河河道与《汉志》河河道完全一致,此二城仍然分列在黄河南北两侧,仍然无法解释齐国在同一年"毁黄城"后立即跨天堑黄河"围阳狐"。但是,如果这一段是一条较小的"浮水",齐伐赵"毁黄城,围阳狐"就容易得多了。

由此,可以大致得出:谭、杨二人主张战国自濮阳东出黄河河道完全按照《汉志》河河道东流是值得商榷的,史念海先生主张的战国黄河河道自濮阳西北折向内黄则是可以接受的;《汉志》黄河自濮阳－顿丘－清丰－南乐－大名段,在战国时期为"浮水(繁水)"水道。

至于《汉志》河自濮阳－顿丘－清丰－南乐－大名段河道形成的时间,基本可以确定在《史记·赵世家》所记述"齐、魏伐我,我决河水灌之,兵去"之时,即公元前332年。根据对公元前333年赵国的疆域范围内城邑的考证(详见本书第四章第三节),赵国边界的城邑包括繁阳、浮水、刚平、中牟、平邑、元城、黄城,正与齐、魏、卫邻壤,公元前332年齐、魏伐赵,也应该是集中对相邻的边界城邑进行攻伐,赵掘开黄河侵占"浮水"河道,形成内外两条黄河确实可以阻止齐、魏越过刚平—中牟—平邑—元城一线进攻赵国的魏、繁阳和首都邯郸,迫使齐、魏退兵。同时,因为黄河决口后走的是浮水水道,没有造成民不聊生的重大水患灾难,所以史书没有记载这次"灾变",只当做普通的军事行动予以记录。但是,战国黄河自此改道,完全形成《汉志》河河道,由于地势原因,自濮阳西北折向内黄的黄河河道逐渐干涸。

四是以内黄为起点战国黄河河道的走向问题。谭其骧和史念海两位先生主张战国黄河自内黄后即按《禹贡》河河道经魏县—广平—邱县北上。这种走向将"棘沟(棘蒲)"与"黄城"分隔在黄河两侧,解释不通公元前382—公元前379年魏赵棘蒲战役和棘蒲为"魏之河北",前文已有论述。此外,也解释不通洹水—清河(详见本章"清河"词条)、薄洛之水与漳水(详见本章"薄洛之水"词条)、滹沱河(详见本章"滹沱河"词条)、滱水(详见本章"滱水"词条)、泒水(详见本章"泒水"词条)自西向东穿过黄河东流到大海而不是汇入黄河随河水入大海的问题。可见,战国黄河自内黄经魏县—广平—邱县北上的可能性不大。

战国黄河不沿《禹贡》河道北上,唯一可能的去处是自内黄东流而去。东流黄河的具体走向,大致可以从两个方面进行考察:一是洹水。在春秋战国时期,内黄境内有一条自西向东流的洹水,在春秋及以前,洹水东流抵达《禹贡》河后,与《禹贡》河合流北上,这一点是无疑义的。战国时期,这条河还存在,《史记·苏秦列传》还提到"令天下之将相会于洹水之上"。二是清河。清河的河道,出于班固《汉书·地理志》所说的"出于内黄县南",流经今馆陶、广宗等诸县境,而至今天津市附近入海(详见本章"清河"词条)。清河出自黄河,实际上是黄河的一个支脉。黄河大约在今大名县分成两个支脉:一支与《汉志》河重叠,自大名县经今冠县—茌平—高唐—平原,然后一路北上,此为浊河。关于这条河,有不少传世史料有记载。《战国策·赵策二·苏秦从燕之赵始合从》的"(前333)秦攻齐,则楚绝其后,韩守成皋,魏塞午道,赵涉河、漳、博关,燕出锐师以佐之",及张仪游说韩国加入连横时所言"(前311)大王不事秦,秦驱韩、魏攻齐之南地,悉赵涉河关,指搏关,临淄、即墨非王之有也"中所指的"搏关"即"博关",据考证在今山东博平县西北三十里(详见本章"博关"词条),从名称来看,当是河或山的一个重要关口,由于地处平原地带,没有山,极可能是某河的一个关口,如同黄河在河东有蒲坂关、临晋关这样的关口一样。此外,《战国策·秦策五·文信侯出走》记述始皇帝十年(前237年)吕不韦及其幕僚司空马离开秦国后,"司空马去赵,渡平原",可见平原津是一条河的渡口。《汉书·沟洫志》记载王莽时长水校尉奏言:"河决率常于平原、东郡左右,其地形下而土疏恶。闻禹治河时,本空此地"云云,可见这两个渡口所在的河,应该就是黄河。另一支即清河。黄河从内黄与洹水合流后折而东行,棘沟(棘蒲)正好在黄河以北,故而公元前382—公元前379年魏赵棘蒲战役《战国策·齐策五》所言"(前382)赵氏惧,楚人救赵而伐魏……赵得是藉也,亦袭魏之河北,烧棘沟,队黄城"的"袭魏之河北"说得通。

公元前332年赵决河水灌齐魏后,黄河自濮阳改走浮水河道形成《汉志》河道的顿丘—清丰—南乐—大名段,由于地势缘故,自濮阳西北折向内黄的黄河河道此后逐渐干涸。虽然自濮阳至内黄的黄河河道干涸,但是洹水东流汇入黄河并支流成清河的河道一直存在,黄河和清河开始独立成流,直至在德州再次相汇。

五是战国黄河入海口的问题。谭其骧先生考证有三处,分别是《汉志》河入海口(杨宽同)、今天津静海区南入海、今天津市大沽口入海;史念海先生主张在天津市大沽口入海。战国黄河的入海口,除《禹贡》"(禹导河)至于大陆,又北播为九河,同为逆河,入于海"和"冀州……夹右碣石入于河"有记载外,别无其他直接史料,而这两则史料对于哪里是入海口语焉不详。关于战国黄河的入海口,需要特别注意齐国北部的一条界河——渤海。《战国策·齐策一·苏秦为赵合从说齐宣王》"(前333)齐南有太山,东有琅邪,西有清河,北有渤海,此所谓四塞之国也"和《战国策·赵策二·苏秦从燕之赵始合从》"(前333)秦攻燕,则赵守常山,楚军武关,齐涉渤海,韩、魏出锐师以佐之",齐国北与燕邻壤之"渤海",胡渭《禹贡锥指》:"碣石以西至直沽口,禹时为逆河,战国时谓之渤海。渤海止此耳。""逆河",《尚书·禹贡》"(禹导河)至于大陆,又北播为九河,同为逆河,入于海",指的正是黄河入海前九河汇而为一的一段河。如果黄河按照谭、杨《汉志》河在今河北沧州市—黄骅市东入海,解释不了《战国策·齐策一·苏秦为赵合从说齐宣王》所谓的"齐南有太山,东有琅邪,西有清河,北有渤海,此所谓四塞之国也。……即有军役,未尝倍太山,绝清河,涉渤海"的情况,所谓的"未尝倍太山,绝清河,涉渤海"实际上指的是侵略燕国。从考古出土文物和传世史料来看,公元前333年齐国在黄河以西有郭、武阳,甚至到达与燕国毗连的

"易"(详见本书第四章第二节),按《图集》中的《汉志》河入海走向,齐国不仅已经涉渤海了,而且大大超过了,苏秦将这种显而易见的常识都弄错,怎么能有说服力呢?

那么,黄河的入海口到底在哪里呢?胡渭《禹贡锥指》"碣石以西至直沽口,禹时为逆河,战国时谓之渤海,渤海止此耳"有两个地标:一是"直沽口"。其地望《大清一统志》所指非常清楚:"大直沽东南百余里为大沽口,众水由此入海,即杜佑通典所云三会海口也。"其地在今天津市大沽口。二是"碣石"。所谓"碣",指的是圆顶的石碑。天然形成的圆顶石碑不在少数,故而古今文献中多有提及而方位各异,如平州卢龙县碣石山(《史记·货殖列传》"龙门、碣石北多马、牛、羊、旃裘、筋角")、幽州蓟县碣石(《太平寰宇记·河北道十八·幽州·蓟县·高梁水》)、常山九门县(《史记·苏秦列传》索隐)、右北平骊城县西南大碣石山(《汉书·地理志》)等。《山海经》:"碣石之山,绳水出焉,东流注于河。"谭其骧先生以为在今河北昌黎县北偏西十里之碣石山①,在本节"渤海"词条已经论证,当是另一处碣石,昌黎在燕之东,无法解释《战国策·燕策一》燕"南有碣石、雁门之饶"的记载。燕之东南,正好在今天津市境内。此外,在古地理地形上,史念海在《论〈禹贡〉的导河和春秋战国时期的黄河》的考察,认为今天津市在春秋战国时期属于最低洼的位置。由以上两点,可大致判断黄河东出的一支在当时当一直向北流经天津市入海,这个入海口也是胡渭《禹贡锥指》中所注释的黄河入海口一段,即"渤海"。

从前文的分析,《图集》战国时期的黄河需要修正:无自宿胥口东北的《禹贡》黄河,只有东出的黄河河道;东出的黄河在濮阳西北折而向内黄,洹水汇入;在内黄东流,并在今河北大名县北分为两支,一支为东北流向的清河,另一支为《汉志》河大名—冠县—茌平—高唐—平原河段;黄河自平原—东光—静海,与滱河、滹沱河会,从今天津市大沽口入海。

【标绘】J14—J15—I15—I16—I17—H17—G17—F17—F18

洪波台

1 居无几何而周舍死,简子如丧子。后与诸大夫饮于洪波之台,酒酣,简子涕泣。(《韩诗外传》卷七)

【《图集》】无。

---

① 谭其骧:《长水集(下)》,北京:人民出版社,1987年7月,第93—104页。

【补释】《太平寰宇记·河北道五·磁州·邯郸县·灵山》:"在邯郸县西三里。"其地在今河北邯郸市西。

【标绘】I15

候台

[1] 在州治西。相传周武王所筑,为日者占候之所。战国时,燕昭王建五楼于其上,更名五花台。(《读史方舆纪要·北直三·易州·候台》)

【《图集》】无。

【补释】据《读史方舆纪要》,"候台"在燕昭王时期更名为"五花台"。燕昭王在位时间为公元前311年至公元前279年,燕昭王之前,当据周武王时之称,称"候台"为是。

【标绘】F16

郈

[1] 郈造戈。(《沂蒙金文辑存》72.1)

【《图集》】无。

【补释】朱力伟《东周与秦兵器铭文中所见的地名》:"'后'即'郈',因为地名,故此加'邑'旁。本是鲁邑,左传定公十年'叔孙州仇、仲孙何忌帅师围郈',杜预注:'郈,叔孙氏邑。'又十二年:'叔孙州仇帅师堕郈。'水经注:'其左二水西南双流至亡盐县之郈乡城南,昭伯之故邑也,叔孙氏堕郈。'在今山东东平县东南四十里。"①其地当在今山东泰安市东平县东,具体方位如《图集》第二册西汉时期"东郡北海间诸郡"21③3 之"郈乡"所示。

【标绘】J17

湖阳

[1] 楚共王会宋平公于湖阳。(《水经·比水注》引《竹书纪年》)

【《图集》】无。

【补释】《中国古今地名大辞典》:"今河南沘源县南八十里有湖阳店,即故县也。"沘源县湖阳店,即今唐河县湖阳镇。具体方位如《图集》第二册西汉时期 22—23③6 之"湖阳"所示。

---

① 朱力伟:《东周与秦兵器铭文中所见的地名》,吉林大学硕士学位论文,2004年,第4页。

【标绘】M13

虎候山祠

[1] （蓝田）山出美玉，有虎候山祠，秦孝公置也。（《汉书·地理志·京兆尹》注）

【《图集》】无。

【补释】蓝田，《史记正义》："在雍州东南八十里。"按《汉书·地理志》，虎候山祠在蓝田山上，其地当在今陕西西安市蓝田县西。

【标绘】K10

华阴

[1] 魏以阴晋为和于秦，实华阴。（《资治通鉴·显王三十七年》）

【《图集》】35—36④3 有"阴晋（宁秦、华阴）"。

【校释】据此史料，阴晋、华阴当为两地，且两地极近。其地当在今陕西华阴市东。

【标绘】K11

黄华山

[1] 王北略中山之地，至于房子，遂之代，北至无穷，西至河，登黄华之上。（《史记·赵世家》）

【《图集》】无。

【补释】《史记正义》根据"西至河"推测"黄华盖西河侧之山名也"。《水经·洹水注》："黄华水，出于（隆虑县）神囷山黄华谷北崖上。"《读史方舆纪要·山西六·大同县·黄瓜堆》："在府西南百十里，或曰即古黄华山也。赵武灵王十九年北至无穷，西至河，登黄华之山。""黄瓜堆"，在今山西朔州市怀仁县与山阴县之间的交界处，其所倚之山可能就是《读史方舆纪要》所指"古黄华山"，赵武灵王开拓边疆当在西北部，不当在隆虑，《读史方舆纪要》所说可从，其地当在今山西大同西南朔州怀仁县与山阴县交界处的洪涛山。

【标绘】F13

怀德

[1] 怀德。（《编年》79【廿一年相邦冉戈】

【《图集》】无。

【补释】此戈据考证为秦昭王二十一年铸造的兵器,为战国时期器物。关于"怀德"的具体方位,《太平寰宇记·关西道四·同州·朝邑县·怀德城》:"怀德城,汉县,在今县西南三十二里怀德故城是也。汉志注云:'洛水东南入渭。今故城在渭水之北,沙苑之南,一名高阳城。'"《读史方舆纪要·陕西·朝邑县·怀德城》:"县西南三十里,本秦邑。汉王还定三秦,赐周勃食邑怀德是也。寻置县。"《史记正义》引《括地志》:"怀德故城在同州朝邑县西南四十三里。"各家所指方位为一处,其地当在今陕西大荔县南,具体方位当如《图集》第二册5-6④7之"怀德"所示。

【标绘】K10

J

箕

1 (箕)司徒师。(《玺汇》0019)

【《图集》】无。

【补释】吴良宝引曹锦炎《古玺通论》:"山东莒县北。"①吴引可从,地在今山东日照市莒县北,具体方位如《图集》第二册西汉时期19-20③7之"箕国"所示。

【标绘】J19

鸡鸣城

【《图集》】无。

【补释】《读史方舆纪要·河南二·开封府·尉氏县·鸡鸣城》:"在尉氏县西南三十里。竹书:'魏惠成王元年韩伐魏,军于酸泽陂,北对鸡鸣城。'是也。"顾祖禹记述有误,当在当时的尉氏县西北三十里,即今河南开封市尉氏县城西北二十余里的鸡王村。

【标绘】K15

棘沟(棘蒲)

1 赵氏惧,楚人救赵而伐魏,战于州西,出梁门,军舍林中,马饮于

---

① 吴良宝:《〈中国历史地图集〉战国部分地名校补》,《中国历史地理论丛》,2006年7月,第21卷第3辑,第144—151页。

大河。赵得是藉也,亦袭魏之河北,烧棘沟,队黄城。(《战国策·齐策五·苏秦说齐闵王曰》)

② 六年,借兵于楚伐魏,取棘蒲。(《史记·赵世家》)

【《图集》】35－36②7 有"棘蒲",其地在今河北魏县西南。

【补释】吴师道《战国策注》:"史记赵世家作'蒲'。正义云:'今赵州平棘县,古棘蒲邑。'"张琦《战国策释地》:"今赵州治,即古棘蒲。"范祥雍《战国策笺证》(第680页):"正义本汉书地理志应劭说,但颜师古谓棘蒲、平棘非一处。策作'棘沟'与史记又不同,未详孰是。"史料一、二所记为同一年之一事,"棘沟"即"棘蒲",《战国策》《史记》虽名称不同,实为一地,具体方位当如《图集》35－36②7 所示,只是名称"棘蒲"当校正为"棘沟(棘蒲)"。

【标绘】I15

冀

① 我下枳道,(道)南阳,封冀,包两周,乘夏水,浮轻舟。(《战国策·燕策二·秦召燕王》)

我下轵,道南阳,封冀,包两周。(《史记·苏秦列传》)

【《图集》】35－36③3 有"冀"。

【补释】《史记集解》:"徐广曰:'霸陵有轵道亭,河东皮氏有冀亭也。'"《史记索隐》按:"魏之南阳即河内也。封,封陵也;冀,冀邑。皆在魏境,故徐广云'河东皮氏县有冀亭'。"钱穆《史记地名考》:"盖自轵道以西、大河北岸皆得'冀'称。"按原文之顺序:先下今河南济源市之"轵道",取道今太行山南麓之"南阳",然后"封冀",包今河南洛阳之"二周","冀"之所指,必不在《图集》35－36③3 河东皮氏之"冀",当从钱穆之辨,其地当在今河南济源市境内,非具体某地,而是一个地域范围,在轵道以西、黄河北岸。

【标绘】J13

蓟丘

① 蓟丘之植,植于汶皇。(《战国策·燕策二·昌国君乐毅为燕昭王》)

【《图集》】无。

【补释】"蓟丘"与"蓟城"当为二地。《读史方舆纪要·北直二·顺天府·宛平县·蓟丘》:"在旧燕城西北隅。古蓟门也。"又,《读史方舆纪要·

北直二·顺天府·宛平县·蓟城》："今(顺天)府治东。古燕都也。记曰：武王克商,封尧帝之后于蓟。其后燕并蓟地,遂都于蓟,以城西北有蓟丘而名。秦始皇二十一年,王贲取燕蓟城,因置蓟县,属上谷郡。""蓟城"位置在今北京市西城区广安门①,"蓟丘"在其西北隅,大致在今北京市西城区白云观一带。

【标绘】F17

焦

[1] 且君尝为晋君赐矣,许君焦、瑕,朝济而夕设版焉,君之所知也。(《左传·僖公二年》)

[2] 秦师伐晋,以报崇也,遂围焦。夏,晋赵盾救焦,遂自阴地,及诸侯之师侵郑,以报大棘之役。(《左传·宣公二年》)

[3] 五年,秦败我龙贾军四万五千于雕阴,围我焦、曲沃。予秦河西之地。(《史记·魏世家》)

五,与秦河西地少梁。秦围我焦、曲沃。(《史记·六国年表·魏》)

[4] 九年,渡河,取汾阴、皮氏。与魏王会应。围焦,降之。(《史记·秦本纪》)

六年,与秦会应。秦取我汾阴、皮氏、焦。魏伐楚,败之陉山。(《史记·魏世家》)

九,度河,取汾阴、皮氏。围焦,降之。与魏会应。(《史记·六国年表·秦》)

[5] 十一年,县义渠。归魏焦、曲沃。义渠君为臣。更名少梁曰夏阳。(《史记·秦本纪》)

八年,秦归我焦、曲沃。(《史记·魏世家》)

十一,义渠君为臣。归魏焦、曲沃。(《史记·六国年表·秦》)

八,秦归我焦、曲沃。(《史记·六国年表·魏》)

[6] 十一年,樗里疾攻魏焦,降之。(《史记·秦本纪》)

[7] 六年,秦取我焦。(《路史·国名纪》)

---

① 于德源：《北京古代城址变迁》,《城市问题》,1990年第3期,第64—68页。

【《图集》】35—36④4 有"陕焦",在今河南三门峡市西。

【校释】《图集》认为"焦""陕"为一地。但是,从史料一至七来看,"焦"是独立于"陕"的。从"陕"(详见本节"陕"词条)来看,"陕"也是独立的城邑。《图集》认定"焦""陕"为"陕焦"有误。焦地,《肇域志·河南·河南府·陕州》:"古焦国,在陕县东北百步,因焦水名。"在今河南三门峡市西,在"陕"之东北。

【标绘】K12

建阳

①建昜。(《集成》10918【建阳戈】)

【《图集》】无。

【补释】周翔《战国兵器铭文分域编年研究》引《战国文字通论》[①]:"'建昜'读为'建阳',今山东枣庄,战国齐邑。"其具体方位在今山东枣庄市西南,如《图集》第二册西汉时期"兖州、豫州、青州、徐州刺史部"19—20④6之"建阳"所示。

【标绘】K18

江

①工(江)君奚洫曰:"子之来也,其将请师耶?"(《战国纵横家书·第二七·麛皮对邯郸君》)

【《图集》】无。

【补释】马王堆汉墓帛书整理小组:"江君奚洫,当即昭奚恤,是楚宣王时期楚国的相。封于江地,在今河南省正阳县。"按马王堆汉墓帛书整理小组之考释,江地当在今河南驻马店市正阳县。

【标绘】M15

江陵

①以次传,别书江陵布,以邮行。(《秦出土文献编年》一五七之《睡虎地简〈语书〉》)

②江陵行序大夫玺。(《玺汇》0101)

---

① 周翔:《战国兵器铭文分域编年研究》,浙江师范大学硕士论文,2013年,265页。

【《图集》】无。

【补释】史料一，王辉《秦出土文献编年》："语书是秦王政二十年（前227）四月初二日南郡的郡守腾颁发给本郡各县、道的一篇文告。文书中提到的江陵，就是楚国的旧都郢。"史料二，吴良宝引李学勤《楚国夫人玺与战国时的江陵》："湖北省江陵县。"①按两件出土文献来看，战国时期，有"江陵"这一地名。又，秦昭王二十九年（前278）白起攻占楚都郢后，设"郢县"，而《语书》又有"江陵县"，恐在楚时即有"江陵"地。江陵，地在今湖北荆州市城区西南，其具体方位如《图集》第二册西汉时期"荆州刺史部"22—23⑤6之"江陵"所示。

【标绘】O13

江南

⒈ 秦与荆人战，大破荆，袭郢，取洞庭、五都、江南。荆王亡奔走，东伏于陈。（《战国策·秦策一·张仪说秦王》）

【《图集》】45—46④1—④2有"江南"，在今重庆奉节至湖北宜昌段长江以南。

【补释】此江南，张琦《战国策释地》："江南，今湖南及湖北之武昌东包两江皆是也。"程恩泽《国策地名考》："高士奇曰：'……自荆州以南，皆楚所谓江南也。'"从史料一将洞庭、五都、江南并举来看，此江南必不是今重庆奉节至湖北宜昌段长江以南，当距离洞庭、五渚不远，是一个泛指的长江以南区域。从史料一，秦攻伐楚国，攻占了长江以北的郢，然后继续南下，攻占郢之外的其他区域，有洞庭、五都和江南，此江南当泛指长江在今湖北松滋－湖南华容一带以南地区。

【标绘】P13

碣石宫

⒈ 请列弟子之座而受业，筑碣石宫，身亲往师之。（《史记·孟子荀卿列传》）

【《图集》】无。

【补释】《史记正义》："碣石宫在幽州蓟县西三十里宁台之东。"幽州蓟县也正是燕国都城"蓟"所在位置，大致在今北京市西城区广安门附近，碣

---

① 吴良宝：《〈中国历史地图集〉战国部分地名校补》，《中国历史地理论丛》，2006年7月，第21卷第3辑，第144—151页。

石宫在蓟县之西三十里宁台之东,大致在今北京西城区广安门西。

【标绘】F17

晋

$\boxed{1}$ 燕乃伐齐,攻晋。(《战国策·燕策二·苏代自齐使人谓燕昭王》)

【《图集》】无。

【补释】张琦《战国策释地》:"今直隶晋州与狸、阳城相近,或其地。"虽为推断,但是据《战国策·赵策四·三国攻秦赵攻中山》"(前298)不如尽归中山之新垒。中山案此,言于齐曰:'四国将假道于卫,以过章子之路。'齐闻此,必效鼓"和《史记·赵世家》"(前283)廉颇将,攻齐昔阳,取之"来看,齐国在协助赵武灵王灭中山国之后有鼓、昔阳,史料一之"晋"可确定为今河北晋州市境内。

【标绘】G16

晋下

$\boxed{1}$ 苏子遂将而与燕人战于晋下,齐军败。(《战国策·燕策二·苏代自齐使人谓燕昭王》)

【《图集》】无。

【补释】程恩泽《国策地名考》:"晋下犹稷下、历下之谓,非晋之下地也。"程说可从。在战国传世史料中,与"晋""晋下"相类似的例子,如《史记·秦本纪》:"(前456)二十一年……晋取武城。"《史记·魏世家》:"(前387)三十八年,伐秦,败我武下,得其将识。""武下",《史记正义》:"括地志云:'故武城,一名武平城,在华州郑县东十三里。'"晋、晋下当指一地范围内的两个不同地名。

【标绘】G16

沮居

$\boxed{1}$ 虘居司寇。(《玺汇》0072)

【《图集》】无。

【补释】吴良宝引李家浩《战国于疋布考》："其地在今河北怀来县西。"①吴引可从,其地在今河北张家口市怀来县西,其具体方位如《图集》第二册西汉时期"幽州刺史部"27—28③2 之"且居"所示。

【标绘】E16

沮阳

[1] 沮阳。(《货系》2468)

【《图集》】无。

【补释】吴良宝引李家浩《战国于疋布考》："其地当在今河北栾城县北。"②吴引可从,其地在今河北石家庄市栾城县北,其具体方位如《图集》第二册秦时期"山东北部诸郡"9—10②4 之"沮阳"所示。

【标绘】H15

绝水

【《图集》】无。

【补释】详见本节"长平水"词条。

【标绘】J13

K

滱水(呕夷水)

【《图集》】37—38④10—⑤11 有"滱水(呕夷水)"。

【校释】滱水,即"呕夷水",《太平寰宇记·河东道十二·蔚州·灵丘县·呕夷水》："呕夷水,一名滱水,出县西北高是山。周礼曰'并州其川呕夷',谓此也。"其具体走向,《读史方舆纪要·北直四·河间府·高河》："滱水,在城西。即易水支流也,亦自安州高阳县分流经此,又北流入任丘县界,仍合于易水。"《水经·滱水注》："滱水出代郡灵丘县高氏山,东南过广昌县南,又东南过中山上曲阳县北,恒水从西来注之,又东过唐县南,又东过安熹县南,又东过安国县北,又东过博陵县南,又东北入于易。"由于战国中期黄河并无禹贡河道,《图集》37—38④10—⑤11 当按《水经·滱水注》修正,其流向为:自今山西灵丘县东南沿恒山山谷经今河北曲阳县,经今定

---

① 吴良宝:《〈中国历史地图集〉战国部分地名校补》,《中国历史地理论丛》,2006 年 7 月,第 21 卷第 3 辑,第 144—151 页。

② 同上。

州市北、安国县南,东北折经今蠡县东、保定市东,在河北雄县注入易水,与易水合流后东向注入大海。滱水与易水合流后,统称"滱河",时人简称"河",而成为"河间"得名的两河之一。

【标绘】F14—F15—G15—G16—G17—F17—F18

苦陉

[1] 李兑治中山,苦陉令上计而入多。(《韩非子·难二》)

【《图集》】37—38⑤11 有"苦陉县",其地在今河北无极县东北。

【校释】《太平寰宇记·河北道九·祁州·无极县·故魏昌城》:"故魏昌城,在州东北二十八里。"《大清一统志》:"苦陉故城,在今正定府无极县东北。"吕苏生《鲜于中山国事表疆域图说补释》:"苦陉,本战国中山邑,后属赵。……故城在今河北无极县东北。"据《太平寰宇记》《大清一统志》和吕苏生,其方位即《图集》37—38⑤11 之"苦陉县",但是,战国时并非县,乃邑,入秦后设县,公元前 333 年为邑,《图集》作"苦陉县",名称当校正为"苦陉"。

【标绘】G16

L

赖

[1] 晋赵鞅伐齐,至赖而去。(《史记·齐太公世家》)

【《图集》】无。

【补释】关于此赖,有两种说法:一种主张在今山东聊城市西,《中国古今地名大辞典》"赖"词条"春秋齐邑,在今山东聊城县西。史记齐世家'晋赵鞅伐齐,至赖而去'",《读史方舆纪要·山东五·东昌府·聊城县·赖亭》"赖亭,在府西,齐境上邑也。史记'晋赵鞅伐齐,至赖而去',谓此"均支持此说法;另一种主张在今章丘市西北的回村,《中国古今地名大辞典》"春秋齐地,在今山东章丘县西北。左传哀公六年'齐侯阳生使胡姬以安孺子如赖',后汉书郡国志'菅县有赖亭'",《读史方舆纪要·山东二·济南府·历城县·赖亭》"赖亭,在府东,近章丘县界。后汉志注:'菅县有赖亭。'左传襄六年'公如赖',哀六年'齐侯阳生使胡姬以安孺子如赖',十年'晋赵鞅伐齐,毁高唐之郭,及赖而还',即此"均支持此说法。从史料来看,晋之所以伐齐,是因为齐国大臣鲍子弑杀了齐悼公,晋国发兵攻齐,意在惩罚或平叛,其进攻的主要方向应该是齐都临淄,伐今聊城西的"赖"没有意义。

此"赖",《章丘市地名志》:"赖邑,即左传'胡姬以安孺子如赖'之'赖',今宁家埠镇驻地。"①其地在今山东章丘市宁家埠镇,《图集》战国时期无,当补之。另,《图集》第一册春秋26③4"赖"标绘有误。

【标绘】I18

濑胡

1 昧之难,越乱,故楚南察濑胡,而野江东。(《战国策·楚策一·楚王问于范环》)

【《图集》】无。

【补释】程恩泽《国策地名考·楚下·濑湖》:"地理志:'南阳郡随县有厉乡,故厉国也,其地在今湖北德安府随州北百八十里,乃是楚之北境,非南境也,且距江东绝远,与越地亦迥不相涉,又不闻有湖,其误无疑。'寰宇记:'按滕公庙记云:古故城是吴濑诸县地,楚灵王与吴战,遂陷此城,吴移濑诸县于溧阳十里,改陵平县,平王时又与吴战,吴军败,收陵平县,改为固城,至伍员破楚,楚奔南海,固城宫殿遂废。'顾祖禹曰:'固城在今江宁府高淳县南十五里,春秋时吴所筑濑诸邑,汉置溧阳县于此,其西南五里为固城湖,殆即所谓濑湖也。此于战国时为越地,又与金陵邑相近,自此以东,则江东矣。'"程恩泽所辨可从,濑胡即当今之固城湖,其地在今江苏南京市高淳县南。

【标绘】N19

乐阳

【《图集》】无。

【补释】王先谦《鲜于中山国事表疆域图说》:"汉志:'县属常山郡。'一统志:'乐阳故城在今正定府获鹿县北,中山境。'"吕苏生补释曰:"王书是。乐阳,本战国中山地,后入赵。汉置县,东汉省,故城在今河北省获鹿县东北。水经注'绵曼水东流经乐阳故城',即其地。"按王、吕,乐阳当在今河北石家庄市鹿泉市获鹿镇东北,具体方位如《图集》第二册西汉时期"冀州刺史部"26②2之"乐阳"所示。

【标绘】G15

乐城

---

① 章丘市地名志编纂委员会编:《章丘市地名志》,济南:黄河出版社,1999年,第8页。

1 乐城府。(《玺汇》1386)

【《图集》】无。

【补释】吴良宝《〈中国历史地图集〉战国部分地名校补》引李家浩《战国于疋布考》:"(其地)在今河北献县东南。"①吴引可从,其地在今河北沧州市献县东南,具体方位如《图集》第二册西汉时期"冀州刺史部"26②4之"乐成"所示。

【标绘】G17

埒

1 [胡部]元年,邘龄(令)夜簹、上库工师□□、冶闕(间)[内部]西都(《集成》11360【元年邘令戈】)

【《图集》】无。

【补释】"邘"即"埒",周翔引《金文人名汇编(修订本)》:"邘,战国赵地,今山西神池县。"②吴良宝:"其地在今山西繁峙东北。"③周、吴所示方位不同,其地当在今山西忻州市神池县东北为是,其具体方位当如《图集》第二册西汉时期"并州、朔方刺史部"17—18③10之"埒县"所示。

【标绘】F13

埒阳

1 埒阳。(《货系》1194)

【《图集》】无。

【补释】吴良宝:"其地在今山西右玉县东南。"④吴说可从,地在今山西朔州市右玉县东南。

【标绘】F13

黎

1 秦攻赵蔺、离石、祁,拔。赵以公子郚为质于秦,而请内焦、黎、

---

① 吴良宝:《〈中国历史地图集〉战国部分地名校补》,《中国历史地理论丛》,2006年7月,第21卷第3辑,第147页。
② 周翔:《战国兵器铭文分域编年研究》,浙江师范大学硕士论文,2013年,第111页。
③ 吴良宝:《〈中国历史地图集〉战国部分地名校补》,《中国历史地理论丛》,2006年7月,第21卷第3辑,第147页。
④ 同上。

牛狐之城，以易蔺、离石、祁于秦①。赵背秦，不予焦、黎、牛狐。……秦王大怒，令卫胡易伐赵，攻阏与。赵奢将救之。（《战国策·赵策三·秦攻赵》）

【《图集》】35—36③7 有"黎"，在今河南浚县东北。

【补释】黎，《图集》战国时期只标绘了今河南浚县东北之"黎"。其具体方位，历代考证都指向今河南浚县东北。如程恩泽《国策地名考》："黎有四。一在今山西潞安府壶关县，黎本国也……一在今黎城县，晋所重立之黎国也。……一在今山东曹州府郓城县，黎侯寓卫地，地理志东郡有黎县是。一在今河南卫辉府浚县，地理志魏郡有黎阳县是。以此'焦黎'并称，当在黎阳。"此史料的时间，大致在公元前270年。根据对彼时秦国东扩的疆域分析，此时的秦国：北部已经攻占了蔺、离石、祁，接近上党；中部已将势力范围推到汾水流域；南部已经越过河东地区到达太行山南麓的曲阳、轵。赵国所"请内焦、黎、牛狐之城"当是接近秦国北、中、南势力范围的城邑，如果此处的黎为今河南浚县东北，意味着秦国只得这三城之名而不可能得其实，因为要实际控制今河南浚县东北之"黎"，秦必须越过魏国防守重地南阳（太行山以南的宁、修武等地）。山西潞安府壶关县属韩，必不是此地。此处的"黎"，当即晋所重立之黎国，即今山西黎城县黎侯镇古县村。

【标绘】I14

狸

1 苏子遂将而与燕人战于晋下，齐军败。……明日，又使燕攻阳城及狸。……遂将以与燕战于阳城。燕人大胜，得首三万。（《战国策·燕策二·苏代自齐使人谓燕昭王》）

2 赵人伐燕，取狸、阳（城）。兵未罢，将军王翦、桓齮、杨端和伐赵，攻邺，取九城。（《资治通鉴·始皇帝十一年》）

赵攻燕，取狸、阳城。兵未罢，秦攻邺，拔之。（《史记·赵世家》）

【《图集》】41—42④3 有"狸"，在今河北任丘市东北。

【校释】历代此地名有争议，一种主张认为是"狸"，另一种主张认为是

---

① 原文为"赵"，据范祥雍笺证、范邦瑾协校《战国策笺证》（上海：上海古籍出版社，2006年）第1097页校正。

"狸阳"。关于此地名到底是"狸"还是"狸阳",从史料二的两则史料相互对照来看,可以是"狸阳城",也可以是"狸"和"阳城",但是结合史料一,可以确定地名当为"狸""阳城",《史记正义》认为当作"狸阳",又因燕无"狸阳"而认定其为"渔阳",《史记正义》之说未可为据。关于"狸"的具体位置,程恩泽《国策地名考》:"水经注郑县东南隅水有狐狸淀。……寰宇记:狐狸淀在任丘县西北二十里。任丘,宋属郑州,七国时为燕、齐二国之境,未知狸即此否?"《图集》将其标绘在今河北任丘市东北,可能采自《水经注》并未定论之"狐狸淀"。从史料一的逻辑来看,燕攻下齐之晋下的第二天进攻齐国的狸、阳城,狸、阳城当在晋下附近。"晋"的具体方位,狄子奇《战国策释地》:"今直隶晋州与狸、阳城相近,或其地。"虽然狄子奇言"晋"在今河北晋州市境内是一种推断,但是据《战国策·赵策四·三国攻秦赵攻中山》"(前298)不如尽归中山之新埊。中山案此,言于齐曰:'四国将假道于卫,以过章子之路。'齐闻此,必效鼓"和《史记·赵世家》"(前283)王与燕王遇。廉颇将,攻齐昔阳,取之"来看,齐国在协助赵武灵王灭中山国之后有鼓、昔阳,史料一之"晋"可确定为今河北晋州市境内。史料一(事发时间在公元前285年)言燕败齐于晋下之"明日","又使燕攻阳城及狸",在时间点上如此接近,且双方指挥的将领都没有变,如果"狸""阳城"距离"晋下"很远,恐急行军一日都不能至,何来"明日,又使燕攻阳城及狸"?据此,"狸""阳城"当距"晋"不远,也在今河北晋州市,离"晋下"很近。又,燕在北方,其伐齐的路线当自北向南,先攻晋下,再攻狸、阳城,可知狸、阳城在晋下之南。

【标绘】G16

朞城

[1] 秦子异人质于赵,处于朞城。(《战国策·秦策五·濮阳人吕不韦》)

【《图集》】无。

【补释】吴师道《战国策校注》:"字书无'朞'字。龙龛手鉴云:'音聊'。"程恩泽《国策地名考》:"策札、史记吕不韦传正义引此作'聊',则当为今东昌府聊城县。"范祥雍《战国策笺证》(453页):"朞城是赵邑,其地当离邯郸不远,故不韦贾于邯郸而见之。吕不韦传云:'子楚为秦质子于赵。秦数攻赵,赵不甚礼子楚。子楚,秦诸庶孽孙,质于诸侯,车乘进用不饶,居处困,不得意。'"秦之质在赵,不可能在远离赵国首都邯郸的"聊城",且"聊城"为齐国城邑。范祥雍《战国策笺证》所辨甚是,其地当在邯郸附近,今河北邯郸市境内,非今山东聊城县之"聊城"。

【标绘】I15

蓼

① 鄝子妆之用。(《近出》1154【鄝子妆戈】)

【《图集》】无。

【补释】周翔引《汉语大字典》(第二版)①:"鄝,古国名,亦作蓼,汉有蓼县。在今河南省唐河县(一说固始县)境内。"《中国古今地名大辞典·蓼》:"春秋国名,皋陶之后。左传文公五年:楚公子燮灭蓼。杜注:'蓼国,今安丰蓼县。'今河南固始县东有蓼城冈,即下蓼国,或曰楚改封蓼而复灭之。……汉置蓼县于此。"《图集》第二册秦时期地图11－12①5 在今河南固始县东北有"蓼",当是其地所在。

【标绘】M16

梁沟(河沟)

① 二十二年,王贲攻魏,引河沟灌大梁,大梁城坏,其王请降,尽取其地。(《史记·秦始皇本纪》)

② 三年,秦灌大梁,虏王假,遂灭魏以为郡县。(《史记·魏世家》)

【《图集》】无"河沟",35－36④7、⑤7、⑤8有"鸿沟",35－36④7有"大沟""梁沟"。

【校释】具体考辨见"大沟(河沟)"条。

【标绘】K15

临汾

① 廿二年,临汾守曋、库系、工歊造。(《集成》11331;《秦出土文献编年》一六〇【二十二年临汾守曋戈】)

【《图集》】无。

【补释】王辉:"临汾,汉书地理志为河东郡属县,而水经涑水注云河东治安邑。依常例,戈铭'临汾'应为郡名,但为地理志所漏载。"吴良宝:"临

---

① 周翔:《战国兵器铭文分域编年研究》,浙江师范大学硕士论文,2013年,第72页。

汾其地在今山西曲沃县北。"①周翔《战国兵器铭文分域编年研究》(235 页)："此戈铭呈秦系风格,当铸造于入秦后。其又与目前所见昭王期兵铭风格有别,其后的孝文王、庄襄王均无二十二年。故此'廿二年'应是秦王政二十二年(前 225)。"其地在今山西临汾侯马市北,具体方位如《图集》第二册西汉时期"司隶部"15-16③7 之"临汾"所示。

【标绘】J12

林胡

1 而晋北有林胡、楼烦之戎,燕北有东胡、山戎。各分散居溪谷,自有君长,往往而聚者百有余戎,然莫能相一。(《史记·匈奴列传》)

2 有朱书曰:"赵毋恤,余霍泰山山阳侯天使也。三月丙戌,余将使女反灭知氏。女亦立我百邑,余将赐女林胡之地。"(《史记·赵世家》)

3 燕东有朝鲜、辽东,北有林胡、楼烦,西有云中、九原,南有呼沱、易水。(《战国策·燕策一·苏秦将为从北说燕文侯》)

4 召楼缓谋曰:"我先王因世之变,以长南籓之地,属阻漳、滏之险,立长城,又取蔺、郭狼,败林人于荏,而功未遂。……今中山在我腹心,北有燕,东有胡,西有林胡、楼烦、秦、韩之边,而无强兵之救。"(《史记·赵世家》)

5 二十年,王略中山地,至宁葭;西略胡地,至榆中。林胡王献马。归,使楼缓之秦,仇液之韩,王贲之楚,富丁之魏,赵爵之齐。代相赵固主胡,致其兵。(《史记·赵世家》)

6 赵武灵王亦变俗胡服,习骑射,北破林胡、楼烦,筑长城,自代并阴山下,至高阙为塞,而置云中、雁门、代郡。(《史记·匈奴列传》)

7 李牧多为奇陈,张左右翼击之,大破,杀匈奴十余万骑。灭襜褴,破东胡,降林胡,单于奔走。其后十余岁,匈奴不敢近赵边

---

① 吴良宝:《〈中国历史地图集〉战国部分地名校补》,《中国历史地理论丛》,2006 年 7 月,第 21 卷第 3 辑,第 144-151 页。

城。(《史记·廉颇蔺相如列传》)

【《图集》】37—38③5—⑤5 有林胡(林人)。

【校释】从史料七,襜褴、东胡、林胡当为不同的部落。"林胡"的活动范围,《史记正义》:"林胡、楼烦即岚、胜之北也。岚、胜以南石州、离石、蔺等,七国时赵边邑也。秦隔河也。晋、洺、潞、泽等州皆七国时韩地,为并赵西境也。"《史记正义》只说"林胡、楼烦"的活动范围在"岚、胜之北",并未言明岚、胜之北的哪个区域是林胡的互动范围、哪个区域是楼烦的活动范围。史料一言"晋北有林胡、楼烦之戎",结合史料二,林胡当接近赵之北境,因此有"赐女林胡之地"。史料六言"北破林胡、楼烦",可见"林胡接近赵之北境"这个判断是不假的。至于史料四,说"赵国西有林胡、楼烦",这里的"西"当是相对于首都邯郸而言,此史料对于判定林胡、楼烦的活动范围用处不大。史料五言赵武灵王"西略胡地,至榆中",可见林胡的活动范围当在榆中以东。也就是说,林胡在赵之北境、榆中以东,其具体活动范围不详,只能推知一个大概。

【标绘】E12—F11

菱夫(金陵、平陵)

①菱夫□玺。(《湖南省文物图录》图版五十九)

②战国属越,后属楚,楚威王初置金陵邑,秦改曰秣陵,属鄣郡。(《读史方舆纪要·南直二·应天府》)

③府西二里,有石头山。山上有城,相传楚威王灭越,置金陵邑于此。(《读史方舆纪要·南直二·应天府·石头城》)

【《图集》】无。

【补释】从史料二、三知战国时楚国有金陵邑。但是,关于金陵邑的方位,有两种主张:一种主张楚金陵邑即今南京,史料二、三即支持此种说法,此外,《方舆胜览·江东路·建康府·郡名·金陵》"楚威以其地有王气,埋金镇之,故曰金陵"也支持这种说法;另一种主张在江苏溧阳市南渡镇旧县村,《中国古今地名大辞典·金陵》"清尚山兆赤山湖志:'吴楚时有平陵邑,改名金陵,又改名陵平。今溧阳平陵山,发茅山、钟山之正干,茅山得名金坛之陵者以此,故梁以前之词赋言金陵者,皆指茅山,不指建康。唐以后言金陵者,皆误指建康,尽数典忘祖耳。昔之金陵,当在茅山、平陵山间。'据是楚之金陵,乃今溧阳县西北之故平陵城也。然晋王导已谓建康古之金陵，旧为帝里，见晋书本传，则谓建康为金陵，盖始于晋"，《肇域志·南直隶·应天府·固城》"按胜公庙记：'固城，吴时濑渚县也。楚灵王与吴战，吴军不利，遂陷此城。吴乃移濑渚于溧阳南十里，改为陵平县。平王立，使苏乃为将，败吴军，以吴陵平县改平陵县。及伍员奔吴，阖闾用为将，举军破楚固城，焚其宫室，其城遂废。'又按笠泽丛书：'溧阳昔为平陵县，县南十余里有故平陵城。而图经乃载平陵于溧阳，载固城于溧水，盖未详也。'溧阳志：'平陵城在县西三十五里平陵山下，周二里。城有四门，门外有濠。'戚氏云：'以地考之，平陵有二，其一晋平陵，即永世城；其一则在唐溧阳南十里，吴所置也，与固城东西相去已远。图经之说为是，故嘉定溧阳志历载永世、唐县、平陵三城，而景定郡志、咸淳溧水志犹云固城亦名平陵，则失于不考嘉定志耳。'"均主张楚金陵邑即故平陵城。故平陵城的方位，在古溧阳县南十里。古溧阳县的方位，《肇域志·南直隶·应天府·溧阳》："溧阳旧县城，在县西北四十五里，地名旧县村。戚氏云：'城已毁，惟巡检寨后小坡上有城隍庙，前有唐开元十七年碑，国子进士蒋日用文云：县宅兹土，近百余载。盖自唐初武德三年置县，及是逾百年。唐末天复三年，移治今县。后三年唐亡。则此城为溧阳治，与唐终始，首尾几三百年也。今有古平陵城，在此城南十余里，若据胜公庙记谓移濑渚于溧阳南十里，改为平陵，疑此县即吴溧阳。'乾道志亦云：'疑此即溧阳县。然庙记所谓溧阳，似指唐溧阳以晓人，未可据以为吴有此县也。'平陵城，乾道溧阳志：'在县西北三十五里。周二里，高一丈，四门，壕阔六七尺，居民今五六家。'胜公庙记：'见前固城下。县志：史记伍子胥橐载而出昭关，夜行昼伏，至于陵水，膝行蒲伏，稽首肉袒，鼓腹吹篪，乞食于吴市。战国策亦述此事，陵水二字作菱夫。然则濑渚、陵平、平陵、陵水、菱夫，皆指此地。陵水、菱夫，传误耳。'陆龟蒙笠泽丛书李贺记：'为儿时，在溧阳闻白头书佐言，孟东野贞元中为溧阳尉。溧阳昔为平陵县，县南五里有投金濑，濑南八里有故平陵城，周千余步，基北才高三四尺，而草木甚盛，率多大梁，丛筱蒙翳，如坞如洞。其地注下，积水沮洳，深处可活鱼鳖，幽邃可喜，东野得之忘归。按此城南五里有平陵山。'"也就是说，古平陵城城址在今江苏溧阳市南渡镇旧县村。

关于楚金陵邑所在的两种说法，到底孰是？据春秋时期楚、吴交战的时空逻辑来看，楚先攻占越之濑渚（楚旋即更名曰"固城"，即今江苏南京市溧水区），再攻越陵平（楚旋即更名曰"平陵"，今江苏溧阳市南渡镇旧县村），一路向东符合楚进攻吴的空间逻辑，改名"金陵邑"的平陵，必不是今江苏南京市，当为今江苏溧阳市南渡镇旧县村之平陵。至于楚在攻下越国陵平后,更名金陵邑多久又更名平陵,无从考证。

史料一《湖南省文物图录》图版五十九出土的战国"菱夫□玺",吴良宝《〈中国历史地图集〉战国部分地名校补》引李家浩《战国官印考释(四篇)》,认定"菱夫……在今江苏省溧阳县境内"①,但具体方位,吴未详指。结合前述辨正,以及《肇域志》所引"然则濑渚、陵平、平陵、陵水、菱夫,皆指此地"可知,不同史书所指不同时期之陵水、菱夫、平陵、陵平,均是一地,在战国时,相继称"平陵""金陵",又有"菱夫"之玺,地名当作"菱夫(金陵、平陵)",具体方位,在今江苏溧阳市南渡镇旧县村。

【标绘】N20

灵丘

【《图集》】39—40③3 有"灵丘",在今山东高唐县南。

【补释】《汉书·地理志·代郡·灵丘》注:"应劭曰:'武灵王葬此,因氏焉。'臣瓒曰:'灵丘之号在赵武灵王之前也。'师古曰:'瓒说是也。'"《图集》39—40③3"灵丘"在今山东高唐县南,非代郡之灵丘。此灵丘当在今山西大同市灵丘县东,具体方位如《图集》第二册西汉时期"并州、朔方刺史部"17—18③12之"灵丘"所示。

【标绘】F15

柳城

1 酉城都王勺瑞。(《陶汇》4·18)

【《图集》】无。

【补释】"酉城",即"柳城",吴良宝《〈中国历史地图集〉战国部分地名校补》引何琳仪《古陶杂释》:"今辽宁省朝阳市南。"②吴引可从,具体方位如《图集》第二册西汉时期27—28③5之"柳城"所示。

【标绘】D21

六

1 六行府之玺。(《玺汇》0130)

---

① 吴良宝:《〈中国历史地图集〉战国部分地名校补》,《中国历史地理论丛》,2006年7月,第21卷第3辑,第149页。

② 同上书,第148页。

【《图集》】无。

【补释】吴良宝:"今安徽省六安县北。"①吴说可从,具体方位如《图集》第二册秦时期11—12②6之"六县"所示。

【标绘】N17

隆

① 郅公鯢曹(造)戈三百。(《集成》11209郅公鯢曹戈】)

② 十一年春,齐伐鲁,取隆。(《史记·晋世家》)

【《图集》】无。

【补释】史料一,周翔引《中国历史地名大辞典》②:"'郅公鯢',读为'隆公鯢',作器者。隆,亦作'龙',春秋鲁地,在今山东泰安市东南。"史料二,《史记索隐》:"刘氏云'隆即龙也,鲁北有龙山'。又此年当鲁成二年,经书'齐侯伐我北鄙',传曰'围龙'。又邹诞及别本作'佑'字,佑当作'郕'。文十二年'季孙行父帅师城诸及郕',注曰'佑即郕也,字变耳'。地理志云在东莞县东也。"隆,其地当在今山东泰安市东南,具体方位如《图集》春秋时期26—27③4之"隆(龙)"所示。

【标绘】I18

龙泽

① 公孙会以廪丘叛于赵,田布围廪丘,翟角、赵孔屑、韩师救廪丘,及田布战于龙泽,田布败逋。(《水经·瓠子水注》引《竹书纪年》)

【《图集》】无。

【补释】按上下文,龙泽当在廪丘附近。廪丘在今山东菏泽市郓城县西,龙泽也当在今山东郓城县西。

【标绘】J16

间丘

① 闒(间)丘虞鵴造。(《集成》11073【闒丘为鵴造戈】)

【《图集》】无。

---

① 吴良宝:《〈中国历史地图集〉战国部分地名校补》,《中国历史地理论丛》,2006年7月,第21卷第3辑,第149页。

② 周翔:《战国兵器铭文分域编年研究》,浙江师范大学硕士论文,2013年,第269页。

【补释】周翔引《中国历史地名大辞典》①:"闾丘,古姓,源自邾国闾丘邑。左传襄公二十一年:'邾庶其以漆、闾丘来奔。'在今山东邹县东北。闾丘虞鹏,作器者。"周说可从,地当在今山东济宁市邹城市东北,具体方位如《图集》第一册春秋时期26—27④4之"闾丘"所示。

【标绘】J18

虑虒

1 虑虒。(《货系》984,如货2—5所示)

【《图集》】无。

【补释】吴良宝引裘锡圭《战国货币考(十二篇)》:"(其地在今山西)五台县北。"②裘锡圭先生说:"虑虒布都是尖足布,尖足布多为赵币。虑虒在今山西省五台县北,战国时正在赵国疆域内。"其地在今山西忻州市五台县东北,如《图集》第二册西汉时期"并州、朔方刺史部"17—18④11之"虑虒"所示。

货2—5 "虑虒"平首尖足布

【标绘】G14

卢奴

【《图集》】无。

【补释】王先谦《鲜于中山国事表疆域图说》:"汉志:'属中山国。'隋志:'博陵郡鲜虞县,旧曰卢奴,后齐废,入安喜,开皇初改置鲜虞。'一统志:'卢奴故城,即今定州治,卢奴在州北。'畿辅通志:'定州,春秋鲜虞国,战国中山,后属赵。'"吕苏生补释:"王书是。卢奴,本战国中山地,后入赵。汉置中山国,即治此。后魏为中山郡,于郡置定州。高齐改州治卢奴县为安喜,

---

① 周翔:《战国兵器铭文分域编年研究》,浙江师范大学硕士论文,2013年,第268页。
② 吴良宝:《〈中国历史地图集〉战国部分地名校补》,《中国历史地理论丛》,2006年7月,第21卷第3辑,第147页。

隋改定州曰博陵郡,唐仍曰定州。宋升为中山府,明复曰定州,清为直隶州,民国改县,今为河北省定县。水经滱水注:'卢奴城内西北隅,有水渊而不流,南北一百步,东西百余步。水色正黑,俗名黑水池。或云水黑曰卢,不流曰奴,故此城借水以取名也。'"按王、吕,其地当在今河北保定市定州市,其具体方位如《图集》第二册西汉时期"冀州刺史部"26②2之"卢奴"所示。

【标绘】G15

卤城

[1] 卤城发弩。(《玺汇》3442)

[2] 卤。(转引自《战国文字所见三晋置县稽考》①)

【《图集》】无。

【补释】后晓荣《战国政区地理》(122页):"汉志代郡属县卤城,其地在今山西省繁峙县东。此地在战国时属赵地。今古玺和刀币文物证知,西汉卤城实因战国赵之卤城,即赵置卤城县。"后说可从。其地在今山西繁峙县东,具体方位如《图集》第二册17—18③11之"卤城"所示。

【标绘】F14

鹿

[1] 梁惠成王十一年,郑釐侯使许息来致地:……我取轵道与郑鹿。
(《水经·河水注》引《竹书纪年》)

【《图集》】无。

【补释】《读史方舆纪要·北直七·滑县·鹿鸣城》:"在县东北。竹书纪年:'梁惠成王十一年,郑釐侯使许息来致地:……我取轵道与郑鹿。'轵道在河内,郑即韩也,谓与韩以鹿邑。今城内有故台,俗谓之鹿鸣台。"《中国古今地名大辞典·鹿鸣城》:"在河南滑县东北,即白马津。水经注竹书纪年梁惠成王十一年与郑鹿,即是城也。今城内有故台,尚谓之鹿鸣台。又谓之鹿鸣城,王玄谟自滑台走鹿鸣者也。济取名焉,亦曰鹿鸣津。"《河南通志》:"鹿鸣台在滑县。"胡三省:"鹿鸣台,纲鉴谓在滑州白马津东北三十里。疑即逯明垒。"《浚县志》:"逯明垒在浚县城东七公里酸枣庙与马村之间。"据此,可知今河南浚县酸枣庙村与马村之间的高地当为鹿鸣台,即本史料之"鹿"。

---

① 吴良宝:《战国文字所见三晋置县稽考》,《中国史研究》,2002年第4期,第11—20页。

第二章 《中国历史地图集》战国地名及方位校补（前333） 129

【标绘】J15

栾

⒈ 三年,隬伶(令)楂(桴、郭)唐、下库工师孙屯、冶沽軟(捼)齐(剂)
（《集成》11661）

【补释】周翔（115 页）引《中国历史地名大辞典》:"'隬'读为'栾',今河北赵县西,春秋晋邑,战国属赵。县令名'楂唐'当读为'郭唐'。"周引可从,其地当在今河北赵县西北石家庄市栾城县,具体方位如《图集》(第二册)东汉时期 47—48④2 之"栾城"所示。

【标绘】H15

洛林

⒈ 王之所欲于魏者,长羊、王屋、洛林之地也。王能使臣为魏之司徒,则臣能使魏献之。……魏王曰:"善。"因献之秦。(《战国策·魏策三·芒卯谓秦王》)

《图集》无。

【补释】《战国策释地·洛林》:"长羊、洛林与王屋并言,地必相近。二地应在今济源县西北,山西垣曲、阳城之间。……王屋故城在今济源县西八十里。洛林……应在济源西北山西垣曲、阳城之间。"按《战国策释地》,长羊、洛林近王屋,其地当在今河南济源西北清洛河一带。

【标绘】J13

洛水

⒈ 东南入渭。（《汉书·地理志》注）

【《图集》】35—36④3 有"洛水",东南直接入河。

【校释】《汉书·地理志》并存洛水入河(北地郡归德县下)、入渭(左冯翊怀德县下)两说,《图集》采纳洛水入河之说,标绘洛水东南直接入河。关于战国时期洛水入河还是入渭,辛德勇《河洛渭汇流关系变迁概述》[①]辨之甚明,当先入于渭,再随渭入于河。

【标绘】J10—K10

---

① 辛德勇:《古代交通与地理文献研究》,北京:中华书局,1996 年 7 月。

洛阳

1 十四年,城洛阳及安邑、王垣。(《史记·魏世家》司马贞《索隐》引《竹书纪年》)

2 十九,败韩、魏洛阳。(《史记·六国年表·秦》)

【《图集》】无。

【补释】《史记正义》:"洛,漆沮水也。"钱穆《史记地名考》:"此当在河西洛水阳也。"钱穆所辨甚是。《图集》43—44③11有"洛阴","洛阳"当与洛阴相对,在洛水以北。

【标绘】K10

M

鄡邟

1 鄡邟。(《货系》1210,如货2—6所示)

【补释】"鄡邟",《图集》无。

【补释】"鄡邟",吴良宝引何琳仪《尖足布币考》:"(其地在今山西阳泉市)平定县。"①吴引可从,地在今山西阳泉市平定县。

货2—6 "鄡邟"平首尖足布

【标绘】H14

邙(亡)

1 廿四年,亡令州煖、右库工师邯郸臾、冶簪(《二编》1223【廿四年亡令戈】)

2 八年,亡(芒)命(令)□辒、左库工师叔斯(梁)扫、冶小。(《集

---

① 吴良宝:《〈中国历史地图集〉战国部分地名校补》,《中国历史地理论丛》,2006年7月,第21卷第3辑,第147页。

成》11344【八年盲令戈】）

【《图集》】无。

【补释】史料一，苏辉《秦三晋纪年兵器研究》考定此为公元前253年魏国戈铭文①。吴良宝《〈中国历史地图集〉战国部分地名校补》："芒在河南永城县。"②吴说可从，地在今河南商丘市永城市，其具体方位如《图集》第二册秦时期"山东南部诸郡"7—8⑥7之"芒县"所示。

【标绘】K17

芒昜（芒砀）

1 芒阳守令虖、工师锴、冶□。（《近出》1172【芒阳守令戈】）③。

2 □年，芒昜守命虖、工帀铜、冶㠯。（《新收》1998【□年芒砀守令虖戈】）

【《图集》】无。

【补释】吴良宝："芒昜"当读为"芒阳"，"芒阳"应在魏国芒县之南，具体地望待定④。《金文人名汇编（修订本）》（351页）："'芒昜'，读为'芒砀'，地名，今河南永城市东北。近出释为'芒阳'，非。"《金文人名汇编（修订本）》可从，其地在今河南商丘市永城市东北。

【标绘】K17

美阳

1 孝公作四十一县，漦、美阳、武功，各其一也。（《元和郡县图志·关内道二·武功县》）

【《图集》】无。

【补释】《读史方舆纪要·陕西三·西安府·干州·武功县·美阳城》："在武功县西北二十五里。"其治所在今陕西咸阳市扶风县法门镇，具体方

---

① 苏辉：《秦三晋纪年兵器研究》，上海：上海古籍出版社，2013年，第123页。
② 吴良宝：《〈中国历史地图集〉战国部分地名校补》，《中国历史地理论丛》，2006年7月，第21卷第3辑，第146页。
③ 韩自强、冯耀堂：《安徽阜阳地区出土的战国时期铭文兵器》，《东南文化》，1991年第2期，第258—261页。
④ 吴良宝：《东周兵器铭文四考》，载张光裕主编《第四届国际中国古文字学研究会论文集——新世纪的古文字学与经典诠释》，香港中文大学中国语言文学系2003年，第171页。

位如《图集》第二册秦时期"关中诸郡"5－6④6之"美阳"所示。

【标绘】K8

摩笄山

[1] 其姊闻之，摩笄自刺也。故至今有摩笄之山，天下莫不闻。

（《战国策·燕策一·张仪为秦破从连横谓燕王》）

【《图集》】41－42③2有"摩笄山"，在今河北怀来县新保安镇东北。

【校释】摩笄山，即"磨笄山"，其地理方位一般的地理资料中有两种说法：一曰在今河北怀来县新保安镇东北，又名"鸡鸣山"。《读史方舆纪要·北直八·保安州·磨笄山》："磨笄山，州西北二十里。史记：'赵襄子姊为代王夫人，襄子灭代，夫人磨笄自杀于此，因名曰磨笄之山。代人怜之，为立祠。每夜有野鸡群鸣祠屋上，亦名鸡鸣山。'魏土地记：'下洛县东北三十里，有于延河东流，水北有鸡鸣山，文成帝保母常氏葬此，别立寝庙。太和十五年始定制，惟遣有司行事。'唐贞观十九年，北巡幸鸡鸣山。元至元三年如鸡鸣山，将猎于浑河，不果。明正统十四年北虏也先犯大同，奄王振主亲征，驾次鸡鸣山。敌渐退，伏塞外以诱我，即此山也。"二曰在今河北省涞源县东北飞狐峪。《元和郡县图志·河东道三·蔚州·飞狐县·磨笄山》："磨笄山，在县东北一百五十里。赵襄子姊为代王夫人，襄子既杀代王，迎其姊，夫人曰：'以弟慢夫，非仁也。以夫怨弟，非义也。'磨笄自刎。百姓闵之，为立祠。"《图集》采纳《读史方舆纪要》之说，将其标绘在今河北怀来县新保安镇东北。

顾炎武《天下郡国利病书·山西备录》对此地地望有非常详细的考辨："周元王二年，代子会赵无恤于夏屋，无恤杀代子，遂袭代，灭之。时无恤姊为代子夫人，因使人迎其姊，姊乃磨笄自杀。代人因名其山曰磨笄。然磨笄之辨，诸家不同，有谓在保安州东，即鸡鸣山者，有谓在飞狐县东北百五十里者，有谓在山东济南府长清县者。要皆求之于典籍文字之间，而不稽之于道里徒步之下，是故语意近真而指摘各异，考者转增疑惑，莫可较一也。夫代为蔚地，其去济南辽绝甚矣。长清之山，本名马头，可无辩也。鸡鸣在蔚东北百五十里，其去恒山则又倍之，岂所谓自上临下可见之地邪？况保安，上谷属也，春秋之际，东胡据之，元非代壤，而谓夫人者望夫于此，自杀于此，不亦缪哉！考之魏土地记曰：'磨笄山在代郡东南二十五里。一名马头山。'夫代郡废城在蔚城东，今其东南二十余里，所谓马头山者，人人知之，但不知其即为磨笄耳，而顾他求之，可乎？又括地志曰：'磨笄山在飞狐县东北.'蔚州去山近,舍之不言,飞狐去山远,取以为较,遂使考者不循其故,不玩其微。求之于蔚东北之道里,则以鸡鸣为是;求之以马头之名称,则以长清为疑。盖琐琐于典籍文字之间,而不于道里徒步之下睦。"顾辨中所指在济南府长清县的"摩笄山",据《左传·成公二年》"(前589)六月壬申,师至于靡笄之下",当是"靡笄山"(今山东济南市千佛山)而非"摩笄山",殆字形相近而误。考当时代国首都,在今河北蔚县东南代王城镇,代王的妻子磨笄自杀,不可能跋山涉水跑到百里之外的河北怀来或河北蔚县飞狐峪,更不可能跑到千里之外的齐国靡笄山,而应该就在离代国王宫不远的马头山,顾炎武所辨甚是。也即,"摩笄山"当在今河北省张家口市蔚县柏树乡马头山。《图集》方位当校正。

【标绘】F15

磨山(历山)

1 王又割濮、磨之北,注齐、秦之要,绝楚、赵之脊,天下五合六聚而不敢救。(《史记·春申君列传》)

王又割濮、磨之北属之燕,断齐、秦之要,绝楚、魏之脊,天下五合六聚而不敢救也。(《战国策·秦策四·第九·物极必反》)

《图集》39—40④2有"历山",在今山东菏泽市鄄城县与河南濮阳市范县之间。

【补释】《史记集解》:"徐广曰:'濮水北于巨野入济。'"《史记索隐》:"地名,盖地近濮也。"范祥雍《战国策笺证》将"濮磨"点读为"濮、磨",为"濮水""磨邑"之省称①。濮水,张琦《战国策释地》:"汉志:'濮水于酸枣首受河,东至巨野入齐,今延津、开州、濮州有故渠是也。'……濮、磨之北,今东昌、大名二府地。"范祥雍《战国策笺证》:"吴师道以'磨'为'歷'之讹,是也,但字当作'磨',与'磨'更形近易讹。王国维齐鲁封泥集存序云:'古地名有"歷"字者,字均作"磨",如秦策及史记春申君列传之"磨",史记侯表之"磨侯",乐毅列传之"磨室",今本皆转讹作"磨"。今封泥有"磨城丞印",足证上三"磨"皆"磨"之讹。'(观堂集林卷十八)"范祥雍辨正得很详细,"濮、磨之北"的"濮""磨",即"濮水""磨山"。"磨山",即"历山",其所在方位正是《图集》39—40④2之"历山",只不过其名应据史料改为"磨山(历山)",又由于原始史料均作"磨山",为便于索引,作"磨山(历山)"。这样,"濮磨之北"的大致方

---

① 范祥雍笺证、范邦瑾协校:《战国策笺证》,上海:上海古籍出版社,2006年,第411页。

位也可以确定了,为今山东菏泽市鄄城县、河南濮阳市范县之间,濮阳以东的地带。

【标绘】J16

N

南宫

① 南宫将行。(《玺汇》0093)

【《图集》】无。

【补释】何琳仪《战国文字通论(补订)》(128页),考定为三晋古玺印,其地望,《读史方舆纪要·北直五·真定府·冀州·南宫县·南宫旧城》:"南宫旧城,县西北三里。城邑考:'县有土城,正统十四年建。成化十四年为漳水所圮,十六年迁于城东三里之飞凤冈。'"在今河北省南宫市西北三里,具体方位如《图集》第二册26③3之"南宫"所示。

【标绘】H16

南屈

① 翟章救郑,次于南屈。(《水经·河水注》引《竹书纪年》)

【《图集》】无。

【补释】《左传·庄公二十八年》:"蒲与二屈,君之疆也。"杜预注:"二屈当为北屈。"认为"二屈"是"北屈"之误,但从这条史料来看,杜预的注解是有问题的,"二屈",当即"南屈""北屈"。杨伯峻《春秋左传注》:"北屈在今吉县东北,南屈当在其南。"吉县,即今山西吉县,北屈大致在今山西吉县车城乡麦城村。南屈的具体方位,《史记·晋世家》:"蒲边秦,屈边翟。……于是使太子申生居曲沃,公子重耳居蒲,公子夷吾居屈。"从当时的布局来看,其目的是将蒲、屈作为晋国边界抗击秦、翟的重镇,其中蒲与秦界边,屈与白翟界边。白翟活动的位置在今吴堡至河津黄河以西的延安市延长县、宜川县一带。晋公子重耳所居的屈,北屈当在通往公子夷吾所居蒲的通道上,二地可相互策应,南屈当为抗击白翟不使越过黄河继续东进的一个据点,可能在今山西临汾市吉县西南东梨原崞至梁家河一带。

【标绘】I11

南梁(三梁)

① 昔梁惠王伐赵,战胜三梁,拔邯郸,赵氏不割,而邯郸复归。

(《史记·穰侯列传》)

【《图集》】35—36④5 有"南梁",在今河南汝阳境内;41—42④2 有"勺梁(三梁)",在今河北定县北、唐县东。

【校释】《史记集解》:"徐广曰:'田完世家云魏伐赵,赵不利,战于南梁。'"《史记索隐》:"三梁即南梁也。"钱穆《史记地名考》:"三梁应在赵地。左宣十五:晋败赤狄于曲梁。今河北永年县治。恐'三'乃字讹。"《图集》41—42④2 之"勺梁(三梁)"与钱穆一致,认为"三梁"即"勺梁",在今河北定县北、唐县东,在赵国首都邯郸以北几百公里。但考"昔梁惠王伐赵,战胜三梁,拔邯郸,赵氏不割,而邯郸复归",这一事件即魏惠王攻赵邯郸的南梁之役,齐围魏救赵之前,时间在公元前 354 年。其时,魏才刚刚北向将疆域扩张到赵国首都邯郸附近,何能跨过邯郸以北几百公里去进攻"三梁(勺梁)"? 此"三梁"当即"南梁",在今河南汝阳境内。《图集》35—36④5 所示"南梁"当改为"南梁(三梁)";《图集》41—42④2"勺梁(三梁)"当改为"勺梁"①。

【标绘】K13

南阳

$\boxed{1}$ 韩、魏之易地,韩得二县,魏亡二县,所以为之者,尽包二周,多于二县,九鼎存焉。且魏有南阳、郑地、三川而包二周,则楚方城之外危。(《战国策·西周策·韩魏易地》)

$\boxed{2}$ 宜阳,大县也,上党、南阳积之久矣,名为县,其实郡也。(《战国策·秦策二·秦武王谓甘茂曰》)

【《图集》】35—36③5—④5 有南阳,所指为太行山以南、黄河以北;39—40③3 有南阳,为泰山以南。

【补释】此南阳,诸家皆以为在今河南南阳市。如,张琦《战国策释地》:"南阳当为韩地,即今南阳府。地近楚,故曰'方城之外危'。"程恩泽《战国地名考》:"此南阳是韩地,是时韩欲以此三处易魏之上党……非修武也。汉志荆州有南阳郡。胡三省曰:'晋南阳在修武,以在太行之南,大河之北,魏独有之。秦置南阳郡,以在南山之南,汉水之北也,秦、楚、韩分有之。'"

---

① 关于"勺梁"的记载,《水经·滱水注》引《竹书纪年》:"燕人伐赵,围浊鹿。赵武灵王及代人救浊鹿,败燕师于勺梁。"

范祥雍《战国策笺证》(120 页):"张、程等以此南阳属韩,当荆州之南阳郡,是也。"如果此南阳为荆州之南阳,即今河南南阳市,此"南阳"距离二周甚远,在韩魏易地之后,魏国如何"包二周"? 逻辑上说不通。此外,策文明确说,韩魏易地之后,魏国有南阳、郑地、三川后,"楚方城之外危",今河南南阳在楚方城之内,与策文文意亦不符。此"南阳"为韩地无疑,其具体方位当在二周周边,这样才可能"包二周"。在古语里,山南水北都可称"南阳",从地形上,洛阳周围有伊阙山(今河南洛阳龙门一带)、太谷山(二山在河南洛阳南)、轘辕山、缑氏山(在河南偃师南)、外方山、少室山(在河南巩县南)诸山,连为一片包裹二周,恐此南阳当即在这些山之南的区域。又,《战国策·西周策·楚兵在山南》"(前 304)楚兵在山南",及《水经·伊水注》引《竹书纪年》"(前 304)楚吾得帅师及秦伐郑,围纶氏","山南"指的也是伊阙山、太谷山、轘辕山、缑氏山、外方山、少室山某山以南,纶氏此时属韩,可知楚国的"山南"为伊阙山以南。这样,韩国的南阳当是"轘辕山—缑氏山—外方山—少室山"之南无疑了。按上面的分析,此"南阳"在今河南登封市,轘辕山—缑氏山—外方山—少室山以南。

【标绘】K13

宁

1 通韩上党于共、宁,使道安成,出入赋之,是魏重质韩以其上党也。(《史记·魏世家》)

【《图集》】35—36③6 有"宁(修武)",在今河南获嘉县境。

【补释】《史记集解》:"徐广曰:'朝歌有宁乡。'"《史记正义》:"共,卫州共城县。宁,怀州修武县,本殷之宁邑。韩诗外传云'武王伐纣,勒兵于宁,故曰修武'。今魏开通共、宁之道,使韩上党得直路而行也。"吴良宝:"(图集)第 35—36 页'宁'地下括注'修武',史记魏世家'通韩上党于宁、共',正义引韩诗外传云'武王伐纣,勒兵于宁,故曰修武',玺汇 0302 有魏官印'修武县吏',传世有魏'宁冢子鼎',咸阳曾出土秦国'修武府杯',可见修武、宁并非一地,韩诗外传的说法不可信,此处当改。"[1]《水经·清水注》:"修武,故宁也,亦曰南阳矣。……瓒注汉书云:'按韩非书,秦昭王越赵长平,西伐修武。时秦未兼天下,修武之名久矣。'"通过近代考古发掘,战国魏国的官

---

[1] 吴良宝:《〈中国历史地图集〉战国部分地名校补》,《中国历史地理论丛》,2006 年 7 月,第 21 卷第 3 辑,第 146 页。

方器物有"修武""宁"两种称谓,吴良宝说可从,"宁""修武"当两地,相距当不远,其地均当在今河南新乡市获嘉县。

【标绘】J14

女戟

⒈ 秦举安邑而塞女戟,韩之太原绝,下轵道、(道)南阳、高,伐魏,绝韩,包二周,即赵自消烁矣。(《战国策·赵策四·五国伐秦无功》)

⒉ 秦正告魏曰:"我举安邑,塞女戟,韩氏太原卷。"(《战国策·燕策二·秦召燕王》)

【图集】35—36④4、43—44⑥4 有"女几山",在今河南嵩县西。

【补释】《史记索隐》:"女戟,地名,盖在太行山之西。"钱穆《史记地名考》:"疑'女丑'即'女戟'声转字讹。其地当在今山西夏县东五里。"按策文"举安邑而塞女戟",可知"安邑""女戟"近。《图集》35—36④4、43—44⑥4"女几山"在今河南嵩县西,与策文的时空逻辑不符。钱穆《史记地名考》认为"其地当在今山西夏县东五里",夏县东五里为山地,塞此处无意义。其实,欲知"女戟"为何地,当知"韩之太原"为何地,"太原",《尚书·禹贡》:"既修太原,至于岳阳。"孔传:"高平曰太原,今以为郡名。"孔颖达《疏》:"太原,原之大者……孔以太原地高,故言高平,其地高而广也。"先秦之"太原",并无特指某一地,而是"地势较高的宽阔平地","韩之太原"当指韩国势力范围内地势较高的宽阔平地,据史料原文,所指范围当在今山西高原范围内,大抵指的是韩国旧都平阳及周边的平地。"塞女戟"而"韩之太原绝",也就是塞女戟而将韩国首都新郑与韩国旧都平阳的道路断绝,在这一区域内韩国的城邑有"武遂二百里""皋落",魏国的城邑有"长羊""洛林""王屋",从韩、魏两国的城邑分布,以及周边山川形势来看,"女戟"当即今横岭关。这样,秦控制这个要塞才可以使得"韩之太原绝",才能"下轵道"。女戟当是今山西运城市绛县横岭关。

【标绘】J12

女盐池

【图集】无。

【补释】详见本节"浊泽(涿泽、盐池)"词条。

P

庞

[1] 十,补庞。(《史记·六国年表·秦》)

[2] 三十四年①,使子击围繁、庞,出其民。(《史记·魏世家》)

三十四②,公子击围繁、庞,出其民。(《史记·六国年表·魏》)

[3] 九年,伐败韩于浍。与秦战少梁,虏我将公孙痤,取庞。(《史记·魏世家》)

【《图集》】35—36③3 有"繁庞",在今陕西韩城市东南。

【校释】关于此地的争议,主要在是"繁庞",还是"繁""庞",《图集》认定为"繁庞"。从史料一、三来看,"庞"当是独立之地名。"庞"的具体方位在今陕西韩城市东南,与"繁"极为临近。

【标绘】J11

庞戏(彭戏)

[1] 秦武公元年,伐彭戏氏,至华山下。(《史记·秦本纪》)

[2] 十六年,堑河旁。以兵二万伐大荔,取其王城。(《史记·秦本纪》)

堑阿旁。伐大荔。补庞戏城。(《史记·六国表·秦》)

【《图集》】无。

【补释】钱穆《史记地名考》:"庞戏城应作彭戏。"此外,很多史料误从《史记正义》"彭戏,戎号也,即彭衙"之说,将"彭戏"认定为"彭衙",从史料一、二来看,其地在华山下,近大荔,临黄河,"彭戏"即"庞戏"是没有问题的,其地当在今陕西华县一带。具体方位如《图集》第一册 22—23⑦7"彭戏氏"所示。

【标绘】K11

沨丘

[1] 朝射东莒,夕发沨丘,夜加即墨,顾据午道,则长城之东收而太

---

① 原文为"十三年",据杨宽《战国史料编年辑证》(台北:台湾商务印书馆,2002 年)第 187 页校正。

② 原文为"十三年",校正依据同上。

山之北举矣。(《史记·楚世家》)

【《图集》】39—40③2 有"浿丘",在今山东临清市。

【补释】《史记集解》:"徐广曰:'在清河。'"《史记正义》:"'括地志云:'浿丘,丘名也,在青州临淄县西北二十五里也。'"《图集》依《史记集解》定其方位在清河。

从策士所举"东莒""浿丘""即墨"来看,实际指的是齐国五都的治所。战国时期,齐国设临淄、即墨、莒、高唐、平陆五都,此"浿丘"当指代齐国首都临淄。钱穆《史记地名考》:"其地在今山东博兴县南。"山东博兴县南正是齐都临淄所在之地。《图集》39—40③2 之"浿丘"在今山东聊城市临清市南,此浿丘所在地在赵国境内,不仅离齐国核心地带远,而且楚国伐齐没有必要节外生枝攻赵,当非《史记·楚世家》策士所言。"浿丘"之方位当依《史记正义》和钱穆之辨,在今山东滨州市博兴县南。

【标绘】I19

邳(上邳)

1 惠成王三十一年,邳迁于薛,改名徐州。(《水经·泗水注》引《竹书纪年》)

2 邹、费、郯、邳者,罗鹜也。(《史记·楚世家》)

【《图集》】39—40⑤4 有"邳(下邳)",在今江苏宿迁西北。

【补释】《读史方舆纪要·山东三·兖州府·滕县·薛城》:"惠成王三十一年,邳迁于薛,谓之上邳。"杨宽《战国史料编年辑证》:"薛在今山东滕县南四十里。邳在薛之西,原为小国。……邳为小国长期留存。楚世家顷襄王十九年弋射者说楚王曰:'邹、费、郯、邳者罗鹜也。'"惠成王三十一年,即公元前 339 年,《水经·泗水注》引《竹书纪年》:"邳迁于薛,改名徐州",此时的"薛",同时被改名"徐州",据杨宽《战国史料编年辑证》,"邳(上邳)"在"薛(徐州)"之西,其地当在今山东滕州市西南,为独立之诸侯国。

【标绘】K18

平阿

1 平阿左。(《集成》11001【平阿左戈】)

2 平壑(阿)左鈛(戈)(《集成》11041【平阿左戈】)

3 平阿左戈。(《近出》1135【平阿左戈】)

平壄左戠。(《新收》1496【平阿左戈】)

4 平阿左造徒戒。(《新收》1030【平阿左戈】)

5 平阿□□□。(《近出》1151【平阿左戈】)

6 平阿右造戟。(《近出》1150【平阿戟】)

平阿右同戟。(《新收》1542【平阿右同戈】)

7 平阿左造徒戒(戟)。(《集成》11158【平阿左戟】)

8 平阿左造戒。(《二编》1130【平阿左戟】)

9 坪阿。(《玺汇》0317)

10 与魏王会平阿南。(《史记·田敬仲完世家》)

三十五年,与齐宣王会平阿南。(《史记·魏世家》)

七,与魏会平阿南。(《史记·六国年表·齐》)

【《图集》】无。

【补释】《史记正义》:"沛郡平阿县也。"周翔《战国兵器铭文分域编年研究》引《中国历史地名大辞典》①:"平阿,今安徽省怀远县西南。""坪阿"即"平阿",吴良宝:"今安徽怀远县一带。"②其地当在今安徽蚌埠市怀远县西南,具体方位如《图集》第二册西汉时期19-20⑥5"平阿"所示。

【标绘】M17

平城

1 平城。(转引自《战国政区地理》③)

【《图集》】无。

【补释】后晓荣《战国政区地理》(125页):"战国赵币的平首尖足布币有'平城'布,出自山西北部。从布币钱文看,赵置平城县。又秦封泥有'平城丞印',可见秦、汉平城县实沿袭战国赵平城县,治所在今大同市东北故城。"后说可从,其地在今山西大同市东北故城,具体方位如《图集》第二册

---

① 周翔:《战国兵器铭文分域编年研究》,浙江师范大学硕士论文,2013年,253页。
② 吴良宝:《〈中国历史地图集〉战国部分地名校补》,《中国历史地理论丛》,2006年7月,第21卷第3辑,第144-151页。
③ 后晓荣:《战国政区地理》,北京:文物出版社,2013年,第125页。

17—18②11"平城"所示。

【标绘】E14

平都

1 长平之役,平都君说魏王曰:"王胡不为从?"(《战国策·魏策四·长平之役》)

2 故君不如遣春平侯而留平都侯。春平侯者,言行于赵王,必厚割赵以事君而赎平都侯。(《战国策·赵策四·秦召春平侯》)

【图集】37—38⑥5 有"平都",在今陕西安塞县北。

【补释】《史记正义》:"括地志云:'平都县在今新兴郡,与阳周县相近也。'"臧励龢《中国古今地名大辞典》:"隋置,即赵简子所立平都故城。金改为仪城,元省,故治在今山西和顺县西。"钱穆《史记地名考》:"正义所说,今陕西安定县地,恐非。今山西和顺县西,或是也。"《图集》37—38⑥5 之"平都"在今陕西境内,虽为赵地,恐非平都侯所封之地。臧、钱所辨甚是,当在今山西晋中市和顺县西仪城村。

【标绘】H14

平陵

1 平陵县左廪玺。(《簠斋古印集》1·15·3)

【图集】无。

【补释】吴良宝引李学勤《战国题铭概述(上)》:"(在今)历城县。"①吴引可从,其地在今山东济南市章丘市龙山街道驻地北 600 米平陵故城,具体方位如《图集》第二册西汉时期 19—20②6 之"东平陵"所示。

【标绘】I18

平舒

1 平舒。(黄锡全《赵国方足布七考》)

【图集】41—42④3 有"平舒(徐州)"。

【补释】黄锡全《赵国方足布七考》:"(其地当在今山西)广灵县。"其地

---

① 吴良宝:《〈中国历史地图集〉战国部分地名校补》,《中国历史地理论丛》,2006 年 7 月,第 21 卷第 3 辑,第 144—151 页。

当在今山西大同市广灵县,具体方位如《图集》第二册秦时期"关中诸郡"5－6④7"平舒"所示。

【标绘】F15

平舒(徐州)

1️⃣ 齐田常弑其君简公于徐州。(《史记·鲁世家》)

夏,四月,齐陈恒执其君,置于舒州。(《左传·哀公十四年》)

2️⃣ 吾吏有黔夫者,使守徐州,则燕人祭北门,赵人祭西门,徙而从者七千余家。(《史记·田敬仲完世家》)

3️⃣ 十九年,赵与燕易土:以龙兑、汾门、临乐与燕;燕以葛、武阳、平舒与赵。(《史记·赵世家》)

4️⃣ 平舒散戈。(天津市博物馆藏)

【《图集》】41－42④3 有"平舒(徐州)"。

【校释】史料一《史记》和《左传》记述的是同一件事,杨宽《战国史料编年辑证》:"鲁世家又称哀公十四年'齐田常弑其君简公于徐州',左传哀公十四年作'舒州'。江永春秋地理考实以为舒州在今河北大城县界,此齐之极北与燕界者也。战国时,齐有南、北两徐州,北徐州即田常杀简公之徐州,亦称平舒。"杨宽所辨"平舒"即"徐州""舒州"。关于"平舒(徐州)"的地望,从现有史料看有至少三种说法:

一种认为在今河北大城县。《太平寰宇记·河北道十六·霸州·大城县》"大城县,西北去州九十五里。旧二十三乡,今四乡。本汉东平舒县,属渤海郡"、《读史方舆纪要·北直二·顺天府·霸州·大城县》"东南至河间府青县八十里,西至河间府任丘县七十里。汉为东平舒县,属勃海郡。以代郡有平舒县,故曰东平舒。后汉属河间国。……北齐改县曰平舒。……五代唐改为大城县"和《中国古今地名大辞典》"汉置东平舒县,北齐为平舒县,五代周改名大城,即今直隶大城县治"等都支持此说法。

一种认为在今河北青县东北。谭其骧先生据《水经·浊漳水注》"平舒县西南五十里有参户亭,故县也,世谓之平虏城"和"参户亭"的位置,将其定位在今河北青县东北5－6里处①。

一种认为在今天津市静海区静海镇南的西钓台村。韩嘉谷先生《"平

---

① 谭其骧:《谭其骧全集》第二卷,北京:人民出版社,2015年7月,第292页。

舒"戈、"舒"豆和平舒地理》考证其为今天津市静海区西钓台村一带①,《中华人民共和国地名词典(天津市)·名胜古迹·东平舒遗址》亦引此结论,认定"在静海县静海镇南15公里,陈官屯镇西钓台村西北400米处"。

考此三种说法,从史料一、二、三可知,春秋及战国早期(前481),"平舒(舒州)"为齐燕边界的齐国一方,至战国晚期(前247)已属燕,并作为筹码用来跟赵交换。史料四为1983年在天津大港沙子井村战国墓出土兵器上的铭文,据此可以确定战国存在"平舒"地。战国之后的情况,《水经·浊漳水注》载"参户亭"即西汉"参户县","参户县"故城城址经考订在今大城县完城村②,其东北五十里之"平舒县",当即今河北大城县而非青县。可以排除在今河北青县东北的说法。

另据《中华人民共和国地名词典(天津市)·名胜古迹·东平舒遗址》:"汉高祖五年(前202)置东平舒县,属渤海郡。汉元帝初元二年(前47)东平舒内迁大城,原东平舒县治废。"在西汉时期"平舒"城因海水倒灌而被迫迁至后世所认为的"大城",此说的主要依据是《汉书·沟洫志》"大司空掾王横言:'河入勃海,勃海地高于韩牧所欲穿处。往者天尝连雨,东北风,海水溢,西南出,浸数百里,九河之地已为海所渐矣'"。似可从。这样,战国时期平舒的方位就可以基本确定在今天津市静海区陈官屯镇西钓台村西北400米处。

【标绘】G17

平台

1 平台。(《货系》2479,如货2—7所示;《东亚》4·74)

【《图集》】无。

【补释】裘锡圭《战国货币考十二篇》(第39页):"据汉书地理志,常山郡有平台县,其地在今河北省平乡县东北,战国时在赵国疆域内。"裘指未详。"平台"的地望,《太平寰宇记·河北道八·邢州·平乡县·平台》"平台,在县东北三十里。地理志云平乡有台,即此也",《大清一统志》:"平台在平乡东北三十里太平乡"和《中国古今地名大辞典》"汉侯国,后汉省,故

---

① 韩嘉谷:《"平舒"戈、"舒"豆和平舒地理》,《北方考古研究(四)》,河南:中州古籍出版社,1994年,第312—318页。
② 郑国英、杨馨远、黄建芳:《试论汉参户故城地理位置——兼论汉东平舒县治位置》,《中国地名》,2004年第4期,第20—23页。

治在今直隶平乡县东北二十里"均以"平乡县"为参照地标,而"平乡县"的方位历来有变更:春秋时期称"南",治所在今平乡县艾村;西汉置"南县",治所未变,仍在今平乡县艾村;东汉改名为"廮陶县",治所不变;三国时因大水毁城而迁治今平乡县大老营;西晋废;北魏景明二年(501)复置,迁治平乡县平乡镇;此后一直沿用,直至1945年迁今址(乞村镇)。《太平寰宇记》《清一统志》和《中国古今地名大辞典》均以今平乡县平乡镇为参照地标来定位"平台"的方位,其东北三十里,其地正在今河北邢台市平乡县稍东北。

货2—7 "平台"三孔布

【标绘】H15

平陶

[1] 平陶宗正。(《玺汇》0115)

[2] 二年,平陶令范昊,工师䢼□、冶尤狱。(《二编》1219)

【《图集》】无。

【补释】吴良宝引施谢捷《东周兵器铭文考释(三则)》:"地当在今山西文水。"[1]周翔引魏嵩山《中国历史地名大辞典》(219页):"平陶,当即西汉之平陶县,治所在今山西文水县西南平陶,战国属赵。"[2]吴、周所引可从,其地当在今山西吕梁市文水县西南二十里平陶村,具体方位当如《图集》第二册西汉时期"并州、朔方刺史部"17—18⑤9之"平陶"所示。

【标绘】H12

---

[1] 吴良宝:《〈中国历史地图集〉战国部分地名校补》,《中国历史地理论丛》,2006年7月,第21卷第3辑,第147页。

[2] 周翔:《战国兵器铭文分域编年研究》,浙江师范大学硕士学位论文,2013年,第88页。

番

1 十一年,吴王使太子夫差伐楚,取番。(《史记·吴太伯世家》)

2 十二年,吴复伐楚,取番。(《史记·楚世家》)

3 番邑大夫。(转引自《古封泥集成》①)

【《图集》】无。

【补释】史料一、二为春秋时吴、楚大战,可知番属楚。史料三,孙慰祖主编《古封泥集成》②认定为战国楚系封泥。据孙之说,可认定战国有"番"。《史记正义》引《括地志》云:"饶州鄱阳县,春秋时为楚东境,秦为番县,属九江郡,汉为鄱阳县也。"故址在今江西省鄱阳县东北。其具体方位如《图集》第二册24—25③3之"鄱阳"所示。

【标绘】P17

蒲鶮

1 八年……将军壁死,卒屯留,蒲鶮反,戮其尸。(《史记·秦始皇本纪》)

【《图集》】35—36③7有"蒲(蒲阪)",在今河南长垣县;35—36②3有"蒲阳(蒲子)",在今山西隰县。

【补释】《读史方舆纪要·山西四·潞安府·屯留县·纯留城》:"又蒲鶮城,一作'蒲鶮城',其地在纯留故城南,亦赵邑也。始皇八年,将军壁死,卒屯留,蒲鶮反,即此。"按《读史方舆纪要》,地在屯留南。

【标绘】I13

蒲(蒲阳)

1 王又举甲兵而攻魏,杜大梁之门,举河内,拔燕、酸枣、虚、桃人,楚、燕之兵云翔不敢校。王之功亦多矣。王申息众,二年然后复之,又取蒲、衍、首垣,以临仁、平丘③,小黄、济阳婴城,而魏氏服矣。(《战国策·秦策四·第九·物极必反》)

---

① 孙慰祖主编,蔡进华等编:《古封泥集成》,上海:上海书店,1994年。
② 同上。
③ 原文为"兵",据范祥雍笺证、范邦瑾协校《战国策笺证》(上海:上海古籍出版社,2006年)第401页校正。

②伐魏,取垣、蒲。(《资治通鉴·始皇帝九年》)

攻魏垣、蒲阳。(《史记·秦始皇本纪》)

秦拔我垣、蒲阳、衍。(《史记·魏世家》)

【《图集》】35－36③7 有"蒲(蒲阪)",在今河南长垣县。

【校释】史料二为不同史料记载同一事,"蒲""蒲阳"当指一地。《图集》作"蒲(蒲阪)",不知何据。今从史料,将其名称校正为"蒲(蒲阳)",方位仍如《图集》35－36③7 之"蒲(蒲阪)"所示。

【标绘】K15

Q

漆(漆垣)

① 桼垣一斩。(《货系》1431、14055)

② [正面]□□年,上郡守□造。漆垣工师乘、工更长犄。(《二编》1229【上郡守戈】)

③ 十三年,上郡守寿造。漆桓工师乘、工更长犄。(《二编》1233【十三年上郡守戈】)

④ [内正面]七年,上郡守間造,漆垣工师嬰、工鬼薪带。[内背面][上层]平周。[下层]高奴。[胡部]平周。(《近出》1193【七年上郡守間戈】)

⑤ 十二年,上郡守寿造,漆垣工师爽、工更长,洛都,洛都,平陆洛都,广衍,欧。(《集成》11404【十二年上郡守寿戈】)

⑥ (十二)年,上郡守(寿之)造,漆垣工师爽、工更长犄,定阳。(《集成》11363【□年上郡守戈】)

⑦ 十五年,上郡守寿之造,漆垣工师爽、丞犗、冶工隶臣犄,西都,中阳□□。(《集成》11405【十五年上郡守寿戈】)

⑧ 漆垣。(《集成》10935【漆垣戈】)

⑨ 十八年,漆工朐、□□守丞巨造,工正,上郡武库。(《集成》11378【上郡武库戈】)

⑩ 廿七年,上守趞(司马错)造,漆工师猪、丞扸、工隶臣禾贵。

(故宫博物馆【秦上郡守趙铜戈】)

11 卅八年，上郡守庆造。漆工瞀、丞秦、工隶臣于。(《近出》1185
【三十八年上郡戈】)

12 [正面]四十年，上郡守□造，漆工□、丞给、工隶臣宰。[背面]
官。平周。(《近出》1192【四十年上郡守戈】)

13 卅八年，上郡假守黾造。漆工平、丞冠□、工驵。[背面]上郡，
武库。广武。(《二编》1221【卅八年上郡假守黾戈】)

14 二年上郡守□造，漆工□、臣囷、隶臣。(《集成》11362【二年
上郡守戈】)

15 三年，上郡守冰造，漆工师瘖、丞□、工城旦□(《集成》11369
【三年上郡守戈】)

【《图集》】35－36③7 有"漆"，在今河南长垣县北。

【补释】《图集》35－36③7 之"漆"在今河南长垣县北，而《货系》1431 之"桼垣一釿"经考古辨认，此为战国时期魏国货币上的铭文①，即"漆垣"。从史料九至十五来看，有"漆""漆垣"两种称谓，为一地，是魏上郡十五县之一，其地在今陕西铜川西北，具体方位如《图集》第二册西汉时期"并州、朔方刺史部"17－18⑦6 之"漆垣"所示。《图集》当补"漆(漆垣)"。

【标绘】J9

齐城

1 孙子曰："都大夫孰为不识事?"曰："齐城、高唐。"(《孙膑兵法·擒庞涓》)

2 齐城左冶所沽造。(《二编》1175【齐城左冶戈】)
齐城左冶所汉造。(《新收》1167【齐城戈】)

3 齐城左冶沽□□造车戟。(《二编》1191【齐城左冶戟】)
齐城左冶臑□□造车鐖。(《新收》1983)

【《图集》】无。

---

① 周振鹤，李晓杰：《中国行政区划通史(总论先秦卷)》，上海：复旦大学出版社，2009 年，第343 页。

【补释】张振泽《孙膑兵法校理》:"即齐城大夫和高唐大夫之省称。关于齐城,影本注释云:'传世的齐国兵器有齐城戈,即齐城所造之器。史记项羽本纪正义引括地志:"青州临淄县地即古临淄地也,一名齐城。"简文及戈铭之齐城,可能即指临淄。'……汉书地理志齐郡临淄下,王先谦补注:'城对天齐渊,故城有齐城之称。'引一统志:'故城在今临淄县北八里古城店,亦曰齐城。'"按张振泽,其地当在今山东淄博市临淄区北。但从史料一将"齐城""高唐"并举来看,此"齐城"当与"高唐"近。《中国古今地名大辞典·齐城》:"齐城镇,金置,在山东高唐县东。"恐此"齐城镇"即战国之"齐城"故址。"齐城镇",清徐松《宋会要辑稿·方域一二》:"高唐县齐城镇,三年以新刘镇改。"齐城的具体方位,当在《图集》第六册 16—17 宋"河北东路、河北西路、河东路"④8"新刘镇"处。

【标绘】I17

畦畤

1 作畦畤栎阳而祀白帝。(《史记·封禅书》)

2 儋见后七年,栎阳雨金,献公自以为得金瑞,故作畦畤栎阳,而祀白帝。(《汉书·郊祀志(上)》)

【《图集》】无。

【补释】《读史方舆纪要·陕西二·西安府·临潼县·畦畤》:"畦畤,在废栎阳县东北二十五里故栎阳城中。晋灼曰:'形如种韭,一畦畦中各一土封也。'秦献公二年,栎阳雨金,因以为得金瑞,作畦畤以祀白帝,即此。"《肇域志·陕西·西安府·临潼县·畦畤》:"在栎阳东北三十里。《史记》:'秦献公时,栎阳雨金,自以得金瑞,作畦畤以礼白帝。'"古栎阳城,《中华人民共和国地名词典(陕西省)·名胜古迹·栎阳城遗址》:"在西安市阎良区武屯乡武家屯。……1964 年陕西省文物管理委员会对遗址进行钻探和试掘,发现大街三条(东西两条,南北一条),城内基址六座。城墙东西长 1.8 公里,南北宽 2.2 公里。"武屯乡武家屯,现更名为武屯镇武家庄。畦畤在古栎阳城中,其址当在今陕西西安市阎良区武屯镇武家庄。

【标绘】K10

启阳

1 楚人则乃有襄贲、开阳以临吾左。(《荀子·强国》)

【《图集》】39-40④5 有"开阳",在今山东临沂市北。

【补释】《读史方舆纪要·山东四·沂州·开阳城》:"汉置启阳县,属东海郡,后以景帝讳改曰开阳。"战国时,当称"启阳",汉初承前说而设"启阳县",后因避汉景帝刘启之讳而改为"开阳",有关此地名的史料也改为"开阳"。《图集》39-40④5 之"开阳"当校正为"启阳",方位不变。

【标绘】J19

千亩

⃞1 千亩右军。(《玺汇》0349)

【《图集》】无。

【补释】吴良宝引李家浩《战国官印考释两篇》:"在(今山西)介休县南。"①关于"千亩"的地望,历来有两种说法:一曰在今山西安泽县东北。《左传·桓公二年》"其地以千亩之战生,命之曰成师"、《史记·晋世家》"十年,伐千亩,有功,生少子,名曰成师",《史记正义》引《括地志》云:"千亩原在晋州岳阳县北九十里也。"杨伯峻《春秋左传注》引齐召南《注疏考证》:"晋地,今山西安泽县北九十里。"一曰在今山西介休市南。《史记索隐》:"地名也,在西河介休县。"《史记集解》:"杜预曰:'西河介休县南有地名千亩。'"吴引可从,在今山西介休市南。

【标绘】I12

蔷

⃞1 楚王攻梁南,韩氏因围蔷。(《战国策·魏策二·楚王攻梁南》)

【《图集》】35-36④5 有"蔷",在今河南新安县东北。

【校释】《图集》据程恩泽《国策地名考》引《汇纂》"今河南府新安县东北有白墙村,疑是其处"将其确定在今河南新安县。但是从当时的形势来看,恐非。此史料顾观光系于周显王四十六年(前 323)楚攻魏襄陵时。其时,楚王进攻魏国的南境(即襄陵之战),韩乘机趁火打劫围攻魏的蔷地。但从空间逻辑来看,公元前 323 年,韩国拥有黄河以南的广大地区,蔷当属韩,而此史料,蔷为魏地,地望不详。《图集》中的"蔷"当删除。

---

① 吴良宝:《〈中国历史地图集〉战国部分地名校补》,《中国历史地理论丛》,2006 年 7 月,第 21 卷第 3 辑,第 144—151 页。

清

$\boxed{1}$ 青氏司寇。(转引自《珍秦斋古印展》①)

【《图集》】无。

【补释】后晓荣《战国政区地理》(79页):"'青'通'清',青氏或即汉志东郡清县。春秋时为齐邑,左传七年:'齐使国胜告难于晋,待命于清。'从此印文看,战国时,青氏应一度属魏地,为魏置县,其地在今山东聊城市西。"后说可从,其地当在今山东聊城市西,具体方位如《图集》第二册19—20②4之"清县"所示。

【标绘】I16

清河

$\boxed{1}$ 齐南有太山,东有琅邪,西有清河,北有渤海,此所谓四塞之国也。(《战国策·齐策一·苏秦为赵合从说齐宣王》)

$\boxed{2}$ 赵地方二千里,带甲数十万,车千乘,骑万匹,粟支十年;西有常山,南有河、漳,东有清河,北有燕国。(《战国策·赵策二·苏秦从燕之赵始合从》)

$\boxed{3}$ 今秦发三将军:一军塞午道,告齐使兴师度清河,军于邯郸之东。(《战国策·赵策二·张仪为秦连横说赵王》)

【《图集》】无。

【补释】程恩泽《国策地名考·清河》:"清河亦水名。水经注:'淇水自馆陶清渊东北过广宗县东为清河。又东北经清阳县故城西,汉高帝置清河郡,治此。……'则清河之为郡,固以水名矣。"范祥雍《战国策笺证》(540页):"王应麟通鉴地理通释:'(清济,)蔡氏曰:李贤谓济自郑以东,贯滑、曹、郓、济、齐、青以入于海。乐史谓今东平、济南、淄川、北海界中有水流入海,谓之清河。'是清济亦可称清河。按战国策燕王谓苏代曰:'齐有清济、浊河以为固。'郭缘生曰:'清河首受洪水,北流济。或谓清则济也。'郦道元曰:'济水通得清之目,亦水色清深,用兼厥称矣。'此清河之各所自来也。……以此策文证之,则济称清河,战国已然,其来久矣。"按范祥雍的考辨,"清河"即"济水",但从时空逻辑上,范祥雍的考订有两个问题:一是《战

---

① 萧春源(藏印),裘锡圭(释文):《珍秦斋古印展》,澳门:澳门市政厅画廊,1993年第10号。

国策·齐策一·苏秦为赵合从说齐宣王》中,苏秦说齐国"西有清河"的时间在公元前333年,其时,齐国在济水之西有聊城、阿、甄、博望、博陵、高唐等城邑,如果"清河"即"济水"的话,连齐国最起码的疆域范围都说错,其游说齐王是没有说服力的。二是《战国策·赵策二·张仪为秦连横说赵王》,张仪公元前311年游说赵王说"秦发三将军:一军塞午道,告齐使兴师度清河,军于邯郸之东",如果"清河"即"济水"的话,齐军渡清河之后,还要渡黄河才能临邯郸之东,策士将这种显而易见的复杂问题简单化,是没有多少说服力的,但如果清河是程恩泽所说的,自内黄受洹水后折东北流经今河北馆陶、清河一带东注河水,则直接渡清河可临邯郸之东,游说赵王的逻辑强得多。所以,所谓的"清河"即"济水"这种看法不成立,从上面所列的史料一、二、三来看,战国时期有"清河"是确定无疑的,清河当是一条与济水完全不同的河流,而且清河的部分地区在战国时期为赵、齐的边界。

清河河道的具体走向,从史料一齐国"西有清河"、史料二赵"东有清河"和史料三"秦发三将军:一军塞午道,告齐使兴师度清河,军于邯郸之东"等地缘政治的时空逻辑上来看,《水经·淇水注》"淇水自馆陶清渊东北过广宗县东为清河。又东北经清阳县故城西,汉高帝置清河郡,治此"所指清河的大致走向问题不大。近人史念海在《论〈禹贡〉时期的导河和春秋战国时期的黄河》的考辨中进一步将程恩泽的判断做得更细致,认为《水经·淇水注》中关于"清河流经今馆陶、清河、东光、南皮诸县境,而至今天津市附近入海"问题不大,只是其源头并非郦道元《水经·清水注》中"河徙南注,清水渎移,河流径绝,余目尚存,故东川有清河之称,相嗣不断,曹公开白沟,遏水东注,方复故渎"所说的在今河南修武的清水,而是源于黄河,而且是班固《汉书·地理志》所说的"出于内黄县南"①,乃黄河"堤东较近的存水,不能入河,只好东流去",所形成的这条河流因"是平地成河,侵蚀性不大,水流易于清澈,所以能够发展形成为一条清河"②。其具体走向大致与《图集》第二册47—48④3—⑤3"清河"同。

以上清河源于黄河大致说的是公元前333年之前的情况。公元前332年赵决河水沿浮水水道灌齐魏后改道(具体详见本章"河"词条),由于地势原因,黄河自濮阳至内黄的河道干涸,清河在此后独受洹水,经部分原黄河

---

① 班固:《汉书·地理志》,北京:中华书局,1962年。
② 史念海:《论〈禹贡〉的导河和春秋战国时期的黄河》,《陕西师范大学学报(哲学社会科学版)》,1978年第1期,第56页。

河道,沿清河支流北经今馆陶、清河、东光诸县再次与河会,至今天津市大沽口入海。

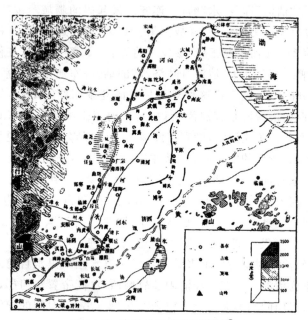

图 2—7 春秋战国黄河下游图[①]

【标绘】I16—H16—H17

清水

【《图集》】无。

【补释】战国无此水名称及走向的记载,但战国王垣(详见本节"王垣"词条)、皋落(详见本节"皋落(皋荟)"词条)分列此河之畔,此河当古已有之。其具体走向,姑从后世史料名之绘之。

《读史方舆纪要·山西三·平阳府·绛州·垣曲县·清水》载:"清水,在县西三十里。源出清廉山,东南流,白水流合焉,又东南入于大河。"《水经·河水注》:"清水出清廉山之西岭,世亦谓之清营山。其水东南流,出峡,峡左有城,盖古关防也。清水历其南,东流径皋落城北……与倚亳川水合,水出北山矿谷,东南流注于清。清水又东径清廉城南,又东南流,右会

---

① 史念海:《论〈禹贡〉的导河和春秋战国时期的黄河》,《陕西师范大学学报(哲学社会科学版)》,1978年第1期,第61页。

南溪水,水出南山,而东注清水。清水又东合干枣涧水,水出石人岭下,南流,俗谓之扶苏水。又南历妒苗北马头山,亦曰白水原,西南径垣县故城北。史记:魏武侯二年城安邑至垣。即是县也。其水西南流,注清水。水色白浊,初会清流,乃有玄素之异也。清水又东南径阳壶城东,即垣县之壶丘亭,晋迁宋五大夫所居也。清水又东南流注于河。"《水经·河水注》古关防的位置,大致即今垣曲县新城镇;皋落城,即今垣曲县皋落乡皋落村;清廉城,位于今垣曲县长直乡清廉村;阳壶城在今垣曲县古城镇南五里东滩村;干枣涧,即今垣曲县干涧河。这样,不仅可以绘出清水河的走向,而且可以绘出其部分支流。

【标绘】J12

青阳

⬜1 荆王献青阳以西,已而畔约,击我南郡。(《史记·秦始皇本纪》)

【《图集》】无。

【补释】古青阳有多地:一在今江苏宿迁市泗洪县青阳镇;一在今安徽池州市青阳县;一在今湖南长沙市长沙县;一在今江苏无锡市江阴市青阳镇;一在今山东滨州市青阳镇。《读史方舆纪要·湖广六·长沙府·长沙县》"《汉书邹阳传》曰:'越水长沙,还舟青阳。'苏林曰:'古青阳也。'秦始皇二十六年荆王献青阳以西是也",主张此青阳在今湖南长沙市长沙县境。

史料一所引虽是秦始皇二十六年(前221)秦初并天下时御史所述,但从上下文来看,明显是对秦并天下之前事的追述,《读史方舆纪要》所谓"秦始皇二十六年荆王献青阳以西是也"的注解是错的。关于"荆王献青阳以西"事件,《史记·秦本纪》"二十九年(前278),大良造白起攻楚,取郢为南郡"、"三十一年(前276)……楚人反我江南",《史记·六国表·楚》"二十三(前276),秦所拔我江旁反秦",《史记·楚世家》"二十三年(前276),襄王乃收东地兵,得十余万,复西取秦所拔我江旁十五邑以为郡,距秦",《战国策·秦策一·张仪说秦王》"秦与荆人战,大破荆,袭郢,取洞庭、五都、江南。荆王亡奔走,东伏于陈",与史料一所说的"荆王献青阳以西,已而畔约,击我南郡"正好是相互印证的。

从前述史料来看,可知史料一时间在公元前276年。整个"荆王献青阳以西"事件的时间逻辑是这样的:公元前278年(秦昭襄王二十九年、楚襄王二十一年),秦攻下楚都郢,楚王仓皇逃往陈丘(《史记·六国表·楚》

"二十一,秦拔我郢,烧夷陵,王亡走陈"),秦追击到竟陵(《史记·六国表·秦》"二十九,白起击楚,拔郢,更东至竟陵")、安陆(《睡虎地秦简》"廿九年,攻安陆"),楚为解除燃眉之急,与秦在襄陵会晤(《史记·秦本纪》"二十九年……王与楚王会襄陵"),达成楚献"青阳以西"给秦以换取秦不继续进兵伐楚。两年后(前276),楚毁"献青阳以西"之约,反攻伐秦,《史记·秦本纪》言"反我江南",《史记·六国表·楚》和《史记·楚世家》言"复西取秦所拔"之"江旁""十五邑",收复已被秦国纳入南郡管辖的江南十五邑,并设置郡,形成与秦隔江对峙以拒秦的局面。

"江南"指长江以南今湖北松滋至湖南华容县临江一段(详本章"江南"词条)。"江旁"即"江南"应该是没有问题的。问题是,秦是如何在拔楚郢都后的同一年如此迅速地占领天堑长江以南江南十五邑的?这个问题有助于厘清"青阳"的方位。

首先,此"青阳"不在安徽境内。何光岳《长沙古无"青阳"之称》①中认为此青阳为安徽省青阳县,是不可能的。公元前278年,秦虽攻下楚都郢,但向东的军力最远才到达楚国的竟陵、安陆,楚在这个时候献远在千里之外的安徽青阳县以西,几乎等于对秦开空头支票,没有任何意义。青阳在安徽的可能性不大。同理,在今江苏宿迁市泗洪县青阳镇、今江苏无锡市江阴市青阳镇和今山东滨州市青阳镇的可能性也不大。

其次,"青阳以西"与江南十五邑的问题。公元前278年,秦攻下楚都郢后,军事力量到达楚国的竟陵、安陆,也就是说,楚国长江以北的夷陵、郢都、竟陵、安陆一带及周边全部在秦国势力范围内,长江以北楚国几乎没有什么筹码能够换取秦国不继续攻楚,唯有与楚国郢都隔江相望的长江以南。而且,如果楚不主动献出长江以南的江南之地,秦国绝无可能在拔掉郢都的同一年就攻占江南之地。从史料来推断,秦国所占的楚江南之地,应该是兵不血刃直接从楚国手中接受的"青阳以西"之地。江南十五邑,当在长江以南、青阳以西,秦接受后,此十五邑纳入"南郡"管辖,以至于公元前276年楚收复这十五邑将秦逼退回长江以北后,秦记作"击我南郡"。关于献地受地双方的交接,《战国策》中有类似的例子,并不复杂。《战国策·赵策一·秦王谓公子他》记载韩割上党十七邑给赵国,赵国直接"使赵胜往受地",短短时间内就完成了交接。青阳以西之地,也当是如此。从上面的分析来看,十五邑在"青阳以西"、长江以南。青阳当在十五邑以东。

---

① 何光岳:《长沙古无"青阳"之称》,《求索》,1981年第1期,第119—120页。

再次,青阳是大区域还是小区域,是概指还是实指的问题。由于江南十五邑具体是哪十五邑并无史料记载,需要对"青阳"这个起码的区域范围进行判断。在今长江以南湖北松滋—湖南华容县—湖南岳阳市一带,战国时通行的称谓有"江南""洞庭""五渚",楚割地时言"青阳以西"而不提"江南""洞庭""五渚",可见"青阳"与"江南""洞庭""五渚"在地理范围上并不完全重合。将"青阳"与"江南""洞庭""五渚"区别开来,有两种可能性:一是"青阳以西"的地理范围大大超出了"江南""洞庭""五渚"单一地域;二是"青阳"的地理范围远小于"江南""洞庭""五渚"地域范畴。《战国策·秦策一·张仪说秦王》"秦与荆人战,大破荆,袭郢,取洞庭、五都、江南。荆王亡奔走,东伏于陈",明确记载秦在袭郢后取洞庭、五都、江南,可见"青阳以西"的地理范围大大超出了"江南""洞庭""五渚"单一地域所能描述的范围,包括了洞庭、五都和江南。

据上面的分析,青阳当是今湘江下游湘阴至岳阳河段及湘江以东的区域,"青阳以西"指的就是包含洞庭、五都、江南的区域。周宏伟《楚汉青阳位置之谜试解》从另一个角度考定"青阳以西"为湘江以西以洞庭湖平原为主体的区域①,与本词条青阳方位所指略同。

【标绘】P13－Q13

鄡阳

1 号(鄡)昜(阳)□玺。(《玺汇》0269)

【《图集》】无。

【补释】后晓荣《战国政区地理》(160页)引《鄡阳城址初步考察》:"鄡阳故城在今江西都昌县。"后引可从,其地在今江西都昌县,具体方位如《图集》24－25③3之"鄡阳"所示。

【标绘】P17

泉州

1 [正面]郾(燕)王职乍(作)雩萃锯(戟),[背面]㴋州都尉。(《集成》11304)

【《图集》】无。

---

① 周宏伟:《楚汉青阳位置之谜试解》,《中国历史地理论丛》,2011年1月,第26卷第1辑,第132－138页。

【补释】"渼州"即"泉州",吴良宝引吴振武《燕国铭刻中的"泉"字》(49页):"在今天津市武清县西。"①《读史方舆纪要·北直二·顺天府·通州·武清县·泉州城》:"县东南四十里。汉县,属渔阳郡,后汉因之。晋属燕国。北魏太平真君七年,废入雍奴县。志云:'县西南三十里有长城故址,延袤数百里,相传战国时燕所筑。'"《中华人民共和国地名词典(天津市)·名胜古迹·泉州城遗址》:"在武清县杨村镇西南,黄庄乡城上村北 50 米处。泉州城建于汉高祖元年(公元前 206 年)。读史方舆纪要载:'泉州,汉县。属渔阳郡,后汉因之。晋属燕国,北魏太平真君七年废,入雍奴。'经勘察,古城呈长方形,东西约 500 米,南北约 600 米,并采集印有'泉州'戳记的陶罐、陶盆残片等物。1982 年 7 月定为市级文物保护单位。"吴引可从,地当在今天津市武清区西,具体方位如《图集》第二册西汉时期 27—28④3 之"泉州"所示。

【标绘】F18

R

穰

⓵ 韩北有巩、洛、成皋之固,西有宜阳、常阪之塞,东有宛、穰、洧水,南有陉山,地方千里。(《战国策·韩策一·苏秦为楚合从说韩王》)

《图集》43—44⑤13 有"穰",在今河南邓州市,并定为侯国。

【补释】关于"穰",诸家均从《汉书·地理志》之说,认定其为今河南邓州之穰(即《图集》所示)。顾炎武《肇域志·河南·开封府·洧川县》:"宛、穰,战国策:'苏秦说韩王曰,韩东有宛、穰、洧水,南有陉山。'按苑即苑陵,郑邑也,在郑东洧水北,郑大夫射犬之食邑也,后为苑陵县。穰地不知所在,想亦近宛,非南阳之宛、穰也。若南阳,不得言东矣。"地虽不能指确,但顾炎武所言可从。

【标绘】无。

容城

⓵ 㚴城都郯左。(《玺汇》0190)

---

① 吴良宝:《〈中国历史地图集〉战国部分地名校补》,《中国历史地理论丛》,2006 年 7 月,第 21 卷第 3 辑,第 148 页。

【《图集》】无。

【补释】"妃城",当即"容城",吴良宝引黄盛璋《所谓"夏墟都"三玺与夏都问题》:"今河北容城县北。"[1]吴引可从,地在今河北保定市容城县北,具体方位如《图集》第二册西汉时期27—28④2之"容城"所示。

【标绘】F16

濡水

[1] 七年春,王正月,暨齐平,齐求之也。癸巳,齐侯次于虢。……二月戊午,盟于濡上。(《左传·昭公七年》)

【《图集》】无。

【补释】"濡水",《图集》第一册春秋时期有,战国时期未标绘。《中国古今地名大辞典》:"杜注:'濡水出高阳县东北。至河间鄚县入易水。'今河北满城县之方顺河,即南濡水。汉书地理志曲逆县注:'张晏曰,濡水于城北曲而西流,故曰曲逆。'"此水在春秋时期和汉均有,不会在战国时没有。其具体流向,如《图集》第一册22—23③12—③14"濡水"所示。

【标绘】G16

汝南

[1] 大王之地,南有鸿沟、陈、汝南、许、鄢、昆阳、召陵、舞阳、新都、新郪。(《史记·苏秦列传》)

[2] 应侯攻韩八年,成其汝南之封。(《韩非子·定法》)

[3] 应侯失韩之汝南。(《战国策·秦策三·应侯失韩之汝南》)

【《图集》】无。

【补释】《史记正义》:"陈、汝南,今汝州、豫州县也。"张琦《战国策释地》:"汝南属楚,不得系韩。应至汝南三百余里,不得云近,范雎无由攻之。汉汝南郡,分秦颍川置。当时无汝南之名。盖汝水之南耳,即应乡矣。"范祥雍《战国策笺证》(350页):"疑此汝南指应之一部分地傍汝水者。"综合诸家之说,张琦和范祥雍的考辨较为合理,"汝南"指汝水以南,依据国别和地域不同,所指方位不同。史料一指汝水以南的高陵、鄢、昆阳;史料二、三之

---

[1] 吴良宝:《〈中国历史地图集〉战国部分地名校补》,《中国历史地理论丛》,2006年7月,第21卷第3辑,第148页。

"汝南"当是应以北、汝水以南的一部分地域。

【标绘】K13－L14

汝阳

① 十年汝阳令戈。(《莒县出土东周铜器铭文汇释》[①])

【《图集》】无。

【补释】《汉书·地理志》汝南郡有"女阳",注曰:"'女'读曰'汝'。"朱力伟(第 40 页):"在今河南省商水县附近,其地一度是韩、魏、楚三国交接之地,此戟当是韩据此地所铸。"吴良宝:"新收 1090 号的'十年汝阳令戈'是一件桓惠王时的兵器,戈铭'汝阳'就是战国策秦策三的'汝南',旧以为在河南商水县一带是不可信的,根据实际情形推测可能在今河南郏县一带。"吴说可从,其地当在今河南平顶山市郏县附近。

【标绘】L14

S

桑中

【《图集》】无。

【补释】吕苏生《鲜于中山国事表疆域图说补释》:"桑中,本战国中山地,后入赵。汉置县,东汉省,故城在今河北省平山县东南。水经注:'桃水南经蒲吾故城西,又东南径桑中故城北。'即其地。"《读史方舆纪要·北直五·真定府·平山县·桑中城》:"桑中城,在县东南。汉县,属常山郡,宣帝封赵顷王子广汉为侯邑。后汉废。水经注:'蒲吾县东南有桑中故城,俗谓之石勒城。'晋永和六年冉闵之乱,后赵故将杨群据桑壁,盖即桑中城矣。"其地当在今河北石家庄市平山县东南,具体方位如《图集》第二册西汉时期"冀州刺史部"26②2"桑中"所示。

【标绘】G15

塞城

① 府东南八十里。战国时楚筑以备秦,据山为城,高峻险峭,即此山也。俗讹为古寒山,一名大塞山。成化初官军败贼于雁坪,追击之于大塞山,贼退保格兜,凭险旅拒,督臣白圭帅诸将四面

[①] 何琳仪:《莒县出土东周铜器铭文汇释》,《文史》,2000 年第 1 期。

合击,遂平之。(《读史方舆纪要·湖广五·郧阳府·郧县·古塞山》)

【《图集》】无。

【补释】历来关于古"塞城"的说法不一。以明地志为蓝本的《读史方舆纪要》记载古"塞城"在郧阳府东南八十里,目的是"备秦",又称"大塞山"。而明万历十八年《郧台志·舆地·山川·郧阳府·郧县·古塞山》记载古塞山在"县西南八十里,战国时楚城于此避秦,今名大寨山",记载在郧阳府郧县西南八十里,目的是"避秦",而称"大寨山"。两则史料记载似同而迥异:方向一个在郧阳府东南,一个在郧阳府西南;筑城的目的,一个是"备秦",一个是"避秦";一个称谓是"大塞山",一个是"大寨山"。"备""避",古音都读 bèi,作为一座城,"备秦"和"避秦"性质会很不一样:如果是"备"秦,显然会放在谷底或山岭的必经之路上;如果是"避"秦,则会放在四面环山的盆地或者是山岭,避免被打扰。

此外,史料一《读史方舆纪要·湖广五·郧阳府·郧县·古塞山》记载成化年间官兵追击流寇于"大塞山"的记载也有误。《明史纪事本末》卷三十八《平郧阳盗》载"都指挥田广进至雁坪,击贼败之,追及于古口山",追及的是"古口山"而不是"大塞山"(另一可能是"塞"字缺失,以方框"□"代替,而被误认为是"口"字),不管是何种情况,此"古口山"是房县→马良坪→远安之间的一座山。要彻底弄清此问题,必须找到关于"古塞城"最早的文献记载。

关于此城最早的记载,当是唐代杜佑《通典·武当郡·武当》:"汉旧县。有古塞城在县北,战国时楚筑以备秦。所据之山,高峻险峭,今名大塞山。有武当山。"其目的是"备秦"而不是"避秦",可知《郧台志》记载有误。另,据《通典》,古"塞城"在"武当县"北,唐"武当县"的地理方位大致在今湖北丹江口市均县镇。也就是说,古"塞城"当今湖北丹江口市均县镇北。而且杜佑还记载,古塞城是建在大塞山上,这座名为"大塞山"的山,不是一座矮小之山,而是高峻险峭。另《通典》及《元丰九域志·京西路·南路·均州·武当》"有武当山、古塞山、汉水",都将"大塞山""武当山"并提,可知古"塞城"所据之山不可能是武当山。根据地形,紧邻今丹江口市均县镇且在均县镇之北的高峻险峭之山,当是西起今习家店镇,东至今凉水河镇的这条山脉。这条山脉正好在郧县东南,与《读史方舆纪要》在"(郧阳)府东南"记述吻合。

古塞城的具体方位,《读史方舆纪要》谓在"(郧阳)府东南八十里",郧阳府治所在今湖北十堰市郧阳区,"(郧阳)府东南八十里"大致在今湖北丹江口市习家店镇,古塞城当在习家店镇以南通往武当县(今均县镇)的山岭之口,防备秦国出武关之后穿山南下东进。

【标绘】M11

三台

1 三台士序。(《玺汇》0305)

【《图集》】无。

【补释】吴良宝引吴振武《古玺合文考(十八篇)》:"(其地在)今河北容城县西南。"①此外,"三台"在战国时期即有其地,可在《读史方舆纪要》和《太平寰宇记》中找到佐证。《读史方舆纪要·北直三·保定府·容城县·容城故城》:"三台城,在县西南。城冢记:'燕、赵分易水为界,筑三台,并置城于此。'"《读史方舆纪要·北直三·保定府·安肃县·三台城》:"又三台城,在县西二十里。今亦见容城县,盖境相接也。"《太平寰宇记·河北道十六·雄州·容城县·三台城》:"三台城,在县南三十五里。按《城冢记》云:'燕、赵二国各据一方,分易水为界,燕筑三台,登降耀武。汉赤眉贼起兵于此,亦增筑三台。'"吴引可从,地在今河北保定市安新县三台镇。

【标绘】G16

虒

1 卅五年虒令周共,视吏□,冶期铸,胸半□,下官。(《集成》2527)

【《图集》】无。

【补释】黄盛璋考证,其地与《汉书·地理志》上党郡铜鞮县的"上虒亭""下虒亭"有关②。吴良宝先生认同③。西汉"上虒亭"在今山西襄垣县西,具体方位如《图集》第二册西汉时期17—18⑥10之"上虒亭"所示,西汉"下虒

---

① 吴良宝:《〈中国历史地图集〉战国部分地名校补》,《中国历史地理论丛》,2006年7月,第21卷第3辑,第147页。

② 黄盛璋:《三晋铜器的国别、年代与相关制度问题》,《古文字研究(第17辑)》,北京:中华书局,1989年,第10页。

③ 吴良宝:《〈中国历史地图集〉战国部分地名校补》,《中国历史地理论丛》,2006年7月,第21卷第3辑,第146页。

聚"在今山西襄垣县西,具体方位如《图集》第二册西汉时期17—18⑥10之"下虒聚"所示。"虒"当在"上虒亭""下虒聚"之间,在今山西长治市襄垣县虒亭镇。

【标绘】I13

泗上

⓵ 商、於、析、郦、宗胡之地,夏路以左,不足以备秦,江南、泗上不足以待越矣。《史记·越王勾践世家》

⓶ 今边邑之所恃者,非江南、泗上也?故楚王何不以新城为主郡也,边邑甚利之。(《战国策·楚策一·城浑出周》)

⓷ 秦下兵攻卫阳晋,必开扃天下之匈,大王悉起兵以攻宋,不至数月而宋可举,举宋而东指,则泗上十二诸侯尽王之有已。(《战国策·楚策一·张仪为秦破纵连横说楚王》)

【《图集》】45—46③5 有"泗水郡"。

【补释】《国策地名考·楚下·泗上》:"正义曰:'泗上,徐州,春秋时楚北境也。'胡三省曰:'楚蚕食鲁国,有泗上之地。'今按楚世家:楚自越灭吴,即东侵,广地至泗上,不待取之于鲁,亦非独徐州也。"泗上有十二诸侯,刘宾楠《愈愚录》卷四谓战国十二诸侯之"泗上诸侯":"在齐东南二方,不数宋、卫、陈、蔡、曹、郑、许,惟鲁、邹、费、邾当在数内。"杨伯峻《春秋左传注》(1045页):"在今曲阜县东北,自泗水县流入境。"《图集》45—46③5"泗水郡"为秦灭楚国后所设,公元前333年时当无"泗水郡",且所指方位非"泗上"也,所谓的"泗上",非指一地,而是一个概然的区域,指的是泗水上游以东地区。

【标绘】J17—K18

泗北

⓵ 齐人南面,泗北必举。此皆平原四达膏腴之地也,而王使之独攻。(《战国策·秦策四·物极必反》)

【《图集》】45—46③5 有"泗水郡"。

【补释】程恩泽《国策地名考·楚下·泗北》:"言泗北,则为今山东兖州、济宁等处矣,此皆齐地,意必有与楚境相错者。"按程恩泽,《图集》45—46③5"泗水郡"非"泗北"也,所谓的"泗北",非指一地,而是一个概然区域,乃泗水上游西北包含今山东济宁市、兖州市等地的一个区域。

【标绘】J17

涑川

【《图集》】无。

【补释】战国史料无，但春秋、秦汉均有此河，战国时期当存在此河。《左传·成公十三年》："入我河曲，伐我涑川。"杜《注》："涑水出河东闻喜县西南，至蒲坂县入河。"其具体走向，《肇域志·山西·泽州·闻喜县》："涑水，源出绛县横岭山干洞，伏流盘束地中而复出；西流径城南门外；西南径夏县、安邑、猗氏、临晋，合姚暹渠，入五姓湖；过蒲州孟盟桥，入黄河。"

【标绘】J12－J11

酸水

[1] 秦苏胡帅师伐郑，韩襄败秦苏胡于酸水。(《水经·济水注》引《竹书纪年》)

【《图集》】无。

【补释】《水经·济水注》引《竹书纪年》："酸渎首受河于酸枣县，东经酸枣城北、延津南，谓之酸水。……酸渎水又东北经燕城北，又东经滑台城南，又东南经瓦亭南。又东南会于濮……濮渠之侧有漆城。"《水经·济水注》引《竹书纪年》对酸水的流向所述非常详细，从黄河而出，沿今河南新乡市延津县西南、延津县南，东北经过南燕(今河南省延津县东北)北，经滑台城(今河南安阳市滑县东滑县城)南，东南经瓦亭(今河南安阳市滑县牛屯镇东北瓦岗寨乡)南，东南注入濮水。

【标绘】J14－K15

少曲

[1] 十二年少曲令戈。(《集成》11355)

[2] 秦昭王之四十二年，东伐韩少曲、高平。(《史记·范雎蔡泽列传》)

[3] 廿廿二年，攻少曲。(《秦出土文献编年》一六四之《睡虎地简·编年记》)

【《图集》】35－36③5有"少曲"，为区域名，在今河南济源市东，指少水弯曲处的一个区域。

【校释】《图集》仅作为地区名标示,吴良宝认为①,"少曲"当为城邑而非区域名,其地在今河南济源市少水弯曲处,即今河南济源市五龙口镇留村—化村一带。据考古发掘及史料判断,吴说可从。

【标绘】J13

山桑

1 山桑行序大夫玺。(《周秦古玺菁华》145)

【《图集》】无。

【补释】吴良宝引徐在国《楚国玺印中的两个地名》:"在今安徽省蒙城县北。"②《中国古今地名大辞典》:"汉置,故城在今安徽蒙城县北三十七里。晋殷浩追姚襄至山桑,为襄所败,即此。"《肇域志·南直隶·凤阳府·山桑县》:"汉山桑县,在北三十七里。"吴引可从,地在今安徽亳州市蒙城县,具体方位如《图集》第二册西汉时期19—20⑤5之"山桑"所示。

【标绘】L17

山南

1 楚兵在山南,吾得将,为楚王属怒于周。(《战国策·西周策·楚兵在山南》)

【《图集》】无。

【补释】高诱《战国策注》:"在周之山南也。"程恩泽《国策地名考》:"是时周境之山,在今洛阳县南者,有伊阙、太谷诸山;在偃师县南者,有轘辕、缑氏诸山;在今巩县南者,有外方、少室诸山;皆与楚相望,不知其何指也。"程恩泽所辨有理,但是此"山南"的具体方位可以确定下来。"楚兵在山南,吾得将"的时间为公元前304年,又据《水经·伊水注》引《纪年》,该年"楚吾得帅师及秦伐郑,围纶氏",纶氏在轘辕山以南,则楚兵所在之山南,不可能在轘辕、缑氏、外方、少室诸山之南,而当在伊阙山南。

【标绘】K13

山阳

---

① 吴良宝:《〈中国历史地图集〉战国部分地名校补》,《中国历史地理论丛》,2006年7月,第21卷第3辑,第146页。

② 同上,第149页。

① 疬阳□师玺。(《玺汇》0155)

【图集】35—36③6 有"山阳",在今河南焦作市东南。

【补释】"疬阳",当即"山阳",吴良宝引曹锦炎《古玺通论》:"(在)今山东金乡县西北。"①吴引可从,其地在今山东济宁市金乡县西北。

【标绘】J17

善无

① 善往。(转引自《战国政区地理》)

【图集】无。

【补释】后晓荣《战国政区地理》(125页):"战国赵国平首尖足布有'善往'布,出自山西北部。'善往'本作'善亡',可通'善无'。从布币钱文可知,赵置善无县,是西汉雁门郡善无县之前身,其地在今山西省右玉县东南。"后说可从,其地在今山西左云县西,具体方位如《图集》第二册 17—18③10 之"善无县"所示。

【标绘】E13

陕

① 十,与晋战武城。县陕。(《史记·六国年表·秦》)

② 于是乃出兵东围陕城,西斩戎之源王。(《史记·秦本纪》)

③ 十三年四月戊午,魏君为王,韩亦为王。使张仪伐取陕,出其人与魏。(《史记·秦本纪》)

④ 相张仪将兵取陕。(《史记·六国年表·秦》)

⑤ 卅四年蜀守□造,西工师□,丞□工□(内背面),成十,邛,陕(内正面)。(《编年》87【卅四年蜀守戈】)

【图集】35—36④4 有"陕焦",在今河南三门峡市西。

【校释】此地名的争议,主要在是"陕焦",还是"陕""焦"。从史料一、二、三、四,并结合"焦"(详见本节"焦"词条),"陕""焦"分别为两城是确定无疑的。"陕"之地理方位,《肇域志·河南·河南府·陕州》:"古焦国,在

---

① 吴良宝:《〈中国历史地图集〉战国部分地名校补》,《中国历史地理论丛》,2006年7月,第21卷第3辑,第150页。

陕县东北百步,因焦水名。"陕,在今河南三门峡市陕州区,"焦"在"陕"东北不远。

【标绘】K12

勺梁

1 燕人伐赵,围浊鹿。赵武灵王及代人救浊鹿,败燕师于勺梁。(《水经·滱水注》引《竹书纪年》)

【《图集》】41－42④2 有"勺梁(三梁)",在今河北定县北、唐县东南。

【校释】本节"南梁(三梁)"词条纠正了《图集》认"三梁""勺梁"为一地的问题,当校"勺梁(三梁)"为"勺梁"。"勺梁"的地望,《图集》似依《水经·滱水注》"博水又东南循渎,重源涌发。东南径三梁亭南,疑即古勺梁也"将其标绘在今河北唐县东南。

不过,从《水经·滱水注》引《竹书纪年》"燕人伐赵,围浊鹿"之"浊鹿"在今河北省张家口市涿鹿县矾山镇三堡村北 50 米处涿鹿故城(详本节"浊鹿"词条)的上下文来看,此"勺梁"地望绝非今河北唐县东南之"勺梁"(即《图集》41－42④2"勺梁(三梁)"所示),当为另一近"浊鹿"之地,具体位置不详。

【标绘】G16;地望不详。

商阪

1 西有宜阳、商阪之塞。(《史记·苏秦列传》)

【《图集》】无。

【校释】《史记正义》:"商阪即商山也,在商洛县南一里,亦曰楚山,武关在焉。"《读史方舆纪要·历代州域形势》:"商阪,即商洛山,在陕西商州东南九十里。司马贞曰:'商阪在商、洛间,适秦、楚之险塞。'"钱穆《史记地名考》:"商山,今商县东,丹水之南,路通武关。"其地当今陕西丹凤县至商南县以北的山脉。

【标绘】L11

商丘

1 商丘。(《集成》111942【商丘镞】)

【《图集》】无。

【补释】周翔引《中国历史地名大辞典》①:"商丘,地名,夏后相所都,一说应做'帝丘',春秋战国时为宋国都城。在今河南商丘县东南,一说在今河南濮阳县西南。商丘当为此镞铸造地。"按《图集》第一册春秋时期24—25④6,"商丘"在今河南商丘市东南。

【标绘】K16

上艾

1 上艾。(《东亚》4·73,如货2—8所示)

【《图集》】无。

【补释】裘锡圭《战国货币考十二篇》(73页):"据汉书地理志,太原郡有上艾县。其地在今山西省平定县东南,战国时在赵国疆域内。"裘说可从,《中国古今地名大辞典》:"汉上艾县,后魏改曰石艾,唐又改广阳,故城在今山西平定县东南。"其地在今山西阳泉市平定县张庄镇新城村,具体方位如《图集》第二册西汉时期"并州、朔方刺史部"17—18⑤11之"上艾"所示。

【标绘】H14

上博

1 上尃。(《货系》2467,如货2—9所示)

【《图集》】无。

【补释】裘锡圭(74页):"据汉书地理志,信都国有下博。其地在今河北深县东,战国时在赵国疆域内。'博'从'尃'声,币文的下尃无疑就是下博。……上尃大概是下尃北面相距不远的一个城邑。"吴良宝引裘锡圭《战国货币考(十二篇)》:"(其地在今河北)深县南。"②按裘、吴,上博、下博当相距不远,下博的具体位置如《图集》第二册西汉时期26③3"下博"所示,在今河北衡水市深州市东南。上博,当也在今河北衡水市深州市东南。

---

① 周翔:《战国兵器铭文分域编年研究》,浙江师范大学硕士学位论文,2013年,第63页。
② 吴良宝:《〈中国历史地图集〉战国部分地名校补》,《中国历史地理论丛》,2006年7月,第21卷第3辑,第147页。

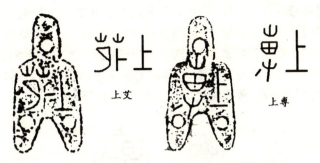

货 2—8 "上艾"三孔布　　　货 2—9 "上博"三孔布

【标绘】H16

上赣

[1] 上赣君之䏦玺。(《玺汇》0008)

【《图集》】无。

【补释】吴良宝引李家浩《战国官印考释(四篇)》:"地理志:豫章郡有赣县,在今江西省赣州市西。印文'上赣'亦可能位于赣水边上。"① 先秦地名"上×",秦汉以后,在地名演变中大多省"上",如"上容""上曲阳"等,"上赣",当即后世之"赣",即今江西赣州市。

【标绘】T15

上容

[1] 二十七年晋上容大夫。(《集成》11215)

【《图集》】无。

【补释】吴良宝《宁夏彭阳出土"二十七年晋戈"考》②考证"上容"即春秋时期的"容城",其地在今河南鲁山县南。所辨可从。春秋之"容城",其地理方位在《图集》第一册 29—30③4 之"容城"所示。

【标绘】L13

上曲阳(曲阳)

[1] 上曲阳(《货系》2465,如货 2—10 所示)

---

① 吴良宝:《〈中国历史地图集〉战国部分地名校补》,《中国历史地理论丛》,2006 年 7 月,第 21 卷第 3 辑,第 147 页。
② 吴良宝:《宁夏彭阳出土"二十七年晋戈"考》,《考古》,2007 年第 10 期,第 84—86 页。

【《图集》】37—38⑤10 有"曲阳",其地在今河北曲阳县西。

【校释】吴良宝引裘锡圭《战国货币考(十二篇)》:"(其地在)今河北曲阳县西。"①"上曲阳"即"曲阳",《图集》37—38⑤10 之"曲阳"当校正为"上曲阳(曲阳)",其地如吴良宝所说,在今河北保定市曲阳县西,具体方位如《图集》第二册西汉时期"冀州刺史部"26②2"上曲阳"所示。

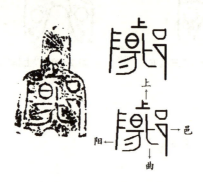

货 2—10 "上曲阳"三孔布

【标绘】G15

上唐

[1] 上场行序大夫玺。(《玺汇》0099)

[2] 顷襄王好台榭,出入不时……秦欲袭其地,乃使其左右谓王曰:"南游于唐五百里,有乐焉。"(《列女传》)

【《图集》】无。

【补释】"上场"当即"上唐",吴良宝引李学勤《楚国夫人玺与战国时的江陵》:"随县西北。"②《史记正义》:"括地志云:'上唐乡故城在随州枣阳县东南百五十里,古之唐国也。世本云唐,姬姓之国。'"《读史方舆纪要·历代州域形势·唐虞三代、春秋战国、秦》:"今随州西北八十里有唐城。"吴引可从,在今湖北随州市西北随县唐县镇,具体方位如《图集》第二册西汉时期 22—23⑤6 之"上唐乡"所示。

【标绘】N13

---

① 吴良宝:《〈中国历史地图集〉战国部分地名校补》,《中国历史地理论丛》,2006 年 7 月,第 21 卷第 3 辑,第 147 页。
② 同上书,第 149 页。

涉谷

[1] 伐楚,道涉谷,行三千里而攻冥阸之塞,所行者甚远而所攻者甚难,秦又弗为也。(《战国策·魏三·魏将与秦攻韩》)

【《图集》】无。

【补释】《史记索隐》:"涉谷是往楚之险路。从秦向楚有两道,涉谷是西道,河内是东道。"《国策地名考·秦下·涉谷》:"刘伯庄云:'秦兵向楚有两道,涉谷西道,河外东道。从褒斜入梁州,即东南至申州,攻石城山,险阸之塞也。'索隐云:'涉谷往楚之险路。'据此,则涉谷是自秦至楚陆路要道,当在今汉中府褒城县界内。"张琦《战国策释地》:"此春申君所谓随水右壤,广川大水,山林溪谷,不食之地也。出武关东南,即至宛、邓。刘伯庄以为从褒、斜入梁州,即至申州攻石城。迂矣。"张琦所辨甚是,此时楚国已经迁都至陈地,秦攻楚必须跨过今河南信阳市东南平靖关的冥阸之塞,据张琦《战国策释地》,其地当在今陕西西安市蓝田县、商洛市商州区、丹凤县至湖北襄阳市老河口市一线的山谷。

【标绘】M8—M10

石门(尧门山)

[1] 十一年,秦攻魏,赵救之石阿。(《史记·赵世家》)

二十一年,与晋战于石门,斩首六万,天子贺以黼黻。(《史记·秦本纪》)

二十一,章蟜与晋战石门,斩首六万,天子贺。(《史记·六国年表·秦》)

【《图集》】35—36④3 有"石门山";43—44②9 有"石门山"。

【补释】《史记正义》:"《括地志》:'尧门山俗名石门,在雍州三原县西北三十三里。上有路,其状若门。故老云尧凿山为门,因名之。武德年中于此山南置石门县,贞观年中改为云阳县。'"钱穆《史记地名考》附会《史记正义》,认为此"石门"地在陕西旬邑县东、接陕西淳化县北境。按"秦献公二十一年"之时,魏国西越过黄河有西河,南越过雕阴,拥有上郡十五县,对秦国腹地大兵压境,秦不可能在《图集》35—36④3 之"石门山"(今山西芮城境内)击败魏国,当在《图集》43—44②9 之"石门山"附近。《图集》43—44②9 之"石门山"当改名为"石门(尧门山)"。

【标绘】J9

寿陵

①孝文王葬寿陵。(《史记·秦始皇本纪》)

②华阳太后与孝文王会葬寿陵。(《史记·吕不韦列传》)

【《图集》】无。

【补释】《史记正义》:"秦孝文王陵在雍州万年县东北二十五里。"其地当在今陕西西安市临潼区东北骊山。

【标绘】K10

寿阴

①寿阴。(转引自《先秦货币地名与历史地理研究》,如货2—11所示)

【《图集》】无。

【补释】此为出土战国"寿阴"尖足布,陈隆文(57页):"晋阳之东有寿阴,尖足布中有寿阴布,其地望当在今寿阳一带。"朱华《三晋货币》(155页)认为属赵地,在今山西寿阳县境。陈、朱所定方位可从,其地当在今山西晋中市寿阳县。

货2—11 "寿阴"平首尖足布

【标绘】H14

T

漯水

①浮于济、漯,达于河,从漯入济,从济入河。(《书·禹贡》)

②丁卯,天子自五鹿东征,钓于漯水,以祭淑人,是曰祭丘。已巳,

天子东征,食马于漯水之上。(《穆天子传》)

3 禹疏九河,瀹济、漯,而注诸海。(《孟子·滕文公上》)

4 禹治漯水,东北至千乘入海,过郡三,行千二十里。(《汉书·地理志》)

5 高唐县,桑钦言漯水所出。(《汉书·地理志》)

6 河水东北入东武阳县,又东漯水出焉……黄沟又东北流,左与漯水隐覆,势镇河陆,东出于高唐县,大河右迤,东注漯水矣。(《水经·河水注》)

7 漯水出东郡武阳县。又云武水亦名漯水,又云济至古平安为渊渚,谓之平州沉。又东北至琅槐乡,有古黄河通济枯渠,谓之漯河。(《齐乘校释》)

8 漯水故渎,东径卫国县故城南,古斟观。(《肇域志·山东·东昌府·观城县》)

9 漯河,在州西二里。即黄河支流。按水经云:"源顿丘,出东武阳县,经博平,至州境,又东北流入海。"其源今涸绝矣。穆天子传"天子自五鹿东征,钓于漯水",即其地也。聊城东七里湄河,即漯河。(《肇域志·山东·东昌府·馆陶县》)

10 府东七里。旧经:"漯水出朝城县,经莘县、堂邑至聊城西,又东入博平界,又北至清平县入高唐州界。"今俗呼此水为湄河。一统志:"湄河出濮南黄河,北抵博平,西会马颊河,东入海。"今涸。(《读史方舆纪要·山东五·东昌府·漯河》)

11 水经注:漯水又北经聊城故城西。(《读史方舆纪要·山东五·东昌府·古聊城》)

12 漯出济南之长山县长白山,西北流,经章丘、新城诸界。(《天下郡国利病书·北直隶备録上·徐问百川考·兖州·漯》)

13 今之徒骇河即古漯水下游,东汉至唐,尝为大河流经,或云即屯氏别河。(《大清一统志》)

【《图集》】39—40③2—4 有"漯水"。

【校释】"漯水",古史料有两种写法:一为"灅水",繁体字简写后为"漯水",即今桑干河;一为"漯水"。这里要讨论的是第二种情况。作为水名的"漯",《说文解字》"从水,唐他合切",读"tà"。关于古"漯水"的记载,大致有如下六种:

一是西汉之前"漯水"。《汉书·地理志》《汉书·沟洫志》中均无"漯水"的记载,颜师古注《汉书》时述及先秦曾出现过"漯水"。史料一至五,都支持先秦有漯水的看法。可见,先秦确有此水,西汉时当堙废或别为他名或变为小川,以至于《汉书》不载。

二是《水经》"漯水"。《水经》有两点描述:又名"武水",自东武阳县境内的黄河东出(史料六、七),具体流向未详指;是黄河、济水之间的一条渠的名称(史料一和史料七),在北魏郦道元注《水经》之时已经堙废。

三是《肇域志》"漯水"。《肇域志》有两点描述:部分河段经过观城卫国县(史料八);即《水经》"漯水",为黄河支流,源自顿丘,从东武阳县经聊城东流出,经博平,最后东北流入海,此河又名"湄河",至顾炎武所在时期已绝流(史料九)。

四是《读史方舆纪要》"漯水"。描述与《水经》"漯水"一致,又名"湄河",其大致流向:经朝城县,经莘县、堂邑至聊城西,又东入博平界,又北至清平县入高唐州界。

五是《天下郡国利病书》"漯水"。出济南之长山县长白山,西北流,经章丘、新城诸界(史料十二)。此水并非古漯水,《中国古今地名大辞典》考证此水为"獭水",音同致误认为是"漯水":"在山东章丘县东北七里,即水经注之杨渚沟,今小清河旧渠之上源也。或讹'獭'为'漯',谓即古之漯水,误。"

六是《大清一统志》"漯水"。认为今之徒骇河是古漯水的下游。今之徒骇河(又名土河)走向,《中国古今地名大辞典·徒骇河》:"今之徒骇河,自山东聊城县分运河之水东出为徒骇河,一曰土河,东北经博平、高唐、茌平,至禹城纳漯水,又东北至滨县纳夹马河,又东北由沾化之大洋口入于海。"徒骇河与漯水在禹城汇合,此后漯水沿徒骇河河道东入海。

综合上面的材料,至为明显的是可以排除古漯水出济南之长山县长白山经章丘的可能。其他各家关于古漯水的记载,大抵是漯水的不同河段。关于古漯水的起点,史料十"湄河出濮南黄河",史料九"源顿丘",史料二"天子自五鹿东征,钓于漯水……食马于漯水之上",史料八"漯水故渎,东径卫国县故城南",五鹿(今河南濮阳县南三十里,旧误以为在今河北大名县东)在卫国县南,近顿丘(今河南清丰县西南),史料二、八、九、十可以相互印证。也就是说，漯水从濮阳黄河出，经卫国县（今河南清丰县南），入东武阳县（今山东聊城市莘县）。之后的走向，《水经注》记述比较明确：出朝城县（山东省聊城市莘县中部），经莘县、堂邑（山东省聊城市东昌府区堂邑镇）至聊城西，又东入博平（今山东聊城市博平镇）界，又北至清平县（今山东聊城市临清市城东）入高唐州（今山东聊城市高唐县）界。进入高唐州界后，按《大清一统志》，在禹城（今山东禹城市）入徒骇河，沿徒骇河河道至滨县（今山东滨州市），由沾化（今山东滨州市沾化区）之大洋口入海。

漯水的这种走向，正好形成了漯水、濮水之间的狭长陆地地带。这个狭长的地带，与战国时期的重要通道"午道"（详本章"午道"词条）相互印证。

【标绘】J16－I16－I17－I18－H18－I19

斄

[1] 秦孝公置斄县。（《读史方舆纪要·陕西三·斄城》）

[2] 孝公作四十一县，斄、美阳、武功，各其一也。（《元和郡县志·关内道二·武功县》）

[3] 十九年，大良造庶长鞅之造殳。斄。郑。（《秦出土文献编年》五二【十九年大良造鞅殳鐏】）

【《图集》】无。

【补释】《秦出土文献编年》五二"十九年大良造鞅殳鐏"，王辉："斄为秦县，今陕西武功。"《读史方舆纪要》："在武功县西南二十二里。"其地在今陕西咸阳市武功县西南，具体方位如《图集》第二册秦时期"关中诸郡"5－6④6"斄县"所示。

【标绘】K9

太丘

[1] 二，宋太丘社亡。（《史记·六国年表·秦》）

或曰宋太丘亡，而鼎没于泗水彭城下。（《史记·封禅书》）

【《图集》】无。

【补释】《史记索隐》："郭璞云：'宋有太丘社。'以社名此地也。"钱穆《史记地名考》："左襄元：'郑侵宋，取犬丘（太丘）。'汉置敬丘县，后汉曰太丘，今河南永城县西北三十里。"按钱穆所说，具体方位如《图集》第二册东汉44－45④

5"太丘"所示。但是,从上下文来看,钱穆所辨也不对。从史料二来看,太丘当非地名,为彭城临近泗水的一个祭坛,因此《史记·封禅书》中说"宋太丘亡,而鼎没于泗水彭城下",宋国的太丘社崩塌,鼎没入彭城下的泗水中。

【标绘】K18

太原

[1] 秦举安邑而塞女戟,韩之太原绝,下轵道、(道)南阳,伐魏,绝韩,包二周,即赵自消烁矣。(《战国策·赵策四·五国伐秦无功》)

秦正告魏曰:"我举安邑,塞女戟,韩氏太原卷。我下轵道,(道)南阳,封冀,包两周,乘夏水,浮轻舟,强弩在前,铩戈在后。"(《战国策·燕策二·秦召燕王》)

[2] 秦尽韩、魏之上党,太原西止,秦之有已。秦地天下之半也,制齐、楚、三晋之命,复国且身危,是何计之道也?(《战国策·东周策·周最谓金投曰》)

【《图集》】37-38⑤8-⑥8有"太原郡",在今山西代县—太原市一带,为一个地区名。

【补释】《史记索隐》:"举安邑,塞女戟,及至韩氏之韩国宜阳也。太原者,魏地不至太原,亦无别名太原者,盖'太'衍字也。原当为'京'。京及卷皆属荥阳,是魏境。又下轵道是河内轵县,言'道'者,亦衍字。徐广云'霸陵有轵道亭',非魏之境,其疏谬如此。"《史记正义》:"刘伯庄云:'太原当为太行。卷犹断绝。'"《史记地名考》:"韩氏太原即指安邑以东。"按"秦举安邑而塞女戟,韩之太原绝"之空间逻辑,韩之"太原"非赵之"太原"(今山西太原市境内)。"太原",《尚书·禹贡》:"既修太原,至于岳阳。"孔传:"高平曰太原,今以为郡名。"孔颖达疏:"太原,原之大者……孔以太原地高,故言高平,其地高而广也。"先秦之"太原",并无特指某一地,而是"地势较高的宽阔平地",此处之"太原"是一个比拟的说法,大致说的是韩国的旧都平阳附近(犹如赵都晋阳亦称太原),其所指方位是韩旧都平阳及周边,是一个概指,指的是今山西临汾市及周边。

【标绘】I12—J12

太原

[1] 二年,使蒙骜攻赵。定太原。(《史记·秦本纪》)

第二章 《中国历史地图集》战国地名及方位校补(前333)

> 七年,秦拔赵榆次三十七城,秦置大原郡。(《史记·燕召公世家》)

2 三年,蒙骜攻魏高都、汲,拔之。攻赵榆次、新城、狼孟,取三十七城。四月日食。王龁攻上党。初置太原郡。(《史记·秦本纪》)
> 三,王龁击上党。初置太原郡。魏公子无忌率五国却我军河外,蒙骜解去(《史记·六国年表·秦》)

3 又以河西太原郡更为毒国。(《史记·秦始皇本纪》)

4 十五年,大兴兵,一军至邺,一军至太原,取狼孟。地动。(《史记·秦始皇本纪》)
> 十五,兴军至邺。军至太原。取狼孟。(《史记·六国年表·秦》)

5 秦王还,从太原、上郡归。(《史记·秦始皇本纪》)
> 王翦将数十万之众临漳、邺,而李信出太原、云中。(《战国策·燕策三·燕太子丹质于秦亡归》)

《图集》37—38⑤8—⑥8有"太原郡",在今山西代县—太原市一带,为一个地区名。

【补释】《图集》"太原郡"为史料一(前248)秦攻下赵国若干城邑之后所设之郡,公元前248年之前"太原"非郡,仅为一区域。由于本节讨论的是公元前333年的地理方位,《图集》当修正为"太原"。

【标绘】H13

檀衢

1 齐负郭之民有狐咺者,正议,闵王斮之檀衢,百姓不附。(《战国策·齐策六·齐负郭之民有孤狐咺者》)

《图集》无。

【补释】《国策地名考·齐上·檀衢》:"原注:'盖齐市名。'程恩泽:<u>左传</u>齐有檀台。胡三省曰:'檀衢,意其地为通檀台之衢路也。'尔雅:'四达谓之衢。'当是街里之名,非必市也。"邹兴钜《春秋战国地图》:"檀衢,<u>史记正义</u>:'在临淄县东一里。'"其地在今山东淄博市临淄区东。

【标绘】I19

洮阳

1 兆阳。(《鄂君启节》,《集成》12110车节、12113舟节)

【《图集》】无。

【补释】"兆阳",当即"洮阳",吴良宝引朱德熙、李家浩《鄂君启节考释(八篇)》:"洮阳县应位于湘水上游支流洮水北岸。"①吴引可从,具体方位如《图集》第二册西汉时期22—23⑨4之"洮阳"所示。

【标绘】S11

桐丘

⒈ 五年,桐丘令修、工师章、冶□。(《近出》1173【五年瑚□戈】)

【《图集》】无。

【补释】周翔引《中国历史地名大辞典》②:"桐丘,本郑邑,战国属韩,在今河南周口市扶沟县西。"吴良宝③、黄盛璋④均认为"桐丘在今河南鄢陵县与扶沟县之间"。诸家之说所指为同一方位,具体位置,《读史方舆纪要·河南二·开封府·扶沟县·桐丘亭》:"在县西二十里。左传庄二十八年:'楚侵郑,郑人将奔桐丘。'又哀二十七年:'晋荀瑶伐郑,次于桐丘。'杜预曰:'许昌东北有桐丘城。'"在今河南许昌东北、扶沟县西。

【标绘】K15

天唐

⒈ 然后背太山,左济,右天唐,军重踵高宛,使轻车锐骑冲雍门。(《战国策·齐策一·田忌为齐将》)

【《图集》】无。

【补释】《国策地名考·齐上·天唐》:"高注:天,大也;唐,防也。鲍注:盖盼子所守,所谓高唐,属平原。程恩泽:汉志平原郡有高唐县。杜预曰:在祝阿县北。寰宇记:在禹城县南五十里。钱坫曰:战国策所谓天唐是也。"范祥雍《战国策笺证》(516页):"鲍注……高唐地在齐之西北境,距临淄较远。田忌自马陵还军,马陵在临淄之西南。孙子劝其举兵向国都,何

---

① 吴良宝:《〈中国历史地图集〉战国部分地名校补》,《中国历史地理论丛》,2006年7月,第21卷第3辑,第149页。
② 周翔:《战国兵器铭文分域编年研究》,浙江师范大学硕士论文,2013年,第138页。
③ 吴良宝:《〈中国历史地图集〉战国部分地名校补》,《中国历史地理论丛》,2006年7月,第21卷第3辑,第146页。
④ 黄盛璋:《试论三晋兵器的国别和年代及其相关问题》,《考古学报》,1974年,第1期。

必北取高唐?此理之不可通者,鲍注非是。高注释天唐为大防。大防即巨防,张仪说秦王章所谓'长城巨防,足以为塞'。其地在济水之南,泰山之西,又为齐之要塞,马陵还临淄所经之道,与策文较合。高注或是。"范祥雍认为"高唐地在齐之西北境,距临淄较远。田忌自马陵还军,马陵在临淄之西南。孙子劝其举兵向国都,何必北取高唐?此理之不可通者,鲍注非是",所辨甚是,策文说"背太山,左济,右天唐,军重踵高宛","背太山",当说的是背靠泰山,言已经越过泰山了,"巨防"为齐长城之起始端,在济水之南、泰山之西,从空间逻辑上,"天唐"当不是"巨防",而是济水以东,高宛以南不远的某处,这样,才能"军重踵高宛,使轻车锐骑冲雍门"。具体位置可能在今山东滨州市邹平县以西,不标绘具体的点。

【标绘】I18

涂水

1 魏献子为政,分祁氏之田以为七县……知徐吾为涂水大夫。
(《左传·昭公二十八年》)

2 余水。(《货系》1213,如货2—12所示)

【《图集》】无。

【补释】吴良宝引何琳仪《尖足布币考》:"(其地在)今山西榆次西南。"① 其地当在今山西晋市榆次区西南,具体方位如《图集》第二册西汉时期17—18⑤10"涂水乡"所示。

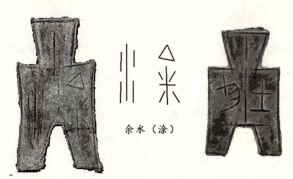

货2—12 "余水"平首尖足布   货2—13 "土匀"平首方足布

---

① 吴良宝:《〈中国历史地图集〉战国部分地名校补》,《中国历史地理论丛》,2006年7月,第21卷第3辑,第147页。

【标绘】H13

土匀

1 土匀容四斗錍。(《集成》9977)

2 土匀。(《货系》2007,如货2—13所示)

【《图集》】无。

【补释】史料一为出土的战国錍,山西省博物馆《太原检选到土匀錍》①认定其为赵国器物。史料二为出土的有"土匀"币文的战国方足小布。吴良宝《战国部分地名校补》②引施谢捷《东周兵器铭文考释(三则)》:"地望在今山西省石楼。"③认定"土匀"为赵国城邑。吴引可从,其地在今山西吕梁市石楼县,具体方位如《图集》第二册西汉时期17—18⑥8"土军"所示。

【标绘】H11

兔台

1 赵敬侯四年,魏败我兔台。(《史记·赵世家》)

【《图集》】无。

【补释】《读史方舆纪要·北直六·成安县·兔台》:"在县西。郡邑志:'成安县有兔台。'是也。"其地当在今河北邯郸市成安县。

【标绘】I15

W

宛

1 韩北有巩、洛、成皋之固,西有宜阳、常阪之塞,东有宛、穰、洧水,南有陉山,地方千里。(《战国策·韩策一·苏秦为楚合从说韩王》)

【《图集》】45—46③3 有"宛(苑)",在今河南南阳市境内。

【补释】宛,《史记正义》:"宛,于元反。宛,邓州县也。"张琦《战国策释地》:"宛、穰在南,云'东'未详。"程恩泽《国策地名考》:"(宛)韩世家:'釐王

---

① 山西省博物馆:《太原检选到土匀錍》,《文物》,1981年第8期。
② 吴良宝:《〈中国历史地图集〉战国部分地名校补》,《中国历史地理论丛》,2006年7月,第21卷第3辑,第147页。
③ 同上书,第144—151页。

五年,秦拔我宛。'正义曰:'宛,邓州县,时属韩。'……是时韩又别有一宛。水经注:'潩水经长社城北,又东南经宛亭西,郑大夫宛射犬之故邑也。'长社今为长葛,属许州,当是韩地。"顾炎武《肇域志·河南·开封府·洧川县》:"宛、穰,战国策:'苏秦说韩王曰,韩东有宛、穰、洧水,南有陉山。'按苑即苑陵,郑邑也,在郑东洧水北,郑大夫射犬之食邑也,后为苑陵县。穰地不知所在,想亦近宛,非南阳之宛、穰也。若南阳,不得言东矣。""宛"地,考策文"东有宛、穰、洧水",程恩泽、顾炎武所辨较为合理,当即指春秋时期郑大夫宛射犬所封之邑。"宛"的具体方位,程恩泽从《水经注》,认定为在今长葛县西北的"宛亭",具体如《图集》第一册24—25④4"宛"所示;顾炎武认定为在今河南新郑市东北的秦、汉之"苑陵县",具体方位如《图集》第二册7—8⑤4"苑陵"所示。考策文,如若"宛"在长葛市西北的"宛亭",更在"南有陉山"的"陉山"之南,不得谓"东有宛、穰、洧水",秦汉之"苑陵县"更为合理。

【标绘】K14

汪(注)

①郑穆公三年,从晋伐秦,败秦兵于汪。(《史记·郑世家》)

②秦孟明伐晋,报崤之败,取晋汪以归。(《史记·晋世家》)

③三十二年,败秦于注。(《史记·魏世家》)

【《图集》】43—44②10有"汪",在今陕西渭南市澄城县东北。

【补释】史料三,杨宽《战国史料编年辑证》:"'败秦于注'之'注',当为汪。"又,《读史方舆纪要·陕西三·西安府·同州·白水县·彭衙城》:"汪在澄城县境。"据钱穆《史记地名考》:"汪,应在今白水、澄城县境。"据上述,其地在今陕西渭南市澄城县东北,方位如《图集》第一册春秋时期22—23⑥6之"汪"所示,只是名称当校正为"汪(注)"。

【标绘】J11

汪陶

①三年,汪匋命(令)富反、下库工师王岂、冶禽。(《集成》11354)

【《图集》】无。

【补释】周翔引《中国历史地名大辞典》①:"'汪匋命富反',读为'汪陶令富反'。汪陶,地名,即汉之汪陶县,战国属赵,今山西应县西。富反,汪陶县县令。"吴良宝引施谢捷《东周兵器铭文考释(三则)》:"地望在今山西应县西。"②各家所定方位相同,在今山西朔州市应县,其具体方位如《图集》第二册西汉时期"并州、朔方刺史部"17—18③11之"汪陶"所示。

【标绘】F14

王屋

1 王之所欲于魏者,长羊、王屋、洛林之地也。(《战国策·魏策三·芒卯谓秦王》)

【《图集》】无。

【补释】《中国古今地名大辞典》:"在河南济源县西王屋山南,道通山西垣曲县。"《中华人民共和国地名词典(河南省)·焦作市·济源市·王屋镇》:"在市区西29公里,王屋山南麓。镇以山名。"

【标绘】J13

王垣

1 十四年,城洛阳及安邑、王垣。(《史记索隐》引《竹书纪年》)
二年,城安邑、王垣。(《史记·魏世家》)

【《图集》】35—36③4有"垣(王垣)",在今山西垣曲县王茅镇。

【校释】"王垣"的具体地望,至少可以从三方面考察。

一是地理沿革。战国时期称"王垣",本词条所列史料《史记索隐》引《竹书纪年》和《史记·魏世家》有明文记载。西汉时期,置"垣县"。东汉改称"东垣县"(《资治通鉴·卷第六十四》:"(建安十年)冬十月……会白骑攻东垣)。至晋太元十一年(386)仍为"东垣县"(《魏书·列传第八十三》:战于襄陵,永大败……南奔东垣")。从西汉至晋,名称虽有变更,但治所未见更改。北魏皇兴四年(470)始设"邵上郡"(《魏书·地形志二上第五》:"皇兴四年置邵上郡,太和中并河内,孝昌中改复"),同时改"东垣县"置"白水县"(《读史方舆纪要·山西三·平阳府·绛州·垣曲县·垣曲城》"后魏改

---

① 周翔:《战国兵器铭文分域编年研究》,浙江师范大学硕士学位论文,2013年,第110页。
② 吴良宝:《〈中国历史地图集〉战国部分地名校补》,《中国历史地理论丛》,2006年7月,第21卷第3辑,第147页。

置白水县,而故县遂废。或曰魏白水县,即故垣县也。城东有白水,西南流合清水,故名为白水县,邵郡、邵州,皆治焉"),郡治仍在"白水县"。这个"白水县"的地望是非常确定的,"城东有白水,西南流合于清水"。"白水",据1985年《垣曲县地名录》①,源出华峰乡麻姑山,经马村、成家坡、下亳村,西南流汇于亳清河(即清水),与《读史方舆纪要》记录吻合。亦即,白水县的位置在今垣曲县上亳村至下亳村一带。

北魏孝昌年间(525—527),撤"邵上郡",建"邵郡",郡治改在阳壶(山西垣曲县古城镇南五里东滩村),原"白水县"分为"白水县""清廉县"。西魏大统三年(537),改"邵郡"为"邵州",治所从阳壶移到今垣曲县古城镇,同时改"白水县"为"亳城县"(《太平寰宇记·河东道八·绛州·垣县》"西魏大统三年置邵州,移于今所")。隋大业三年(607),废"邵州",置"垣县",治所在今垣曲县古城镇。隋义宁元年(617),在今垣曲县古城镇置"邵原郡"的同时,将大业三年所置原"垣县"分设为垣县、青廉、亳城三县属之。唐武德元年(617),改"邵原郡"为"邵州";武德五年(622),省"亳城"入"垣县";武德九年(626),废除"邵州";贞观元年(627),撤"青廉"入"垣县"。从唐武德元年至贞观元年一系列的改撤,相当于废掉了隋义宁元年所置"邵原郡"(领垣、清廉、亳城三县)而恢复到义宁元年之前"垣县"的建制。虽废"邵州"而重设"垣县",但其治所一直为今垣曲县古城镇。北宋改"垣县"为"垣曲县",县治仍在今垣曲县古城镇。明、清,一直到民国初年,"垣曲县"的名称和县治一直未变,在今垣曲县古城镇。1958年垣曲县治所从今古城镇迁到今刘张镇,1959年又从今刘张镇迁今址。从上述沿革来看,北魏皇兴四年之前名称虽经历了王垣→垣县→东垣的变更,但其治所在白水县(今垣曲县上亳村至下亳村一带)是比较清楚的。

二是史料对该地望的记载。最早记载"垣县"方位的当属北魏郦道元《水经·河水注》:"清水又东合干枣涧水,水出石人岭下,南流,俗谓之扶苏水。又南历奸苗北马头山,亦曰白水原,西南径垣县故城北。史记'魏武侯二年城安邑、王垣'即是县也。其水西南流,注清水。"据其记载,只知干枣涧(今垣曲县干涧河)在垣县故城北,但在其北多远,不得而知。唐张守节《史记正义》引《括地志》云"故垣地本魏王垣也,在绛州垣县西北二十里",此后各家均从此说。唐时,"绛州垣县"治所已在今垣曲县古城镇,其西二

---

① 垣曲县人民政府编:《垣曲县地名录》(内部资料),1985年。见所附"垣曲县地图"中的"白水(下河)"。

十里,当在今垣曲县王茅镇。不详《括地志》所述何据,但《图集》采纳其说,将"王垣"定位在今垣曲县干涧河与亳清河交汇的王茅镇。

三是近代考古发现。张岱海、徐殿魁《山西垣曲古文化遗址的调查》[①]考察在今垣曲县王茅镇上亳村南有战国古城遗址。

从地理沿革和近代考古发现战国古城遗址来看,王垣在今垣曲县上亳村至下亳村一带是比较可信的。今垣曲县上亳村至下亳村一带在绛州垣县西北十二里,疑《括地志》误将"十二里"说成"二十里"而致《图集》标绘在今山西垣曲县王茅镇,当改为今垣曲县王茅镇上亳村南与下亳村一带。

【标绘】J12

垝津(围津)

1 秦故有怀地、刑丘,安[②]城、垝津,而以之临河内,河内之共、汲莫不危矣。(《战国策·魏策三·魏将与秦攻韩》)

2 在楚者乃界于齐,在韩者逾常山乃有临虑,在魏者乃据围津,即去大梁百有二十里耳。(《荀子·强国》)

【《图集》】35—36③7有"垝津(围津、白马口)",在今河南浚县南,为黄河津渡。

【校释】《史记索隐》:"在河北。"《史记正义》:"括地志云:'延津故俗字名临津,故城在卫州清淇县西南二十六里。杜预云"汲郡城南有延津"是也。'"《国策地名考》:"垝津有二地,杜预曰'汲郡城南有延津'。孔颖达曰'即垝津也'。……其地在今河南卫辉府汲县南、延津县北,即延津也。帝王世纪:'白马津有韦乡韦城。'徐广曰:'东郡白马有围津,围与韦通。'顾祖禹曰:'战国时曰垝津,其地在今卫辉府滑县东南五十里。'荀子云:'围津去大梁百二十里。'九域志'滑州至东京二百二十里',以里数核之,似以延津为是。"按诸家之注解,战国时期有二"垝津",《图集》35—36③7按徐广、顾祖禹注解将"垝津"与"白马口"合二为一,标绘为"垝津(围津、白马口)"。而按《战国策·魏策三·魏将与秦攻韩》所描述的路线图来看,怀地、邢丘、安城、垝津、河内、共、汲等地当相近,垝津之方位当如杜预、孔颖达所说,为

---

① 中国社会科学院考古研究所山西工作队:《山西垣曲古文化遗址的调查》,《考古》,1985年第10期,第875—884页。

② 原文为"元",据范祥雍笺证、范邦瑾协校《战国策笺证》(上海:上海古籍出版社,2006年)第1388页校正。

今河南淇县西南二十六里、延津县北黄河上的一个渡口。《图集》35—36③7"垝津（围津、白马口）"当校正为"垝津（围津）"，其地在今河南新乡市延津县西黄河渡口处，"白马口"当单独作为一个地名，其方位如《图集》35—36③7所示。

【标绘】J14

文安

[1] 文安都司徒。（《玺汇》0012）

【《图集》】无。

【补释】吴良宝引施谢捷《〈古玺汇编〉释文校订》："今河北省文安县北。"①吴引可从，在今河北廊坊市文安县北，具体方位如《图集》第二册西汉时期27—28④3之"文安"所示。

【标绘】G17

文台

[1] 边城尽拔，文台堕，垂都焚，林木伐，麋鹿尽，而国继以围。（《史记·魏世家》）

【《图集》】无。

【补释】《史记索隐》："文台，台名。列士传曰'隐陵君施酒文台'也。"《史记正义》："括地志云：'文台在曹州冤句县西北六十五里也。'"钱穆《史记地名考》："唐冤句故城，今菏泽县西南。""冤句县"，《图集》第二册西汉时期19—20③4有"冤句"，按《史记正义》及《史记地名考》，"文台"在古冤句县（今山东菏泽市曹县庄寨镇境内）西北，其地当在今山东菏泽市西南曹县庄寨镇。

【标绘】J16

汶阳

[1] 汶阳右戟。（《近出》1138【汶阳戟】）

[2] 汶阳右库。（《新收》1498【汶阳戈】）

---

① 吴良宝：《〈中国历史地图集〉战国部分地名校补》，《中国历史地理论丛》，2006年7月，第21卷第3辑，第144—151页。

【《图集》】无。

【补释】周翔引《中国历史地名大辞典》[①]:"汶阳,春秋至战国初鲁地,今山东汶河以北泰安市西南一带。左传·僖公元年:'公赐季友汶阳之田。'即此地。"《读史方舆纪要·山东三·兖州府·曲阜县·汶阳城》:"县东北四十里,本鲁邑,左传:'公赐季友汶阳之田。'"《元和郡县图志·河南道六·兖州·龚丘县·故汶阳城》:"故汶阳城,在县东北五十四里。其城侧土田沃壤,故鲁号汶阳之田,谓此地也。"周引可从,其地当在今山东泰安市西南肥城市汶阳镇吴店村北一公里处。

【标绘】J17

乌程

|1| 乌呈之玺。(《安昌里馆玺存》)

【《图集》】无。

【补释】"乌呈"即"乌程",吴良宝引徐在国《楚国玺印中的两个地名》:"乌程在浙江湖州市西南。"[②]吴引可从,在今浙江省湖州市西南,具体方位如《图集》第二册秦时期11—12②7之"乌程"所示。

【标绘】O21

巫沙

|1| 梁惠成王十三年,王及郑釐侯盟于巫沙,以释宅阳之围,归厘于郑。(《水经·济水注》引《竹书纪年》)

|2| 五月,梁惠成王会威侯于巫沙。(《史记·韩世家》司马贞《索引》引《竹书纪年》)

【《图集》】无。

【补释】《读史方舆纪要·河南二·荥阳县·宅阳城》:"水经注:'荥阳泽际有沙城,即巫沙。'"其地当在今河南荥阳市境内。

【标绘】K14

於陵

[①] 周翔:《战国兵器铭文分域编年研究》,浙江师范大学硕士论文,2013年,第269页。

[②] 吴良宝:《〈中国历史地图集〉战国部分地名校补》,《中国历史地理论丛》,2006年7月,第21卷第3辑,第144—151页。

1️⃣ 匡章曰:"陈仲子岂不诚廉士哉? 居於陵,三日不食,耳无闻,目无见也。"(《孟子·滕文公下》)

【图集】39—40③4 有"于陵",在今山东周村及邹平东南。

【校释】《图集》标绘其地望是没有问题的,误将地名的"於"简化为"于","於"读 wū 音,当校正为"於陵"。

【标绘】I18

无穷

1️⃣ 昔者先君襄主与代交地,城境封之,名曰无穷之门,所以昭后而期远也。(《战国策·赵策二·王破原阳以为骑邑》)

2️⃣ 十九年春正月,大朝信宫。召肥义与议天下,五日而毕。王北略中山之地,至于房子,遂之代,北至无穷,西至河,登黄华之上。(《史记·赵世家》)

3️⃣ 无冬。(《钱典》1226,如货2—14所示)

货2—14 "无终"三孔布

【图集】37—38②10 有"无穷之门"。

【校释】程恩泽《国策地名考》:"史记云:'遂至代,北至无穷。'胡三省曰:'自代北出塞外,大漠数千里,故曰无穷。'引国策云云。此说非是。'穷'与'终'通,'无穷'谓'无终',即左传无终子国也。汉志右北平郡有无终县。……顾炎武曰:'据汉书樊哙传击陈豨,破得綦毋印、尹潘军于无终、广昌,则其初境当在云中、代郡之间。'江永曰:'晋自荀吴败无终及群狄,渐扩代北之地。其后,赵氏尽得代地,而无终之国乃在右北平。'是无终本代邻,故曰:'遂至代,北至无穷。'策谓:'与代交地,城境封之,名曰无穷之门。'正与史合。无穷即无终,当在今直隶广昌县。"范祥雍《战国策笺证》:

"梁玉绳史记志疑亦疑无穷为无终,程考或本之。庄子逍遥游'穷发之北',列子汤问篇殷敬顺释文本作'终发之北',可证终、穷二字通用也。无穷之门谓望无穷之门,非无穷本地也。门当在赵、代之界,题此名者,所以欲示并代至于无穷也。此显示了侵略之野心,至武灵王继续扩张武力,'遂至代,北至无穷',实现其先君之愿望。"史料三,吴良宝引他家认为"无冬",即"无终","(其地在)今河北涞源一带"①。

程、范考诸家之说,认为"无穷"即"无终",似可信。范祥雍言"无穷之门谓望无穷之门,非无穷本地也",从策文上下文逻辑来看,甚是。至于"无穷之门"的具体方位,范所言的"门当在赵、代之界"恐与"昭后而期远"的目的相去甚远,无穷之门应当是代地的北部,而非"赵、代之界",这样,才显示出要将代地纳入版图的雄心。出土货币上的"无冬(终)",考定在今河北涞源一带,如果所定方位确实的话,此"无冬(终)"非史料所谓"无穷之门"之"无穷",因其不在代北。又据《史记·樗里子甘茂列传》,在战国晚期"赵攻燕,得上谷三十城,令秦有十一",上谷在今河北宣化、怀来、涿鹿一带,实际赵攻占代地后,并未拥有上谷一带。这样,无穷当在今桑干河南、河北蔚县北为是。

【标绘】E15

梧

1 诸侯之师城虎牢而戍之,晋师城梧及制。(《左传·襄公十年》)

2 廿三年,郚(梧)命(令)垠、右工师齿、冶良。(《集成》11299【二十三年郚令戈】)

【《图集》】无。

【补释】史料一,杨伯峻(981页):"梧当在虎牢附近。"史料二,周翔(121页)引杨宽《战国史》(710页)确定时间在韩昭侯二十三年(前340),又引《中国历史地名大辞典》②:"'郚命垠',战国时齐、鲁皆有郚邑,然此戈铭有明显的晋系风格,故当从集成读为'梧'。梧,今河南荥阳县西,本春秋郑邑,战国属韩。垠,梧县县令,人名编谓'魏国郚县县令',非。"史料三,范祥雍(1537页):"高士奇春秋地名考略云:'隋唐荥阳县有梧桐涧。疑即梧也。'"从各家的分析来看,其地当在今河南郑州市荥阳市西南,具体方位如

---

① 吴良宝:《〈中国历史地图集〉战国部分地名校补》,《中国历史地理论丛》,2006年7月,第21卷第3辑,第144—151页。

② 周翔:《战国兵器铭文分域编年研究》,浙江师范大学硕士论文,2013年,第121页。

《图集》第一册春秋时期22—23⑪18"梧"所示。

【标绘】K14

梧

①魏且旦暮亡矣,不能爱其许、鄢陵与梧,割以予秦,去百六十里。(《战国策·韩策一·观鞅谓春申》)

【《图集》】无。

【补释】从上下文来看,此"梧"近许、鄢陵。鄢陵,即"安陵",在今河南鄢陵县西北(K15);许,在今河南许昌市东(K15);梧,其地在今河南许昌、鄢陵一带。

【标绘】K15

梧台

①楚使者聘齐,齐襄公飨之梧台。(《说苑·善说》)

②宋之愚人得燕石于梧台之东。(《太平御览》卷五十一《阙子》)

【《图集》】无。

【补释】《读史方舆纪要·山东六·临淄县·檀台》:"县东一里。或谓之梧宫。"其地当在今山东淄博市临淄区东。

【标绘】I19

午道

①夜加即墨,顾据午道。(《史记·楚世家》)

②秦攻齐,则楚绝其后,韩守成皋,魏塞午道,赵涉河、漳、博关,燕出锐师以佐之。(《战国策·赵策二·苏秦从燕之赵始合从》)

【《图集》】无。

【补释】《史记索隐》:"顾,反也。午道当在齐西界。一从一横为午道,亦未详其处。"《史记正义》:"刘伯庄云'齐西界'。按:盖在博州之西境也。"《史记索隐》《史记正义》未详指"午道"的地理方位,据《战国策·赵策二·苏秦从燕之赵始合从》的描述,山东六国联合抗秦,秦攻齐的路线,当是沿黄河抵达濮阳,然后经过马陵、薛陵沿济水东北进攻齐国,苏秦所说的"魏塞午道"当是堵塞卫、魏、齐、赵四国两两邻壤的狭长地带,为合纵联盟东西、南北的交通要道,可能也正是这个原因,被称为"午道"。又据史料二,赵国抵达该地的行军路线为"涉河、漳、博关",午道大致在博关以东或东南,其地当在今山东聊城市西南。

【标绘】J16—I16

武城

【《图集》】无。

【补释】见"东武城"词条。

【标绘】H17

武都

1 [正面]武都,[背面]造库。(《集成》11506【武都矛】)

2 武都。(《近出》1205【武都矛】)

【《图集》】无。

【补释】吴良宝引崔睿《秦汉广衍故城及其附近的墓葬》:"在内蒙古乌拉特前旗东南。"①《汉书·地理志》九原郡有武都县,在今内蒙古自治区达拉特旗东南,具体方位如《图集》第二册17—18②8"武都"所示。

【标绘】E11

武功

1 孝公作四十一县,麓、美阳、武功,各其一也。(《元和郡县图志·关内道·武功县》)

【《图集》】无。

【补释】《读史方舆纪要·陕西三·西安府·干州·武功县》:"州西南六十里,东至兴平县五十里,西北至凤翔府扶风县五十里。古邰国也,后稷封此。"其地在今陕西咸阳市武功县,具体方位如《图集》第二册秦时期5—6④5"武功"所示。

【标绘】K9

武陵

1 武陵列尹之谬足。(《包山楚简》简181)

---

① 吴良宝:《〈中国历史地图集〉战国部分地名校补》,《中国历史地理论丛》,2006年7月,第21卷第3辑,第147页。

【《图集》】无。

【补释】后晓荣《战国政区地理》(181页):"武陵地名不见于先秦史书记载,汉志汉中郡有武陵县,故址在今湖北竹山县西,或与此有关。"后说可从,其地当在今湖北竹山县西,其具体方位当如《图集》第二册22-23③3之"武陵"。

【标绘】M11

武平

①武平。(《货系》1001-1011,如货2-15所示)

②武平君钟。(《捃古录金文》23·12·4)

③赵徙漳水、武平西。(《史记·赵世家》)

④徙漳水、武平南。(《史记·赵世家》)

【《图集》】无。

【补释】史料一为出土的"武平"尖足布,马保春《晋国地名考》引《中国历代货币大系·先秦货币》(1091页):"武平,地名,战国赵地。今河北武安县、涉县之间或河北文安县北。"史料三、四,《史记正义》:"括地志云:'武平亭今名渭城,在瀛州文安县北七十二里。'"按《括地志》,其地当在今河北省廊坊霸州市胜芳镇;按《中国历代货币大系·先秦货币》,可能在今河北武安县和涉县之间。从史料三、四当时的形势来看,河北文安县距离赵都邯郸遥远,赵国迁都不可能如此轻而易举。另,据近代出土的货币来看,原属中山国一带、河间一带出土的赵国货币几乎都是三孔布币,武平如在今河北文安县西北,为何单单使用平首尖足布?其地当在今河北武安县和涉县之间为是。

货2-15 "武平"平首尖足布

【标绘】I14

武强

1. 武强祁望。(《玺汇》0336)

【《图集》】无。

【补释】吴良宝引徐在国《齐官祈望考》:"河北省武强县西南。"[①]周翔引何琳仪《战国文字通论》(94页):"武强,今河北武强县。"并认为(250页):"玺文呈齐系风格,知武强当属齐。"吴引可从,在今河北省衡水市武强县西南,具体方位如《图集》第二册西汉时期26③3之"武强"所示。

【标绘】H16

武遂

1. 秦拔宜阳,斩首六万。涉河,城武遂。(《史记·秦本纪》)

   四年,拔宜阳城,斩首六万。涉河,城武遂。(《史记·六国年表·秦》)

2. 秦破韩宜阳,而韩犹复事秦者,以先王墓在平阳,而秦之武遂去之七十里,以故尤畏秦。(《史记·楚世家》)

3. 公仲使韩珉之秦求武隧,而恐楚之怒也。(《战国策·韩策三·公仲使韩珉之秦求武隧》)

   谓公叔曰:"公欲得武遂于秦,而不患楚之能扬河外也。"(《战国策·韩策二·谓公叔曰公欲得武遂于秦》)

   公仲以宜阳之故仇甘茂。其后,秦归武遂于韩,已而秦王固疑甘茂之以武遂解于公仲也。(《战国策·韩策一·公仲以宜阳之故仇甘茂》)

   六年,秦复与我武遂。(《史记·韩世家》)

   六,秦复与我武遂。(《史记·六国年表·韩》)

4. 又取韩武遂。(《资治通鉴·赧王十二年》)

   九,秦取武遂。(《史记·六国年表·韩》)

5. 十六年,秦与我河外及武遂。襄王卒,太子咎立,是为厘王。(《史记·韩世家》)

---

① 吴良宝:《〈中国历史地图集〉战国部分地名校补》,《中国历史地理论丛》,2006年7月,第21卷第3辑,第150页。

十六,秦与我武遂和。(《史记·六国年表·韩》)

6 魏入河东地四百里、韩入武遂地二百里于秦。(《资治通鉴·赧王二十五年》)

与秦武遂地二百里。(《史记·韩世家》)

六,与秦武遂地方二百里。(《史记·六国年表·韩》)

【《图集》】35—36③4 有"武遂",但并未指明具体的位置,只将其标绘在黄河以北,今山西垣曲县东南。

【校释】"武遂",历代注解甚多,大致有如下三种说法:一是《史记集解》《史记正义》和《史记索隐》之说。《史记集解》:"徐广曰:韩邑也。"《史记正义》按:"此邑本属韩,近平阳。"《史记索隐》:"韩之平阳,秦之武遂,并当在宜阳左右。"二是杨宽先生《战国史料编年辑证》之说。《战国史料编年辑证》(609 页):"武遂在今山西垣曲县东南,黄河以北,正当宜阳以北,为韩重要之关塞,并有重要之通道,南下渡河可通大县宜阳,北上可直达韩之旧都平阳。'隧'常用以指山岭、河流上以及地面下穿凿之通道,武遂即利用黄河与山岭穿凿而成,用以贯通韩南北之通道。秦本纪与六国表皆谓秦拔韩宜阳之后,即渡河占有武遂而筑城防守,绝断韩贯通南北之通道,以此作为威胁要挟韩国屈服之手段。楚世家载是时楚臣昭雎见楚怀王曰:'秦破韩宜阳,而韩犹复事秦者,以先王墓在平阳,而秦之武遂去之七十里,以故尤畏秦。'又曰:'韩已得武遂于秦,以河山为塞,所报德莫如楚厚,臣以为其事王必疾。'武遂为利用河山之天险穿凿而成之通道,故昭雎谓韩得归武遂,'以河山为塞。'由武遂北上可直达平阳,其实不止七十里,共有二百里,韩世家、六国表皆谓韩釐王六年与秦武遂地二百里,即指此而言。楚世家正义谓武遂近平阳,不确。读史方舆纪要谓武遂在平阳西七十里,非是。韩世家正义又谓武遂为宜阳近地,亦无当。由武遂渡河南下至宜阳,亦有百里之遥。"三是近代各家依据考古遗址的推测之说。典型的如石青柏在《武遂与武阳》中力排诸家之说,考定"武遂"在今山西省浮山市辛城村①。

从上述各家争鸣来看,"武遂"的地望有两种主流观点:一种认为在今山西垣曲县境内;另一种认为在今山西浮山市辛城村。不过,从史料的时间一空间逻辑来看,主张在今山西浮山市辛城村无法解释秦在公元前 307 年攻下宜阳后立刻"(前307)涉河,城武遂",根据出土文献,韩国迟至公元

---

① 石青柏:《武遂与武阳》,《沧桑》,2001 年,第 s1 期,第 97—98 页。

前301年还有"皋落"(详本节"皋落"词条),迟至公元前293年秦才取韩"安邑以东到干河",而从宜阳北渡黄河在垣曲县境内北向只有沿清水河(今亳清河)逆流经横岭关一条出垣曲盆地到今浮山市辛城村的道路,且此路必经韩国的皋落,秦国是如何越过皋落到今山西浮山市辛城村的?而且距离今临汾市五十里的浮山市辛城村并不能将史料"以先王墓在平阳,而秦之武遂去之七十里"坐实。

秦攻下宜阳后涉河所城武遂,应该离渡河点不远,秦渡河城武遂的意义当在占领渡口以控制韩国往来旧都平阳的便捷通道,这样对韩国才有威胁,杨宽先生认定武遂在今山西垣曲县古城镇一带是有一定道理的。至于为什么标绘"武遂"的大致位置在今山西垣曲县古城镇南亳清河与黄河交汇处(即《图集》所标绘处),大概是根据"涉河,城武遂"所涉渡口和古城镇遗址综合判定的。垣曲段黄河沿线有很多古渡口,自上而下大致在今河南渑池县上河村与山西垣曲县原安窝乡河堤村之间有"河堤渡"、在今河南渑池县原任村与山西垣曲县解峪乡原峪里村之间有"任村渡"、在今河南渑池县南村乡原班村与山西垣曲县古城镇关家村之间有"关家渡"、在今河南渑池县南村乡与垣曲县古城镇原西滩村之间有"八里滩渡"、在今河南渑池县清凉窝与山西垣曲县古城镇原东滩村之间有"济民渡"、在今河南渑池县西山底村与山西垣曲县英言乡郭家山村之间有"清河渡"、在今河南新安县与山西垣曲县窑头镇芮村之间有"芮村渡",秦攻下宜阳后,当是直接从渑池北抵黄河渡河,从今河南渑池县班村、南村和清凉窝渡河的可能性更大。秦所城之城,如在今山西垣曲县古城镇寨里—东滩—莘庄一带更合理,可以完全控制所有渡口切断韩国通往旧都平阳的道路。

前述只是讨论了秦"涉河,城武遂"之城。不过,在秦"涉河,城武遂"之前,更多的史料指向"武遂"是一个区域。

其一,2006年出版的《上海博物馆藏战国楚竹书(二)·容成氏》[①]简139有"然后从而攻之,升自戎遂,入自北门"的记载,说的是商汤伐夏桀的路线,其中的"戎遂",李零先生在释读过程中存疑,认为"戎"或是"武"字的讹写。倘如此,"武遂"是一个古地名,而不是战国才有的新地名。

其二,"以先王墓在平阳,而秦之武遂去之七十里",这里的"武遂"实际应是对今垣曲盆地的一个概指。秦国北渡黄河后,韩国在今垣曲盆地的城邑都将保不住,会被秦国占领,昭雎说"秦之武遂去之七十里"的前提假设

---

① 《上海博物馆藏战国楚竹书(二)》,上海:上海古籍出版社,2002年。

是认为秦已占领了包括垣曲盆地的整个区域。垣曲盆地最北端是今垣曲县城和横岭关,从垣曲县城和横岭关到今临汾市的距离大致七十公里,到韩国旧都平阳区域最南端的陉城三十五公里。盖"先王墓在平阳"是一个概指,所谓"平阳",当指的是距离韩国旧都平阳势力范围,由于武遂地区距离韩国旧都平阳区域最南端的陉城三十五公里,正是七十里。

其三,公元前290年,韩"与秦武遂地二百里"与魏"予秦河东地方四百里"进行对举,明显指的是两个区域。魏国的河东四百里之地,包括"教水(干河)"以东的"长羊""王屋""洛林""轵道",韩国武遂二百里当包括"教水(干河)"以西的"皋落"(详本节"皋落"词条)以及"韩安邑以东到干河"(详第三章第一节"四韩旧都平阳区域韩－赵－魏疆域考绘")的所有大小城邑。

如果武遂是一个区域,那么如何解释前述史料中的"涉河,城武遂""秦复与我武遂""又取韩武遂"和"秦与我武遂和"?应该是秦国在"武遂"这个大区域筑了一座"武遂"城,之后秦国反复与韩争夺的城池就是秦国在公元前306年所筑之城。

【标绘】J12

武始

⃞1 向寿伐韩,取武始。(《史记·秦本纪》)

【《图集》】无。

【补释】"武始"的地理方位,《史记集解》:"地理志魏郡有武始县。"《史记正义》:"括地志云:'武始故城在洛州武始县西南十里。'"《读史方舆纪要·北直六·广平府·邯郸县·武始城》:"武始城,县西南五十里。"三处史料对同一地名方位的注解迥异。公元前294年"向寿伐韩,取武始"之前的公元前307年,秦始出函谷关伐韩宜阳。从空间上秦要到达邯郸一带,从宜阳出发,只有两条道路:一是渡过黄河后经太行山南麓,东经魏国的南阳、修武,沿太行山麓北上经过汤阴、渡过漳水;二是渡过黄河后经太行山南麓,沿少水逆流而上,进入上党高地,经高都、长平、长子、路、涉。从传世史料来看,公元前294年秦要到达《史记集解》和《读史方舆纪要》之"武始",均不成立:直至公元前273年,秦无法越过魏国的南阳、修武,《资治通鉴·赧王四十二年》"(前273)魏王不听,卒以南阳为和,实修武",魏国为防范秦国在攻夺太行山南麓魏国城邑之后进一步东出,在太行山麓东边的修武构筑强大的军事防线来抵挡秦军,秦国如何能在公元前294年就轻易越过魏国的修武进攻赵国首都邯郸附近的"武始"？显然，第一种可能性不存在。至于第二种可能性，《史记·秦本纪》："(前260)四十七年，秦攻韩上党，上党降赵，秦因攻赵，赵发兵击秦，相距。秦使武安君白起击，大破赵于长平，四十余万尽杀之。"公元前260年，秦才突破上党重要关隘长平，如何能在公元前294年越过长平到达邯郸西南之"武始"？显然，第二种可能性也是不存在的。从横向的时间—空间逻辑上来论证，《史记集解》和《读史方舆纪要》所注"武始"在邯郸西南绝无可能。其地理方位，在当时秦攻下宜阳后秦韩边境韩国三川境内、宜阳附近是合理的，应采信《史记正义》之说，在"洛州武始县西南十里"。

但是，除佚书《括地志》外，唐代方志中洛州并未有"武始县"的记载。洛州武始县可能短暂存在过，但未见诸史料记载，具体当在何处？可通过时空逻辑来考定。从时间上，公元前306年，"秦拔我宜阳，斩首六万"(《史记·韩世家》)和"秦拔宜阳，斩首六万。涉河，城武遂"(《史记·秦本纪》)，公元前294年"向寿伐韩，取武始"(《史记·秦本纪》)，秦国是先攻占了宜阳，然后北上越过黄河攻占韩国的武遂，然后才是公元前294年"伐韩，取武始"，秦出函谷关南下攻宜阳之后北上渡过黄河攻武始，必经渑池，可见武始应该在宜阳—渑池—武遂一线以东，又《史记正义》指明"武始"在"洛州武始县西南十里"，唐"洛州"即今"洛阳"。可知武始在宜阳以东、洛阳以西，这样"武始"的基本方位就可以大致确定在河南洛阳市与宜阳县之间。

武始的具体位置，通过史料可以进一步确定。秦国在公元前306年攻下宜阳后，继续进攻韩国，《战国策·秦策一·司马错与张仪争论于秦惠王前》"(前294)秦攻新城、宜阳，以临二周之郊"、《史记·秦本纪》"(前294)十三年，向寿伐韩，取武始。左更白起攻新城"、《史记·白起列传》"(前294)昭王十三年而白起为左庶长，将而击韩之新城"和《吕氏春秋·开春》"(前294)韩氏城新城，期十五日而成"均记载秦攻下宜阳后，进一步进攻韩国"新城"。韩国"新城"的具体方位，杨宽在《战国史料编年辑证》(728页)中有详细考辨："此新城，既名新城，亦可统称为伊阙。白起于昭王十三年所攻者为新城，编年记统称为伊阙，白起于十四年又大破韩、魏于伊阙。是役相战两年，白起先攻克韩之新城，继而韩得魏之助，退守伊阙，白起又大破之。此一新城建于称为龙门之伊阙以南五十里，当时亦可统称为伊阙。此新城与楚之新城不同。楚之新城更在其西南约五十里，在今伊川县西南。"①杨宽所辨可从,其地当在今河南洛阳洛龙区龙门镇南。秦公元前306年攻下宜阳后的进军路线,据上面的史料:一支由向寿伐武始,一支由白起攻新城。可见,"武始"不可能在宜阳一新城方向上,否则应该是一军先攻武始,占领武始之后才能再攻新城,而不可能同时两路,一军攻武始,另一军攻新城了,这样,可以排除"武始"在"宜阳"与"新城"之间。前述考证"武始"又在宜阳一渑池一武遂一线以东,洛阳以西,这样来看,"武始"当在宜阳一渑池以东的今河南新安县与洛阳市之间。"武始"的具体方位,台湾三军大学编著之《中国历代战争史》地图册第二册②附图2—59有标绘但未有相应的文字考证,其地被标绘在今河南新安县与洛阳市之间,此方位与前述考证一致,可成定论。

【标绘】K13

武垣

[1] 五年,邦司寇马隊、迊(下)库工师得尚、冶君(尹)朡半鈼敊(挞)齐(剂),武垣。(《集成》11686【五年邦司寇剑】)

[2] 武垣令傅豹、王容、苏射率燕众反燕地。(《史记·赵世家》)

【《图集》】41—42④2 有"武垣县"。

【校释】周翔《战国兵器铭文分域编年研究》(301页)引《中国历史地名大辞典》③:"武垣,此剑用地,今河北肃宁县东南,战国属燕,入秦后置为县。据铭文风格,此剑应铸造于入秦以前。"《图集》所示当为秦征服该地后所设"武垣县",在秦设县之前,当有"武垣"邑,其地当在今河北沧州市肃宁县东南,即《图集》41—42④2 之"武垣县",只是名称要改为"武垣"。

【标绘】G16

五阱

[1] 五阱。(《货系》2484,如货2—16所示)

【《图集》】无。

【补释】五阱,裘锡圭《战国货币考(十二篇)》:"五阱即五陉,(其地在)

---

① 杨宽:《战国史料编年辑证》,台北:台湾商务印书馆,2002年,第728页。
② 台湾三军大学出版社:《中国历代战争史》(第二册地图册),北京:中信出版社,2013年。
③ 周翔:《战国兵器铭文分域编年研究》,浙江师范大学硕士论文,2013年,第301页。

今河北石家庄西。"①其地在今河北石家庄市西。

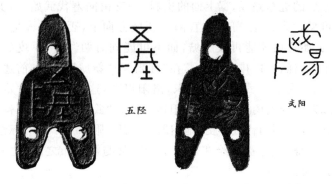

货2—16 "五陉"三孔布　　货2—17 "武阳"三孔布

【标绘】G15

武阳

[1] 十一年,城元氏,县上原。武阳君郑安平死,收其地。(《史记·赵世家》)

[2] 赵与燕易土:以龙兑、汾门、临乐与燕;燕以葛、武阳、平舒与赵。(《史记·赵世家》)

[3] 武阳。(转引自黄锡全《先秦货币研究》②,如货2—17所示)

【《图集》】43—44⑦4有"武阳",在今四川彭山县东;41—42④2有"武阳(燕下都)",在今河北易县东南;35—36⑤6有"舞阳(武阳)",在今河南舞阳县西北。

【补释】上面史料所涉之"武阳",《水经·易水注》:"武阳,燕昭王所城,东西二十里,南北十七里。其东南又有小城,东西二里,南北一里,即故安县故城也。"《读史方舆纪要·北直二·固安县·临乡城》:"城邑考:(固安)县西北有武阳城,相传燕昭王所筑。"钱穆《史记地名考》:"在今河北易县东南。"杨宽《战国史料编年辑证》(1082页):"武阳即燕下都,此乃燕西北之重要门户,具有军事重镇性质之别都。"诸家均以为是今河北易县东南之燕下

---

① 吴良宝:《〈中国历史地图集〉战国部分地名校补》,《中国历史地理论丛》,2006年7月,第21卷第3辑,第144—151页。

② 黄锡全:《先秦货币研究》,北京:中华书局,2001年,第1889页。

都武阳。但是,从史料二来看,可知此"武阳"非燕下都。燕下都之"武阳"为燕昭王时期所筑,且迟至公元前228年荆轲刺秦王之时,一直属燕,《战国策·燕策三》记载燕太子"见秦且灭六国,兵以临易水,恐其祸至",太子傅鞠武说"秦地遍天下,威胁韩、魏、赵氏,则易水以北未有所定也",以及送荆轲赴秦之时"遂发太子及宾客知其事者皆白衣冠以送之,至易水上……歌曰:'风萧萧兮易水寒,壮士一去兮不复还'",都与"易水"相关,可见迟至公元前228年,燕国仍有易水以北之地,燕下都武阳仍属燕是无疑的。既然如此,史料一中赵国何以能在公元前257年秦将郑安平降赵①之后封之以"武阳君"?而且,据近代考古发现,燕下都为战国时期最大的都城,即便赵国攻下了燕国的武阳,也绝无可能将这么大的都城分封给叛将郑安平。但是,史料三(如货2—17所示)三孔布币属赵又是可以确定无疑的。从上面史料来看,只有一种可能:此"武阳"非燕国下都之"武阳",而为赵国另一地。

至于赵国"武阳"之地理方位,据史料一,公元前314年齐、赵易地,赵国用河东之高唐等地换取齐国之武阳、鄚、易,齐国如果拥有今河北易县东南之武阳,等于切断了燕、赵往来通道,南下可席卷中山国,如此大的利好齐国是绝不可能放弃的,加之,两国易地,将此时属齐之"武阳"与"鄚""易"并提,三地当相近。又,据史料三,公元前247年燕、赵易地,此次易地两国的意图是非常明显的,燕国将燕长城以南之河间之地葛、武阳、平舒割让给赵国,赵国将燕都武阳附近之龙兑、汾门、临乐全部割让给燕国,两国以泒水为界各自经营。那么赵国的武阳当在葛、平舒之间,其地望可能在今河北任丘市东北,近鄚,因无法确定具体的城址,不标绘具体的点。

【标绘】G17

武邑

[1] 武邑。(转引自《战国政区地理》②)

【《图集》】无。

【补释】后晓荣《战国政区地理》(128页):"战国赵方足布有'武邑'布,先秦文献未载。从此赵币铭文可知,赵置武邑县,为西汉信都国武邑县之

---

① 《史记·范雎列传》:"秦大破赵于长平,遂围邯郸。已而与武安君有隙,言而杀之,任郑安平,使击赵。郑安平为赵所围,急,以兵二万人降赵。应侯席稿请罪。秦之法,任人而所任不善者,各以其罪罪之。于是应侯当收三族。秦昭王恐伤应侯之意,乃下令国中:'有敢言郑安平事者,以其罪罪之。'而加赐相国应侯食物日益厚,以顺适其意。"

② 后晓荣:《战国政区地理》,北京:文物出版社,2013年,第128页。

前身,故址今河北武邑县。"后说可从,其地在今河北武邑县,具体方位如《图集》第二册26③3之"武邑"所示。

【标绘】H16

武州塞

[1] 战国时赵之武州塞也。(《读史方舆纪要·山西六·朔州·武州塞》)

【《图集》】无。

【补释】武州塞,顾炎武《肇域志·山西·大同府·朔州》("武州城,在州西一百五十里,本赵武州塞,汉为雁门郡武州县")和顾祖禹《读史方舆纪要·山西六·大同府·朔州·武州城》("州西百五十里,南去岢岚州百十里,战国时,赵之武州塞也,汉为武州县,属雁门郡")均指向大致在古朔州西一百五十里的今山西朔州市偏关县。但是,两篇史料又都云此"武州塞"在汉时为"武州县"。汉时武州县的地理方位,《中国古今地名大辞典·武州县》"武州县,汉置。晋省。故城在今山西左云县南。后魏复置曰武周。隋省入云内县",《中国古今地名大辞典·云冈》"魏土地记:'平城西三十里武州塞口者也'",《水经·㶟水注》"如浑水又南与武州川水会,水出县西南山下,二源翼导,俱发一山,东北流,合成一川,北流经武州县故城西,王莽之恒州也",均指向今山西大同市左云县古城村。二顾的记录相龃龉。

那么,究竟武州塞在今山西朔州,还是在今山西左云县呢?汉距战国近,汉因袭前代地名的可能性是很大的。汉武帝时期的马邑之谋明确提到"武州塞",《史记·韩长孺列传》:"于是单于穿塞将十余万骑,入武州塞。"马邑之谋王恢在代郡等待袭击匈奴辎重,此武州塞绝无可能在山西朔州的偏关县,否则,王恢在代郡等候袭击匈奴就无法解释通了,可见汉时期的武州塞在今山西大同市左云县古城村一带是毫无疑问的。汉之武州塞,当是继承了赵国所设之"武州塞"。具体方位,当如《图集》第二册17—18②10"武州"稍偏东一点。

【标绘】E13

五渚(五都)

[1] 蜀地之甲,轻舟浮于汶,乘夏水而下江,五日而至郢。汉中之甲,乘舟出于巴,乘夏水而下汉,四日而至五渚。寡人积甲宛东,下随,知者不及谋,勇者不及怒,寡人如射隼矣。王乃待天

下之攻函谷,不亦远乎?(《战国策·燕策二·秦召燕王》)

2 秦与荆人战,大破荆,袭郢,取洞庭、五都、江南。荆王亡奔走,东伏于陈。(《战国策·秦策一·张仪说秦王》)

【《图集》】无。

【补释】姚宏《战国策校注》:"史记引战国策作'五渚'。"黄丕烈:"此策'五都'即燕策及苏秦传之'五渚'。'都''渚'同字也。五渚说在集解、索隐。"范祥雍《战国策笺证》(185页):"黄说是也,水经湘水注、太平御览卷六十六引'都'亦作'渚'。'都'、'渚'并从'者'声,古可通用。湘水注谓湘、资、沅、澧'四水同注洞庭,北会大江,名之五渚',引此策云云。燕策二秦召燕王章云:'汉中之甲,乘舟出于巴,乘夏水而下汉,四日而至五渚。'亦言秦攻楚之势,彼时五渚秦尚未取。"顾炎武《肇域志·湖广·岳州府》"洞庭湖"条有眉批:"五潴,水经云:'湘水左会小青口资水也,世谓之益阳江。左则沅水注之,谓之横房口。东对微湖,世谓之糜湖。西流注于江,谓之糜湖口。左则沣水注之,谓之武陵江。此四水注于洞庭,会于大江,故曰五潴。'叶世杰曰:'鼎、沣、沅、湘合诸变黔南之水,汇为洞庭。至巴陵,与荆江合。凡此数流,措其大者为三江,细者为五潴也。'"据诸家考辨,五都即五渚,这是可以确定的。五渚,据史料二,将其与"洞庭""江南"并举,当泛指一个区域,这个区域大致就是范祥雍所笺证的,为湘江、沅江、资江、澧水北汇长江的广大区域。

【标绘】P13

X

西成

1 西成。(转引自《战国政区地理》)

【《图集》】无。

【补释】后晓荣《战国政区地理》(275页):"秦封泥有'西成丞印'。西成原为楚地,秦西成设县较早,估计秦惠文王时就已置县。史记秦本纪:'(惠文王后元十三年)又攻楚汉中,取地六百里,置汉中郡。'秦西成县其地在今陕西安康市。"后说可从,其地当在今陕西安康市西北,具体方位如《图集》第二册29-30②6之"西城"所示。

【标绘】M10

西都(中都)

1 西都。(《货系》1042,如货 2—18 所示)

2 秦伐取赵中都、西阳。(《史记·秦本纪》)

秦取赵中都、西阳。(《史记·赵世家》)

3 [胡部]元年,郫蛉(令)夜箮、上库工师□□、冶阚(间)[内部]西都(《集成》11360【元年郫令戈】)

4 十五年,上郡守寿之造,漆垣工师爽、丞檡、冶工隶臣骑,西都,中阳□□。(《集成》11405【十五年上郡守寿戈】)

5 中都。(平首方足布,如货 2—19 所示)

【《图集》】35—36①5 有"中都",其地在今山西平遥县西南。

【补释】史料一,吴良宝引何琳仪《尖足布币考》:"(其地在)今山西孝义县。"①《史记集解》:"徐广曰:'年表云"秦取中都、西阳、安邑。十一年,秦败我将军英。"太原有中都县,西河有中阳县。'"吴良宝所指方位是一个大概方位,中都即西都,其地当在今山西晋中市平遥县西南,具体方位如《图集》35—36①5"中都"所示,只是其地名要校正为"西都(中都)"。

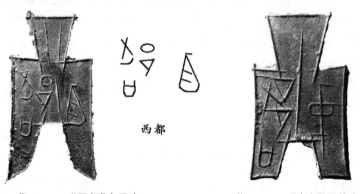

货 2—18 "西都"尖足布　　　　货 2—19 "中都"平首方足

【标绘】H13

隰城

1 隰城。(转引自朱华《三晋货币》,如货 2—20 所示)

---

① 吴良宝:《〈中国历史地图集〉战国部分地名校补》,《中国历史地理论丛》,2006 年 7 月,第 21 卷第 3 辑,第 144—151 页。

第二章 《中国历史地图集》战国地名及方位校补(前333) 201

2 [正面]平都、湿成,[背面]大陵、莥朿(《集成》11542【平都矛】)

【《图集》】无。

【补释】吴良宝《战国部分地名校补》(147页):"(其地在)今山西离石县西。"①吴良宝所指地望,在今山西省吕梁市离石区西,具体方位如《图集》第二册17—18⑤8之"隰成"所示。

货 2—20 "隰城"平首方足　　　货 2—21"下博"三孔布

【标绘】H11

下博

1 下専。(《货系》2471,如货 2—21 所示)

【《图集》】无。

【补释】下専(如图 2—21 所示),裘锡圭(74页):"据汉书地理志,信都国有下博。其地在今河北深县东,战国时在赵国疆域内。'博'从'専'声,币文的下専无疑就是下博。……上専大概是下専北面相距不远的一个城邑。"《读史方舆纪要·北直五·深州·下博城》:"下博城在故深州城南二十里。"其地在今河北衡水市深州市东南,具体方位如《图集》第二册西汉时期26③3之"下博"。

【标绘】H16

下落

1 疋荅司马。(《玺汇》0045)

---

① 吴良宝:《〈中国历史地图集〉战国部分地名校补》,《中国历史地理论丛》,2006年7月,第21卷第3辑,第144—151页。

【《图集》】无。

【补释】吴良宝引施谢捷《〈古玺汇编〉释文校订》:"(在今)涿鹿县。"①吴引可从,《中国古今地名大辞典·下落》:"汉置下落县,晋曰下洛,北齐省,故城在今察省涿鹿县西。"具体方位在今涿鹿县涿鹿镇西,如《图集》第二册27—28③2之"下落"所示。

【标绘】E16

下邑(卞)

[1] 二十四年,楚考烈王伐灭鲁。顷公亡,迁于下邑。(《史记·鲁周公世家》)

十四,楚灭鲁,顷公迁卞,为家人,绝祀。(《史记·六国年表·楚》)

【《图集》】无。

【补释】三则史料记述的是同一年之事,可知"下邑""卞"是一地。可能是"下"字在传抄过程中加了一点。其具体方位,《史记索隐》:"韦昭云:'下邑,县名,属梁国也。'"《史记正义》:"括地志云:'宋州砀山县本下邑县也,在宋州东一百五十里。'案:今下邑在宋州东一百一十里。"钱穆《史记地名考》:"故城在今砀山县东。战国楚邑。楚灭鲁,迁其君于此。"其地当在今安徽宿州市砀山县,具体方位如《图集》第二册7—8⑤7之"下邑"所示。

【标绘】K17

夏、夏水、夏首(夏水口)、夏浦(睹口、夏口、夏汭)

[1] 楚地西有黔中、巫郡,东有夏州、海阳,南有洞庭、苍梧,北有汾陉之塞、郇阳。(《战国策·楚策一·苏秦为赵合纵说楚威王》)

[2] 楚考烈王元年,秦取夏州。(《史记集解》)

【《图集》】45—46④3有"夏首";45—46④4有"夏浦";45—46④4有"夏";45—46③3有"夏水(沧浪水)"。

【补释】关于"夏"之地理方位,《水经·漳水注》:"夏水出江津于江陵县东南,又东过华容县南,又东至江夏云杜县入于沔","夫夏之为名,始于分

---

① 吴良宝:《〈中国历史地图集〉战国部分地名校补》,《中国历史地理论丛》,2006年7月,第21卷第3辑,第144—151页。

江,冬竭夏流,故纳厥称。既有中夏之目,亦苞大夏之名矣。当其决入之所,谓之堵口焉。……自堵口下,沔水通兼夏目,而会于江,谓之夏汭也"。认为自堵口下,沔水通兼夏名。又,程恩泽《国策地名考·楚上·夏》:"江永曰:自楚庄王讨陈夏氏,向取一人以归,谓之夏州,地近汉水,于是汉水遂有夏名。凡夏汭、夏口、夏首、夏侯,及汉之江夏郡县,皆以此立名,据此,则夏侯封地,亦当在汉阳、武昌之间。"从上述记载来看,夏当为一个区域,其治所当在汉阳、武昌之间,即今湖北武汉市汉阳区、武昌区之间。《图集》第一册45—46④4有"夏",当指其治所,无甚偏差,但是,需要明白的是,其覆盖之范围广大,不限于这一城。

关于"夏水"的走向,《汉书·地理志》和《国策地名考》记述比较简略。《汉书·地理志·江夏郡》注:"应劭曰:沔水自江别至南郡华容为夏水,过郡入江,故曰江夏。"《国策地名考·楚上·夏州》:"盖汉水自今江陵县至今汉阳县,通谓之'夏'。"从《汉书》和《国策地名考》,未知其具体走向。《水经·江水注》:"(江水)又东至华容县西,夏水出焉",《水经·沔水注》:"又东南过江夏云杜县东,夏水从西来注之",记载夏水出自江,入于沔。又,《水经·漳水注》:"夏水出江津于江陵县东南,又东过华容县南,又东至江夏云杜县入于沔……夫夏之为名……自堵口下,沔水通兼夏目,而会于江,谓之夏汭也。"言自堵口下沔水通兼夏名,而南至鲁山下会于江,谓之"夏汭"。关于夏水的走向,《图集》45—46④3所绘甚是,独缺夏水入沔水之口名,当作"堵口(又作'堵口'、'睹口')",沔水入江之口名,当作"夏汭"。

又,《国策地名考·楚上·夏州》:盖汉水自今江陵县至今汉阳县,通谓之"夏",其中有可居者曰"州",盛弘之曰:"夏州首尾长七百余里",孔颖达曰:"大江中洲是也,其在江陵者谓之夏水口,乃夏水之首,江之汜也,亦名'夏首'(程恩泽注曰:又名豫章口),离骚所云:'过夏首而西浮'也,在汉阳者谓之'睹口'(程恩泽注曰:又名鲁口、沔口,今汉口),乃夏水之尾,江之沱也,亦名'夏浦',离骚所云:'背夏浦而西思'也。策云:'东有夏州',其地在楚东境,当指汉阳言"根据上文对"夏水"走向的分析,程恩泽所谓的"盖汉水自今江陵县至今汉阳县,通谓之'夏'"这个推断是错的,《水经·漳水注》明确说了"自睹口下,沔水通兼夏目",亦即,仅沔水自"睹口"至"夏汭"这一段,通有"夏"名,而非"自今江陵县至今汉阳县,通谓之'夏'",此外,孔颖达关于"在汉阳者谓之'睹口'"的疏也是错的,当为"(夏水)入于沔,谓之'睹口'"而非"(夏水)在汉阳者谓之'睹口'",其所谓的"乃夏水之尾,江之沱也,亦名'夏浦'",当是对"睹口"的补充说明(也就是说,程恩泽对"睹口"的补释"又名鲁口、沔口,今汉口"也是错的)。综合上面的分析,可以得出:夏水入沔水之口,不同时期的称谓有"睹口(又作'堵口''睹口')""夏浦"。《图集》有"夏首(45—46④3)""夏浦(45—46④4)",但"夏浦"之方位有误,当为夏水入沔水之处。

关于"夏州",《国策地名考·楚上·夏州》:"阚骃曰:'夏口城上有洲,名夏洲,即沔水入江处。'沈约曰:'夏口在荆江之中,正对沔口。'李吉甫曰:'鄂州,春秋时谓之夏汭,汉为沙羡东境,后汉末,谓之夏口,即今汉口也。'"又,顾祖禹《读史方舆纪要·湖广一·夏口》:"夏口在今武昌府城西,今府城即古夏口城也。亦曰沔口,亦曰汉口,亦曰鲁口,或以夏水名,或以汉水名,或以对鲁山岸为名,是一处也。……春秋传:昭四年,吴伐楚,沈尹射奔命于夏汭。五年,蓬射以繁扬之师会于夏汭。杜预曰:'汉水曲入江处,即夏口矣。亦谓之夏州。'"李吉甫《元和郡县志》:"鄂州,春秋之夏汭也,又谓之夏州。"也就是说,"夏口"又称"沔口""汉口""夏汭""鲁口",其地理方位在今湖北省武汉市江汉区汉口,"夏州",当为"夏口"旁之陆地,当为今湖北武汉市境内。《图集》无"夏口(又作'沔口''汉口''夏汭''鲁口')"及地理方位,亦无"夏州"及地理方位。

【标绘】夏,O14;夏州,O15;夏水,O13—O14;夏首(夏水口),O13;夏浦(睹口、夏口、夏汭),O14。

湘陵

|1| 相陵莫器。(《玺汇》0164)

【《图集》】无。

【补释】相陵,即"湘陵",吴良宝引徐在国《楚国玺印中的两个地名》:"湘陵在今湖南长沙附近。"[①]吴引可从,在今湖南长沙市附近,具体方位如《图集》第二册西汉时期22—23⑦7之"临湘"所示。

【标绘】Q13

襄陵(平陵)

|1| 夫救邯郸军于其郊,是赵不拔而魏全也。故不如南攻襄陵以弊魏。邯郸拔而承魏之弊,是赵破而魏弱也。……乃起兵南攻襄

---

① 吴良宝:《〈中国历史地图集〉战国部分地名校补》,《中国历史地理论丛》,2006年7月,第21卷第3辑,第149页。

陵,七月邯郸拔。(《战国策·齐策一·邯郸之难》)

☐2 孙子曰:"请南攻平陵。平陵,其城小而县大。"(《孙膑兵法·擒庞涓》)

☐3 梁惠成王十七年,宋景敾、卫公孙仓会齐师,围我襄陵。十八年,惠成王以韩师败诸侯师于襄陵。(《水经·淮水注》引《竹书纪年》)

☐4 韦非以梁王之令,欲以平陵蛇薛,以阴封君。平陵虽城而已,其鄙尽入梁氏矣。(《战国纵横家书·第一二·苏秦自赵献书于齐王》)

【图集】35—36④8 有"襄陵",其地在今河南睢县;无"平陵"地。

【校释】所列史料一至四均记载魏惠王十八年齐围魏救赵之事,唯地名上《孙膑兵法·擒庞涓》作"平陵"而其他史料均作"襄陵"。张振泽《平陵考》:"此襄陵与平陵无疑是同一地方。在若干年里,其中有宋地,有卫地,亦有魏地,乃是三国交界之处,其城可能有移动,宜其名称不一也。当桂陵之战之时,由于魏国势力强大,已成为魏之东镇,然犹南有宋地,北有卫地。"①又,史料五,马王堆汉墓帛书整理小组:"平陵,地名,应即是宋地的平陆,在今山东汶上县西北。……宋地平陆与薛相近。陵字与陆字,古书多乱,齐国另有平陵,在汉代属济南郡,今在山东济南市,与薛公所封无关。"张振泽《平陵考》:"观苏秦所述之平陵,乃以战略要地,其位置与陶相邻,'梁门不启'一语更表明其逼近大梁之东。此皆与孙膑兵法擒庞涓所言'城小而县大''东阳战邑''西驰梁郊'之平陵完全吻合。"张振泽认为《战国纵横家书》中苏秦所言"平陵"乃"襄陵"。从上下文意来推断,《战国纵横家书》中的"平陵"为宋地,这是可以确定无疑的,又根据"平陵虽城而已,其鄙尽入梁氏矣",其地当近魏,以至于虽然将"平陵"封给薛公,魏国却占据平陵的郊野之地。如按马王堆汉墓帛书整理小组所认为的在今山东汶上县,距离魏国太远,必不可能。从这一点来看,张振泽的考辨是对的,"平陵"即"襄陵"。《图集》35—36④8 之"襄陵",当校正为"襄陵(平陵)",其地仍如《图集》所示方位,在今河南商丘市睢县。

【标绘】K16

---

① 张振泽:《孙膑兵法校理》,北京:中华书局,1984 年,第 18—19 页。

畠泽陂

【《图集》】无。

【补释】《读史方舆纪要·河南二·尉氏县·鸡鸣城》："在尉氏县西南三十里。竹书：'魏惠成王元年韩伐魏，军于畠泽陂，北对鸡鸣城。'是也。"鸡鸣城在今河南开封市尉氏县城西北二十余里的鸡王村，畠泽陂当在正对鸡鸣城之南不远处，非城邑，而是平原上的一块坡地。

【标绘】K15

新处

[1] 亲处。(《货系》2487，如货2—22所示)

【《图集》】无。

【补释】亲处，即"新处"。吴良宝《〈中国历史地图集〉战国部分地名校补》引裘锡圭《战国货币考(十二篇)》："(其地在)今河北平乡县东北。"①吴良宝所引方位非是。其地当在今河北定州市东北，具体方位如《图集》第二册西汉时期26②3之"新处"所示。

货2—22 "新处"三孔布

【标绘】G16

新城

[1] 吾爱宋与新城、阳晋同也。(《战国策·韩策三·韩人攻宋》)

【《图集》】35—36④5有"新城"；35—36④6有"新城"；35—36⑤6有"(新城)襄城"；35—36④5有"新城郡"。

---

① 吴良宝：《〈中国历史地图集〉战国部分地名校补》，《中国历史地理论丛》，2006年7月，第21卷第3辑，第147页。

【补释】吴师道《战国策校注》:"正义引括地志云:'新城故城在宋州宋城县界。阳晋故城在曹州乘氏县西北。'"此新城为宋国之新城,其地在今河南商丘市南。

【标绘】K16

新都

① 大王之地,南有鸿沟、陈、汝南、许、郾、昆阳、召陵、舞阳、新都、新郪。(《史记·苏秦列传》)

② 新都。(《包山楚简》简113、简166)

③ 己丑,新都人郑逃。(《包山楚简》简165)

④ 新都桑夜公达。(《包山楚简》简113)

【《图集》】无。

【补释】"新都"之方位,《史记索隐》:"新都属南阳。"《史记集解》:"地理志颍川有昆阳、舞阳县,汝南有新郪县,南阳有新都县。"《史记地名考》:"今新野县东,王莽侯国。"史料二之《包山楚简》,吴良宝引徐少华《包山楚简十则》:"在今新野县东。"①其地当在今河南南阳市新野县东,具体方位如《图集》第二册西汉时期22—23③6之"新都"所示。

【标绘】M13

新阳

① 新阳。(转引自《战国政区地理》)

【《图集》】无。

【补释】后晓荣《战国政区地理》(179页):"安徽省阜阳地区出土楚兵器'新阳'戈。汉志汝南郡新阳县,'莽曰新明',应劭曰'在新水之阳'。故址在今安徽界首市北。"后说可从,其地在今安徽界首市北,具体方位如《图集》第二册19—20⑤4之"新阳"所示。

【标绘】L16

新野

---

① 吴良宝:《〈中国历史地图集〉战国部分地名校补》,《中国历史地理论丛》,2006年7月,第21卷第3辑,第149页。

⬜1 新野君。(《包山楚简》简 173)

【《图集》】无。

【补释】吴良宝《〈中国历史地图集〉战国部分地名校补》引徐少华《包山楚简释地十则》:"在今河南新野县。"①吴引可从,在今河南南阳市新野县,具体方位如《图集》第二册西汉时期 22—23③6 之"新野"所示。

【标绘】M13

信城

⬜1 信城侯。(《玺汇》0323)

【《图集》】无。

【补释】"信城"之方位,吴良宝《〈中国历史地图集〉战国部分地名校补》引施谢捷《〈古玺汇编〉释文校订》:"在清河县西。"②吴引可从,在今河北邢台市清河县西,具体方位如《图集》第二册西汉时期 26③3 之"信成"所示。

【标绘】H16

信都(信宫)

⬜1 二十二,魏拔邯郸,成侯走信都。(《史记·六国年表·赵》)

⬜2 赵武灵王元年……韩宣王与太子仓来朝信宫。(《史记·赵世家》)

⬜3 十九年春正月,大朝于信宫。(《史记·赵世家》)

【《图集》】无。

【补释】信都,《太平寰宇记·河北道八·邢州·龙冈县》:"李公绪赵记云:赵孝成王造檀台,有宫,为赵别都,以朝诸侯,故曰信都。"《读史方舆纪要·北直六·广平府·信宫》:"在府西北,孔颖达曰:'临洺有信宫。'赵武灵王元年梁、韩来朝信宫,又十八年大朝于信宫,即此。"其地在今河北邢台沙河市南,具体方位在《图集》第二册东汉时期 47—48⑤2 之"檀台"附近。

【标绘】I15

---

① 吴良宝:《〈中国历史地图集〉战国部分地名校补》,《中国历史地理论丛》,2006 年 7 月,第 21 卷第 3 辑,第 149 页。

② 同上,第 148 页。

邢

1 [内部]二年,邢令孟東庆、□库工师乐参、冶明敢剂。[胡部]柏人。(《近出》1191【二年邢令戈】)

2 十七年,坙(型、邢)倫(令)吴𤴓(次)、上库工师宋反、冶敢(挮)齐(剂)(《集成》11366【十七年邢令戈】)

【《图集》】无

【补释】周翔《战国兵器铭文分域编年研究》(92页)引《中国历史地名大辞典》:"邢,战国赵之邢县,今河北邢台。孟東庆,邢县县令,人名编见收。"其地在今河北邢台市。

【标绘】H15

坙分

1 五国三分王之地,齐倍五国之约而殉王之患,西兵以禁强秦,秦废帝请服,反高平、根柔于魏,反坙分、先俞于赵。(《史记·赵世家》)

【《图集》】无。

【补释】坙分,《史记集解》:"徐广曰:'一作"王公"。'"《史记正义》:"坙音邢。分字误,当作'山'字耳。括地志云:'句注山一名西陉山,在代州雁门县西北四十里。'"坙分,其地当在今山西忻州市代县古雁门关西北。

【标绘】F13

陉山

1 陉山之事,赵且与秦伐齐。(《战国策·秦策二·陉山之事》)

2 韩北有巩、洛、成皋之固,西有宜阳、常阪之塞,东有宛、穰、洧水,南有陉山,地方千里,带甲数十万。(《战国策·韩策一·苏秦为楚合从说韩王》)

3 魏襄王十六年伐楚,败之陉山。(《史记·魏世家》)

4 楚、魏战于陉山,魏许秦以上洛,以绝秦于楚。(《战国策·秦策四·楚魏战于陉山》)

5 魏败楚于陉山,禽唐明,楚王惧,令昭应奉太子以委和于薛公。(《战国策·赵策四·魏败楚于陉山》)

【《图集》】45—46③4 有"陉山",在今河南郾城县。

【校释】春秋战国时期,所谓"陉山",非特指某一地,而是对山脉有中断之处的一个形象称谓,如同"太原"为对高地之平原的形象称谓一样。关于"陉山"的具体方位,当根据史料的时间—空间逻辑来综合确定。史料一所谓"陉山之事",指的是秦昭王三十四年(前273)赵、魏两国攻击韩国,包围韩国华阳(在陉山附近)之事,韩国的华阳在首都新郑附近,而史料二说韩国"南有陉山",此陉山当即华阳附近的陉山。此陉山的方位,《读史方舆纪要·河南二·新郑县·陉山》:"在县南三十里。今自陉山而西南,达于襄、邓,皆群山绵亘,故昔以陉山为南北之险塞。"其地当在今河南新郑市南三十里。具体方位如《图集》第二册东汉时期"豫州、兖州、徐州、青州刺史部"44—45④2之"陉山"所示。

史料三、四记载为同一事件,即楚威王十一年(前329)楚、魏在陉山交战。华阳附近的陉山为韩国之地,楚、魏必不可能在韩国境内交战。据史料的时空逻辑,此陉山当即《图集》第一册45—46③4在今河南郾城县之"陉山"。

史料五记载的是楚怀王二十九年(前300)重丘之役,重丘在今河南唐河县西南,魏攻击楚国陉山,并与秦、韩联军在重丘大败楚军,"魏败楚于陉山,禽唐明",其所败楚国之军队必不会远在今河南郾城县之陉山,当是另一处陉山。此陉山在春秋时期出现过。《左传·僖公四年》:"四年春,王正月,公会齐侯、宋公、陈侯、卫侯、郑伯、许男、曹伯侵蔡。蔡溃,遂伐楚,次于陉。夏,许男新臣卒。楚屈完来盟于师,盟于召陵。"此"陉"即战国史料中的"陉山",这则史料记述的是齐桓公率领诸侯伐楚,并首先攻伐了楚国的友邦蔡国(今河南上蔡县),然后继续进军伐楚,并在"陉"驻扎军队。从空间上,如果这里的"陉"即《图集》第一册45—46③4所确定的今河南郾城县之"陉山"的话,诸侯伐蔡之后继续伐楚,当往南才是,怎么可能伐蔡之后反而北行到今河南郾城县的"陉山"驻扎军队?此陉山当在今河南郾城县南,具体方位,从地形上来看,今河南遂平以西至泌阳有山,结合《左传》,此陉山要对楚国形成威逼之势,当临近楚国的重要军事城防——方城,结合"重丘之役"先败楚于陉山,再败楚于重丘来看,其地当在今河南泌阳县东北山脉中断之处为是。

【标绘】M14;K14。

修武

1 通韩上党于共、宁,使道安成,出入赋之,是魏重质韩以其上党也。(《史记·魏世家》)

【《图集》】无。

【补释】《史记集解》:"徐广曰:'朝歌有宁乡。'"《史记正义》:"共,卫州共城县。宁,怀州修武县,本殷之宁邑。韩诗外传云'武王伐纣,勒兵于宁,故曰修武'。今魏开通共、宁之道,使韩上党得直路而行也。"吴良宝:"(图集)第35—36页'宁'地下括注'修武',史记魏世家'通韩上党于宁、共',正义引韩诗外传云'武王伐纣,勒兵于宁,故曰修武',玺汇0302有魏官印'修武县吏',传世有魏'宁冢子鼎',咸阳曾出土秦国'修武府杯',可见修武、宁并非一地,韩诗外传的说法不可信,此处当改。"①《水经·清水注》:"修武,故宁也,亦曰南阳矣。……瓉注汉书云:'按韩非书,秦昭王越赵长平,西伐修武。时秦未兼天下,修武之名久矣。'"通过近代考古发掘,魏国的官方器物有"修武""宁"两种称谓,吴说可从,"宁""修武"当两地,相距当不远,其地均当在今河南新乡市获嘉县。

【标绘】J14

修鱼

1 秦败我修鱼,虏得韩将叟、申差于浊泽。(《史记·韩世家》)

【《图集》】35—36④6有"修鱼",在今河南原阳县西南。

【校释】此史料之"浊泽",多认为在今河南新郑市西南之浊泽,实际应该在今山西运城境内(详见本节"浊泽(涿泽、盐池)"词条)。秦败韩师,当是越过今山西运城市西之黄河东击韩师,然后追赶至浊泽,俘虏韩国军事统帅。修鱼当在浊阳之西。

【标绘】J11

虚

1 决白马之口,魏无济阳;决宿胥之口,魏无虚、顿丘。(《战国策·燕策二·秦召燕王》)

2 齐遂伐赵,取乘丘,收侵地,虚、顿丘危。(《战国策·魏策一·

---

① 吴良宝:《〈中国历史地图集〉战国部分地名校补》,《中国历史地理论丛》,2006年7月,第21卷第3辑,第146页。

楚许魏六城》)

【《图集》】35—36③7 有"虚",在今河南安阳。

【补释】《图集》所示之"虚",指的是《战国策·秦策四·物极必反》"王又举甲兵而攻魏,杜大梁之门,举河内,拔燕、酸枣、虚、桃人,楚、燕之兵云翔不敢校"中的"虚",在今河南延津县东。上述两则史料所谓的"虚",史念海《论〈禹贡〉的导河和春秋战国时期的黄河》(53页):"当指卫国初年所封的商虚,也就是当时的朝歌。"据史料一的地缘政治逻辑,掘开宿胥之口,可以淹没魏国的"虚""顿丘",顿丘在淇水东岸,今浚县北,可见此"虚"不在今河南安阳市,当从史念海之考辨,在今河南鹤壁市淇县。

【标绘】J15

徐无

1 余无都瑞。(《陶汇》3·752)

【《图集》】无。

【补释】吴良宝引董珊《释燕系文字中的"无"字》:"在河北省遵化市东。"① 吴引可从,在今河北遵化市东,具体方位如《图集》第二册西汉时期27—28③4 之"徐无"所示。

【标绘】E19

泫氏(玄武)

1 晋烈公元年,赵献子城泫氏。(《水经·沁水注》引《竹书纪年》)

2 梁惠成王十九年,晋取玄武、濩泽。(《水经·沁水注》引《竹书纪年》)

【《图集》】35—36③5 有"泫氏",在今山西高平市。

【校释】从史料来看,"玄武"即"泫氏",殆字形相近致误。考泫氏古城方位,汉置"泫氏县"(《汉书·地理志》"上党郡,县十四:长子……泫氏"),北魏更名为"玄氏县",永安二年废"玄氏县"而置"长平郡",郡治玄氏城,领高平县(县治高平城,位置在今陵川县)、玄氏县二县。北齐末年,将长平郡郡治移到端氏县,废玄氏县而将原玄氏县省入高平县,同时将高平县县治

---

① 吴良宝:《〈中国历史地图集〉战国部分地名校补》,《中国历史地理论丛》,2006年7月,第21卷第3辑,第148页。

从今陵川县的高平城移到泫氏城,但仍名高平县,属高都郡(《读史方舆纪要·山西五·泽州·高平县·泫氏城》"后魏改为泫氏县,长平郡治焉。高齐移郡治端氏,省县入高平")。谭其骧先生考释为高平县治①,标绘在今高平市,甚是,唯名称校正为"泫氏(玄武)"。

【标绘】J13

泫水

【《图集》】无。

【补释】详见本节"长平水"词条。

【标绘】J13

雪宫

[1] 齐宣王见孟子于雪宫。(《孟子·梁惠王下》)

【《图集》】无。

【补释】《读史方舆纪要·山东六·临淄县·檀台》:"雪宫,在县东北五里,即齐宣王见孟子处。又晏子春秋:'齐侯见晏子于雪宫。'"《元和郡县图志·河南道六·青州·临淄县·齐雪宫故址》:"在县东北六里。晏子春秋所谓齐侯见晏子于雪宫也。"据《晏子春秋》,春秋时有"雪宫"之称,至战国齐宣王时,见孟子于雪宫,可见战国沿袭了春秋之称谓。其地当在今山东淄博市临淄区。

【标绘】I19

枸

[1] 枸。(《集成》11430【枸矛】)

【《图集》】无。

【补释】周翔《战国兵器铭文分域编年研究》(241页):"集韵谆韵:'枸,邑名,在扶风。'汉书地理志作'栒邑',属左冯翊。战国属秦,在今陕西省旬邑县。"②周说可从,其地在今陕西咸阳市旬邑县东北,具体方位如《图集》第二册秦时期5—6④6之"栒邑"所示。

---

① 谭其骧:《谭其骧全集》第二卷,北京:人民出版社,2015年7月,第384页。
② 周翔:《战国兵器铭文分域编年研究》,浙江师范大学硕士论文,2013年,第241页。

【标绘】J19

Y

衙

①出子葬衙。(《史记·秦始皇本纪》)

【《图集》】无。
【补释】《史记集解》:"地理志:冯翊有衙县。"此"衙",即春秋时的"彭衙"。"彭衙",《左传·文公二年》:"秦、晋战于彭衙,秦师败绩。"其地在今陕西渭南市白水县东北彭衙堡,具体方位如《图集》第二册秦时期5—6④6之"衙"所示,战国时期只出现过"衙",未出现过"彭衙"。

【标绘】J10

阏与

①阏与。(《集成》10929【阏与戈】)

②二十九年,秦、韩相攻,而围阏与。赵使赵奢将,击秦,大破秦军阏与下,赐号为马服君。(《史记·赵世家》)
三,秦击我阏与城,不拔。(《史记·六国年表·韩》)
二十九,秦攻韩阏与。赵奢将击秦,大败之,赐号曰马服。(《史记·六国年表·赵》)

③夫越山逾河,绝韩之上党而攻强赵,则是复阏与之事也,秦必不为也。(《战国策·魏策三·魏将与秦攻韩》)

【《图集》】37—38⑥9 有"阏与",在今山西和顺县。
【补释】阏与的具体方位,历来有三种说法:
一曰在今河北武安县西。《隋书·地理志·武安郡·武安》("开皇十年分置阳邑县,大业初废入焉。有榆溪,有阏与山,有浸水")、《史记正义》("又阏与山在洺州武安县西南五十里,赵奢拒秦军于阏与,即山北也。按:阏与山在武安故城西南,又近武安故城,盖仪州是所封故地")和《太平寰宇记·河北道五·磁州·武安故城》("史记'赵奢之救阏与,秦军鼓噪,武安屋瓦皆震'即此也")支持此种说法。
一曰在今山西和顺县西北。《水经·清漳水注》("梁榆城……即阏与故城也。秦伐赵阏与,惠文王使赵奢救之,奢纳许历之说,破秦于阏与,谓此也")支持此种说法。此后的卢谌("征艰赋'访梁榆之虚廓,吊阏与之旧都'")、阚骃("阏与,今梁榆城是也")、《大清一统志》等都附会此种说法。

一曰在涅县(或铜鞮),即今山西沁县乌苏村西北二十里。《后汉书·郡国志》"涅有阏与聚",《括地志》"阏与聚一名乌苏城,在潞州铜鞮县西北二十里,赵奢破秦军处"支持此种说法。唐宋时期,涅县旧地改属潞州铜鞮县,《括地志》所言"铜鞮县"西北二十里,就是《后汉书·郡国志》"涅"之"阏与聚"方位。《明一统志·大同府·沁州》("阏与城,在州城西北二十里")、光绪《山西通志》("阏与城,史记赵奢大破秦军,解阏与之围,即此,今称鸣苏村")附会此说。

史料一为出土的三晋兵器"阏与戈"。仅据此史料,无法判断"阏与"的具体方位。史料二发生的时间为公元前270年,秦攻韩而围阏与,赵奢救韩大破秦军阏与下。究竟阏与在何处,可以从三个方面加以考察。

一是公元前270年秦攻阏与时,秦国的边界考察。秦国彼时的边界决定了秦国出兵的方向和可能性,有助于定位阏与所在。公元前270年,秦国通过对韩、赵、魏的攻伐兼并,其边界已经大大扩张:北部已将梗阳(《史记·赵世家》"(前288)十一年,董叔与魏氏伐宋,得河阳于魏。秦取梗阳")、马陵(《战国策·燕策二·秦召燕王》"兵伤于离石,遇败于马陵,而重魏,则以叶、蔡委于魏")、祁(《战国策·赵策三·秦攻赵》"(前281)秦攻赵蔺、离石、祁,拔")、西都(《集成》11405【十五年上郡守寿戈】"(前292)十五年,上郡守寿之造,漆垣工师爽,丞犏,冶工隶臣骑,西都,中阳□□")、平周(《近出》1198【廿五年上郡守周戈】"(前282)[正面]廿五年,上郡守周造。高奴工师閒,丞申,工隶臣□。[背面]平周。南□")等城邑纳入版图;南部已将安邑(《睡虎地秦简·编年记》(前287)二十年,攻安邑")、王屋—太行山南麓的武遂二百里(《史记·韩世家》(前290)与秦武遂地二百里")、河东四百里(包括长羊、王屋、洛林,《史记·魏世家》"(前290)六年,予秦河东地方四百里")、垣(新垣)和阳(河雍)(《史记·秦本纪》"(前289)错攻垣、河雍,决桥取之")、轵和邓(《史记·秦本纪》:"(前291年)左更错取轵及邓";《资治通鉴·赧王二十六年》:"(前289)秦大良造白起、客卿错伐魏,至轵,取城大小六十一";新垣、曲阳(《史记·魏世家》"(前287)秦拔我新垣、曲阳之城")、温(《史记·魏世家》"(前275)予秦温以和")等城邑纳入版图,与少曲、野王、邢丘、怀及上党高地相邻;尽管秦国南北夹着上党,但韩国彼时尚有陉城、平阳和上党的端氏、长平、屯留等城邑。从秦国彼时的边界来看,选择野王、少曲为突破口,沿丹水或天门关进攻上党泫氏、长平、长子、屯留攻今河北武安西之阏与、今山西沁县乌苏村之阏与或今山西和顺县西北之阏与条件并不成熟,公元前 270 年,秦攻上党的前哨城邑邢丘和怀(《史记·秦本纪》"(前 266)四十一年夏,攻魏,取邢丘、怀")、少曲(《史记·范雎蔡泽列传》"(前 265)范雎相秦二年,秦昭王之四十二年,东伐韩少曲、高平,拔之"和睡虎地秦简《编年记》"(前 265)二年,攻少曲")、野王(《资治通鉴·赧王五十三年》"(前 262)武安君伐韩,拔野王。上党路绝,上党守冯亭……以上党归赵。(赵)王乃使平原君往受地")均不在秦国控制之下,秦国绝不可能在公元前 270 年贸然进攻上党。秦国进攻阏与,必然是从今太原盆地向上党高地出兵。出兵的方向,进攻三处阏与都是可能的:(一)从阳邑或马陵进攻今山西和顺县之阏与;(二)从马陵、祁或西都攻今山西沁县乌苏村之阏与(如果此阏与存在的话);(三)从马陵、祁或西都取道韩国的涅、铜鞮,抵达武安西之阏与。

二是秦国攻阏与的原因考察。《战国策·赵策三》记载秦攻阏与是因为赵国不履行"内焦、黎、牛狐之城,以易蔺、离石、祁于秦"的协议,秦因此而攻赵。可是,史料二《史记·六国年表·韩》《史记·六国年表·赵》和《史记·赵世家》均明文记载此"阏与"属韩,秦为什么计划攻赵时却攻了韩?究其原因,当是秦攻赵时必须取道韩国,以至于与韩国发生冲突。另外,如果秦所攻之韩阏与不对赵国有直接威胁,赵国是不会非常急迫地越过重重险阻出兵救韩的,可见此阏与的存亡对赵国至关重要。假设阏与在今山西沁县乌苏村,此地距离赵国遥远,而且在韩国腹地,即便韩在此处失守,韩国还有铜鞮可以抵挡,此阏与的存亡对赵国而言并不急迫,赵国没有必要在没有直接威胁的情况下去救韩。也就是说,秦所攻韩之阏与,当锁定在今山西和顺县或今河北武安县:(一)假设阏与在今山西和顺县,此阏与一旦失守,秦可直接东出太行山进入今河北平原地带,然后南下一马平川攻击赵国首都邯郸;也可沿漳水而下,经涉县东出,进攻赵国首都邯郸。秦若是攻此阏与,赵国必然发兵救援。(二)假设阏与在今河北武安县西,此阏与一旦失守,秦可直接进攻赵国首都邯郸。秦要是攻此阏与,赵国必然也会发兵救援。

三是赵国的行军路线考察。《史记·廉颇蔺相如列传》记载赵奢发兵救阏与时,"兵去邯郸三十里","秦军鼓噪勒兵,武安屋瓦尽振",以至于"军中侯有一人言急救武安"。从此记载来看,赵奢起先屯兵筑垒之处当在武安与邯郸之间,以至于让人着急谏言救武安。另外,"秦军鼓噪勒兵,武安屋瓦尽振"中的"武安"当不是指武安治所附近的屋瓦,武安是赵国首都邯郸的屏障,其所辖范围甚广,与"涉"接壤,此武安当指的是武安边境的屋瓦。在坚壁二十八日之后,赵奢"卷甲而趋之,二日一夜至,令善射者去阏与五十里而军",这二日一夜的行军,可以从武安沿漳水河谷逆流而上达橑阳(今山西左权县,此处距离阏与山以北的今山西和顺县五十里),也可以从武安穿羊肠道过涉县而西达今山西黎城县(此处距离阏与山以北的今山西襄垣县五十里)。至此,仍不能确定阏与是在今山西和顺县还是今河北武安县西。不过,《史记·廉颇蔺相如列传》明确记载"鼓噪勒兵,武安屋瓦尽振"的秦军"军武安西"而非武安北,可以排除此阏与在今山西和顺县。

从前述三点考察来看,赵奢所救韩之阏与,当在今河北武安县西。至于在武安西何处,《隋书·地理志·武安郡·武安》等史料并没有详指。尽管如此,还是可以推断其大致方位。《史记·廉颇蔺相如列传》记载赵奢采纳许历的建议"先据北山上者胜",许历所言"北山"是相对赵奢此时所屯兵筑垒之处来说的,其北之山就是阏与山山脉的余脉(详见本节"阏与山"词条),正好是今山西黎城县与襄垣县的界山:从黎城县翻过此山,襄垣县无险可守;从襄垣县翻过此山,黎城县无险可守。果然,交战时,秦、赵争夺此山,"秦兵后至,争山不得上,赵奢纵兵击之,大破秦军。秦军解而走,遂解阏与之围而归"。也就是说,秦屯兵之处就在阏与山以北的今襄垣县,之所以称此处为"阏与",乃是因山而指的一个大概位置,犹如可称太行山脉所经任何一处为"太行"一样,在阏与山脉所经任何一处都可概称"阏与"。《史记·赵世家》"赵使赵奢将,击秦,大破秦军阏与下",所言"阏与下"犹"阏与山下",可印证这种说法。

此"阏与"大致在阏与山脉以北的今山西襄垣县,翻过阏与山,穿过羊肠道(今滏口陉),邯郸危在旦夕,赵国因此而紧急救援韩国。在将此"阏与"大致定位在阏与山脉以北的今山西襄垣县境内后,还有至少三个问题需进一步澄清或解释:

一是秦如何做到深入腹地攻今山西襄垣县阏与的。公元前262年秦赵长平之战时,秦国没有从涅、铜鞮进攻赵括的军队,赵括也因为没有侧翼之忧而被秦军诱入至长平,可见公元前270年,秦尚未攻占涅、铜鞮。根据前述史料,公元前270年秦国有梗阳、马陵、祁、西都、平周等城邑,秦国此次所围攻的韩国阏与在今山西襄垣县,秦国进攻的路线当是从马陵、祁或西都取道韩国的涅、铜鞮抵达今襄垣县,秦国是如何做到的? 从《史记·廉颇蔺相如列传》记载赵奢对付秦军的手段,在去邯郸三十里处"坚壁,留二十八日不行"来看,通过缓兵拖延来破秦,秦此次攻阏与当是一次孤军深入式的长途袭击。秦军"解而走"之后,应当是全部抽身而回,以致公元前262

年秦赵长平之战时，秦国无从从侧翼威胁赵括的军队。

二是阏与属韩还是属赵。《史记·六国年表·韩》《史记·六国年表·赵》和《史记·赵世家》均明文记载此阏与属韩而非赵。《史记·廉颇蔺相如列传》"秦伐韩，军于阏与。王召廉颇而问曰……"只言秦军于阏与之前伐韩而未详指"阏与"是属韩还是属赵，之后有"间以报秦将，秦将大喜曰：'夫去国三十里而军不行，乃增垒，阏与非赵地也'"之语，明指"阏与非赵地"，似在说阏与属赵。杨宽先生《战国史料编年辑证》因此而多处改"韩"为"赵"，并最终将阏与定位在今山西和顺县。其实非也。秦将所说的"阏与非赵地也"是秦将在知道赵国要援救阏与的情况下说的，"阏与非赵地也"表达的是"赵国怎么可能解阏与之围"，并不是实指阏与属赵。此阏与当属韩。

三是公元前236年"王翦攻阏与、橑杨"的"阏与"在何处。《史记·秦始皇本纪》"(前236)王翦、桓齮、杨端和攻邺，取九城。王翦攻阏与、橑杨，皆并为一军"、《史记·六国年表·赵》"(前236)九，秦拔我阏与、邺，取九城"、《史记·六国年表·秦》"(前236)十一……王翦击邺、阏与，取九城"所载"阏与"与"橑杨（橑阳）"近，当在今山西和顺县。也即是战国时期存在两"阏与"：一个是今山西和顺县的"阏与城"，一个是因阏与山而泛称的"阏与"。

【标绘】I14；H14

阏与山

【《图集》】无。

【补释】此地名虽未见于先秦史料，但后世注解"阏与"时多有涉及。《史记正义》："阏与山在洺州武安县西南五十里，赵奢拒秦军于阏与，即此山也。"《读史方舆纪要·河南四·彰德府·磁州·武安县·阏与山》："阏与山，在县西南五十里。战国赵惠文王二十九年秦、韩相攻而围阏与，赵将赵奢拒秦军于阏与，先据北山，大破秦军于阏与下。北山，即此山之北云。"又今山西和顺县有"阏与城"，"阏与山"当是一条西南走向的山脉，起自今山西和顺县，终至今山西襄垣县。

【标绘】H14—I14

盐

[1] 盐。(《货系》4266)

第二章 《中国历史地图集》战国地名及方位校补(前333) 219

【《图集》】无。

【补释】吴良宝引黄锡全《先秦货币通论》:"'盐'可能与地理志属临淮郡'盐渎'有关,在今江苏省盐城市西北。"①吴引可从,"盐渎",具体方位如《图集》第二册西汉时期19—20⑤9之"盐渎"所示,"盐"与"盐渎"相关,在今江苏盐城市西北。

【标绘】L21

盐池

【《图集》】35—36④3—④4—③4有"盐",在今山西运城市西南。

【校释】详见本节"浊泽(涿泽、盐池)"词条。

延陵

|1| 赵孝成王十八年,延陵钧率师从信平君廉颇助魏攻燕。(《史记·赵世家》)

【《图集》】45—46③6有"延陵"。

【补释】《图集》45—46③6之"延陵"及方位,乃楚之"延陵"。赵国"延陵"及方位,《读史方舆纪要·山西六·大同县·延陵城》:"在府东北塞外,战国时赵邑也。史记赵世家:'赵孝成王十八年,延陵钧率师从信平君廉颇助魏攻燕',即此。"其地当在今山西大同市东北,具体方位如《图集》第二册西汉17—18②12之"延陵"所示。

【标绘】E15

钖

|1| 钖。(《秦出土文献编年》五八之《王四年相邦张仪戈》)

【《图集》】无。

【补释】王辉《秦出土文献编年》:"钖为秦县,今陕西白河县。"②周翔(196页)引杨宽《战国史(增订本)》(712页)认定此戈的铸造时间为秦惠文王后元四年(前321),又引魏嵩山《中国历史地名大辞典》(1179页)认定为秦地名,当即汉之钖县,治所在今陕西白河县东。《中国古今地名大辞典·

---

① 吴良宝:《〈中国历史地图集〉战国部分地名校补》,《中国历史地理论丛》,2006年7月,第21卷第3辑,第149页。
② 王辉:《秦出土文献编年》,台北:新文丰出版公司,2000年,第59页。

钖县》:"古麇国地,即钖穴。汉置钖县。三国魏分置钖郡,寻省郡。西魏时县废。故城在今陕西白河县东。"其地当在今陕西安康市白河县东,具体方位如《图集》第二册西汉司隶部15－16⑥6之"钖县"所示。

【标绘】M11

羊肠(羊唐)

① 昔者魏伐赵,断羊肠,拔阏与,约斩赵,赵分而为二。(《史记·魏世家》)

② 秦以三军强弩坐羊唐之上,即地去邯郸(百)二十里。(《战国策·赵策一·赵收天下且以伐齐》)

秦以强弩坐羊肠之道,则地去邯郸百廿里。(《战国纵横家书·第二十一》)

【《图集》】35－36②6有"羊肠"。

【校释】"羊唐",即"羊肠"。范祥雍《战国策笺证》(979页):"鲍改('唐'作'肠')是也,纵横家书亦作'羊肠'。但'唐'与'肠'音同部,可以通借,'羊唐'即'羊肠',险坂之名。"羊肠之地理方位,高诱:"羊肠,赵险塞名也。山形屈璧,状如羊肠。今在太原晋阳之西北也。"鲍彪:"上党壶关有羊肠坂。"沈涛《铜熨斗斋随笔》卷二《羊肠有三》云:"羊肠有三。史记魏世家'如耳见成陵君曰:昔者魏伐赵,断羊肠,拔阏与。'……正义曰:'羊肠坂道在太行山上,南口怀州,北口潞州。'……此即汉地理志壶关县之羊肠坂。凡国策之言羊肠,皆其地也。元和郡县志羊肠山在太原府东南五十三里。……此又一羊肠。若高诱所云,不但非壶关之羊肠坂,并非交城之羊肠山。案通典太原府阳曲有干烛谷,即羊肠坂。……高注淮南子云:'说苑:桀之居,伊阙在其南,羊肠在其北。今太原晋阳西北九十里,通河西上郡关,曰羊肠坂。'……凡山路之萦曲峻险者,无不可以羊肠名之,而国策之羊肠,则指潞州而非他处。高氏以太原西北之羊肠当之,甚误。"范祥雍:"羊肠……以上文'韩兼两上党'语考之,则当是壶关之羊肠,沈说是也。"《图集》也附会了沈涛之说,将其定位在山西潞州壶关县之羊肠(今壶关县树掌镇－桥上乡－河南林州市合涧镇)。如若"羊肠"在此,于史料一、二都讲不通。史料一,魏约结诸侯"断羊肠,拔阏与"而将赵一分为二,如果羊肠在壶关县树掌镇－桥上乡－河南林州市合涧镇,羊肠以西无赵国城邑,断此羊肠无任何军事意义,且距离阏与甚远。史料二也说不通,秦三军坐守此羊肠,对赵国首都邯郸没多大威胁。

此"羊肠"当为今山西黎城县东阳关镇—河北涉县—河北武安县的羊肠道，河北涉县正是漳水河谷通往赵国阏与(今山西和顺县)的唯一道路，魏国如若联合诸侯切断此羊肠，赵国通往阏与的道路直接受到影响，联军如再沿河谷逆流而上拔掉赵国阏与，确实赵国被一分为二，与史料一的描述非常吻合。且如若秦国三军坐守此羊肠，离邯郸正好一百二十里，也是吻合的。

另，需要指出的是，战国时期所谓"羊肠"，似非确指，《史记·蔡泽列传》所言"决羊肠之险，塞太行之道"之"羊肠"指的是今晋城泽州的天井关，《战国策·秦策一》言秦"西攻修武，逾羊肠，降代、上党，代三十六县、上党十七县不用一领甲，不苦一士民，此皆秦有也"之"羊肠"指的是今平型关或飞狐口通往代地的道路。战国时期的"羊肠"，当如沈涛所言，"凡山路之紫曲峻险者，无不可以羊肠名之"。

【标绘】I14

漾陵

1 肤赢之岁，羕(养)陵公☐☐所鄀(造)、冶己女。(《集成》11358【鄀陵公戈】)

2 漾陵公。(《包山楚简》简177)

【《图集》】无。

【补释】周翔①："'羕(养)陵公☐☐所鄀(造)'，读为'养陵公☐☐所造'。养陵，地名，亦作鄀陵、漾陵，即左传昭公三十年所载吴二公子奔楚后所居。在今河南沈丘县东南，安徽界首市西。该地之封君有鄀君、鄀史、鄀伯等，养陵公当为战国晚期该地之封君，人名编见收。'☐☐'二字不识，当为养陵公之名，待考。"吴良宝引徐少华《包山楚简释地十则》："楚国金版与曾姬无恤壶(集成9710)中也有漾陵。当与河南沈丘县的'养'有关。"②吴、周所说是一地，其地当如周翔所辨，在今河南周口市沈丘县东南、安徽阜阳市界首市西。

【标绘】L16

---

① 周翔：《战国兵器铭文分域编年研究》，浙江师范大学硕士论文，2013年，第22页。
② 吴良宝：《〈中国历史地图集〉战国部分地名校补》，《中国历史地理论丛》，2006年7月，第21卷第3辑，第149页。

阳

1. 梁惠成王五年①,公子景贾帅师伐郑,韩明战于阳,我师败逋。(《水经·济水注》引《竹书纪年》)

2. 郑侯使韩辰归晋阳及向。二月,城阳、向,更名阳为河雍,向为高平。(《水经·济水注》引《竹书纪年》)

3. 以河阳、姑密封其子,而乃令秦攻王,以便取阴。(《战国策·赵策四·齐欲攻宋》)
[正面]七年,相邦阳安君、邦右库工师史签胡、冶事(吏)疴軑(挞)斋(剂),[背面]大攻(工)肩(尹)韩疍(《集成》11712【七年相邦钣】)

4. 错攻垣、河雍,决桥取之。(《史记·秦本纪》)

【《图集》】35—36④5 有"河阳(河雍)",在今河南孟县西。

【校释】据史料二,"阳"在公元前 315 年更名为"河雍",又兼称"河阳",在公元前 315 年之前称"阳"。

关于"河阳"的方位和沿革,《读史方舆纪要·河南一·河阳城》:"河阳城,在今怀庆府孟县西南三十里,即汉河阳县。自汉以来,县皆治此,唐又为孟州治。"《读史方舆纪要·河南四·怀庆府·孟县·河阳城》:"河阳城,旧城在今县西南三十里。春秋时晋之河阳邑,僖二十年'天王狩于河阳'是也。后属魏。史记:'赵惠文王十一年,董叔与魏氏伐宋,得河阳于魏。'汉置县,建武初帝幸河阳。晋仍为河阳县。后魏因之。太和中筑河阳城。北齐置河阳关。后周建德六年灭齐,置河阳总管府,以地临河津,特为重镇。隋置河阳宫于城内。唐仍曰河阳县。"《太平寰宇记》卷五十二:"孟州河阳县……秦为河雍县,汉为河阳县,以其在河北为名。今县西北三十里有古城,即汉所理。"《大清一统志》卷二○三:"河阴故城在孟县西三十五里。"《水经·河水注》:"河水又东径河阳县故城南,春秋经书天王狩于河阳。"各家所指在黄河以北是没有问题的,但在标绘具体地点时,却需要精确定位。

杨宽《战国史料编年辑证》考证"秦本纪载昭王十八年司马错'攻垣、河雍,决桥取之',盖是时河阳、孟津之间已架设浮桥,当司马错进攻河雍时,

---

① 据范祥雍《古本竹书纪年辑校订补》(上海:上海古籍出版社,2011年)的考订,时间应为"魏惠成王更元五年"而非"魏惠成王五年"。

冲决河桥而取得,故云'决桥得之'。此地魏、晋以后称为富平津,设有河阳关,晋泰始中杜预造河桥于富平津,此后成为戍守要地,筑有河阳三城。河桥故址在河南孟津西南、孟津东北之黄河上,唐代通称河阳桥,北宋时尚存",《图集》认为黄河上的"河阳关"即"河阳",而在定点标绘时,却依《水经·河水注》将"河阳"标绘在孟津渡口对岸的西北(即《图集》标绘点)。而实际上,《图集》所标绘的这个点是黄河以北的河滩,汛期河水就会淹没河滩,并不能筑城。

从所列战国史料"城阳、向",以及封"河阳""姑密"给阳安君来看,"阳(河阳)"并不是一个关口,而是一座城,或是一个概指黄河以北的区域,杨宽先生以河阳为关口的解释有失偏颇。"河阳"城的具体方位,近代考古发现位于孟州市西北18公里海拔约137米山岭上的槐树乡古周城村(原桑洼村)有战国古城遗址①,不仅如此,还有一条由北向南从轵(今河南济源市)→孟津→洛阳的古官道,古周城村正好处在这条官道的山岭之处,正对孟津和轵,为重要的关隘。"河阳城"当是作为概指区域"河阳"的治所,其位置当在今河南孟州市古周城村。

【标绘】K13

阳城

1. 苏子遂将而与燕人战于晋下,齐军败。……明日,又使燕攻阳城及狸。……遂将以与燕战于阳城。燕人大胜,得首三万。(《战国策·燕策二·苏代自齐使人谓燕昭王》)

2. 赵人伐燕,取狸、阳(城)。兵未罢,将军王翦、桓齮、杨端和伐赵,攻邺,取九城。(《资治通鉴·始皇帝十一年》)

   赵攻燕,取狸、阳城。兵未罢,秦攻邺,拔之。(《史记·赵世家》)

【《图集》】41-42④2 有"阳城",在今河北保定市顺平县东南。

【校释】阳城的地理方位,程恩泽《国策地名考》:"水经注:'博水又东经阳城县,散为诸泽,方广数里,世谓之阳城淀。'……今在保定府完县东南,疑即此地。"完县,今为顺平县,《图集》当依此将其标绘在今河北顺平县东南。在厘清狸、阳城的方位时,首先需弄清楚"晋"和"晋下"的地理方位。

---

① 《河南考证东周河阳古城》,人民日报(海外版),2001年7月27日第6版。

"晋"的具体方位,狄子奇《战国策释地》:"今直隶晋州与狸、阳城相近,或其地。"虽然狄子奇言"晋"为今河北晋州市境内是一种推断,但是据《战国策·赵策四·三国攻秦赵攻中山》"(前298)不如尽归中山之新垺。中山案此,言于齐曰:'四国将假道于卫,以过章子之路。'齐闻此,必效鼓"和《史记·赵世家》"(前283)王与燕王遇。廉颇将,攻齐昔阳,取之"来看,齐国在协助赵武灵王灭中山国之后有"鼓""昔阳","鼓""昔阳"都在今河北晋州市境内,可确定史料一之"晋"为今河北晋州市境内。在弄清楚"晋"和"晋下"的地理方位之后,我们再来看《图集》所标绘的"阳城"的合理性。从史料一的逻辑来看,公元前285年燕攻下齐之"晋下"的第二天进攻齐国的"狸""阳城",但是从史料的时空逻辑来看,如果"阳城"在《图集》所标绘的今河北顺平县东南,有两点疑问无法解答:一是燕国为何舍近求远不攻近在咫尺的阳城而攻远在天边的晋下?燕国在北方,其攻齐的路线只可能是自北而南,从地望上,"晋下"在今河北晋州市境内,燕攻齐之"晋下",岂不是越过齐国的阳城?既然这样,燕国的行军路线怎么走?假设燕国还可以从当时的阿—高阳—武垣出兵攻齐之晋下的话,《图集》所标绘的齐国"阳城"岂不被燕国切断了与河间之间的联络而孤悬在外?燕国不直接进攻这座近在咫尺又孤悬在燕国半包围中的阳城而舍近求远攻远在天边的"晋下",岂有此理?二是史料一中明确说"苏子遂将而与燕人战于晋下"的"明日","又使燕攻阳城及狸",从史料一《战国策》的记载来看,齐国晋下战役和阳城战役的军事统帅都是"苏子",《图集》所标绘的"晋下"距离"阳城"一百多公里,而且中间有滹沱河、泒水和滱水这样的大川阻隔,在交通并不发达的战国时代,即便齐军统帅苏子单骑从今晋州市的"晋下"到今河北顺平县东南的"阳城"恐怕数日都不能到达,更不必说指挥"明日"的阳城和狸之战了。据《战国策》,狸、阳城当在晋下附近。其具体方位,当在今河北晋州市境内"晋下"的东南方向。据史料二,燕攻下齐之"狸""阳城"后一直占据这两城,直到公元前236年被赵国攻占。

【标绘】G16

阳池

【《图集》】无。

【补释】阳池的方位,《中国古今地名大辞典》:"今河南原武县治。<u>竹书纪年魏惠王十五年,遣将龙贾筑阳池以备秦。水经注阴沟右渎东南径阳池城北。</u>"《元和郡县图志·河南道四·郑州·原武县·古阳池城》:"古阳池城,竹书纪年曰'惠王十五年,遣将龙贾筑阳池以备秦',即此也。"据《元和郡县图志》,其地当在今河南省新乡市原阳县原武镇。

【标绘】J14

阳都

①寫都。(《集成》10937【寫都戈】)

②阳都邑之□徙□玺。(《玺汇》0198)

【《图集》】无。

【补释】史料一,周翔引《中国历史地名大辞典》①:"'寫都'可读为'阳都',当即西汉之阳都县,今山东沂南县南,战国时属齐。"史料二,吴良宝引李学勤《战国题铭概述(上)》:"沂水县。"②周、吴所指方位相同,地在今山东临沂市沂南县南,具体方位如《图集》第二册西汉时期19—20③7之"阳都"所示。

【标绘】J19

阳狐

①二十四年,秦伐我,至阳狐。(《史记·魏世家》)

十四,伐魏,至阳狐。(《史记·六国年表·秦》)

二十四,秦伐我,至阳狐。(《史记·六国年表·魏》)

【《图集》】35—36③4有"阳狐",在今山西垣曲县东南;39—40③2有"阳狐",在今河北大名县东北。

【校释】《图集》以此"阳狐"为春秋时期在今山西垣曲县东南约五十里晋国之"瓠丘(壶丘)",此"瓠丘(壶丘)"源于《左传》"(前572)彭城降晋,晋人以宋五大夫在彭城者归,置诸瓠丘",《图集》据史料认定"阳狐"即"阳壶","壶""瓠"互通,故将战国时期的"阳狐"标绘在春秋时期的"瓠丘(壶丘)"。

据《史记·六国表·秦》"(前418)七,与魏战少梁"、《史记·六国表·秦》"(前413)二,与晋战,败郑下"、《史记·魏世家》"(前412)使子击围繁庞,出其民"、《史记·六国表·魏》:"(前409)十六,伐秦,筑临晋、元里"、《史记·魏世家》:"(前408)西攻秦,至郑而还,筑洛阴、合阳"等史料,秦、魏

---

① 周翔:《战国兵器铭文分域编年研究》,浙江师范大学硕士论文,2013年,第265页。

② 吴良宝:《〈中国历史地图集〉战国部分地名校补》,《中国历史地理论丛》,2006年7月,第21卷第3辑,第150页。

在公元前418年至公元前408年期间发生河西之战，魏国夺取了秦国的河西之地，并筑城防守，直到公元前330年才全部收复，直到公元前328年，秦才攻占曲沃、焦、陕，而"秦伐我，至阳狐"发生的时间在公元前401年，秦国尚不能越过河西，如何能攻击《图集》所示魏国后背的"阳狐"？胡三省注《资治通鉴》时亦质疑："此时西河之外，皆为魏地，若秦兵至元城，则是越魏地都安邑而东矣。""瓠丘（壶丘）"即"阳狐"的说法并不成立。

从空间和事件的逻辑上，"阳狐"应大致在今陕西境内秦魏边境的魏国境内，确切方位待定。

【标绘】K10

阳狐

[1] 宣公四十三年，伐晋，毁黄城，围阳狐。（《史记·田敬仲完世家》）

【《图集》】35－36③4 有"阳狐"，在今山西垣曲县东南；39－40③2 有"阳狐"，在今河北大名县东北。

【校释】《图集》以此"阳狐"在今河北大名县东北，大体方位是没有问题的，但是需要更精确。史料一、二，《史记正义》："括地志云：'阳狐郭在魏州元城县东北三十二里也。'"唐元城县在今河北大名县，阳狐当在今河北大名县东北三十余里处，《图集》标绘过远。

【标绘】I16

阳侯

[1] 今王破宜阳，残三川，而使天下之士不敢言；雍天下之国，徙两周之疆，而世主不敢交。阳侯之塞，取黄棘，而韩、楚之兵不敢进。（《战国策·秦策五·谓秦王曰》）

【《图集》】35－36②4 有"杨氏县"，在今山西洪洞县东南。

【补释】史料一"阳侯之塞"，当作"塞阳侯"。《国策地名考·秦下·杨侯塞》："武帝本纪杨氏，应劭曰：杨，侯国。水经注：晋大夫僚安之邑。括地志：故杨城，本秦时杨国，汉杨县城也。今晋州洪洞县也。寰宇记：故城在临汾县东南十八里，今在山西平阳府洪洞县东南十五里。"按此，战国时期当作"阳侯"而非"杨氏"，其地当在今山西临汾市洪洞县东南十五里，《图集》标绘的位置无误，只是名称要改为"阳侯"。

【标绘】I12

阳曲

1 阳曲。(《货系》965,如图 2—23 所示)

【《图集》】无。

【补释】吴良宝引李零《战国鸟书箴铭带钩考释》:"(其地在今山西)太原东北。"①陈隆文:"在定襄东。"②吴、陈所指方位实际是一处,吴良宝所引指出的是一个大概的方位,而陈隆文更具体了,其地当在今山西忻州市定襄县东,具体方位如《图集》第二册西汉时期 17—18④10 之"阳曲"所示。

货 2—23 "阳曲"尖足布

【标绘】G13

阳丘

1 自鄂往,庚易丘,庚邟城,庚象禾,庚柳棻③,庚繁易,庚高丘,庚下□(蔡),庚居鄝,庚郢。见其金节毋征,毋舍桴饲,不见其金节则征。(《鄂君启节》,《集成》12110 车节、12113 舟节)

【《图集》】无。

【补释】"易丘",即"阳丘"。谭其骧《长水集(下)》:"阳丘,当即汉代的堵阳县,故治在今河南方城县东六里。……'自鄂往,庚易丘',不是说自鄂出发走陆路直抵阳丘,而是先取道水路中的西北路至今南阳盆地,然后舍

---

① 吴良宝:《〈中国历史地图集〉战国部分地名校补》,《中国历史地理论丛》,2006 年 7 月,第 21 卷第 3 辑,第 147 页。
② 陈隆文:《先秦货币地名与历史地理研究》,北京:科学出版社,2008 年,第 57 页。
③ 或辨认作"畐棥"(郭沫若)、"富棥"(商承祚),本条据黄盛璋《再论鄂君启节交通线路复原与地理问题》(《安徽史学》,1988 年第 2 期)之考辨,作"柳棻"。

舟乘车,取道'夏路',东抵阳丘。"①吴良宝赞同此说:"阳丘即汉代的堵阳县,故治在今河南方城县东六里。"②汉代的"堵阳县",在今河南方城县东,具体方位如《图集》第二册西汉时期22—23②7之"堵阳"所示。按谭其骧先生之考辨,当补"阳丘",其地当在今河南南阳市方城县东,具体方位如《图集》第二册西汉时期22—23②7之"堵阳"所示。

【标绘】L14

阳原

1 阳源府。(《玺汇》2316)

【《图集》】无

【补释】吴良宝引吴振武《燕国铭刻中的"泉"字》:"(其地在)今河北阳原县西。"当在今河北张家口市阳原县西,具体方位如《图集》第二册西汉时期17—18②12之"阳原"所示。后晓荣《战国政区地理》(124页)认为此地属赵,但吴振武认为属燕。

【标绘】E15

阳周

1 阳周。(《集成》11464【阳周矛】)

【《图集》】无

【补释】《史记·李斯列传》:"蒙恬不肯死,使者即以属吏,系于阳周。"吴良宝引黄盛璋《秦兵器分国、断代与有关制度研究》:"今陕西省子长县西北。"③吴良宝考辨是也,其地在今陕西延安市子长县西北,具体方位如《图集》第二册秦时期5—6③6之"阳周"所示。

【标绘】H10

野台

1 十七年,王出九门,为野台,以望齐、中山之境。(《史记·赵世家》)

---

① 谭其骧:《鄂君启节铭文释地》,载《长水集(下)》,北京:人民出版社,1987年,第193—212页。
② 吴良宝:《〈中国历史地图集〉战国部分地名校补》,《中国历史地理论丛》,2006年7月,第21卷第3辑,第149页。
③ 同上书,第147页。

【《图集》】37－38⑤10 有"野台"。

【校释】《史记集解》：徐广曰："野，一作'望'。"《史记正义》："括地志云：'野台一名义台，在定州新乐县西南六十三里。'"《魏书·地形志》："新市县有义台城。"《读史方舆纪要·北直五·灵寿县·义台》："县西南三十五里。括地志：本名野台，赵武灵王出九门，为野台，以望齐、中山之境，即此。后更名为义台。"《河朔访古记》："藁城县西北三十里荒城一区为今九门镇，野台在城侧，俗呼寒台。"吕苏生《〈鲜于中山国事表疆域图说〉补释》："野台，即义台，又义屋，在今河北省新乐县西南，魏皇始二年，道武与慕容麟战于义台坞，大败之，即此地。民国二十八年重修新乐县志云：'义台，在县西南，即古野台也。'可证括地志所记无误。纪要谓义台在藁城县西南三十五里，恐非是。中国历史地图集第一册以野台在今河北省新乐县东北，不知何据。"吕苏生所辨甚是，"野台"其地当在今河北石家庄新乐市西南。

【标绘】G15

益阳

① 益阳。(《包山楚简》简83)

【《图集》】无。

【补释】吴良宝引徐少华《包山楚简释地八则》："在今湖南益阳市东。"① 吴引可从，其地在今湖南益阳市东，具体方位如《图集》第二册西汉时期22－23⑦6 之"益阳"所示。

【标绘】Q13

弋阳

① 弋阳君玺(《玺汇》0002)

② 弋阳邦粟客(《玺汇》0276)

【《图集》】无。

【补释】吴良宝引吴振武《古玺合文考(十八篇)》："弋阳，在今江西省潢川县西。"② 吴引方位可从，但"潢川县"应属河南信阳市而非江西，具体方位如《图集》第二册西汉时期19－20⑥3 之"弋阳"所示。

---

① 吴良宝：《〈中国历史地图集〉战国部分地名校补》，《中国历史地理论丛》，2006年7月，第21卷第3辑，第149页。

② 同上。

【标绘】M15

阴

1 阴人陈强。(《包山楚简》简162)

【《图集》】无。

【补释】后晓荣《战国政区地理》(163页):"故址在今湖北省十堰市北。"徐少华《周代南土历史地理与文化》:"故址在今湖北老河口市北。"[①]后、徐二人所说方位龃龉,当从徐说,其地当在今湖北老河口市北。具体方位如《图集》第二册15—16⑥7之"阴县"所示。

【标绘】M12

阴平

1 险(阴)平左库之艁(造)。(《集成》11609【险平剑】)

【《图集》】无。

【补释】周翔引《中国历史地名大辞典》[②]:"阴平,战国时齐邑,汉有阴平侯国、阴平县,今山东枣庄市旧峄县西南。"吴良宝:"在今山东微山县东。"[③]周、吴所指方位相同,在今山东枣庄市西南,具体方位如《图集》第二册西汉时期19—20④6之"阴平"所示。

【标绘】K18

阴晋

1 阴晋左库冶寓。(《集成》11135【阴晋左库戈】)

2 阴晋半釿。(《货系》1422)

3 魏纳阴晋,阴晋更名宁秦。(《史记·秦本纪》)

【《图集》】有"阴晋(宁秦)"。

【校释】史料一为出土的"阴晋左库戈",据周翔(160页)考证,为公元前410年之前魏国铸造的兵器。史料二为出土的"阴晋半釿"桥足布,朱华《三晋货币》(158页)认定其为战国魏地。阴晋,《史记集解》:"徐广曰:'今之华

---

① 徐少华:《周代南土历史地理与文化》,武汉:武汉大学出版社,1994年,第284页。
② 周翔:《战国兵器铭文分域编年研究》,浙江师范大学硕士论文,2013年,第264页。
③ 吴良宝:《〈中国历史地图集〉战国部分地名校补》,《中国历史地理论丛》,2006年7月,第21卷第3辑,第150页。

阴。'"其地当在今陕西华阴东,《图集》方位是正确的。据《史记·秦本纪》"魏纳阴晋,阴晋更名宁秦",公元前 332 年秦更"阴晋"为"宁秦"。据此史料可知,公元前 333 年,当名"阴晋"。

【标绘】K11

圁阳

[1] 言昜二釿。(《货系》1376、1378、1388,如货 2—24 所示)

【《图集》】无。

【补释】"言昜",即"圁阳",圁水之北,裘锡圭(80 页):"圁阳故址在今陕西省神木县东,战国时当属赵或魏所有。"吴良宝考证其址在今陕西神木县东①。然裘、吴均是概指,未详在今陕西神木县东何处。其地当在今陕西榆林市神木县南、佳县北,具体方位如《图集》第二册西汉时期"并州、朔方刺史部"17—18④8 之"圁阳"所示。

货 2—24 "言阳"釿桥足布

【标绘】G11

尹城

[1] 尹城。(转引自《先秦货币地名与历史地理研究》)

---

① 吴良宝:《〈中国历史地图集〉战国部分地名校补》,《中国历史地理论丛》,2006 年 7 月,第 21 卷第 3 辑,第 145 页。

【图集】无。

【补释】陈隆文（57 页）："尹城在今汾阳。"汾阳，即今山西吕梁市汾阳市。陈说可从。

【标绘】H12

澺阴

①孙何取澺阴。（《水经·颍水注》）

②三十三年陜险金（阴）命（令）歔。（上海博物馆藏）

【图集】无。

【补释】史料一，范祥雍："澺阴在今河南沙河南岸至漯河市以东至周口一带。"①史料二，吴振武《新见古兵地名考释两则》："'陜险'即'澺阴'。"②澺阴，当是澺水以南。《图集》35－36⑤7 有"澺阳"和"澺水"，澺水以南，其地当在今河南漯河市东北。

【标绘】L15

应

①六年，与秦会应。（《史记·魏世家》）

②十一年，与秦武王会应。（《史记·魏世家》）

《图集》35－36⑤6 有"应"，在今河南鲁山县东。

【补释】《史记索隐》："封范雎于应。案：刘氏云'河东临晋县有应亭'，则秦地有应也。又案：本纪以应为太后养地，解者云'在颍川之应乡'，未知孰是。"《国策地名考》："鲍彪原注：秦纪应亭，索隐曰'在河东临晋'。"张琦注曰："当在今同州府朝邑县西南二里。"又，《括地志》："故应城因应山为名，在汝州鲁山县东三十里。"按史料一，魏襄王六年为公元前 313 年，史料二，魏襄王十一年为公元前 308 年，而秦攻破韩国宜阳打通函谷关东向通道的时间为公元前 306 年，东南方向尚与楚以武关为拒，加之"应"此时为楚国城邑，秦、魏不可能在楚国的"应"地多次会晤。从秦、魏多次会晤来看，"应"地当在秦、魏边境属秦或魏，《史记索隐》注"河东临晋"甚是，其地

---

① 范祥雍：《古本竹书纪年辑校订补》，上海：上海古籍出版社，2011 年，第 91 页。
② 吴振武：《新见古兵地名考释两则》，《九州（第三辑）》，北京：商务印书馆，2003 年，第 133～140 页。

当在今陕西渭南市大荔县朝邑遗址东南,近《图集》之"王城(临晋)"。

【标绘】J10

雍丘(邕丘)

[1] 于是遂不救燕而攻魏邕丘,取之以与宋。(《战国策·燕策三·齐韩魏共攻燕》)

【《图集》】35—36④7 有"雍丘"。

【校释】鲍彪:"'邕''雍'同,(雍丘)属陈留。"张琦《战国策释地》:"今开封府杞县,故雍丘也。"按鲍彪、张琦,此"邕丘"即"雍丘",当校释为"雍丘(邕丘)",地理方位仍如《图集》35—36④7"雍丘"所示,在今河南开封市杞县。

【标绘】K15

永陵

[1] 悼武王……葬永陵。(《史记·秦始皇本纪》)

【《图集》】无。

【补释】《史记集解》:"徐广曰:'皇甫谧曰葬毕,今安陵西毕陌。'"《史记正义》:"括地志云:'秦悼武王陵在雍州咸阳县西十里,俗名周武王陵,非也。'"钱穆《史记地名考》(316页):"今咸阳县北。"按《史记集解》,"毕陌"的方位,《肇域志·陕西·西安府·咸阳·毕陌》:"在长安西北四十里。三辅故事曰:'文王、武王、周公,皆葬毕陌南北。'春秋左氏传曰:'王使詹桓伯辞于晋曰:魏、骀、芮、岐、毕,吾西土也。'盖武王克商之后,以其地封文王次子。又曰:'毕、原、酆、郇,文之昭也。'杜注曰:'毕,在长安西北。'关中记曰:'高陵北有毕原陌。'元和郡县图志曰:'毕原,即县所理原,南北数十里,东西二三百里,无山川陂湖,井深五十丈。亦谓之毕陌,汉朝诸陵并在其上下。'又名石安原,即石勒置石安县之所。按石安原见泾阳。本志:'毕原在县北,西起武功故废城北,东尽高陵,在泾、渭间云云。文、武、成、康、周公、太公及秦、汉君臣陵墓,俱在其上,亦名毕陌。'"《读史方舆纪要·陕西二·西安府·咸阳县·毕原》:"毕原,在县北五里,亦谓之咸阳原。诗注:'毕,终南山之道名也。'书注:'周公葬于毕原。'南北数十里,东西二三百里,亦谓之毕陌。"近代考古在渭城区周陵镇发掘出秦墓①,结合诸家之说,当在今陕西咸阳市城北6公里渭城区周陵镇周陵中学旁。

【标绘】K9

羑

1️⃣ 羑左库。(《集成》10988【左库戈】)

【《图集》】无。

【补释】《中国历史地名大辞典》(862页):"羑,羑里,即史籍载商纣王囚西伯之处,一名牖里。战国时属魏,在今河南汤阴县西北。"《图集》第二册西汉时期"司隶部"15—16③10有"羑里城",即其所在之处,在今河南安阳市汤阴县北4.5公里羑里城遗址。

【标绘】J15

垣(新垣)

1️⃣ 大良造白起攻魏,取垣,复予之。(《史记·秦本纪》)

2️⃣ 秦以垣为蒲阪、皮氏。(《史记·秦本纪》)

十七年,攻垣、枳。(睡虎地秦简《编年记》)

3️⃣ 错攻垣、河雍,决桥取之。(《史记·秦本纪》)

4️⃣ 九年,秦拔我新垣、曲阳之城。(《史记·魏世家》,《六国表》同)

【《图集》】无。

【补释】"新垣"之方位,《史记集解》:"服虔曰:'阳樊,周地。阳,邑名也,樊仲山之所居,故曰阳樊。'"《史记正义》:"括地志云:'曲阳故城在怀州济源县西十里。'新垣近曲阳,未详端旳所之处也。"《读史方舆纪要·河南四·怀庆府·济源县·曲阳城》:"县西南十五里,亦曰阳城,古阳樊也。"按各家所考,"曲阳"地当在今河南济源市西南,新垣近曲阳,其地亦当在今河南济源市西南,具体方位不知。

另,史料一、二、三之"垣",当是"新垣"。《图集》认为此"垣"为"王垣",故在标绘"王垣"时,采用"垣(王垣)"的方法,但从史料来推断,此"垣"当是"新垣"。史料一的时间为公元前292年,在大良造白起"攻魏取垣"的前一

---

① 冯国,任珂:《所谓"周文王陵",其实埋着秦国国君?》《新华每日电讯》第7版,2008年1月6日。

年(前293),秦涉河伐取韩安邑以东到干河,对魏国长羊、王屋、洛林、轵呈夹击之势。史料二的时间为公元前290年,秦同时攻垣、轵,可见垣、轵邻近。史料三的时间为公元前289年,秦攻垣、河雍,可见垣、河雍邻近。史料四的时间为公元前287年,秦攻占了垣、曲阳,可见垣、曲阳邻近。从公元前290年至公元前287年秦所攻轵、河雍、曲阳的地望来看,均在今河南济源市境内,"垣"当即"新垣"。

【标绘】J13

沅阳

⓵ 沅阳衡。(湖南长沙战国墓外椁左上角之烙印)

【《图集》】无。

【补释】吴良宝引曹锦炎《释楚国的几方烙印》:"沅阳当在沅水北岸。"① 其地当在今湖南沅陵县。

【标绘】Q11

邘

⓵ 四年,邘命(令)铬庶、上库工师汪□、冶氏䝙(鞠)。(《集成》11335【四年邘令戈】)

【《图集》】无。

【补释】周翔引《说文解字》②:"邘,周武王子所封,在河内野王是也。"其地在今河南焦作市博爱县东北,具体方位如《图集》第二册东汉时期42—43③8之"邘城"所示。

【标绘】J13

余吾

⓵ 余吾。(《货系》2482)

【《图集》】无。

【补释】吴良宝:"地望在今山西屯留县北。"③ 吴说可从,其地在今山西

---

① 吴良宝:《〈中国历史地图集〉战国部分地名校补》,《中国历史地理论丛》,2006年7月,第21卷第3辑,第149页。
② 周翔:《战国兵器铭文分域编年研究》,浙江师范大学硕士论文,2013年,第141页。
③ 吴良宝:《战国晚期韩国疆域变迁考——以兵器刻铭为中心》,《中国历史地理论丛》,2012年第1期,第96页。

省长治市屯留县北,具体方位如《图集》第二册西汉时期 17—18⑥10 之"余吾"所示。

【标绘】I13

郓

1 郓左戟。(《集成》10932【郓左戟】)

【《图集》】无。

【补释】吴良宝:"郓在今山东省郓城县。"①周翔引魏嵩山《中国历史地名大辞典》(725 页):"鲁国有二,一在今山东郓城县东,一在今山东沂水县东北。"吴说、周引可从,在今山东省菏泽市郓城县。

【标绘】J16

Z

兹方

1 肃王四年,蜀伐楚,取兹方。于是楚为扦关以距之。(《史记·楚世家》)

【《图集》】无。

【补释】杨宽《战国史料编年辑证》:"正义引古今地名云:'荆州松滋县古鸠兹地,即楚兹方是也。'此说不确。资治通鉴胡三省注:'据史记,蜀伐楚,取兹方,楚为扦关以拒之,则兹方之地在扦关之西。刘昭志:巴郡鱼复县有扦关。'扦关在今四川奉节县东。兹方在其西。"兹方之方位,当根据扦关来确定,杨说可从,其地当在今重庆奉节县境内。

【标绘】N10

甾丘

1 九年,戈(甾)丘命(令)癰、工师䏳、冶淂,高望。(《集成》11313【九年戈丘令癰戈】)

【《图集》】无。

【补释】周翔《战国兵器铭文分域编年研究》(162 页):"'戈(甾)丘命(令)癰'读为'甾丘令癰'。戈、甾均为精纽之部,例可通假。甾丘,战国魏

---

① 吴良宝:《〈中国历史地图集〉战国部分地名校补》,《中国历史地理论丛》,2006 年 7 月,第 21 卷第 3 辑,第 150 页。

地,今安徽宿州市东北。"①吴良宝:"地在今安徽淮北市濉溪县东。"②《中国古今地名大辞典》:"甾丘县,汉置。晋省。故治在今安徽宿县东北六十里。"其地当在今安徽宿州市北、淮北市濉溪县东。

【标绘】L17

宗胡

1 商、於、析、郦、宗胡之地,夏路以左,不足以备秦……楚三大夫张九军,北围曲沃、於中。(《史记·越王勾践世家》)

【《图集》】45—46④5 有"宗",今安徽桐城县东北;45—46③4 有"胡",今安徽阜阳县。

【补释】《史记集解》:"徐广曰:'胡国,今之汝阴。'"《史记索隐》:"宗胡,邑名。胡姓之宗,因以名邑。杜预云'汝阴县北有故胡城'是。"《图集》45—46④5 之"宗",在今安徽阜阳境内,而《史记·越王勾践世家》说"商、於、析、郦、宗胡之地,夏路以左",其地当相近,"夏路",楚国南阳境内,"宗胡"如在今安徽阜阳市,显然与原文的逻辑不合,且在策文所述之事发生之时,无理由担心在距秦国几千里之外的安徽阜阳"不足以备秦"。"宗胡"当依《索引》"宗胡,邑名。胡姓之宗,因以名邑",即春秋时之"胡国",其地当在今河南漯河市西,后可能西迁至今河南南阳市唐河县南,其活动范围大致为《图集》第二册秦时期 7—8⑦3 之"胡阳"附近。

【标绘】M13

左郭

1 廿二年左郭。(《集成》11508【廿二年左郭矛】)

【《图集》】无。

【补释】周翔(85 页):"左郭当为赵国赵地,此矛产地。"具体方位,引《汉语大字典》(第二版)(402 页):"汉有渤海郡,治所在浮阳,今河北沧县东南东关。"③

【标绘】G17

---

① 周翔:《战国兵器铭文分域编年研究》,浙江师范大学硕士论文,2013 年,第 162 页。
② 吴良宝:《〈中国历史地图集〉战国部分地名校补》,《中国历史地理论丛》,2006 年 7 月,第 21 卷第 3 辑,第 146 页。
③ 汉语大字典编纂委员会:《汉语大字典(第二版)》,成都:四川辞书出版社,2010 年,第 402 页。

左邑

1 左邑余子啬夫。(《玺汇》0109)

2 左邑发弩。(《玺汇》0113)

【《图集》】无。

【补释】关于"左邑"的称谓和方位,《读史方舆纪要·山西三·平阳府·闻喜县·左邑城》:"左邑城,在县东。春秋时之曲沃也。……又赧王元年,秦复伐魏,取曲沃而归其人,秦谓之左邑。"《读史方舆纪要》误将今山西闻喜县之"曲沃"与今河南灵宝县之"曲沃"混淆,"赧王元年,秦复伐魏,取曲沃而归其人"之曲沃在今河南灵宝县西北,"秦谓之左邑"的曲沃在今山西闻喜县。从考古发掘的上述两枚战国时期三晋古玺来看,战国时期魏国即有"左邑"地,秦攻下魏曲沃后废曲沃称谓的同时提升左邑的地位,并将原曲沃地纳入左邑管辖。战国时期"左邑"具体方位当如《图集》第二册秦时期9—10⑤2 之"左邑"所示。

【标绘】J12

漳水

1 秦、赵战于河、漳之上,再战而再胜秦。(《战国策·齐策一·张仪为秦连横齐王》)

2 洛阳乘轩车苏秦,家贫亲老,无罢车驽马,桑轮蓬箧,赢滕,负书担橐,触尘埃,蒙霜露,越漳、河,足重茧。(《战国策·赵策一·苏秦说李兑》)

3 秦甲涉河逾漳,据番吾则兵必战于邯郸之下矣。……赵涉河、漳,燕守常山之北。秦攻韩、魏,则楚绝其后,齐出锐师以佐之,赵涉河、漳,燕守云中。秦攻齐,则楚绝其后,韩守成皋,魏塞午道,赵涉河、漳、博关,燕出锐师以佐之。(《战国策·赵策二·苏秦从燕之赵始合从》)

4 今寡①君有微甲钝兵,军于渑池,愿渡河逾漳,据番吾,迎战邯郸之下。(《战国策·赵策二·张仪为秦连横说赵王》)

---

① 原文为"宣",据范祥雍笺证、范邦瑾协校《战国策笺证》(上海:上海古籍出版社,2006年)第1041页校正。

5 二十七年,徙漳水、武平南。封赵豹为平阳君。(《史记·赵世家》)

6 今赵万乘之强国也,前漳、滏,右常山,左河间,北有代。(《战国策·赵策三·说张相国》)

7 王翦将数十万之众临漳、邺,而李信出太原、云中。(《战国策·燕策三·燕太子丹质于秦亡归》)

8 且王尝济于漳而身朝于邯郸,拘阴成,负葛薛,以为赵蔽,而赵无为王行也。(《战国策·赵策四·齐欲攻宋》)

9 若道河内,倍邺、朝歌,绝漳、滏之水,而以与赵兵决胜于邯郸之郊。(《战国策·魏策三·魏将与秦攻韩》)

【《图集》】漳水有二:37—38⑥9—⑦9 有"漳水(降水)",此为漳水之上游,37—38⑦10 有"漳水",为漳水之中下游,然后直接入河(35—36②6—7 与此同);45—46④2—3 有"漳水",此为湖北襄阳境内之"南漳河"。

【校释】许慎《说文解字》:"浊漳出上党长子鹿谷山,东入清漳。清漳出沾山大要谷,北入河。南漳出南郡。"张琦《战国策释地》:"清、浊二漳水,至河南林县北交漳口而合,东经临漳县,又东北经直隶成安、广平、曲周、鸡泽、平乡、广宗入大陆泽。广平以下即禹河之道也。"程恩泽《国策地名考》:"以河漳为漳水,在齐策则可,在本章则河为大河,漳为漳水。"王先谦《鲜虞中山国事表疆域图说》:"今漳水经广宗如宁晋泊,正在宁晋县东南。泊水上承大陆泽,相距数十里。考证旧典,是大陆泽迄今宁晋泊,通受薄洛水之称,故中山之地能跨薄洛水而有扶柳也。"吕苏生《补释》:"薄洛水,即古漳水之异名。薄洛津,在今河北省宁晋县东南。"各家对"漳水"源头及走向的叙述非常明了:漳水有二源,一称浊漳水,发源于山西省长治市长子县,东北流至今长治市襄垣县北,东南流入今河南省安阳市林州市北界,与清漳水合,一称清漳水,发源于今山西省晋中市昔阳县南,南流入今河南省安阳市林州市北界,与浊漳水合;合流后的漳水北向经今河北邯郸市成安县、广平县、邢台市平乡县、广宗县注入古大陆泽,然后自大陆泽注入古宁晋泊,然后东北注入《禹贡》古黄河。漳水自古大陆泽至宁晋泊,通称"薄洛水",即吕苏生所说"薄洛水,即古漳水之异名"。《图集》37—38⑥9—⑦9—⑦10 所示之"漳水"走向,是没有错的。但是漳水入《禹贡》旧河道的入河口,《图集》的标绘值得商榷。史念海引《汉书·地理志》颜师古注认为:"肥乡、曲周两县间为汉代斥章县,汉代记载,漳水在这里入黄河",《图集》将入河口标绘在今河北邯郸市曲周县东北,是有问题的,当在今河北肥乡县和曲周县之间,而非曲周县东北。

漳水沿着《禹贡》旧河道进入薄洛之水后的走向,《图集》认为汇入黄河后随河水直接东入海。在本章"河"词条中,我们对战国中后期黄河的走向进行了考辨,认为在公元前333年前后《禹贡》河道北向的一支已经堙废了,不可能沿《禹贡》河道东入海。其流向当如《图集》第二册27−28⑤2"绛水"之走向。

【标绘】H14−I14−I15−I16−H16−H17

轵道

① 梁惠成王十一年,郑釐侯使许息来致地:平丘、户牖、首垣诸邑及郑驰道。我取轵道与郑鹿。(《水经·河水注》引《竹书纪年》)

② 夫秦下轵道则南阳动,劫韩包周则赵自销铄,据卫取淇则齐必入朝。(《战国策·赵策二·苏秦从燕之赵始合从》)

③ 秦举安邑而塞女戟,韩之太原绝,下轵道,(道)南阳而伐魏,绝韩,包二周,即赵自消烁矣。(《战国策·赵策四·五国伐秦无功》)
秦正告魏曰:'我举安邑,塞女戟,韩氏太原卷。我下轵道,(道)南阳,封冀,包两周,乘夏水,浮轻舟,强弩在前,铦戈在后。'(《战国策·燕策二·秦召燕王》)

【《图集》】35−36③5 有"轵道",在今河南济源市东。

【校释】轵道,吴师道:"轵道即河内轵。"黄丕烈《战国策札记》:"史记作'我下轵,道南阳'。"钱大昕《史记考异》:"'道'非地名,盖言下轵之后,取道南阳耳。"《史记索隐》:"下轵道是河内轵县,言'道'者,亦衍字。徐广云'霸陵有轵道亭',非魏之境,其疏谬如此。"《史记集解》:"徐广曰:'霸陵有轵道亭,河东皮氏有冀亭也。'"关于"轵道",历代有两点争论:一是"轵道"到底指的是"霸陵有轵道亭",还是"河内轵县";二是到底是"下轵,道南阳",还是"下轵道,(道)南阳"。

关于第一点争论,从史料三"塞女戟""下轵道"所言的城邑来看,"安邑""女戟""南阳""绝韩""包二周"都说的是太行山以南,黄河以北之地,不可能在霸陵之轵道亭。范祥雍《战国策笺证》(1023页)辨曰:"张守节、鲍彪、张琦谓轵道属秦,即万年县之轵道亭,吴师道、程恩泽、顾观光谓属魏,即济源县之故轵城。两说歧异,言各成理。愚谓歧异之由,在于'下'字之解释不同。张守节等释'下'为下兵,'下轵道'谓从轵道下兵,故轵道属秦。然此'下'字恐非此义,'下'当释为攻下。苏秦传……下与此下相同,下与举对举,则为攻下义无疑。秦攻下轵道,则魏之南阳危动。文义明白,轵道不属秦无疑。"所辨甚为明了,"轵道"当在今河南济源市境内。关于第二点,从史料一"我取轵道"和史料二"下轵道则南阳动"来看,有"轵道"这个地名无疑。轵道的具体方位,《图集》35－36③5将其标绘在今河南济源市东,恐不妥。从史料"下轵道"来看,有两条路线:一条是自太行山南下到达轵之道;一条是自西向东到达轵之道。《图集》的标绘似取第一种,但是从《图集》所标绘轵道的方位来看,又不是自太行山直通轵,而是通到轵之东。从史料三的地缘政治逻辑来看,策士所言的秦国的军事战略是针对韩、魏而形势上削弱赵国,秦的军事战略:先攻下魏国的安邑,然后封女戟,切断韩国新郑与平阳之间的往来通道;然后东向攻占魏国的轵道,取道太行山以南,将冀这个区域攻下,对二周形成半包围圈。秦国无由在"举安邑,塞女戟"之后不自西向东"道南阳"而北上跋山涉水经今山西绛县－沁水县－阳城县然后南下轵道。这样来看,"轵道"当在轵以西。轵道的具体方位及走向,《肇域志·河南·怀庆府·济源县》:"轵关、狐岭关,皆在县西。〔眉批〕轵关,在县西,两山相夹,势颇险阻,战国置。本志:在西八十里王屋里,西通狐岭道。"当西起王屋(今河南济源市王屋镇),东至轵城(今河南济源市轵城镇)。

【标绘】J13

中人(中阳)

1 赵敬候十一年,魏、韩、赵共灭晋,分其地,伐中山,战于中人。(《史记·赵世家》)

2 赵孝成王七年,齐田单将赵师取燕中阳。(《史记·赵世家》)

齐安平君田单将赵师而攻燕中阳,拔之。又攻韩注人,拔之。(《史记·赵世家》)

【图集】37－38⑤10有"中人";35－36④6、37－38⑥7分别有"中阳"。

【校释】《读史方舆纪要·北直三·保定府·中山城》:"史记:赵敬候十一年,魏、韩、赵共灭晋,分其地,伐中山,战于中人。又'赵孝成王七年,齐田单将赵师取燕中阳'。"孔颖达曰:"即中人也。"其地,《读史方舆纪要·北直三·保定府·中山城》:"在(唐)县西北十三里峭领上。括地志:中山故城,一名中人亭。"其地为《图集》37-38⑤10之"中人",在今河北保定市唐县西北,但名称上,当校正为"中人(中阳)"。

【标绘】G15

中牟

1 桓公……筑五鹿、中牟、盖与、牡丘,以卫诸夏之地,所以示权中国也。(《国语·齐语》)

筑五鹿、中牟、邺盖与牡丘。(《管子·小匡》)

2 赵简子死,未葬,中牟入齐。已葬五日,襄子起兵攻之……中牟人闻其义,乃请降。(《淮南子·道应训》)

3 献侯少即位,治中牟。(《史记·赵世家》)

4 赵敬侯自中牟徙此。(《汉书·地理志·邯郸》)

5 齐师伐赵东鄙,围中牟。(《水经·渠水注》引《竹书纪年》)

卫得是藉也,亦收余甲而北面,残刚平,堕中牟之郭。(《战国策·齐策五·苏秦说齐闵王曰》)

6 昔魏徙大梁,赵以中牟易魏。(《水经·河水注》)

7 悼襄王元年,大备魏。欲通平邑、中牟之道,不成。(《史记·赵世家》)

【《图集》】35-36④7有"中牟",在今河南鹤壁。

【校释】"中牟"的位置,孙继民、郝良真《战国赵都中牟琐见》总结历来大致有四种说法①:一曰在今河南中牟县。《汉书·地理志·河南郡·中牟县》"赵献侯自耿徙此"支持此种说法,后来的《晋书·地理志》《太平寰宇记》《舆地广记》等均袭此说。一曰在漯水以北。《史记集解》"按中牟当在漯水之北"支持此种说法,"漯水"为黄河的支流,自濮阳黄河支流而出(详见本节"漯水"词条,孙继民注此条"在黄河之北"有误,今改之)。一曰在今河南汤阴县西牟山之侧。《史记正义》"荡阴县西五十八里有牟山,盖中牟邑在山侧也"支持此种说法。一曰在邢台邯郸之间。《中国古今地名大辞典》"春秋晋地。……疑在邢台、邯郸之间"支持此种说法。《图集》依《史记

---

① 孙继民、郝良真:《战国赵都中牟琐见》,《河北学刊》,1987年第5期,第64-68页。

正义》之说,将其标绘在今河南汤阴县西。

"中牟"的地望,具体可通过其沿革来考察。史料一记载中牟城是齐桓公时期(前685—前643)修筑,用于向中原诸侯示威,可见中牟在齐国境内之西。据此史料,可知中牟最早是齐国城邑。史料二言赵简子去世之时(前490),齐伐赵中牟,不久又归还赵国。据此史料,中牟为齐、赵边城。史料三、四言中牟在赵献侯时期(前423)是赵国首都,赵敬侯即位后(前386)将首都从中牟迁到邯郸。史料五言公元前382年齐、赵、卫曾争夺中牟,可见中牟为齐、赵、卫边城。史料六言公元前361年赵、魏易地,赵国将中牟给魏,魏将魏城给赵。史料七言公元前244年赵修筑平邑通往中牟的道路,未成。平邑在今南乐县东北,中牟若在今河南汤阴县西,赵国修平邑通往中牟的道路,要跨黄河,而且路途遥远,修筑此路完全没有意义。以上史料都证实"中牟"在齐、晋(赵)、卫边境,时而属齐,时而属卫,时而属晋(赵)。以上四种说法中,《史记集解》"在漯水之北"最可接受。

其具体的方位,吕苏生《鲜于中山国事表疆域图说补释》(29页):"中牟,在今河北省大名、河南省南乐及山东省聊城之间,当时的黄河东岸。"不知吕苏生谓中牟在河北大名、河南南乐与山东聊城之间何据。范祥雍《战国策笺证》(679页)所辨与吕苏生同:"中牟在今河南南乐、河北大名、山东聊城之间。"赵国的中牟当在河南濮阳市清丰县、南乐县以东,范县以西。

【标绘】J16

中邑

[1] 中邑。(转引自《战国政区地理》)

【《图集》】无。

【补释】后晓荣《战国政区地理》(127页):"战国方足布有'中邑'布。中邑,地名,文献最早见于西汉初年中邑侯,其地望即西汉渤海郡中邑县。……从赵国'中邑'布币看,战国中邑属赵地,并为赵县,故城在今河北省沧县界。"后说可从,其地在今河北沧州市境内,具体方位如《图集》第二册27—28④3之"中邑县"所示。

【标绘】G18

钟离

[1] 齐有处士曰钟离子。(《战国策·齐策四·齐王使使者问赵威后》)

【《图集》】45—46③5 有"钟离"。

【补释】《括地志》:"钟离故城在沂州丞县界。"《路史·国名记》:"钟离国,子爵,徐之别封,今沂之丞有钟离城,乃晋、吴会处。"程恩泽《国策地名考》:"今为山东兖州府峄县。"三家所辨均为一处,其地当在今山东枣庄市峄城区。

【标绘】K18

州

① 赵氏惧,楚人救赵而伐魏,战于州西。(《战国策·齐策五·苏秦说齐闵王曰》)

【《图集》】35—36③6 有"州县",今河南温县东北、沁阳西南;45—46④3 有"州",在今武汉市东南嘉鱼县。

【补释】此"州",《图集》35—36③6"州县"在今河南沁阳市以东。楚国救赵,兵力没有理由孤军越过韩、魏及黄河到河南沁阳市以东来救援,其地应在楚北、魏大梁之南为是,其地大致在今河南许昌市鄢陵县东北、开封市尉氏县东南。

【标绘】K15

州

① 韩宣子徙居州。(《史记·韩世家》)

② 十四年,州工师明、冶乘。(《集成》11269【十四年州戈】)

【《图集》】35—36③6 有"州县",今河南温县东北、沁阳西南;45—46④3 有"州",在今武汉市东南嘉鱼县。

【补释】《史记索隐》:"宣子名起。州,今在河内是也。"《史记正义》:"括地志云:'怀州武德县本周司寇苏忿生之州邑也。'"《史记地名考》:"今沁阳县东南。"史料二,周翔引《中国历史地名大辞典》:"西周时有州邑,春秋时晋置为县,战国属魏,在今河南温县东北。"其方位为《图集》35—36③6"州县"所示,但其名称当作"州"而非"州县","州县"乃秦时之县名,战国时称"州",地在今河南焦作沁阳市东南。

【标绘】J14

筑阳

① 筑水又东经筑阳县故城南,县,故楚附庸也。秦平鄢、郢,立以

第二章 《中国历史地图集》战国地名及方位校补(前333)

为县。(《水经·沔水注》)

【《图集》】无。

【补释】从史料,秦平鄢、邓,即《史记·秦本纪》:"(前279)二十八年,大良造白起攻楚,取鄢、邓。"立以为县,可知彼时秦有筑阳县。公元前279年之前,筑阳属楚。筑阳之地理方位,《汉书·地理志》:"新野、筑阳,故谷伯国,莽曰宜禾。"地在今湖北谷城东,具体方位如《图集》第二册7—8⑦2之"筑阳"。

【标绘】M12

浊鹿

① 燕人伐赵,围浊鹿,赵武灵王及代人救浊鹿。(《水经·漯水注》引《竹书纪年》)

【《图集》】37—38④10有"浊鹿",在今河北涞源县西北;又41—42③2有"独鹿",为区域名,在今河北涿鹿县东南。

【校正】"浊鹿",又称"独鹿""涿鹿"。《中国古今地名大辞典》:"汉置。后魏末省。故城在今直隶涿鹿县南。"《太平寰宇记·河北道二十·妫州·怀戎县·涿鹿山》:"山下有涿鹿城。"《读史方舆纪要·北直八·保安州·涿鹿城》:"魏土地记:'下洛县东南六十里有涿鹿城。'"下落县,即今涿鹿县,其东南六十里之涿鹿城,即今河北省张家口市涿鹿县矾山镇三堡村北50米处涿鹿故城。《图集》37—38④10有"浊鹿",位置当校正在今矾山镇三堡村北50米处涿鹿故城,41—42③2"独鹿"当删去。

【标绘】E16

浊泽(涿泽、盐池)

① 三年,太公与魏文侯会浊泽,求为诸侯。魏文侯乃使使言周天子及诸侯,请立齐相田和为诸侯。周天子许之。……田和立为齐侯,列于周室,纪元年。(《史记·田敬仲完世家》)

② 武侯元年封公子缓。赵侯种、韩懿侯伐我,取蔡,而惠王伐赵,围浊阳。(《史记·赵世家》司马贞《索隐》引《竹书纪年》)
六年……伐魏,败涿泽,围魏惠王。(《史记·赵世家》)
六,败魏涿泽,围惠王。(《史记·六国年表·赵》)

③ 懿侯说,乃与赵成侯合军并兵以伐魏,战于浊泽,魏氏大败,魏君围。(《史记·魏世家》)

4 秦败我修鱼,虏得韩将叟、申差于浊泽。(《史记·韩世家》)

【《图集》】35—36④3 有"浊泽(涿泽)",在今山西运城市解州;35—36④6 有"浊泽(蜀潢)",在今河南新郑市西南。

【校释】《图集》将"浊泽"标绘在今河南新郑市西南,于以上史料均解释不通。史料一言前 389 年[①]田姓齐太公田和与魏文侯在浊泽会晤,彼时魏国首都在安邑(今山西夏县西北),齐太公田和会晤魏文侯魏斯的主要目的是请求魏国向周天子进言立田姓为诸侯。田和有求于魏文侯,会晤的地点辗转到离魏国首都极为遥远的今河南新郑市西南,可能性不大。史料二(前370)、史料三(前369)为魏武侯逝世之时,韩、赵欲趁魏国国丧联合魏国公子缓与公子罃争夺王位而伐魏。《史记·魏世家》载"惠王元年,初,武侯卒也,子罃与公中缓争为太子。……懿侯说,乃与赵成侯合军并兵以伐魏,战于浊泽",此时魏国的首都在安邑(今山西夏县西北)。韩、赵伐魏取蔡(详本节"葵"词条),将刚刚即位的魏国国君魏罃围在浊阳。此浊阳在今河南新郑西南的可能性也不是很大,魏国公子魏罃与公子缓争立王位,二人当在首都安邑,公子魏罃不可能离开首都安邑,更不可能在远离首都安邑几百里的今河南新郑市西南被韩魏围住。此浊阳,在今山西夏县附近的"浊泽"之北似更合理。其实这一点,在《读史方舆纪要·山西三·平阳府·解州·浊泽》和《史记正义》中早已讨论过。《读史方舆纪要》:"括地志:'出解县东北平地,即涿水也。'……史记:'赵成侯六年,伐魏取涿泽。'又魏世家:'惠王初立,韩懿侯、赵成侯合兵伐魏,战于浊泽,大破之,遂围魏。'是时,魏都安邑。徐广以为河南之浊泽,误也。今湮。"《史记正义》:"徐广云长杜有浊泽,非也。括地志云:'浊水源出蒲州解县东北平地。'尔时魏都安邑,韩、赵伐魏,岂河南至长杜也?解县浊水近于魏都,当是也。"两则考辨均认为浊泽在今山西解州一带,这是符合时空逻辑的。史料四的时间为公元前 317 年,所载"浊泽"之地望,《图集》受《史记集解》("徐广曰:'长社有浊泽。'")之影响,将其标绘在今河南新郑市西南、长葛县西北。但是,从地缘时空逻辑上推断,公元前 317 年秦"虏得韩将叟、申差于浊泽"之"浊泽"在今河南郑州市西南的可能性也不大。从地理上,秦东向至韩,只有为数不多的几条路线,阴晋—湖关—函谷关—曲沃—陕焦—郁塞为其中一条,公元前 317 年,秦国还没有打通这条路。史料记载,公元前 332 年阴

---

① 据"齐康公十四年"的第三年,推此事为公元前 389 年。

晋自魏转属秦,虽转属秦,但阴晋周边的华阴仍属魏,《资治通鉴·显王三十七年》:"(前332)魏以阴晋为和于秦,实华阴。"公元前330年,秦围焦、曲沃(《史记·六国年表·魏》"(前330)五,与秦河西地少梁。秦围我焦、曲"),迟至公元前329年魏之焦降秦(《史记·秦本纪》"(前329)围焦,降之"),公元前327年秦又归焦、曲沃于魏(《史记·秦本纪》"(前327)秦……归魏焦、曲沃"),公元前324年秦伐取魏之陕(《资治通鉴·显王四十五年》"(前324)秦张仪帅师伐魏,取陕"),公元前322年伐取魏之曲沃(《史记·六国年表·魏》"(前322)十三,秦取曲沃"),直到公元前314年才将魏国的焦、曲沃完全底定(《史记·魏世家》"(前314)秦使樗里子伐取我曲沃"、《史记·秦本纪》"(前314)樗里疾攻魏焦,降之")。从上面的逻辑来看,秦有郢塞当在公元前314年之后。而秦攻下韩国之宜阳,是在公元前307年(《史记·韩世家》"(前307)秦拔我宜阳,斩首六万"、《史记·秦本纪》"(前307)拔宜阳,斩首六万");攻下韩国武始的时间在公元前294年(《史记·秦本纪》"(前294)十三年,向寿伐韩,取武始。左更白起攻新城。五大夫礼出亡奔魏。任鄙为汉中守"),攻下负黍、阳城的时间更晚,怎么可能在短短一年时间内穿过层层防守障碍追击韩国到今河南延津县西南之修鱼,然后回兵南下穿过韩国首都新郑及周边的山川城邑,在今河南新郑市西南的浊泽大败韩国?秦"虏得韩将叟、申差于浊泽"之"浊泽",方位不可能在今河南新郑市西南,当是解州之"浊泽"。

此"浊泽",《图集》实际上是有标绘的,《图集》将其标绘在今山西运城市解州镇东。实际上,从史料一、二、三来看,浊泽当距魏国首都安邑极近才更合理。《读史方舆纪要·山西一·盐池》:"盐池,在平阳府解州东三里。又安邑县西南二十里亦有盐池,与解为两池。盖一池而分东西二池也。……又有女盐池,在解州西北三里,东西二十五里,南北二十里。"《肇域志·山西·平阳府·解州》:"近安邑者为东盐池,近路村者为中池,近解州者为西盐池。"也就是说,在今山西解州和山西夏县有三个和"盐池"相关的池:一为"女盐池",即今解州西北的"硝池";一为解州"盐池",即今解州东三里的"盐池";一为安邑"盐池",即今山西夏县西南二十里的"运城盐池"。《读史方舆纪要·山西一·盐池》引《外纪》云:"周穆王亦至安邑观盐池。"可见,安邑盐池在上古时期是存在的。可能由于"池水……紫色澄渟,浑而不流"①，因此又称其为"浊泽"。

　　从上面的考辨，大致可以得出：(1)《史记正义》所说的"解县浊水近于魏都，当是也"的判断虽然大致认定浊泽在解州一带，但仍是不准确的，"浊泽"当是安邑盐池，而不是解州盐池。(2)"女盐池"不仅在上古时期存在，在唐宋以后也仍存在，《图集》漏掉了今解州西北的"女盐池"，当补正。(3)解州盐池和安邑盐池并非是一池的西、东两端，而应该是分开的，《图集》将其标绘为一个池，实际上将此二池混为一谈了。分开后的名称，均可名"盐池"。(4)安邑盐池，除了"盐池"称谓外，按传世史料，还别称"浊泽(涿泽)"。

　　这样，需要对《图集》第一册的诸多标绘地点进行修正：(1)新增"女盐池"；(2)《图集》的"浊泽(涿泽)"校正为解州"盐池"、安邑"盐池"，其中安邑盐池的名称当为"浊泽(涿泽、盐池)"；(3)《图集》第一册 35—36④6 今河南新郑西南之"浊泽(浊潢)"在战国史料上不存在，当删去；(4)"秦败韩于修鱼"之"修鱼"，不可能为今河南延津县西南之"修鱼"，"惠成王伐赵，围浊阳"之"浊阳"，也不可能在今河南新郑市西南。浊阳，当是安邑盐池(即"浊泽")以北之地；"修鱼"当在浊阳以西，秦在修鱼会战中战胜韩国，然后追击至浊泽附近俘虏韩将叟、申差。

【标绘】J12—K12

浊阳

|1| 武侯元年封公子缓。赵侯种、韩懿侯伐我，取蔡，而惠王伐赵，围浊阳。(《史记·赵世家》司马贞《索隐》引《竹书纪年》)

【《图集》】无。

【补释】根据对"浊泽(见本章'浊泽(涿泽、盐池)')"的考辨，浊阳，当浊泽之北，在今山西解州西浊泽以北。

【标绘】K11

---

① 《水经·涑水注》："盐池……紫色澄渟，浑而不流，水出石盐，自然印成，朝取夕复，终无减损，惟山水暴至，雨潦潢潦奔轶，则盐池用耗。故公私共堨水径，防其淫滥，谓之盐水，亦谓之为堨水。山海经谓之盐贩之泽也。"

第三节　公元前333年以降地名变更系年

本章第二节只是对公元前333年这个时间点的地图底图进行了考订。公元前333年之后,各诸侯国疆域变化的同时,地名及地理标志相应有所变更。本节将在上一节的基础上,将这些变更的地名及地理标志以系年的形式标明。

公元年	史料及考释
前332	秦将"阴晋"更名为"宁秦" [1] 六,魏以阴晋为和,命曰宁秦。(《史记·六国年表·秦》) 【考释】据此史料,自公元前332年之后,有"宁秦"而无"阴晋"之名。 黄河侵夺"繁水"河道 [1] 十八年,齐、魏伐我,我决河水灌之,兵去。(《史记·赵世家》) [2] 与魏伐赵,赵决河水灌齐、魏,兵罢。(《史记·田敬仲完世家》) [3] 十八,齐、魏伐我,我决河水浸之。(《史记·六国年表·赵》) 【考释】详见本章第二节"河"词条。
前331—前327年之间某年	秦新置"乌氏县" [1] "括地志云:'乌氏故城,在泾州安定县东三十里,周之故地,后入戎。秦惠王取之,置乌氏县也。'"(《史记正义》) 【考释】详见第七章第一节。
前331至前320年之间某年	秦新置"朐衍县" [1] 秦惠文王更元五年,王游至北河。(《史记·秦本纪》) 【考释】详见第七章第一节。
前327	"少梁"更名为"夏阳";秦置"义渠县" [1] 十一年,县义渠。……义渠君为臣。更名少梁曰夏阳。(《史记·秦本纪》) 【考释】据此史料,公元前327年更"少梁"名"夏阳"易见。义渠县的设置当是一种虚设,详见第七章第二节。

续表

公元年	史料及考释
前316	秦新置"蜀郡""巴郡" ① 卒起兵伐蜀,十月取之,遂定蜀。蜀主更号为侯,而使陈庄相蜀。蜀既属,秦益强富厚,轻诸侯。(《战国策·秦策一·司马错与张仪争论于秦惠王前》) ② 秦惠王二十七年,遣张仪与司马错等灭蜀,遂置蜀郡焉。(《水经·江水注》) ③ 周慎王五年……仪贪巴、苴之富,因取巴,执王以归,置巴、蜀及汉中郡。(《华阳国志·巴志》) ④ [正面]卅四年,蜀守□造。西工师□、丞□、工□。[背面]成。十。邛。陕。(《二编》1253【卅四年蜀守戈】) 【考释】史料二时间有误,秦灭蜀时间为秦惠王二十二年。史料四出土秦兵器铭文"蜀守"可反证史料二、三秦设"蜀郡"。
前315	"阳"更名为"河雍""向"更名为"高平" ① 郑侯使韩辰归晋阳及向。二月,城阳、向,更名阳为河雍,向为高平。(《水经·济水注》引《竹书纪年》) 【考释】据此史料,"阳"更名为"河雍"、"向"更名为"高平"至为明显。
前314	秦新置"左邑县" ① 又赧王元年,秦复伐魏,取曲沃而归其人,秦谓之左邑。(《读史方舆纪要·山西三·平阳府·闻喜县·左邑城》) 【考释】详见本章第二节"左邑"词条。
前313之前不久	秦"商"更名"新郢" ① 求取吾边城新郢及郏、长、敕。(《秦诅楚文》之《告大沈厥湫文刻石》) 【考释】杨宽《战国史料编年辑证》(559—600页):"所谓'新郢及郢',实即商、於,长、敕不过是附近之小地名。考此地之商,原名商密,在今河南淅川县西南,原为鄀之国都。鄀为秦、楚界上小国,楚成王时取得其地,改建为县,称为商县。楚成王尝使司马子西为商公。商於之地原为楚地,此时为秦所占有。新郢疑即秦取得此商县后改名。……商县改名为新郢,盖秦已有地名商,即商鞅之封邑。因而将商县更名。此时秦、楚之间边城,惟商、於两城常连称,称为'商、於之地',与此所谓'新郢及於'相当。新郢之即商改名,当可论定。"

续表

公元年	史料及考释
前312	秦置"汉中郡" ① 十三年，庶长章击楚于丹阳，虏其将屈匄，斩首八万；又攻楚汉中，取地六百里，置汉中郡。楚围雍氏，秦使庶长疾助韩而东攻齐，到满助魏攻燕。（《史记·秦本纪》） 【考释】秦新置"汉中郡"至为明显。
前311	秦置"邛（临邛）" ① ［正面］卅四年，蜀守□造。西工师□、丞□、工□。［背面］成。十。邛。陕。（《二编》1253【卅四年蜀守戈】） 【考释】周翔引《中国历史地名大辞典》①："面边缘处一铭'十'，系此戈编号。'成''邛''陕'均为此戈置用地名。成，成都，惠文王二十七年置，治所即今四川成都市。邛，临邛，亦秦所置县，治所即今四川邛崃县。陕，一作焦，本战国魏地，此时已入秦，即今河南陕县。"秦惠文王二十七年，即公元前311年，秦惠文王设置"成（成都）""邛（临邛）"。"邛（临邛）"，其地在今四川成都市邛崃市。据此史料，在秦惠文王二十七年（前311）之前，无"邛（临邛）"。 秦置"成（成都）" ① ［正面］卅四年，蜀守□造。西工师□、丞□、工□。［背面］成。十。邛。陕。（《二编》1253【卅四年蜀守戈】） 【考释】同上。"成（成都）"，其地在今四川成都市。据此史料，在秦惠文王二十七年（前311）之前，无"成（成都）"。
前311－前279	燕新筑"王公台""金台" ① 志云：州东南十八里有王公台，亦燕昭王所筑以养士处。（《读史方舆纪要·北直三·易州·金台》） ② 州东南三十里。图经：台在易水东南十八里，燕昭王筑以事郭隗。（《读史方舆纪要·北直三·易州·金台》） 【考释】燕昭王在位时间为公元前311年至公元前279年，按《读史方舆纪要》，王公台、金台都在今河北易县东南。

---

① 周翔：《战国兵器铭文分域编年研究》，浙江师范大学硕士论文，2013年，第214页。

公元年	史料及考释
前311—前279	燕"候台"更名"五花台" [1] 在州治西。相传周武王所筑,为日者占候之所。战国时,燕昭王建五楼于其上,更名五花台。(《读史方舆纪要·北直三·易州·候台》) 【考释】《弘治易州志》:"候台,在州治西五十步,相传周武王所筑,为日者占候之所,十景有'候台清晓'。"据《读史方舆纪要》,"五花台"在今河北易县西,但"五花台"之名的出现,当在燕昭王即位之后,燕昭王之前,当据周武王时之称,称"候台"为是。
前310—前307	秦新筑"羽阳宫" [1] 有羽阳宫,秦武王起。(《汉书·地理志·陈仓》注) 【考释】《渑水燕谈录》卷八:"秦武公作羽阳宫在凤翔宝鸡县界,岁岁不可究知其处。"后根据考古发现,其地当大致在今陕西宝鸡市金台区卧龙寺东站的秦汉陈仓故城内。[1]
前307	秦新筑"武遂"城 [1] 秦拔宜阳,斩首六万。涉河,城武遂。(《史记·秦本纪》) 　　四,拔宜阳城,斩首六万。涉河,城武遂。(《史记·六国年表·秦》) 【考释】详见本章第二节"武遂"词条。
前306—前251	秦新筑"长阳宫""射熊馆" [1] 有长阳宫,有射熊馆,秦昭王起。(《汉书·地理志·盩厔》注) 【考释】按《汉书·地理志·盩厔》注,其地在今陕西西安市周至县东。在秦昭王之前的公元前333年,无"射熊馆"之称。
	秦新筑"棫阳宫" [1] 棫阳宫,昭王起。(《汉书·地理志·雍》注) 【考释】《三辅黄图》:"棫阳宫,秦昭王所作,在今岐州扶风县东北。"位于今陕西扶风县东北。需注意的是,秦昭王之前无"棫阳宫"之称。

---

[1] 陈直:《汉书新证》,天津:天津人民出版社,1980年。

续表

公元年	史料及考释
前304—前265	秦新筑"虢宫" ⊡ 虢宫,秦宣太后起也。(《汉书·地理志·虢》注) 【考释】在今陕西扶风县东北二十里法门镇①。秦宣太后执政至逝世的时间为公元前304—前265年。 秦新筑"高泉宫" ⊡ 有高泉宫,秦宣太后起也。(《汉书·地理志·美阳》注) 【考释】其地在今陕西武功县西北。
前300—前296	赵新修"赵武灵王长城",新置"云中郡""雁门郡""代郡" ⊡ 赵武灵王亦变俗胡服,习骑射,北破林胡、楼烦,筑长城,自代并阴山下,至高阙为塞,而置云中、雁门、代郡。(《史记·匈奴列传》) 【考释】《读史方舆纪要·山西六·大同县·长城》:"郦道元曰:白道岭左右山上有垣若颓基焉,沿溪亘岭,东西无极,疑赵武灵王所筑也。"《通典》:"战国时赵武灵王北破林胡、楼烦。筑长城,自代并阴山至高阙为塞。而置云中、雁门、代郡。"其地在今呼和浩特市北郊一带。按《读史方舆纪要》之记载,赵武灵王北破林胡楼烦的时间为公元前300年,筑长城,置云中、雁门、代郡的时间当为公元前300年之后,而赵武灵王逝世的时间为公元前296年,故时间限定在公元前300至公元前296年。
前300年之后	燕新筑"燕长城",新置"上谷郡""渔阳郡""右北平郡""辽西郡""辽东郡" ⊡ 其后,燕北有东胡、山戎。……燕贤将秦开破走东胡,东胡却千余里。筑长城,自造阳至襄平。置上谷、渔阳、右北平、辽西、辽东郡以拒胡。(《史记·匈奴列传》) 【考释】史料所谓"其后",杨宽《战国史料编年辑证》:"指的是赵武灵王北破林胡、楼烦置云中、雁门、代郡之后。"赵武灵王北破林胡、楼烦置云中、雁门、代郡的时间为公元前300年,所谓当为公元前300年之后。具体的时间,吕祖谦《大事记·解题》:"秦开不知当燕何君之世,然秦武阳乃开之孙,计其年,或在昭王时。"又,秦开"破走东胡"之后才"筑长城,自造阳至襄平。置上谷、渔阳、右北平、辽西、辽东郡以拒胡",可见,设置上谷、渔阳、右北平、辽西、辽东郡的时间在公元前300年之后,具体时间不可考。燕长城的走向,西起造阳,东至襄平。

---

① 后晓荣、陈晓飞:《秦汉雍五畤地望新探》,《秦汉文化论丛》,2003年,第258页。

续表

公元年	史料及考释
前299	魏"鄢陵"升格为"安陵国" ① 八年,使将军芈戎攻楚,取新市。齐使章子,魏使公孙喜,韩使暴鸢共攻楚方城,取唐眛。赵破中山,其君亡,竟死齐。魏公子劲、韩公子长为诸侯。(《史记·秦本纪》) 【考释】据《战国策·楚策二》"魏相翟强死,魏立公子劲为相",《史记·秦本纪》"(秦昭王八年,)魏公子劲、韩公子长为诸侯"和《战国策·魏策四·秦王使人谓安陵君》"安陵君受地于先王而守之,虽千里不敢易也",魏公子劲当封安陵。
前298年至 前263年 之间	楚国"方城"新增西半部分 ① 晋师遂侵方城之外,复伐许而还。(《左传·襄公十六年》) ② 以聚常、郯之境,则方城之外不南。(《史记·越王勾践世家》) ③ 且魏有南阳、郑地、三川而包二周,则楚方城之外危。(《战国策·西周策·韩魏易地》) ④ 起兵临羊肠,楚闻之,发兵临方城,而易必败矣。(《战国策·韩策二·公仲为韩魏易地》) ⑤ 几瑟亡在楚,楚王欲复之甚,令楚兵十余万在方城之外。(《战国策·韩策二·冷向谓韩咎》) ⑥ 齐使章子、魏使公孙喜、韩使暴鸢共攻楚方城,取唐眛。(《史记·秦本纪》) 【考释】方城,详见本章第二节"方城"词条。楚顷襄王在位执政的时间为公元前298年至公元前263年。据杨宽的考辨,公元前333年,楚国的方城只有《图集》所标绘方城的东半部。
前296	"中山国"从版图上消失 ① 三年,灭中山,迁其王于肤施。(《史记·赵世家》) 【考释】公元前296年,赵、燕、齐三家灭中山,中山国自此从战国版图上消失。

第二章 《中国历史地图集》战国地名及方位校补(前333) 255

续表

公元年	史料及考释
前296	赵更"仇由(盂縣)"为"源仇城" [1] 春秋时仇犹国,后并于晋,赵献子使孟丙为孟大夫。哀四年齐国夏伐晋,取孟。战国时为赵之源仇城。(《读史方舆纪要·山西二·孟县》) 【考释】据此史料,赵国更中山国"仇由(盂縣)"为"源仇城"。
前294	韩新筑"新城" [1] 亲魏善楚,下兵三川,塞轘辕、缑氏之口,当屯留之道,魏绝南阳,楚临南郑,秦攻新城、宜阳,以临二周之郊,诛周主之罪,侵楚、魏之地。(《战国策·秦策一·司马错与张仪争论于秦惠王前》) 十三年,向寿伐韩,取武始。左更白起攻新城。五大夫礼出亡奔魏。任鄙为汉中守。(《史记·秦本纪》) 白起者,郿人也。善用兵,事秦昭王。昭王十三年而白起为左庶长,将而击韩之新城。(《史记·白起列传》) 韩氏城新城,期十五日而成。(《吕氏春秋·开春》) 【考释】《史记正义》引《括地志》:"洛州伊阙县本汉新城县,隋文帝改为伊阙,在洛州南七十里。"杨宽《战国史料编年辑证》(728页)考辨曰:"此新城,既名新城,亦可统称为伊阙。白起于昭王十三年所攻者为新城,编年记统称为伊阙,白起于十四年又大破韩、魏于伊阙。是役相战两年,白起先攻克韩之新城,继而韩得魏之助,退守伊阙,白起又大破之。此一新城建于称为龙门之伊阙以南五十里,当时亦可统称为伊阙。此新城与楚之新城不同。楚之新城更在其西南约五十里,在今伊川县西南。"所辨甚是,其地当在今河南洛阳洛龙区龙门镇南。但其出现,当在公元前306年秦攻宜阳前后。
前294之后不久	逍遥台 [1] 逍遥台,在故薛城南十里。左传庄公三十一年"筑台于薛",即此台也。齐宣王时,孟尝君归薛,乃更筑之,名曰逍遥。(《读史方舆纪要·山东三·滕县·临城驿》) 【考释】据《读史方舆纪要》,其地当在今山东枣庄市薛城区南,在孟尝君归薛之前,有台,但不知其名,孟尝君归薛之后,名"逍遥台"。孟尝君归薛之时间有两次,一次为"田甲劫持齐闵王"(前294)之后,后不久被召回。第二次是孟尝君为魏宰相协助五国攻齐后,返回薛地,时间当在公元前284年之后。此史料明言"齐宣王时",当在公元前294年之后不久。

续表

公元年	史料及考释
前291	"宛""邓""陶"从城邑变为封国 ① 十六年,左更错取轵及邓。厘免。封公子市宛,公子悝邓,魏冉陶,为诸侯。(《史记·秦本纪》) 【考释】秦昭王封公子市于宛,公子悝于邓,魏冉于陶,此三地当从普通城邑升格为封国。
前284	齐"昌国"变为燕国之封国 ① 燕昭王大悦,亲至济上劳军,行赏飨士,封乐毅于昌国,号为昌国君。(《史记·乐毅列传》) 【考释】燕联合五国之军伐齐,唯"即墨""莒"不下,燕昭王将攻下的齐临淄附近的昌国分封给乐毅。据此史料,"昌国"由普通城邑升格为封国。
前279	"安平"从城邑变为封国 ① 襄王在莒五年,田单以即墨攻破燕军,迎襄王于莒,入临菑。齐故地尽复属齐。齐封田单为安平君。(《史记·田敬仲完世家》) 【考释】齐田单复国后,齐襄王分封安平给田单。据此史料,安平从普通城邑变为封国。 秦置"南郡" ① 廿年四月丙戌朔丁亥,南郡守腾谓县、道啬夫。(《秦出土文献编年》一五七之《睡虎地秦简〈语书〉》) ② (秦始皇)十九年,□□□□南郡备敬(警)。(睡虎地秦简《编年记》) ③ 二十九年,大良造白起攻楚,取郢为南郡。(《史记·秦本纪》) 【考释】王辉:"睡简整理小组云:'南郡地区原来是楚国的地方。秦昭王二十八年(公元前279年),命白起率军攻楚:'拔鄢、邓五城';其明年,攻楚,拔郢,烧夷陵,遂东至竟陵',在新占领的楚北部地区设置了南郡。'"史料一、二、三均支持秦新置"南郡"。 秦置"筑阳县" ① 筑水又东经筑阳县故城南,县,故楚附庸也,秦平鄢、郢,立以为县。(《水经·沔水注》) 【考释】秦平鄢、郢时间为公元前279年。据此史料,秦新置"筑阳县"。

续表

公元年	史料及考释
前277	秦置"黔中郡",楚"江南""巫郡""黔中郡"消失 ① 三十年,蜀守若伐楚,取巫郡,及江南,为黔中郡。(《史记·秦本纪》) ② 二十二年,秦复拔我巫、黔中郡。(《史记·楚世家》) ③ 二十二,秦拔我巫、黔中。(《史记·六国年表·楚》) 【考释】秦取楚巫郡、江南郡、黔中郡后新置黔中郡。
前276	楚置"洞庭郡" ① 二十三年,襄王乃收东地兵,得十余万,复西取秦所拔我江旁十五邑以为郡,距秦。(《史记·楚世家》) 【考释】楚反攻秦,收复江南十五邑,新置"洞庭郡"。此"江南",正在楚郢都对岸长江以南。
前273	秦新置"陇西郡""北地郡""上郡" ① 至赧王四十三年,宣太后诱杀义渠王于甘泉宫,因起兵灭之,始置陇西、北地、上郡焉。(《后汉书·西羌传》) ② 二十七年,始皇巡陇西、北地,出鸡头山。(《史记·秦始皇本纪》) ③ 暴师于外十余年,居上郡。(《史记·蒙恬列传》) 【考释】史料一,秦新置"陇西郡""北地郡""上郡"至为明显。史料二、三可佐证史料一的记载。
前272	秦新置"南阳郡" ① 初置南阳郡。(《史记·秦本纪》) ② 十六年九月,发卒受地南阳假守腾。(《史记·秦始皇本纪》) 【考释】史料一,秦新置"南阳郡"至为明显。史料二可佐证史料一的记载。
前?—前264	秦新置"河东郡" ① 昭王召王稽,拜为河东守。(《史记·范雎蔡泽列传》) ② 北收上郡以东,有河东、太原、上党郡。(《史记·秦始皇本纪》) 【考释】史料一,"河东守"可知秦昭王之前已设有河东郡,具体设置时间不详。史料二可佐证史料一的记载。

续表

公元年	史料及考释
前265	赵置"邸阁城"，赵"东武城"从普通城邑升格为封国 【考释】《太平寰宇记·河北道五·贝州·清阳县》引《地理志》："古邸阁城，在清阳县东三十七里。赵平原君封东武城，为别邑于此，筑城以贮器械，因以名之。"平原君封东武城的时间在赵孝成王元年（前265），当在今河北清河县境。
前265—前245	檀台 ①二十年，魏献荣椽，因以为檀台。（《史记·赵世家》） ②赵孝成王造檀台，有宫，为赵别都，以朝诸侯，故曰信都。（《太平寰宇记·河北道八·邢州·龙岗县》引李公绪《赵记》） 【考释】《史记集解》："徐广曰：'襄国县有檀台。'"《史记索隐》："刘氏云'荣椽盖地名，其中有一高处，可以为台'，非也。按：荣椽是良材，可为椽，斫饰有光荣，所以魏献之，故赵因用之以为檀台。"《史记正义》："郑玄云：'荣，屋翼也。'说文云：'椽，榱也。屋梠之两头起者为荣椽。'括地志云：'檀台在洺州临洺县北二里。'"钱穆《史记地名考》："赵檀台，今沙河县南。临洺，今永年县西。"据此，其地当在今河北邢台市沙河市南、邯郸市永年县西，具体方位如《图集》第二册东汉时期47—48⑤2"檀台"所示。按《太平寰宇记》，赵孝成王（前265—前245在位执政）之前，无"檀台"之地。
前264	韩新筑城于汾水之旁 ①九年，秦拔我陉。城汾旁。（《史记·韩世家》） 九，秦拔我陉。城汾旁。（《史记·六国年表·韩》） 【考释】据此史料，韩国在陉城附近汾水之旁修筑军事防御的城墙。
前260	赵鄣 ①六月，陷赵军，取二鄣四尉。（《史记·白起王翦列传》） ②取上党，秦陷赵军，取二鄣、四尉。（《读史方舆纪要·山西五》） 【考释】《史记索隐》："鄣，堡城。"《史记正义》："括地志云：'赵鄣故城一名都尉城，今名赵东城，在泽州高平县西二十五里。又有故谷城。此二城即二鄣也。'"王树新等《战国长平之战新考》(78页)："二鄣城，在何处？……以地形地望考之，光狼城即赵东城。故谷城即今秦城村，当

第二章 《中国历史地图集》战国地名及方位校补（前333） 259

续表

公元年	史料及考释
前260	地百姓又呼之为西城、小城。当地素有'赵东城''秦西城'之说,这不只是指二郡城的方位,还说明秦、赵两军在东西二郡城对峙厮杀了一定的时间。"王说可从。赵郡实际上为两座城,一曰赵东城,一曰谷城。赵东城,即光狼城；谷城,其地当在今山西晋城高平市西秦城村。其名称和方位的出现在公元前260年秦、赵长平之战前后。 赵垒 【考释】《史记正义》："赵西垒在泽州高平县北六里是也,即廉颇坚壁以待秦,王龁夺西垒壁者。"王树新等《战国长平之战新考》(79页)："高平县地名志(51页)：'王降,地处丘陵,位于县城西北3公里处。'真正的'西垒壁',正是从谷口北侧的王降村起始,到河泊、草芳等由沁河西来的各处山谷路口土岭台地上所筑的军营堡垒。" 赵壁 ① 壁坚拒不得入,而秦奇兵二万五千人绝赵军后,又一军五千骑绝赵壁间,赵军分而为二,粮道绝。(《史记·白起王翦列传》) 【考释】《史记正义》："赵壁今名赵东垒,亦名赵东长垒,在泽州高平县北五里,即赵括壁败处。"王树新等《战国长平之战新考》(79页)引《高平县地名志》(48—49页)："企甲院,地处丘陵,距城四里；围城,地处丘陵,距城六里。这二处都是当年赵军的营垒。长平大战末期,赵括兵败,率中军大营从驻地今三军村出发,沿韩王山台地向南,出石门大营,企图避开秦军主力,折向西南,经米山、东西韩村、出白陉口回赵国。但老谋深算的白起早在今围城村南边的台地上伏下重兵截杀,赵括的人马一出石门大营,即遭堵截,被射杀在围城村与企甲院之间的地带。据此,所谓赵壁、赵东壁、赵东长壁,实指赵军在丹河东岸企甲院村往北到长平关、围城村往北到关和岭隘口土岭台地上赵军的军事壁垒。"王说可从。但是,要注意的是,"赵壁"称谓的出现,在前260年秦、赵长平之战前后。 西垒壁 ① 七月,赵军筑垒壁而守之。秦又攻其垒,取二尉,败其阵,夺西垒壁。 (《史记·白起王翦列传》) 【考释】《史记正义》："赵西垒在泽州高平县北六里是也。即廉颇坚壁以

续表

公元年	史料及考释
前260	待秦,王龁夺赵西垒壁者。《读史方舆纪要·山西五》:"又有赵东壁,一名赵东长垒,即赵括战不胜,筑壁坚守处也。"其地当在今山西晋城市高平市北。但是,要注意的是,"西垒壁"称谓的出现在公元前260年长平之战前后。
前260—前?	秦新置"上党郡" ① 北收上郡以东,有河东、太原、上党郡。(《史记·秦始皇本纪》) 【考释】据此史料可知始皇即位前秦已有上党郡。上党郡设置的时间,应在长平之战后。
前257	秦更"宁新中"为"安阳" ① 攻汾城,即从唐拔宁新中,宁新中更名安阳。(《史记·秦本纪》) 【考释】据此史料,秦更"宁新中"名为"安阳"至为明显。 黄河蒲津—临晋关上新出现一座"河桥" ① 初作河桥。(《史记·秦本纪》) 【考释】张守节《史记正义》:"此桥在同州临晋县东,渡河至蒲州,今蒲津桥也。"
前253	楚"巨阳"升格为国都,"陈"降格为普通城邑 ① 十,徙于巨阳。(《史记·六国年表·楚》) 【考释】楚迁都,"巨阳"从城邑升格为国都,"陈"从国都降格为城邑。
前249	秦新置"三川郡" ① 六年,秦灭东周,置三川郡。(《史记·燕召公世家》) 【考释】秦新置三川郡甚明。 "鲁国"从版图上消失 ① 十四,楚灭鲁,顷公迁卞,为家人,绝祀。(《史记·六国年表·楚》) 【考释】楚灭鲁,贬鲁顷公为布衣。鲁从此在战国版图上消失。 楚将原属鲁国的"次室"更名为"兰陵" ① 荀卿乃适楚,春申君以为兰陵令。(《史记·孟轲荀卿列传》) ② 十三州志:兰陵故鲁之次室邑,其后楚取之,改为兰陵。(《读史方舆纪要·山东三·峄县·兰陵城》) 【考释】据《读史方舆纪要》,楚取鲁"次室邑"后更名为"兰陵"。

续表

公元年	史料及考释
前248－前247	秦新置"太原郡" ① 七年，秦拔赵榆次三十七城，秦置大原郡。(《史记·燕召公世家》) ② 三年，蒙骜攻魏高都、汲，拔之。攻赵榆次、新城、狼孟，取三十七城。四月日食。王龁攻上党。初置太原郡。(《史记·秦本纪》) ③ 三，王齮击上党。初置太原郡。魏公子无忌率五国却我军河外，蒙骜解去。(《史记·六国年表·秦》) 【考释】据以上史料，秦新置太原郡甚明。
前246	秦新出现一名为"郑国渠"的人工渠 ① 始皇帝元年，击取晋阳。作郑国渠。(《史记·六国年表·秦》) 【考释】据史料，秦新修一人工渠名"郑国渠"甚明。
前246	秦新置"尉氏县" ① 秦始皇二年，置尉氏县。(《太平寰宇记·开封府·尉氏县》) 【考释】据史料，秦新置"尉氏县"甚明。
前242	秦新置"东郡" ① 五年，将军骜攻魏，定酸枣、雍丘、山阳城，皆拔之，取二十城。初置东郡。冬雷。(《史记·秦始皇本纪》) ② 二十三年，秦置东郡。(《史记·田敬仲完世家》) ③ 景愍王元年，秦拔我二十城，以为秦东郡。(《史记·魏世家》) ④ 五，蒙骜取魏酸枣二十城。初置东郡。(《史记·六国年表·秦》) 【考释】据史料，秦新置"东郡"甚明。
前241	楚"寿春"从城邑升格为国都，"巨阳"从国都降格为城邑 ① 二十二年，与诸侯共伐秦，不利而去。楚东徙都寿春，命曰郢。(《史记·楚世家》) ② 二十二，王东徙寿春，命曰郢。(《史记·六国年表·楚》) 【考释】据史料，楚迁都，"寿春"从城邑升格为国都，"巨阳"从国都降格为城邑甚明。

续表

公元年	史料及考释
前241	卫国"濮阳"从国都降格为城邑，"野王"从城邑升格为国都 ① 六年，韩、魏、赵、卫、楚共击秦，取寿陵。秦出兵，五国兵罢。拔卫，迫东郡，其君角率其支属徙居野王，阻其山以保魏之河内。（《史记·秦始皇本纪》） ② 二年，秦拔我朝歌。徙野王。（《史记·魏世家》） ③ 二，秦拔我朝歌。卫从濮阳徙野王。（《史记·六国年表·魏》） 【考释】据史料，卫国成为秦国附庸，秦将野王封给卫君。《史记·卫康叔世家》记载"君角九年，秦并天下，立为始皇帝。二十一年，二世废君角为庶人，卫绝祀"，直至公元前209年，卫国国祚方断绝。
前239	赵国"饶"从城邑变为封国 ① 六年，封长安君以饶。魏与赵邺。（《史记·赵世家》） 【考释】据史料，赵国"饶"从城邑变为封国甚明。 秦将"太原郡"更名为"毐国" ① 八年……又以河西太原郡更为毐国。（《史记·秦始皇本纪》） 【考释】据史料，秦更"太原郡"为"毐国"甚明。
前238	秦除"毐国"，重更名"太原郡" ① 九年……令相国昌平君、昌文君发卒攻毐。……尽得毐等。……车裂以徇，灭其宗。（《史记·秦始皇本纪》） 【考释】据史料，秦始皇攻灭嫪毐杀其身，其国当除，重设太原郡。
前234	秦新置"云中郡" ① 秦始皇十三年，立云中郡。（《水经·河水注》） 【考释】据史料，秦新置"云中郡"甚明。
前230	"韩国"从版图上消失，秦新置"颍川郡" ① 三十五年，秦灭韩。（《史记·田敬仲完世家》） ② 二十五年，秦虏灭韩王安，置颍川郡。（《史记·燕召公世家》） ③ 九年，秦虏王安，尽入其地，为颍州郡。韩遂亡。（《史记·韩世家》） ④ 十七年，内史腾攻韩，得韩王安，尽纳其地，以其地为郡，命曰颍川。地动。华阳太后卒。民大饥。（《史记·秦始皇本纪》）

第二章 《中国历史地图集》战国地名及方位校补(前333)

续表

公元年	史料及考释
前230	⑤ 十七,内史腾击得韩王安,尽取其地,置颍川郡。华阳太后薨。(《史记·六国年表·秦》) ⑥ 九,秦虏王安,秦灭韩。(《史记·六国年表·韩》) 【考释】据史料,韩灭,秦收新取之韩地为"颍川郡"甚明。
前228	"赵国"从版图上消失,秦新置"邯郸郡","代"地升格为诸侯驻地 ① 三十七年,秦灭赵。(《史记·田敬仲完世家》) ② 二十七年,秦虏赵王迁,灭赵。(《史记·燕召公世家》) ③ 十年,幽王卒,同母弟犹代立,是为哀王。(《史记·楚世家》) ④ 尽定赵以为郡。(《史记·秦始皇本纪》) ⑤ 赵国,故秦邯郸郡。(《汉书·地理志》) 【考释】据史料,秦灭赵,置邯郸郡甚明。赵王迁逃到代地续赵之政权,代地升格为诸侯之地。
前225	"魏国"从版图上消失,新出现"砀郡" ① 三十年,秦灭魏。(《史记·燕召公世家》) ② 三年,秦灭魏。(《史记·楚世家》) ③ 二十二年,王贲攻魏,引河沟灌大梁,大梁城坏,其王请降,尽取其地。(《史记·秦始皇本纪》) ④ 三年,秦灌大梁,虏王假,遂灭魏以为郡县。(《史记·魏世家》) ⑤ 二十二,王贲击魏,得其王假,尽取其地。(《史记·六国年表·秦》) ⑥ 三,秦虏王假。(《史记·六国年表·魏》) ⑦ 睢水又东径睢阳县故城南……始皇二十二年,以为砀郡。(《水经·睢水注》) 【考释】据史料,秦灭魏,新置"砀郡"甚明。

公元年	史料及考释
前224	燕国从版图上消失，秦新置"广阳郡" ⃞1 㶟水又东北，径蓟县故城南，秦始皇二十三年灭燕，以为广阳郡。（《水经·㶟水注》） 【考释】据史料，秦灭燕，新设"广阳郡"甚明。 秦新置"薛郡" ⃞1 鲁县……始皇二十三年以为薛郡。（《水经·泗水注》） 【考释】据史料，秦新设"薛郡"甚明。 秦新设"泗水郡" ⃞1 相县，故宋地也。秦始皇二十三年，以为泗水郡，汉高帝四年，改曰沛郡，治此。（《水经·睢水注》） ⃞2 沛郡，故秦泗水郡。（《汉书·地理志》） 【考释】据史料，秦新设"泗水郡"甚明。
前223	"楚国"从版图上消失，秦新置"九江郡" ⃞1 五年，秦将王翦、蒙武遂破楚国，虏楚王负刍，灭楚名为郡云。（《史记·楚世家》） ⃞2 四十二年，秦灭楚。（《史记·田敬仲完世家》） ⃞3 二十四，王翦、蒙武破楚，虏其王负刍。（《史记·六国年表·秦》） ⃞4 五，秦虏王负刍。秦灭楚。（《史记·六国年表·楚》） ⃞5 又东北流径寿春故城西，县即楚考烈王自陈徙此，秦始皇立九江郡，治此。（《水经·淮水注》） 【考释】据史料，秦灭楚后设"九江郡"甚明。
前？—前223	秦设"淮阳郡" ⃞1 黑夫等直佐淮阳，攻反城久。（《睡虎地秦简》） 【考释】"攻反城"一事在始皇二十四年，可知"淮阳郡"置于秦统一天下之前。

续表

公元年	史料及考释
前222	"燕国""代"从版图上消失，秦新置"代郡" ① 二十五年，大兴兵，使王贲将，攻燕辽东，得燕王喜。还攻代，虏代王嘉。王翦遂定荆江南地；降越君，置会稽郡。五月，天下大酺。(《史记·秦始皇本纪》) ② 三十三年，秦拔辽东，虏燕王喜，卒灭燕。是岁，秦将王贲亦虏代王嘉。(《史记·燕召公世家》) ③ 明年，虏代王嘉，灭燕王喜。(《史记·田敬仲完世家》) ④ 二十五，王贲击燕，虏燕王喜。又击得代王嘉。五月，天下大酺。(《史记·六国年表·秦》) ⑤ 六，秦将王贲虏王嘉，秦灭赵。(《史记·六国年表·赵》) ⑥ 三十三，秦虏王喜，拔辽东，秦灭燕。(《史记·六国年表·燕》) ⑦ 其水东南流，径高柳县故城北，旧代郡治。始皇二十三年，虏赵王迁，以国为郡。(《水经·㶟水注》) 【考释】据史料，秦灭燕、灭代，设"代郡"。
	秦更"朱方"名为"丹徒" ① 朱方，秦改曰丹徒。(《史记集解》) 【考释】据史料，秦更"朱方"为"丹徒"甚明。
	秦新置"会稽郡" ① 王翦遂定荆江南地，降越君，置会稽郡。(《史记·秦始皇本纪》) 【考释】据史料，秦降越而新置"会稽郡"甚明。
	秦新置"巨鹿郡" ① 衡水又北径巨鹿县故城东。……巨鹿郡治。秦始皇二十五年灭赵以为巨鹿郡。(《水经·浊漳水注》) 【考释】据史料，秦新设"巨鹿郡"。
	秦新置"苍梧郡""洞庭郡" ① 廿七年二月丙子朔庚寅，洞庭守礼谓县啬夫……今洞庭兵输内史及巴、南郡、苍梧。……三十四年六月甲午朔乙卯……及苍梧为郡九岁。(《里耶秦简》)

续表

公元年	史料及考释
	【考释】据史料，始皇二十五年新置"苍梧郡"甚明。至于"洞庭郡"，楚于公元前276年置"洞庭郡"，不详是否秦灭楚后沿用楚之"洞庭郡"建置，还是之后新设"洞庭郡"。秦设"洞庭郡"时间不详。
前？—前222	秦新置"衡山郡" ① 五月甲辰，州陵守绾、丞越、史获论令：癸、琐等各赎黥，癸行戍衡山郡……廿五年五月丁亥朔……（《岳麓秦简》） 【考释】"廿五年"为秦始皇二十五年。据此史料，秦置衡山郡应不晚于始皇二十五年。
前221	"齐国"从版图上消失，新置"齐郡""琅琊郡" ① 二十六年，齐王建与其相后胜发兵守其西界，不通秦。秦使将军王贲从燕南攻齐，得齐王建。（《史记·秦始皇本纪》） ② 二十六，王贲击齐，虏王建。初并天下，立为皇帝。（《史记·六国年表·秦》） ③ 四十四，秦虏王建。秦灭齐。（《史记·六国年表·齐》） ④ 琅邪，山名也，越王句践之故国也。……秦始皇二十六年，灭齐以为郡，城即秦皇之所筑也。（《水经·潍水注》） ⑤ 齐郡，秦置。（《汉书·地理志》） 【考释】据史料，秦灭齐，新设"齐郡""琅琊郡"甚明。

第二编　公元前333年诸侯疆域考绘

第三章
韩(含二周)及周边诸侯疆域边界考

描述韩国的方位和疆域的史料,大致有如下一些:

1. (前403—前221)韩地,角、亢、氐之分野也。韩分晋得南阳郡及颍川之父城、定陵、襄城、颍阳、颍阴、长社、阳翟、郏,东接汝南,西接弘农得新安、宜阳,皆韩分也。及诗风陈、郑之国,与韩同星分焉。郑国,今河南之新郑,本高辛氏火正祝融之虚也。及成皋、荥阳、颍川之崇高、阳城,皆郑分也。……后三年,幽王败,桓公死,其子武公与平王东迁,卒定虢、会之地,右洛左泲,食溱、洧焉。……自武公后二十三世,为韩所灭。……颍川、南阳……秦既灭韩,徙天下不轨之民于南阳……颍川,韩都。……自东井六度至亢六度,谓之寿星之次,郑之分野,与韩同分。(《汉书·地理志》)

2. (前333)韩北有巩、洛、成皋之固,西有宜阳、常阪之塞,东有宛、穰、洧水,南有陉山,地方千里。(《战国策·韩策一·苏秦为楚合从说韩王》)

3. (前321)韩、魏易地,西周弗利。樊馀谓楚王曰:"周必亡矣。韩、魏之易地,韩得二县,魏亡二县,所以为之者,尽包二周,多于二县,九鼎存焉。且魏有南阳、郑地、三川而包二周,则楚方城之外危。韩兼两上党以临赵,即赵羊肠以上危。故易成之日,楚、赵皆轻。"楚王恐,因赵以止易也。(《战国策·西周策·韩魏易地》)

④(前311)大王不事秦,秦下甲据宜阳,断绝韩之上地,东取成皋、宜阳,则鸿台之宫、桑林之苑非王之有已。夫塞成皋,绝上地,则王之国分矣。(《战国策·韩策一·张仪为秦连横说韩王》)

⑤(前311)秦正告韩曰:"我起乎少曲,一日而断太行;我起乎宜阳而触平阳,二日而莫不尽繇;我离两周而触郑,五日而国举。"(《战国策·燕策二·秦召燕王》)

史料一记述韩、郑疆域的沿革变迁:三家分晋时(前403),韩分得南阳郡及颍川之父城(今河南宝丰县李庄乡古城村)、定陵(今河南舞阳县北舞渡镇)、襄城(今河南许昌市襄城县)、颍阳(今河南登封市东华镇西与大金店镇朱家坪村东之间)、颍阴(今河南许昌市)、长社(今河南长葛市老城)、阳翟(今河南禹州市)、郑(今河南郏县),东接汝南,西接弘农。得新安、宜阳之后(前375),韩再有故郑之地,包括新郑、成皋、荥阳、颍川之崇高、阳城、南阳等。最后(前221)为秦所吞并。据此史料可知韩国疆域的大致轮廓,但无法知晓公元前333年疆域范围。

史料二为公元前333年苏秦在建立以赵国为中心的合纵联盟时游说韩王之说辞。此史料中的"东有宛、穰、洧水",诸家①都以"宛""穰"为今河南南阳的楚国"宛""穰",实非,本书第二章第二节地名及方位校补部分对这两处地名方位有校释。据此史料,公元前333年韩北面有巩—洛水—成皋形成的山川防线,西有宜阳、商阪险要的边塞,东有宛、穰、洧水,南有陉山。

史料三记述公元前321年韩、魏易地,提到韩、魏易地后,魏将拥有韩南阳、旧郑之地和三川。这里的"南阳",指的是今河南登封一带(详本书第二章第二节"南阳"词条);"旧郑之地"指的是今河南新郑、郑州、荥阳、密

---

① 史念海《河山集》第125—126页,范祥雍笺证、范邦瑾协校《战国策笺证》第1482—1483,罗列西汉鲍彪、民国张琦《战国策释地》、程恩泽《国策地名考》、胡三省《通鉴注》和范氏自己的意见,均认为此为今河南南阳市之地。

县、禹县、郏县、襄城等地;"三川",指的是黄河、伊水、洛水交汇的地带,大致为今河南大洛阳地区。据此史料可知,截至公元前 322 年,韩国拥有南阳、郑地、三川。

史料四记述公元前 311 年秦相张仪游说韩襄王,秦可以切断韩国通往上地的通道。据此史料,韩国在公元前 311 年有首都新郑及周边宜阳、成皋,还有上地,即上党。

史料五为公元前 279 年苏代为劝阻燕昭王入秦时回顾公元前 311 年秦相张仪恐吓攻韩的路线图。据此史料可知,公元前 311 年韩国的领土包括旧都平阳、宜阳、新都新郑;宜阳与旧都平阳之间是相连通的;两周与韩新郑相邻;自少曲往东,可切断韩上党与新郑之间的往来。

上述史料为不同时期不同人对韩国疆域大致情况的描述,综合考虑这五则史料所描述的方位,战国时期韩国疆域大致可从四个区域进行细致考察:(一)旧都平阳及周边区域;(二)上党—太行山南麓及周边区域;(三)宜阳—三川及周边区域;(四)首都新郑及周边区域。下面我们就在确切年份(前 333)下来考察韩国四个区域的具体边界。

第一节 韩旧都平阳及周边区域边界考

一 韩国城邑考

公元前 333 年,韩旧都平阳区域属韩城邑考察如下:

大阴(阴)

① (未详何年)六年,大阴令赐弩、上库工师中均疾、冶人逢。(《二编》1231【六年大阴令赐弩戈】)

② (未详何年)□年,大阴令鄅塝,上库工师公行逵,冶人屠所为。(《飞诺藏金》)

大阴(阴),第二章第二节校释其地在今山西灵石县南关镇(I12)。史料一、二的这两件兵器,苏辉《秦三晋纪年兵器研究》(80 页)根据铭文的格式推断均为赵系风格,但是何年铸造不可考。由于属赵的具体时间不可考,只能断定此邑一度属赵公元前 333 年时的所属,则需据周边城邑来综合确定。

彘

1. (前256)十七年彘令戈。(《集成》17·11382)
2. (未详何年)彘邑。(《货系》1814—1838,如货3—1所示)
3. (未详何年)彘,一升,半升。(转引自《山西运城发现秦彘鍪量》[①])

彘,在今山西霍州东(I12)。史料一,黄盛璋《试论三晋兵器的国别和年代及其相关问题》考定为韩国兵器;苏辉《秦三晋纪年兵器研究》确定该兵器为韩桓惠王十七年(前256)韩国铸造,可知迟至公元前256年彘仍属韩。史料二为"彘邑"方足布,方足布实由赵国尖足布演化而来,其形制后被三晋和燕国采用,单从此方足布来看,并非《货系·先秦卷》释文表中所说的属赵,当不详其所属才是,释文表认定为赵地,不知何据。史料三为出土的青铜鍪,张国维《山西运城发现秦彘鍪量》认定铭文"彘"是器物的置放地名。据上面三则史料,公元前333年彘当属韩。

货3—1 "彘邑"平首方足布

韩之太原

1. (前311)秦举安邑而塞女戟,韩之太原绝,下轵道、(道)南阳,伐魏,绝韩,包二周,即赵自消烁矣。(《战国策·赵策四·五国伐秦无功》)

   (前311)秦正告魏曰:"我举安邑,塞女戟,韩氏太原卷。我下轵道、(道)南阳,封冀,包两周,乘夏水,浮轻舟,强弩在前,铦戈

---

① 张国维:《山西运城发现秦彘鍪量》,《考古与文献》,1986年第1期。

在后。"(《战国策·燕策二·秦召燕王》)

②(前289)秦尽韩、魏之上党,太原西止,秦之有已。秦地天下之半也,制齐、楚、三晋之命,复国且身危,是何计之道也?(《战国策·东周策·周最谓金投曰》)

韩之"太原",《图集》无,第二章第二节补释其地所指为韩国旧都平阳周边的平地(I12—J12)。从史料来看迟至公元前311年,韩拥有此"太原"无疑。

阳侯

①(前307)今王破宜阳,残三川,而使天下之士不敢言;雍天下之国,徙两周之疆,而世主不敢交。阳侯之塞,取黄棘,而韩、楚之兵不敢进。(《战国策·秦策五·谓第一·秦王曰》)

"阳侯",《图集》无,第二章第二节补释其地在今山西临汾市洪洞县东南(I12)。史料言"阳侯之塞,取黄棘,而韩、楚之兵不敢进",前文将"塞阳侯"与"取黄棘"并举,后文将"韩""楚"并举,"黄棘"属楚是确定无疑的,可见"阳侯"当属韩。迟至公元前307年阳侯仍属韩,可见公元前333年阳侯属韩无疑。

平阳

①(前498)晋定公十五年,宣子与赵简子侵伐范、中行氏。宣子卒,子贞子代立。贞子徙居平阳。(《史记·韩世家》)

②(前453)知伯曰:"吾始不知水之可以亡人之国也,乃今知之。绛水可以灌安邑,汾水可以灌平阳。"(《史记·魏世家》)

(前453)智伯曰:"始吾不知水之可亡人之国也,乃今知之。绛水利以灌安邑,汾水利以灌平阳。"①(《战国策·秦策四·秦昭王谓左右》)

③(前415)晋烈公元年,韩武子都平阳。(《水经·汾水注》引《竹书纪年》)

④(前311)秦正告韩曰:"我起乎少曲,一日而断太行。我起乎宜

---

① 原文作"汾水利以灌安邑,绛水利以灌平阳",张琦《战国策释地》:"阎白诗引梁书韦叡传:'汾水可以灌平阳,绛水可以灌安邑。'"

阳而触平阳,二日而莫不尽繇。我离两周而触郑,五日而国举。"(《战国策·燕策二·秦召燕王》)

⑤(前307)秦破韩宜阳,而韩犹复事秦者,以先王墓在平阳,而秦之武遂去之七十里,以故尤畏秦。(《史记·楚世家》)

平阳,在今山西临汾市金殿镇(I12)。"平阳"之所属,据史料一、二、三,公元前498至公元前453年一直属韩。据史料四、五,迟至公元前307年仍属韩。公元前333年时平阳属韩无疑。

陉城、汾旁

①(前264年)秦攻陉,韩使人驰南阳之地。(《战国策·韩策一·秦攻陉》)

(前264年)秦攻韩,围陉。范雎谓秦昭王曰:"有攻人者,有攻地者。"(《战国策·秦策三·秦攻韩围陉》)

(前264年)秦拔我陉。城汾旁。(《史记·韩世家》)

(前264年)武安君白起攻韩,拔九城,斩首五万。(《史记·秦本纪》)

陉城,在今山西翼城县西、绛州曲沃县西北(J12);汾旁,《图集》无,第二章第二节补释其地为韩旧都陉城附近、汾水之旁,并非一座城邑而是一个概指区域,大致为今山西汾水流域的洪洞县—临汾市—襄汾县(J12—I12)。据史料一、二,迟至公元前264年陉城、汾旁方自韩转属秦。公元前333年,此二城属韩无疑。

女戟

①(前311)秦举安邑而塞女戟,韩之太原绝,下轵道,(道)南阳,伐魏,绝韩,包二周,即赵自消烁矣。(《战国策·赵策四·五国伐秦无功》)

(前311)秦正告魏曰:"我举安邑,塞女戟,韩氏太原卷。"(《战国策·燕策二·秦召燕王》)

"女戟",《图集》无,第二章第二节补释其地为今山西绛县横岭关(J12)。据此,女戟作为一个重要关口,为韩国往来平阳的必经之路。

皋落(峇莙)

1️⃣ (前301)十一年,佫莙宋令少曲夜、工师郂喜、冶丁。(《近出》365【十一年皋洛戈】)

(前301)十一年,峇莙大命少曲沓、工师舎惠、冶午。(《新收》365【十一年皋洛戈】)

皋落(峇莙),《图集》无,第二章第二节补释其地在今山西垣曲县东南皋落乡皋落村(J12)。此兵器,据诸家考证为韩国兵器,铸造时间为公元前301年。可知至公元前333年皋落(峇莙)仍属韩。

武遂二百里

1️⃣ (前307)秦拔宜阳,斩首六万。涉河,城武遂。(《史记·秦本纪》)

(前307)四,拔宜阳城,斩首六万。涉河,城武遂。(《史记·六国年表·秦》)

2️⃣ (前306)秦破韩宜阳,而韩犹复事秦者,以先王墓在平阳,而秦之武遂去之七十里,以故尤畏秦。(《史记·楚世家》)

3️⃣ (前306)公仲使韩珉之秦求武隧,而恐楚之怒也。(《战国策·韩策三·公仲使韩珉之秦求武隧》)

(前306)谓公叔曰:"公欲得武遂于秦,而不患楚之能扬河外也。"(《战国策·韩策二·谓公叔曰公欲得武遂于秦》)

(前306)公仲以宜阳之故仇甘茂。其后,秦归武遂于韩,已而秦王固疑甘茂之以武遂解于公仲也。(《战国策·韩策一·公仲以宜阳之故仇甘茂》)

(前306)六年,秦复与我武遂。(《史记·韩世家》)

4️⃣ (前303)九,秦取武遂。(《史记·六国年表·韩》)

5️⃣ (前296)十六年,秦与我河外及武遂。襄王卒,太子咎立,是为厘王。(《史记·韩世家》)

(前296)十六,秦与我武遂和。(《史记·六国年表·韩》)

6️⃣ (前290)与秦武遂地二百里。(《史记·韩世家》)

《图集》无,第二章第二节补释作为区域名的"武遂"即今垣曲盆地

(J12);作为城邑的"武遂",在今垣曲县古城镇寨里—东滩—莘庄一带。从系年史料中"武遂"的沿革来看,公元前307年之前,武遂区域属韩。公元前333年武遂区域当属韩。

安邑以东到干河

① (前293)涉河取韩安邑以东,到干河。(《史记·白起王翦列传》)

干河,即今垣曲县沇西河(J12)。"取韩安邑以东,到干河"并非指韩国安邑以东,而是韩国"自魏国安邑以东到干河",即今山西夏县以东、垣曲县沇西河以西的区域(今垣曲盆地)。据此史料,截至公元前293年秦国方完全攻取此区域。公元前333年,此区域属韩无疑。

二 魏国城邑考

魏国河东区域东境地域,明确在公元前333年属于魏国的有:

平周

① (前322)秦取我曲沃、平周。(《史记·魏世家》)

② (前300)[内正面]七年,上郡守閒造,漆垣工师婴、工鬼薪带。[内背面][上层]平周。[下层]高奴。[胡部]平周。(《近出》1193【七年上郡守閒戈】)

③ (前282)[正面]廿五年,上郡守周造。高奴工师閒、丞申、工隶臣□。[背面]平周。南□。(《近出》1198【廿五年上郡守周戈】)

④ (前267)[正面]四十年,上郡守□造,漆工□、丞绐、工隶臣孛。[背面]官。平周。(《近出》1192【四十年上郡守戈】)

平周,在今山西介休市西南(H12)。从史料可知,公元前322年之前,平周属魏,其后转属秦。

浍(浍水)、皮牢

① (前378)九年,翟败我于浍。(《史记·魏世家》)

(前378)九,翟败我于浍。(《史记·六国年表·魏》)

② (前362)魏败我浍,取皮牢。(《史记·赵世家》)

第三章　韩(含二周)及周边诸侯疆域边界考　277

(前362)伐败韩于浍。(《史记·魏世家》)

(前362)魏败我于浍。(《史记·韩世家》)

(前362年)魏公叔痤为魏将,而与韩、赵战浍北,禽乐祚。(《战国策·魏策一·魏公叔痤为魏将》)

(前362)十三年,秦献公使庶长国伐魏少梁,虏其太子、痤。魏败我浍,取皮牢。成侯与韩昭侯遇上党。(《史记·赵世家》)

③(前361)伐取赵皮牢。(《史记·魏世家》)

(前361)十,取赵皮牢。(《史记·六国年表·魏》)

④(前259)王龁将,伐赵皮牢,拔之。(《史记·秦本纪》)

"浍"即"浍水",在今山西翼城县南浍河(J12);"皮牢",在今山西翼城县东北(J12)。浍水、皮牢一带为旧晋之地,三家分晋后瓜分此地,魏国分别于公元前378年、公元前362—前361年败韩、赵,并在公元前361年将此区域纳入版图。史料四秦"伐赵皮牢",当是"魏皮牢"之误。从系年史料,公元前333年浍水一带、皮牢当属魏。

绛、安邑

①(前434)幽公之时,晋畏,反朝韩、赵、魏之君。独有绛、曲沃,余皆入三晋。(《史记·晋世家》)

②(前385)(魏武侯十)二年,城安邑、王垣。(《史记·魏世家》)

(前385)(魏)武侯十二年①,城洛阳及安邑、王垣。(《史记索隐》)

(前385)(魏武侯十)二,城安邑、王垣。(《史记·六国年表·魏》)

③(前318)今秦欲攻梁绛、安邑,秦得绛、安邑以东下河,必表里河,而东攻齐,举齐属之海。……今三晋已合矣,复为兄弟约,而出锐师以戍梁绛、安邑,此万世之计也。(《战国策·齐策一·秦伐魏陈轸合三晋》)

④(前287)或谓韩王曰:"秦王欲出事于梁,而欲攻绛、安邑,韩计将安出矣?"(《战国策·韩策三·或谓韩王曰秦王》)

---

① 原文为"十一年",据《史记·魏世家》和《史记·六国表·魏》校正。

5̄ (前287)二十年,攻安邑。(《睡虎地秦简编年记》)

6̄ (前273)夫兵不用而魏效绛、安邑,又为阴启两,机尽故宋,卫效单父①。(《战国策·魏策三·秦败魏于华走芒卯而围大梁》)

"绛",在今山西侯马市东(J12);"安邑",在今山西运城市夏县西北(J12)。据以上史料,迟至公元前 299 年,绛、安邑仍属魏,迟至公元前 287 年安邑方自魏转属秦。公元前 333 年,绛、安邑当属魏。

唐

1̄ (未详何年)唐是。(《货系》2256—2262)

唐,在今山西翼城县西南(J12)。1963 年山西阳高县、1979 年河北灵寿县出土铭文为"唐是"的方足布。"唐是",《货系·先秦卷》:"唐是,疑释地名唐氏,战国魏地,今山西省翼城县西南。"②未详此货币铸造的年份,仅知唐在战国时期一度属魏。结合"浍水""皮牢"二地来看,公元前 361 年魏方将浍水一带全部纳入版图,此前一直属晋国或韩赵,此后这一带一直属魏,而此"唐是"币又为魏系风格,当铸于公元前 361 年之后。公元前 333 年当属魏。

左邑

1̄ (未详何年)左邑余子啬夫。(《玺汇》0109)

2̄ (未详何年)左邑发弩。(《玺汇》0113)

左邑,《图集》无,第二章第二节补释其地在今山西运城市闻喜县(J12)。这两枚印章均是战国时期魏国官印,刻制年代未知。公元前 333 年时安邑、新田、绛、唐是、皮牢均属魏,其西北之左邑、曲沃当属魏。

吴(虞)

1̄ (前658)晋荀息请以屈产之乘与垂棘之璧,假道于虞以伐虢。

---

① 原文为"尤悼",据范祥雍笺证、范邦瑾协校《战国策笺证》(上海:上海古籍出版社,2006 年)第 1366 页校正。

② 汪庆正主编:《中国历代货币大系·先秦货币》,上海:上海人民出版社,1988 年,第 1107 页。

夏,晋里克、荀息帅师会虞师伐虢,灭下阳。先书虞,贿故也。
(《左传·僖公二年》)

(前658)乃使荀息以屈产之乘假道于虞。虞假道,遂伐虢,取其下阳以归。(《史记·晋世家》)

2 (前655)八月甲午,晋侯围上阳。……冬十二月丙子朔,晋灭虢,虢公丑奔京师。师还,馆于虞,遂袭虞,灭之,执虞公及其大夫井伯,以媵秦穆姬。(《左传·僖公五年》)

(前655)献公二十二年,晋复假道于虞以伐虢。……其冬,晋灭虢,虢公丑奔周。(《史记·晋世家》)

3 (前254)天下来宾。魏后,秦使摎伐魏,取吴城。(《史记·秦本纪》)

4 (未详何年)虞一釿。(《货系》1390—1407)

吴,即"虞",在今山西平陆县北(K12)。史料四为呈明显魏系风格的"虞一釿"布币。从虞周边焦、陕、曲沃、安邑等城邑属魏,及史料三,迟至公元前254年虞方自魏转属秦来看。公元前333年"吴(虞)"属魏无疑。

垣(新垣)

1 (前292)大良造白起攻魏,取垣,复予之。(《史记·秦本纪》)

2 (前290)秦以垣为蒲阪、皮氏。(《史记·秦本纪》)

(前290)十七年,攻垣、枳。(睡虎地秦简《编年记》)

3 (前289)错攻垣、河雍,决桥取之。(《史记·秦本纪》)

4 (前287)九年,秦拔我新垣、曲阳之城。(《史记·魏世家》,《六国表》同)

垣(新垣),第二章第二节校释其地在今河南济源市南(J13)。公元前292年至公元前287年,秦所攻之"垣",即"新垣"。据上述史料,迟至公元前292年至公元前287年,垣(新垣)一直属魏。

长羊、王屋、洛林

1 (前290)王之士未有为之中者也。臣闻明王不胥中而行。王之所欲于魏者,长羊、王屋、洛林之地也。王能使臣为魏之司徒,则臣能使魏献之。……魏王曰:"善。"因献之秦。(《战国

策·魏策三·芒卯谓秦王》)

(前290)十七,魏入河东四百里。(《史记·六国表·秦》)

(前290)六年,予秦河东地方四百里。(《史记·魏世家》)

此三地《图集》无,第二章第二节补释长羊,大致在今垣曲县英言乡至蒲掌乡一带(J13);王屋,在今河南济源市王屋镇(J13);洛林,大致在济源市西北清洛河一带(J13)。据此史料,迟至公元前290年魏一直有此三地。

三 赵国城邑考

平周

1 (未详何年)平周。(平首尖足布,如货3—2所示)

货3—2 赵国"平周"平首尖足布

平周,在今山西介休市西南(H12)。这两枚平首尖足布虽铭文写法不一但均明显呈赵系风格,铸造时间不详。由于无法考证货币的铸造时间,仅据此史料,未详公元前333年时率周所属,仅知平周一度属赵。

千亩

1 (未详何年)千亩右军。(《玺汇》0349)

千亩,《图集》无,第二章第二节补释其地在今山西介休市南(H12)。《玺汇》中的"千亩右军",考定为战国赵国官玺,刻制年代未知。公元前333年时的所属,当据周边城邑来综合确定。

兹氏

1 (未详何年)八年,兹氏命(令)吴庶、下库工师长武。(《集成》11323)

第三章　韩(含二周)及周边诸侯疆域边界考

② (前282)廿五年,攻兹氏。(《睡虎地秦简编年记》)

③ 兹氏。(平首尖足布,如货3—3所示)

兹氏,在今山西汾阳市南(H12)。史料一是在内蒙古境内出土兵器之铭文,据周翔《战国兵器铭文分域编年研究》(110页),此兵器为赵国兵器,铸造年份不详。史料三为出土带有"兹氏"币文的战国货币,据《货系·先秦卷》释文表:"兹氏,地名,战国赵地,今山西省临汾县西南。"知兹氏为赵地无疑。又据史料二,兹氏属赵,迟至公元前282年方自赵转属秦①。公元前333年,兹氏当属赵。

货3—3　"兹氏"平首尖足布

邬、涂水

① (前514)秋,晋韩宣子卒,魏献子为政,分祁氏之田以为七县……司马大夫弥牟为邬大夫,贾辛为祁大夫,司马乌为平陵大夫,魏戊为梗阳大夫,知徐吾为涂水大夫,韩固为马首大夫,孟丙为盂大夫。(《左传·昭公二十八年》)

② 邬。(《货系》1934—1949)

邬,在今山西介休市东北(H13);涂水,在今山西晋中市榆次区西南(H13)。史料一记载公元前514年晋将祁分为七县。单据此史料,不详战国三家分晋后邬之归属。史料二为出土的"邬"方足布,《货系·先秦卷》:"邬,地名,战国赵地,今山西省介休县东北。"李晓杰《中国行政区划通史·先秦卷》②

---

① 周振鹤、李晓杰:《中国行政区划通史(总论先秦卷)》,上海:复旦大学出版社,2009年,第332页。

② 同上书,第326页。

考定邬、涂水为赵县,直至公元前248年转属秦。公元前333年,邬、涂水当属赵。

西都(中都)

① 西都。(《货系》1042)

② (前316)秦伐取赵中都、西阳。(《史记·秦本纪》)
   (前316)秦取赵中都、西阳。(《史记·赵世家》)

③ [胡部]元年,郓蛉(令)夜甯、上库工师□□、冶關(间)[内部]西都(《集成》11360【元年郓令戈】)

④ (前292)十五年,上郡守寿之造,漆垣工师爽、丞駕、冶工隶臣骑,西都,中阳□□。(《集成》11405【十五年上郡守寿戈】)

⑤ (前285)二十二年,蒙武伐齐。河东为九县。与楚王会宛。与赵王会中阳。(《史记·秦本纪》)
   (前285)十四年,相国乐毅将赵、秦、韩、魏、燕攻齐,取灵丘。与秦会中阳。(《史记·赵世家》)

西都(中都),在今山西平遥县西南(H13)。史料一为尖足货币铭文,据考证为赵系货币。史料二为公元前316年,秦国攻下平周之后北上进攻赵国的中都,另一支部队进攻赵国的西阳。迟至公元前316年中都、西阳仍属赵。公元前333年当属赵。

四 韩旧都平阳区域韩—赵—魏疆域考绘

除前述在公元前333年可以确定所属的城邑,在具体绘制疆域界线时,还有几个问题要考察:

(一)"平周"的地望和分属问题

关于"平周"的地望问题,近年出现了另一种说法,认为战国时期的"平周"在今陕西米脂县,其依据是陕北榆林地区和相邻的黄河东岸山西吕梁地区西部发现的东汉时期画像石墓中的"永和四年九月十日癸酉,河内山阳尉西河平周寿贵里牛季平造作千万岁室宅"[①]"汉故西河圜阳守令平周牛

---

① 吴镇烽:《秦晋两省东汉画像题记集释——兼论汉代圜阳、平周等县的地理位置》,《考古与文物》,2006年第1期,第53—69页。

公产万岁之宅兆"题记①。从战国时期秦、魏争夺的情况来看,"平周"地望在今陕西米脂县似值得商榷。《史记·魏世家》"(前 322)秦取我曲沃、平周",自此"平周"由魏转属秦。如果战国"平周"在今陕西米脂县,"平周"当属魏国上郡十五县之一。《史记·秦本纪》:"(前 328)十年,张仪相秦。魏纳上郡十五县。"公元前 328 年,魏已将上郡十五县全部割让给秦国了,六年之后的公元前 322 年秦怎么还会取"平周"? 显然,战国"平周"在今陕西米脂县之说不成立。当仍从《图集》,在今山西介休市西南为是。

关于"平周"的分属问题比较复杂。平周,原先认为仅属魏,理由是传世的战国文字史料只有《史记·魏世家》一则涉及"平周",且史料明文"平周"在公元前 322 年自魏转属秦。平周仅属魏的看法直到货 3-2 所示赵系风格"平周"平首尖足布的发现才得到纠正。不仅如此,平周还有属韩的记载。据《山西通志·地理》"公元前 453 年,韩、赵、魏三家分晋地,平周县地处三国交界处又被一分为三,北属赵国,南属魏国,东属韩国",平周不仅在魏、赵版图内出现过,而且在韩国疆域范围内也出现过。像这种三地都有"平周"记载的情况,在战国时期大致有两种可能:一是先后隶属,如,先属赵,再属韩,再属赵;二是一地三属。由于赵系风格尖足布的具体铸造年代不可考,"平周"具体属于哪种情况无法直接确定。姑采纳新版《山西通志·地理》所谓的一地三属之说:"战国时期,各国领域时有变化,甚至有三国同在一地设郡的现象,难免一地两属或三属。"认为在公元前 453 年三家分晋后,韩、赵、魏三国在平周都有部分领土,并认为"北属赵国,南属魏国,东属韩国"。由于韩旧都平阳通往平周的路只有沿汾水逆流而上的路线,韩国要能分得平周部分领土,前文平周以南汾水一线不能确定所属的大阴(阴)则可确定属韩。韩国大致可形成沿平周→彘→大阴(阴)→平阳→汾城,将百邑、霍太山、杨氏、高梁、阳侯塞包裹在内的疆域版图。

(二) 左邑-皋落-武遂-王屋区域边界问题

前文地名系年可以确定属韩的势力范围:皋落、安邑以东到干河、武遂二百里;属魏的势力范围:左邑、曲沃、长羊、王屋、洛林、垣(新垣)。从这些城邑周边的地形来看,韩、魏两国城邑大致以教水(干河)为界呈东西分布。讨论这一区域的边界,需要先考察两个问题。

---

① 后晓荣:《战国政区地理》,北京:文物出版社,2013 年,第 96 页。

一是战国中期"王垣"的归属问题。首先,可以肯定王垣最早是属魏的。《史记·魏世家》"(前385)(魏武侯十)二年,城安邑、王垣"、《史记·六国年表·魏》"(前385)(魏武侯十)二,城安邑、王垣"及《史记索隐》"(前385)(魏)武侯十二年①,城洛阳及安邑、王垣"均记载公元前385年,魏同时为三座城修筑防御工事,其中之一是"城王垣"。杨宽《战国史料编年辑证》(260页)认为此"王垣"为"首垣"(今河南长垣县)之误。而《水经·河水注》引《竹书纪年》"(前357)梁惠成王十三年,郑釐侯使许息来致地:平丘、户牖、首垣诸邑,及郑驰地,我取枳道与郑鹿",也就是说,在公元前357年之前"首垣"一直属韩,魏安得为韩国筑城?可见杨说非是。据"垣县"的史料沿革和近代考古发现,"王垣"地当在今山西垣曲县上亳村南至下亳村一带(详第二章第二节"王垣"词条)。

不过,根据史料推断,在战国中期"王垣"属韩而非魏。《史记·白起王翦列传》记载秦在公元前293年"涉河取韩安邑以东到干河","干河"一名"教水",即今垣曲县沇西河,也就是公元前293年秦攻占了今沇西河以西全部韩国城邑;又,《史记·韩世家》记载公元前290年韩"与秦武遂地二百里",此"二百里"之地,当是"干河"以西的清水河(今亳清河)流域。"王垣"正处在韩"安邑以东到干河"和韩"武遂地二百里"之内,按照《史记·白起王翦列传》和《史记·韩世家》的描绘,"王垣"当属韩。

"王垣"是如何自魏转属韩的呢?可能源于韩、魏易地。韩、魏曾多次易地:其一是公元前357年,《水经·河水注》引《竹书纪年》记载"梁惠成王十三年,郑釐侯使许息来致地:平丘、户牖、首垣诸邑。及郑驰地,我取枳道与郑鹿",所谓"驰",就是"易地"的意思;其二是公元前321年,《战国策·西周策》和《战国策·韩策》均记载韩魏易地,"韩、魏之易地,韩得二县,魏亡二县,所以为之者,尽包二周,多于二县,九鼎存焉。且魏有南阳、郑地、三川,而包二周,则楚方城之外危;韩兼两上党以临赵,则赵羊肠以上危",此次易地规模巨大,虽最终未易成,但可见韩、魏素有易地的传统。又,从魏有"新垣"来看,可能是韩魏易地魏国将"王垣"易给韩国后,又别命一地为"垣"而称"新垣"。

二是垣曲盆地古交通问题。战国时期有不少史料关涉这一区域的交通:一是公元前385年,《史记·魏世家》载"(魏武侯十)二年,城安邑、王垣",首都"安邑"与"王垣"之间隔着中条山脉,魏国是如何穿越中条山脉

---

① 原文为"十一年",据《史记·魏世家》和《史记·六国表·魏》校正。

"城王垣"的？二是公元前361年魏国迁都,《魏世家》裴骃《集解》引《竹书纪年》载"梁惠成王九年四月甲寅徙都大梁",魏国将首都从"安邑"迁到"大梁",如此兴师动众的大规模迁徙,经何路？显然安邑到王垣和大梁之间是有通道的。三是公元前311年秦国模拟伐赵,《战国策·赵策四·五国伐秦无功》载秦国的策略是"举安邑而塞女戟,韩之太原绝,下轵道、(道)南阳,伐魏,绝韩,包二周,即赵自消烁矣"(《战国策·燕策二·秦召燕王》的记载为"我举安邑,塞女戟,韩氏太原卷。我下轵道、(道)南阳,封冀,包两周"),非常清晰地描绘进出垣曲盆地的路线是先攻下魏国的安邑(今山西夏县西北),然后堵住女戟(今横岭关),断绝韩国往来旧都平阳的道路,然后秦国从女戟而下伐魏,穿过轵道达太行山南麓,断绝韩国通往上党的道路。四是公元前307年秦攻下韩国宜阳后立即"涉河城武遂",而《史记·楚世家》记载韩国在遭受秦国重大打击后"犹复事秦",策士昭雎为达到游说楚王的目的,认为这是韩国"以先王墓在平阳,秦之武遂去之七十里,以故尤畏秦",其实可能是因为"武遂"为韩国三川地区通往旧都平阳的一条必经之路,希望秦国能为韩国祭祀平阳的先祖提供通行方便。

以上史料,加上韩国迟至公元前301年还有"皋落""安邑以东到干河",以及前文已述的"王垣",魏国有长羊、王屋、洛林、轵等河东四百里之地,垣曲盆地通往外部的交通线路至少有两条(如图3—1所示):一条是韩国通往平阳的道路"宜阳→(北渡黄河)→武遂城→王垣→皋落→女戟→平阳";另一条是魏国通往太行山南麓的道路"安邑→女戟→皋落→干河→长羊→王屋→洛林→轵道→轵",抵达太行山南麓的南阳。从韩、魏的两条交通道路来看,"女戟→皋落"这一段为韩、魏公共交通至为明显。除这两条道路外,通过实地考察①,垣曲盆地沿今沇西河而上,从今垣曲县厉山镇还有两条古道通往外围地区。其中一条通往运城盆地的绛县,路线为:今垣曲县厉山镇→降道沟村→后河村→望仙→东桑池→绛县;另一条通往上党,路线为:今垣曲县厉山镇→朱家沟村→三里腰村→马家河→驾岭乡→阳城县。由于战国时期的史料未涉及这两条线路,姑录以备考。

在考察完"战国中期王垣归属问题"和"垣曲盆地古交通问题"后,"左邑—皋落—武遂—王屋"区域韩、魏的边界实际上已经比较清楚明了了:

---

① 承蒙山西省垣曲县自然博物馆姚海河研究员提供线索。

韩、魏以“教水(干河)”为界，教水(干河)以西属韩(包括皋落、王垣、武遂，方圆二百里)，以东属魏(包括长羊、王屋、洛林、轵道，方圆四百里)；“女戟→皋落→教水(干河)”这一段为韩、魏公共交通道路，韩国通过“女戟→皋落→武遂→(南渡黄河)”段路沟通“宜阳—三川”和旧都平阳，魏国通过“女戟→皋落→教水(干河)”段路沟通安邑和长羊、王屋、洛林、轵道。在具体疆域界线划定上，由于“女戟—皋落—教水(干河)”地带处于山地，大多属于未开发的隙地，在边界的处理上，可以将韩、魏边界以“女戟—皋落—教水(干河)”的交通线路为界。

武遂—皋落—王垣地区交通图

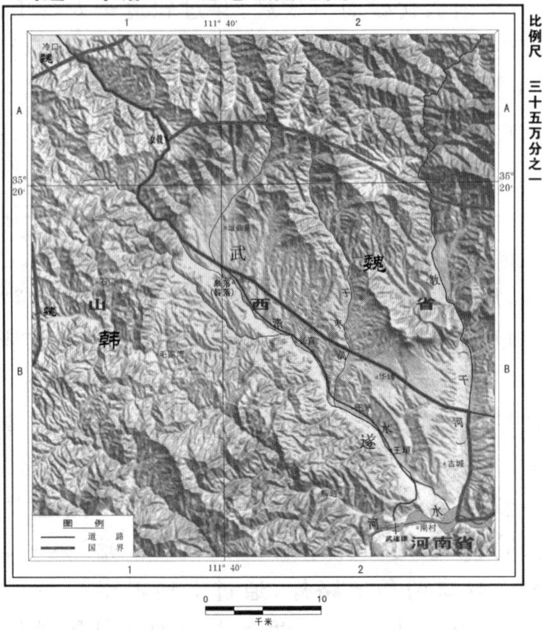

扫描二维码，查看高清图片

图 3—1　武遂—皋落—王垣交通图

另外，对于战国时期存在“公共交通”(也即《孙子兵法》所谓“彼可来我可往”之“交地”)这一现象，有三点需进一步申论补充：

一是利益共赢允许出现公共道路。这种两国共用同一通道的想法，在战国晚期还存在。1974 年长沙马王堆汉墓出土的《战国纵横家书》中记载策士朱己在韩国通往上党的道路被切断的情况下建议魏国开辟一条从共、宁通往韩国上党的通道，让韩、魏“共有其赋”，就是这种共赢的思路。

二是战国时期的城守制度允许出现"彼可来我可往"的交地。中国古代的城防通常用砖石垒筑成一个封闭的围墙,围墙开设若干城门,士兵和百姓生活在围城之内。在没有直接军事威胁的情况下,围城之外的道路往往是彼可来我可往的公共交通。

三是双方存在利益交换或力量平衡。所谓"力量平衡",意味着韩、魏双方不允许任何一方独自控制"女戟—皋落"这一段必经之路,否则会在两国之间发生大规模的争夺,逐渐形成了一种均势状态,默认这条通道双方都可以通行。所谓"存在利益交换",意味着虽然韩国可能控制着"女戟—皋落"要道,可以限制魏国的通行,但在其他地区魏国控制着其他要道,可以限制韩国的通行,以至于最后两国交换利益,互不限制。这一点,在接下来的"女戟—浍水"流域交通问题中有充分的体现。

(三)"女戟—浍水"流域交通问题

要考察公元前333年"女戟—浍水"流域的交通问题,需要考察这一区域的历史沿革。

公元前370年魏武侯去世,魏公子䓨与公子缓争立,韩、赵在魏无暇他顾之时侵占晋国首都新田(今山西侯马市)一带的城邑。争立成功的公子䓨(即魏惠王)于公元前362—公元前361年将韩、赵侵袭的旧晋首都新田—浍水一带的城邑新田、绛、唐、皮牢,全部纳入控制。加上魏国传统势力范围的梁、临汾、左邑、曲沃、安邑,形成了一条自安邑→左邑→曲沃→皮牢→唐→绛→临汾的势力范围线,这条势力线的形成,对韩国自首都新郑至旧都平阳的"新郑→宜阳→(北渡黄河)→武遂城→皋落→女戟→(今磨里镇)→陉城→平阳"、"新郑→少曲→濩泽→(今磨里镇)→陉城→平阳"和"新郑→少曲→端氏→皮牢→陉城→平阳"三条线路影响巨大,如果韩国这三条线路被魏国彻底斩断,为争夺道路通行权,韩魏之间势必会不断在浍水一带相互攻伐。但从史料记载,自公元前362—前361年魏攻占浍水一带后韩、魏几乎没有在此区域发生过其他战争,可见魏国虽然占据了一些重要的战略据点,如皮牢、唐、绛,但是并未将这一区域作为一个不许穿越的禁区。其原因,如前文所述。韩国军队可从平阳—陉城一线南下往绛方向像楔子一样横插浍水河谷,切断唐、皮牢的魏国军队与河东军队之间的联系,同时从上党端氏往皮牢方向、从上党濩泽往今磨里镇方向可对魏国浍水一带的城池全部包围,对魏形成一种"瓮中捉鳖"的高压战略态势;魏国占据战略要地引而不发,在特殊时期可以"切断往来通道"要挟韩国在政治上作出某些让步。

由于魏国自安邑→左邑→曲沃→皮牢→唐→绛→临汾的城邑据点实际上已经形成了一个封闭的势力范围,虽然允许韩国首都新郑与旧都平阳之间的交通往来,对韩国而言实际上是借了魏国势力范围之内的道路,在标绘时应作特别处理。其交通线路应是沿山谷和河谷抵达陉城,具体应为(如图3-2所示):武遂→皋落→女戟→(今绛县)→(今卫庄镇)→(今南樊镇)→绛→陉城;濩泽→(今么里镇)→(今南樊镇)→绛→陉城;端氏→皮牢→唐→陉城。

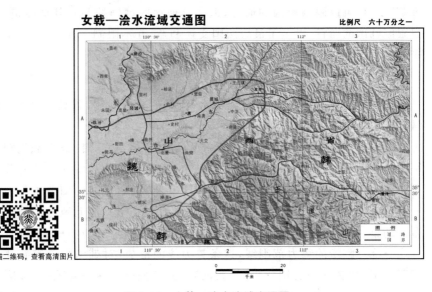

图3-2 女戟—浍水流域交通图

第二节 韩上党—太行山南麓及周边疆域考

战国史料对韩、赵、魏有上党均有涉及。记载韩有上党的史料有:

[1] 今魏嚮得王错,挟上党,固半国也。(《史记·魏世家》)

[2] 秦悉拔我上党。(《史记·韩世家》)

[3] 北斩太行之道,则上党之兵不下。(《战国策·秦策三·范雎至秦》)

4. 宜阳,大县也,上党、南阳积之久矣,名为县,其实郡也。(《战国策·秦策二·秦武王谓甘茂曰》)

5. 韩之上党去邯郸百里。(《史记·赵世家》)

6. 二十六,秦拔我上党。(《史记·六国年表·韩》)

记载魏有上党的史料有:

1. 犀武败于伊阙,周君之魏求救,魏王以上党之急辞之。……秦悉塞外之兵,与周之众,以攻南阳,而两上党绝矣。(《战国策·西周策·犀武败于伊阙》)

记载赵有上党的史料有:

1. 且昔者简主不塞晋阳以及上党,而襄主并戎取代以攘诸胡,此愚智所明也。(《史记·赵世家》)

2. 自常山以至代、上党,东有燕、东胡之境,西有楼烦、秦、韩之边,而无骑射之备。(《战国策·赵策二·武灵王平昼间居》)

同时记载韩、魏有上党的史料有:

1. 韩、魏割上党,西薄函谷,则楚之强百万也。(《史记·楚世家》)

2. 秦悉塞外之兵,与周之众,以攻南阳,而两上党绝矣。(《战国策·西周策·犀武败于伊阙》)

3. 韩、魏易地……韩兼两上党以临赵,即赵羊肠以上危。(《战国策·西周策·韩魏易地》)

4. 公不若救齐,因佐秦而伐韩、魏,上党、长子,赵之有已。(《战国策·东周策·或为周最谓金投》)

5. 秦尽韩、魏之上党,则地与国都邦属而壤挈者七百里。(《战国策·赵策一·赵收天下且以伐齐》)

6. 秦有安邑,则韩、魏必无上党哉。(《战国策·秦策二·陉山之事》)

关于韩、赵、魏上党,较有影响力的注解有:

①上党,党所也。在山上,其所最高,故曰上党。(东汉刘熙《释名·释州国(卷二)》)

②郡地极高,与天为党,故曰上党。(《括地志》)

③上党四塞之固,东带三关,据天下肩脊,当河朔咽喉,肘京洛而履蒲津,倚太原而跨河朔,太行瞰其面,并门负其背。(《嘉庆重修一统志》)

④秦上党郡,今泽、潞、仪、沁等四州之地,兼相州之半,韩总有之。至七国时,赵得仪、沁二州之地,韩犹有潞州及泽州之半,半属赵、魏。(《史记正义》)

⑤今山西潞安、泽州二府,辽、沁二州及河南彰德府武安、涉县,直隶广平府之磁州等地。(《战国策释地》)

以上史籍的原文和注解,对于"上党"的记载有至少三个方面的缺憾:

一是对于自然地理上的上党区域与行政上的上党区域语焉不详。原始史料,有时说的是自然地理上的上党区域,有时说的又是行政区划上的上党,或者兼而有之。譬如,《战国策·东周策·或为周最谓金投》"因佐秦而伐韩、魏,上党、长子,赵之有已",将"上党"与"长子"并举,"长子"是一个行政区划的城邑,此处之"上党"说的应该是行政区划之"上党",《战国策·秦策二·秦武王谓甘茂曰》"上党、南阳积之久矣,名为县,其实郡也",将"上党""南阳"并举,"南阳"为一个区域,所指"上党"当是一个区域。

二是各家注解似详而略。虽然看起来说得比较明确了,但是对上党哪些区域分属韩、赵、魏仍然语焉不详。譬如,张守节《史记正义》"七国时,赵得仪、沁二州之地,韩犹有潞州及泽州之半,半属赵、魏",虽有所指,实际上非常粗略,"韩犹有潞州及泽州之半,半属赵、魏",各指的是哪一半?张琦《战国策释地》"今山西潞安、泽州二府,辽、沁二州及河南彰德府武安、涉县,直隶广平府之磁州等地",则指的是上党的整体范围,未指明各家所属。

三是即便言及上党分属区域,但没有在确切的时间点上讨论。战国时期各诸侯国的领土范围是变动不居的,上党也同样如此,不在一个确切时间点下讨论空间的所属,上党问题是不可能说清楚的。

为避免以上缺憾,本节讨论公元前333年这个确切时间点上韩、赵、魏三国在上党的分领区域。另需要特别说明的是,彼时行政划上的上党郡的范围与地理上的上党是两个不同层次的问题,对于行政区划上的上党郡的范围,从既有史料无从考证,也不予讨论,本节仅从疆域的角度讨论地理上的上党和上党周边领土的分属情况。

一 赵上党及周边城邑考

从已有史料分析来看,上党区域内或周边确定属赵的城邑有:

平陶

① (未详何年)平匋宗正。(《玺汇》0115)

② (前 297 或前 264①)二年,平陶令范昊,工师歨□、冶尤狱。(《二编》1219)

③ (未详何年)平匋。(《货系》1141—1148)

平陶,《图集》无,第二章第二节补释其地在今山西文水县西南(H12)。史料一,高明《中国古文字学通论》:"平匋,赵邑。宗正为先秦时期就已存在的官名。"②认定为赵国城邑。史料二,王辉等《二年平陶令戈跋》中认定此兵器为赵国兵器③。史料三,为出土的"平匋"尖足布,《货系·先秦卷》:"平匋,地名,战国赵地,今山西省文水县西南或介休县西。"吴良宝引施谢捷《东周兵器铭文考释(三则)》也考定为赵地。按诸家之说,"平匋"即"平陶",为赵国城邑无疑。

尹城

① (未详何年)尹城。(转引自陈隆文《先秦货币地名与历史地理研究》)

尹城,《图集》无,第二章第二节补释其地在今山西汾阳市稍西(H12)。陈隆文《先秦货币地名与历史地理研究》(第 57 页)考定其为赵城邑。

大陵(平陵)

① (前 514)分祁氏之田以为七县……司马乌为平陵大夫。(《左传·昭公二十八年》)

② (前 334)十六年,肃侯游大陵,出于鹿门,大戊午扣马曰:"耕事

---

① 周翔:《战国兵器铭文分域编年研究》,浙江师范大学硕士论文,2013 年,第 88 页。
② 高明:《中国古文字学通论》,北京:北京大学出版社,1996 年,第 471 页。
③ 王辉、王沛:《二年平陶令戈跋》,《考古与文物》,2007 年第 6 期,第 55—62 页。

③（前 310）十六年……王游大陵。（《史记·赵世家》）

④（未详何年）[正面]平都、湿成，[背面]大陵、莑枣。（《集成》11542【平都矛】）

大陵，在今山西省文水县东北（H13）。从系年史料可断定公元前 333 年，大陵为赵国领土。

榆次

①（前 453）智氏见伐赵之利，而不知榆次之祸也。（《战国策·秦策四·物极必反》）

②（前 361）梁惠成王九年，与邯郸榆次、阳邑。（《水经·洞过水注》引《竹书纪年》）

③（前 250）十六年，廉颇围燕。以乐乘为武襄君。率师从相国信平君助魏攻燕。秦拔我榆次三十七城。（《史记·赵世家》）

④（前 248）七年，秦拔赵榆次三十七城，秦置大原郡。（《史记·燕召公世家》）

（前 248）二，蒙骜击赵榆次、新城、狼孟，得三十七城。日蚀。（《史记·六国年表·秦》）

⑤（前 247）攻赵榆次、新城、狼孟，取三十七城。（《史记·秦本纪》）

⑥（未详何年）阳邑。（平首尖足布，如货 3—4 所示）

货 3—4 "阳邑"平首尖足布

榆次，在今山西晋中市榆次区（H13）；阳邑，在今山西太谷县东北

(H13)。据史料二,公元前361年榆次、阳邑自魏转属赵。又据史料三、四、五,可知榆次、阳邑迟至公元前247年一直属赵。公元前333年榆次、阳邑属赵无疑。

晋阳

1 (前455之前)董阏安于,简主之才臣也,世治晋阳,而尹泽循之,其余政教犹存。(《战国策·赵策一·知伯帅赵韩魏而伐范中行氏》)

2 (前455)知伯大说。因索蔺①、皋梁于赵,赵弗与,因围晋阳。(《战国策·魏策一·知伯索地于魏桓子》)

(前454)知伯从韩、魏兵以攻赵,围晋阳而水之,城不沉者三板。(《战国策·赵策一·知伯从韩魏兵以攻赵》)

晋阳,今山西太原市西南(H13)。据史料一、二,可知在公元前453年之前,晋阳属晋国赵姓卿大夫所辖;在前455—前454年智伯联合韩、魏伐赵时,晋阳一度成为赵姓卿大夫的大本营。又,《史记·秦本纪》"(前248)二年,使蒙骜攻赵。定太原"、《史记·燕召公世家》"(前248)七年,秦拔赵榆次三十七城,秦置大原郡",直至公元前248年秦伐赵太原,晋阳方转属秦。公元前333年晋阳属赵无疑。

阳曲

1 (未详何年)阳曲。(《货系》965)

阳曲,《图集》无,第二章第二节补释其地在今山西忻州市定襄县东(G13)。此货币为赵国铸造。

寿阴

1 (未详何年)寿阴。(转引自《先秦货币地名与历史地理研究》)

寿阴,《图集》无,第二章第二节补释其地在今山西寿阳县西北(H14)。陈隆文(57页):"晋阳之东有寿阴,尖足布中有寿阴布,其地望当在今寿阳一带。"朱华《三晋货币》:"赵地,在今山西省寿阳县境。"②寿阴当属赵地。

---

① 原文为"蔡",据范祥雍笺证、范邦瑾协校《战国策笺证》(上海:上海古籍出版社,2006年)第1243页校正。

② 朱华:《三晋货币》,山西:山西人民出版社,1994年,第155页。

平都

①（前260）长平之役，平都君说魏王曰："王胡不为从？"（《战国策·魏策四·长平之役》）

②（前243）故君不如遣春平侯而留平都侯。春平侯者，言行于赵王，必厚割赵以事君而赎平都侯。（《战国策·赵策四·秦召春平侯》）

平都，《图集》无，第二章第二节补释其地其地在今山西晋中市和顺县西仪城村（H14）。据此史料，迟至公元前243年平都一直为赵封地，公元前333年平都属赵无疑。

阏与、轑阳（橑杨）

①（前354）昔者魏伐赵，断羊肠，拔阏与，约斩赵，赵分而为二，所以不亡者，魏为从主也。（《史记·魏世家》）

②（前270）二十九年，秦、韩相攻，而围阏与。赵使赵奢将，击秦，大破秦军阏与下，赐号为马服君。（《史记·赵世家》）

（前270）三，秦击我阏与城，不拔。（《史记·六国表·韩》）

（前270）二十九，秦攻韩阏与。赵奢将击秦，大败之，赐号曰马服。（《史记·六国表·赵》）

③（前269）中更胡攻赵阏与，不能取。（《史记·秦本纪》）

（前269）卅八年，阏舆。（《睡虎地秦简编年记》）

④（前236）十一，吕不韦之河南。王翦击邺、阏与，取九城。（《史记·六国年表·秦》）

（前236）九，秦拔我阏与、邺，取九城。（《史记·六国年表·赵》）

（前236）王翦、桓齮、杨端和攻邺，取九城。王翦攻阏与、橑杨，皆并为一军。翦将十八日，军归斗食以下，什推二人从军取邺、安阳，桓齮将。（《史记·秦始皇本纪》）

轑杨，在今山西左权县（H14）；阏与，第二章第二节校释其地战国时期有两处：一处为赵阏与，在今山西和顺县西北（H14）；一处为韩阏与，在今河北武安县西（I14）。史料一、四所言之阏与在今山西和顺县，为赵之阏与，史料二、三在今河北武安县西的山西襄垣县附近，为韩之阏与。这里讨论的是史料一、四之阏与，此阏与之所属，据史料，公元前354年之公元前236年一直属赵。根据上面史料,公元前333年,阏与、轑阳属赵无疑。

狼孟

① (前248)二,蒙骜击赵榆次、新城、狼孟,得三十七城。日蚀。(《史记·六国年表·秦》)

② (前247)攻赵榆次、新城、狼孟,取三十七城。四月日食。王龁攻上党。初置太原郡。(《史记·秦本纪》)

(前247)三年,蒙骜攻魏高都、汲,拔之。攻赵榆次、新城、狼孟,取三十七城。四月日食。王龁攻上党。初置太原郡。魏将无忌率五国兵击秦,秦却于河外。蒙骜败,解而去。五月丙午,庄襄王卒,子政立,是为秦始皇帝。(《史记·秦本纪》)

③ (前232)大兴兵,一军至邺,一军至太原,取狼孟。(《史记·秦始皇本纪》)

(前232)十五,兴军至邺。军至太原。取狼孟。(《史记·六国年表·秦》)

狼孟,在今山西阳曲县(G13)。从上述史料,可知狼孟在公元前248年之前属赵,公元前232年之后彻底属秦。公元前333年狼孟当属赵。

盂

① (未详何年)盂。(《集成》11335,如货3—5所示)

盂,在今山西阳曲县东北(G14)。盂在公元前333年之所属,可从周边城邑所属来综合确定。公元前333年,盂周边之阳邑、晋阳、榆次、狼孟等均属赵,可知盂当也属赵。

货3—5 "盂"尖足布

梗阳

① (前288)十一年,董叔与魏氏伐宋,得河阳于魏。秦取梗阳。(《史记·赵世家》)

梗阳,在今山西清徐县(H13)。据此史料,公元前288年方自赵转属秦。结合公元前288年之前周边城邑所属,公元前333年梗阳当属赵。

马陵

① (前282)兵伤于离石,遇败于马陵,而重魏,则以叶、蔡委于魏。(《战国策·燕策二·秦召燕王》)

马陵,在今山西太谷县东南(H13)。据此史料,公元前282年秦伐赵离石、马陵遇阻。结合周边城邑所属,公元前282年之前,马陵属赵无疑。

马服

① (前270)二十九年,秦、韩相攻,而围阏与。赵使赵奢将,击秦,大破秦军阏与下,赐号为马服君。(《史记·赵世家》)

(前270)二十九,秦攻韩阏与。赵奢将击秦,大败之,赐号曰马服。(《史记·六国年表·赵》)

马服,在今河北邯郸市西北紫山(I15)。公元前270年赵奢受封于此,可知至公元前270年马服仍属赵。公元前333年马服当属赵。

武安

① (前333)见说赵王于华屋之下,抵掌而谈。赵王大悦,封为武安君,受相印。(《战国策·秦策一·苏秦始将连横说秦惠王》)

② (前270)于是唐雎载音乐,予之五十金,居武安,高会相于饮。(《战国策·秦策三·天下之士合从》)

③ (前259)十月,武安君分军为三,王龁攻赵武安、皮牢,拔之。(《资治通鉴·赧王五十六年》)(前259)八年,攻武安。(睡虎地秦简《编年记》)

武安,在今河北武安市西南(I15)。武安之所属,据史料一,赵封苏秦为武安君,此"武安",高诱《战国策》:"武安,赵邑",吴师道《战国策校注》:"正义云'潞州武安县'",张琦《战国策释地》:"故城在今彰德府武安县西南五十里",诸家均指向今河北武安市西南,可知公元前333年,赵有武安。史料二、三佐证迟至公元前259年武安一直属赵。

二 韩上党及周边城邑考

从已有史料,可确定在公元前333年上党区域内或周边属韩的城邑有:

祁

①(前514)魏献子为政,分祁氏之田以为七县……知徐吾为涂水大夫。(《左传·昭公二十八年》)

②(前308)秦围宜阳,游腾谓公仲曰:"公何不与赵蔺、离石、祁,以质许地。"(《战国策·韩策一·秦围宜阳》)

③(前283)秦攻赵,蔺、离石、祁拔。(《战国策·赵策三·秦攻赵》)

祁,在今山西祁县东南(H13)。从史料来看,战国时期的公元前308年,韩国在祁有部分城邑,因此史料二说秦攻韩宜阳之时韩国可以将蔺、离石、祁这三地的韩国城邑给赵国。

涅

①(前358)郑取屯留、尚子、涅。尚子,即长子之异名也。(《水经·浊漳水注》引《竹书纪年》)

(前358)梁惠成王十二年,郑取屯留、尚子,即长子之地也。(《太平御览》卷163州郡部引《竹书纪年》)

②(未详何年)涅。(《货系》1889,如货3—6所示)

涅,在今山西武乡县故城村(I13)。史料一,公元前358年,韩国攻占屯留、长子和涅三地,可知涅自赵转属韩。史料二为出土的"涅"方足布,朱华《三晋货币考》(157页)认定为韩地。

襄垣

①(未详何年)襄垣。(《货系》1611—1657,如货3—7所示)

襄垣,在今山西襄垣县北(I14)。今河南、河北、山西等地陆续出土一批币文为"戬垣"的方足布。《货系·先秦卷》:"襄垣,地名,战国赵地,今山西省襄垣县北。"《三晋货币》认为襄垣地属韩国①。吴良宝《战国时期上党郡新考》(57页):"战国晚期三晋各国盛行的方足小币中,面文包括'长子''襄垣''露(路)''甗''同是(铜鞮)''屯留'等,由于这些城邑位于韩、赵交界处,其铸造国别一直有争议。我们通过考察出土地、联系其他战国文字的写法等因素,断定上引诸布币均为韩国铸造。"吴证可从,襄垣属韩。

货3—6 "涅"平首方足布　货3—7 "襄垣"平首方足布

同是(铜鞮)

1 (前582)郑伯如晋,晋人执之铜鞮。(《左传·成公九年》)

2 (前542)铜鞮之宫数里。(《左传·襄公三十一年》)

3 (前514)秋,晋韩宣子卒,魏献子为政……分羊舌氏之田以为三县……乐霄为铜鞮大夫,赵朝为平阳大夫,僚安为杨氏大夫。(《左传·昭公二十八年》)

4 (未详何年)同是。(《货系》436—437,如货3—8所示)

5 (未详何年)同是右库。(《二编》1109【铜鞮戈】、《新收》1995【铜鞮右库戈】)

铜鞮,在今山西沁县南(I13)。从史料一、二、三,知铜鞮属晋。此后未详其所属。史料四为出土的战国时期"同是"方足币。关于方足币中"同是"的所属,吴良宝《中国东周时期金属货币研究》(197—198页)认定战国晚期三晋各国盛行的方足布币中,面文包括"长(尚)子""襄垣""露(路)""甗""同是(铜鞮)""屯留"等,通过考察其出土地,以及联系其他战国文字

---

① 朱华:《三晋货币考》,山西:山西人民出版社,1994年,第157页。

的写法等因素,断定其为韩国铸造。史料五为出土的战国韩国兵器铭文①。从出土的货币和兵器来看,铜鞭当属韩。

屯留(纯留)

① (前369)梁惠成王元年,韩共侯、赵成侯迁晋桓公于屯留。(《水经·浊漳水注》引《竹书纪年》)

② (前358)郑取屯留、尚子、涅。(《水经·浊漳水注》引《竹书纪年》)

③ (前349)肃侯元年,夺晋君端氏,徙处屯留。(《史记·赵世家》)

④ (前316)亲魏善楚,下兵三川,塞轘辕、缑氏之口,当屯留之道,魏绝南阳,楚临南郑,秦攻新城、宜阳,以临二周之郊,诛周主之罪,侵楚、魏之地。(《战国策·秦策一·司马错与张仪争论于秦惠王前》)

⑤ (未详何年)屯留。(《货系》1666—1677,如货3—9所示)

⑥ (前239)八年,王弟长安君成蟜将军击赵,反,死屯留,军吏皆斩死,迁其民于临洮。(《史记·秦始皇本纪》)

⑦ (未详何年)屯留。(《集成》10927【屯留戈】)

屯留,在今山西省长治市屯留县(I13)。屯留之所属,史料一载公元前370年,韩、赵将晋国国君迁往屯留。此时屯留仍属晋。史料二、三载公元前359年,韩侵占晋国的屯留、尚子(即长子)、涅,晋君迁往端氏,公元前349年,赵国又侵夺晋国国君所处的端氏,晋国国君不得已又迁往已被韩国攻占的屯留。据《韩世家》司马贞《索隐》"(韩昭侯)十年②韩姬弑其君悼公",韩拒不出让,并杀晋君。从史料四可知屯留在公元前316年仍属韩。史料五为出土的战国"屯留"方足布,《货系·先秦卷》释文表:"屯留,地名,战国韩地,今山西屯留东南。"史料七为出土的带有"屯留"铭文的战国兵器,据考证,此戈系秦灭燕过程中或秦兵戍守辽西时的遗留③,为秦王嬴政

---

① 周翔:《战国兵器铭文分域编年研究》,浙江师范大学硕士论文,2013年,144页。
② 杨宽《战国史料编年辑证》"当作十四年"。
③ 冯永谦,邓宝学:《辽宁建昌县普查中发现的重要文物》,《文物》,1983年第5期,第67页。

时期的兵器。根据上面的系年,可知公元前 333 年时,屯留属韩。

货 3—8 "同是"平首方足布　　货 3—9 "屯留"平首方足布

余吾

① (未详何年)余吾。(《货系》2482)

余吾,《图集》无,第二章第二节补释其地在今山西屯留县西北(I13)。赵国三孔布币,一般是赵国新攻占某地方后新铸之币,断限大致在公元前 298 年之后,也即,此地在公元前 298 年之后属赵是无疑的,至于公元前 298 年之前的所属,需要根据周边城邑的所属来综合确定。从前文考证来看,公元前 333 年,余吾以北之涅、铜鞮、虒,以东之襄垣、阏与、路、涉,以南之屯留、长子均属韩,可知余吾当属韩。

长子(尚子)

① (前 555)晋人执卫行人石买于长子。(《左传·襄公十八年》)

② (前 403)从者曰:"长子近,且城厚完。"(《国语·晋语》)

③ (前 369)攻郑,败之,以与韩,韩与我长子。(《史记·赵世家》)

④ (前 358)梁惠成王十二年,郑取屯留、尚子、涅。(《水经·浊漳水注》引《竹书纪年》)

⑤ (前 286)公不若救齐,因佐秦而伐韩、魏,上党、长子,赵之有已。(《战国策·燕策一·奉阳君李兑甚不取于苏秦》)

⑥ (未详何年)郘子。(《货系》1493—1517,如货 3—10 所示)

长子,在今山西省长子县南(I13)。据史料四、五,公元前 358 年韩国攻占长子之后,迟至公元前 286 年仍占有长子。史料六为出土的带有"郘子"币文的方足币,《货系·先秦卷》释文表:"郘子,地名,战国韩地,今山西省长子县西南。"据上面史料系年,可知公元前 333 年时,长子属韩。

濩泽

① (前 351)梁惠成王十九年,晋取玄氏①、濩泽。(《水经·沁水注》引《竹书纪年》)

(前 351)梁惠王九年,晋取泫氏县。(《太平寰宇记·河东道五·泽州·高平县》)

② (未详何年)濩泽君七年库啬夫乐须□,冶余□造。(《文物典》)

濩泽,在今山西阳城县西(J13)。史料一言公元前 351 年,魏取赵泫氏、濩泽,可知此年泫氏、濩泽自赵转属魏。史料二,具体何年不可考,苏辉《秦三晋纪年兵器研究》(159 页)根据兵器铭文格式风格,断定为韩国铸造之兵器。当是公元前 351 年濩泽自赵转属魏之后某年再自魏转属韩。公元前 333 年具体所属,当据周边城邑综合判定。

端氏

① (前 359)十六年,与韩、魏分晋,封晋君以端氏。(《史记·赵世家》)

② (前 349)肃侯元年,夺晋君端氏,徙处屯留。(《史记·赵世家》)

③ (前 308)韩欲有宜阳,必以路、涉、端氏赂赵。秦王欲得宜阳,不爱名宝。且拘茂也,且以置公孙赫、樗里疾。(《战国策·赵策一·甘茂为秦约魏以攻韩宜阳》)

端氏,在今山西沁水县东北(J13)。从史料一、二、三,端氏在公元前 359 年尚属晋,公元前 349 年赵夺晋君端氏,端氏转属赵。而至公元前 308 年,端氏属韩。可见端氏在公元前 349 年至公元前 308 年之间的某年自赵转属韩。公元前 333 年端氏所属,当据周边城邑综合判定。

泫氏(玄武)

① (前 415)晋烈公元年,赵献子城泫氏。(《水经·沁水注》)

---

① 原文为"玄武",据范祥雍《古本竹书纪年辑校订补》(上海:上海古籍出版社,2011 年)75 页校正。

②(前351)梁惠成王十九年,晋取玄武、濩泽。(《水经·沁水注》引《竹书纪年》)

泫氏(玄武),在今山西高平市(J13)。据史料一、二,泫氏先属赵,后属魏,实际在公元前333年属韩。

长平

①(前263)秦王怒,令公孙起、王龁以兵遇赵于长平。(《战国策·赵策一·秦王谓公子他》)

(前262)廉颇将军军长平。七年,廉颇免而赵括代将。秦人围赵括,赵括以军降,卒四十余万皆坑之。王悔不听赵豹之计,故有长平之祸焉。(《史记·赵世家》)

(前260)四十七年,秦攻韩上党,上党降赵,秦因攻赵,赵发兵击秦,相距。秦使武安君白起击,大破赵于长平,四十余万尽杀之。(《史记·秦本纪》)

长平,第二章第二节校释其地在今山西高平县长平村(J13)。从上述史料来看,公元前263年秦攻赵之长平,可知长平彼时属赵无疑。但是长平在前263年之前属韩。

路

①(前308)韩欲有宜阳,必以路、涉、端氏赂赵。秦王欲得宜阳,不爱名宝。且拘茂也,且以置公孙赫、樗里疾。(《战国策·赵策一·甘茂为秦约魏以攻韩宜阳》)

②(未详何年)雳。(转引自《三晋货币》,如货3—11所示)

路,即"潞",在今山西黎城西南(I13)。从史料一可知,公元前308年韩有路。史料二为出土的带有"雳"币文的战国方足布,朱华《三晋货币》(157页)以为"雳"即"潞",属韩国地名,在今山西潞城县东北。

货 3—10 "邟子"平首方足布　　货 3—11 "雩"平首方足布

阏与

1. (前270) 二十九年，秦、韩相攻，而围阏与。赵使赵奢将，击秦，大破秦军阏与下，赐号为马服君。(《史记·赵世家》)

   (前270) 三，秦击我阏与城，不拔。(《史记·六国年表·韩》)

   (前270) 二十九，秦攻韩阏与。赵奢将击秦，大败之，赐号曰马服。(《史记·六国年表·赵》)

2. (前269) 秦中更胡伤攻赵阏与，不拔。(《资治通鉴·赧王四十六年》)

   (前269) 中更胡攻赵阏与，不能取。(《史记·秦本纪》)

   (前269) 卅八年，阏舆。(《睡虎地秦简编年记》)

阏与，第二章第二节对韩阏与进行了补释，此为韩阏与，在今山西襄垣县(I14)。史料一、二，前270年—前269年秦攻击韩之阏与，赵国派兵救援，大破秦军于阏与。另，阏与在涉以西，涉在公元前333年属韩，可知阏与属韩无疑。

涉

1. (前308) 韩欲有宜阳，必以路、涉、端氏赂赵。秦王欲得宜阳，不爱名宝。且拘茂也，且以置公孙赫、樗里疾。(《战国策·赵策一·甘茂为秦约魏以攻韩宜阳》)

2. (未详何年) 涉。(《集成》10827【涉戈】)

涉，在今河北涉县（I14）。史料一可知，迟至公元前308年，涉仍为韩地。史料二为韩国兵器，可作为"涉"属韩的旁证。

羊肠

① （前311年之前）昔者魏伐赵，断羊肠，拔阏与，约斩赵，赵分而为二，所以不亡者，魏为从主也。《史记·魏世家》

② （前321）韩兼两上党以临赵，即赵羊肠以上危。故易成之日，楚、赵皆轻。楚王恐，因赵以止易也。《战国策·西周策·韩魏易地》

（前321）公不如告楚、赵，楚、赵恶之。赵闻之，起兵临羊肠，楚闻之，发兵临方城，而易必败矣。《战国策·韩策二·公仲为韩魏易地》

羊肠，第二章第二节校释其地当为今山西黎城县至河北涉县之间的一条山谷通道（I14）。羊肠为兼跨韩、赵的通道。

临虑

① （前260之后某年）在韩者逾常山乃有临虑。《荀子·强国》

临虑，在今河南林县（I14）。此史料是荀子在约公元前260年对秦国版图的描述。从描述中可知，临虑属韩。

少曲

① （前311）已得宜阳、少曲，致蔺、石，因以破齐为天下罪。《战国策·燕策二·秦召燕王》

（前311）秦正告韩曰："我起乎少曲。"《战国策·燕策二·秦召燕王》

② （前301）十一年，佫茖宋令少曲夜、工师郤喜、冶丁。《近出》365【十一年皋洛戈】

（前301）十一年，咎茖大命少曲宫，工师舍惠、冶午。《新收》365【十一年皋洛戈】

③ （前265）范雎相秦二年，秦昭王之四十二年，东伐韩少曲、高平，拔之。《史记·范雎蔡泽列传》

（前265）二年，攻少曲。《睡虎地秦简编年记》

少曲,《图集》标绘为一区域,实际当为一城邑,第二章第二节地名补校部分进行了校正,在今河南济源市五龙口镇留村—化村(J13)。史料一为公元前 279 年策士苏代对公元前 311 年张仪游说列国时所述秦拟攻韩线路的一个推演,据此史料可知,公元前 311 年时少曲仍属韩。据史料系年可知,公元前 333 年时少曲属韩无疑。

野王

1 (前 262)武安君伐韩,拔野王。上党路绝,上党守冯亭……以上党归赵。(赵)王乃使平原君往受地。(《资治通鉴·赧王五十三年》)

2 (前 241)六年,韩、魏、赵、卫、楚共击秦,取寿陵。秦出兵,五国兵罢。拔卫,迫东郡,其君角率其支属徙居野王,阻其山以保魏之河内。(《史记·秦始皇本纪》)

(前 241)二年,秦拔我朝歌。徙野王。(《史记·魏世家》)

(前 241)二,秦拔我朝歌。卫从濮阳徙野王。(《史记·六国年表·魏》)

野王,在今河南省沁阳市(J13)。据史料一,迟至公元前 262 年秦方攻占野王。可知,公元前 333 年,野王属韩。

邢

1 (前 712)王取邬、刘、蒍、邢之田于郑,而与郑人苏忿生之田温、原、絺、樊、隰郕、攒茅、向、盟、州、陉、隤、怀。(《左传·隐公十一年》)

2 (未详何年)四年,邢命(令)铬庶、上库工师汪□、冶氏胄(冑)。(《集成》11335【四年邢令戈】)

邢,《图集》无,第二章第二节补释其地在今河南沁阳市西北(J13)。周翔《战国兵器分域编年研究》(141 页):"一作盂,春秋晋邑,战国属韩,在今河南沁阳西北。"姑从之。

葵

1 (前 369)武侯元年封公子缓。赵侯种、韩懿侯伐我,取蔡,而惠王伐赵,围浊阳。(《史记·赵世家》司马贞《索隐》引《竹书纪

年》）

葵,在今河南焦作市西北(J14)。据此史料,结合周边少曲、邢、野王等城邑的所属,韩首都新郑通往韩上党之路当从葵经过,以此来判定,葵当属韩。

阳(河雍)、向(高平)

⓵ (前330)梁惠成王五年①,公子景贾帅师伐郑,韩明战于阳,我师败逋。(《水经·济水注》引《竹书纪年》)

⓶ (前315)郑侯使韩辰归晋阳及向。二月,城阳、向,更名阳为河雍,向为高平。(《水经·济水注》引《竹书纪年》)

⓷ (前289)以河阳、姑密封其子,而乃令秦攻王,以便取阴。(《战国策·赵策四·齐欲攻宋》)

(前289)[正面]七年,相邦阳安君、邦右库工师史签胡、冶事(吏)痌敄(挅)斋(剂),[背面]大攻(工)君(尹)韩䆉。(《集成》11712【七年相邦钺】)

⓸ (前289)错攻垣、河雍,决桥取之。(《史记·秦本纪》)

(前289)昔者,五国之王尝合横而谋伐赵,参分赵国壤地,着之盘盂,属之雠柞。五国之兵有日矣,齐②乃西师以禁秦国,使秦发令素服而听,反温、枳、高平于魏,反三公、什清于赵,此王之明知也。(《战国策·赵策一·赵收天下且以伐齐》)

(前289)五国三分王之地,齐倍五国之约而殉王之患,西兵以禁强秦,秦废帝请服,反高平、根柔于魏,反巠分、先俞于赵。(《史记·赵世家》)

⓹ (前265)范雎相秦二年,秦昭王之四十二年,东伐韩少曲、高平,拔之。(《史记·范雎蔡泽列传》)

阳(河雍、河阳),第二章第二节校释其地在今河南济源市西南(K13);向(高平),在今河南济源市西南(K13)。据史料系年,公元前315年之前,

---

① 据范祥雍《古本竹书纪年辑校订补》(上海：上海古籍出版社,2011年)的考订,时间应为"魏惠成王更元五年"而非"魏惠成王五年"。

② 原文为"韩",据范祥雍笺证、范邦瑾协校《战国策笺证》(上海：上海古籍出版社,2006年)第973页校正。

阳、向属韩无疑。

三 魏上党及周边城邑考

从已有史料分析来看,截至公元前333年,确定属于魏上党的有:

高都

① (前247)蒙骜攻魏高都、汲,拔之。(《史记·秦本纪》)

② (未详何年)高都。(《货系》1906—1920)

③ (前248)廿九年高都命(令)陈鹌(鹖)、工师冶乘力。(《集成》11652【廿九年高都令剑】)

高都,在今山西晋城市(J13)。据史料一,公元前247年之前,高都、汲属魏。史料二为魏"高都"方足布,1988年版《货系·先秦卷》释文表:"高都,地名,战国魏地,今山西省晋城县附近;或战国韩地,今河南伊川县北。"朱华《三晋货币》认为此类布币属韩,并认为布币铭文之"高都"在今山西晋城市高都村。史料三为出土的战国兵器铭文,黄盛璋《试论三晋兵器的国别和年代及其相关问题》认为此兵器为魏国兵器,铸造于魏安釐王二十九年,即公元前248年。虽诸家各持一说,但高都在公元前333年当属魏。

汲

① (前247)蒙骜攻魏高都、汲,拔之。(《史记·秦本纪》)

汲,在今河南汲县西南(J14)。结合高都,可知汲属魏无疑。

轵道、鹿

① (前357)梁惠成十一年,郑釐侯使许息来致地:……我取轵道与郑鹿。(《水经·河水注》引《竹书纪年》)

此两地名,第二章第二节校补轵道,即轵道,当在今河南济源市西(J13);鹿,当在今河南浚县东南(J15)。据此史料,可知轵道、鹿自公元前360年即转属魏。公元前333年轵道、鹿当属魏。

南阳、修武

① (前274)客卿胡阳攻魏卷、蔡阳、长社,取之。击芒卯华阳,破之,斩首十五万。魏入南阳以和。(《史记·秦本纪》)

☐2 (前273)魏王不听,卒以南阳为和,实修武。(《资治通鉴·赧王四十二年》)

南阳,其地为黄河以北太行山以南的区域(J14);修武,在今河南获嘉县(J14)。据上述史料,公元前274年之前,南阳、修武属魏无疑。公元前333年南阳、修武当属魏。

山阳

☐1 (前354)江尹欲恶昭奚恤于楚王,而力不能,故为梁山阳君请封于楚。(《战国策·楚策一·江尹欲恶昭奚恤于楚王》)

☐2 (前283)秦、韩围梁,燕、赵救之。谓山阳君。(《战国策·赵策一·秦韩围梁》)

☐3 (前276)或谓山阳君曰:"秦封君以山阳,齐封君以莒。"(《战国策·韩策三·或谓山阳君》)

☐4 (前242)将军骜攻魏,定酸枣、燕、虚、长平、雍丘、山阳城,皆拔之,取二十城。初置东郡。(《史记·秦始皇本纪》)

(前242)秦拔我二十城,以为秦东郡。(《史记·魏世家》)

山阳,在今河南焦作市东南(J14)。从上述史料,公元前354年至公元前242年山阳属魏无疑。公元前333年,山阳当属魏。

雍

☐1 (前352)十八年,雍左库无铸。(《集成》11264【十八年雍左库戈】)

雍,在今河南焦作市西南(J14)。此史料据周翔《战国兵器分域编年研究》(150页)考证为魏惠王十八年(前352)之兵器铭文。再结合公元前333年周边州、怀、山阳、修武、宁等城邑的所属来看,雍在公元前333年属魏无疑。

共、汲

☐1 (前262)秦故有怀地、邢丘、安城①、垝津,而以之临河内,河内

---

① 原文为"元城",据范祥雍笺证、范邦瑾协校《战国策笺证》(上海:上海古籍出版社,2006年)第1388页校正。

之共、汲莫不危矣。(《战国策・魏策三・魏将与秦攻韩》)

2 (前247)蒙骜攻魏高都、汲,拔之。(《史记・秦本纪》)

3 (前240)伐魏,取汲。(《资治通鉴・始皇帝七年》)

(前240)以攻龙、孤、庆都,还兵攻汲。(《史记・秦始皇本纪》)

(前240)秦拔我汲。(《史记・魏世家》)

共,在今河南辉县(J14);汲,在今河南汲县西南(J14)。上述史料可知公元前262年至公元前240年之间,共、汲确定属魏无疑。公元前262年之前汲之所属是否有变迁,需要根据周边城邑的变迁情况来综合考定。公元前333年,太行山南麓魏国有州、怀、山阳、修武、宁,共、汲在这些城邑以东,可知共、汲在公元前333年属魏无疑。

四 韩上党-太行山南麓及周边区域疆域考绘

上党-太行山南麓及周边区域的疆域考定,有几个问题需要进一步考察:

（一）韩、赵、魏对晋国上党领土瓜分的史料考察

关于上党城邑的变迁,尽管前文以地名为经进行史料系年考证了公元前333年城邑的归属,但是还是看不到整个上党区域城邑所属变迁的全貌。为此,这里仍不辞烦琐,将上党区域的城邑所属沿革做一个大致的梳理。

1 (前415)晋烈公元年,赵献子城泫氏。(《水经・沁水注》引《竹书纪年》)

2 (前403)襄子出,曰:"吾何走乎?"从者曰:"长子近,且城厚完。"襄子曰:"民罢民力以完之,又毙以守之,其谁与我!"从者曰:"邯郸之仓库实。"襄子曰:"浚民之膏泽以实之,又因而杀之,其谁与我?其晋阳乎!先主之所属也,尹铎之所宽也,民必和矣。"(《国语・晋语》)

3 (前378)九年,翟败我于浍。(《史记・魏世家》)

(前378)九,翟败我于浍。(《史记・六国年表・魏》)

4 (前370)五年……魏败我怀。(《史记・赵世家》)

⑤ (前369)梁惠成王元年，韩共侯、赵成侯迁晋桓公于屯留。（《水经·浊漳水注》引《竹书纪年》）

(前369)武侯元年封公子缓。赵侯种、韩懿侯伐我，取蔡，而惠王伐赵，围浊阳。（《史记·赵世家索隐》引《竹书纪年》）

(前369)攻郑，败之，以与韩，韩与我长子。（《史记·赵世家》）

⑥ (前367)梁惠成王三年，郑城邢丘。（《水经·济水注》引《竹书纪年》）

⑦ (前362)伐败韩于浍。（《史记·魏世家》）

(前362)败我于浍。（《史记·韩世家》）

(前362年)魏公叔痤为魏将，而与韩、赵战浍北，禽乐祚。（《战国策·魏策一·魏公叔痤为魏将》）

(前362)十三年，秦献公使庶长国伐魏少梁，虏其太子、痤。魏败我浍，取皮牢。成侯与韩昭侯遇上党。（《史记·赵世家》）

⑧ (前361)魏伐取赵皮牢。（《史记·魏世家》）

(前361)十，取赵皮牢。卫成侯元年。（《史记·六国年表·魏》）

(前361)梁惠成王九年，与邯郸榆次、阳邑。（《水经注·洞过水注》引《竹书纪年》）

⑨ (前359)十六年，与韩、魏分晋，封晋君以端氏。（《史记·赵世家》）

⑩ (前358)(梁惠成王十二年)郑取屯留、尚子、涅。尚子，即长子之异名也。（《水经·浊漳水注》引《竹书纪年》）

(前358)梁惠成王十二年，郑取屯留、尚子，即长子之地也。（《太平御览》卷163州郡部引《竹书纪年》）

⑪ (前357)梁惠成十一年①，郑釐侯使许息来致地：平丘、户牖、首垣诸邑及郑驰道。我取枳道与郑鹿。（《水经·河水注》引《竹书纪年》）

⑪ (前354)江尹欲恶昭奚恤于楚王，而力不能，故为梁山阳君请

---

① 杨宽《战国史料编年辑证》(319页)：当为十三年。

第三章　韩(含二周)及周边诸侯疆域边界考　311

封于楚。(《战国策·楚策一·江尹欲恶昭奚恤于楚王》)

12 (前352)十八年,雍左库无铸《集成》11264【十八年雍左库戈】)

13 (前351)梁惠成王十九年,晋取玄氏①、濩泽。(《水经·沁水注》引《竹书纪年》)

(前351)(魏惠王十九年,)晋取泫氏。(《太平寰宇记·泽州高平县》引《竹书纪年》)

14 (前349)肃侯元年,夺晋君端氏,徙处屯留。(《史记·赵世家》)

15 (前330)梁惠成王五年,公子景贾帅师伐郑,韩明战于阳,我师败逋。(《水经·济水注》引《竹书纪年》)

16 (前315)郑侯使韩辰归晋阳及向。二月,城阳、向,更名阳为河雍,向为高平。(《水经·济水注》引《竹书纪年》)

17 (前308)韩欲有宜阳,必以路、涉、端氏赂赵。秦王欲得宜阳,不爱名宝。且拘茂也,且以置公孙赫、樗里疾。(《战国策·赵策一·甘茂为秦约魏以攻韩宜阳》)

韩、赵、魏三家对晋国上党领土的瓜分和争夺大致可分为三个阶段来考察:

一是公元前403年韩、赵、魏被周天子封为诸侯至公元前370年期间三家对旧晋领土的处理。旧晋末期的势力范围,除首都新田及周边,《史记·晋世家》记载"(前434)幽公……反朝韩、赵、魏之君。独有绛、曲沃,余皆入三晋",公元前403年周天子虽册封韩、赵、魏为诸侯,但是三家在分晋问题上几乎没有直接行动。唯一一次是公元前378年,赵国联合狄侵袭晋国浍水一带的城邑,魏国击败赵、狄,维持了旧晋领土不受侵犯,这一格局一直持续到公元前370年。截至公元前370年,可以明确上党及周边在赵国势力范围内的城邑有:蔺、皋狼、晋阳、皮牢、长子、邯郸、泫氏;在韩国势力范围内的城邑有:轵道、平丘、户牖、首垣、鹿、阳、向、邢丘、怀;在魏国势力范围内的城邑有:榆次、葵、阳邑、山阳、雍;旧

---

① 原文为"玄武",据范祥雍《古本竹书纪年辑校订补》(上海:上海古籍出版社,2011年)75页校正。

晋大致拥有：绛、曲沃、屯留、端氏。

二是公元前370年至公元前349年三家对旧晋之地的争夺。公元前370年，魏武侯去世，三家的力量平衡被打破，开始了对旧晋之地的争夺。争夺的主要地段：(1) 对旧晋首都新田附近的城邑，主要在浍水一带的争夺。魏武侯去世的公元前370年，魏公子罃与公子缓争立，韩、赵介入魏国争立，并在魏无暇他顾之时将晋桓公迁到屯留，瓜分晋国首都新田一带的城邑。公元前362—前361年，争立成功的魏惠王公子罃将韩、赵侵袭的旧晋首都新田至浍水一带的城邑，如绛、皮牢，全部纳入控制。不过，从史料看，魏国此次侵袭仅限于旧晋之地，并未涉及韩、赵传统势力范围内的城邑。《史记·范雎蔡泽列传》载，直到"(前264)昭王四十三年，秦攻韩汾、陉，拔之"，韩国传统势力范围内的汾城、陉城才失之于秦。(2) 对旧晋上党城邑的争夺。公元前369年韩、赵迁晋桓公于屯留是这一争夺的发端。此后的公元前359年—前358年，赵、韩、魏三家分晋，韩国攻占了屯留、长子和涅，晋君无容身之处，从屯留迁往端氏。曾经属于赵国的长子，在此次争夺中被韩国占领。公元前351年，魏攻占赵国的泫氏、濩泽；公元前349年，赵旋即夺晋君所处的端氏，晋君不得已，又前往已被韩占领的屯留，为韩所杀。至此，上党城邑中明确属于赵国的有端氏；明确属于魏国的有泫氏、濩泽；明确属于韩国的有屯留、长子和涅。关于韩国屯留、长子和涅周边城邑，通过出土的韩国"襄垣""露（路）""同是（铜鞮）""屯留"币和"涉"戈，可断定韩国彼时已将屯留、长子、涅、襄垣、露（路）、铜鞮、涉的广大地盘纳入实际控制。

三是公元前349年至公元前333年上党疆域变迁考察。关于公元前349年至公元前333年上党城邑隶属变化的直接史料几乎未见。但是，从考古出土的文献和之后的相关史料来看，这一时间段内上党及周边城邑所属还是有变化的：(1) "端氏"自赵转属韩。《战国策·赵策一·甘茂为秦约魏以攻韩宜阳》记载"(前308)韩欲有宜阳，必以路、涉、端氏赂赵"。韩国在公元前308年有路、涉，实际上印证了前述第二点"韩国彼时已将屯留、长子、涅、襄垣、露（路）、铜鞮、涉的广大地盘纳入实际控制"。"端氏"城，公元前349年赵占领，而公元前308年属韩，可见其间的某年自赵转属韩。(2) "濩泽"自魏转属韩。苏辉《秦三晋纪年兵器研究》(159页)考定一件刻有"濩泽君七年库啬夫乐须□，冶余□造"但年代不详的出土兵器属韩铸造，此兵器虽年代不详，但应该是自公元前351年魏取泫氏、濩泽后转属韩，并一直为韩所占有。公元前262年韩将上党仅剩的十七邑(一说七十邑)全部割让给赵国引发公元前260年的长平之战,如果濩泽属魏的话,长平之战秦国军队无论选择从今"沁阳→晋城→高平→长平"线出兵,还是从今"翼城→沁水→阳城→晋城→高平→长平"线出兵,都不可能无视濩泽的魏国军队。可见濩泽在公元前349年之后转属韩,长平之战前秦攻韩上党郡外围时,将端氏、濩泽攻下,进而进入长平。魏国丢失濩泽的时间,极有可能是公元前344年的齐魏马陵之战战败后,魏国元气大伤之时。赵国孤悬在外的"端氏",当也是在这个时间被韩国侵占。

综合以上分析,截至公元前333年,韩国在上党的城邑可明确的有屯留、长子、涅、襄垣、露(路)、铜鞮、涉、端氏、濩泽。

(二)韩上党及周边区域边界再考察

结合第一节韩国占领的平周、虢、大阴(阴)、杨氏、高梁、平阳、汾城、陉城,以及祁,根据山川形便的原则,大致在公元前333年韩国的上党疆域范围是,沿涉→襄垣→涅→谒戾山靠近祁的北麓→平周→汾水界河→虢→大阴(阴)→平阳→汾城→陉城→端氏→濩泽的外围,将屯留、长子、涅、襄垣、露(路)、铜鞮等城邑包含在内。此外,还有两个区域值得深究:

一是泫氏—长平—光狼城—高都区域。从现有史料记载来看,泫氏(《水经·沁水注》引《竹书纪年》"(前351)梁惠成王十九年,晋取玄氏①、濩泽",此后无泫氏相关记载)、高都(《史记·秦本纪》"(前247)蒙骜攻魏高都、汲,拔之")属魏;光狼城(《史记·秦本纪》"(前280)白起攻赵,取代、光狼城",此前此后均无"光狼城"相关记载)、长平(前260年秦赵长平之战首次出现"长平"地,此前无相关记载)属赵。不过这种格局未必是公元前333年之时的格局。如果在公元前333年保持这种格局的话,韩国首都新郑通往上党的道路实际上被赵、魏阻断和控制着。这至少有两点与历史不符:一是公元前316年司马错与张仪争论于秦惠王前时献伐韩策,"亲魏善楚,下兵三川,塞轘辕、缑氏之口,当屯留之道,魏绝南阳,楚临南郑,秦攻新城、宜阳,以临二周之郊","当屯留之道,魏绝南阳"实际上是断绝韩国上党区域与首都新郑的往来,从泫氏—长平—光狼城—高都这一区域的地形来看,通往屯留的道路仅有一条,即泫氏—长平—长平关—长子,如果高都、

---

① 原文为"玄武",据范祥雍《古本竹书纪年辑校订补》(上海:上海古籍出版社,2011年)第75页校正。

泫氏在魏控制之下,光狼城、长平在赵控制之下,韩国通往屯留的道路已经被切断,魏根本不必刻意去"绝南阳"。二是公元前260年的长平之战,秦攻长平必然首先要拔掉长平附近的光狼城和泫氏,如果光狼城属赵、泫氏属魏,长平之战应该是秦、赵、魏三国之间的战役,再加上秦国本身针对的是韩国的上党,长平之战就成了秦国与韩、赵、魏四国的战役,这与事实不符。长平之战,秦围赵军于长平之时,赵国曾向其他诸侯求援,其他诸侯均未响应,如果其中有魏国的城邑,魏国必然不必等赵国求援就会介入。可见光狼城、泫氏、长平、高都四城邑虽然史料记载分属各国,但实际上也因为史料的缺乏掩盖了实际情况。在泫氏—长平—光狼城—高都这一区域,"高都"可以确定属魏,因为近代出土了几件公元前248年魏国铭文风格的兵器,如果高都属韩,公元前262年韩太守冯亭献十七邑给赵国时即已割让,公元前260年赵国长平之战战败后原属韩国的城邑(含高都)应该转属秦国了,魏国不可能在公元前248年还可以在高都铸造兵器。关于"长平""泫氏""光狼城",从长平之战赵国被秦军围困来看,这三处应该不是赵国传统势力范围内的城邑,而是新从韩国接手的韩上党城邑,否则,赵国肯定对长平关周边的地形了如指掌,不至于最后被秦国包围切割而四十万军队投降。至于《史记·秦本纪》记载的公元前280年"白起攻赵,取代、光狼城"中的"光狼城"应是一个错误的记载,"光狼城"与"代"间隔崇山峻岭,白起不可能在同一年指挥相隔千里的两场战役,"光狼城"可能是"皋狼城"之误。综合上面的分析,在泫氏—长平—光狼城—高都区域,大致可以断定公元前333年:高都属魏;光狼城、泫氏、长平属韩。

二是阏与—羊肠—临虑区域。关于"羊肠",历来方家均认定在长治壶关(今壶关县树掌镇—桥上乡—河南林州市合涧镇),而事实上,从《史记·魏世家》"昔者魏伐赵,断羊肠,拔阏与,约斩赵,赵分而为二"来看,"羊肠"当在黎城滏口陉(今长治市黎城县东阳关镇—河北涉县神头乡—涉城镇—井店镇—阳邑镇—冶陶镇),否则,魏国断此"羊肠",再沿漳水河河谷上溯到赵国的阏与,才可以切断赵国首都邯郸与旧都太原之间的道路,将赵一分为二,如果羊肠在壶关县树掌镇—桥上乡—河南林州市合涧镇,赵国在今长治、晋城并不占有城池,切不切断羊肠没有什么意义。另,《战国纵横家书》记载"(前285)秦以强弩坐羊肠之道,则地去邯郸百廿里",如果羊肠在长治壶关,距离邯郸不仅远远超过百二十里,而且由于此羊肠在赵长城以南,根本构不成对赵国的威胁,相反,如在黎城滏口陉,不仅距离吻合,正好是一百二十里,而且对赵国的威胁符合实情。公元前269年,秦攻韩阏与,赵之所以救韩,是因为突破阏与,秦即"坐羊肠之道,则地去邯郸百廿里",赵奢的援军挫败了秦军对韩国阏与的进攻,韩国也在上党郡守冯亭的奋力抵抗下坚守,直至秦国于公元前 262 年攻陷野王①,切断韩国首都新郑与上党交通②,才彻底放弃上党,将上党割让给赵国。公元前 260 年秦对赵括的军队采用了且战且退诱敌深入的战术,从阏与—屯留—长子经长平关退到长平,最后攻占长平关,切断赵军退路而一举歼灭赵括军队,坑杀四十余万降卒,此"阏与"属韩是毋庸置疑的。"临虑",《荀子·强国》言秦国疆土的扩张,"在韩者逾常山乃有临虑",符合长平之战后的情形,临虑属韩之上党,公元前 260 年长平之战后,临虑自韩转属秦。

这样,结合前文已考察的少曲、野王、邢、葵属韩,公元前 333 年韩国上党的疆域范围就可以大致勾勒:沿涉→襄垣→涅→谒戾山靠近祁的北麓→平周→汾水界河→虘→大阴(阴)→平阳→汾城→陉城→端氏→濩泽→少曲→野王→葵→光狼城→泫氏→长平→临虑→涉的外围,将屯留、长子、涅、襄垣、露(路)、铜鞮、蒲鶪、余吾、阏与等城邑包含在内。

(三)魏上党及周边边界的考察

前文已经对上党周边属魏的雍、山阳、茅、修武、宁、共、汲和高都进行了考察,此不赘述。对于魏国上党的范围,除了"高都",还有一些史料支持魏国的共、宁有道路通往上党。《战国纵横家书》及《战国策·魏策三·魏将与秦攻韩》记载"通韩之上党于共、宁,使道安成之关,出入赋之,是魏重质韩以其上党也,共有其赋,足以富国,韩必德魏、爱魏、重魏、畏魏,韩必不敢反魏,是韩,魏之县也",通过在从魏的共、宁通往韩国上党的通道上设立关卡来共享赋税。这一通道大致从今河南辉县市→西平罗乡→山西晋城市陵川县→长治县进入上党。

可见魏国上党的疆域范围大致可以勾勒为沿雍→高都→(今陵川县)→伯阳的外围。

(四)赵上党边界的考察

在上党太行山地区,出土了一些带有赵国属性的货币。根据币形:(1)属于小尖足布的有"鄡邡"。小尖足布的属国和断限一般认为是战国中晚期

---

① 卅五年,攻大壄王。十二月甲午鸡鸣时,喜产。(《睡虎地秦简·编年记》)
② 四十五年,五大夫贲攻韩,取十城。(《史记·秦本纪》)四十五(秦)攻韩,取十城。(《史记·六国表·秦》)

时赵国铸造。(2)属于三孔布的有"上艾"。三孔布一般认为是赵武灵王灭中山国后的公元前296年左右铸造①。由于"鄢邡"和"上艾"均在今山西平定县,可大致断定"鄢邡"和"上艾"公元前333年尚未在赵国版图之内。另,《史记·魏世家》"昔者魏伐赵,断羊肠,拔阏与,约斩赵,赵分而为二"的记载正好符合"鄢邡"和"上艾"不在赵国版图内的判断。

此外,《读史方舆纪要·山西二·盂县》记载,赵国在战国时期有"源仇城",地址在今山西盂县,是春秋和战国前期"仇由国"所在。仇由国,《吕氏春秋·权勋》"中山之国有夗繇者",实际上属于中山国。中山国在春秋时期为晋所灭,残余力量进入太行山,战国初期三家分晋后的公元前380年旋即复国,虽定都灵寿,但太行山发迹复国的地带当仍属中山国。

结合前文对赵国所属城邑的考定,大致可以勾勒出公元前333年赵国上党疆域的边界,沿邯郸→武安→武平→橑阳→马陵→祁→西都→邬→平周弧线的外围;中山国在上党的疆域边界,沿仇由国→上艾→鄢邡弧线的外围。

(五)上党—太行山以南黄河以北南阳区域考察

从前文城邑所属系年的考察来看,在上党区域的王屋山—太行山南麓、黄河北岸的区域,公元前333年明确属韩的有少曲、邢、野王、阳、向。由于邓在阳、向之间,邓当属韩。明确属魏的城邑有教水(干河)以东的长羊、王屋、洛林、新垣、曲阳、轵道,及太行山南麓的雍、山阳、修武、宁、共、汲。这都是没有疑义的。

在王屋山南麓区域、太行山南麓区域中间的城邑,如:轵、邓(《史记·秦本纪》:"(前291年)左更错取轵及邓";《资治通鉴·赧王二十六年》:"(前289)秦大良造白起、客卿错伐魏,至轵,取城大小六十一");垣(新垣)、曲阳(《史记·魏世家》:"(前287)秦拔我新垣、曲阳之城");姑密(《战国策·赵策四·齐欲攻宋》:"(前287)今又以河阳、姑密封其子,而乃令秦攻王,以便取阴");温(《战国策·西周策·犀武败于伊阙》:"(前293)魏王因使孟卯致温囿于周君,而许之戍也",《战国策·赵策一·赵收天下且以伐齐》"(前289)反温、枳、高平于魏",《史记·秦本纪》"(前286)齐破宋,宋王在魏,死温",《史记·魏世家》"(前275)予秦温以和");邢丘、怀(《史记·秦

---

① 戴志强、戴越:《圆足布和三孔布——读先秦布币(四)》,《中国钱币》2014年第4期(总第129期),第3—7页。

本纪》"(前266)四十一年夏,攻魏,取邢丘、怀");州(《集成》11269魏国【十四年州戈】"(未详何年)十四年,州工师明、冶乘")等,从史料系年上可明确在公元前293年秦伐魏之前是属魏的。也就是说,至少在公元前293年,魏国在王屋山－太行山南麓实际上就形成了一个连续的自教水(干河)→长羊→王屋→洛林→轵道(及周边新垣、曲阳、轵、原)→姑密→温→州→邢丘→怀→雍→山阳→修武→共→汲的势力区域。公元前293年的格局并不能代表公元前333年时就是这样,我们来考察一下公元前333年魏国在王屋山－太行山南麓的势力范围。

首先,魏国确实占领了王屋山－太行山南麓的大多数城池。《水经·济水注》引《竹书纪年》"(前330)梁惠成王五年①,公子景贾帅师伐郑,韩明战于阳,我师败逋",魏国在公元前330年,已经开始伐韩黄河以北的"阳"了,并迫使韩国在公元前315年"使韩辰归阳晋及向(《水经·济水注》引《竹书纪年》)",可见魏国在公元前330年之前已将势力铺张到太行山南麓,否则,如果韩国在这一区域城邑如林,韩国必然不会轻易放弃孟津的重要据点"阳"和"向"。因此,认为魏国在公元前333年势力范围从教水(干河)→长羊→王屋→洛林→轵道(及周边新垣、曲阳、轵、原)→姑密→温→州→邢丘→怀→雍→山阳→修武→共→汲是符合当时情形的。

其次,韩国有道路穿越魏国在王屋山－太行山南麓的势力区域。公元前316年司马错与张仪争论于秦惠王前,张仪献伐韩策时说,秦可"亲魏善楚,下兵三川,塞辗辕、缑氏之口,当屯留之道,魏绝南阳,楚临南郑,秦攻新城、宜阳,以临二周之郊",说明韩国的"屯留之道""南阳之道"并未被断绝。足以说明迟至公元前316年,魏国这一封闭区域内有道路与韩国上党相通。韩国穿过魏国王屋山－太行山南麓势力区域的"屯留之道""南阳之道"的具体走向,大致有三个(如图3-3所示):洛阳→孟津→阳→少曲;洛阳→孟津→(今孟州市)→(今谷旦镇)→(今崇义镇)→野王→屯留;荥口→沿沁水逆流而上→野王→邗→天门关→屯留。

---

① 据范祥雍《古本竹书纪年辑校订补》(上海:上海古籍出版社,2011年)的考订,时间应为"魏惠成王更元五年"而非"魏惠成王五年"。

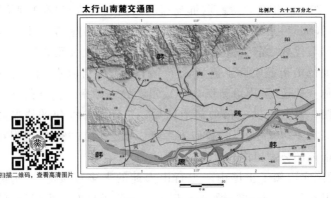

图 3—3　太行山南麓交通图

通过前文考证分析,公元前 333 年,韩、赵、魏三个诸侯国在上党地区的形势图当如图 3—4 所示:

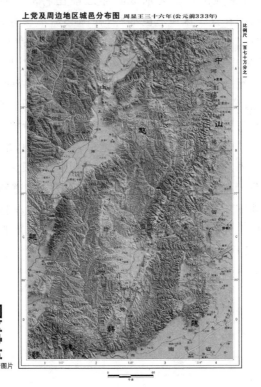

图 3—4　上党及周边地区城邑分布图

第三节　韩宜阳－三川及周边区域边界考

一　韩国城邑考

从已有史料分析来看,宜阳－三川区域内或周边确定属于韩国的城邑或领地有:

西山、商阪

① (前 358)秦败韩师于西山。(《资治通鉴·显王十一年》)

② (前 333)韩北有巩、洛、成皋之固,西有宜阳、常阪之塞,东有宛、穰、洧水,南有陉山,地方千里。(《战国策·韩策一·苏秦为楚合从说韩王》)

西山,据《国策地名考》,所指为熊耳山(L11);"常坂"即"商坂",在今陕西商洛市商州区东南商洛山(L11)。史料一记载公元前 358 年秦国在西山击败韩国军队。据此史料,西山当为秦、韩军事分界线,并可初步确定秦国领土延伸到西山,但具体以哪里为界,仅据此史料,尚不明确。又,史料二为公元前 333 年苏秦在建立以赵国为中心的合纵联盟时游说韩王,描述当时韩国基本情况:西面有宜阳及商阪边塞。结合史料一、二,大致可以判断,前 333 年秦、韩的势力分界线在西山以东。

卢氏

① (前 456)晋出公十九年,晋韩庞取卢氏城。(《水经·洛水注》引《竹书纪年》)

② (前 326)七年,卢氏令韩□、工师司马队乍(作)集载。(《二编》1228【七年卢氏令戈】)

③ (未详何年)卢氏百涅。(锐角桥足布,如货3—12 所示)

货 3—12 "卢氏百涅"锐角桥足布

卢氏，今河南卢氏县（K12）。从史料一可知公元前 456 年晋国的韩氏攻占了卢氏城，晋国自此拥有卢氏无疑。史料二是近代出土的韩国兵器，据考证为宣惠王七年（前 326）铸造①。史料三为近代考古中，在今河南卢氏县一带出土的韩国的"卢氏百涅"锐角桥足布币。据史料二、三，公元前 333 年卢氏当属韩。

宜阳

①（前 391）九年，秦伐我宜阳，取六邑。（《史记·韩世家》）

②（前 335）二十四年，秦来拔我宜阳。（《史记·韩世家》）

③（前 333）韩北有巩、洛、成皋之固，西有宜阳、常阪之塞。（《战国策·韩策一·苏秦为楚合从说韩王》）

（前 333）秦攻赵，则韩军宜阳，楚军武关，魏军河外，齐涉渤海，燕出锐师以佐之。（《战国策·赵策二·苏秦从燕之赵始合从》）

④（前 311）大王不事秦，秦下甲据宜阳，断绝韩之上地。（《战国策·韩策一·张仪为秦连横说韩王》）

（前 311）我起乎宜阳而触平阳，二日而莫不尽繇。（《战国策·燕策二·秦召燕王》）

⑤（前 308）宜阳，大县也，上党、南阳积之久矣，名为县，其实郡

---

① 周振鹤、李晓杰：《中国行政区划通史（总论先秦卷）》，上海：复旦大学出版社，2009 年，第 321 页。

也。(《战国策·秦策二·秦武王谓甘茂曰》)

(前308)襄王四年……其秋，秦使甘茂攻我宜阳。(《史记·韩世家》)

(前308)四，秦击我宜阳。(《史记·六国年表·韩》)

(前308)韩欲有宜阳，必以路、涉、端氏赂赵。秦王欲得宜阳，不爱名宝。且拘茂也，且以置公孙赫、樗里疾。(《战国策·赵策一·甘茂为秦约魏以攻韩宜阳》)

(前308)秦围宜阳。(《战国策·韩策一·秦围宜阳》)

6 (前307)秦拔我宜阳，斩首六万。(《史记·韩世家》)

(前307)拔宜阳，斩首六万。(《史记·秦本纪》)

(前307年)不拔宜阳，韩、楚乘吾弊，国必危矣。不如许楚汉中以欢之。(《战国策·秦策二·宜阳之役》)

(前307)秦拔宜阳。(《战国策·东周策·秦攻宜阳》)

(前307)秦拔宜阳，斩首六万。涉河，城武遂。(《史记·秦本纪》)

(前307)四，拔宜阳城，斩首六万。涉河，城武遂。(《史记·六国年表·秦》)

(前307年)今王破宜阳，残三川。(《战国策·秦策五·谓秦王曰》)

7 (前306)秦昭王使向寿平宜阳，而使樗里子、甘茂伐魏。(《资治通鉴·赧王九年》)

(前306)秦破韩宜阳，而韩犹复事秦者，以先王墓在平阳，而秦之武遂去之七十里，以故尤畏秦。(《史记·楚世家》)

宜阳，在今河南宜阳县西(K12)。从上面有关宜阳的沿革史料看，自公元前391年始，秦屡次对韩之宜阳有军事行动，但直至公元前307年方彻底攻占。公元前333年宜阳属韩是确定无疑的。

谷川

1 (前306)王欲则信公孙郝于齐，为韩取南阳，易谷川以归，此惠王之愿也。(《战国策·韩策一·或谓公仲曰听者听国》)

谷川，在今河南三门峡市以东，经今河南渑池县、新安县、洛阳市，并在洛阳市汇入洛水(K12－K13)。此则史料言为韩取魏之河内，而以韩之谷川一带与秦。据此史料可知,截至公元前306年谷川属韩。又,公元前307年之前,秦东向未出函谷关,可知公元前333年,谷川属韩。

渑池

1. (前311)今赵王已入朝渑池,效河间以事秦。(《战国策·燕策一·张仪为秦破从连横谓燕王》)

   (前311)今寡[①]君有微甲钝兵,军于渑池,愿渡河逾漳,据番吾,迎战邯郸之下。……一军军于渑池。(《战国策·赵策二·张仪为秦连横说赵王》)

2. (前279)秦使告赵,欲为好会于西河外渑池。(《史记·廉颇蔺相如列传》)

   (前279)二十,与秦会渑池。(《史记·六国年表·赵》)

渑池,在今河南渑池县西(K12)。史料一,公元前311年秦相张仪虽在不同场合多次言及秦军于渑池,但这都是张仪对秦未来军事行动的推演,可知渑池并不属秦。史料二发生之时,渑池已属秦。又,从地理方位上看,渑池在函谷关以东、黄河以南,渑池周边之谷川、宜阳在公元前333年均属韩,渑池在公元前333年当属韩。

武始

1. (前294)十三年,向寿伐韩,取武始。(《史记·秦本纪》)

武始,《图集》无,第二章第二节补释在今河南新安县东南磁涧镇(K13)。据此史料,结合公元前307年秦出函谷关攻韩伐取宜阳,可知武始在公元前307年之前一直属韩,迟至公元前294年由韩转属秦。公元前333年,武始属韩。

高都、利

1. (前353)梁惠成王十七年,东周与郑高都、利。(《水经·伊水注》引《竹书纪年》)

2. (前312)代能为君令韩不征甲与粟于周,又能为君得高都。……

---

① 原文为"宣",据范祥雍笺证、范邦瑾协校《战国策笺证》(上海:上海古籍出版社,2006年)第1041页校正。

不征甲与粟于周而与高都,楚卒不拔雍氏而去。(《战国策·西周策·雍氏之役韩征甲》)

高都,在今河南伊川县靠近龙门一带(K13);利,今地不详。史料一言魏惠王十七年(前354),东周将高都、利割让给韩国。据此史料,可知公元前354年,高都、利自周转属韩。据史料二,可知公元前312年,高都仍属韩。亦即,公元前333年,高都属韩无疑。

伊阙

①(前294)十三年攻伊阙。(《睡虎地秦简编年记》)

②(前293)秦攻魏将犀武军于伊阙,进兵而攻周。(《战国策·西周策·秦攻魏将犀武军》)

(前293)犀武败于伊阙,周君之魏求救,魏王以上党之急辞之。(《战国策·西周策·犀武败于伊阙》)

(前293)左更白起攻韩、魏于伊阙,斩首二十四万,虏公孙喜,拔五城。(《史记·秦本纪》)

(前293)秦使白起伐韩于伊阙,大胜,斩首二十四万。(《史记·楚世家》)

(前293)佐韩攻秦,秦将白起败我军伊阙二十四万。(《史记·魏世家》)

(前293)使公孙喜率周、魏攻秦。秦败我二十四万,虏喜伊阙。(《史记·韩世家》)

(前293)白起为左更,攻韩、魏于伊阙,斩首二十四万,又虏其将公孙喜,拔五城。起迁为国尉,涉河取韩安邑以东至干河。(《史记·白起列传》)

③(前256)五十九年,秦取韩阳城、负黍,西周恐,倍秦,与诸侯约从,将天下锐师出伊阙攻秦,令秦无得通阳城。(《史记·周本纪》)

伊阙,在今河南洛阳市南龙门(K13)。据史料一、二,公元前293年秦白起在伊阙大破韩、魏联军,并未关涉西周国,可见伊阙不属于西周国。又,伊阙之战实际是秦侵韩而魏救韩,致使秦与韩、魏联军对战,也就是说,魏国是从外部前来驰援韩国的,伊阙属韩无疑。

陵观、廪丘

⓵（前353）六年，伐东周，取陵观、廪丘①。（《史记·韩世家》）

陵观、邢丘，地望不详。据此史料，可知公元前353年之后，陵观、廪丘自东周转属韩。

纶氏

⓵（前304）楚吾得帅师及秦伐郑，围纶氏。（《水经·伊水注》引《竹书纪年》）

纶氏，在今河南登封市西南（K13）。据此史料，可知公元前304年之前，纶氏属韩。

阳城

⓵（前385）文侯二年，伐郑，取阳城。伐宋，到彭城，执宋君。（《史记·韩世家》）

（前385）十一年，韩伐郑，取阳城。（《史记·郑世家》）

⓶（前266）韩恐，使阳城君入谢于秦，请效上党之地以为和。（《战国策·赵策一·秦王谓公子他》）

⓷（前256）将军摎攻韩，取阳城、负黍，斩首四万。（《史记·秦本纪》）

（前256）十七年，秦拔我阳城、负黍。（《史记·韩世家》）

（前256）五十一年，攻阳城。（《睡虎地秦简编年记》）

（前256）十七，秦击我阳城。救赵新中。（《史记·六国年表·韩》）

（前256）五十九年，秦取韩阳城、负黍，西周恐，倍秦，与诸侯约从，将天下锐师出伊阙攻秦，令秦无得通阳城。（《史记·周本纪》）

阳城，在今河南登封市西南（K13）。史料一言韩伐郑取阳城，可知阳城在公元前385年自郑转属韩。据史料二，迟至公元前256年，阳城方自韩转

---

① 原文为"邢丘"，据杨宽《战国史料编年辑证》（台北：台湾商务印书馆，2002年）第351页校正。

属秦。从这两则史料,可略知自公元前385至公元前256年,阳城属韩。未详其间阳城所属是否有变化。

负黍

① (前407)二年,郑败我负黍。(《史记·韩世家》)

(前407)十六年,郑伐韩,败韩兵于负黍。(《史记·郑世家》)

② (前394)郑君乙立二年,郑负黍叛,复归韩。(《资治通鉴·周安王八年》)

③ (前393)九年,伐韩,取负黍。(《史记·楚世家》)

(前393)九,伐韩,取负黍。(《史记·六国年表·楚》)

④ (前256)五十一年,将军摎攻韩,取阳城、负黍,斩首四万。(《史记·秦本纪》)

(前256)十七年,秦拔我阳城、负黍。(《史记·韩世家》)

(前256)五十九年,秦取韩阳城、负黍。(《史记·周本纪》)

负黍,在今河南登封市西南(K13)。从史料一、二,可知在郑还未灭国之时,负黍为韩、郑争夺的焦点,公元前407年郑攻夺了韩国的负黍,公元前394年负黍趁郑国内乱之时叛变,转属韩。又,史料三,公元前394年,楚国攻占了韩国的负黍。史料四言秦伐取韩国的阳城、负黍,可知在公元前256年之前,负黍又自楚转属韩。据史料三、四,在公元前394年至公元前256年之间,负黍自楚转属韩,但具体年份,根据已有史料无法确切知道,不过从其他史料可以推断公元前333年负黍的归属。详见下面"南阳"词条。

南阳

① (前321)韩、魏之易地,韩得二县,魏亡二县,所以为之者,尽包二周,多于二县,九鼎存焉。且魏有南阳、郑地、三川而包二周,则楚方城之外危。(《战国策·西周策·韩魏易地》)

② (前308)宜阳,大县也,上党、南阳积之久矣,名为县,其实郡也。(《战国策·秦策二·秦武王谓甘茂曰》)

此南阳其地当今河南登封北之轘辕山、缑氏山(在河南偃师南)、外方山、少室山(在河南巩义市南)诸山之南(K13)。据史料一,在公元前321年韩魏易地之前韩国有南阳、郑地和三川;据史料二,迟至公元前309年,韩国仍有南阳。加之《水经·伊水注》引《竹书纪年》："(前304)楚吾得帅师及秦伐郑，围纶氏。"可知，前文的纶氏、负黍、阳城在公元前321年之前属韩无疑。据此史料，大致推断截至公元前333年，三地属韩。

京

[1] (前408)韩景侯虔元年，伐郑，取雍丘。郑城京。(《史记·六国年表·韩》)

京，在今河南荥阳市东南(K14)。据此史料，公元前408年，京属郑国。公元前375年，韩灭郑而有其地。公元前333年，京周边之梧、荥阳、市丘均属韩，可知京地在公元前333年属韩。

梧

[1] (前563)诸侯之师城虎牢而戍之，晋师城梧及制。(《左传·襄公十年》)

[2] (前340)廿三年，郚(梧)命(令)垠、右工师齿、冶良。(《集成》11299【二十三年郚令戈】)

梧，《图集》无，第二章第二节补释为在今河南荥阳市西南(K14)。据史料一，梧、制原属郑，诸侯伐郑，晋在梧、制筑城，可知梧、制在本年前后自郑转属晋。史料二，周翔引《中国历史地名大辞典》①："'郚命垠'，战国时齐、鲁皆有郚邑，然此戈铭有明显的晋系风格，故当从集成读为'梧'。梧，今河南荥阳县西，本春秋郑邑，战国属韩。垠，梧县县令，人名编谓'魏国郚县县令'，非。"此兵器的具体时间，周翔引杨宽战国史(710页)断定为韩昭侯二十三年(前340)。据此史料可知，公元前340年，梧属韩。从地望来看，在公元前333年，梧包裹在韩国的荥阳—市丘—管—京之间，属韩无疑。

宛冯

[1] (前333)韩卒之剑戟皆出于冥山、棠溪、墨阳、合赙、邓师、宛冯、龙渊、太阿，皆陆断牛马，水截鹄雁，当敌则斩坚甲铁幕。(《史记·苏秦列传》)

(前333)韩卒之剑戟皆出于冥山、棠溪、墨阳、合伯、邓师、宛冯、龙渊、大阿，皆陆断马牛，水击鹄雁，当敌即斩。(《战国策·

---

① 周翔：《战国兵器铭文分域编年研究》，浙江师范大学硕士论文，2013年，第121页。

韩策一·苏秦为楚合从说韩王》)

宛冯,在今河南荥阳市东北(K14)。据此史料之叙述,可知公元前 333 年宛冯属韩无疑。

荥阳

1. (前 266)举兵而攻荥阳,则成皋之路不通,北斩太行之道,则上党之兵不下,一举而攻荥阳,则其国断而为三。(《战国策·秦策三·范雎至秦》)

2. (前 249)使蒙骜伐韩,韩献成皋、巩。秦界至大梁,初置三川郡。(《史记·秦本纪》)

(前 249)二十四年,秦拔我城皋、荥阳。(《史记·韩世家》)

荥阳,在今河南荥阳市东北(K14)。史料一为秦模拟攻韩之战略,据史料一,公元前 266 年,荥阳属韩。据史料二,公元前 249 年,秦彻底攻占韩国的荥阳。又,《战国策·韩策一·三晋已破智氏》记载公元前 453 年时,"三晋已破智氏,将分其地。段规谓韩王曰:'分地必取成皋'",成皋、荥阳近,大致可知公元前 453 年左右,韩即占领荥阳。公元前 333 年,荥阳属韩无疑。

成皋

1. (前 453 年)三晋已破智氏,将分其地。段规谓韩王曰:"分地必取成皋。"……果取成皋。至韩之取郑也,果从成皋始。(《战国策·韩策一·三晋已破智氏》)

2. (前 334 年)秦攻齐,则楚绝其后,韩守成皋,魏塞午道,赵涉河、漳、博关,燕出锐师以佐之。(《战国策·赵策二·苏秦从燕之赵始合从》)

3. (前 333 年)韩北有巩、洛、成皋之固。(《战国策·韩策一·苏秦为楚合从说韩王》)

4. (前 318 年)五国约而攻秦,楚王为从长,不能伤秦,兵罢而留于成皋。魏顺谓市丘君……(《战国策·韩策一·五国约而攻秦》)

5. (前 311 年)秦下甲兵据宜阳,韩之上地不通;下河东,取成皋,

韩必入臣于秦。(《战国策·楚策一·张仪为秦破纵连横说楚王》)

(前311年)大王不事秦,秦下甲据宜阳,断绝韩之上地,东取成皋、宜阳,则鸿台之宫、桑林之苑非王之有已。夫塞成皋,绝上地,则王之国分矣。(《战国策·韩策一·张仪为秦连横说韩王》)

6 (前266)举兵而攻荥阳,则成皋之路不通;北斩太行之道,则上党之兵不下;一举而攻荥阳,则其国断而为三。(《战国策·秦策三·范雎至秦》)

7 (前249)使蒙骜伐韩,韩献成皋、巩。秦界至大梁,初置三川郡。(《史记·秦本纪》)

(前249)秦拔我城皋、荥阳。(《史记·韩世家》)

成皋,在今河南荥阳汜水镇(K14)。从史料一可知,公元前453年左右,晋国的韩氏即将成皋纳入势力范围。又,据史料二、三,可知至公元前334年、公元前333年,韩有成皋。迟至公元前249年,成皋被秦攻占而转属秦。据上史料,公元前333年成皋属韩无疑。

二 魏国城邑考

从已有史料分析来看,宜阳—三川区域内或周边确定属于魏国的城邑或领地有:

郩塞

1 (前319—前301)宣王用之,后富韩威魏,以南伐楚,西攻秦,为齐兵困于殽塞之上。(《战国策·赵策二·秦攻赵》)

2 (前306)今韩已病矣,秦师不下崤。……果下师于殽之救韩。(《战国策·韩策二·楚围雍氏五月》)

3 (前306)甘茂,贤人,非恒士也。其居秦,累世重矣,自崤塞、溪谷,地形险易,尽知之。(《战国策·秦策二·甘茂亡秦且之齐》)

4 (前270)北有甘泉、谷口,南带泾、渭,右陇、蜀,左关、阪,战车千乘,奋击百万。(《战国策·秦策二·范雎至秦》)

在古文中,"郩""殽"和"崤"通,均指"崤山",其地在今河南三门峡市东南(K12)。从上列史料一至四均可确定郩塞属秦。另,在古语中,还有"山东"一词,指"崤山以东"。公元前333年郩塞的所属要根据其周边的城邑所属来确定。秦有郩塞当在公元前314年之后,相关考证已在第二章地名及方位校补的"浊泽(涿泽、盐池)"条备述,此不赘述。也就是,公元前333年,郩塞属韩魏边塞之魏国一侧。

陕、焦、曲沃

① (前390)十,与晋战武城。县陕。(《史记·六国年表·秦》)

② (前354)梁惠成王十六年,秦公孙壮率师伐郑,围焦城,不克。(《水经·渠水注》引《竹书纪年》)

③ (前330)五,与秦河西地少梁。秦围我焦、曲沃。(《史记·六国年表·魏》)

(前330年)秦败我龙贾军四万五千于雕阴。围我焦、曲沃。予秦河西之地。(《史记·魏世家》)

④ (前329)九年,渡河,取汾阴、皮氏。与魏王会应。围焦,降之。(《史记·秦本纪》)

(前329)六年……秦取我汾阴、皮氏、焦。魏伐楚,败之陉山。(《史记·魏世家》)

(前329)九,度河,取汾阴、皮氏。围焦,降之。与魏会应。(《史记·六国年表·秦》)

⑤ (前327)归魏焦、曲沃。(《史记·秦本纪》)

(前327)秦归我焦、曲沃。(《史记·魏世家》)

⑥ (前324)秦张仪师师伐魏,取陕。(《资治通鉴·显王四十五年》)

⑦ (前314)樗里疾攻魏焦,降之。(《史记·秦本纪》)

陕、焦、曲沃,在今河南灵宝市东北(K12)。从前述焦、陕、曲沃三地的沿革来看,在战国中期,秦自公元前330起开始与魏争夺焦、陕、曲沃,并一直到公元前314年才彻底将二地纳入实际控制。又,阴晋—湖关—函谷关—曲沃—陕焦—郩塞一线中,公元前332年阴晋自魏转属秦,但阴晋周边的华阴仍属魏。从秦攻伐的逻辑来看,公元前333年,焦、陕属魏无疑。

函谷关、虢山

1. (前334)六国从亲以摈秦,秦必不敢出兵于函谷关以害山东矣!(《战国策·赵策二·苏秦从燕之赵始合从》)

2. (前318)至函谷关,秦出兵击六国,六国兵皆引而归,齐独后。(《史记·楚世家》)

3. (前311)秦兵不敢出函谷关十五年矣。(《战国策·赵策二·张仪为秦连横说赵王》)

   (前311)王乃待天下之攻函谷,不亦远乎?(《战国策·燕策二·秦召燕王》)

4. (前309)韩、魏割上党,西薄函谷,则楚之强百万也。(《史记·楚世家》)

5. (前298)十四年,与齐、魏王共击秦,至函谷而军焉。(《史记·韩世家》)

   (前298)齐与韩、魏共攻秦,至函谷军焉。(《史记·田敬仲完世家》)

   (前298)二十一年,与齐、韩共败秦军函谷。(《史记·魏世家》)

   (前298)二十一,与齐、韩共击秦于函谷。河、渭绝一日。(《史记·六国年表·魏》)

   (前298)三国攻秦,入函谷。(《战国策·秦策四·三国攻秦入函谷》)

6. (前296)君临函谷而无攻,令弊邑以君之情谓秦王。(《战国策·西周策·薛公以齐为韩魏》)

7. (前399)二十六,虢山崩,壅河。(《史记·六国年表·魏》)

依前文焦、陕属魏之分析,函谷关在焦、陕之东(K11),由于自西向东仅此唯一通道,可知函谷关和虢山在公元前333年,也当属魏。

上洛

1. (前491)单浮余围蛮氏,蛮氏溃。蛮子赤奔晋阴地。司马起丰、析与狄戎,以临上洛。(《左传·哀公四年》)

2̄ (前413)晋烈公三年,楚人伐我南鄙,至于上洛。(《水经·丹水注》引《竹书纪年》)

3̄ (前342①)廿八(年)上洛右库公市(师)□隧,冶□②。(《墓释·近出1183》)

4̄ (前329)楚、魏战于陉山,魏许秦以上洛,以绝秦于楚。……楚王扬言与秦遇。魏王闻之,恐,效上洛于秦。(《战国策·秦策四·楚魏战于陉山》)

上洛,在今陕西商洛市洛南县(K11)。据史料一、二,可知在公元前491年至公元前413年之间,上洛、阴地属晋。史料三为出土魏国兵器铭文,据考证,为公元前342年魏国铸造。可知上洛在公元前342年仍属魏。由史料四可知,公元前329年,上洛自魏转属秦。从上面史料可知,公元前333年,上洛属魏。

卢氏

1̄ (前456)晋出公十九年,晋韩庞取卢氏城。(《水经·洛水注》引《竹书纪年》)

2̄ (不详何年)卢氏半釿。(桥足布,如货3—13所示)

货3—13 "卢氏半釿"桥足布

卢氏,今河南卢氏县(K12)。据史料一,可知公元前456年,晋国韩氏拥有卢氏。史料二为今河南卢氏县一带出土的魏国"卢氏半釿"桥足布。关于魏国桥足布之"卢氏"铭文与韩国锐角布之"卢氏"铭文,原先人们认为

---

① 周翔:《战国兵器铭文分域编年研究》,浙江师范大学硕士论文,2013年,第151页。
② 徐在国:《兵器铭文考释(七则)》,《古文字研究(第22辑)》,北京:中华书局,2000年。

锐角布是韩国铸币,但是此币铭文有"亳"与"卢氏",魏、韩都有"亳"地,魏国货币也见有"卢氏"者,锐角布是魏或韩铸造存在争议,但桥足布"卢氏"可以确定是魏国发行的。

三 二周城邑考

在现有地名及沿革史料中,完全看不出公元前333年周之城邑,更不知东周国、西周国的疆界。对于二周城邑所属情况的总体概述,大致有如下一些材料:

> [1] (未详何年)周地,柳、七星、张之分野也。今之河南、洛阳、谷城、平阴、偃师、巩、缑氏,是其分也。昔周公营洛邑,以为在于土中,诸侯蕃屏四方,故立京师。至幽王淫褒姒,以灭宗周,子平王东居洛邑。其后五伯更帅诸侯以尊周室,故周于三代最为长久。八百余年至于赧王,乃为秦所兼。初,洛邑与宗周通封畿,东西长而南北短,短长相覆为千里。至襄王以河内赐晋文公,又为诸侯所侵,故其分地小。……自柳三度至张十二度,谓之鹑火之次,周之分也。(《汉书·地理志》)

> [2] (未详何年)七邑之境西自今河南、洛阳,南有伊阙、缑氏,东得巩县,北至于河。(《通典》卷一百七十七)

> [3] (未详何年)杜氏曰:"洛阳、平阴、偃师、巩四邑属东周,河南、缑氏、谷城三邑属西周。"(《国策地名考》)

> [4] (未详何年)徐广曰:"周比亡之时,凡七县,河南、洛阳、谷城、平阴、偃师、巩、缑氏。"(《史记集解》)

其余史料,如吕祖谦《大事记》等,对东西二周的历史沿革和疆域都有论述,但所本均未超过上述四则史料。关于七县之所属,南宋姚宏本《战国策:33卷》之"释题"曰:"汉书地理志:'周地,今之河南、洛阳、谷城、平阴、偃师、巩、缑氏。'此七县属战国东、西二周地,除洛阳、河南外,其余疆界难分。"又,《史记·周本纪》:"秦昭王攻西周,西周君尽献其邑三十六。"这三十六邑当属上面七县之一部分。按照上面三则总括史料来看,虽无法具体区分哪些城邑属东周国或西周国,但二周有河南、洛阳、谷城、平阴、偃师、巩、缑氏基本是可以确定的。具体城邑的所属,从战国史料来看,出现在这七县区域范围内的城邑和关塞有:

乘轩里

①（前 337 左右）洛阳乘轩车苏秦，家贫亲老，无罢车驽马，桑轮蓬篋。（《战国策·赵策一·苏秦说李兑》）

洛阳

①（前 333）将说楚王，路过洛阳。（《战国策·秦策一·苏秦始将连横说秦惠王》）

九里（臼里）

①（前 345）魏王为九里之盟，且复天子。（《战国策·韩策三·魏王为九里之盟》）

巩

①（前 333）韩北有巩、洛、成皋之固，西有宜阳、常阪之塞，东有宛、穰、洧水，南有陉山，地方千里。（《战国策·韩策一·苏秦为楚合从说韩王》）

②（前 249）使蒙骜伐韩，韩献成皋、巩。秦界至大梁，初置三川郡。（《史记·秦本纪》）

（前 249）秦拔我城皋、荥阳。（《史记·韩世家》）

缑氏口、轘辕关

①（前 333）亲魏善楚，下兵三川，塞轘辕、缑氏之口，当屯留之道，魏绝南阳，楚临南郑，秦攻新城、宜阳，以临二周之郊……（《战国策·韩策一·张仪为秦连横说韩王》）

什谷

①（前 333）亲魏善楚，下兵三川，塞什谷之口，当屯留之道。（《史记·张仪列传》《新序·善谋》）

这些城邑关塞，当是二周边境或边境以内之关塞城邑，对于考定二周与周边诸侯的疆域有一定帮助。

四 楚国城邑考

从已有史料分析来看，宜阳－三川区域内或周边确定属于楚国的城邑或领地有：

新城、阳人

1. (前303)城浑出周，三人偶行，南游于楚，至于新城。……遂南交于楚，楚王果以新城为主郡。(《战国策·楚策一·城浑出周》)

2. (前300)韩公叔有齐、魏，而太子有楚、秦，以争国。郑申为楚使于韩，矫以新城、阳人予太子。楚王怒，将罪之。(《战国策·楚策一·韩公叔有齐魏》)

3. (前300)秦华阳君伐楚，大破楚师，斩首三万，杀其将景缺，取楚襄城。(《资治通鉴·赧王十五年》)

   (前300)拔新城。(《史记·秦本纪》)

阳人，在今河南临汝县西(K13)；新城，在伊水以北的今河南伊川县境内(K13)。从史料一、二看，新城当是楚国境内与韩国邻壤的边界城邑。又，史料三，《资治通鉴》"襄城"实际上是"新城"之误，"新城"于公元前300年自楚转属秦。从这两则史料，大致可推知，公元前303年之前的公元前333年，楚国拥有新城。

山南

1. (前304)楚兵在山南，吾得将，为楚王属怒于周。(《战国策·西周策·楚兵在山南》)

《图集》无，第二章第二节校补其方位在伊阙山以南(K13)。据此史料，可知公元前304年之前，山南属楚。

商、於、析、郦、宗胡、夏路以左、曲沃、於中、武关

1. (前334)商、於、析、郦、宗、胡之地，夏路以左，不足以备秦……楚三大夫张九军，北围曲沃、於中。(《史记·越王勾践世家》)

2. (前333)大王不从亲，秦必起两军：一军出武关，一军下黔中。若此，则鄢、郢动矣。(《战国策·楚策一·苏秦为赵合纵说楚威王》)

3. (前313)故秦所分楚商於之地诈楚怀王绝齐。(《史记·楚世家》)

④ (前311)秦举甲出之武关,南面而攻,则北地绝。(《战国策·楚策一·张仪为秦破纵连横说楚王》)

⑤ (前298)九年,攻析。(《睡虎地秦简·编年记》)

(前298)秦要怀王不可得地,楚立王以应秦,秦昭王怒,发兵出武关攻楚,大败楚军,斩首五万,取析十五城而去。(《史记·楚世家》)

⑥ (前281)秦、魏之勇力屈矣,楚之故地汉中、析、郦可得而复有也。(《史记·楚世家》)

史料一记载公元前334年越攻齐时,齐田婴游说越王说,楚国在商(L12)、於(L12)、析(L12)、郦(L13)、宗胡(M12)及夏路(L13—L14)以西没有办法戒备秦国。可见,楚国此时拥有商、於、析、郦、宗胡及夏路以西之地,且这些地方为楚国边境。又,由史料二、四可知,秦、楚以武关为界,武关以西北属秦,以东南属楚,因此秦可以"出武关"。史料三言公元前313年,秦用商、於之地诱使楚怀王与齐绝交,秦、楚边界在商、於无疑。史料五言公元前298年秦攻楚之析十五城,可知迟至彼时,秦才将析纳入版图。

汉中、丹阳

① (前312)庶长章击楚于丹阳……又攻楚汉中,取地六百里,置汉中郡。(《史记·秦本纪》)

(前312)与秦共攻楚……斩首八万于丹阳。(《史记·韩世家》)

(前312)与秦战丹阳,秦大败我军,斩甲士八万,虏我大将军屈匄、裨将军逢侯丑等七十余人,遂取汉中之郡。楚怀王大怒,乃悉国兵复袭秦,战于蓝田,大败楚军。韩、魏闻楚之困,乃南袭楚,至于邓。楚闻,乃引兵归。(《史记·楚世家》)

② (前311)张仪欲以汉中与楚。(《战国策·秦策一·张仪欲以汉中与楚》)

③ (前307)不拔宜阳,韩、楚乘吾弊,国必危矣。不如许楚汉中以欢之。(《战国策·秦策二·宜阳之役》)

4 (前301①)六年,莫(汉)中守赶(运)造,左工师齐、丞配、工牲,公(《集成》11367【六年汉中守戈】)

汉中,指汉水中游(L8—M9);丹阳,在今河南西峡县境内(L12)。史料一记载,公元前312年,秦、楚在丹阳会战,秦军大胜,并深入楚汉中。从史料二、三来看,秦国实际控制了汉中。从上面史料可以推断:迟至公元前312年,丹阳在秦、楚交汇地带的楚国境内,因此而有"秦庶长章击楚于丹阳";公元前312年之前,汉中六百里地属于楚国,之后转属秦。至于汉中六百里之地的边界,可以从"郇阳""上庸""汉北"来具体确定。

五 韩三川区域疆域考绘

从上述史料的考证来看,公元前333年明确属于韩国的城邑或区域有:熊耳山以西、商坂、卢氏、宜阳、谷川、渑池、武始、高都、利、伊阙、陵观、廪丘、纶氏、阳城、负黍、南阳、京、梧、宛冯、荥阳、成皋;明确属于魏国的城邑或区域有郁塞、陕、焦、曲沃、函谷关、虢山、上洛、卢氏;属于二周的城邑或区域有河南、洛阳、谷城、平阴、偃师、巩、缑氏、乘轩里、洛阳、九里(白里)、缑氏口、轘辕关、什谷;属于楚国的城邑或区域有新城、阳人、山南、商、於、析、郦、宗胡、夏路以左、曲沃、於中、武关、汉中、丹阳。

尽管如此,在具体绘制疆域的时候,仍有几个问题需要提出来讨论确定:

(一)二周与周边诸侯边界考察

从前文对二周所属城邑的考证来看,二周有河南、洛阳、谷城、平阴、偃师、巩、缑氏七县范围内的乘轩里、九里(白里)、缑氏口、轘辕关、什谷,这七县及在战国时期出现的城邑关塞在公元前333年的盈缩情况,单从这些史料的沿革是无法判断的。要确定二周的疆域范围,可以从二周周边诸侯在公元前333年城邑的所属来综合确定。

一是二周与楚国的边界问题。从已有史料,有两方面的证据可以判定二周与楚相邻。第一个证据是战国时期曾出现过楚与二周邻壤的记载:

1 (前336)颜率至齐,谓齐王曰:"周赖大国之义,得君臣父子相保也,愿献九鼎。不识大国何途之从而致之齐?"齐王曰:"寡人

---

① 周翔《战国兵器铭文分域编年研究》(浙江师范大学硕士论文,2013年)第199页引杨宽《战国史》(714页)认定此戈铸造时间为秦昭王六年(前301)。

将寄径于梁。"颜率曰:"不可。夫梁之君臣欲得九鼎,谋之晖台之下,少海之上,其日久矣,鼎入梁,必不出。"齐王曰:"寡人将寄径于楚。"对曰:"不可。楚之君臣欲得九鼎,谋之于叶庭之中,其日久矣。若入楚,鼎必不出。"(《战国策·东周策·秦兴师临周》)

②(前304)楚请道于二周之间,以临韩、魏。(《战国策·西周策·楚请道于二周之间》)

史料一记载公元前336年[①]齐王说周之九鼎可以途经魏国或者途经楚国到达齐国。据此描述,可知二周国领土边界与楚是相邻的,否则不会言通过楚国进入齐国。又,史料二记载公元前304年,楚国准备取道二周之间突袭韩、魏两国。根据这则史料,可推断楚国应与二周邻壤。根据史料一、二,楚至少在前336年至前304年间与二周邻壤无疑。也就是说,公元前333年时,二周领土与楚、魏相邻。

第二个证据是韩国的"阳城—负黍—新郑"区域与宜阳区域不相连。《战国策·韩策一·张仪为秦连横说韩王》"(前333)亲魏善楚,下兵三川,塞轘辕、缑氏之口,当屯留之道,魏绝南阳,楚临南郑,秦攻新城、宜阳,以临二周之郊"中,秦国将韩国一分为三的战略:一是"塞轘辕、缑氏之口",断绝宜阳与首都新郑的联系;二是"当屯留之道",切断韩国上党与新郑之间的联系。如果韩国的阳城—负黍—新郑区域与宜阳区域相连,秦国"轘辕、缑氏之口"如何能够抵挡韩国首都新郑的援军?据此史料,可知韩国阳城—负黍—新郑区域与宜阳区域相连的通道经过轘辕、缑氏之口。

综合"二周与楚邻壤"和"韩国的阳城—负黍—新郑区域与宜阳区域不相连"这两点考证,结合公元前333年楚国城邑所属,二周与楚的具体的疆界:楚国有新城、阳人、山南,韩国有高都、伊阙、纶氏、负黍;楚与西周的边界当在伊阙山南。

二是二周与韩的边界问题。从前文的分析来看,韩国阳城—负黍—新郑区域与宜阳区域不相连,这两个区域的通道经过轘辕、缑氏之口。再结合对公元前333年韩国城邑所属的考证,韩国有纶氏、伊阙山—大斐山—嵩高山—戏浮山以南的南阳、负黍、阳城,戏浮山—什谷以东的京、梧、宛冯、成皋和宜阳地区的武始、伊阙、高都等,这些城邑分布在二周南部、东部

---

① 顾观光《国策编年考》系于周显王三十三年(前336)。

和西部。据此,可绘制二周与韩的边界。

再根据史料对缑氏口、轘辕关、什谷的记载,以及周边的山形地势来判断,二周在公元前 333 年南部当以伊阙山—大斐山—嵩高山—戏浮山—什谷为界,北以黄河天堑为界,西以谷城山—蔷—高都以东、河南以西为界。

综上所述,公元前 333 年,确定属于韩国的城邑有:宜阳、武始、伊阙、纶氏、轘辕山以南的南阳、负黍、阳城、京、梧、宛冯、成皋;确定属于楚国的城邑及区域有:新城、阳人、山南。二周与周边诸侯的疆域界线基本可以确定下来:东南边界,大致以少室山、太室山这些天然屏障为界,在这个边界上二周与韩国的布防以轘辕关、缑氏口为界,南北布防;东北和北部边界,大致以成皋关—黄河之南巩邑之北为界,在这个边界上,韩国的西向出兵路线均需经过成皋,然后可以一线北向沿着黄河南岸,一线借道二周;西南部边界,大致以高都、新城、伊阙为界,与楚邻壤;南部边界,大致以大斐山等天然屏障为界,与韩国紧邻。

三是韩、楚通往二周的交通线路问题。大致通过重要关隘有六条线路(如图 3—5 所示):负黍→轘辕关→洛阳;阳城→戏浮山山口→巩;荥阳→成皋→什谷→巩→洛阳;洛阳→孟津→黄河以北;洛阳→河南→武始;新城→高都→伊阙→河南。

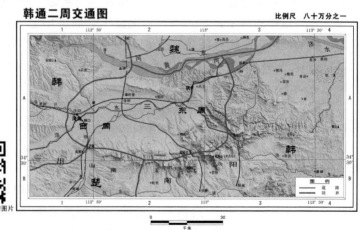

扫描二维码,查看高清图片

图 3—5 韩通二周交通图

(二)韩魏边界考察

公元前 333 年,韩、魏在黄河以北、太行山以南的边界,在本章第二节已经详细论述,不再赘述。这里仅考察公元前 333 年时黄河以南河、洛、伊

第三章　韩(含二周)及周边诸侯疆域边界考　　339

三川一带韩魏的两个区域的边界。三川区域的边界,可以分两个具体的点来一一考察。

一是郙塞周边的界线。从前文对公元前 333 年魏、韩在郙塞周边城邑所属的讨论来看,魏国有吴城(虞城)、曲沃、焦、陕、虢山、郙塞;韩国有渑池、宜阳、武始、高都。依据这一区域的山形地势,可以判定韩、魏两国以郙塞为分界点,按山川形便的原则,自砥柱山南向经郙塞,再往南经常烝山为分界线。

二是卢氏及周边区域的界线。从前文对公元前 333 年韩、魏城邑和区域内城邑的考察来看,确定属于魏国的区域有:上洛、卢氏;确定属于韩国的城邑有:卢氏。关于卢氏的所属,从出土的货币来看,既有韩国铸造的卢氏币和兵器,又有魏国铸造的卢氏币。究竟卢氏在公元前 333 年是何种所属关系?卢氏的归属可能有两种情况:一是先属韩,然后由韩转属魏,因而在这一地区出现了韩、魏两国有同一铭文的货币;二是韩、魏在卢氏邻壤,各有部分城池,因此韩、魏均有"卢氏"币。吴良宝先生的考证分析支持第一种情况,认为"陕、卢氏在战国早、中期一直是韩、魏反复争夺的地方"①,并认为"卢氏属魏大概在公元前 326 年之前,魏国丢失上洛、陕等地之时,卢氏又为韩所夺"②。但是,据《战国策·秦策四·楚魏战于陉山》"(前329)楚、魏战于陉山,魏许秦以上洛,以绝秦于楚。……楚王扬言与秦遇。魏王闻之,恐,效上洛于秦"及出土的公元前 326 年的"七年卢氏令戈"韩国兵器来看,魏国丢失上洛之时韩国仍有"卢氏"并在此铸造兵器,加之《水经·洛水注》引《竹书纪年》"晋出公十九年,晋韩庞取卢氏城",可能自前 456 年至前 326 年间,卢氏一直属韩。既然从晋国还没有灭之时,一直到三家分晋后的公元前 326 年卢氏一直属韩,那么魏国为何还铸造"卢氏"币?这说明魏国的领土在卢氏这一区域与韩国邻壤而非先后转属。又,从魏国据有"上洛",可知魏国的上洛东南向延伸到了韩国的卢氏。这样,韩、魏两国在这一区域的疆界就可以大致绘出。加之卢氏在洛水谷底沿岸的北侧,根据山川形便的原则,韩、魏两国的疆界当以洛水北侧的山脊为界。

---

① 吴良宝:《战国时期魏国西河与上郡考》,《中国史研究》,2006 年第 4 期,第 12 页。
② 同上书,第 13 页。

(三) 韩楚的边界问题

对韩楚的疆界问题的讨论，可以分"山南－新城以北"和"山南－阳人以东"两个区域来分述。

首先，山南－新城以北与韩的疆界。根据前文对韩、楚城邑的考察，公元前333年确定属楚的城邑有新城、阳人、山南；确定属韩的城邑有卢氏、宜阳、武始、高都。又：

> [1] (前307)秦攻宜阳……秦拔宜阳，景翠果进兵。秦惧，遽效煮枣，韩氏果亦效重宝。景翠得城于秦，受宝于韩，而德东周。(《战国策·东周策·秦攻宜阳》)

公元前307年秦攻韩宜阳之时，楚国佯动，让韩认为楚正在打算救韩、秦认为楚正在打算帮助韩国抵御秦国的进攻，楚国当处在一个牵制韩、秦的中间地带。秦攻宜阳，可以从两路进攻：一路为阴晋－湖关－函谷关－曲沃－焦－陕－郇塞（公元前307年，这条线路上的所有城邑已经全部为秦所有）；一路自蓝田－上洛，沿洛水自卢氏伐宜阳（公元前307年，这条线路上的上洛已经为秦所有）。楚国佯动能牵制秦、韩两国，当在第二条线路上。从这里，可以推断楚国驻军当在紧邻洛水南侧的山地。

加上洛水下游楚国的新城在洛水以南、伊水以北，大致可以推断韩、楚的分界线在洛水南岸山脊，从卢氏起，沿洛水南岸的山脊一直延伸到高都，这条分界线以北为韩国的高都，以南为楚国的新城。

其次，山南－阳人以东与韩的疆界。这一区域的疆界比较复杂，在本章"第四节韩新郑及周边区域边界考"中用单独的篇幅进行了详细讨论。此不再赘述。

综合上面的分析和讨论，大致可以绘制出三川区域韩、二周、魏、楚的疆域界线，如图3－6所示：

第三章　韩(含二周)及周边诸侯疆域边界考　341

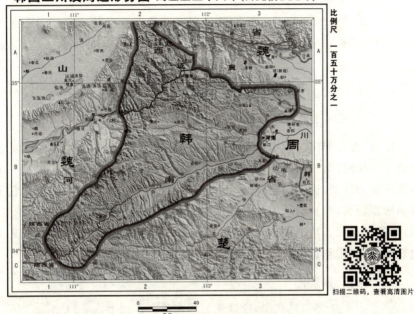

图3-6　公元前333年韩国三川及周边形势图

第四节　韩新郑及周边区域边界考

一　韩国城邑考

从已有史料分析来看,韩新郑区域内或周边确定属于韩国的城邑或领地有:

阳翟

① (前400)九,郑围韩阳翟。(《史记·六国年表·韩》)

② (前375)灭郑,徙都郑。(《史记·韩世家》)

③ (前313)韩之攻楚,覆其军,杀其将,则叶、阳翟危。(《史记·越王勾践世家》)

④ (前312年)秦取楚汉中,再战于蓝田,大败楚军。韩、魏闻楚之困,乃南袭至邓,楚王引归。(《战国策·秦策四·秦取楚汉

⑤（前303）韩庆为西周谓薛公曰："君以齐为韩、魏攻楚，九年而取宛、叶以北，以强韩、魏。"（《战国策·西周策·薛公以齐为韩魏》）

⑥（前300）昭献在阳翟，周君将令相国往，相国将不欲。（《战国策·东周策·昭献在阳翟》）

阳翟，在今河南禹州市（K14）。从史料一、二，可确知公元前400至公元前375年时，阳翟属韩。史料三记载的是公元前313年，田婴游说越王不要攻齐而应攻楚，说韩国之所以不攻楚国的原因是，韩国如攻打楚国，它不仅会败军覆将，而且与楚国临近的叶、阳翟将危险。可知，截至公元前313年，阳翟仍属韩。从上面的史料，公元前333年韩国拥有阳翟无疑。又从史料六，可知阳翟近楚。

雍氏（雍梁）

① （前555）楚伐郑，侵雍梁。（《左传·襄公十八年》）

② （前543）郑伯有奔雍梁。（《左传·襄公三十年》）

③ （前312）楚景翠围雍氏。（《史记·韩世家》裴骃《集解》）

（前312）雍氏之役，韩征甲与粟于周。……楚卒不拔雍氏而去。（《战国策·西周策·雍氏之役韩征甲》）

④ （前306）楚围雍氏五月，韩令使者求救于秦，冠盖相望也，秦师不下殽。……果下师于殽之救韩。（《战国策·韩策二·楚围雍氏五月》）

（前306）楚围雍氏，韩令冷向借救于秦，秦为发使公孙昧入韩。（《战国策·韩策二·楚围雍氏韩令冷向借救于秦》）

⑤ （前300）几瑟亡在楚，楚王欲复之甚，令楚兵十余万在方城之外。臣请令楚筑万家之都于雍氏之旁，韩必起兵以禁之，公必将矣。（《战国策·韩策二·冷向谓韩咎》）

（前300）楚围雍氏。（《史记·田敬仲完世家》）

（前300，魏襄王十九年）楚入雍氏，楚人败。（《史记·韩世家》裴骃《集解》）

雍氏,《读史方舆纪要卷四十七·河南二·开封府·扶沟县·雍氏城》认定"雍氏"即"雍梁",在今河南淮阳县附近(K14)。从史料一、二,郑国有雍氏。又,据史料三、四、五,至公元前 312 年,雍氏属韩。且雍氏边楚,以至于楚国多次攻伐韩国的雍氏。

陉山

1 (前 333)韩北有巩、洛、成皋之固,西有宜阳、常阪之塞,东有宛、穰、洧水,南有陉山,地方千里,带甲数十万。(《战国策·韩策一·苏秦为楚合从说韩王》)

2 (前 273)陉山之事,赵且与秦伐齐。(《战国策·秦策二·陉山之事》)

陉山,在今河南新郑市南三十里(K14)。据史料一,公元前 333 年,韩南有陉山,可知陉山为韩国南部的边界地带。又,史料二所谓的陉山之事,杨宽《战国史料编年辑证》:"楚世家载威王十年魏伐楚取陉山,正义引括地志云:'陉山在郑州新郑县西南三十里。'苏秦列传记苏秦说韩王:'南有陉山',集解:'徐广曰:召陵有陉亭,密县有陉山。'鲍彪因谓陉山在密,后汉书地理志注云:'史记秦破魏华阳,地亦在县,则此策书陉山,史书华阳,一役也。事在(秦昭)三十四年。'其说是。"陉山近韩之华阳,且以"陉山"代替"华阳"言此事,可知公元前 333 年所提及的陉山虽为韩国南部边界,但其属韩无疑。

宛

1 (前 333)韩北有巩、洛、成皋之固,西有宜阳、常阪之塞,东有宛、穰、洧水,南有陉山,地方千里。(《战国策·韩策一·苏秦为楚合从说韩王》)

此"宛"的方位,第二章第二节补释在今河南新郑市东北(K14)。据此史料可知,韩有宛,且宛为韩国东部边界城邑。

郑

1 (前 375)灭郑,徙都郑。(《史记·韩世家》)

郑,在今河南新郑市(K14)。据此史料,韩国在灭郑后将首都从阳翟迁往郑。而韩灭国丢掉首都郑的时间为公元前 230 年。据此史料,可知公元前333年,郑属韩无疑。

华阳

⃞1 (前273)卅四年,攻华阳。(《睡虎地秦简·编年记》)

(前273)三十四,白起击魏华阳军,芒卯走,得三晋将,斩首十五万。(《史记·六国年表·秦》)

(前273)赵、魏攻华阳,韩谒急于秦。……八日中,大败赵、魏于华阳之下。(《战国策·韩策三·赵魏攻华阳》)

(前273)秦败魏于华,走芒卯而围大梁。(《战国策·魏策三·秦败魏于华走芒卯而围大梁》)

(前273)四十二年,秦破华阳约。(《史记·周本纪》)

(前273年)与魏共击秦。秦将白起破我华阳,得一将军。(《史记·赵世家》)

(前273年)赵、魏攻我华阳。韩告急于秦,秦……八日而至,败赵、魏于华阳之下。(《史记·韩世家》)

华阳,在今河南新郑市北(K14)。这则史料记载的是公元前273年,因为在秦攻魏围大梁的战役中韩国与秦国联合,赵、魏两国攻打韩国的华阳,韩国向秦国告急。从史料描述来看,公元前273年之前,华阳属韩国无疑。

市丘

⃞1 (前318)五国约而攻秦,楚王为从长,不能伤秦,兵罢而留于成皋。魏顺谓市丘君……(《战国策·韩策一·五国约而攻秦》)

市丘,在河南郑州市西北(K14)。横田惟孝《战国策正解》:"市丘君盖韩附庸。"范祥雍《战国策笺证》:"市丘君犹魏之安陵君。"依范祥雍、横田惟孝,此市丘当是韩国封其子弟之封国。据此史料,公元前318年之前韩即有市丘,不然没有办法以其地封其子弟。

管

⃞1 (前275)秦攻韩之管,魏王发兵救之。(《战国策·魏策四·秦攻韩之管》)

⃞2 (前257)魏安釐王……攻韩拔管,胜于淇下。(《韩非子·有度》)

3 (前247)魏攻管而不下。安陵人缩高,其子为管守。信陵君使人谓安陵君曰……安陵之地亦犹魏也。(《战国策·魏策四·魏攻管而不下》)

管,在今河南郑州市北管城县(K14)。据史料一,公元前275年之前,管属韩无疑。史料二、三均是魏攻已经被秦国占领的韩国管地。从史料二、三可知,公元前275年,秦攻下了韩国的管,并经营管地,使之成为攻伐中原各国的基地。据此史料,公元前333年,管属韩无疑。

格氏

1 (未详何年)六年,格氏命(令)韩贵、工师亘公、冶兒。(《集成》11327【六年格氏令戈】)

格氏,《图集》无,第二章第二节补释其方位在今河南荥阳市北城关乡张楼村小索城遗址(K14)。从考古来断定,此兵器属韩[①],格氏为韩地无疑。又,据对厘、管的考证来看,公元前333年,格氏以东的厘、管属韩,格氏在公元前333年当属韩。

巫沙

1 (前357)梁惠成王十三年,王及郑釐侯盟于巫沙,以释宅阳之围,归厘于郑。(《水经·济水注》引《竹书纪年》)

2 (前325)五月,梁惠王会威侯于巫沙。(《史记·韩世家》司马贞《索隐》引《竹书纪年》)

巫沙,《图集》无,第二章第二节补释其方位在今河南荥阳市境内(K14)。单从史料一、二,无法判断巫沙属韩还是属魏,但从周边的荥阳、管、厘等地所属来看,巫沙当属离韩魏边界不远的韩国。

厘

1 (前357)梁惠成王十三年,王及郑釐侯盟于巫沙,以释宅阳之围,归厘于郑。(《水经·济水注》引《竹书纪年》)

厘,在今河南荥阳市东四十里(K14)。据此史料,厘在公元前357年由魏转属韩。可知,公元前333年,厘当属韩无疑。

---

① 朱力伟:《东周与秦兵器铭文中所见的地名》,吉林大学硕士学位论文,2004年,第39页。

广武

①（前264）秦昭四十三，攻韩汾陉，拔之，因城河上广武。（《史记·范睢蔡泽列传》）

广武，在今河南荥阳市东北（K14），近黄河。仅据此史料，不详广武所属。但据《水经·济水注》引《纪年》"（前358）梁惠成王十二年龙贾率师筑长城于西边"。又据《后汉书·郡国志》"卷，有长城，经阳武到密。"以及从对其他地名的考释来看，截至公元前333年，魏长城西侧的垣雍、修鱼属韩。广武以东越过济水方到垣雍、修鱼和魏长城，大致可以判断，截至公元前333年，广武属韩。

荥口

①（前311）决荥口，魏无大梁；决白马之口，魏无济阳。（《战国策·燕策二·秦召燕王》）

荥口，当作"荥口"，在今河南原阳县西（K14），近黄河。但据此史料，不详其所属。不过从公元前358年魏长城的起始地点卷与其走向来看，荥口在魏长城以西，当属韩。

扈

①（前453）晋出公二十二年河绝于扈。（《水经·河水注》引《竹书纪年》）

扈，在今河南原阳县西（J14），近黄河。单据此史料，不详其所属。但从公元前358年魏长城的起始地点卷与其走向来看，扈在魏长城以西，如果魏有扈，长城当以扈为起点才更合理，魏选择以卷为起点，可大致推断扈当属韩。

垣雍（衡雍）

①（前632）晋文公败楚于城濮，还至衡雍。（《春秋·僖公二十八年》）

②（前619）鲁公子遂会晋赵盾于衡雍。（《春秋·文公八年》）

③（前262）秦有郑地，得垣雍，决荥泽而水大梁，大梁必亡矣。（《战国策·魏策三·魏将与秦攻韩》）

4 (前259)十月,韩献垣雍。(《史记·秦本纪》)

垣雍,据《读史方舆纪要·河南二·开封府·原武县·垣雍城》"垣雍城,在县西北五里。春秋时为郑地,亦曰衡雍"及史料一、二,垣雍在春秋之时称"衡雍",在今河南原阳县西(J14),近魏长城。史料三是战国策士对秦国进攻魏国方略的一个推演,据此史料可知,截至公元前262年时,韩仍有垣雍,直至公元前259年,方转属秦。从这则史料可大致推断,垣雍在公元前262年之前仍属韩。

二 魏国城邑考

从已有史料分析来看,韩新郑区域内或周边确定属于魏国的城邑或领地有:

襄城

1 (前295)秦拔我襄城。(《史记·魏世家》)

(前295)魏昭王元年,秦尉错来击我襄。(《史记·六国年表·魏》)

2 (前273或前250)廿三年,襄城倫(令)䍻(举)名、司寇麻维、右库工师甘(邯)丹(戰)耗、冶向歆(造),贞䇎(《集成》11565【廿三年司寇矛】)

3 (前241)郑寿之岁,襄城楚境尹所造。(《近出》1170【楚境尹戈】)

襄城,在今河南襄城县(L14)。据史料一,可知公元前295年之前,襄城属魏。史料二,周翔(124页)引杨宽《战国史》(717、719页)确定时间大致在韩厘王二十三年(前273)或韩桓惠王二十三年(前250),并认为,按矛铭来看,战国晚期此地入韩。史料三,据考证为(楚国)迁都寿春的这一年,楚国境内的襄城守令铸造的戈。据上述史料,公元前333年,襄城属魏。

昆阳、舞阳

1 (前333)大王之地,南有鸿沟、陈、汝南,有许、鄢、昆阳、邵陵、舞阳、新郪;东有淮、颍、沂、黄、煮枣、海盐、无疏;西有长城之界;北有河外、卷、衍、燕、酸枣,地方千里。(《战国策·魏策一·苏子为赵合从说魏王》)

昆阳,在今河南叶县附近(L14);舞阳,在今河南舞阳县西北(L14)。据此史料,可知公元前333年魏有昆阳、舞阳无疑。

蔡(上蔡)、邵(召陵)

|1| (前386—前381)吴起为楚悼罢无能,废无用,损不急之官。塞私门之请,壹楚国之俗,南攻杨越,北并陈、蔡,破横散从,使驰说之士无所开其口。(《战国策·秦策三·蔡泽见逐于赵》)

|2| (前346)魏章帅师及郑师伐楚,取上蔡。(《水经·汝水注》)

|3| (前313)韩之攻楚,覆其军,杀其将,则叶、阳翟危;魏亦覆其军,杀其将,则陈、上蔡不安。(《史记·越王勾践世家》)

|4| (前303①)新城、上蔡②相去五百里,秦人一夜而袭之,上蔡③亦不知也。(《战国策·楚策一·城浑出周》)

|5| (前273)若是王以十万戍④郑,梁氏寒心,许、鄢陵婴城,上蔡、召陵不往来也。(《战国策·秦策四·物极必反》)

|6| (前243)秦出兵于三川,则南围鄢,蔡、邵之道不通矣。魏急,其救赵必缓矣。(《战国策·韩策三·建信君轻韩熙》)

蔡(上蔡),在今河南上蔡县城关一带(L15);邵(邵陵),在今河南郾城东(L15)。据史料一,公元前386年至公元前381年期间某年,楚国攻占了陈、蔡。又,史料二公元前346年,魏攻下楚国的上蔡。史料三可以佐证史料二上蔡属魏之事实,史料云韩、魏也确实不敢攻打楚国:韩国如攻打楚国,它不仅会败军覆将,而且与楚国临近的叶、阳翟将危险;魏国如攻打楚国也将同样遭此厄运,不仅将败军覆将,而且与楚国临近的陈、上蔡将不得安宁。据史料四、五、六,上蔡、召陵属魏无疑。从对以上史料的分析来看,公元前333年蔡、召陵属魏。

---

① 时间考订,据杨宽《战国史料编年辑证》(台北:台湾商务印书馆,2002年)第655页。
② 原文为"上梁",据杨宽《战国史料编年辑证》(台北:台湾商务印书馆,2002年)第655页校正。
③ 原文为"上梁",校正依据同上。
④ 原文为"成",据范祥雍笺证、范邦瑾协校《战国策笺证》(上海:上海古籍出版社,2006年)第403页校正。

高陵

①（前262）然而秦之叶阳、昆阳与舞阳、高陵邻，听使者之恶也，随安陵氏而欲亡之。（《战国策·魏策三·魏将与秦攻韩》）

高陵，在今河南舞阳县北（L14）。此史料言现在（指公元前262年）秦国的叶阳、昆阳与魏国的舞阳、高陵为邻。据此史料可知，截至公元前262年，魏国仍有高陵。

鄢

①（前333）大王之地，南有鸿沟、陈、汝南、许、鄢、昆阳、召陵、舞阳、新都、新郪。（《史记·苏秦列传》）

鄢，在今河南鄢城县西南（L14）。据此史料，可知公元前333年，魏有鄢无疑。

澺阴、澺阳

①（前346）孙何取澺阴。（《水经·颖水注》引《竹书纪年》）

②（前338）三十三年陇险（阴）命（令）歜。（上海博物馆藏）

澺阴、澺阳，《图集》无，第二章第二节补释其方位在今河南沙河南岸至漯河市以东至周口一带（L15）。史料一记载的是公元前346年，魏将孙何攻取此地，范祥雍《战国策笺证》考证时间在魏惠王二十五年（周显王二十三年，前346年）①。史料二是上海博物馆藏战国兵器上的铭文，据考证，这则铭文记载的是公元前338年魏国铸造的兵器，其中"陇险"即"澺阴"②。从此二则史料，可知公元前333年澺阴属魏。澺阴在澺水之南尚且属魏，澺阳也当属魏。

许、安陵（鄢陵）

①（前333）大王之地，南有鸿沟、陈、汝南、有许、鄢、昆阳、邵陵、舞阳、新郪；东有淮、颍、沂、黄、煮枣、海盐、无疏；西有长城之界；北有河外、卷、衍、燕、酸枣，地方千里。（《战国策·魏策

---

① 范祥雍：《古本竹书纪年辑校订补》，上海：上海古籍出版社，2011年，第91页。
② 吴振武：《新见古兵地名考释两则》，载《九州（第三辑）》，北京：商务印书馆，2003年，第133—140页。

一·苏子为赵合从说魏王》）

②（前314）齐遂伐赵，取乘丘，收侵地，虚、顿丘危。楚破南阳、九夷，内沛，许、鄢陵危。王之所得者亲观也。而道途宋、卫为制，事败为赵驱，事成功县宋、卫。（《战国策·魏策一·楚许魏六城》）

③（前273）君攻楚得宛、穰以广陶，攻齐得刚、博以广陶，得许、鄢陵以广陶，秦王不问者何也？（《战国策·魏策四·第六·穰侯攻大梁》）

⑥（前273）梁氏寒心，许、鄢陵婴城。（《战国策·秦策四·物极必反》）

⑦（前247）魏攻管而不下。安陵人缩高，其子为管守。（《战国策·魏策四·魏攻管而不下》）

⑧（前241）魏且旦暮亡矣，不能爱其许、鄢陵与梧，割以予秦，去百六十里。（《战国策·韩策一·观鞅谓春申》）

⑨（前225）秦王使人谓安陵君。（《战国策·魏策四·秦王使人谓安陵君》）

许，在今河南许昌市东（K15）；鄢陵，在今河南鄢陵县北（K15）。据上述史料，公元前333年，许、安陵（鄢陵）属魏无疑。

桐丘

①（前666）诸侯救郑，楚师夜遁。郑人将奔桐丘，谍告曰："楚幕有乌。"乃止。

②（前468）晋荀瑶帅师伐郑，次于桐丘。（《左传·哀公二十七年》）

③（未详何年）五年，珦□令修、工师章、冶□。（《近出》1173【五年珦□戈】）

（未详何年）五年，桐丘命（令）、公币（师）章、冶金。（《暮释·近出1173》）

桐丘，《图集》无，第二章第二节补释其方位在今河南扶沟县西二十里桐丘亭（K15）。史料一，楚伐郑，郑国人打算逃到桐丘。据此史料，可知桐丘为郑国领地。史料二,晋伐郑,在桐丘驻军。齐救郑,到达留舒(今山东东阿县旧治东北)、谷地(今山东东阿县南之东阿镇),到达濮地(今河南滑县与延津县之间),但是没有渡过黄河进行救援。据此史料可知晋、郑两国的边界在桐丘一带。史料三,"琱囗"即"桐丘",戈所铸年代不详,周翔引《中国历史地名大辞典》①:"桐丘,本郑邑,战国属韩,在今河南周口市扶沟县西。"吴良宝②、黄盛璋③均认为"桐丘在今河南鄢陵县与扶沟县之间"。诸家之说所指为同一方位,在今河南鄢陵县与扶沟县之间。从桐丘周边许、安陵所属来看,此兵器当属魏。

长社

[1] (前274)客卿胡阳攻魏卷、蔡阳、长社,取之。击芒卯华阳,破之,斩首十五万。魏入南阳以和。(《史记·秦本纪》)

(前274)取魏之卷、蔡阳、长社,赵氏观津。(《史记·穰侯列传》)

长社,在今河南长葛市东北(K14)。据此史料,可知长社在公元前274年之前属魏。

马陵

[1] (前369)懿侯二年,魏败我马陵。(《史记·韩世家》)

(前369)二年,魏败韩于马陵,败赵于怀。(《史记·魏世家》)

(前369)二,败韩马陵。(《史记·六国年表·魏》)

(前369)二,魏败我马陵。(《史记·六国年表·韩》)

[2] (前345)(魏惠王)二十六年,败韩马陵。(《史记·魏世家·索隐》)

马陵,在今河南新郑市西南(K14)。从上述史料看,自公元前373年至公元前345年,马陵在韩、魏边境,属韩国无疑。

三亭

---

① 周翔:《战国兵器铭文分域编年研究》,浙江师范大学硕士论文,2013年,第138页。
② 吴良宝:《〈中国历史地图集〉战国部分地名校补》,《中国历史地理论丛》,2006年7月,第21卷第3辑,第144—151页。
③ 黄盛璋:《试论三晋兵器的国别和年代及其相关问题》,《考古学报》,1974年第1期,第13—44页。

①（前271）先生待我于三亭之南。（《史记·范雎蔡泽列传》）

三亭，在今河南尉氏县西南（K15）。据此史料可知，公元前271年，三亭属魏。

林（林中、林乡、北林、棐林）

①（前608）楚蒍贾救郑，遇于北林。（《左传·宣公元年》）

②（前542）过郑，印段廷劳于棐林。（《左传·襄公三十一年》）

③（前381）赵氏惧，楚人救赵而伐魏，战于州西，出梁门，军舍林中，马饮于大河。（《战国策·齐策五》）

④（前283）信陵君曰：自林军以至于今，秦七攻魏。（《战国纵横家书·第十四章》）

（前283）廿四年，攻林。（《睡虎地秦简·编年记》）

⑤（前280）兵困于林中。（《战国策·燕策二·秦召燕王》）

林中，春秋时称之为"棐林""北林"，战国时期又称"林中""林乡"，在今河南尉氏县西（K15）。据史料一、二，春秋时期棐林属郑。史料三，公元前381年，林中当属魏。又，史料四、五反证林中属魏。据以上史料，可推知公元前333年，林中属魏无疑。

鸡鸣城、畠泽陂

①（前369）魏惠成王元年韩伐魏，军于畠泽陂，北对鸡鸣城。（《读史方舆纪要·河南二·尉氏县·鸡鸣城》引《竹书纪年》）

鸡鸣城（K15）、畠泽陂（K15），第二章第二节补释其方位在今河南尉氏县西北。此史料言韩伐魏而军于畠泽陂，可知公元前369年，鸡鸣城、畠泽陂属韩魏边境的魏地。此后，虽无此二地之记载，从公元前333年其周边的当城、三亭、林（林乡、林中）属魏来看，此二地在公元前333年的情况与公元前369年大致相同，属韩魏边境的魏地。

榆关

①（前399）三，归榆关于郑。（《史记·六国年表·楚》）

②（前391）十一年，三晋伐楚，败我大梁、榆关。楚厚赂秦，与之平。（《史记·楚世家》）

③（前 375）郑恃魏以轻韩，伐榆关而韩氏亡郑。（《战国策·魏策四·八年谓魏王》）

榆关，在今河南中牟县南（K15）。据史料一，公元前 399 年，榆关自楚属郑。史料二，杨宽《战国史料编年辑证》："此年三晋合兵败楚于大梁、榆关，从此大梁为魏所占有，但榆关仍为楚所有。魏惠王欲迁都大梁，榆关势在必得，魏策四第二章载有人谓魏王曰：'郑恃魏以轻韩，伐榆关而韩氏亡郑。'韩非子饰邪云：'郑恃魏而不听韩，魏攻荆而韩灭郑。'当魏全乃攻取楚之榆关时，韩即乘机灭郑。魏取得榆关之后，于是迁都大梁。"再结合史料三公元前 375 年榆关自楚属魏，综合上面的分析，公元前 333 年，榆关当属魏。

启封

① （前 275）暴鸢走开封。（《资治通鉴·赧王四十年》）

（前 275）卅二年攻启封。（《睡虎地秦简·编年记》）

"开封"即"启封"，《史记》言因避汉景帝讳改为开封，在今河南尉氏县东北（K15）。据此史料，可知公元前 275 年之前，启封属魏。又，据前文所确定之地名，在公元前 333 年，启封以西之榆关、鸡鸣城、畠泽陂、当城均属魏，启封近魏都大梁，公元前 333 年当属魏。

中阳

① （前 353）郑釐侯来朝中阳。（《水经·渠水注》引《竹书纪年》）

中阳，在今河南郑州市东（K14）。杨宽《战国史料编年辑证》："是时蔡为魏地，中阳亦为魏地，即梁惠王十七年郑釐侯（即韩昭侯）来朝中阳之中阳。"据杨宽的判断，及史料言韩国国君来魏朝拜魏王于中阳，可知中阳属魏无疑。又，魏长城在中阳以西、韩国的管城以东，从地理上可推知中阳在公元前 333 年仍属魏。

大梁

① （前 365）（梁惠成王）六年，四月甲寅，徙都于大梁。（《水经·渠水注》引《竹书纪年》）

② （前 275）（秦）又拔我二城，军大梁下，韩来救，予秦温以和。（《史记·魏世家》）

大梁,在今河南开封市(K15)。史料一记载的是公元前 365 年,魏国将首都从安邑迁到大梁。史料二记载的是公元前 275 年,秦围攻魏国的首都大梁。据上面史料,可以推断前 365 至前 275 年间,大梁属魏无疑。

晖台、少海(沙海)

|1| (前 361)夫梁之君臣,欲得九鼎,谋之晖台之下,沙海之上久矣。(《战国策·东周策·秦兴师临周》)

晖台,在地名校补部分进行了校补,当为魏都大梁附近的一个楼台宫殿(K15);沙海,在今河南开封市西(K15)。据此史料,结合此二地在魏国首都大梁附近,公元前 333 年,魏有大梁,可知此二地在公元前 333 年属魏无疑。

衍

|1| (前 333)大王之地,南有鸿沟、陈、汝南,有许、鄢、昆阳、邵陵、舞阳、新郪;东有淮、颍、沂、黄、煮枣、海盐、无疏;西有长城之界;北有河外、卷、衍、燕、酸枣,地方千里。(《战国策·魏策一·苏子为赵合从说魏王》)

|2| (前 317)大王不事秦,秦下兵攻河外,据卷、衍、酸枣,劫卫,取阳晋,则赵不南,赵不南而梁不北,梁不北则从道绝,从道绝则大王之国欲毋危,不可得也。(《资治通鉴·慎靓王四年》)

|3| (前 273)王又举甲兵而攻魏,杜大梁之门,举河内,拔燕、酸枣、虚、桃人,楚、燕之兵云翔不敢校。王之功亦多矣。王申息众,二年然后复之,又取蒲、衍、首垣,以临仁、平丘①,小黄、济阳婴城,而魏氏服矣。(《战国策·秦策四·物极必反》)

衍,在今河南郑州市北(K14)。据上述史料,衍在公元前 333 年,属魏,迟至公元前 273 年,自魏转属秦。

宅阳(北宅)

|1| (前 469)(晋出公)六年,齐、郑伐卫。荀瑶城宅阳。(《水经·

---

① 原文为"兵",据范祥雍笺证、范邦瑾协校《战国策笺证》(上海:上海古籍出版社,2006 年)第 401 页校正。

济水注》引《竹书纪年》）

② （前366）五年，与韩会宅阳。（《史记·魏世家》）

③ （前357）梁惠成王十三年，王及郑釐侯盟于巫沙，以释宅阳之围，归厘于郑。（《水经·济水注》引《竹书纪年》）

④ （前275）穰侯攻大梁，乘北宅①，魏王且从。谓穰侯曰："君攻楚得宛、穰以广陶，攻齐得刚、博以广陶，得许、鄢陵以广陶。"（《战国策·魏策四·穰侯攻大梁》）

宅阳，即北宅，在今河南郑州市北（K14）。从上面的史料，公元前469年，宅阳属晋之卿大夫荀瑶，不久，韩、赵、魏三家灭荀瑶，三分其地。从史料二来看，宅阳当为韩魏邻壤之边境地带。史料三记载的是公元前361年，魏国进攻韩国，攻下韩国的朱②，并将军队开进到韩国首都新郑附近，围韩国之宅阳。四年后的公元前357年，韩釐侯被迫与魏王在巫沙会晤，以解宅阳危机。从史料来看，此次会晤达成约定，魏国将釐地归还给韩国③，韩釐侯派许息来割让土地，包括平丘、户牖、首垣等城邑及韩国的驰道，可知宅阳在公元前357年韩魏会晤时属韩魏边境之韩国境内。此后，不详所属，据史料四记载，公元前275年，北宅属魏无疑。又，从公元前333年宅阳周边的城邑来看，厘属韩，衍属魏，宅阳当属魏。

魏长城

① （前358）梁惠成王十二年龙贾率师筑长城于西边。（《水经·济水注》引《竹书纪年》）

（前358）卷有长城，经阳武到密。（《后汉书·郡国志》）

② （前333）大王之地……西有长城之界。（《战国策·魏策一·苏子为赵合从说魏王》）

魏长城，自卷至阳武，再自阳武至密（J14—K14）。从史料二可知，公元前333年，魏长城属魏无疑。

---

① 原文为"郌"，据范祥雍笺证、范邦瑾协校《战国策笺证》（上海：上海古籍出版社，2006年）第1424页校正。

② 《史记·韩世家》："二年，魏取朱。"

③ 《水经·济水注》："（魏惠王）十三年，王及郑釐侯盟于巫沙，以释宅阳之围，归釐于郑。"

安城

1 (前283)秦取魏安城,至大梁,燕、赵救之,秦军去。(《史记·秦本纪》)

(前283)秦拔我安城。兵至大梁,去。(《史记·魏世家》)

2 (前283)信陵君谓魏安釐王:通韩上党于共、宁,使道安城,出入赋之。(《史记·魏公子列传》)

3 (前262)秦故有怀地、刑丘、安城①、垝津,而以之临河内,河内之共、汲莫不危矣。秦有郑地,得垣雍,决荥泽而水大梁,大梁必亡矣。(《战国策·魏策三·魏将与秦攻韩》)

安城,在今河南原阳县西南(J14)。史料一载的是秦国在公元前283年攻陷魏国的安城,直抵魏国首都大梁,因燕、赵救援,秦国罢兵。根据这则史料,安城属于魏国无疑。又,从地理方位上来看,安城在魏长城以东。公元前333年,魏国拥有魏长城以东的城邑,安城在公元前333年当属魏。

阳武

1 (前358)长城自卷经阳武到密者是矣。(《水经·济水注》引《郡国志》)

阳武,在古济水以北的今河南延津县西南(K15)。魏筑阳武长城的时间为公元前358年,据此史料,可知公元前358年阳武属魏。又根据阳武周边城邑在公元前333年的所属情况,阳武以西之安城、魏长城均属魏,可知阳武属魏无疑。

卷

1 (前358)梁惠成王十二年龙贾率师筑长城于西边。(《水经·济水注》引《竹书纪年》)

(前358)长城自卷经阳武到密者是矣。(《水经·济水注》引《郡国志》)

2 (前333)大王之地,南有鸿沟、陈、汝南,有许、鄢、昆阳、邵陵、

---

① 原文为"元城",据范祥雍笺证、范邦瑾协校《战国策笺证》(上海:上海古籍出版社,2006年)第1388页校正。

第三章 韩(含二周)及周边诸侯疆域边界考 357

舞阳、新郪;东有淮、颍、沂、黄、煮枣、海盐、无疏;西有长城之界;北有河外、卷、衍、燕、酸枣,垝方千里。(《战国策·魏策一·苏子为赵合从说魏王》)

③(前 317)大王不事秦,秦下兵攻河外,据卷、衍、酸枣,劫卫,取阳晋,则赵不南,赵不南而梁不北,梁不北则从道绝,从道绝则大王之国欲毋危,不可得也。(《资治通鉴·慎靓王四年》)

④(前 274)客卿胡阳攻魏卷、蔡阳、长社,取之。(《史记·秦本纪》)

卷,在今河南原阳县西(J14)。据上述史料,自公元前 358 年至公元前 274 年之间,卷属魏无疑。

阳池

①(前 355)遣将龙贾筑阳池以备秦。(《太平寰宇记·郑州·原武县》引《竹书纪年》)

阳池,在今河南省新乡市原阳县原武镇(J14)。据此史料,知阳池属魏。又,从地理方位上,阳池在魏长城以东。公元前 333 年,魏国拥有魏长城以东的城邑,阳池在公元前 333 年当属魏。

酸枣

①(前 393)三十二年,伐郑。城酸枣。(《史记·魏世家》)

　　(前 393)三十二,伐郑,城酸枣。(《史记·六国年表·魏》)

②(前 333)北有河外、卷、衍、燕、酸枣,垝方千里。(《战国策·魏策一·苏子为赵合从说魏王》)

③(前 317)大王不事秦,秦下兵攻河外,拔卷、衍、燕、酸枣,劫卫取阳晋,则赵不南。(《战国策·魏策一·张仪为秦连横说魏王》)

④(前 309 年)魏襄王十年十月,大霖雨,疾风,河水溢酸枣郭。(《水经·济水注》引《竹书纪年》)

⑤(前 307 年)王因疑于太子,令之留于酸枣。(《战国策·秦策五·楼䩅约秦魏》)

6 (前273年)王又举甲兵而攻魏,杜大梁之门,举河内,拔燕、酸枣、虚、桃人,楚、燕之兵云翔不敢校。(《战国策·秦策四·物极必反》)

酸枣,在今河南延津县西南(J15)。据上述史料可知,自公元前393年魏攻下郑之酸枣,至公元前273年,酸枣属魏无疑。

圃田泽

1 (前339)梁惠成王三十一年,三月,为大沟于北郛,以行圃田之水。(《水经·渠水注》引《竹书纪年》)

圃田泽,今河南中牟县西(K14)。据此史料可知,魏国在大梁以北开凿大沟,并将圃田之水引到大沟,形成护城河。可知圃田泽属魏无疑。

逢泽

1 (前344)魏伐邯郸,因退为逢泽之遇,乘夏车,称夏王,朝为天子,天下皆从。(《战国策·秦策四·或为六国说秦王》)

(前344)逢泽之会……名号至今不忘。(《吕氏春秋·报更》)

(前344)(秦孝公)十八年①,秦使公子少官率师会诸侯逢泽,朝天子。(《史记·秦本纪》)

逢泽,在今河南开封市西南(K15)。据此史料,可知逢泽为魏地无疑。

虚、燕、桃人

1 (前333)北有河外、卷、衍、燕、酸枣,坐方千里。(《战国策·魏策一·苏子为赵合从说魏王》)

2 (前273)王又举甲兵而攻魏,杜大梁之门,举河内,拔燕、酸枣、虚、桃人,楚、燕之兵云翔不敢校。(《战国策·秦策四·物极必反》)

据史料一、二,燕(J15)、虚(J15)、桃人(J15)在公元前333年属魏无疑。

三 楚国城邑考

从已有史料分析来看,韩新郑区域内或周边确定属于楚国的城邑或领

---

① 原文为"二十年",据杨宽《战国史料编年辑证》(台北:台湾商务印书馆,2002年)第380页校正。

巢狐

⟦1⟧（前256）秦取九鼎宝器，而迁西周公于巢狐。（《史记·周本纪》）

巢狐，在今河南汝州市西北（K13）。单依据此史料，不详巢狐之所属。从此地周边城邑阳人的所属情况来判断，在公元前333年的所属来看，当属楚，也有属韩的可能，具体所属，详见本节"新郑区域韩－楚－魏－二周疆域考绘"。

汝阳

⟦1⟧（前263）十年汝阳令戈。（《莒县出土东周铜器铭文汇释》）①

汝阳，《图集》无，第二章第二节补释其方位在今河南平顶山市郏县附近（L14）。此兵器据考证为公元前263年韩国铸造。据此史料，知汝阳在公元前263年为韩地。公元前263年之前，特别是公元前333年其所属，当依据汝阳周边城邑的所属来综合判定。

赫、牛阑、南梁（三梁）

⟦1⟧（前344）二年，魏伐赵。赵与韩亲，共击魏。赵不利，战于南梁。……（前343）齐因起兵，使田忌、田婴将，孙子为师，救韩、赵以击魏，大败之马陵，杀其将庞涓，虏魏太子申。其后三晋之王皆因田婴朝齐王于博望，盟而去。（《史记·齐世家》）

（前344）（梁惠成王）二十八年，穰苴帅师及郑孔夜战于梁、赫，郑师败逋。（《水经·渠水注》引《竹书纪年》）

（前344）南梁之难，韩氏请救于齐。（《战国策·齐策一·南梁之难》）

⟦2⟧（前343）（梁惠成王）二十七年，十二月，齐田盼败梁马陵。（《史记·孙子吴起列传》司马贞《索隐》）

⟦3⟧（前343）夫牛阑之事，马陵之难，亲王之所见也。（《战国策·楚策一·五国约以伐齐》）

---

① 何琳仪：《莒县出土东周铜器铭文汇释》，《文史》，2000年第1辑。

南梁，在今河南临汝县(K13)；牛阑，在今河南宝丰县西北(L13)；赫，在今河南临汝县西(K13)。史料一记载的是公元前 344 年，魏伐赵，韩国因为与赵国交好，救赵。魏转而攻韩南梁。韩国无法抵挡，向齐国求救。齐国派田忌、田婴为将，孙膑为军师救韩、赵。又详细记录南梁之战的细节，魏穰苴帅师与韩国的孔夜战于南梁、赫，韩大败。史料二记载齐魏马陵之战。史料三牛阑之事，未见其他史料提及，但从史料将牛阑之事与马陵之战并举来看，牛阑之事可能指的就是魏攻韩的南梁之役。史料一、二、三记述的当为一事，只不过各史料所言地理方位相近而不同而已。从史料一、二、三的记述来看，南梁、牛阑、赫在公元前 344 年之前当属韩。公元前 344 年被魏攻占，继而引发齐魏马陵之战。

公元前 343 年魏国马陵战败后，秦、赵、韩、齐均从不同方向进攻魏国。像南梁、牛阑、赫这种刚被魏攻占，旋即遭受军事重创的城邑在其后的所属史料无载。此三地的所属可根据其周边城邑的所属来综合判定。

鲁阳

[1] (前 371) 十六年，伐楚，取鲁阳。武侯卒，子罃立，是为惠王。(《史记·魏世家》)

(前 371) 十年，魏取我鲁阳。(《史记·楚世家》)

(前 371) 十六，伐楚，取鲁阳。(《史记·六国年表·魏》)

(前 371) 十，魏取我鲁阳。(《史记·六国年表·楚》)

鲁阳，在今河南鲁山县(L13)。单据此史料可知：楚、魏邻壤，魏国将楚国的鲁阳纳入版图。鲁阳此后所属，无史料记载。公元前 333 年的情况，可根据其周边城邑的所属来综合判定。

上容

[1] (前 343) 二十七年晋上容大夫。(《集成》11215)

上容，《图集》无，第二章第二节补释其方位在今河南鲁山县南(L13)。据吴良宝《宁夏彭阳出土"二十七年晋戈"考》[①]考证"上容"即春秋时期的"容城"，其地在今河南鲁山县南，此兵器的铸造时间当为魏惠王二十七年，即公元前 343 年。吴说可信。这样，结合楚国"鲁阳"被魏攻占的时间，可以确定公元前 371 年至公元前 343 年魏国拥有鲁阳、上容。公元前 343 年

---

① 吴良宝：《宁夏彭阳出土"二十七年晋戈"考》,《考古》,2007 年第 10 期,第 84—86 页。

之后,齐魏发生马陵之战,魏国在军事上受到重创,不详此后上容之所属。公元前333年当根据周边城邑来综合判定。

方城

⒈(前656)楚国方城以为城,汉水以为池,虽众,无所用之。(《左传·僖公四年》)

⒉(前624)楚师围江。晋先仆伐楚以救江。冬,晋以江故告于周。王叔桓公、晋阳处父伐楚以救江,门于方城,遇息公子朱而还。(《左传·文公三年》)

⒊(前557)晋荀偃、栾黡帅师伐楚,以报宋扬梁之役。楚公子格帅师及晋师战于湛阪,楚师败绩。晋师遂侵方城之外,复伐许而还。(《左传·襄公十六年》)

⒋(前524)叶在楚国,方城外之蔽也。……楚子说。冬,楚子使王子胜迁许于析,实白羽。(《左传·昭公十八年》)

⒌(前491)夏,楚人既克夷虎,乃谋北方。左司马眅、申公寿余、叶公诸梁致蔡于负函,致方城之外于缯关。(《左传·哀公四年》)

⒍(前321)公不如告楚、赵,楚、赵恶之。赵闻之,起兵临羊肠,楚闻之,发兵临方城,而易必败矣。(《战国策·韩策二·公仲为韩魏易地》)

(前321)韩、魏之易地,韩得二县,魏亡二县,所以为之者,尽包二周,多于二县,九鼎存焉。且魏有南阳、郑地、三川而包二周,则楚方城之外危。(《战国策·西周策·韩魏易地》)

⒎(前313)愿魏以聚大梁之下,愿齐之试兵南阳、莒地,以聚常、郯之境,则方城之外不南,淮、泗之间不东,商、於、析、郦、宗胡之地,夏路以左,不足以备秦,江南、泗上不足以待越矣。……而越以此散,诸族子争立,或为王,或为君,滨于江南海上,服朝于楚。(《史记·越王勾践世家》)

⒏(前300)几瑟亡在楚,楚王欲复之甚,令楚兵十余万在方城之外。臣请令楚筑万家之都于雍氏之旁,韩必起兵以禁之,公必将矣。(《战国策·韩策二·冷向谓韩咎》)

方城,在今河南方城县(L14),为楚长城。史料一,可知方城为楚国边境的重要军事防御工事。史料二,公元前624年,楚国攻打江,联军攻打楚国方城山关口,无功而返。可知楚国的北部边界到达方城山关口。史料三,晋伐楚,楚、晋在湛坂(今平顶山市北)会战,楚军大败,晋军就势进攻方城山的外边,无功而返。可知方城山为楚国边防要塞。史料四言,叶在楚国,是楚国方城山外边的屏障。据此史料,可知楚国有方城山之外的叶。史料五,楚国在负函(今河南信阳市境)集合蔡国人,在缯关(今河南方城县)集结方城山之外的人,以袭击梁(今河南临汝县西)、霍(在梁之西南,今河南临汝县西南)。可知楚国疆域扩张到方城山以外的梁、霍。据史料六、七、八,可知楚国有方城之外,方城属楚。从上面方城的沿革来看,公元前333年,方城属楚,且楚国势力延伸到方城之外。

叶(叶庭)、宛

1 (前524)叶在楚国,方城外之蔽也。……楚子说。冬,楚子使王子胜迁许于析,实白羽。(《左传·昭公十八年》)

2 (前336)楚之君臣欲得九鼎,谋之于叶庭之中,其日久矣。若入楚,鼎必不出。(《战国策·东周策·秦兴师临周章》)

3 (前312)齐为韩、魏攻楚,九年而取宛、叶以北,以强韩、魏。(《战国策·西周策·薛公以齐为韩魏》)

4 (前292)攻楚,取宛。(《史记·秦本纪》)
(前291)秦拔我宛。(《史记·韩世家》)

叶(叶庭),在今河南叶县北(L14);宛,在今河南南阳(L13);叶,在今河南叶县北(L14)。史料一,春秋时期楚国即有也叶,叶是楚国方城山外边的屏障。史料二,公元前336年,叶属楚。史料三记载公元前312年,楚国背叛齐、韩、楚三国抗秦联盟,齐、韩联合魏国对楚国的背信弃义进行惩罚性进攻。用了九年时间(公元前303年)最终取得了楚国的宛、叶以北之地。从上面史料可知,公元前333年,叶(叶庭)、宛属楚无疑。

重丘

1 (前301)秦乃与齐、韩、魏共攻楚,杀楚将唐眜,取我重丘而去。(《史记·楚世家》)
(前301)复雠、庞、长沙,楚之粟也。(《史记·越王勾践世家》)

(前301)为主死易,垂沙之事,死者以千数。(《战国策·楚策三·苏子谓楚王曰》)

(前301)长沙之难,楚太子横为质于齐。(《战国策·楚策四·长沙之难》)

(前301)术视伐楚,楚令昭鼠以十万军汉中。昭雎胜秦于重丘。(《战国策·楚策二·术视伐楚》)

重丘,《图集》标绘有误,第二章第二节校释其方位在今河南唐河县西南(M13)。此史料记述公元前301年秦、齐、韩、魏四国伐楚,秦国将领术视进攻楚国,楚怀王派宛城守军长官昭鼠率领十万大军驻扎在汉中,昭雎在重丘打败了秦国。据此史料可知,迟至公元前301年,重丘仍属楚。公元前333年,重丘属楚无疑。

象禾、畐焚、繁阳、高丘

① (前323)庚邡(方)城,庚象禾,庚畐焚,庚鎐(繁)昜(阳),庚高丘,庚下鄀(蔡),庚居鄵(巢),庚郢。(《鄂君启节》车节铭文)

象禾,在今河南方城县东南(L14);畐焚,在今河南遂平县东北(L14)。据此史料,可知截至公元前323年,楚国有象禾、畐焚、繁阳、高丘、下蔡、巢,并设有通关关卡,以至于鄂君需要出入凭证。

棠溪

① (前505)十一年六月,败吴于豫章。阖闾闻之,引兵去楚,归击夫概。夫概败,奔楚,楚封之堂溪,号为堂溪氏。(《史记·楚世家》)

② (前333)韩卒之剑戟皆出于冥山、棠溪、墨阳、合赙、邓师、宛冯、龙渊、太阿,皆陆断牛马,水截鹄雁,当敌则斩坚甲铁幕。(《史记·苏秦列传》)

棠溪,在今河南舞阳县东南(L14)。据史料一,棠溪属楚。战国时期,出现过棠溪,如史料二,从上下文来看棠溪当指剑名。棠溪在战国时期的所属,姑认为属楚。

汾陉之塞

① (前333)楚地……北有汾陉之塞、郇阳,地方五千里。(《战国

策·楚策一·苏秦为赵合纵说楚威王》)

汾陉塞,《图集》标绘有误,第二章地名方位校补部分校正其地在今河南禹州市东北(K14)。据此史料,公元前333年,楚北有汾陉塞无疑。

阳陵

① 阳陵连嚣达。(《包山楚简》简112)

② 阳陵人远从志。(《包山楚简》简193)

③ (前277)于是乃以执珪而授之为阳陵君,与淮北之地。(《战国策·楚策四·庄辛谓楚襄王曰》)

阳陵,在今河南许昌市西北(K14)。从史料来看,阳陵一直到公元前277年仍属楚。

邓

① (前312)秦取楚汉中,再战于蓝田,大败楚军。韩、魏闻楚之困,乃南袭至邓,楚王引归。(《战国策·秦策四·秦取楚汉中》)

邓,战国时期有三处,此邓当为今河南漯河市东南之"邓"(L15)。据此史料,公元前312年之前,邓当属楚无疑。

安陵

① (未详何年)安陵莫嚣。(《包山楚简》简175)

② (前351)江乙说于安陵君曰。(《战国策·楚策一·江乙说于安陵君》)

安陵,《图集》有二,一在今河南鄢陵县西北十五里(K15),一在今河南郾城县东四十五里(L15)。此为今河南郾城县东之安陵。吴良宝《古币考释两篇》:"安陵是楚设置的一个县。"据此,安陵当属楚,地在今河南郾城县东四十五里。

阳城

① (未详何年)墨者巨子孟胜善荆之阳城君。(《吕氏春秋·尚德》)

阳城,在今河南商水县扶苏村(L15)。后晓荣《战国政区地理》(174页):"据城垣构筑特点及出土文物,可初步断定此城筑于战国晚期。"可知,阳城属楚。

陈

[1] (前637)秋,楚成得臣帅师伐陈,讨其贰于宋也。遂取焦、夷,城顿而还。(《左传·僖公二十三年》)

[2] (前618)夏,楚侵陈,克壶丘,以其服于晋也。(《左传·文公九年》)

(前618)八年,伐陈。(《史记·楚世家》)

[3] (前598)冬,楚子为陈夏氏乱故,伐陈。谓陈人无动,将讨于少西氏。遂入陈,杀夏征舒,轘诸栗门,因县陈。陈侯在晋。……乃复封陈,乡取一人焉以归,谓之夏州。(《左传·宣公十一年》)

(前598)十六年,伐陈,杀夏征舒。征舒弑其君,故诛之也。已破陈,即县之。(《史记·楚世家》)

[4] (前534)冬十月壬午,楚师灭陈。执陈公子招,放之于越。(《左传·昭公八年》)

[5] (前533)二月庚申,楚公子弃疾迁许于夷,实城父,取州来淮北之田以益之。伍举授许男田。然丹迁城父人于陈,以夷濮西田益之。迁方城外人于许。(《左传·昭公九年》)

(前533)八年,使公子弃疾将兵定陈。(《史记·楚世家》)

[6] (前531)楚子城陈、蔡、不羹。(《左传·昭公十一年》)

(前531)今吾大城陈、蔡、不羹。(《史记·楚世家》)

[7] (前487)惠王二年,子西召故平王太子建之子胜于吴,以为巢大夫,号曰白公。……是岁也,灭陈而县之。(《史记·楚世家》)

[8] (前478)使帅师取陈麦。陈人御之,败,遂围陈。秋七月己卯,楚公孙朝帅师灭陈。(《左传·哀公十七年》)

[9] (前279)秦与荆人战,大破荆,袭郢,取洞庭、五都、江南。荆王

亡奔走,东伏于陈。(《战国策·秦策一·张仪说秦王》)

(前279)顷襄王二十年,秦白起拔楚西陵,或拔鄢、郢、夷陵,烧先王之墓。王徙东北,保于陈城。(《战国策·秦策四·物极必反》)

陈,在今河南淮阳县(L15)。史料一言公元前637年,楚伐陈,讨伐它和宋国勾结,占取了陈国的焦(今安徽亳县)、夷(今安徽亳县东南七十里),并在顿(今河南项城市稍西之南顿故城)筑城后回国。据此史料,可知楚国版图扩张,囊括了陈国的焦、夷、顿。史料二言公元前618年楚国攻陈国,攻占了陈国的壶丘(今河南新蔡县东南)。史料三言公元前598年,楚伐陈,并将陈设置为楚国的一个县。不久,重新封立陈国。并将陈国每一乡抽取一人,将他们聚集在夏州(今湖北武汉市汉阳区北)。据此史料可知:楚国虽设陈县,但不久又还政于陈,大致反映出楚国的野心;楚国版图有夏州无疑。史料四言公元前534年楚国灭陈,据此史料可知楚国疆域扩张,将陈纳入版图。史料五言公元前533年楚把许国迁到夷(即城父,今安徽亳州东南七十里城父故城),将州来、淮北的领土补给许国,把城父的人迁到陈地,用濮、夷西部的领土补给陈地,把方城山外的人迁到许。据此史料,可知楚有城父、州来、淮北、濮、夷、方城山外、许。史料六言公元前531年楚国在陈、蔡、不羹筑城。可知楚国拥有陈、蔡、不羹。从史料七、八可知,公元前487年楚灭陈,将陈国纳入版图。史料九言公元前279年,秦国与楚国战,大破楚军,袭占楚国的国都郢,并攻占洞庭、五都、江南一带。楚王逃到陈。从上面陈地的变迁沿革来看,公元前333年,陈属楚无疑。

阳夏

1 (前613—前591之间某年)楚庄王伐阳夏,师久而不罢。(《说苑·正谏》)

2 (前272—前255之间某年)应侯谓秦王曰:"王得宛、叶、蓝田、阳夏,断河内,困梁、郑。"(《韩非子·内储说》)

阳夏,在今河南太康县(K15)。据史料一,春秋时期楚国疆域扩张到阳夏。据史料二,秦得宛、叶、蓝田、阳夏的时间当在公元前279年攻占楚国郢都之前。据此史料,可知阳夏在公元前333年属楚无疑。

项

1 (前298—前263之间某年)谷水又东经项城中,楚襄王所郭以为别都,都内西南小城,项县故城也。(《水经·颍水注》)

项,在今河南沈丘县(L16)。据此史料,楚襄王当指楚顷襄王,公元前279年楚顷襄王迁都至陈,大抵项在彼时为楚之别都。可知公元前333年,项属楚无疑。

漾陵

1 (未详何年)肷亶之岁,羕(养)陵公邵首所郜(造)、冶已女。(《集成》11358【鄝陵公戈】)

2 (未详何年)漾陵公。(《包山楚简》简177)

漾陵,《图集》无,第二章第二节补其地在今河南周口市沈丘县东南、安徽阜阳市界首市西(L16)。漾陵在公元前333年的所属,可根据周边城邑的所属来综合确定。从地望上,由漾陵以北之陈、项均为楚邑,可知漾陵在公元前333年属楚无疑。

四 新郑区域韩—楚—魏—二周疆域考绘

从上面的史料来看,新郑区域及周边,属于韩国的城邑所构成的疆域范围:自纶氏→负黍→阳城→成皋→广武→荥口→崖→垣雍(衡雍)→厘→管→华阳(华、华下)→山氏→宛→雍氏→阳翟,将陉山、郑、市丘、格氏、巫沙、宛冯、梧包含在内;属于魏国的城邑所构成的疆域界线:自澭阴→澭阳→邵(召陵)→郾→蔡(上蔡)→舞阳→昆阳→襄城→长社→马陵→林(林中、林乡)→畾泽陂→鸡鸣城→榆关→中阳→魏长城→衍→阳武→安城→卷→阳池,将高陵、许、安陵(鄢陵)、桐丘、三亭、启封、大梁、晖台、少海(沙海)、宅阳(北宅)、酸枣、圃田泽、逢泽、虚、燕、桃人包括在内;属于楚国的城邑所构成的疆域界线:自新城→山南→巢狐→阳人→赫→南梁(三梁)→汝阳→汾陉之塞→阳陵→叶(叶庭)→合伯(合膊)→棠溪→冨焚,将牛阑、鲁阳、上容、方城、宛、重丘、博望、阳丘、象禾、繁阳、高丘、安陵、阳城、陈、阳夏、项、漾陵等包含在内。

这一区域,从已有史料所考辨的诸侯城邑来看,极为复杂,诸侯疆域彼此交错。要对公元前333年这一区域韩、楚、魏三国疆域界线进行绘制,实际上需要对以下两个主要问题进行进一步考察。

(一) 楚国方城之外疆域考察

虽然从城邑的归属考证来看,这一区域的鲁阳(前371)、上容(前343)、南梁(三梁,前344)、赫(前344)、牛阑(前344)属魏,但是属魏的时间均在公元前343年齐魏马陵之战之前。当时魏国领土西向扩张到楚国的鲁阳、上容,并在公元前344年攻下了韩国的南梁、赫、牛阑,这一点,有明确的史料记载,是毋庸置疑的。此后至公元前312年之间,这一区域的疆域变迁史料比较缺乏。如果自公元前343年至公元前312年,此区域的格局没有变化,魏国一直占有鲁阳、上容、南梁、赫、牛阑,则《战国策·西周策·薛公以齐为韩魏》"(前312)齐为韩、魏攻楚,九年而取宛、叶以北,以强韩、魏"及《史记·韩世家》"(前300)今楚兵十余万在方城之外,公何不令楚王筑万室之都雍氏之旁,韩必起兵以救之,公必将矣"等,说楚国在方城之外、宛叶以北有领土,以及《史记·韩世家》裴骃《集解》"(前312)楚景翠围雍氏"等,从地缘政治逻辑上讲不通:楚国如何能够在魏国占据鲁阳、上容、南梁、赫、牛阑、襄城等重要据点的情况下,在方城之外部署十万大军,且这十万大军被魏国切断了与方城以内楚都郢之间的联系而孤悬在外?

从历史的脉络中,我们发现自公元前344年之后,有一个重要的时间节点,即公元前343年齐、魏之间的马陵之战。公元前344年魏攻韩的"南梁之战",韩国寻求齐国救援,齐救韩而魏追击齐军,齐军在马陵山谷伏击魏军。马陵之战,魏国大将庞涓、魏太子魏申败没,之后,魏国遭到来自齐国、赵国、秦国的进攻①,《孟子·梁惠王上》"西丧地于秦七百里,南辱于楚",楚国对魏国有行动。此外,楚有方城之外还可从以下两个方面找到佐证:

一是楚、韩边界在新城、阳人、阳翟、雍氏邻壤。楚、韩邻壤的史料:

1̄ (前312)楚攻雍氏,周粮秦、韩。(《战国策·东周策·楚攻雍氏》)

(前312)雍氏之役,韩征甲与粟于周。(《战国策·西周策·雍

---

① 《史记·赵世家》:"(前343)七年,公子刻攻魏首垣。"《水经·泗水注》引《竹书纪年》:"(前342)梁惠成王二十九年,齐田朌及宋人伐我东鄙,围平阳。"《史记·魏世家》司马贞《索隐》:"(前342)九月,秦卫鞅伐我西鄙。……王攻卫鞅,我师败逋。"《史记·魏世家》司马贞《索隐》:"(前342)十月,邯郸伐我北鄙。"

氏之役韩征甲》）

2 （前303）城浑出周，三人偶行，南游于楚，至于新城。（《战国策·楚策一·城浑出周》）

3 （前300）昭献在阳翟。（《战国策·东周策·昭献在阳翟》）

4 （前300）郑申为楚使于韩，矫以新城、阳人予太子。（《战国策·楚策一·韩公叔有齐魏》）

如果楚国在公元前312年之前至公元前343年没有方城之外，按截至公元前343年的史料来看，魏国拥有鲁阳、上容、南梁、赫、牛阑，则楚何以有雍氏、新城、阳人，又如何能够临近韩国的阳翟？

二是楚国的军队能够从雍氏快速调动到新城一带。《战国策·东周策·秦攻宜阳》言秦攻韩宜阳之时，"秦拔宜阳，景翠果进兵"，景翠通过调动军队让韩、秦两国都以为楚国要救韩。景翠的军队是本身就驻扎在楚国的新城，还是从别处调来？杨宽《战国史料编年辑证》支持后一种观点。杨宽说："楚怀王十七年（前311）景翠围攻韩雍氏，见于韩非子集解所引纪年，秦因此助韩反攻景座，见于六国表韩宣惠王二十一年。景座即景翠，'翠''座'乃一声之转。楚怀王二十一年（前307）秦攻韩宜阳，楚使景翠往救，景翠待秦攻拔宜阳之后进兵，秦因而赠以煮枣一地。"从阳翟到新城一线的地形来看，景翠之兵应该逆汝水而上，取道汝水北部的汝阳－注人－阳人－新城一线，或者渡过汝水取道汝阳－汝南－南梁－赫－阳人－新城，如果此时南梁、赫属魏，注人、汝阳属韩，景翠如何能快速调兵？可见这几处彼时都应在楚国势力范围之内。

这几处是什么时间被楚国纳入势力范围的呢？从公元前343年马陵之战后至公元前307年，未见有关于这一区域争夺的明确史料记载，我们认为公元前343年马陵之战后楚国攻占诸地的可能性最大。也就是，公元前343年之后至公元前307年之间，楚国拥有象狐－注人－赫－南梁（三梁）－牛阑－汝阳－鲁阳－城父－应－上容－叶（叶庭）。这种格局，我们也可以从史料中找到佐证。公元前333年，苏秦游说魏王时描述魏国的疆域说：

大王之地，南有鸿沟、陈、汝南、有许、鄢、昆阳、邵陵、舞阳、新郪；东有淮、颖、沂、黄、煮枣、海盐、无疏；西有长城之界；北有河外、卷、衍、燕、酸枣，地方千里。

魏国以西、以南在方城之外的疆域，只言到"许、鄢、昆阳、邵陵、舞阳、新郪"，并未涉及楚国方城之外的襄城、鲁阳、上容、赫、南梁、牛阑之地。如果魏国实际占有这些地方，作为一个游说之士要想其所献之策被魏国国君采纳，对这种基本的地理疆域绝无可能有如此重大疏漏，要知道魏国实际占有"襄城、鲁阳、上容、赫、南梁、牛阑"与没有占有这些地方，整个地缘政治的格局大不一样。根据上面的分析，楚国当拥有方城以外的阳人→㠱狐→注人→赫→南梁(三梁)→牛阑→汝阳→鲁阳→城父→应→上容→叶(叶庭)，与之前考定的新城、阳人连成一片。这样一来，我们大致可以确定两个边界：

一是楚方城之外与韩边界。前文所考定，韩国拥有纶氏→负黍→阳城→阳翟→雍氏→陉山，楚国拥有山南→新城→㠱狐→阳人→注人→汝阳→汾陉塞，根据山川形便的原则，可以勾绘出韩、楚在这一区域的边界。

二是楚方城之外与魏边界。楚国有叶→方城→合伯→棠溪→冨焚→上蔡，魏国有阳陵→襄城→昆阳→舞阳→高陵→郾→陉山→瀙阳→瀙阴，据此可以勾绘出楚魏边界。

(二) 韩新郑周边与魏边界考察

根据前文对韩、魏城邑所属的考察，可以确定韩国有雍氏→宛→浊泽→浊阳→陉山→郑→华阳→管→厘→修鱼→垣雍→荥口→广武→巫沙→格氏→荥阳→市丘，魏国有长社→马陵→三亭→林(林中、林乡)→畾泽陂→鸡鸣城→中阳→衍(衍氏)→宅阳→阳武→安城→卷→阳池→阳原→酸枣，据此可以勾绘韩魏之边界线，大致在韩、魏两国所属城邑之间。

综合(一)(二)可大致描绘韩新郑周边疆域形势，如图3—7所示：

第三章 韩(含二周)及周边诸侯疆域边界考 371

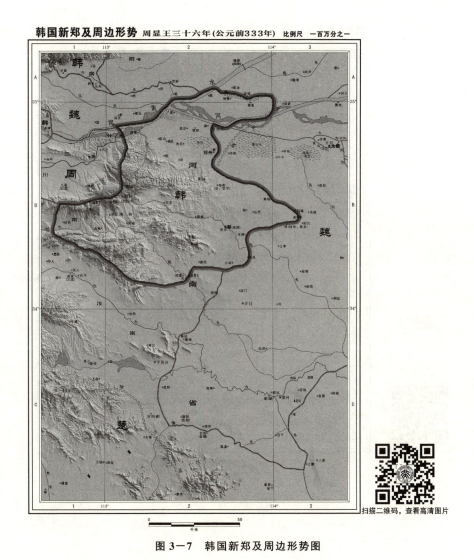

图 3—7 韩国新郑及周边形势图

综合本章第一至四节,公元前 333 年韩国形势全图当如图 3—8 所示:

372　战国诸侯疆域形势图考绘

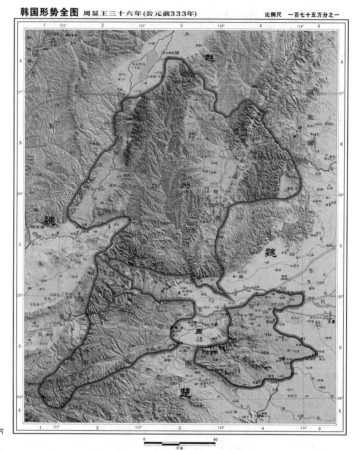

扫描二维码，查看高清图片

图 3-8　公元前 333 年韩国形势全图

第四章
赵(含中山、卫)与周边诸侯疆域边界考

描述赵国基本方位和疆域的史料,大致有如下一些:

⃞1 (前403—前221)赵地,昴、毕之分野。赵分晋,得赵国。北有信都、真定、常山、中山,又得涿郡之高阳、鄚、州乡;东有广平、巨鹿、清河、河间,又得渤海郡之东平舒、中邑、文安、束州、成平、章武,河以北也;南至浮水、繁阳、内黄、斥丘;西有太原、定襄、云中、五原、上党。上党,本韩之别郡也,远韩近赵,后卒降赵,皆赵分也。自赵夙后九世称侯,四世敬侯徙都邯郸,至曾孙武灵王称王,五世为秦所灭。(《汉书·地理志》)

⃞2 (前333)赵地方二千里,带甲数十万,车千乘,骑万匹,粟支十年;西有常山,南有河、漳,东有清河,北有燕国。(《战国策·赵策二·苏秦从燕之赵始合从》)

⃞3 (前307)今吾国东有河、薄洛之水,与齐、中山同之,而无舟楫之用。自常山以至代、上党,东有燕、东胡之境,西有楼烦、秦、韩之边,而无骑射之备。故寡人且聚舟楫之用,求水居之民,以守河、薄洛之水;变服骑射,以备其三胡、楼烦、秦、韩之边。(《战国策·赵策二·武灵王平昼间居》)

(前307之前)召楼缓谋曰:"我先王因世之变,以长南籓之地,属阻漳、滏之险,立长城,又取蔺、郭狼,败林人于荏,而功未遂。今中山在我腹心,北有燕,东有胡,西有林胡、楼烦、秦、韩之边,而无强兵之救,是亡社稷,奈何?夫有高世之名,必有遗俗之累。吾欲胡服。"(《史记·赵世家》)

4 (前269)今赵万乘之强国也,前漳、滏,右常山,左河间,北有代,带甲百万,尝抑强齐,四十余年而秦不能得所欲。由是观之,赵之于天下也不轻。(《战国策·赵策三·说张相国》)

史料一虽对赵国东南西北疆域范围内的城邑记述甚详,但时间跨度达182年。仅据此史料,无法判定公元前333年赵国疆域的情况。史料二记载公元前333年苏秦游说赵肃侯,言彼时之赵国:土地方圆二千里……西有常山(即今太行山),南有黄河、漳水,东有清河,北有燕国。史料三记载公元前307年前后赵武灵王胡服骑射改革时赵国东与齐国、中山国共有黄河、薄洛之水,从常山至代、上党,东与燕国、东胡接壤,西与楼烦、秦、韩临边。史料四记载公元前269年,赵国前有漳、滏二水,右有常山,左有河间,北有代郡。

上述史料一、二、三、四为不同时期赵国的疆域大致情况,综合将此四则史料所描述方位和疆域重叠起来,大致可从三个区域进行细致考察:(一)太原及周边区域;(二)中山国—河间及周边区域;(三)邯郸及周边区域。下面,我们根据具体城邑的所属来考绘公元前333年赵国的疆域。

第一节 赵太原及周边区域疆域考

一 赵国城邑考

从已有史料分析来看,太原区域内或周边确定属于赵国的城邑或领地有:

无穷之门

1 (前453)昔者先君襄主与代交地,城境封之,名曰无穷之门,所以昭后而期远也。(《战国策·赵策二·王破原阳以为骑邑》)

2 (前307)十九年春正月,大朝信宫。召肥义与议天下,五日而

毕。王北略中山之地,至于房子,遂之代,北至无穷,西至河,登黄华之上。(《史记·赵世家》)

无穷之门,第二章第二节校释其地在今桑干河南、河北蔚县北(E15)。据史料一、二,可知无穷自公元前453年至公元前307年属赵无疑。

当城

[1] (未详何年)坐城府。(《玺汇》3442)

"坐城",即"当城",《图集》无,第二章第二节补释其地在今河北张家口市蔚县西合营镇东(F15)。据考证,此玺为赵国官玺,可知为赵地。

平舒

[1] (未详何年)平舒。(引自黄锡全《赵国方足布七考》)

平舒,《图集》无,吴良宝引黄锡全《赵国方足布七考》:"(其地当在今山西)广灵县。"①其地当在今山西大同市广灵县(F15)。方足布一般为赵国铸造。

代

[1] (前457)襄子元年,未除服,登夏屋,诱代王,以金斗杀代王。封伯鲁子周为代成君。(《史记·六国年表·秦》)

(前457)赵王以其姊为代王妻,欲并代,约与代王遇于句注之塞。乃令工人作为金斗,长其尾,令之可以击人。与代王饮,而阴告厨人曰:"即酒酣乐,进热歠,即因反斗击之。"于是酒酣乐,进取热歠。厨人进斟羹,因反斗而击之,代王脑涂地。其姊闻之,摩笄自刺也。故至今有摩笄之山,天下莫不闻。(《战国策·燕策一·张仪为秦破从连横谓燕王》)

[2] (前453)晋阳之难,唯共无功。襄子曰:"方晋阳急,群臣皆懈,惟共不敢失人臣礼,是以先之。"于是赵北有代,南并知氏,强于韩、魏。(《史记·赵世家》)

(前453)昔者简主不塞晋阳以及上党,而襄主并戎取代以攘诸

---

① 吴良宝:《〈中国历史地图集〉战国部分地名校补》,《中国历史地理论丛》,2006年7月,第21卷第3辑,第144—151页。

胡。(《史记·赵世家》)

(前453)先君襄主与代交地,城境封之,名曰无穷之门,所以昭后而期远也。(《战国策·赵策二·王破原阳以为骑邑》)

③ (前423)献侯少即位,治中牟。襄子弟桓子逐献侯,自立于代,一年卒。国人曰桓子立非襄子意,乃共杀其子而复迎立献侯。(《史记·赵世家》)

④ (前307)十九年春正月,大朝信宫。召肥义与议天下,五日而毕。王北略中山之地,至于房子,遂之代,北至无穷,西至河,登黄华之上。

⑤ (前305)二十一年,攻中山。赵袑为右军,许钧为左军,公子章为中军,王并将之。牛翦将车骑,赵希并将胡、代。赵与之陉,合军曲阳,攻取丹丘、华阳、鸱之塞。王军取鄗、石邑、封龙、东垣。中山献四邑和,王许之,罢兵。(《史记·赵世家》)

⑥ (前300)二十六年,复攻中山,攘地北至燕、代,西至云中、九原。(《史记·赵世家》)

⑦ (前297)惠文王二年,主父行新地,遂出代,西遇楼烦王于西河而致其兵。(《史记·赵世家》)

⑧ (前295)四年,朝群臣,安阳君亦来朝。主父令王听朝,而自从旁观窥群臣宗室之礼。见其长子章傫然也,反北面为臣,诎于其弟,心怜之,于是乃欲分赵而王章于代,计未决而辍。(《史记·赵世家》)

⑨ (前280)白起攻赵,取代、光狼城。(《史记·秦本纪》)

(前280)秦取我二城。(《史记·赵世家》)

⑩ (前273)二十六年,取东胡欧代地。(《史记·赵世家》)

⑪ (前269)今赵万乘之强国也,前漳、滏,右常山,左河间,北有代,带甲百万,尝抑强齐,四十余年而秦不能得所欲。(《战国策·赵策三·说张相国》)

⑫ (前251)燕卒起二军,车二千乘,栗腹将而攻鄗,卿秦将而攻代。廉颇为赵将,破杀栗腹,虏卿秦、乐间。(《史记·赵世

家》)

(前251)卒起二军,车二千乘,栗腹将而攻鄗,卿秦攻代。……燕军至宋子,赵使廉颇将,击破栗腹于鄗。破卿秦于代。(《史记·燕召公世家》)

(前251)令栗腹以四十万攻鄗,使庆秦以二十万攻代。赵使廉颇以八万遇栗腹于鄗,使乐乘以五万遇庆秦于代。燕人大败。(《战国策·燕策三·燕王喜使栗腹以百金为赵孝成王寿》)

⑬ (前231)五年,代地大动,自乐徐以西,北至平阴,台屋墙垣太半坏,地坼东西百三十步。(《史记·赵世家》)

⑭ (前228)十九年……赵公子嘉率其宗数百人之代,自立为代王,东与燕合兵,军上谷。大饥。(《史记·秦始皇本纪》)

(前228)八,秦王翦虏王迁邯郸。公子嘉自立为代王。(《史记·六国年表·赵》)

(前228)二十七年,秦虏赵王迁,灭赵。赵公子嘉自立为代王。(《史记·燕召公世家》)

⑮ (前227)代王嘉元年。(《史记·六国年表·赵》)

(前227)二十年,燕太子丹患秦兵至国,恐,使荆轲刺秦王。秦王觉之,体解轲以徇,而使王翦、辛胜攻燕。燕、代发兵击秦军,秦军破燕易水之西。(《史记·秦始皇本纪》)

⑯ (前222)二十五年,大兴兵,使王贲将,攻燕辽东,得燕王喜。还攻代,虏代王嘉。(《史记·秦始皇本纪》)

(前222)虏代王嘉,灭燕王喜。(《史记·田敬仲完世家》)

代,国都在今河北蔚县代王城(F15)。从以上史料可知,自公元前457年赵襄子诱杀代王而有其地始,至公元前222年赵灭亡为止,赵有代地。代,在今河北蔚县东北。实际上,代地范围甚广。彭华《燕国史稿》引《中国奴隶社会史》:"其地域约为今山西代县、繁峙县、大同及河北易县、宣化一带,东部与燕国接壤。"至于代地及周边在公元前333年的所属,在本节"燕国城邑考"中有更为详细的讨论。

摩笄山

1. (前457)其姊闻之,摩笄自刺也。故至今有摩笄之山,天下莫不闻。(《战国策·燕策一·张仪为秦破从连横谓燕王》)

摩笄山,第二章第二节校释其地在今河北蔚县柏树乡马头山(F15)。据此史料可知摩笄山属代地。公元前457年赵并代而占据此山。

藿人

1. (前563)偪阳,妘姓也,使周内史选其族嗣,纳诸霍人,礼也。(《左传·襄公十年》)
2. (未详何年)藿人。(转引自《三晋货币》①)
3. (前196)击韩王信于代,降下霍人。以前至武泉。(《汉书·绛侯世家》)
4. (前196)自霍人以往至云中。(《汉书·樊哙传》)

货4—1 "藿人"平首尖足布

战国时期之"藿人",汉称"霍人",在今山西繁峙县东(F14)。史料一,杨伯峻《春秋左传注》(978页):"霍人,晋邑,在今山西繁峙县东郊。"史料二为出土的战国小型尖足布(如货4—1所示),平首尖足布一般为赵国铸造,可知藿人属赵无疑。史料三、四为汉初之事,从上述史料可知霍人自春秋时即有其名,战国、秦汉因袭其名。

---

① 朱华:《三晋货币》,山西:山西人民出版社,1994年。

卤城

①（未详何年）卤城发弩。（《玺汇》3442）

②（未详何年）卤。（转引自《战国文字所见三晋置县稽考》①）

卤城，《图集》无，第二章第二节补释其地在今山西繁峙县东（F14）。后晓荣《战国政区地理》（122页）："汉志代郡属县卤城，其地在今山西省繁峙县东。此地在战国时属赵地。今古玺和刀币文物证知，西汉卤城实因战国赵之卤城，即赵置卤城县。"据后晓荣，为赵地无疑。

句注山、夏屋山

①（前457）襄子元年，未除服，登夏屋，诱代王，以金斗杀代王。封伯鲁子周为代成君。（《史记·六国年表·秦》）

（前457）赵王以其姊为代王妻，欲并代，约与代王遇于句注之塞。（《战国策·燕策一·张仪为秦破从连横谓燕王》）

句注山，在今山西代县西北（F13）；夏屋山，在今山西繁峙县北（F14）。据此史料，可知句注山、夏屋山当为赵、代边界地带，因此赵、代两国国君在此约会。但是，赵襄子诱杀代王后，并未能完全占据代地（详本节"二、楼烦考"），直至公元前300年赵武灵王胡服骑射北向拓边，才将夏屋山以北的部分区域纳入版图，并"北破林胡、楼烦，筑长城，自代并阴山下，至高阙为塞，而置云中、雁门、代郡"（《史记·匈奴列传》）。

垩分、先俞

①（前333）苏代为齐谓赵惠文王：五国三分王之地，齐倍五国之约而殉王之患，西兵以禁强秦，秦废帝请服，反高平、根柔于魏，反垩分、先俞于赵。（《史记·赵世家》）

垩分，《图集》无，第二章第二节补释其地在今山西忻州市代县古雁门关西北（F13）；先俞，在今山西代县西北（F13）。据此，公元前333年，垩分、先俞属赵。

晋阳

①（前454之前）且昔者简主不塞晋阳以及上党，而襄王兼戎取

---

① 吴良宝：《战国文字所见三晋置县稽考》，《中国史研究》，2002年第4期，第11—20页。

代，以攘诸胡，此愚知之所明也。(《战国策·赵策二·武灵王平昼间居》)

②(前453)三卿败智伯晋阳，与韩、魏三分其地。(《史记·六国年表·秦》)

(前453)赵不与，智伯怒，围晋阳。韩、魏合赵而反智氏，智氏遂灭。(《说苑·权谋》第二十四章)

③(前246)始皇帝元年，击取晋阳。(《史记·六国年表·秦》)

(前246)晋阳反。(秦始皇帝)元年将军蒙骜击定之。(《史记·秦始皇本纪》)

(前246)秦拔我晋阳。(《史记·赵世家》《史记·六国年表·赵》)

晋阳，在今山西太原市西南(H13)。据史料，自公元前454年之前至公元前246年，晋阳一直属赵。公元前333年，晋阳属赵无疑。

肤施

①(前296)灭中山，迁其王于肤施。起灵寿，北地方从，代道大通。(《史记·赵世家》)

②(前294)(秦昭王十三年)帝原水西北出龟兹县，东南流……经肤施县南。(《水经·河水注》)

肤施，在今陕西榆林附近(H10)。关于"肤施"的所属，史料一记载公元前296年赵灭中山国后，将中山国国君流放到肤施。据此史料可知，肤施属赵无疑。史料二，秦昭王十三年时，秦已设肤施县。又结合《史记·赵世家》"赵武灵王二十年(前306)，王略中山地，至宁葭。西略胡地，至榆中，林胡王献马"来看，赵国有"肤施"的时间当在公元前306年至公元前294年之间，公元前294年之后，肤施转属秦。

扞关(糜关、挺关)

①(前285)距糜关，北至于榆中者千五百里。(《战国纵横家书》第二一《苏秦献书赵王》)

(前285)今燕尽齐之河南，距沙丘而至巨鹿之界三百里，距于扞关，至于榆中千五百里。(《战国策·赵策一·赵收天下且以伐齐》)

(前285)秦之上郡近挺关,至于榆中者千五百里。(《史记·赵世家》)

④ (未详何年)干关。(方足布铭文①)

扞关(糜关、挺关),第二章第二节校释其地可能在今南起绥德、北至榆林以南(包括米脂)的无定河谷的川道中(H11)。《史记·秦本纪》"(前328)魏纳上郡十五县","扞关(糜关、挺关)"应不属魏,否则早已转属秦而为秦所有。但从史料,公元前285年赵还拥有此地,此地在公元前333年当属赵无疑。

圁阳

① (未详何年)言易二釿。(《货系》1376、1378、1388)

圁阳,第二章第二节补释其地在今陕西神木县东(G10)。从"言易二釿"货币风格来看,当属魏。不过,从史料来推断,战国中后期自魏转属赵的可能性非常大。如若"圁阳"一直属魏,其必为魏国上郡十五县之一。魏国上郡十五县转属秦的记载,见诸《史记·秦本纪》:"(前328)十年,张仪相秦。魏纳上郡十五县。"公元前328年,魏已将上郡十五县全部割让给秦国了,"圁阳"当随之转属秦。以地望来看,圁阳在赵国的肤施一扞关一蔺以北,如果公元前328年圁阳已属秦,按《史记·赵世家》"(前296)灭中山,迁其王于肤施。起灵寿,北地方从,代道大通",赵国何时从秦国手中夺回肤施,以至于公元前296年赵能迁中山国君于肤施?圁阳必在公元前328年之前已转属赵。新出土有"言易新刀",此刀形制和蔺刀相似,据推断为赵国铸造,或可作为圁阳在战国中后期自魏转属赵的补充。

虑虒

① (未详何年)虑虒。(《货系》984)

虑虒,第二章第二节补释其地在今山西五台县北(G14)。裘锡圭(77页):"虑虒布都是尖足布,尖足布多为赵币。虑虒在今山西省五台县北,战国时正在赵国疆域内。"

---

① 转引自黄锡全:《"干关"方足布考——干关、扞关、挺关、糜关异名同地》,《先秦货币研究》,北京:中华书局,2001年。

垺

1 ［胡部］元年,䣕䞿(令)夜簹、上库工师□□、冶闗(间)［内部］西都
（《集成》11360【元年䣕令戈】）

"䣕"即"垺",第二章第二节补释其地在今山西忻州市神池县东北(F13)。其所属,周翔(111 页)引《金文人名汇编(修订本)》:"䣕,战国赵地,今山西神池县。"①

二 楼烦考

1 (未详何年)而晋北有林胡、楼烦之戎。(《史记·匈奴列传》)

2 (前 333)燕东有朝鲜、辽东,北有林胡、楼烦,西有云中、九原,南有呼沱、易水。(《战国策·燕策一·苏秦将为从北说燕文侯》)

3 (前 307)自常山以至代、上党,东有燕、东胡之境,西有楼烦、秦、韩之边,而无骑射之备。……故寡人且聚舟楫之用,求水居之民,以守河、薄洛之水,变服骑射,以备其三胡、楼烦、秦、韩之边。(《战国策·赵策二·武灵王平昼间居》)

(前 307)今中山在我腹心,北有燕,东有胡,西有林胡、楼烦、秦、韩之边,而无强兵之救。(《史记·赵世家》)

4 (前 300)赵武灵王亦变俗胡服,习骑射,北破林胡、楼烦,筑长城,自代并阴山下,至高阙为塞,而置云中、雁门、代郡。(《史记·匈奴列传》)

5 (前 297)惠文王二年,主父行新地,遂出代,西遇楼烦王于西河而致其兵。(《史记·赵世家》)

6 (前 296)昔者,齐、燕战于桓之曲,燕不胜,十万之众尽。胡人袭燕楼烦数县,取其牛马。(《战国策·齐策五·苏秦说齐闵王曰》)

关于楼烦的活动范围及与燕、赵、林胡的关系。从史料一可知,春秋时

---

① 周翔:《战国兵器铭文分域编年研究》,浙江师范大学硕士论文,2013 年,第 111 页。

期的晋国以北有林胡、楼烦,但具体在春秋时期的哪一个时间点,未详。史料二,燕国的主要活动区域在今北京市及河北北部,言燕"北有林胡、楼烦",有两种可能:一种是燕国当时的领土已经向西延伸到春秋时期晋国北部;另一种可能是战国时期林胡、楼烦东迁到燕国主要活动区域的北部。从史料言"北有林胡、楼烦,西有云中、九原"来看,当是第一种情况,否则,燕国是不可能西有云中、九原的。又,据《史记·樗里子甘茂列传》,在战国晚期"赵攻燕,得上谷三十城,令秦有十一",史料虽未言具体哪三十城,但也可以印证"燕国占据代北部分领地"这一说法的可能性,上谷三十城可能就是燕国靠近云中、九原的城邑。史料三言公元前307年,赵国自常山至代、上党这个区域之西,与林胡、楼烦、秦、韩接壤。可知林胡、楼烦在此区域之西。史料四,可知林胡、楼烦在赵北,本年(前300),赵国北向攻击林胡、楼烦而有其地。从史料五、六,可知楼烦被分裂为两支:一支在黄河以南及以西(《史记·秦始皇本纪》"秦始皇三十二年,始皇乃遣将军蒙恬发兵三十万北击胡,略取河南地"①,《史记·匈奴列传》"(西汉初年)卫青复出云中以西至陇西,击胡之楼烦、白羊王于河南……于是遂取河南地,筑朔方,复缮故秦时蒙恬所为塞,因河为固");另一支迁到临近燕国的地域(见史料六)。史料五言赵武灵王出代而西遇楼烦王,由于代地范围甚大,不知指的是哪里。又,据《史记·赵世家》,这一年:"王北略中山之地,至于房子,遂之代,北至无穷,西至河,登黄华之上。"所登之"黄华山",《读史方舆纪要·山西六·大同县·黄瓜堆》:"在府西南百十里,或曰即古黄华山也。赵武灵王十九年北至无穷,西至河,登黄华之山。""黄瓜堆",在今山西朔州市怀仁县与山阴县之间的交界处,其所倚之山可能就是《读史方舆纪要》所指"古黄华山"。据此可知,赵武灵王所出之代,当在夏屋山之北。史料六言"胡人袭燕楼烦数县",仍然可以作为燕国疆域向西延伸占据代北之地的证明。

　　从对上面史料的分析,可知:(一)楼烦的活动范围,在赵国的北部稍偏西,《图集》第一册37—38③8—④8标绘之"楼烦"合理(E13—F12);(二)公元前333年,赵国的疆域并未跨过夏屋山,直至公元前300年,赵武灵王方越过夏屋山,北破楼烦、林胡;(三)公元前333年,燕国疆域可能延伸到夏屋山以北,与林胡、楼烦邻壤而有楼烦部分领土,直至战国晚期赵国"攻燕,得上谷三十城",燕国疆域才收缩到居庸塞以东。

---

① 此处的"胡",指的是楼烦、白羊王和匈奴。

三 林胡考

[1] （未详何年）而晋北有林胡、楼烦之戎。（《史记·匈奴列传》）

[2] （前 453）有朱书曰："赵毋恤，余霍泰山山阳侯天使也。三月丙戌，余将使女反灭知氏。女亦立我百邑，余将赐女林胡之地。"（《史记·赵世家》）

[3] （前 333）燕东有朝鲜、辽东，北有林胡、楼烦，西有云中、九原，南有呼沱、易水。（《战国策·燕策一·苏秦将为从北说燕文侯》）

[4] （前 307 之前）召楼缓谋曰："我先王因世之变，以长南籓之地，属阻漳、滏之险，立长城，又取蔺、郭狼，败林人于荏，而功未遂。……今中山在我腹心，北有燕，东有胡，西有林胡、楼烦、秦、韩之边，而无强兵之救。"（《史记·赵世家》）

[5] （前 306）二十年，王略中山地，至宁葭；西略胡地，至榆中。林胡王献马。归，使楼缓之秦，仇液之韩，王贲之楚，富丁之魏，赵爵之齐。代相赵固主胡，致其兵。（《史记·赵世家》）

[6] （前 300）赵武灵王亦变俗胡服，习骑射，北破林胡、楼烦，筑长城，自代并阴山下，至高阙为塞，而置云中、雁门、代郡。（《史记·匈奴列传》）

[7] （前 245）李牧多为奇陈，张左右翼击之，大破，杀匈奴十余万骑。灭襜褴①，破东胡，降林胡，单于奔走。其后十余岁，匈奴不敢近赵边城。（《史记·廉颇蔺相如列传》）

第二章第二节校释林胡的活动范围大致在今内蒙古凉城县至准格尔旗之间（E12—F11）。从上面的史料来看，公元前 333 年，林胡尚在赵国北而稍偏西，直至公元前 306 年赵才"西略胡地，至榆中"，并于公元前 300 年"北破林胡、楼烦"，将林胡驱离今内蒙古凉城县至准格尔旗之间的地带，东迁临近燕国，公元前 245 年时赵国李牧"破东胡，降林胡"，将其彻底降服。

---

① "襜褴"，《集解》引徐广曰："一作临。"

第四章 赵(含中山、卫)与周边诸侯疆域边界考 385

四 襜褴考

1 (前244)而赵北有林胡、楼烦之戎,燕北有东胡、山戎,各分散居溪谷,自有君长,往往而聚者百有余戎,然莫能相一。……赵武灵王北破林胡、楼烦,筑长城,自代并阴山下,至高阙为塞,而置云中、雁门、代郡。(《资治通鉴·始皇帝三年》)

(前244)李牧……杀匈奴十余万骑,灭襜褴,破东胡,降林胡。(《资治通鉴·始皇帝三年》)

(前244)李牧大破匈奴,灭襜褴。(《史记·廉颇蔺相如列传》附《李牧列传》)

2 (未详何年)北逐单于,破东胡,灭澹林。(《汉书·冯唐传》)

襜褴,《史记集解》:"如淳曰:胡名也,在代北。"《图集》将其标绘在今河北张家口市西北(D14—D15)。据此史料,可知公元前244年之前,襜褴为独立之胡部落,公元前244年为赵所灭。可推知前333年其为独立于各诸侯之部落。

五 燕国城邑考

据《汉书·地理志》和《战国策》,燕国在战国历史上曾经拥有赵国太原区域以北之地:

1 (未详何年)燕地……东有渔阳、右北平、辽西、辽东,西有上谷、代郡、雁门,南得涿郡之易、容城、范阳、北新城、故安、涿县、良乡、新昌,及勃海之安次,皆燕分也。(《汉书·地理志》)

2 (前333)燕东有朝鲜、辽东,北有林胡、楼烦,西有云中、九原,南有呼沱、易水。……南有碣石、雁门之饶,北有枣、粟之利,民虽不由田作,枣、粟之实足食与民矣。……且夫秦之攻燕也,逾云中、九原,过代、上谷,弥坳踵道数千里,虽得燕城,秦计固不能守也。秦之不能害燕亦明矣。今赵之攻燕也,发兴号令,不至十日,而数十万之众,军于东垣矣。度呼沱,涉易水,不至四五日距国都矣。(《战国策·燕策一·苏秦将为从北说燕文侯》)

史料一《汉书·地理志》并未言明燕国在哪一时期"西有上谷、代郡、雁门",以此来勾勒燕国在公元前333年的疆域是不合适的。史料二《战国策》记载公元前333年燕国"西有云中、九原……且夫秦之攻燕也,逾云中、九原,过代、上谷,弥垫踵道数千里,虽得燕城,秦计固不能守也",但是具体的疆域范围含混不清。在中国的汉字中,"有"包含两层含义:一是"包含在内",如中国南有广西、云南;一是"不包含在内",如中国南有越南、缅甸。而且不管是"包含在内"还是"不包含在内",其距离范围都是含混不清的,空间跨度可以极为贴近,也可以极大。无论从史料一还是史料二的记载来看,燕国一度拥有上谷、代郡、雁门,"西有云中、九原"是确定无疑的,只是需要考定具体在哪一个时间点上燕国西有云中、九原。

下面就从传世史料和出土文物两方面来考察一下燕国拥有上谷、代郡、雁门,以及"西有云中、九原"的具体时间。传世史料中关于燕国上谷、代郡、雁门等的记载有:

> 1 (前307)十九年春正月,大朝信宫。召肥义与议天下,五日而毕。王北略中山之地,至于房子,遂之代,北至无穷,西至河,登黄华之上。(《史记·赵世家》)
>
> 2 (前300)二十六年,复攻中山。攘地北至燕、代,西至云中、九原。(《史记·赵世家》)
>
> 3 (前297)惠文王二年,主父行新地,遂出代,西遇楼烦王于西河而致其兵。(《史记·赵世家》)

此三则史料记载的均是赵武灵王胡服骑射时疆域扩张的情况。史料二言公元前300年时赵国方"攘地北至燕、代,西至云中、九原"。前文说过,代国本身的疆域非常广,赵襄子在"(前457)襄子元年,未除服,登夏屋,诱代王,以金斗杀代王。封伯鲁子周为代成君(《史记·六国年表·秦》)"之时,并未将代国的全部领土纳入版图,从"(前453)襄主与代交地,城境封之,名曰无穷之门,所以昭后而期远也(《战国策·赵策二·王破原阳以为骑邑》)"来看,赵国所纳代国之地仅在今河北蔚县一带的山谷地带而已。以至于公元前300年,赵继续攘地北至燕、代。史料二中的"攘地北至燕、代,西至云中、九原",实际上与《战国策·燕策一·第一·苏秦将为从北说燕文侯》中所记载的燕国"(前333)西有云中、九原"是相呼应的。正是因为公元前453年赵襄子诱杀代王后未涉足句注山以北之代地,而燕国据而有之,《汉书·地理志》《战国策·燕策一·苏秦将为从北说燕文侯》才记载燕"西有上谷、代郡、雁门","西有云中、九原",这也正符合史料二赵武灵王"攘地北至燕、代,西至云中、九原"的记载,可谓史料相互印证。

此外,出土文物方面,在上谷—雁门—代郡这一区域内发现了呈明显燕系风格的"平阴"(如货4—2所示)、"安阳"(如货4—3所示)平首方足货币和明显燕系风格的"下落司马"(见《玺汇0045》,详本书第二章第二节"下落"词条)玺印:

货4—2 燕系"平阴"平首方足布　　货4—3 燕系"安阳"平首方足布

同时,这一区域内也出土了呈明显赵系风格的"平阴"(如货4—4所示)、"平邑"(如货4—5所示)平首方足布:

 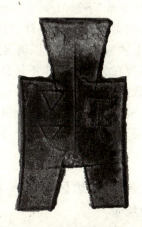

货4—4 赵系"平阴"平首方足布　　货4—5 赵系"平邑"平首方足布

平阴,《史记·赵世家》"(前231)五年,代地大动,自乐徐以西,北至平阴,台屋墙垣太半坏,地圻东西百三十步",地在今山西阳高县古城镇,在平湖以北,因此得名"平阴"(E14);安阳,地在夏屋山余脉以北的今河北张家口市阳原县上卜庄村和下卜庄村一带(E15);平邑,地在今山西大同市阳高县东小村镇(E14)。

从这一区域同时出土燕系、赵系货币来看,可能有两种情况:一种是前后相属,或先属燕后属赵,或先属赵后属燕;另一种是燕、赵在此一区域邻壤。从前文对传世史料的考辨来看,公元前 300 年,赵才攘地北至燕、代,西至云中、九原,应是前后相属,且是先属燕后属赵。彭华《燕国史稿》(219页)所见略同,认为:"赵襄子即位后……击杀代王及从官,遂兴兵平代地……以代封伯鲁子周为代成君,完全夺取了北狄的土地。由于受到夏屋山的阻隔,代成君对夏屋山以北的代地无力管辖,兼之赵襄子灭代后,旋即与智伯、韩、魏三卿瓜分公室,也无暇北顾,燕国便趁机向西发展,夺取了夏屋山以北的代地,使之划入燕国的版图。"

至于燕国何时丢夏屋山以北的代地,可从《水经·㶟水注》引《竹书纪年》中找到线索。《水经·㶟水注》引《竹书纪年》记载"燕人伐赵,围浊鹿。赵武灵王及代人救浊鹿,败燕师于勺梁",赵武灵王在位的时间为公元前 326 年至公元前 295 之间,又其攘地北至燕、代的时间为公元前 300 年,可知燕赵浊鹿之战的时间大致在公元前 300 年至公元前 295 年之间。也就是说,至公元前 300 年之时,燕赵的边界已到达浊鹿,且浊鹿已为赵所占领,以至于燕国伐赵围浊鹿进行反攻。浊鹿,地在距离前文燕系风格的"下落司马"之"下落"不远的今河北张家口市涿鹿县矾山镇三堡村北 50 米处涿鹿故城;勺梁,具体地望不详,当就在浊鹿周边不远处。

从上述两点,基本可以确定燕国"西有上谷、代郡、雁门""西有云中、九原"的情况在公元前 333 年是仍然存在的。根据周边的地形及传世史料,燕国大致拥有垒分→夏屋山→汪陶→繁峙→崞→治水流域→平邑→阳原→下落→浊鹿以北,黄华山→埒阳→善无→今内蒙古凉城县以东,今内蒙古兴和县→今河北尚义县→今河北张家口→今河北崇礼县以南的广大区域。

六 太原及周边区域赵—楼烦—林胡—匈奴—襜褴—燕疆域考绘

从前文的城邑考中,大致可以确定赵国的疆域:阏与→平都→寿阴→无穷之门→当城→代→磨笄山→平舒→卤城→霍人→夏屋山→句注山→

先俞→圜阳→肤施→扞关（糜关、挺关），将晋阳、狼孟、盂、灵寿包含在内；楼烦的活动范围为今内蒙古卓资至凉城，至山西偏关县，至岢岚县；林胡的活动范围大致在今内蒙古凉城县至准格尔旗之间；襜褴的活动范围，在今河北张家口市西北；燕国疆域见前述。

那么，燕国在句注山、夏屋山以北的区域后来是否有所属变迁？从近代的考古发现来看，此一区域后当全部转属赵国，除前文提到的诸多传世史料，同时也发现了很多器物，这些器物呈明显的赵系风格，所涉地名当是公元前300年赵武灵王胡服骑射"攘地北至燕、代"之后所置。大致有如下一些：

汪陶

1（未详何年）三年，汪匋命（令）富反、下库工师王岂、冶禽。（《集成》11354）

汪陶，第二章第二节补释其地在今山西应县西（F14）。周翔引《中国历史地名大辞典》①："汪陶，地名，即汉之汪陶县，战国属赵，今山西应县西。富反，汪陶县县令。"所谓的"战国属赵"，当指战国赵武灵王之后，属赵。

繁寺

1（未详何年）繁寺。（《货系》1000）

繁寺，第二章第二节补释其地在今山西浑源县西南（F14）。为赵国铸造之货币，一度属赵无疑。

阳原

1（未详何年）阳源府。（《玺汇》2316）

阳原，第二章第二节补释其地今河北张家口市阳原县西（E15）。

浊鹿

1（前300—前296之间某年）燕人伐赵，围浊鹿，赵武灵王及代人救浊鹿。（《水经·㶟水注》引《竹书纪年》）

浊鹿，在今河北涿鹿县矾山镇三堡村北50米处涿鹿故城（E16）。据此史料，可知浊鹿一度属赵。

---

① 周翔：《战国兵器铭文分域编年研究》，浙江师范大学硕士学位论文，2013年，第110页。

屠何

1 （未详何年）中救晋公，禽狄王，败胡貊，破屠何，而骑寇始服。
（《管子·小匡》）

屠何，在今河北涿鹿、修水一带(E16)。屠何的最早记录出现在春秋史料《管子·小匡》中，而未见于战国史料。彭华《燕国史稿》(209页)："大约在春秋中前期，屠何曾参加了对内地晋国进行的掠掳骚乱活动。据刘恕通鉴外纪考证，周惠王十三年（前664），齐桓公在救燕过程中，给予屠何以重创，屠何遭受这次打击后，力量衰微，战国之初，已不复存在。"虽不复存在，但其曾经活动过的区域仍被称为"屠何"，《图集》大致同此意。

沮居

1 （未详何年）虘居司寇。（《玺汇》0072）

沮居，《图集》无，第二章第二节补释其地在今河北张家口市怀来县西(E16)。

延陵

1 （前248）赵孝成王十八年，延陵钧率师从信平君廉颇助魏攻燕。（《史记·赵世家》）

延陵，《图集》无，第二章第二节补释其地在今山西大同市东北(E15)。

武州塞

1 （未详何年）朔州西百五十里，南去岢岚州百十里。战国时赵之武州塞也。（《读史方舆纪要·山西六·朔州·武州塞》）

武州塞，《图集》无，第二章第二节补释其地在今山西大同市左云县古城村(E13)。

埒阳

1 （未详何年）埒阳。（《货系》1194）

埒阳，《图集》无，第二章第二节补释其地在今山西朔州市右玉县东南(F13)。

在这一区域之外，还有一些赵武灵王胡服骑射改革后于公元前306年之后新纳入版图的地名：

原阳、遗遗之门、九限、五陉、榆中

[1] (前307)王破原阳以为骑邑。……至遂胡服,率骑入胡,出于遗遗之门,逾九限之固,绝五陉之险,至榆中,辟地千里。(《战国策·赵策二·王破原阳以为骑邑》)

原阳,在今内蒙古呼和浩特市东南(E12)。此史料记述的是公元前307年赵武灵王胡服骑射的举措和成效:将原阳的原属部队整编为骑兵,将原阳作为训练骑射的军事基地,率领骑兵,出遗遗之门,跨过要隘,通过险阻,来到榆中,开辟千里领地。"九限""五陉",当是对山地的险阻与隘口的统称,并不是指具体的某一个山口。根据这则史料,公元前307年,赵国获得了一些新的领土,包括原阳、遗遗之门、榆中(F11—E12)及一些重要的山地险阻与隘口。在公元前307年之前,赵国尚未拥有这些地方。

云中、九原

[1] (前300)二十六年,复攻中山,攘地北至燕、代,西至云中、九原。(《史记·赵世家》)

[2] (前297)惠文王二年,主父行新地,遂出代,西遇楼烦王于西河而致其兵。(《史记·赵世家》)

云中,在今内蒙古托克托县东北(E12);九原,在今内蒙古包头市西南(E10)。从此二则史料,可知在公元前300年,赵西部疆域方抵达云中、九原,并向西收服楼烦。由上述史料可知,公元前333年,赵之势力范围尚未及九原、云中、楼烦。

广衍

[1] (前295[①])十二年上郡守寿造,漆垣工师乘,工更长绮[内正面];洛都[内背面];□□广衍[胡正面][②]。

[2] (未详何年)广衍,上武,□阳。(《集成》11509【广衍矛】)

广衍,《图集》无,第二章第二节补释其地在今内蒙古鄂尔多斯市准格尔旗西南瓦尔吐沟(F11)。

---

① 周翔《战国兵器铭文分域编年研究》(浙江师范大学硕士论文,2013年,第201页)引杨宽《战国史》(第174页)认定此戈的铸造时间为秦昭王七年(前300)。

② 崔璿:《秦汉广衍故城及其附近的墓葬》,《文物》,1977年第5期

武都

🗍1 (未详何年)[正面]武都,[背面]遊库。(《集成》11506【武都矛】)

🗍2 (未详何年)武都。(《近出》1205【武都矛】)

五都,《图集》无,第二章第二节补释其地在内蒙古乌拉特前旗东南(F11)。

高阙塞

🗍1 (前300)赵武灵王亦变俗胡服,习骑射,北破林胡、楼烦,筑长城,自代并阴山下,至高阙为塞,而置云中、雁门、代郡。(《史记·匈奴列传》)

高阙塞,在今内蒙古乌拉特前旗(E9)。

安阳

🗍1 (前272)廿七年,安阳令敬章,司寇枭衣口衣口,右库工师梁丘、冶□事右茎萃戟。(《近出》1200【廿七年安阳令戈】)

安阳,在今内蒙古包头西北、乌拉特前旗东南(E10)。此戈据周翔(91页)引杨宽《战国史》(717页),认定为赵国赵惠文王二十七年所铸之兵器。安阳在赵武灵王胡服骑射之后转属赵无疑。

根据前述对公元前333年赵、楼烦、林胡、襜褴、燕国等部族和诸侯国疆域的考证,大致可以知道赵与各诸侯之间的疆域范围:赵国有阏与→平都→寿阴→无穷之门→当城→代→磨笄山→平舒→卤城→霍人→夏屋山→句注山→先俞→圁阳→肤施→扞关(糜关、挺关),将晋阳、狼孟、孟、灵寿包含在内;燕国有至分→夏屋山→汪陶→繁畤→崞→治水流域→平邑→阳原→下落→浊鹿以北,黄华山→埒阳→善无→今内蒙古凉城县以东,今内蒙古兴和县→今河北尚义县→今河北张家口→今河北张家口市崇礼区以南的广大区域,与林胡、楼烦邻壤,西临云中、九原。公元前333年,赵国太原及周边区域的疆域如图4-1所示:

第四章 赵(含中山、卫)与周边诸侯疆域边界考　393

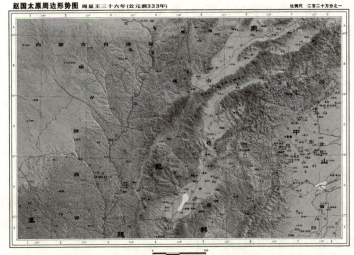

图4—1　赵国太原周边形势图

第二节　中山国-河间区域及周边疆域考

一　赵国城邑考

分析已有史料,中山国-河间区域内或周边确定属于赵国的城邑或领地有:

(一)赵国邯郸周边城邑

邢、柏人

1⃣ (前264)[内部]二年,邢令孟東庆、□库工师乐参、冶明教剂。[胡部]柏人。《近出》1191【二年邢令戈】

2⃣ (前249)十七年,坕(型、邢)倫(令)吴夲(次)、上库工师宋艮、冶厔(挞)齐(剂)(《集成》11366【十七年邢令戈】)

邢,在今河北邢台市(H15);柏人,在今河北临城县东南(H15)。史料一,周翔(92页)引杨宽《战国史》(718页)确定其时间在赵孝成王二年(前264),又引魏嵩山《中国历史地名大辞典》(348页)认定邢为战国赵之邢县,今河北邢台。此戈的置放地在柏人,其地,周翔引魏嵩山《中国历史地名大辞典》(748页)认定在今河北临城县东南、隆尧县西南。史料二,周翔(92页)断定其为赵孝成王十七年之戈,此戈由邢县县令吴次、上库工师宋𢦏、冶吏𢉥负责铸造。从上面史料来看,邢、柏人属赵无疑。

薄洛之水

1 (前307)吾国东有河、薄洛之水,与齐、中山同之。(《史记·赵世家》)

(前307)今吾国东有河、薄洛之水,与齐、中山同之,而无舟楫之用。(《战国策·赵策二·武灵王平昼间居》)

薄洛之水,《图集》无,第二章第二节补释其地是自大陆泽至大陆泽以北数十里之宁晋泊(其地在今河北宁晋县东南)的统称(H15－H16)。据此史料可知,薄洛之水当属赵、中山、齐之边界。

沙丘

1 (前295)主父及王游沙丘异宫,公子章即以其徒与田不礼作乱,诈以主父召王,肥义先入,杀之。(《史记·赵世家》)

2 (前285)今燕尽齐之河南,距沙丘而至巨鹿之界三百里,距于扞关,至于榆中千五百里。(《战国策·赵策一·赵收天下且以伐齐》)

沙丘,在今河北巨鹿县东南(H16)。据此二则史料,可知沙丘属赵无疑。

平台

1 (未详何年)平台。(《货系》2479;《东亚》4·74)

平台,《图集》无,第二章第二节补释其地在今河北邢台市平乡县东北(H15)。平台以北之柏人在公元前333年属赵,平台近赵都邯郸,公元前333年,当属赵。

(二)赵国东境城邑

南宫

1 (未详何年)南宫将行。(《玺汇》0093)

南宫,《图集》无,第二章第二节补释其地在今河北省南宫县西北

(H16)。何琳仪《战国文字通论(补订)》(128页)考定为三晋古玺印,并认为按地望,当属赵。

邸阁城、武城

①（前286）赵王封孟尝君以武城。孟尝君择舍人以为武城吏。（《战国策·赵策一·赵王封孟尝君以武城》）

②（前243）二年,秦攻武城,扈辄率师救之,军败,死焉。（《史记·赵世家》）

③（前233）十四年,攻赵军于平阳,取宜安,破之,杀其将军。桓齮定平阳、武城。韩非使秦,秦用李斯谋,留非,非死云阳。韩王请为臣。（《史记·秦始皇本纪》）

（前233）十四,桓齮定平阳、武城、宜安。韩使非来,我杀非。韩王请为臣。（《史记·六国年表·秦》）

④（未详何年）十四年,武城命(令)□□,苜早,(库)酉夫事(吏)虦、冶章敊(撻)齎(劑)。（《集成》11377【十四年武城令戈】）

⑤（未详何年）古邸阁城,在清阳县东三十七里。赵平原君封东武城,为别邑于此,筑城以贮器械,因以名之。（《太平寰宇记·河北道五·贝州·清阳县》引《地理志》）

邸阁城,《图集》无,第二章第二节补释其地在今河北邢台市清河县东南(H16);武城,在今山东武城县西北(H17)。据上面史料,邸阁城、武城属赵无疑。

二 中山国城邑考

"中山国"最初名为"鲜虞"。最早提及"鲜虞"之史料为《国语》,《国语》记载周幽王八年(前774)太史伯答郑桓公问话时,言成周洛阳四周有十六个姬姓封国,六个异姓诸侯国,还有"非王之支子母弟甥舅"的南蛮、东夷及西北的戎、狄,其中就有鲜虞。"鲜虞"之意,谭其骧先生在《山经河水下游及其支流考》中考证:"鲜虞水以地望推之,当即源出五台山西南流注于滹沱河之清水河。"认为鲜虞国的国名是以水来命名的,并认为清水河一带是鲜虞最早的发祥地。春秋时期鲜虞国的疆域范围,从史料来看,大致由鲜虞、肥、鼓、仇由几个附庸国组成,并在历史的进程中不断扩张。《吕氏春秋·简选》记载①，公元前652年春，鲜虞出击邢国、征伐卫国，邢君出逃，卫君被杀，姜姓齐桓公联合宋、曹、邢、卫诸国的兵力挫败鲜虞，才将邢、卫两国从灭亡中挽救回来。到了春秋中后期，随着晋国领土的扩张，鲜虞与晋国发生了交锋：晋采取了先侵占鼓、肥、仇由等鲜虞属国，最后消灭鲜虞的战略。通过对史料进行系年，可得知鲜虞国的地理方位和疆域的基本变动情况：

1　（前530）夏六月，晋荀吴伪会齐师者，假道鲜虞，遂入昔阳。秋八月壬午，灭肥，以肥子绵皋归。晋伐鲜虞，因肥之役也。（《左传·鲁昭公十二年》）

2　（前529）秋，晋荀吴侵鲜虞，及中人。（《左传·鲁昭公十三年》）

3　（前527）秋，晋荀吴伐鲜虞，围鼓，克之，虏鼓子鸢鞮。（《左传·鲁昭公十五年》）

4　（前521）鼓叛晋，晋将伐鲜虞。（《左传·鲁昭公二十一年》）

5　（前507）秋九月，鲜虞败晋师于平中，获其勇士观虎。（《左传·鲁定公三年》）

史料一记载周景王十五年（前530），晋将荀吴借道鲜虞进入鼓都昔阳（今河北省晋州市西），但并未灭掉鼓。当年八月，晋灭肥（在今河北省石家庄市藁城区一带），俘国君绵皋，肥国旧地归属晋国。史料二记载周景王十六年（前529）冬，晋昭公得知鲜虞边境空虚，即以荀吴统率大军进攻，破鲜虞中人城（今河北唐县西北峭岭）。史料三记载周景王十八年（前527）秋，荀吴率军攻鼓，俘国君鸢鞮，使鼓成为晋的属国。史料四记载周景王二十四年（前521），鼓叛变晋国，晋彻底伐灭之。史料五记载周敬王十三年（前507）秋，鲜虞出兵晋国平中，大败晋军，俘虏晋国勇士观虎，报了晋灭肥、鼓，占领中人城的一箭之仇。

周敬王十三年（前506），鲜虞人在有险可守的中人城（今河北唐县西北粟山）建国。因中人城城中有山，故曰"中山"，"中山"之名自此见于史书。据《左传》，此后的公元前506年、公元前505年、公元前504年，晋国多次进

---

① 《吕氏春秋·简选》："中山亡邢，狄人灭卫，桓公更立邢于夷仪，更立卫于楚丘。"

攻鲜虞中山,报"获观虎"之仇,云云,史书很少有单独再称"鲜虞",要么称其为"鲜虞中山",要么称其为"中山"。

此后中山国的发展历程,见于《左传》,为方便理解其中的脉络,系年如下:

1. (前494)夏,鲜虞及齐人、鲁人、卫人伐晋,取棘蒲。(《左传·哀公元年》)

2. (前491)冬十一月,邯郸降。荀寅奔鲜虞,赵稷奔临。十二月,弦施逆之,遂堕临。国夏伐晋,取邢、任、栾、鄗、逆畤、阴人、盂、壶口。会鲜虞,纳荀寅于柏人。(《左传·哀公四年》)

3. (前489)六年春,晋伐鲜虞,治范氏之乱也。(《左传·哀公四年》)

4. (前467)知伯将伐仇由而道难不通,乃铸大钟遗仇由之君。仇由之君大说,除道将内之。赤章曼枝曰:"不可。此小之所以事大也,而今也大以来,卒必随之,不可内也。"仇由之君不听,遂内之。赤章曼枝因断毂而驱,至于齐,七月而仇由亡矣。(《韩非子·说林下》)

 (前467)中山之国有厹繇者,智伯欲攻之而无道也,为铸大钟,方车二轨以遗之。厹繇之君将斩岸堙溪以迎钟。赤章蔓枝谏曰:"诗云:'唯则定国。'我胡则以得是于智伯?夫智伯之为人也,贪而无信,必欲攻我而无道也,故为大钟,方车二轨以遗君。君因斩岸堙溪以迎钟,师必随之。"弗听。有顷,谏之。君曰:"大国为欢,而子逆之,不祥。子释之。"赤章蔓枝曰:"为人臣不忠贞,罪也。忠贞不用,远身可也。"断毂而行,至卫七日而厹繇亡。欲钟之心胜也。欲钟之心胜,则安厹繇之说塞矣。凡听说所胜不可不审也。故太上先胜。(《吕氏春秋·慎大览》)

5. (前459年至前457)荀瑶伐中山,取穷鱼之丘。(《水经·圣水注》引《竹书纪年》)

6. (前457)赵襄子使新稚穆子伐狄,胜左人、中人。(《国语·晋语》)

7. (前414)中山武公初立,居顾。桓公徙灵寿。(《史记·赵世

家》）

⑧（约前411—前380）桓公不恤国政。（《十三州志》）

⑨（前407）烈侯元年，魏文侯伐中山，使太子击守之。（《史记·赵世家》）

（前407）赵烈侯籍元年，魏使太子伐中山。（《史记·六国年表·赵》）

（前407）十七，击守中山。（《史记·六国年表·魏》）

（前407）十七年，伐中山，使子击守之，赵仓唐傅之。子击逢文侯之师田子方于朝歌，引车避，下谒。田子方不为礼。子击因问曰："富贵者骄人乎？且贫贱者骄人乎？"子方曰："亦贫贱者骄人耳。夫诸侯而骄人则失其国，大夫而骄人则失其家。贫贱者，行不合，言不用，则去之楚、越，若脱鶣然，奈何其同之哉！"子击不怿而去。西攻秦，至郑而还，筑洛阴、合阳。（《史记·魏世家》）

上述史料的大致脉络为：公元前497年，晋内讧，对中山国的攻势减弱，中山因而获得向外的机会，并逐步开始介入列国纷争。公元前494年，中山与齐、鲁、卫共伐晋，取晋棘蒲（今河北赵县境内），将之纳入中山国版图。公元前491年，晋大夫荀寅因晋内乱逃奔鲜虞中山，荀寅原是中山的死敌，但此时中山为了削弱晋国，将荀寅接纳到新占领的晋国属地柏人（今河北隆尧县西）。为报复中山国，公元前489年春，晋大夫赵鞅帅师伐鲜虞，大破中山。公元前489年晋对中山的进攻极为猛烈，中山国到底被破坏到何种程度，据现有的史料无法确切知晓，但是，自此之后的二十余年间无史料记载中山国事。二十年后的公元前467年，晋国又把矛头指向中山国的属国仇由，仇由被灭。公元前459年至前457年间，"荀瑶伐中山，取穷鱼之丘"。公元前457年，晋派新稚穆子伐中山，占领左人、中人（在今河北唐县境内）。公元前414年，中山武公率领其部落离开山区，向东部平原迁徙，在顾（今河北定州市）建立新都。武公仿效华夏诸国的礼制，建立起中山国的政治军事制度，对国家进行了初步治理。但武公不久即去世，桓公即位，年幼无知，不恤国政①，因此遭到魏国的进攻。魏国派遣乐羊、吴起统帅军队，经过三年苦战，于公元前407年占领了中山国，魏文侯派太子魏击

---

① 《十三州志》："桓公不恤国政。"北京：中华书局，1985年。

为中山君,三年后又改派少子魏挚,后来魏击被立为魏国国君,就是魏武侯。中山国的残余力量退入太行山中。

彼时的中山国几乎可以说是遭到灭国。相应地,此后的历史中关于中山国的记载更少了。公元前403年,赵、韩、魏被封为诸侯,形成秦、齐、楚、燕、赵、韩、魏战国七雄争霸而无暇顾及中山国的局面。中山国开始复国,并在公元前380年前后复国成功,定都灵寿(今河北平山县三汲乡附近)。

中山国复国后,其疆域范围完全恢复到春秋鼎盛时期的可能性不大,因此,考察截至公元前333年中山国的疆域范围,必须考察在公元前333年之前,中山国获得或丢失了哪些城邑,公元前333年之后获得或丢失了哪些城邑。为清晰展示其中的脉络,我们以系年形式展示公元前333年之前中山国与周边诸侯的攻伐兼并:

1 (前377)十年,与中山战于房子。(《史记·赵世家》)

2 (前376)十一年,魏、韩、赵共灭晋,分其地。伐中山,又战于中人。(《史记·赵世家》)

3 (前369)六年,中山筑长城。(《史记·赵世家》)

从史料一,可知中山国与赵国邻壤,房子当为两国边界之城邑。据史料二,中山之中人当为中山国与三晋边界之城邑,且当属中山国。据史料三,中山国在境内新修建了一座用于军事防御的长城。中山国所修筑之长城及规模,史书并没有详细记载。段连勤《北狄与中山国》(126页):"从当时的历史和地理形势看,中山国的长城有很大可能修筑在中山国的南部边境古槐水北岸,即同赵国相连接的房子、扶柳一线,以防止赵国对它的领土的入侵。"张维华《中国长城建置考(上编)》①:"以意度之,当在今新乐县境。"而寿鹏飞《中国长城遗迹调查报告集》②:"此城盖北其泰戏山,经长城岭,纵贯恒山,并太行而下,凡龙泉、倒马、井陉、娘子、固关皆属之。"未详孰是。

公元前333年之后,中山国与周边诸侯的攻伐兼并情况:

1 (前323)犀首立五王,而中山后持。(《战国策·中山策·犀首

---

① 张维华:《中国长城建置考(上编)》,北京:中华书局,1979年。
② 寿鹏飞:《历代长城考》,《中国长城遗迹调查报告集》,北京:文物出版社,1981年。

立五王》）

②（前309）十七年，王出九门，为野台，以望齐、中山之境。（《史记·赵世家》）

③（前307）主父欲伐中山，使李疵观之。（《战国策·中山策·主父欲伐中山》）

（前307）十九年……王北略中山之地，至于房子。……吾国东有河、薄洛之水，与齐、中山同之……先时中山负齐之强兵，侵暴吾地，系累吾民，引水围鄗，微社稷之神灵，则鄗几于不守也。（《史记·赵世家》）

④（前306）二十年，王略中山地，至宁葭。（《史记·秦本纪》）

⑤（前305）二十一年，攻中山。赵袑为右军，许钧为左军，公子章为中军，王并将之。牛翦将车骑，赵希并将胡、代。赵与之陉，合军曲阳，攻取丹丘、华阳、鸱之塞。王军取鄗、石邑、封龙、东垣。中山献四邑和，王许之，罢兵。（《史记·赵世家》）

⑥（前303）二十三年，攻中山。（《史记·赵世家》）

⑦（前301）二十五，赵攻中山。（《史记·六国年表·赵》）

⑧（前300）二十六年，复攻中山。（《史记·赵世家》）

⑨（前299）赵破中山，其君亡，竟死齐。（《史记·秦本纪》）

⑩（前298）主父曰："我与三国攻秦，是俱敝也。"曰："不然。我约三国而告之秦以未构中山也。三国欲伐秦之果也，必听我，欲和我。中山听之，是我以王因饶中山而取地也；中山不听，三国必绝之，是中山孤也。三国不能和我，虽少出兵可也。我分兵而孤乐中山，中山必亡。我已亡中山，而以余兵与三国攻秦，是我一举而两取地于秦、中山也。"（《战国策·赵策三·富丁欲以赵合齐魏》）

（前298）三国攻秦，赵攻中山，取扶柳，五年以擅呼沲。（《战国策·赵策四·三国攻秦赵攻中山》）

⑪（前296）十一年，齐、韩、魏、赵、宋、中山五国共攻秦，至盐氏而还。（《战国策·燕策一·权之难燕再战不胜》）

(前296)三年,灭中山,迁其王于肤施。起灵寿,北地方从,代道大通。(《史记·赵世家》)

12 (前295)四,围杀主父。与齐、燕共灭中山。(《史记·六国年表·赵》)

(前295)二十九,佐赵灭中山。(《史记·六国年表·齐》)

(前295)赵杀其主父。齐佐赵灭中山。(《史记·田敬仲完世家》)

13 (前293)齐人戎郭。宋突谓仇郝曰:"不如尽归中山之新垦。中山案此,言于齐曰:'四国将假道于卫,以过章子之路。'齐闻此,必效鼓。"(《战国策·赵策四·第八·三国攻秦赵攻中山》)

(前293)日者,中山悉起而迎燕、赵,南张于房子①,败赵氏;北战于中山,克燕军,杀其将。夫中山千乘之国也,而敌万乘之国二,再战北胜,此用兵之上节也。(《战国策·齐策五·苏秦说齐闵王曰》)

上面的史料,中山国境内出现的地名有九门、野台、河、薄洛之水、房子、鄗、宁葭、扶柳、呼沱等。下面我们来具体考察中山国的具体城邑与疆域范围。

(一)中山国之北境

可以确定属于中山国的城邑有:

中人(中阳)

1 (前376)十一年,魏、韩、赵共灭晋,分其地。伐中山,又战于中人。(《史记·赵世家》)

2 (前265)齐田单伐我,拔中阳。(《史记·燕召公世家》)

(前265)齐安平君田单将赵师而攻燕中阳,拔之。又攻韩注人,拔之。(《史记·赵世家》)

中人,也作"中阳",在今河北唐县西北(G15)。史料一记载的是公元前

---

① 原文为"长子",据范祥雍笺证、范邦瑾协校《战国策笺证》(上海:上海古籍出版社,2006年)第674页校正。

376 年,三家灭晋之后,赵国攻伐中山国,与中山国在中人作战。此处只言"战",并未涉及攻取,可见此时(前 376),中人仍属中山国。据史料二,中阳在公元前 265 年自燕转属赵。疑中人在前 298 年赵、燕、齐三家攻中山国之时,被燕国占领。也即公元前 298 年之前至公元前 376 年,中人属中山国。

(二)中山国之南境

可以确定属于中山国的城邑有:

鄗、石邑、封龙、东垣

⒈(前 305)攻中山。……王军取鄗、石邑、封龙、东垣。中山献四邑和,王许之,罢兵。(《史记·赵世家》)

鄗,在今河北高邑县东(H15);石邑,在今河北石家庄市西南(H15);封龙,在今河北石家庄市西南,在石邑之南(H15);东垣,在今河北正定县南(G15)。据此史料,公元前 305 年赵攻中山,占领中山国南部的鄗城、石邑、封龙、东垣,中山献此四邑。据此史料可知,鄗城、石邑、封龙、东垣均为中山国城邑。

房子

⒈(前 377)十年,与中山战于房子。(《史记·赵世家》)

(前 377)日者,中山悉起而迎燕、赵,南张于房子①,败赵氏;北战于中山,克燕军,杀其将。(《战国策·齐策五·苏秦说齐闵王曰》)

⒉(前 307)王北略中山之地,至于房子。(《史记·赵世家》)

房子,在今河北高邑西(H15)。史料一记载公元前 377 年,燕国与中山国大战,赵肃侯救燕,中山国调全国的军队迎战燕、赵,南面在房子击败赵军,北面在中山击败燕军,杀死燕将。根据这则史料,未知房子为赵地还是中山之地。据史料二,公元前 307 年,赵武灵王北向进攻中山国,一直攻到房子。据上面两则史料,房子当在中山国与赵国边境地带的中山国境内。公元前 377 年至公元前 307 年之间当属中山国。

---

① 原文为"长",据范祥雍笺证、范邦瑾协校《战国策笺证》(上海:上海古籍出版社,2006 年)第 674 页校正。

(三) 中山国之西境

仇由(厹繇)、鄢邟、上艾

在第三章第二节之"韩上党一太行山南麓及周边区域疆域考绘"之"(四)赵上党边界的考察"中有论述,属中山国,此不赘述。

陉、曲阳、丹丘、华阳、鸿上塞(鸱之塞)

⓵(前305)攻中山。赵袑为右军,许钧为左军,公子章为中军,王并将之。牛翦将车骑,赵希并将胡、代。赵与之陉,合军曲阳,攻取丹丘、华阳、鸱之塞。王军取鄗、石邑、封龙、东垣。中山献四邑和,王许之,罢兵。(《史记·赵世家》)

曲阳,即"上曲阳",在今河北曲阳县西(G15);丹丘,在今河北曲阳县西北(G15);华阳,在今河北涞源县西南(F15);鸱之塞,又名"鸿上塞",在今河北涞源县南(F15)。上述史料记载公元前305年,赵武灵王亲自率三军在曲阳会师,并进攻中山国北部的丹丘、华阳、鸿之塞。由这则史料可知,公元前305年之前丹丘、华阳、鸿之塞属中山国无疑。

宁葭

⓵(前306)王略中山地,至宁葭。(《史记·赵世家》)

宁葭,在今河北石家庄西北约17公里处(G15)。此史料记载的是公元前306年,赵武灵王北向攻占中山国,至宁葭。可见,公元前306年之前,宁葭尚属中山国无疑。

(四) 中山国之东境

鼓、晋下、狸、阳城

⓵(前293)宋突谓仇郝曰:"不如尽归中山之新地。中山案此,言于齐曰:'四国将假道于卫,以过章子之路。'齐闻此,必效鼓。"(《战国策·赵策四·三国攻秦赵攻中山》)

⓶(前285)苏子遂将而与燕人战于晋下,齐军败。燕得甲首二万人。苏子收其余兵以守阳城,而报于闵王……明日,又使燕攻阳城及狸。又使人谓闵王,曰:日者齐不胜于晋下,此非兵之过,齐不幸而燕有天幸也。今燕又攻阳城及狸,是以天幸自为功也。王复使苏子应之,苏子先败王之兵,其后必务以胜报王

矣。(《战国策·燕策二·苏代自齐使人谓燕昭王》)

3̄ (前236)赵攻燕,取狸、阳城。兵未罢,秦攻邺,拔之。(《史记·赵世家》)

鼓、晋下,《图集》无,第二章第二节补释:鼓,在今河北晋州市西(G15);狸,在今河北晋州市(G16);阳城,在今河北晋州市东南(G16)。这几地地望相近,据史料一,可知鼓在公元前293年之前(含公元前333年)属中山国,与鼓相近的晋下、狸、阳城当均属中山国。

昔阳

1̄ (前530)晋荀吴入昔阳,灭肥。(《左传·昭公十二年》)

2̄ (前283)王与燕王遇。廉颇将,攻齐昔阳,取之。(《史记·赵世家》)

昔阳,在今河北晋州十里铺村(G15)。史料二言公元前283年赵将廉颇进攻齐国之昔阳,并将其攻占。仅据此史料,可知公元前283年之前,昔阳应属齐。昔阳在公元前283年之前是否还曾别属他国,需根据周边城邑的所属来综合判定。从昔阳周边鼓、晋下、狸、阳城在公元前333年的所属来看,昔阳在这些城邑以西,当属中山国。其转属齐国的时间,当是燕、齐佐赵攻灭中山国时被齐国侵占。

宋子

1̄ (前251)燕军至宋子。(《史记·燕召公世家》)

2̄ (前222)高渐离匿作于宋子。(《史记·刺客列传》)

3̄ (未详何年)宋子。(三孔布,如货4—6所示)

宋子,《图集》无,第二章第二节补释其地在今河北赵县北(H15)。三孔布一般认为是公元前296年之后赵国为新开辟疆土铸造发行,"宋子"在公元前296年之前不属赵,当属中山国。

货 4—6 "宋子"三孔布

苦陉

1 (未详何年)李兑治中山,苦陉令上计而入多。(《韩非子·难二》)

苦陉,第二章第二节校释其地在今河北无极县东北(G15)。吕苏生《鲜虞中山国事表疆域图说补释》:"苦陉,本战国中山邑,后属赵。……故城在今河北无极县东北。"公元前 333 年,当属中山国。

扶柳、呼沱(呼沱)

1 (前 333)今赵之攻燕也,发兴号令,不至十日,而数十万之众,军于东垣矣。度呼沱,涉易水,不至四五日距国都矣。(《战国策·燕策一·苏秦将为从北说燕文侯》)

2 (前 298)三国攻秦,赵攻中山,取扶柳,(前 293)五年以擅呼沱。齐人戎郭。宋突谓仇郝曰:"不如尽归中山之新地。中山案此,言于齐曰:'四国将假道于卫,以过章子之路。'齐闻此,必效鼓。"(《战国策·赵策四·三国攻秦赵攻中山》)

"扶柳",在今河北冀州市小寨乡扶柳城一带(H16);"呼沱河",即滹沱河,发源于今山西省繁峙县泰戏山孤山村一带,东流至河北省献县臧桥与子牙河另一支流滏阳河相汇入海。这则史料记载的是公元前 298 年,趁南方的齐、韩、魏三国进攻秦国之时,赵武灵王进攻中山国,攻下了扶柳,经过五年(前 293),控制了中山国滹沱河一带地方。据此史料,扶柳和滹沱河流域在公元前 333 年属中山国无疑。

除上面单列的在中山国四封边上的地名,在四封之内的赤丽、肥、宜安、封斯、沮阳、栾、元氏、乐阳、卢奴、上曲阳、下曲阳、丹丘等地,当均为中山国城邑,在此不赘述。

三　燕国城邑考

从已有史料分析来看,中山国－河间区域内或周边确定属于燕国的城邑或领地有:

唐(阳)

1̄ (前530)十二年春,齐高偃纳北燕伯款于唐,因其众也。(《左传·昭公十二年》)

2̄ (未详何年)庚(唐)都司马。(《集成》11909【庚都司马镦】)

3̄ (前285)三百里通于燕之唐、曲吾。(《战国策·赵策一·赵收天下且以伐齐》)

4̄ (前281)战而胜,兵罢弊,赵可取唐、曲逆。(《战国策·齐策二·权之难齐燕战》)

唐,在今河北唐县东北(G16)。从史料一可知,春秋时燕国有唐。史料二据高翔《战国兵器铭文分域编年研究》(301页):"铭文四字,燕系风格。"可知此器物属燕,唐在战国时(具体时间不详)一度为燕地无疑。又,史料三、四,可知公元前285至公元前281年,唐属燕。公元前333年唐当属燕。

夏屋、曲逆

1̄ (前348)魏殷臣、赵公孙哀伐燕,取夏屋,城曲逆。(《水经·滱水注》引《竹书记年》)

2̄ (前285)三百里通于燕之唐、曲吾。(《战国策·赵策一·赵收天下且以伐齐》)

3̄ (前281)战而胜,兵罢弊,赵可取唐、曲逆。(《战国策·齐策二·权之难齐燕战》)

夏屋,在今河北唐县东北(G16);"曲吾"即"曲逆",在今河北顺平县东南(G16)。从史料一,可知夏屋、曲逆在公元前348年自燕转属魏或赵。从史料二、三可知,燕国在公元前285年至公元前281年有唐、曲逆。公元前348年至公元前285年之间某年,曲逆自魏转属燕。又,公元前298年,赵武灵王灭中山之时,联合燕、齐,倘若截至彼时夏屋、曲逆为赵所有,灭中山国之后赵国必然不会轻易献出夏屋、曲逆,也即,夏屋、曲逆自魏或赵转属燕在公元前298年之前。公元前348年"魏殷臣、赵公孙衰伐燕,取夏屋,城曲逆"之时,赵国邯郸以北由于间隔了中山国,与燕国并不邻壤,魏国与燕国也不邻壤,魏、赵取燕之夏屋、曲逆,当不能长期占有,可能在公元前348年之后不久就被燕国重新攻占。

新处

⃞1 亲处。(《货系》2487,如货2—22所示)

亲处,即"新处",在第二章第二节地名校释其地在今河北定州市东北(G16)。从三孔币的形制来看,当是赵国攻下中山国或燕国城邑后所铸。从公元前333年"新处"周边"唐(阳)""庆都"两地的地望来看,当是中山国与燕国交界之处。姑认为属燕。

候台

⃞1 (前335—前279之间的某年)在州治西。相传周武王所筑,为日者占候之所。战国时,燕昭王建五楼于其上,更名五花台。(《读史方舆纪要·北直三·易州·候台》)

候台,《图集》无,第二章第二节补释其地在今河北易县西(F16)。据《读史方舆纪要》,"候台"在燕昭王时期更名为"五花台"。燕昭王在位时间为公元前311年至公元前279年,燕昭王之前,当据周武王时之称,称"候台"为是。

金台、王公台

⃞1 (前335—前279之间的某年)志云:州东南十八里有王公台,亦燕昭王所筑以养士处。(《读史方舆纪要·北直三·易州·金台》)

⃞2 (前335—前279之间的某年)州东南三十里。图经:台在易水东南十八里,燕昭王筑以事郭隗。(《读史方舆纪要·北直三·易州·金台》)

金台、王公台,《图集》无,第二章第二节补释其地大致在今河北易县(F16)。据史料,燕昭王在位时间为公元前311年至公元前279年,按《读史方舆纪要》,王公台、金台都在今河北易县东南。可见燕国在公元前311年之前即有金台、王公台台址之地,否则,不会在即位之后无任何战事的情况下就能在此修建台阁。

武阳

⃞1 (前 335—前 279 之间的某年)武阳,燕昭王所城,东西二十里,南北十七里。其东南又有小城,东西二里,南北一里,即故安县故城也。(《水经·易水注》)

⃞2 (前 335—前 279 之间的某年)城邑考:(固安)县西北有武阳城,相传燕昭王所筑。(《读史方舆纪要·北直二·固安县·临乡城》)

武阳,在今河北易县东南,为燕昭王时期修筑,并成为燕国下都(F16)。燕昭王在位时间为公元前 311 年至公元前 279 年,可见燕国在公元前 311 年之前即有武阳之地。

广养城

⃞1 (前 335—前 279 之间的某年)广养城,在(保定)府东九里。城冢记:"城周五里,南有河薮,相传燕昭王筑此城以牧马。"(《读史方舆纪要·北直三·保定府·清凉城》)

广养城,《图集》无,第二章第二节补释其地当在今河北保定东(G16)。燕昭王在位时间为公元前 311 年至公元前 279 年,据此史料,可知广养城在此期间属燕。

易水、燕长城

⃞1 (前 311)今赵王已入朝渑池,效河间以事秦。大王不事秦,秦下甲云中、九原,驱赵而攻燕,则易水、长城非王之有也。……献常山之尾五城。(《战国策·燕策一·张仪为秦破从连横谓燕王》)

易水,在今河北易县南(F16)。此史料是公元前 311 年张仪为秦国瓦解合纵联盟而组织连横阵线游说燕王:如果燕不与秦连横,秦国出兵云中、九原,迫使赵国进攻燕国,易水、燕长城就不会为燕王所有了。张仪所述的时间在公元前 311 年,这意味着此前燕国已占据易水、长城。

武遂、方城

⃞1 (前 243)李牧将,攻燕,拔武遂、方城。……城韩皋。(《史记·

赵世家》）

（前243）赵使李牧攻燕，拔武遂、方城。（《史记·燕召公世家》）

武遂，在今河北满城东北(F16)；方城，在今河北固安县西南(F17)。这则史料说的是公元前244至243年，赵国北向进攻燕国的武遂、方城。根据这则史料，武遂、方城在前244年之前属燕无疑，前243年之后转属赵。

龙兑、汾门（长城门）、临乐

① （前247）十九年，赵与燕易土：以龙兑、汾门、临乐与燕；燕以葛、武阳、平舒与赵。（《史记·赵世家》）

② （未详何年）水经注：易水东届关门城西南，即燕之长城门也。（《读史方舆纪要·北直三·易州·长城》）

龙兑，在今河北保定市满城区东北(F16)；汾门（长城门），在今河北保定市徐水区西北(F16)。从上述史料，可知公元前247年龙兑、汾门（长城门）、临乐属赵。但是，在公元前247年之前这三地是否一直为赵所有存疑。结合龙兑、汾门（长城门）、临乐在公元前247年周边城邑候台、金台、王公台、武阳、广养城、易水、燕长城的所属，以及龙兑、汾门（长城门）、临乐的地望来看，公元前311年之前三地当属燕国。

三台

① （未详何年）三台士序。（《玺汇》0305）

三台，《图集》无，第二章第二节补释其地在今河北保定市容城县西南(G16)。其所属，《读史方舆纪要·北直三·保定府·容城县·容城故城》："三台城，在县西南。城冢记：'燕、赵分易水为界，筑三台，并置城于此。'"又，三台在广养城之北，从地望上看，由于公元前311年之前广养城属燕，知三台亦属燕。

阿（葛）

① （前356）十九年，与齐、宋会平陆，与燕会阿。（《史记·赵世家》）

（前356）十九，与燕会阿。（《史记·六国年表·赵》）

② （未详何年）阿。（三孔布币，如货4—7所示）

"阿(葛)"之地理方位,在今河北高阳县北(G16)。据史料一,仅知齐、燕在阿会晤,其地当为齐、燕交界处,不详阿所属。又,史料二为赵国三孔"阿"布。赵国三孔布出现的时间在赵武灵王灭中山之后。大致可推断公元前333年,阿为燕地。

货4-7 "阿"三孔布

高阳

[1] (未详何年)高阳左库。(《集成》11581【高阳剑】)

[2] (未详何年)高阳右徒。(《集成》11592【高阳剑首】)

[3] (前269)燕封宋人荣蚠为高阳君,使将而攻赵。赵王因割济东三城令卢、高唐、平原陵地城邑市五十七,命以与齐,而以求安平君而将之。(《战国策·赵策四·燕封宋人荣蚠为高阳君》)

高阳,在今河北高阳县东南(G16)。史料一、二,高翔《战国兵器铭文分域编年研究》(300页)考定为战国燕地,具体何年铸造不详。又,据史料三可知,高阳在公元前269年属燕。姑认为公元前333年,高阳属燕。

武垣

[1] (未详何年)五年,邦司寇马陵、迓(下)库工师得尚、冶肩(尹)瞵半舒敦(挞)齐(剂),武垣。(《集成》11686【五年邦司寇剑】)

[2] (前261)王还,不听秦,秦围邯郸。武垣令傅豹、王容、苏射率燕众反燕地。(《史记·赵世家》)

[3] (前257)赵孝成王九年,秦围武垣。(《读史方舆纪要·北直

四·河间府·河间县·武垣城》引《史记》）

武垣，《图集》标绘为"武垣县"，当校正为"武垣"，其地当在今河北沧州市肃宁县东南(G16)。史料一，周翔引《中国历史地名大辞典》[①]："武垣，此剑用地，今河北肃宁县东南，战国属燕，入秦后置为县。据铭文风格，此剑应铸造于入秦以前。"又，史料二，可知公元前261年，武垣自赵还属燕。可推知公元前333年，武垣属燕。

容城

1 （未详何年）𢓋城都郊左。（《玺汇》0190）

《图集》无，第二章第二节补释其地在今河北保定市容城县北(F16)。从风格来看，属燕系。

文安

1 （未详何年）文安都司徒。（《玺汇》0012）

《图集》无，第二章第二节补释其地在今河北廊坊市文安县北(G17)。

四 齐国城邑考

从已有史料分析来看，中山国－河间区域内或周边确定属于齐国的城邑或领地有：

平舒（徐州）

1 （前481）齐田常弑其君简公于徐州。（《史记·鲁世家》）
  （前481）夏，四月，齐陈恒执其君，置于舒州。（《左传·哀公十四年》）

2 （前355）吾吏有黔夫者，使守徐州，则燕人祭北门，赵人祭西门，徙而从者七千余家。（《史记·田敬仲完世家》，《韩诗外传》卷十第六章大体相同）

3 （前247）孝成王十九年，赵与燕易土：燕以葛、武阳、平舒与赵。（《史记·赵世家》）

4 平舒散戈。（天津市博物馆藏）

---

① 周翔：《战国兵器铭文分域编年研究》，浙江师范大学硕士论文，2013年，第301页。

平舒、徐州(舒州)是一地异名,第二章第二节校释其地在今天津市静海区陈官屯镇西钓台村西北 400 米处(G17)。从史料一,平舒(舒州)春秋时期即在齐疆域内。从史料二可知,徐州当是齐之极北与燕界者,又据史料三,可知平舒在公元前 247 年某年自齐转属燕,并在公元前 247 年又自燕转属赵。其自齐转属燕的时间,当是公元前 286 年燕乐毅联合五国伐齐之后。公元前 333 年之时,平舒(舒州)当属齐。

郭(虢)

1 (未详何年)郭大夫甗。(转引自《郭大夫甗补说》)①

2 (前 534)齐侯次于虢。(《左传·昭公七年》)

3 (前 293)齐人戌郭。(《战国策·赵策四·三国攻秦赵攻中山》)

4 (未详何年)郭。(三孔布币,如货 2—4 所示)

"郭",春秋时称"虢",战国称"郭",《图集》无,第二章第二节补释其地在今河北沧州市任丘市西(G17)。从史料二、三来看,齐国春秋时期即一度在郭地驻军,战国时期的公元前 293 年,齐占有郭地。从史料来看,齐国的疆域范围延伸到郭地周边。

武阳、鄚、易

1 (前 314)齐、赵易地,赵用河东之高唐等地,换取齐国从燕所得之武阳、鄚、易。(转引自《先秦赵国疆域变化》)②

2 (前 294)与燕鄚、易。(《史记·赵世家》)

武阳,《图集》无,第二章第二节补释其地在今河北任丘市东北(G17);鄚,在今河北雄县南(G17);易地,在今河北雄县东南(G17)。据史料一,武阳、鄚、易三地在公元前 314 年之前属齐无疑。至公元前 314 年,其中的鄚、易二地交换给赵国,赵国将高唐等地给齐国。又据史料二,公元前 294 年,赵、燕易地,赵国将鄚、易二地割让给燕国。据此史料,加之齐国在公元前 341 年占有郭。大致可以判断,齐国在公元前 314 年之前,在易水一带占有

---

① 刘孝霞:《郭大夫甗补说》,《兰州学刊》,2012 年第 7 期。
② 此史料未找到典籍原文记载,转引自雁侠:《先秦赵国疆域变化》,《郑州大学学报(哲学社会科学版)》,1991 年第 1 期,第 77—90 页。

武阳、鄚、易、郭。

渤海

⃞1 (前333)齐南有太山,东有琅邪,西有清河,北有渤海,此所谓四塞之国也。……齐车之良,五家之兵,疾如锥矢,战如雷电,解如风雨。即有军役,未尝倍太山,绝清河,涉渤海也。(《战国策·齐策一·苏秦为赵合从说齐宣王》)

⃞2 (前333)秦攻燕,则赵守常山,楚军武关,齐涉渤海,韩、魏出锐师以佐之。秦攻赵,则韩军宜阳,楚军武关,魏军河外,齐涉渤海,燕出锐师以佐之。(《战国策·赵策二·苏秦从燕之赵始合从》)

渤海,《图集》无,第二章第二节补释其地为黄河入海处,在今天津市境内(F18)。从史料一、二来看,渤海为燕、齐之界河。

林营

⃞1 (前273)伐败齐于林营。(《史记·燕召公世家》)

"林营"之地理方位,据《史记索隐》:"林营,地名。一云林,地名,于林地立营,故曰林营也。"但今地不详。根据这则史料,林营(今地未详)应在燕、齐边境齐国一方。

阿武

⃞1 (未详何年)阿武。(《集成》10923【阿武戈】)

阿武,《图集》无,第二章第二节补释其地在今河北沧州市献县北(G17),曾属齐。至于公元前333年的所属,当根据战国形势综合判定。

武强

⃞1 (未详何年)武强祁望。(《玺汇》0336)

武强,《图集》无,吴良宝引徐在国《齐官祈望考》,认定为齐国地名,具体方位在河北省武强县西南(H16)。武强曾属齐。至于公元前333年的所属,当根据战国形势综合判定。

东武城

① (未详何年)东武城攻师玺。(转引自《中国古文字学通论》)①

② (前267)君无覆军杀将之功而封以东武城,赵国豪杰之士多在君之右,而君为相国者以亲故。夫君封以东武城,不让无功,佩赵国相印,不辞无能。(《战国策·赵策三·秦攻赵平原君使人请救于魏》)

东武城,《图集》误以"武城""东武城"为一地异名,第二章第二节补释其地在今山东武城县西北(H17),战国"武城"以东。史料一,据考证为战国齐国官印,可知战国时齐一度有"东武城"地名无疑。史料二,公元前267年,赵封平原君"东武城"。东武城,结合周边城邑所属情况来看,公元前333年当属齐。

饶安

① (前241)移攻齐,取饶安。(《史记·赵世家》)

饶安,在今河北盐山县西南旧县(H18)。这则史料记载的是公元前241年,赵国进攻齐国,攻占了齐国的饶安。从这则史料可知,公元前241年之前饶安在赵、齐边界的齐国境内。

麦丘

① (前280)赵奢将,攻齐麦丘,取之。(《史记·赵世家》)

麦丘,在今山东商河县西北(H18)。此史料记载的是公元前280年,赵国大将赵奢进攻齐国的麦丘,并将其攻下。据此史料,公元前280年之前麦丘为齐国领土无疑,前280年之后,麦丘转属赵。

高唐、昌城、平原

① (前548)十年,晋赵鞅伐齐,毁高唐之郭,及赖而还。(《左传·哀公十年》)

(前548)晋闻齐乱,伐齐,至高唐。(《史记·齐太公世家》)

② (前355)(齐威王对魏王说)吾臣有盼子者,使守高唐,则赵人不敢东渔于河。(《史记·田敬仲完世家》)

---

① 高明:《中国古文字学通论》,北京:北京大学出版社,1996年,第472页。

第四章　赵(含中山、卫)与周边诸侯疆域边界考　415

3̄ (前344)(肃侯六年)攻齐,拔高唐。(《史记·赵世家》)

4̄ (前274)燕周将,攻昌城、高唐,取之。(《史记·赵世家》)

5̄ (前269)燕封宋人荣蚠为高阳君,使将而攻赵。赵王因割济东三城令卢、高唐、平原陵地城邑市五十七,命以与齐,而以求安平君而将之。(《战国策·赵策四》)

高唐,在今山东德州市禹城市南、高唐县东(I17);昌城,《图集》无,第二章第二节补释其地在今山东高唐县东北(I17);平原,在今山东平原县西南五十里(H17)。据史料一,公元前548年,晋伐齐,至高唐。史料言"至高唐",高唐当为齐地。又,史料二,公元前355年齐有盼子守高唐,赵人不敢越过黄河。此时高唐属齐无疑。大致可推断高唐当在齐、赵边界之齐国一侧。史料三言公元前344年,赵国进攻齐国,并将齐国的高唐占领。据此史料,高唐在本年由齐转属赵。据此史料,大致可推断前344年之后,高唐当在齐、赵边界之赵国一侧。史料四记载的是公元前274年,赵国燕周为将,攻下齐国的昌城、高唐。据此史料,大约在公元前344年—公元前274年间某年高唐又转属齐。前274年之后,昌城、高唐转属赵。又,史料五,公元前269年,燕攻赵,赵国割让济水以东的三座城市卢(今山东济南市长清区西南二十五里)、高唐、平原丘陵地带五十七个城邑给齐国。据此史料,可知前265年之前卢、高唐、平原均为赵地,前265年之后转属齐。结合上面史料,可知公元前274年之前至公元前344年之间,高唐、昌城属齐、卢、平原属赵。公元前274年之后,高唐、昌城转属赵。公元前265年,卢、高唐、平原转属齐。

灵丘

1̄ (前385)二年,败齐于灵丘。(《史记·赵世家》)

2̄ (前378)九年,伐齐,至灵丘。(《史记·韩世家》)

(前378①)九年,翟败我于浍。使吴起伐齐,至灵丘。(《史记·魏世家》)

(前378)三晋因齐丧来伐我灵丘。(《史记·田敬仲完世家》)

(前378)九,翟败我浍。伐齐,至灵丘。(《史记·六国年表·

---

① 公元系年根据事件"三晋伐齐灵丘"来系年。

  魏》）

  （前378）九，伐齐，至灵丘。（《史记·六国年表·韩》）

  （前378）九，伐齐，至灵丘。（《史记·六国年表·赵》）

3 （前285）相国乐毅将赵、秦、韩、魏、燕攻齐，取灵丘。（《史记·赵世家》）

4 （前262）赵以灵丘封楚相春申君。（《史记·赵世家》）

  灵丘，在今山东茌平县境（I17）。据史料一：公元前385年，赵在灵丘击败齐国。据此史料，未详灵丘所属，但似可说明灵丘为赵、齐交界处。又，史料二：前378年，三晋伐齐，至灵丘。史料言"至灵丘"，似可推知灵丘当属齐。史料三言公元前285年，燕国组织的五国联军攻齐，攻占齐国的灵丘。可知，前285年之前灵丘属齐无疑。本年之后，灵丘属五国联军控制之下。又据史料四，公元前260年赵国将灵丘分封给楚国国相春申君。可知，前285年灵丘转属赵，并至前262年时仍为赵所控制。根据上面史料，可推断前333年灵丘属齐。

博望

1 （前341）其后三晋之王皆因田婴朝齐王于博望，盟而去。（《史记·田敬仲完世家》）

  博望，在今山东博平镇西南（I16）。据此史料，前341年，三晋皆在博望朝拜齐国。博望当属齐无疑。

博关

1 （前333）秦攻齐，则楚绝其后，韩守成皋，魏塞午道，赵涉河、漳、博关，燕出锐师以佐之。（《战国策·赵策二·苏秦从燕之赵始合从》）

2 （前311）大王不事秦，秦驱韩、魏攻齐之南地，悉赵涉河关，指搏关、临淄、即墨非王之有也。（《战国策·齐策一·张仪为秦连横齐王》）

  史料二"搏关"即"博关"，在今山东茌平县博平镇西北三十里（I17）。史料一为公元前333年苏秦游说赵肃侯时对山东列国结盟情况的一个推理，其中提到"赵涉河、漳、搏关"，说赵国渡过黄河、漳水、博关，燕国派出精锐部队去援助以救齐。根据这则史料,说明博关属于赵、齐边界。史料三是公元前311年张仪游说齐王,对秦国因齐国不臣服而攻伐之战略的一个推理,言秦国如联合韩、魏、赵攻齐,赵国渡过黄河,抵达博关,齐国腹地的临淄、即墨将难保。据这则史料,大致可以推知博关为赵、齐边界之重要关塞,极可能赵、齐以此为界,一个在博关以西,一个在博关以东。公元前333年时,博关为赵、齐边界。

博望

[1]（前341）其后三晋之王皆因田婴朝齐王于博望,盟而去。(《史记·田敬仲完世家》)

博望,在今山东茌平县博平镇西南。据此史料,前341年,三晋皆在博望朝拜齐国。博望当属齐无疑。

五　中山国－河间区域疆域考

从前文的城邑考中可知:邢、柏人、薄洛之水、沙丘、平台、南宫、邸阁城、武城、高唐、平原、灵丘属赵;中人(中阳)、鄗、石邑、封龙、东垣及四邑、房子、井陉、曲阳、丹丘、华阳、鸿上塞(鸱之塞)、宁葭、鼓、晋下、狸、阳城、昔阳、宋子、苦陉、昌成(昌壮)、扶柳、呼沲(呼沱)、赤丽、肥、宜安、封斯、沮阳、栾、元氏、乐阳、卢奴、上曲阳、下曲阳、丹丘等地属中山国;候台、金台、王公台、武阳、汾门(长城门)、易水、燕长城、龙兑、武遂、方城、三台、广养城、唐(阳)、夏屋、曲逆、新处、阿(葛)、高阳、武垣、容城、文安、平舒属燕;郭(虢)、武阳、鄚、易、渤海、林营、阿武、武强、东武城、饶安、麦丘、博望、博关属齐。尽管如此,在绘制公元前333年赵邯郸－中山国－河间区域及周边疆域时,有几个问题需要详细考察。

(一) 中山国疆域界线考察

一是中山国北部区域的边界。此一区域内确定属于燕国的城邑有:候台、金台、王公台、武阳、汾门(长城门)、易水、燕长城、龙兑、武遂、方城、三台、广养城、唐(阳)、夏屋、曲逆、新处。属于中山国的城邑有:顾、卢奴、苦陉、饶。结合地形考虑,城邑大致分布在泒水两边,可大致认定中山国北部的疆域当以泒水为界。

二是中山国东部边界。公元前307年,赵武灵王胡服骑射之时,言"今吾国东有河、薄洛之水,与齐、中山同之,而无舟楫之用。……故寡人且聚舟楫之用,求水居之民,以守河、薄洛之水"(《战国策·赵策二·武灵王平昼间居》),王先谦《鲜虞中山国事表》言"今吾国东有河、薄洛之水,与齐、中山同之",认为是"河与齐同之,薄洛之水与中山同之",实际上其前提条件设定齐国的疆域不可能跨过赵国的河间地区而西向延伸到薄洛之水,因此有此说。在具体考察的时候,我们发现王先谦的注解是值得商榷的。主要理由:一是出土的"武强"玺印,已经考定为齐国之玺。"武强"究竟是本来就属于齐国,还是自赵转属齐国的?在战国晚期,赵国拥有武强以北和以东的饶(《史记·赵世家》"(前239)六年封长安君以饶")、乐城、观津(《史记·乐毅列传》"(前279)赵封乐毅于观津,号曰望诸君"),齐国不可能越过赵国城邑而独有武强,武强当至少在公元前279年"赵封乐毅于观津"之前属齐。又,从齐国曾拥有昔阳(《史记·赵世家》"(前283)廉颇将,攻齐昔阳,取之")、鼓(《战国策·赵策四·三国攻秦赵攻中山》"(前293)齐人戎郭。……齐闻此,必效鼓")、晋、晋下(《战国策·燕策二》"(前285)苏子遂将而与燕人战于晋下"),可以将齐国拥有武强的时间上推到公元前285年之前。昔阳、鼓、晋、晋下这四地原属中山国,当是公元前298年齐、燕助赵攻下中山国之时,被齐国占领。如果公元前298年,齐国没有占据河间之地,如何越过河间之地攻取中山国之昔阳、鼓、晋、晋下?可见,在灭中山国之前,齐国的疆域西有武强,并扩张到了薄洛之水附近,因此在公元前307年赵武灵王言"今吾国东有河、薄洛之水,与齐、中山同之",说齐、赵、中山同有薄洛之水是非常符合当时情形的。齐国与中山国邻壤,恐怕也是公元前298年赵武灵王灭中山国之时有所顾忌而不敢独吞战果,让齐、燕共同伐灭中山国的原因。这样,齐国拥有武强的时间上限可以推到公元前307年之前,由于未见史料言及这一区域疆域的大变化,姑认为公元前333年即保持这种疆域格局。

通过前文对各国城邑的考察,在这一区域,明确属齐的有:郭(虢)→阿武→武强→薄洛之水→东武城;属赵的有薄洛之水→南宫→武城→平原,将信城、邸阁城囊括在内;属中山国的有薄洛之水→昌成(昌壮)→扶柳→下博→呼沲(滹沱)河一带,将后来被齐国侵占的昔阳、鼓、晋、晋下等囊括在内。这样大致形成了齐、赵、中山国在公元前333年的疆域边界。

需要特别指出的是,传世史料和考古文献认定赵国有观津(《史记·乐毅列传》"(前279)赵封乐毅于观津,号曰望诸君,尊宠乐毅以警动于燕、齐")、左郭(《集成》11508【廿二年左郭矛】"(前277)廿二年,左郭")、河间(《战国策·赵策三·说张相国》"(前269)今赵万乘之强国也,前漳、滏,右常山,左河间")、饶(《史记·赵世家》"(前 239)六年,封长安君以饶。魏与赵邺")、乐城(《玺汇》1386"(未详何年)乐城府")、上博(《货系》2467"(未详何年)上尃")、下博(《货系》2471"(未详何年)下尃"),有人就因此而认为赵国一直拥有这些城邑。但是通过系年考察,我们可以发现赵国拥有河间地区均在公元前 286 年以后。公元前 286 年左右,正是五国伐齐之时。五国伐齐之后,齐国遭受重创,与赵国争夺河间之地的实力已经不足,赵国在公元前 285 年之后趁机伐齐,将河间之地全部占领,原属齐的阿武、武强、河间等地全部转属赵。

三是中山国南部边界。这一区域,可以确定属于中山国的城邑有房子→鄗→薄洛之水;属于赵国的城邑有邢→柏人→薄洛之水。辅以地形,大致可推知:中山国与赵以槐水南为界。

四是中山国西部边界。根据前述史料,中山国有鄋郍→上艾→仇由→鸿上塞(鸱之塞),以及井陉、曲阳、丹丘、华阳、石邑、封龙、东垣、宁葭等。辅以地形,中山国西部的疆界,当以太行山脊为分界线。

(二)河间地区燕齐边界考察

齐、燕在春秋时期即在河间地区有交汇:

1 (前 539)九月,子雅放卢蒲嫳于北燕。(《左传·昭公三年》)

2 (前 535)七年春,王正月,暨齐平,齐求之也。癸巳,齐侯次于虢。……二月戊午,盟于濡上。(《左传·昭公七年》)

3 (前 530)十二年春,齐高偃纳北燕伯款于唐,因其众也。(《左传·昭公十二年》)

史料一,《读史方舆纪要·北直二·霸州·文安县·广陵城》引《城冢记》:"(文安)县西二十七里有古南北二卢蒲城。左传昭三年:齐侯放卢蒲嫳于此,营二城以居,后入燕境。"据此史料,可知齐国的疆域一度接近今河北文安县。史料二,"濡水",《图集》春秋时期有,战国时期未标绘,为清楚说明齐、燕疆域的沿革,战国时期补上了濡水,言齐国驻扎在临近燕国的虢(今河北任丘市西北),两国在濡上(今河北任丘市西北,与齐师驻地不远)结盟。据此史料,可知齐、燕两国的大致边界在虢—濡水一带。史料三,言齐国将燕国国君送到唐(今河北顺平县西、唐县东北)。据此史料可知,齐燕邻壤,其邻壤的地方在虢以西。

春秋时期的史料虽不足为战国疆域之依据,但可作参考,大致可知齐国的疆域延伸到虢、庐蒲一带,临近燕国的唐、濡水一带。

战国时期两国的城邑所属,从前文对各国城邑的考证可知,这一区域内,齐国形成了郭(虢)→鄚→易→武阳→平舒→渤海→林营等城邑形成的疆域界线;燕国形成了武垣→高阳→阿(葛)→容城→文安等城邑组成的界线。结合公元前314年齐、赵易地,赵国获得齐国的龙兑、武遂、武阳、鄚、易来看,齐国的疆域已经扩张到燕国长城南北两侧的部分地区。辅以地形,大致齐、燕两国以泒水—燕长城—滹沱河下游为界。

综合(一)(二),大致可以绘制公元前333年中山国及河间地区形势图,如图4-2所示。

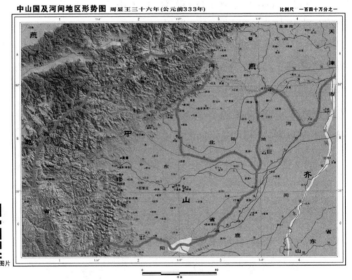

图4-2 中山国及河间地区形势图

第三节 赵邯郸及周边疆域考

一 赵国城邑考

从已有史料分析来看,邯郸区域内或周边确定属于赵国的城邑或领地有:

(一)赵国南部城邑考

兔台

[1]（前383）四年,魏败我兔台。(《史记·赵世家》)

（前383）四,魏败我兔台。(《史记·六国年表·赵》)

兔台,《图集》无,第二章第二节补释其地在今河北邯郸市成安县(I15)。据此史料,兔台属赵。公元前333年兔台之所属,可根据兔台周边城邑的所属情况综合判定。

葛孽（葛薛、葛筑）

[1]（前358）十七年,成侯与魏惠王遇葛孽。(《史记·赵世家》)

[2]（前286）且王尝济于漳而身朝于邯郸,抱阴成,负蒿葛薛,以为赵蔽,而赵无为王行也。今又以河阳、姑密封其子,而乃令秦攻王,以便取阴。(《战国策·赵策四·齐欲攻宋》)

葛薛即"葛孽",在今河北肥乡县西南(I15)。仅据史料一,未知葛孽属赵还是魏。据史料二,葛孽属魏。公元前333年葛孽之所属,可据周边城邑的所属情况来综合判定。

列人、肥

[1]（前362）（梁惠成王）八年,惠成王伐邯郸,取列人。伐邯郸,取肥。(《水经·浊漳水注》引《竹书纪年》)

列人,在今河北肥乡县东北(I15);肥,在今河北肥乡县西(I15)。据史料一:公元前362年,魏伐赵,攻取了赵列人与肥二地。据此史料,公元前362年之前列人、肥属赵无疑,前362年之后转属魏。至于公元前333年列人、肥的所属,可根据周边城邑的所属来综合判定。

赵长城

[1]（前333）赵围魏黄,不克。筑长城。(《史记·赵世家》)

（前307之前）我先王因世之变,以长南藩之地,属阻漳、滏之险,立长城。(《史记·赵世家》)

《图集》认为此则史料所谓"筑长城"为邯郸以南之长城(I15)。据此史料,公元前333年,此长城为赵国南部边境的重要军事工程,属赵掌控。也即,自公元前333年起,赵国首都邯郸南、漳水北应有一道长城。

邯郸

①(前386)敬侯元年,武公子朝作乱,不克,出奔魏。赵始都邯郸。(《史记·赵世家》)

(前386)魏武侯元年,赵敬侯初立,公子朔为乱,不胜,奔魏,与魏袭邯郸,魏败而去。(《史记·魏世家》)

(前386)魏武侯元年,袭邯郸,败焉。(《史记·六国年表·魏》)

(前386)魏武侯初立,袭邯郸,不胜而去。(《史记·晋世家》)

②(前370)七月,公子缓如邯郸以作难。(《史记·魏世家》司马贞《索隐》)

(前370)鄴师败邯郸师于平阳。(《水经·浊漳水注》引《竹书纪年》)

③(前354)二十一年,魏围我邯郸。(《史记·赵世家》)

(前354)十七年,与秦战元里,秦取我少梁。围赵邯郸。(《史记·魏世家》)

(前354)二十一,魏围我邯郸。(《史记·六国年表·赵》)

(前354)邯郸之难,赵求救于齐。……乃起兵南攻襄陵,七月邯郸拔。齐因承魏之弊,大破之桂陵。(《战国策·齐策一·邯郸之难》)

④(前353)二十二年,魏惠王拔我邯郸,齐亦败魏于桂陵。(《史记·赵世家》)

(前353)十八年,拔邯郸。赵请救于齐,齐使田忌、孙膑救赵,败魏桂陵。(《史记·魏世家》)

(前353)二十六年,魏惠王围邯郸,赵求救于齐。(《史记·齐世家》)

⑤(前351)二十四年,魏归我邯郸,与魏盟漳水上。(《史记·赵世家》)

(前351)二十年,归赵邯郸,与盟漳水上。(《史记·魏世家》)

(前351)二十,归赵邯郸。(《史记·六国年表·魏》)

(前351)二十四,魏归邯郸,与魏盟漳水上。(《史记·六国年

第四章 赵(含中山、卫)与周边诸侯疆域边界考

⑥ (前330)(梁惠成王后元)五年,田公子居思伐邯郸,围平邑。(《水经·河水注》引《竹书纪年》)

⑦ (前261)王还,不听秦,秦围邯郸。武垣令傅豹、王容、苏射率燕众反燕地。赵以灵丘封楚相春申君。(《史记·赵世家》)

⑧ (前259)四十八年十月,韩献垣雍。秦军分为三军。武安君归。王龁将伐赵皮牢,拔之。司马梗北定太原,尽有韩上党。正月,兵罢,复守上党。其十月,五大夫陵攻赵邯郸。(《史记·秦本纪》)

(前259)秦破赵于长平四十余万,遂围邯郸。(《史记·田敬仲完世家》)

⑨ (前258)秦攻邯郸,十七月不下。(《战国策·秦策三·秦攻邯郸》)

(前258)秦围赵之邯郸。魏安釐王使将军晋鄙救赵,畏秦,止于荡阴,不进。(《战国策·赵策三·秦围赵之邯郸》)

(前258)八年,平原君如楚请救。还,楚来救,及魏公子无忌亦来救,秦围邯郸乃解。(《史记·赵世家》)

⑩ (前257)五十年十月,武安君白起有罪,为士伍,迁阴密。张唐攻郑,拔之。十二月,益发卒军汾城旁。武安君白起有罪,死。龁攻邯郸,不拔,去,还奔汾军。(《史记·秦本纪》)

(前257)五十年,攻邯单(郸)。(《睡虎地秦简·编年记》)

(前257)六年,秦围邯郸,赵告急楚,楚遣将军景阳救赵。(《史记·楚世家》)

(前257)二十年,秦围邯郸,信陵君无忌矫夺将军晋鄙兵以救赵,赵得全。无忌因留赵。(《史记·魏世家》)

(前257)孝王元年,秦围邯郸者解去。(《史记·燕召公世家》)

(前257)五十,王龁、郑安平围邯郸,及龁还军,拔新中。(《史记·六国年表·秦》)

(前257)二十,公子无忌救邯郸,秦兵解去。(《史记·六国年表·魏》)

(前257)九,秦围我邯郸,楚、魏救我。(《史记·六国年表·赵》)

11 (前254)十二年,邯郸廥烧。(《史记·赵世家》)

12 (前229)十八年,大兴兵攻赵,王翦将上地,下井陉,端和将河内,羌瘣伐赵,端和围邯郸城。(《史记·秦始皇本纪》)

13 (前228)十九,王翦拔赵,虏王迁邯郸。帝太后薨。(《史记·六国年表·秦》)

(前228)八年十月,邯郸为秦。(《史记·赵世家》)

邯郸,在今河北邯郸市(I15)。据上面史料对邯郸属权变更的记载,公元前351年之后邯郸仍属赵而非魏国领土。

武安

1 (前270)于是唐雎载音乐,予之五千金,居武安,高会相于饮。(《战国策·秦策三·天下之士合从》)

2 (前259)八年,攻武安。(《睡虎地秦简·编年记》)

武安,在今河北武安市西(I15)。史料一记载的是公元前270年,范雎的分化瓦解合纵之士的策略:派秦臣唐雎用车载着乐队,并且给他五千金,让他在临近赵国首都的武安大摆宴席。史料二记载的是公元前259年,秦国武安君攻取赵国的武安、皮牢。可知公元前333年,武安属赵。

平阳、武城

1 (前370)邺师败邯郸师于平阳。(《水经·浊漳水注》引《竹书纪年》)

3 (前272)二十七年,徙漳水武平南。封赵豹为平阳君。河水出,大潦。(《史记·赵世家》)

4 (前234)十三年,桓齮攻赵平阳,杀赵将扈辄,斩首十万。王之河南。正月,彗星见东方。十月,桓齮攻赵。(《史记·秦始皇本纪》)

5 (前233)十四年,攻赵军于平阳,取宜安,破之,杀其将军。桓齮定平阳、武城。韩非使秦,秦用李斯谋,留非,非死云阳。韩王

请为臣。(《史记·秦始皇本纪》)

(前233)十四,桓齮定平阳、武城、宜安。韩使非来,我杀非。韩王请为臣。(《史记·六国年表·秦》)

平阳,在今河北磁县东南(I15);武城,在今河北磁县西南(I15)。据史料一,公元前370年,平阳为魏、赵边境之地,具体所属不详。又,从史料二,可知公元前272年平阳为赵地,赵以此地分封给赵豹。史料三、四,公元前233年之前平阳属赵。

棘沟(棘蒲)

1. (前382)赵氏惧,楚人救赵而伐魏,战于州西,出梁门,军舍林中,马饮于大河。赵得是藉也,亦袭魏之河北,烧棘沟,队黄城。(《战国策·齐策五》)

2. (前381)六年,借兵于楚伐魏,取棘蒲。(《史记·赵世家》)

3. (前379)拔魏黄城。(《史记·赵世家》)

4. (前333)犀首伐黄,过卫,使人谓卫君……果胜黄城,帅师而归,遂不敢过卫。(《战国策·宋卫策·犀首伐黄》)

   (前333)赵围魏黄,不克。筑长城。(《史记·赵世家》)

黄城,在今河南内黄县(J15);棘沟,即棘蒲,在今河北魏县南(I15)。史料一、二记载公元前382年至公元前381年楚救赵而伐魏,据此二则史料可知,公元前382年棘沟、黄城属魏,公元前381年时,棘沟由魏转属赵。据史料三,公元前379年,赵国攻占了魏国的黄城。史料四载,公元前333年,魏国犀首攻克赵国黄城。之后,赵国围魏国的黄城,但是没有攻克,并修筑军事防御的长城。通过上述史料,从赵、魏两国拉锯争夺黄城来看,截至公元前333年,黄城、棘蒲应为赵、魏两国的边境地带,其中,黄城在魏国境内,棘蒲在赵国境内。

繁阳、浮水(繁水)

1. (前361)自魏徙大梁,赵以中牟易魏,故赵之南界极于浮水,匪直专漳也。(《水经·渠水注》引《竹书纪年》)

2. (前245)赵使廉颇将攻繁阳,拔之。(《史记·燕召公世家》)

   (前245)廉颇将,攻繁阳,取之。(《史记·赵世家》)

繁阳,在今河南内黄县西北(I15);浮水,即繁水,《图集》无,在第二章第二节地名校补部分对其走向进行了补正(J15—I16)。据史料一,浮水为赵国最南的边界。

(二) 赵国东部城邑考

平邑、中牟、新城

⃞1 (前423)献侯少即位,治中牟。(《史记·赵世家》)

⃞2 (前411)(晋烈公)四年,赵城平邑。(《水经·河水注》引《竹书纪年》)

(前411)十三年,城平邑。(《史记·赵世家》)

(前411)十三,城平邑。(《史记·六国年表·赵》)

⃞3 (前382)齐师伐赵东鄙,围中牟。(《水经·渠水注》引《竹书纪年》)

⃞4 (前330)(梁惠成王后元)五年,田公子居思伐邯郸,围平邑。(《水经·河水注》引《竹书纪年》)

⃞5 (前325)梁惠成王十年,齐田盼及邯郸韩举战于平邑,邯郸之师败逋,获韩举,取平邑、新城。(《水经·河水注》引《竹书纪年》)

(前325)韩举与齐、魏战,死于平邑①。(《史记·赵世家》)

⃞6 (前244)大备魏。欲通平邑、中牟之道,不成。(《史记·赵世家》)

⃞7 (前240)傅抵将,居平邑,庆舍将东阳河外师,守河梁。(《史记·赵世家》)

平邑,在今河南南乐县东北(I16);中牟,《图集》将其标绘在今河南鹤壁市西,第二章第二节校释其地在今河南清丰、南乐两县之间(J16);新城,今地不详。据史料一,赵曾于公元前423年以中牟为首都。史料二记载公元前411年,晋国卿大夫中的赵姓在平邑筑城。史料三记载公元前382年,齐伐赵边境,围赵中牟。史料四记载公元前330年,齐伐赵,围晋国赵姓的平

---

① 杨宽《战国史料编年辑证》(台北:台湾商务印书馆,2002年,第460页):"赵世家称'韩举与齐魏战,死于桑丘'。'桑丘'当为'平邑'之误。"今从杨说。

邑城。史料五记载公元前325年,齐、赵在平邑会战,赵国战败,齐国擒获赵国将领韩举,并攻占了原属赵国的平邑、新城。根据这则史料,可知前325年之前,平邑、新城属赵,前325年之后转属魏。

魏

1️⃣ (前395—前370之间的某年)魏县,魏武侯别都。(《汉书·地理志》魏县注引应劭说)

2️⃣ (前361)昔魏徙大梁,赵以中牟易魏。(《水经·河水注》引《竹书纪年》)

(前361)自魏徙大梁,赵以中牟易魏,故赵之南界,极于浮水,匪直专漳也。(《水经·渠水注》引《竹书纪年》)

魏(I16),杨宽《战国史料编年辑证》(241页):"水经淇水注云:'魏县故城,应劭曰:魏武侯之别都也,城内有武侯台。'魏县在今河北大名县西南。"《图集》标绘甚是。据杨宽之考辨,魏一度属魏国。史料二,魏徙大梁的时间为公元前361年,魏迁都大梁之后,赵国用中牟城交换魏城。可知公元前361年之后不久,魏城转属赵。

元城

1️⃣ (前395—前370之间的某年)元城,魏武侯公子元食邑于此,因而遂氏焉。(《汉书·地理志》魏郡元城县注引应劭说)

元城(I16),杨宽《战国史料编年辑证》(242页):"水经河水注于元城引史记曰:'魏武侯公子元食邑于此,故县氏焉。''史记'当是应劭地理风俗记之误。是时魏仍建都安邑,另设别都于魏县,其公子元又食邑于元城,元城在今河北大名县东。正与别都魏密迩。盖其政治中心正谋向中原转移。"《图集》标绘甚是。据杨宽之考辨,元城一度属魏。公元前333年当属赵。

黄城、阳狐

1️⃣ (前413)宣公四十三年伐晋,毁黄城,围阳狐。(《史记·田敬仲完世家》)

(前413)四十三,伐晋,毁黄城,围阳狐。(《史记·六国年表》)

黄城,在今山东冠县南(I16);阳狐,《图集》将其标绘在今河北大名县北,第二章第二节进行了补释(I16)。据史料,公元前413年黄城、阳狐为齐、晋边界地带的晋国境内。史料一虽言围阳狐,但并未攻占。公元前333年,当属赵。

二 魏国城邑考

从已有史料分析来看,赵国邯郸区域内及周边区域确定在公元前333年属于魏国城邑或领地有:

伯阳

1 (前351)唐尚敌年为史,其故人谓唐尚愿之,以谓唐尚,唐尚曰:"吾非不得为史也,羞而不为也。"其故人不信也,及魏围邯郸,唐尚说惠王而解之围,以与伯阳。(《吕氏春秋·士容》)

2 (前282)乐毅将赵师攻魏伯阳。而秦怨赵不与己击齐,伐赵,拔我两城。(《史记·赵世家》)

3 (前280)赵与魏伯阳。(《史记·赵世家》)

伯阳,在今河南安阳市安阳县北(I15)。史料一载公元前351年唐尚为赵说魏惠王解邯郸之围,而以伯阳与魏。史料二载公元前282年,赵国大将乐毅率兵进攻魏国的伯阳。据此史料,伯阳属魏无疑。又,据史料三可推知史料二中公元前282年赵国攻下了伯阳,前280年又将其归还给魏国。从这三则史料,可以大致推知伯阳在公元前333年时的所属:应为赵、魏边境的魏国境内。

邺

1 (前406)任西门豹守邺,而河内称治。(《史记·魏世家》)

2 (前290年)夫邺,寡人固刑弗有也。今大王收秦而攻魏,寡人请以邺事大王。(《战国策·魏策三·秦赵约而伐魏》)

3 (前244①)卅三年,业(邺)㔾(令)裦(禓)、左库工师臣、冶山。(《集成》11312【三十三年业令戈】)

4 (前239)(赵)封长安君以饶。魏与赵邺。(《史记·赵世家》)

---

① 周翔《战国兵器铭文分域编年研究》(浙江师范大学硕士学位论文,2013年)第155页引杨宽《战国史》(第720页)确定时间为韩安釐王三十三年(前244)。

⑤ (前236)十一,吕不韦之河南。王翦击邺、阏与,取九城。(《史记·六国年表·秦》)

(前236)九,秦拔我阏与、邺,取九城。(《史记·六国年表·赵》)

(前236)王翦、桓齮、杨端和攻邺,取九城。王翦攻阏与、橑杨,皆并为一军。翦将十八日,军归斗食以下,什推二人从军取邺、安阳,桓齮将。(《史记·秦始皇本纪》)

邺,在今河南省安阳市北、河北省临漳县西(I15),近赵国首都邯郸。史料一载公元前406年魏国派西门豹做邺地太守。据此史料,邺属魏无疑。史料二是公元前290年,秦赵合攻魏,魏昭王为此而担忧。魏相芒卯为魏王出主意说:邺邑这个地方,看样子是保不住了,反正是保不住了,虽然现在赵王你与秦国兵合一处攻打魏国,但是我还是愿意把邺地奉献给赵国。可见其时邺地仍属魏。史料三据周翔《战国兵器铭文分域编年研究》(156页),为魏安釐王三十三年(前244)魏国兵器,据此史料,可知公元前244年邺属魏无疑。史料四言公元前239年魏将邺地献给赵国。据史料五,邺属赵,同时可反证史料四。从上面的史料可推断,公元前333年,邺属魏无疑。

房陵、安阳

① (前275)廉颇将,攻魏房陵①,拔之,因城而还。又攻安阳,取之。(《史记·赵世家》)

② (前257)攻汾城,即从唐拔宁新中,宁新中更名安阳。初作河桥。(《史记·秦本纪》)

③ (前236)翦将十八日,军归斗食以下,什推二人从军取邺、安阳,桓齮将。(《史记·秦始皇本纪》)

房陵,在今河南安阳西南(I15);安阳,本名宁新中,在今河南安阳市南(I15)。史料一载公元前275年赵廉颇为将,进攻魏国的房陵②,并将其攻下。不久又攻魏国的安阳(本名宁新中),又将其攻下。从这则史料可知,

---

① 原文为"房子",据杨宽《战国史料编年辑证》(台北:台湾商务印书馆,2002年)第903页校正。

② 详见《史记·廉颇蔺相如列传》。

公元前275年,魏国拥有房陵、安阳,且房陵、安阳应为赵、魏边境地带。据史料二、三知,在前257年和前236年时,安阳转属秦。根据上述史料可推知,前333年时,房陵、安阳当为赵、魏边境地带的魏国境内。

荡阴

[1] (前257)秦围赵之邯郸。魏安釐王使将军晋鄙救赵,畏秦,止于荡阴,不进。(《战国策·赵策三·秦围赵之邯郸》)

荡阴,在今河南汤阴县(J15)。此史料记载的是公元前257年秦国围攻赵都邯郸,赵国已经不能支撑,派平原君赵胜分别向楚、魏求救。魏安釐王派将军晋鄙领兵救赵,因惧怕秦国,就把军队驻扎在赵、魏两国交界处魏国的荡阴,按兵不进。据此史料,截至前257年荡阴应为魏、赵边境的魏国领地。

黄(黄城)

[1] (前379)拔魏黄城。(《史记·赵世家》)

[2] (前333)围魏黄,不克。筑长城。(《史记·赵世家》)

黄城,在今河南内黄县(J15)。史料一记述公元前379年赵攻占魏国黄城,据此史料可知公元前379年黄城自魏转属赵。又,史料二,公元前333年,赵围魏黄,未攻克。据此史料,可知至公元前333年,黄城为赵、魏边界城邑,属魏。

羑

[1] 羑左库。(《集成》10988【左库戈】)

羑,《图集》无,第二章第二节补释其地在今河南安阳市汤阴县北(J15)。《中国历史地名大辞典》(862页):"羑,羑里,即史籍载商纣王囚西伯之处,一名牖里。战国时属魏。"公元前333年,羑之所属可据周边城邑所属来综合判定。在公元前333年,羑周边的伯阳、房陵、汤阴、黄(黄城)都为魏邑,羑当也为魏国城邑。

虚、顿丘

[1] (前336)卅四年,邨(顿)丘命(令)燮、左工师暂、冶梦。(《集成》11321【三十四年顿丘戈】)

② (前314)齐遂伐赵,取乘丘,收侵地,虚、顿丘危。(《战国策·魏策一·楚许魏六城》)

③ (前311)决宿胥之口,魏无虚、顿丘。(《战国策·燕策二·秦召燕王》)

虚(J15)、顿丘(J15),第二章第二节对其方位进行了校正。史料一,据周翔《战国兵器铭文分域编年研究》(153页),此戈为魏惠王三十四年(前336)魏国所铸之兵器。又,据史料二、三,虚、顿丘在公元前314年仍属魏。据史料一、二、三,可知公元前333年虚、顿丘属魏无疑。

朝歌

① (前408)十七年,伐中山,使子击守之,赵仓唐傅之。子击逢文侯之师田子方于朝歌,引车避,下谒。(《史记·魏世家》)

② (前241)秦拔我朝歌。(《史记·魏世家》)

(前241)二,秦拔我朝歌。(《史记·六国年表·魏》)

朝歌,在今河南淇县境内(J15)。据史料一,在前408年时,魏文侯之太子魏击在朝歌碰见田子方。据此史料,朝歌属魏无疑。又,史料二:公元前241年秦国攻下魏国的朝歌。公元前333年朝歌所属,需根据周边城邑的所属来综合确定。公元前333年,朝歌周边的荡阴、虚、顿丘、共、汲均属魏,可知朝歌属魏。

平阳

① (前341)(梁惠成王二十九年,)齐田盼及宋人伐我东鄙,围平阳。(《水经·泗水注》引《竹书纪年》)

② (前311)决荥口①,魏无大梁;决白马之口,魏无济阳。(《战国策·燕策二·秦召燕王》)

史料二"济阳",范祥雍《战国策笺证》(1707页)校正为"平阳",在今河北滑县东南(J15)。史料一,公元前341年,平阳属齐、魏边境之魏。此处言"围",并未说攻下,当还属魏。但似可以确定平阳属齐(或宋)、魏边境的魏

---

① 原文为"荣",据范祥雍笺证、范邦瑾协校《战国策笺证》(上海:上海古籍出版社,2006年)第1707页校正。

国。据史料二,公元前 311 年,平阳属魏。从这两则史料,可知公元前 333 年,大梁、平阳属魏无疑。

蒲(蒲阳)、仁、小黄

<u>1</u> (前 273)又取蒲、衍、首垣,以临仁、平丘①,小黄、济阳婴城,而魏氏服矣。(《战国策·秦策四·物极必反》)

<u>2</u> (前 238)攻魏垣、蒲阳。(《史记·秦始皇本纪》)

(前 238)秦拔我垣、蒲阳、衍。(《史记·魏世家》)

蒲,在今河南长垣县(K15);小黄,在今河南开封市东(K15);仁,今地不详,当与这几地相近。据上面的史料,公元前 315 年,蒲(蒲阳)、首垣、仁、平丘、小黄属魏无疑。

几

<u>1</u> (前 276)楼昌将,攻魏几,不能取。十二月,廉颇将,攻几,取之。(《史记·赵世家》)

几,在今河北大名县东南(I16)。据此史料,公元前 276 年,赵国将领楼昌进攻魏国的几,没有攻下。十二月,赵国将领廉颇为将,再次进攻魏国的几,并攻下。可知,几在前 276 年之前为魏国领土,此后,转属赵。至于公元前 333 年,几的所属,可根据周边城邑的所属来综合判定。

观(观津、观泽)

<u>1</u> (前 368)梁惠成王二年,齐田寿帅师伐我,围观,观降。(《水经·河水注》引《竹书纪年》)

(前 368)十一②,伐魏,取观。《史记·六国年表·齐表》

<u>2</u> (前 367)三年,齐败我观。(《史记·魏世家》)

(前 367)三,齐伐我观。《史记·六国年表·魏》

<u>3</u> (前 317)齐败我观津。(《史记·魏世家》)

---

① 原文为"兵",据范祥雍笺证、范邦瑾协校《战国策笺证》(上海:上海古籍出版社,2006 年)第 401 页校正。

② 由于《史记·齐世家》漏掉了田剡一代,导致整个《史记·齐世家》和《史记·六国年表·齐》不准确,这"齐威王十一年"按杨宽《列国纪年订正表》(辑录于《战国史料编年辑证》,台北:台湾商务印书馆,2002 年,第 81—99 页)校正为"齐桓公七年"。

(前317)九年,与韩、魏共击秦,秦败我,斩首八万级。齐败我观泽。(《史记·赵世家》)

(前317)二,齐败我观泽。(《史记·六国年表·魏》)

(前317)九,齐败我观泽。(《史记·六国年表·赵》)

(前317)七①,败魏、赵观泽。(《史记·六国年表·齐》)

(前317)与宋攻魏,败之观泽。(《史记·田敬仲完世家》)

观、观津、观泽乃一地之不同称谓,《图集》名称有误,第二章第二节校释其地在今河南清丰县南(J16)。史料一、二记载的是公元前368—前367年,齐攻魏,在观津击败魏国。又,史料三:公元前317年,齐与宋联合攻魏、赵,在观津击败魏、赵。也只言"败",而未言"攻""取",可知观仍属魏国。据上面史料,可推断公元前333年时,观津属魏、齐边界之魏国一侧。

濮上

⬜1 (前312)濮上之事,赘子死,章子走。(《战国策·齐策六·濮上之事》)

濮上,据程恩泽《国策地名考》,濮上即濮水上游。据这则史料,公元前312年,魏国与齐国在濮上会战,齐国的赘子战死,章子败逃。据此史料,濮上应为魏、齐边境地带。

垂都

⬜1 (前283②)边城尽拔,文台堕,垂都焚,林木伐,麋鹿尽,而国继以围。(《史记·魏世家》)

垂都,在今山东鄄城县东南(J16)。据此史料,公元前283年,垂都属魏无疑。

葭密

⬜1 (前497)十三年春,齐侯、卫侯次于垂葭,实郳氏。使师伐晋,将济河。……乃伐河内。(《左传·定公十三年》)

⬜2 (前421)(晋)幽公三年,鲁季孙会晋幽公于楚丘,取葭密,遂城

---

① 依据同上,按杨宽《列国纪年订正表》(辑录于《战国史料编年辑证》,台北:台湾商务印书馆,2002年,第81—99页)校正为"齐宣王三年"。

② 此系年据《睡虎地秦墓竹简·编年记》:"(昭王)二十四年,攻林。"

之。(《水经·济水注》引《竹书纪年》)

葭密，在今山东菏泽市西北(J16)。史料一言公元前497年，齐、卫攻打晋国，在垂葭(今山东菏泽市西北二十五里葭密寨)驻军，攻晋国的河内(今河南汲县)。据此史料，可知垂葭当为卫国领土。又，史料二，公元前421年，鲁攻占葭密。可知葭密自卫转属鲁。至于公元前333年葭密之所属，需根据周边城邑来综合判定。

煮枣

1 (前333)大王之地，南有鸿沟、陈、汝南、有许、鄢、昆阳、邵陵、舞阳、新郪，东有淮、颍、沂、黄、煮枣、海盐、无疏，西有长城之界，北有河外、卷、衍、燕、酸枣，地方千里。(《战国策·魏策一·苏子为赵合从说魏王》)

2 (前312)齐、宋围煮枣。(《史记·韩世家》裴骃《集解》徐广曰引《竹书纪年》)

煮枣，在今山东东明县南(J16)。史料一言公元前333年魏国东有煮枣。据此史料，可知煮枣在公元前333年属魏无疑。

文台

1 (前283)边城尽拔，文台堕，垂都焚。(《战国策·魏策三·魏将与秦攻韩》)

文台，《图集》无，第二章第二节补释其地在今山东菏泽市西南曹县庄寨镇(J16)。据此史料，可知公元前283年，文台属魏。姑认为公元前333年文台属魏。

釜丘

1 (前300)魏襄王十九年薛侯来，会王于釜丘。(《水经·济水注》引《竹书纪年》)

釜丘，在今山东定陶县西南(J16)。据此史料，可知公元前300年，釜丘属魏。

襄丘

1. (前312)襄王七年,韩明率师伐襄丘。(《水经·济水注》引《竹书纪年》)

2. (前309)襄王十年楚庶章率师来会我,次于襄丘。(《水经·济水注》引《竹书纪年》)

襄丘,在今山东东明县西(J16)。杨宽《战国史料编年辑证》:"襄丘时为楚地,水经济水注又引纪年云:'襄王十年楚庶章率师来会我,次于襄丘。'襄丘在濮水之南,当煮枣之西北,与韩、魏交又接壤。韩攻楚之襄丘,疑亦在秦、魏联合大败齐师于濮上之时,盖韩正与秦、魏连横而谋击败齐、楚。"杨宽认为"襄丘"为楚地,有误,《竹书纪年》主要记述魏国之事,襄丘当属魏。据此二则史料,可知公元前312年,襄丘属魏。

首垣、平丘、户牖

1. (前357)梁惠成王十一年,郑釐侯使许息来致地:平丘、户牖、首垣诸邑,及郑驰地,我取枳道与郑鹿。(《水经·河水注》引《竹书纪年》)

2. (前343)赵公子刻攻魏首垣。(《史记·赵世家》)

3. (前273)取蒲、衍、首垣,以临仁、平丘①、小黄、济阳婴城,而魏氏服矣。(《战国策·秦策四·物极必反》)

首垣,在今河南长垣县东北(J15);平丘,在今河南长垣县西南(J15);户牖,在今河南兰考县北(K15)。史料一言公元前357年,韩将平丘、户牖、首垣等地割让给魏。据此史料,前357年,此三地由韩转属魏国。又,史料二,公元前343年首垣属魏无疑。史料三,公元前273年,首垣、平丘仍属魏,此后转属秦。

黄池

1. (前357)六年②,宋取我黄池。魏取朱。(《史记·韩世家》)

---

① 原文为"兵",据范祥雍笺证、范邦瑾协校《战国策笺证》(上海:上海古籍出版社,2006年)第401页校正。

② 原文为"二年",杨宽《战国史料编年辑证》(台北:台湾商务印书馆,2002年,第320页)考定为"六年"。今从之。

②(前355)十六年……侵宋黄池,宋复取之。(《史记·魏世家》)

黄池,在今河南新乡封丘县(K15)。据史料一,公元前357年宋将韩黄池攻占,魏将韩朱攻占。又,史料二:公元前355年,魏国攻宋国于二年前攻占的韩国黄池,不久宋国重新夺回。据此史料可知,黄池为宋、魏边境的宋国境内。公元前357年之前属韩,前357年之后转而属宋;朱,前357年之前属韩,前357年之后,转属魏。公元前357年时,黄池、朱当是宋、韩、魏三国交界地带。

三 卫国城邑考

卫国的基本情况,据《汉书·地理志》:

> 卫地,营室、东壁之分野也。今之东郡及魏郡黎阳,河内之野王、朝歌,皆卫分也。……卫本国既为狄所灭,文公徙封楚丘,三十余年,子成公徙于帝丘。故春秋经曰"卫迁于帝丘",今之濮阳是也。……成公后十余世,为韩、魏所侵,尽亡其旁邑,独有濮阳。后秦灭濮阳,置东郡,徙之于野王。始皇既并天下,犹独置卫君,二世时乃废为庶人。凡四十世,九百年,最后绝,故独为分野。(《汉书·地理志》)

《汉书·地理志》记载卫国之概然地理方位及疆域范围。

(一)春秋时期卫国领土盈缩考

①(未详何年)周公旦以成王命兴师伐殷,杀武庚、禄父、管叔,放蔡叔,以武庚殷余民封康叔为卫君,居河、淇间故商墟。(《史记·卫康叔世家》)

【疆域盈缩考释】据此史料可知卫国最初封地在黄河、淇水之间的商墟。

②(前722)五月辛丑,大叔出奔共。(《左传·隐公元年》)

【疆域盈缩考释】郑伯克段于鄢,段叔出奔到共。共为卫国城邑,今河南辉县。据此史料,可知郑、卫为邻国。

③(前719)夏,公及宋公遇于清。(《左传·隐公四年》)

【疆域盈缩考释】鲁、宋两国国君在卫国的清(今山东东阿县南约三十里)会晤。

④ (前718)秋,卫师入郕。(《左传·隐公五年》)

【疆域盈缩考释】卫国的军队攻入郕国(今山东濮县废县治东南,或在鄄城和郓城之间),可知此前卫国与郕国邻壤,本年攻入郕国。

⑤ (前709)夏,齐侯、卫侯胥命于蒲,不盟也。(《左传·桓公三年》)

【疆域盈缩考释】齐、卫在卫国的蒲会谈。据此史料,卫国拥有蒲(今河南长垣县稍东)无疑。

⑥ (前696)公使诸齐,使盗待诸莘,将杀之。(《左传·桓公十六年》)

【疆域盈缩考释】卫宣公派急子出使齐国,并让坏人在卫国与齐国边境卫国境内的莘杀掉急子。从此则史料,可知莘为卫地无疑。

⑦ (前694)秋,齐侯师于首止。(《左传·桓公十八年》)

【疆域盈缩考释】齐侯在卫国靠近郑国的首止(今河南睢县东南)驻扎军队。从这则史料,知首止为卫国境内靠近郑国的地方。

⑧ (前680)冬,会于鄄,宋服故也。(《左传·庄公十四年》)

【疆域盈缩考释】诸侯在卫国的鄄地(今山东鄄城县西北)会晤。据此史料,可知鄄属卫无疑。

⑨ (前660)冬十二月,狄人伐卫。……及狄人战于荧泽,卫师败绩,遂灭卫。(《左传·闵公二年》)

【疆域盈缩考释】狄人攻打卫国,在荧泽(黄河之北)打败了卫国,卫国败得很惨。狄人追赶卫国人。齐桓公封卫于楚丘(今河南滑县东),卫国迁入楚丘。据此史料,狄、卫邻壤,狄人应当在太行山一带。

⑩ (前647)夏,会于咸,淮夷病杞故也,且谋王室也。(《左传·僖公十三年》)

【疆域盈缩考释】诸侯在卫国的咸(今河南濮阳市东南六十里)会晤。

据此则史料,卫国拥有咸无疑。

11 (前642)冬,邢人、狄人伐卫,围菟圃。卫侯以国让父兄子弟及朝众曰:"苟能治之,毁请从焉。"众不可,而后师于訾娄。狄师还。(《左传·僖公十八年》)

【疆域盈缩考释】邢、狄攻打卫国,包围了卫国的菟圃(今河南长垣县境)。卫在訾娄(在今河南滑县西南,与长垣县接界)摆开阵势,狄人退兵。据此史料,可知卫国拥有菟圃、訾娄。

12 (年代不详)过卫。卫文公不礼焉。出于五鹿,乞食于野人。(《左传·僖公二十三年》)

【疆域盈缩考释】晋文公重耳逃亡之时,经过卫国的五鹿(今河南濮阳县南三十里)。据此史料,可知卫国有五鹿。

13 (前635)二十有五年春王正月,丙午,卫侯毁灭邢。(《左传·僖公二十五年》)

【疆域盈缩考释】卫国灭了邢国(今山东聊城西南)。

14 (前632)侵曹伐卫。正月戊申,取五鹿。……晋侯、齐侯盟于敛盂。……卫侯出居于襄牛。(《左传·僖公二十八年》)

【疆域盈缩考释】晋国攻占了卫国的五鹿。据此史料,可知卫国版图缩小,五鹿本年由卫转属晋。晋、齐两国国君在卫国的敛盂(今河南濮阳县东南)结盟。据此史料,可知敛盂属卫。卫国国君离开国都,住在卫国的襄牛(今山东范县境,卫国的东部边境)。由此史料,可知襄牛属卫国。

15 (前629)冬,狄围卫,卫迁于帝丘。(《左传·僖公三十一年》)

【疆域盈缩考释】狄人进攻卫国,卫国迁都到帝丘(今河南濮阳市西南)。可知帝丘属卫。

16 (前626)五月辛酉朔,晋师围戚。六月戊戌,取之,获孙昭子。(《左传·文公元年》)

【疆域盈缩考释】晋伐卫,卫丢失了戚地(今河南濮阳市北,此地濒临河西,不仅仅是卫国的重地,也是晋、郑、吴、楚之孔道)。

第四章 赵(含中山、卫)与周边诸侯疆域边界考 439

17 (前597)晋原縠、宋华椒、卫孔达、曹人同盟于清丘。(《左传·宣公十二年》)

【疆域盈缩考释】诸侯在卫国的清丘(今河南濮阳东七十里、鄄城西南四十里处)会盟。据此史料,可知卫有清丘。

18 (前584)八月,同盟于马陵,寻虫牢之盟,且莒服故也。(《左传·成公七年》)

【疆域盈缩考释】诸侯在卫国的马陵(今河北大名县东南)结盟。据此史料,可知马陵属卫。

19 (前584)卫定公恶孙林父。冬,孙林父出奔晋。卫侯如晋,晋反戚焉。(《左传·成公七年》)

【疆域盈缩考释】晋将戚地归还给卫国。据此史料,可知卫获得之前丢失了的戚地。

20 (前575)卫侯伐郑,至于鸣雁,为晋故也。(《左传·成公十六年》)

【疆域盈缩考释】卫伐郑,到达郑国的鸣雁(今河南杞县北)。据此史料,可知卫、郑在此一带的疆界。

21 (前556)卫孙蒯田于曹隧,饮马于重丘……夏,卫石买、孙蒯伐曹,取重丘。曹人愬于晋。(《左传·襄公十七年》)

【疆域盈缩考释】卫国在曹国的曹隧打猎,在曹国的重丘(今山东茌平县西南约二十里)饮马。不久,卫国即伐曹,攻占了曹国的重丘。据此史料,可知卫国版图扩张,将曹国的重丘纳入版图。

22 (前547)六月,公会晋赵武、宋向戌、郑良霄、曹人于澶渊以讨卫,疆戚田。取卫西鄙懿氏六十以与孙氏。(《左传·襄公二十六年》)

【疆域盈缩考释】诸侯伐卫,要划定卫国在戚地的边界,取得了卫国西部边境懿氏(在戚西北,今河南濮阳市西北五十七里)六十个城邑,并将城邑送给了孙氏。据此史料,卫国丢失了懿氏六十个城邑。

23 (前547)齐人城郏之岁,其夏,齐乌余以廪丘奔晋,袭卫羊角,取之;遂袭我高鱼。……(前546)二十七年春,胥梁带使诸丧邑者具车徒以受地,必周。使乌余车徒以受封,乌余以众出。使诸侯伪效乌余之封者,而遂执之,尽获之。皆取其邑而归诸侯,诸侯是以睦于晋。(《左传·襄公二十七年》)

【疆域盈缩考释】齐国人乌余率领廪丘(廪丘本卫国城邑,可能是齐国攻下后给乌余,乌余因此而能据之投降晋国,其地在今旧范县东南七十里义东堡)投奔晋国,并袭击占领了卫国的羊角(今山东郓城县西北而与范县接界),然后袭击并攻占了鲁国的高鱼(在山东郓城县北,羊角城东、鄄城县东北)。最后,在晋国的主持下,乌余所侵占的各城邑全部各归其主。从这则史料可知:齐国丢掉了廪丘;齐国廪丘与卫国羊角相近,齐、卫边境大抵在这两地之间;卫国的羊角与鲁国的高鱼相近,卫、鲁在这一区域的疆界当在这两城之间。

24 (前501)齐侯致禚、媚、杏于卫。(《左传·定公九年》)

【疆域盈缩考释】齐国将禚、媚、杏送给卫国国君。据此史料,可知卫国新有三地;齐、卫邻壤。

25 (前500)初,卫侯伐邯郸午于寒氏,城其西北而守之,宵熸。(《左传·定公十年》)

【疆域盈缩考释】卫国在寒氏(即五氏,今河北邯郸市西)攻打晋国的邯郸午。据此史料,可知此时晋、卫边界。

26 (前498)十二年夏,卫公孟彄伐曹,克郊。(《左传·定公十二年》)

【疆域盈缩考释】卫国攻打曹国,攻下了曹国的郊(今山东菏泽市)。据此史料,可知魏国版图扩张,将曹国的郊地纳入版图。

27 (前497)十三年春,齐侯、卫侯次于垂葭,实郹氏。使师伐晋,将济河。……乃伐河内。(《左传·定公十三年》)

【疆域盈缩考释】齐、卫攻打晋国,在垂葭(今山东菏泽市西北二十五里葭密寨)驻军,攻晋国的河内(今河南汲县)。据此史料,可知垂葭当为卫国领土。

从上面的史料来看,春秋时期结束之时,卫国的城邑分布大致如图4—3所示:

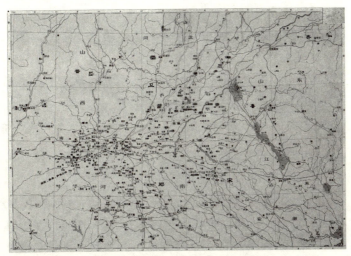

图4—3 春秋末期卫国城邑分布①

(二)战国时期卫国城邑考

进入战国时期后,与卫国相关的史料系年如下:

1 (前470)卫出公饮,大夫不解袜,公怒,即攻公,公奔宋。(《史记·六国年表·魏》)

2 (前469)(晋出公)六年,齐、郑伐卫。(《水经·济水注》引《竹书纪年》)

3 (前455)智伯欲伐卫,遗卫君野马四,白璧一。卫君大悦,群臣皆贺,南文子有忧色。卫君曰:"大国大欢,而子有忧色何?"文子曰:"无功之赏,无力之礼,不可不察也。野马四,白璧一,此小国之礼也,而大国致之,君其图之。"卫君以其言告边境。智伯果起兵而袭卫,至境而反,曰:"卫有贤人,先知吾谋也。"(《战国策·宋卫策·智伯欲伐卫》)

---

① 此图底图采用谭其骧主编《中国历史地图集(第一册)》(北京:中国地图出版社,1982年,第24—25页)"春秋时期—郑卫宋"。

（前455）智伯欲袭卫，乃伴亡其太子，使奔卫。南文子曰："太子颜为君子也，甚爱而有宠，非有大罪而亡，必有故。"使人迎之于境，曰："车过五乘，慎勿纳也。"智伯闻之，乃止。（《战国策·宋卫策·智伯欲袭卫》）

4 （前407）宣公与郑人会西城。伐卫，取毌丘。（《史记·田敬仲完世家》）

（前407）四十九，与郑会于西城。伐卫，取毌。（《史记·六国年表·齐》）

5 （前389）十六，与晋、卫会浊泽。（《史记·六国年表·齐》）

6 （前383）四年，魏败我兔台。筑刚平以侵卫。（《史记·赵世家》）

（前383）赵氏袭卫，车舍人不休，傅卫国，城刚平①，卫八门土，而二门堕矣，此亡国之形也。卫君跣行，告溯于魏。魏王身被甲底剑，挑赵索战。（《战国策·齐策五·苏代自齐献书于燕王》）

7 （前382）五年，齐、魏为卫攻赵，取我刚平。（《史记·赵世家》）

（前382）邯郸之中骛，河、山之间乱。卫得是藉也，亦收余甲而北面，残刚平，堕中牟之郭。（《战国策·燕策二·苏代自齐献书于燕王》）

8 （前379）救卫。……故齐康公卒，绝无后，奉邑皆入田氏。（《史记·田敬仲完世家》）

（前379）八年，拔魏黄城。（《史记·赵世家》）

9 （前372）三年，太戊午为相。伐卫，取乡邑七十三。（《史记·赵世家》）

（前372）三，伐卫，取都鄙七十三。（《史记·六国年表·赵》）

（前372）卫伐我，取薛陵。（《史记·田敬仲完世家》）

10 （前365）十年，攻卫，取甄。（《史记·赵世家》）

---

① 原文为"割"，据范祥雍笺证、范邦瑾协校《战国策笺证》（上海：上海古籍出版社，2006年）第670页校正。

第四章 赵(含中山、卫)与周边诸侯疆域边界考 443

11　(前356)(梁惠成王)十四年,鲁共侯、宋桓侯、卫成侯、郑釐侯来朝。(《史记·魏世家》司马贞《索隐》引《竹书纪年》)

(前356)十五年,鲁、卫、宋、郑君来朝。(《史记·魏世家》)

(前356)十五,鲁、卫、宋、郑侯来。(《史记·六国年表·魏》)

12　(前354)邯郸伐卫,取漆、富丘,城之。(《水经·济水注》引《竹书纪年》)

13　(前353)宋景敾、卫公孙仓会齐师,围我襄陵。(《水经·淮水注》引《竹书纪年》)

14　(前333)今秦攻齐则不然,倍韩、魏之地,至卫①阳晋之道,径亢父之险,车不得方轨,马不得并行,百人守险,千人不能过也。(《战国策·齐策一·苏秦为赵合从说齐宣王》)

公元前333年之后,卫国疆域的盈缩系年如下:

1　(前330)嗣君五年,更贬号曰君,独有濮阳。(《史记·卫世家》)

2　(前325)卫嗣君时,胥靡逃之魏,卫赎之百金,不与。乃请以左氏。群臣谏曰:"以百金之地赎一胥靡,无乃不可乎?"君曰:"治无小,乱无大。教化喻于民,三百之城足以为治;民无廉耻,虽有十左氏,将何以用之?"(《战国策·宋卫策·卫嗣君时胥靡逃之魏》)

3　(前317)大王不事秦,秦下兵攻河外,拔卷、衍、燕、酸枣,劫卫取阳晋,则赵不南。(《史记·张仪列传》)

4　(前311)八,围卫。(《史记·六国年表·魏》)

(前311)八年,伐卫,拔列城二。(《史记·魏世家》)

5　(前307)秦攻卫之蒲。(《战国策·宋卫策·秦攻卫之蒲》)

6　(前293)齐人戍郭。宋突谓仇郝曰:"不如尽归中山之新垒。中山案此,言于齐曰:'四国将假道于卫,以过章子之路。'齐闻

---

①　原文为"闻",据范祥雍笺证、范邦瑾协校《战国策笺证》(上海:上海古籍出版社,2006年)第539页校正。

此,必效鼓。"(《战国策·赵策四·三国攻秦赵攻中山》)

7 (前288)夫有宋,卫之阳地危;有济西,赵之阿、东国危。(《史记·田敬仲完世家》)

(前288)足下以宋加淮北,强万乘之国也,而齐并之,是益一齐也。北夷方七百里,加之以鲁、卫,此所谓强万乘之国也,而齐并之,是益二齐也。(《战国策·燕策一·齐伐宋宋急》)

8 (前284)愍王出亡,之卫。卫君辟宫舍之,称臣而共具。(《史记·田敬仲完世家》)

9 (前281)十八年,秦拔我石城。王再之卫东阳,决河水,伐魏氏。大潦,漳水出。魏冄来相赵。(《史记·赵世家》)

10 (前273)夫兵不用而魏效绛、安邑,又为阴启两,机尽故宋,卫效单父①。(《战国策·魏策三·秦败魏于华走芒卯而围大梁》)

11 (前241)六年,韩、魏、赵、卫、楚共击秦,取寿陵。秦出兵,五国兵罢。拔卫,迫东郡,其君角率其支属徙居野王,阻其山以保魏之河内。(《史记·秦始皇本纪》)

(前241)二,秦拔我朝歌。卫从濮阳徙野王。(《史记·六国年表·魏》)

(前241)今又劫赵、魏,疏中国,封卫之东野。(《战国策·齐策三·国子曰》)

(前241)元君十四年,秦拔魏东地,秦初置东郡,更徙卫野王县,而并濮阳为东郡。(《史记·卫康叔世家》)

从上面的史料系年来看,战国时期卫国的城邑有:

东阳、河梁

1 (前281)秦拔我石城。王再之卫东阳,决河水,伐魏氏。(《史记·赵世家》)

2 (前240)五年,傅抵将,居平邑;庆舍将东阳河外师,守河梁。

---

① 原文为"尤惮",据范祥雍笺证、范邦瑾协校《战国策笺证》(上海:上海古籍出版社,2006年)第1366页校正。

(《史记·赵世家》)

3 (前230)今又劫赵、魏,疏中国,封卫之东野,兼魏之河南,绝赵之东阳,则赵、魏亦危矣。(《战国策·齐策三·国子曰》)

4 (前228)十九年,王翦、羌瘣尽定取赵地东阳,得赵王。(《史记·秦始皇本纪》)

东阳,第二章第二节补正其当指太行山以东的一块区域。卫国的东阳,在今河北恩县。河梁,今河北恩县西北。史料一载公元前281年秦军攻下赵国的石城之后,将大军南下开拔到卫国东阳,掘开河水以伐魏。据此史料,东阳属卫国无疑。又,史料二:公元前240年,赵军率领东阳、河外之师守河阳以备秦。可知此时东阳属赵。又,史料三,公元前230年东阳属赵无疑。史料四言公元前228年,秦将领将赵国的东阳地全部占领,并俘获赵王。据这则史料,东阳在前228年转属秦。根据上面史料,大致可以判定东阳为卫、赵、魏边境地带,公元前281年之前,东阳属卫,此年之后某年转属赵国。至公元前228年,被秦吞并而转属秦。

刚平

1 (前383)四年,魏败我兔台。筑刚平以侵卫。(《史记·赵世家》)

2 (前382)五年,齐、魏为卫攻赵,取我刚平。(《史记·赵世家》)

(前382)昔者,赵氏袭卫,车舍,人不休,傅卫国,城刚平,卫八门土,而二门堕矣,此亡国之形也。卫君跣行,告溯于魏。魏王身被甲底剑,挑赵索战。邯郸之中鹜,河山之间乱。卫得是藉也,亦收余甲而北面,残刚平,堕中牟之郭。(《战国策·齐策五·苏秦说齐闵王曰》)

(前382)曰:"赵强何若?""举左案齐,举右案魏,厌案万乘之国二,国千乘之宋也。筑刚平,卫无东野,刍牧薪采,莫敢窥东门。当是时,卫危于累卵。"(《战国策·秦策四·或为六国说秦王》)

刚平,在今河南清丰县西南(J16)。据史料一:公元前383年,赵国在刚平筑城以侵略卫国。可知,刚平为赵、卫边境的赵国一侧。又史料二:公元前382年,齐、魏救卫,进攻赵国,并将前一年(前383)赵国修筑的刚平攻下。从上面史料的分析中,可以确定前382年之后"刚平"为赵、卫、齐、魏边境的卫国领土。

阳晋、亢父

1. (前333)齐四塞之国,地方二千余里……即有军役,未尝倍泰山,绝清河,涉渤海也。……今秦之攻齐则不然。倍韩、魏之地,过卫阳晋之道,经乎亢父之险,车不得方轨,骑不得比行。(《资治通鉴·显王三十六年》)

2. (前317)大王不事秦,秦下兵攻河外,据卷、衍、酸枣,劫卫,取阳晋,则赵不南,赵不南而梁不北,梁不北则从道绝,从道绝则大王之国欲毋危,不可得也。(《资治通鉴·慎靓王四年》)

阳晋,在今山东郓城县西(J16);亢父,在今山东鱼台县西北(J17)。史料一是公元前333年苏秦游说齐国时对秦国攻齐的一个预设,说秦国要是攻齐国的话,需要背道韩、魏,取道卫国的阳晋、亢父而进攻齐国。据此则史料,公元前333年时,卫国的领土范围包括阳晋、亢父。又,史料二,公元前317年张仪游说魏襄王对秦攻魏时进行推演,说秦国进攻魏国的河外(黄河以南的地区),占领卷城、衍城、酸枣,再一路北上袭击卫国,控制卫国的阳晋,将切断赵、魏通道:赵国不能南下,魏国不能北上。这样列国合纵的道路就断绝了,魏国自身都会陷入困境,还谈什么合纵。从这则史料可以推测卫国的阳晋这个地方有赵、魏信道,这个信道无疑是需要越过卫国阳晋的。但通过这则史料,至少可以推断赵国边境延伸到此。据史料一、二,阳晋属卫无疑。

马陵

1. (前343)齐败魏马陵。(《史记·秦本纪》)

(前343)魏伐赵,赵告急齐。齐宣王用孙子计,救赵击魏。……太子果与齐人战,败于马陵。齐虏魏太子申,杀将军涓,军遂大破。(《史记·魏世家》)

(前343)齐因起兵,使田忌、田婴将,孙子为师,救韩、赵以击魏,大败之马陵,杀其将庞涓,虏魏太子申。其后三晋之王皆因田婴朝齐王于博望,盟而去。(《史记·齐世家》)

(前343)(梁惠成王)二十七年,十二月,齐田盼败梁马陵。(《史记·孙子吴起列传》司马贞《索隐》引《竹书纪年》)

第四章　赵(含中山、卫)与周边诸侯疆域边界考　447

马陵,在今山东范县境(J16)。此史料记载公元前343年魏将庞涓率军攻打韩国南梁时,齐国趁魏国后防空虚,围魏救韩,魏将庞涓十分恼怒齐军第二次故伎重演,掉转兵锋主动追击齐军,欲将齐军一网打尽。魏军一直追到魏、齐边境的马陵山谷。结果齐军将计就计,利用魏军求战心切,在马陵设伏杀了庞涓,而后全歼了魏军主力。通过上面史料判断,从此战的记述来看,马陵应不属魏,否则魏国不会不熟悉马陵的地形而中埋伏。马陵应属卫,否则,魏国孤军深入齐境的马陵,也不大可能。

桂陵

[1] (前353)(梁惠成王)十七年,齐田期伐我东鄙,战于桂陵,我师败逋。《水经·济水注》引《竹书纪年》)

(前353)齐因起兵击魏,大败之桂陵。(《史记·齐世家》)

(前353)二十二年,魏惠王拔我邯郸,齐亦败魏于桂陵。(《史记·赵世家》)

(前353)十八年,拔邯郸。赵请救于齐,齐使田忌、孙膑救赵,败魏桂陵。(《史记·魏世家》)

(前353)二十六年,魏惠王围邯郸,赵求救于齐。……十月,邯郸拔,齐因起兵击魏,大败之桂陵。(《史记·齐世家》)

桂陵,在今河南新乡之长垣县境内(J15)。此史料记载公元前353年魏国将领庞涓率军攻赵首都邯郸时,齐趁魏后防空虚围魏救赵,并在魏军撤兵回救国都大梁的途中伏击魏于桂陵。当在魏卫边界地,其地属卫。

蒲

[1] (前306)秦攻卫之蒲。(《战国策·宋卫策·秦攻卫之蒲》)

蒲即濮,在今河南濮阳市(J15)。据此史料可知前306年之前,蒲地属卫无疑。

左氏

[1] (前440—前381)吴起,卫左氏中人也。(《韩非子·外储说右上》)

[2] (前311)卫嗣君之时,有胥靡逃之魏,因为襄王之后治病。卫嗣君闻之,使人请以五十金买之,五反而魏王不予。乃以左氏易之。(《韩非子·内储说上》)

左氏，《图集》无，第二章第二节补释其地在今山东定陶县西(J16)。据此史料，可知公元前311年之前左氏属卫，公元前311年自卫转属魏。公元前333年，左氏当属卫。

单父

1. (前273)夫兵不用而魏效绛、安邑，又为阴启两，机尽故宋，卫效单父①。(《战国策·魏策三·秦败魏于华走芒卯而围大梁》)

单父，在今山东单县(K17)。据此史料，可知单父自公元前273年方自卫转属魏国。以卫国在战国之国力，不可能为侵略别国而得，当是继承春秋时期之城邑。据此，公元前333年单父属卫无疑。

四 齐国城邑考

从已有史料分析来看，赵国邯郸区域内及周边区域确定在公元前333年属于齐国城邑或势力范围的领地有：

东武城、博陵、博关、博望

详本章第二节"齐国城邑考"，此四地均属齐。此不赘述。

聊城

1. (前283)燕攻齐，取七十余城，唯莒、即墨不下。齐田单以即墨破燕，杀骑劫。初，燕将攻下聊城，人或谗之。燕将惧诛，遂保守聊城，不敢归。田单攻之岁余，士卒多死，而聊城不下。(《战国策·齐策六·燕攻齐取七十余城》)

2. (前250)燕将攻齐聊城，拔之。……田单克聊城。(《资治通鉴·孝文王元年》)

聊城，其地当在今山东聊城(I16)。史料一记载的是公元前283年燕国乐毅率五国联军伐齐后，燕将攻占聊城(今山东聊城)。公元前250年，田单反攻，将聊城(今山东聊城)收复。据这则史料，聊城在前283年之前属齐，前283年之后属燕国，前250之后再转属齐国。

---

① 原文为"尤惮"，据范祥雍笺证、范邦瑾协校《战国策笺证》(上海：上海古籍出版社，2006年)第1366页校正。

阿

[1] (前547—前490之间的某年)齐景公时,晋伐阿、甄。(《史记·司马穰苴列传》)

[2] (未详何年)孙膑生阿、鄄之间。(《史记·孙子吴起列传》)

[3] (前366)九年,与齐战阿下。(《史记·赵世家》)

[4] (前303)权县宋、卫,宋、卫乃当阿、甄耳。(《战国策·秦策二·谓魏冉曰楚破》)

[5] (前288)夫有宋,卫之阳地危;有济西,赵之阿、东国危。(《史记·田敬仲完世家》)

[6] (前222)齐地方数千里,带甲数百万。夫三晋大夫皆不便秦,而在阿、鄄之间者百数,王收而与之百万之众,使收三晋之故地,即临晋之关可以入矣。(《战国策·齐策六·齐王建入朝于秦》)

阿,在今山东平阴县东阿镇(I17)。史料一言,齐景公时,晋伐齐之阿、甄。据此史料,阿、甄属齐无疑,且可判断其为晋、齐之边界。仅据此史料,未详此战之后阿、甄所属。又史料三,公元前366年,赵国与齐国在阿下作战。史料言"战",并未言攻取,大致可以推断阿下为赵、齐边境地带的齐国境内。史料四是公元前303年,齐国拉拢韩、魏攻楚,而说客游说秦国宰相魏冉助楚时,对秦若不帮楚,齐、楚、宋、卫未来情况的一个描述。说,齐国拥有东边的土地,方圆千里。楚国领土广包九夷,也是方圆千里之国,不仅幅员辽阔,而且地势险要,北有符离之塞,南有甘鱼之口。一旦齐国击败楚国,宋、卫两小国就像齐国的阿城、甄城一样,将成为齐国的内城。据此史料,阿、甄为齐境内城。根据上述史料,可推知公元前333年,齐国拥有阿城、甄城。

薛陵

[1] (前372)七年,卫伐我,取薛陵。(《史记·齐世家》)

[2] (前370)齐威王召即墨大夫与召阿大夫,语之曰:"自子守阿,誉言日至。吾使人视阿,田野不辟,人民贫馁。昔日赵攻甄,子不救;卫取薛陵,子不知……"(《战国策·齐策一》)

薛陵，在今山东滕州市官桥镇(I16)。据史料一：公元前372年卫攻齐薛陵，并将其占领。可知公元前372年，薛陵由齐转属卫国。史料二是公元前370年齐威王对阿大夫的斥责之词，其中提到公元前372年卫取齐薛陵之事。据这则史料，公元前370年之后，薛陵应在卫、齐边界属卫国。

廪丘、龙泽

1 (前502)公侵齐，攻廪丘之郛。(《左传·定公八年》)

2 (前475)公会齐人于廪丘。(《左传·哀公二十年》)

3 (前471)臧石会晋师，取廪丘。(《哀公·二十四年》)

4 (前405)十一年，田悼子卒，次田和立。田布杀其大夫公孙孙，公孙会以廪丘叛于赵。田布围廪丘，翟角、赵孔屑、韩师救廪丘。及田布战于龙泽，田布败逋。(《水经·瓠子河水注》引《竹书纪年》)

5 (前384)三年，(赵)救魏于廪丘，大败齐人。(《史记·赵世家》)

龙泽在今山东范县东南七十里(J16)。史料一言公元前502年，鲁侵齐，进攻廪丘。据此史料，可知廪丘为鲁、齐边境地带的齐国境内。史料二言公元前475年，鲁哀公会齐于廪丘。仅据此史料，未详廪丘之所属。又，史料三言公元前471年鲁联合晋国，攻取齐国的廪丘。可知廪丘当为晋、鲁、齐三国之边境地带的齐国境内，公元前471年之后，廪丘属鲁。史料四载公元前405年，田姓齐国国君田悼子逝世，田和继位，一个叫田布的人杀掉了齐国的大夫公孙孙，一个叫公孙会的人将齐国的廪丘城投靠赵国。田布于是围攻廪丘，晋国的翟角、赵姓卿大夫的孔屑、韩姓大夫所属军队救援廪丘。齐国的田布最终未获胜。据此史料，廪丘于公元前405年之前属齐，公元前405年之后属赵。史料五记载公元前384年，魏、齐在廪丘作战，赵救魏，赵、魏联军击败齐国。这则史料言赵"救"魏，似为齐进攻魏。说明廪丘属于魏、齐边境的魏国。此后未有相关史料记载，姑认为前333年廪丘属魏、齐边界之魏。

都(都关)

1 (前411)四十五，伐鲁，取都。(《史记·六国年表·齐》)

(前411)取鲁之一城。(《史记·田敬仲完世家》)

据钱穆《史记地名考》：都关故城，今濮县东南，与郓城相近。或齐宣取鲁都即此。其地当在今河南濮阳县东南(J16)，与郓城相近。

郓

□1 (未详何年)郓左戟。(《集成》10932)

郓，《图集》无，第二章第二节补释其地在今山东省菏泽市郓城县(J16)。

甄(鄄)

□1 (前547—前490之间的某年)齐景公时，晋伐阿、甄。(《史记·司马穰苴列传》)

□2 (前370)赵伐我，取甄。(《史记·田敬仲完世家》)

(前370)五，伐齐于甄。魏败我怀。(《史记·六国年表·赵》)

(前370)九，赵伐我甄。(《史记·六国年表·齐》)

(前370)五年，伐齐于鄄。(《史记·赵世家》)

□3 (前368)齐桓伯于鄄。(《史记·秦本纪》)

(前368)齐桓七，会诸侯于甄，桓公始霸。(《史记·田敬仲完世家》)

(前368)齐桓七，始霸，会诸侯于鄄。(《史记·十二诸侯年表》)

□3 (未详何年)孙膑生阿、鄄之间。(《史记·孙子吴起列传》)

□5 (前365)攻卫，取甄。(《史记·赵世家》)

□6 (前335)三十六年，复与齐王会甄。(《史记·魏世家》)

(前335)八，与魏会于甄。(《史记·六国年表·齐》)

□7 (前222)齐地方数千里，带甲数百万。夫三晋大夫皆不便秦，而在阿、鄄之间者百数，王收而与之百万之众，使收三晋之故地，即临晋之关可以入矣。(《战国策·齐策六·齐王建入朝于秦》)

甄，在今山东鄄城县(J16)。据史料一，可知鄄属齐无疑。史料二言齐景公时，晋伐齐之阿、甄。可知阿、甄属齐无疑。仅据此史料，未详晋是否攻下。史料四：公元前370年，赵伐齐鄄城。可知甄属齐。史料五言赵攻卫，并将卫国的甄攻下。可知甄为卫、赵边境之卫国境内。又史料六，公元前335年时甄当属齐、魏边境。据上面史料，大致可推断甄为赵、卫、魏、齐四国的边境地带的齐国领土。

濮磨之北

①（公元前273年之前，未详何年）王又割濮磨之北，注齐、秦之要，绝楚、赵之脊，天下五合六聚而不敢救。（《史记·春申君列传》）

（公元前273年之前，未详何年）王又割濮、磨之北属之燕，断齐、秦之要，绝楚、魏之脊，天下五合六聚而不敢救也。（《战国策·秦策四·物极必反》）

"濮磨之北"，大致在今山东菏泽市鄄城县、河南濮阳市范县之间，濮阳以东的地带。

安阳

①（前412）四十四，伐鲁、莒及安阳。（《史记·六国年表·齐》）

安阳，第二章第二节校释其地在今山东东阿县东北（I17）。据此史料可知，安阳自公元前412年始属齐。

刚、寿

①（前271）客卿灶攻齐，取刚、寿，予穰侯。（《史记·秦本纪》）

②（前270）十四年，秦击我刚、寿。（《史记·田敬仲完世家》）

（前270）卅七年，□寇刚。（《睡虎地秦简·编年记》）

③（前270之后某年）君攻楚得宛、穰以广陶，攻齐得刚、博以广陶，得许、鄢陵以广陶，秦王不问者何也？（《战国策·魏策四·穰侯攻大梁》）

刚，在今山东宁阳县（J17）；寿，在今山东东平县境（J17）。据史料一、二，前271—前270年，秦国客卿灶为穰侯魏冉攻取齐国的刚、寿两地来扩展其封地陶。据此史料，截至公元前271年之前，刚、寿两地属齐无疑。此后，两地转属秦。

五 赵邯郸及周边疆域考绘

(一) 赵邯郸南境与魏的疆域考察

根据前述史料,赵国大致形成了从武平→赵长城→武城→兔台→繁阳→浮水的疆域界线,将葛孽、列人、肥、邯郸、武安、棘蒲(棘沟)、黄(黄城)等城邑包裹在内;魏国大致形成了从伯阳→邺→平阳→宁新中→黄城的疆域界线,将防陵、荡阴、羑、虚、顿丘、共、汲、朝歌包裹在内。结合第三章第二节对上党区域韩、魏疆域界线的考察,大致可以标绘韩、赵、魏疆域界线,如图4-4所示:

图4-4 赵邯郸南境与魏边界形势图

(二) 卫国疆域考察

从前文对城邑的考证,繁阳属赵;观(观泽、观津)、都(都关)、郓属齐;濮阳、左氏、阳晋、亢父、薛陵、马陵属卫;平阳、蒲(蒲阳)、仁、小黄、濮上、垂都、葭密、煮枣、文台、釜丘、襄丘、首垣、平丘、户牖、黄池、外黄、几属魏国。从这一区域各国所属城邑来看,截至公元前333年,卫国并非只有濮阳一城(如图4-5所示)。

这里要特别提到的是,尽管卫国并非只有一城,但是,卫国对属于它的城邑及城邑之间的领土的管控能力有限,以至于:赵国能侵入卫国取七十三邑①,能取甄②,能取漆和富丘③;齐国能从马陵道回国④;各诸侯国能从卫阳晋之道和亢父之险通过;卫国能跨区域拥有左氏、单父;魏国拥有几、观(观泽、观津)。这些属卫、属魏、属齐、属赵的城邑,彼此相互跨越,使得这一区域形成了一个军事缓冲地带,卫国境内往来交通成为彼可来我可往的"交地"。这样,齐国才能够穿过卫国在卫、齐边界的马陵设伏袭击魏国,赵国才能穿过卫国占有漆、富丘,齐国才能够穿过卫国占有甽丘,魏国才能穿过卫国有几、观(观泽、观津)。

图4-5 公元前333年卫国形势全图

(三)赵邯郸区域东境与齐疆域界线考察

据前文对城邑的考证,赵国大致形成了一条从繁阳→中牟→平邑→元城→阳狐→黄城→平原→武城→南宫的疆域界线,将信城、邸阁城、魏等城邑包裹在内;齐国大致形成了一条临近马陵→观(观泽、观津)几→平邑→元城→黄城,拥有聊城→博望→博关→博陵→灵丘→高唐→昌国→齐国→平原津→东武城的疆域界线,将阿、薛陵、廪丘、龙泽、都(都关)、郓、甄

---

① 《史记·赵世家》:"(前372)伐卫,取乡邑七十三。"《史记·六国年表·赵》:"三伐卫,取都鄙七十三。"
② 《史记·赵世家》:"(前365)十年,攻卫,取甄。"
③ 《水经·济水注》引《竹书纪年》:"(前355)邯郸伐卫,取漆、富丘,城之。"
④ 《史记·秦本纪》:"(前341)齐败魏马陵。"

（鄄）、濮磨之北包裹在内。辅以地形，这一区域的疆域界线当如图 4-6 所示。

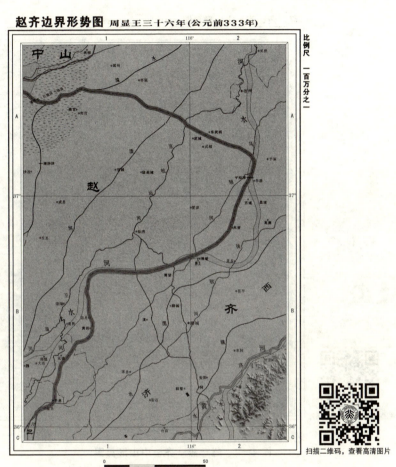

图 4-6　赵齐边界形势图

综合本章第二节、第三节，大致可以绘制中山国－河间地区燕、中山国、齐国、赵国的疆域界线（如图4－7所示）：

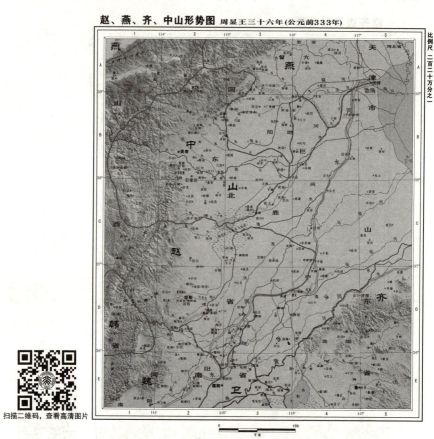

图4－7 赵－燕－齐－中山形势图

第四章　赵(含中山、卫)与周边诸侯疆域边界考　457

综合本章第一至三节,公元前333年赵国形势全图当如图4—8所示:

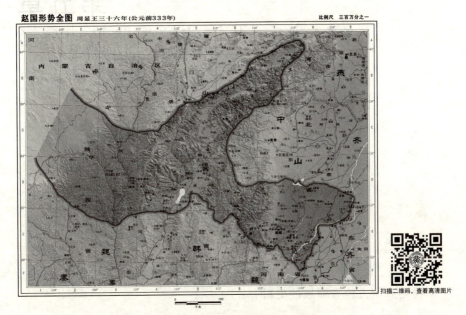

图4—8　公元前333年赵国形势全图

第五章
齐(含鲁)及周边诸侯疆域边界考

描述齐国方位和疆域的史料有:

①(未详何年)齐地,虚、危之分野也。东有菑川、东莱、琅邪、高密、胶东,南有泰山、城阳,北有千乘、清河以南、勃海之高乐、高城、重合、阳信,西有济南、平原,皆齐分也。(《汉书·地理志》)

②(西周时期)齐为大国,东至海,西至河,南至穆陵,北至无棣。(《史记·齐世家》)

③(前333)齐南有太山,东有琅邪,西有清河,北有渤海,此所谓四塞之国也。(《战国策·齐策一·苏秦为赵合从说齐宣王》)

④(前293)吾闻之齐有清济、浊河可以为固,有长城、巨防足以为塞,诚有之乎?……且异日也,济西不役,所以备赵也;河北不师,所以备燕也。今济西、河北尽以役矣,封内弊矣。(《战国策·燕策一·苏秦死》)

⑤(前273)齐南以泗为境,东负海,北倚河,而无后患,天下之国莫强于齐。(《战国策·秦策四·物极必反》)

第五章　齐(含鲁)及周边诸侯疆域边界考　459

6 (前261—前251年之间①)齐南破荆,中破宋,西服秦,北破燕,中使韩、魏之君,地广而兵强,战胜攻取,诏令天下,清济、浊河,足以为限,长城、巨坊足以为塞。(《战国策·秦策一·张仪说秦王》)

　　史料一记载齐地的大致疆域:东有淄川、东莱、高密、胶东诸地,南有泰山、城阳,北有千乘、清河以南,渤海郡之高乐、高城、重合、阳信,西有济南、平原。春秋、战国均有齐,而此史料时间不详,无法确定公元前333年齐国疆域范围。史料二为周成王时针对管蔡之乱对姜姓齐国下的一个令,让齐国势力范围不限于所封营丘之地,凡东至海,西至黄河,南至穆陵(今山东临朐县南一百里大岘山,即古穆陵关),北至无棣(今山东德州市庆云县东),都在齐国的管辖范围之内。此时虽言齐国可以管辖这么大的范围,但是实际上齐国势力当时仅限于营丘周边。史料三为公元前333年苏秦组建合纵联盟时描述齐国当时的情况:南有太山(即泰山,今山东泰安市之泰山)、东有琅琊山(今山东省胶南市琅琊镇)、西有清河,北有渤海。史料四为公元前293年,燕昭王描绘当时齐国的情况:西北境有济水、黄河,足以固守,自西向东的长城(起于济水,至于泰山以西)、巨防(起于今山东省平阴县广里乡,跨越泰山而止于大海的齐国长城)可作要塞。济西有赵,河北有燕。史料五为公元前273年楚国春申君黄歇游说时推测秦楚交战齐国的基本情况,齐国彼时仍以泗水为南境,东临大海,北靠黄河。史料六为公元前261年—251年之间某年,策士游说秦昭襄王时描述齐国:向南攻破楚国,中破宋国,让西方的秦国臣服,向北攻破燕国,驱使韩、魏国君,土地广阔兵力强盛,战无不胜攻无不取,号召天下,以济水、清河为限,以齐国长城巨坊为塞。由此史料可知,齐国的基本形势为:齐之南为楚、中为宋国、以西为秦国、以北为燕国;济水、黄河为齐国的天然屏障,长城、巨防为关塞。

　　上述史料一至六为不同时期齐国的疆域大致情况,由于齐国从春秋到战国的疆域具有延续性,综合将此四则史料所描述方位和疆域重叠起来细致考察公元前333年齐国的疆域,不如先从齐国疆域的历史沿革来考察。

　　"齐"之名称由来,《史记正义》:"括地志云:'天齐池在青州临淄县东南十五里。封禅书云"齐之所以为齐者,以天齐也"。'"齐自姜太公受封于营

---

① 范祥雍笺证、范邦瑾协校《战国策笺证》(上海:上海古籍出版社,第177页)考证其时间为:"是策士上秦昭王书,其时在(秦、赵)长平之战后,当昭襄王48—56年之间。"可从。

丘一城至战国时期为田齐所篡夺，虽然政权变更了，但是其疆域却大致相承。因此，在考察战国田姓齐国疆域范围时，必须先考察姜姓齐国的疆域范围。姜姓齐国的疆域盈缩可从《左传》《史记·齐太公世家》和《史记·田敬仲完世家》中找到线索。自姜太公受封于营丘至春秋末年，齐国疆域盈缩系年大致如下：

|1| （未详何年）于是武王已平商而王天下，封师尚父于齐营丘。……营丘边莱。莱人，夷也，会纣之乱而周初定，未能集远方，是以与太公争国。（《史记·齐太公世家》）

【疆域盈缩考释】据此史料可知，齐国在初受封之时，仅有营丘。营丘，《史记正义》："括地志云：'营丘在青州临淄北百步外城中。'"在今山东淄博市临淄区。

|2| （未详何年）及周成王少时，管、蔡作乱，淮夷畔周，乃使召、康公命太公曰："东至海，西至河，南至穆陵，北至无棣，五侯九伯，实得征之。"（《史记·齐太公世家》）

【疆域盈缩考释】此史料言周成王之时，周天子为平叛，给齐国划定势力范围，东至海，西至河，南至穆陵，北至无棣，凡有任何叛乱，齐国可以进行征伐。齐由此得征伐，为大国。都营丘。

|3| （？—前878）哀公时，纪侯谮之周，周烹哀公而立其弟静，是为胡公。胡公徙都薄姑，而当周夷王之时。（《史记·齐太公世家》）

【疆域盈缩考释】薄姑，《史记正义》："括地志云：'薄姑城在青州博昌县东北六十里。'"其地在今山东淄博市临淄区西北五十里。据此史料，可知薄姑属齐无疑。

|4| （？—前878）哀公之同母少弟山怨胡公，乃与其党率营丘人袭攻杀胡公而自立，是为献公。献公元年，尽逐胡公子，因徙薄姑都，治临菑。（《史记·齐太公世家》）

【疆域盈缩考释】齐献公将首都从薄姑迁到临淄。据此史料，临淄、薄姑均属齐。

第五章 齐(含鲁)及周边诸侯疆域边界考

⑤ (前720)冬,齐、郑盟于石门,寻卢之盟也。庚戌,郑伯之车偾于济。(《左传·隐公三年》)

【疆域盈缩考释】齐、郑在齐国的石门(今山东济南市长清区西南约七里)会晤,寻求之前两国在齐国卢地(今山东长清县西南二十五里)的结盟。据此史料,可知齐国有石门、卢。

⑥ (前717)夏,盟于艾,始平于齐也。(《左传·隐公六年》)

【疆域盈缩考释】齐、鲁在艾地(为齐、鲁之间的边城,在今山东新泰县西北约五十里)会盟,鲁国开始和齐国结好。

⑦ (前706)北戎伐齐,齐侯使乞师于郑。(《左传·桓公六年》)

【疆域盈缩考释】北戎(即山戎)伐齐。据此史料,可知齐国与北戎邻壤。

⑧ (前692)二年冬,夫人姜氏会齐侯于禚。书,奸也。(《左传·庄公二年》)

【疆域盈缩考释】齐国的国君与鲁国先君的夫人在齐国的禚(今山东济南市长清区境内)相会。据此史料可知,禚为齐国领土。

⑨ (前691)秋,纪季以酅入于齐,纪于是乎始判。(《左传·庄公三年》)

【疆域盈缩考释】纪国的纪季带着酅(今山东淄博市东,与寿光相近)归入齐国做齐国的附庸。据此史料,可知齐国的版图新增了酅。

⑩ (前687)冬,夫人会齐侯于谷。(《左传·庄公七年》)

【疆域盈缩考释】鲁夫人姜氏与齐侯在齐国的谷(今山东东阿县旧治东阿镇)会面。据此史料可知,谷属齐无疑。

⑪ (前686)齐侯使连称、管至父戍葵丘。……冬十二月,齐侯游于姑棼,遂田于贝丘。(《左传·庄公八年》)

【疆域盈缩考释】齐国国君派连称、管至父戍守葵丘(今山东淄博市西)。据此史料可知,葵丘当为齐国边境的领土。又,齐国国君在姑棼(即薄姑,在今山东博兴县东北十五里)游玩,在贝丘(今山东博兴县南贝丘聚)打猎,可知姑棼、贝丘属齐无疑。

12 (前686)桓公元年春,齐君无知游于雍林。……秋,与鲁战于干时,鲁兵败走,齐兵掩绝鲁归道。(《史记·齐太公世家》)

(前686)秋,师及齐师战于干时,我师败绩,公丧戎路,传乘而归。……乃杀子纠于生窦,召忽死之。管仲请囚,鲍叔受之,乃堂阜而税之。(《左传·庄公八年》)

【疆域盈缩考释】鲁国与齐的军队在干时(今临淄与桓台之间)战斗,鲁大败。鲁国在鲁国的生窦(今山东菏泽市北二十余里)截杀齐国的公子纠。并俘虏了公子纠的随从管仲。待管仲到达齐国后,齐国的鲍叔牙在堂阜(今山东蒙阴县西北)为他松绑。据此史料可知:干时为齐国境内之地;生窦为鲁国之地;堂阜为齐国境内靠近鲁国的地方。

13 (前684)齐侯之出也,过谭,谭不礼焉。及其入也,诸侯皆贺,谭又不至。冬,齐师灭谭,谭无礼也。谭子奔莒,同盟故也。(《左传·庄公十年》)

【疆域盈缩考释】齐国灭了谭国(今山东济南市东南旧有谭城,即此)。据此史料,可知齐国疆域扩张了。

14 (前681)十三年春,会于北杏,以平宋乱。遂人不至。夏,齐人灭遂而戍之。冬,盟于柯,始及齐平也。(《左传·庄公十三年》)

【疆域盈缩考释】诸侯在齐国的北杏(今山东东阿县境)会见,商讨平定宋国的内乱。遂国人不来会见,齐灭了遂国(今山东宁阳县西北,与肥城市接界)。鲁、齐两国国君在齐国的柯(今山东阳谷县东北五十里阿城镇)结盟。据此史料可知:北杏、柯属齐;齐国疆域扩张并将遂国领土纳入版图。

15 (前664)秋七月,齐人降鄣。(《左传·庄公三十年》)

【疆域盈缩考释】齐国降服了鄣(今山东东平县东六十里之鄣集城)。据此史料,可知齐国版图扩张,将鄣纳入版图。

16 (前662)三十二年春,城小谷,为管仲也。(《左传·庄公三十

二年》)

【疆域盈缩考释】齐国在小谷(今山东东阿县治)筑城。据此史料,可知小谷属齐。

⑰ (前651)三十五年,晋献公卒,里克杀奚齐、卓子,秦穆公以夫人入公子夷吾为晋君。桓公于是讨晋乱,至高梁,使隰朋立晋君,还。(《史记·齐太公世家》)

【疆域盈缩考释】高梁为晋地,在今山西临汾市东北。此次齐伐晋,乃是一次孤军深入的打击。据此史料,不知齐国攻占何地。

⑱ (前645)十五年春,楚人伐徐,徐即诸夏故也。三月,盟于牡丘,寻蔡丘之盟,且救徐也。孟穆伯帅师及诸侯之师救徐,诸侯次于匡以待之。(《左传·僖公十五年》)

【疆域盈缩考释】楚伐徐,因为徐(今安徽泗县西北五十里)靠近中原的其他诸侯国而背离楚国。其他诸侯在牡丘(齐地,今山东聊城市东北七里)结盟以救援徐国,并在匡(宋地,今河南睢县西三十里匡城)驻扎。后来,诸侯联军攻打楚国的附庸厉国(今河南鹿邑县东苦县厉乡)来救援徐国。据此史料可知:齐有牡丘。

⑲ (前643)四十三年。管仲卒,五公子皆求立。(《史记·齐太公世家》)

【疆域盈缩考释】管仲所葬之处,《史记正义》:"括地志云:'管仲冢在青州临淄县南二十一里牛山上,与桓公冢连。隰朋墓在青州临淄县东北七里也。'"据此史料,可知管仲安葬之今山东淄博市临淄区南在齐国版图内。

⑳ (前637)宋以其善于晋侯也,叛楚即晋。冬,楚令尹子玉、司马子西帅师伐宋,围缗。(《左传·僖公二十六年》)

【疆域盈缩考释】齐国攻打宋国,并包围了宋国的缗(今山东金乡县东北二十五里)。据此史料可知,齐、宋邻壤,且宋国有缗地。

㉑ (前609)懿公四年五月,懿公游于申池,二人浴,戏。(《史记·齐太公世家》)

【疆域盈缩考释】懿公所游之申池,《史记集解》:"杜预曰:'齐南城西门名申门。齐城无池,唯此门左右有池,疑此是也。'"左思齐都赋注曰:"申池,海滨齐薮也。"其具体方位未详孰是。据此史料,可知申池在齐国版图内,但未知其方位。

22 (前608)六月,齐人取济西之田,为立公故,以赂齐也。(《左传·宣公元年》)

【疆域盈缩考释】鲁国将原先占有的曹国济西之地贿赂齐国。据此史料,可知齐国疆域扩张。

23 (前602)夏,公会齐侯伐莱,不与谋也。凡师出,与谋曰及,不与某曰会。(《左传·宣公七年》)

【疆域盈缩考释】齐国攻打莱国(今山东昌邑县东南)。据此史料,可知齐国、莱国邻壤。

24 (前599)十年春,公如齐。齐侯以我服故,归济西之田。(《左传·宣公十年》)

【疆域盈缩考释】齐国将鲁国贿赂给齐国的济西之地归还了鲁国。据此史料可知,齐国丢掉了济西之地,鲁国重新拥有济西之地。

25 (前591)十八年春,晋侯、卫大子臧伐齐,至于阳谷。齐侯会晋侯盟于缯,以公子强为质于晋。晋师还,蔡朝、南郭偃逃归。(《左传·宣公十八年》)

【疆域盈缩考释】晋伐齐,到达齐国的阳谷(今山东阳谷县)。两国媾和,晋军退兵。据此史料,可知晋国的疆域达到阳谷以西。

26 (前589)二年春,齐侯伐我北鄙,围龙。……三日,取龙,遂南侵及巢丘。(《左传·成公二年》)

【疆域盈缩考释】齐伐鲁国北部边境的龙,攻占了龙(今山东泰安市东南),并继续进军,到达巢丘(距离龙不远)。据此史料,可知齐国疆域扩张,将鲁国的龙纳入版图,并一直到达鲁国的巢丘,可见此时齐、鲁在这一区域的边界。

27 (前589)师从齐师于莘。六月壬申,师至于靡笄之下。……癸酉,师陈于鞍。……晋师从齐师,入自丘舆,击马陉。……秋七月,晋师及齐国佐盟于爰娄,使齐人归我汶阳之田。……公会晋师于上鄍。(《左传·成公二年》)

【疆域盈缩考释】齐伐鲁、卫,晋救鲁卫以伐齐,从卫国的莘(今山东莘县北,乃自卫至齐之要道)追上齐军,齐军接连回退,晋国军队追到靡笄山(今山东济南市千佛山)下,齐、晋两军在鞍(即历下,今山东济南市西偏)摆开阵势,齐军大败。齐军继续回退,从徐关(今山东淄川西)进入齐国首都临淄。晋军追赶齐军,从齐国的丘舆(今山东青州市西南)进入齐国,攻打马陉(今山东青州市西南、丘舆北)。最后和齐国在齐国首都临淄附近的爰娄(今山东淄博市临淄区西)讲和,勒令齐国将汶阳的领土归还鲁国。从这则史料,可知:莘属卫;齐国拥有靡笄山、鞍、徐关、丘舆、马陉、爰娄等地,晋国虽然进攻深入,但是并没有守住这些地方。之后,鲁国国君在齐、卫交界的上鄍(今山东阳谷县境)会见晋军。

28 (前588)夏,公如晋,拜汶阳之田。……秋,叔孙侨如围棘,取汶阳之田。棘有服,故围之。(《左传·成公三年》)

【疆域盈缩考释】齐国退还了原属鲁国汶阳以西的领土,鲁国国君拜谢晋国国君。……由于汶阳之田的棘(今山东泰安市西南,汶水北八十里)不服,鲁伐之。据此史料,可知齐国丢失了汶阳以西。

29 (前583)八年春,晋侯使韩穿来言汶阳之田,归之于齐。(《左传·成公八年》)

【疆域盈缩考释】晋国派人通知鲁国,要鲁国将之前齐国归还给鲁国的济西之地还给齐国。据此史料,可知鲁国丢掉了济西之地。

30 (前581)十七年,顷公卒,子灵公环立。(《史记·齐太公世家》)

【疆域盈缩考释】顷公所葬之地,《史记集解》:"皇览曰:'顷公冢近吕尚冢。'"

31 (前571)齐侯伐莱,莱人使正舆子赂夙沙卫以索马牛,皆百

匹,齐师乃还。君子是以知齐灵公之为"灵"也。(《左传·襄公二年》)

【疆域盈缩考释】齐国攻打莱国,莱国贿赂齐国,齐国退兵。不久,齐在东阳(疑在今山东临朐县)筑城以逼迫莱国。据此史料可知,齐国有东阳;齐、莱仍是相互独立的诸侯国。

32 (前567)十一月,齐侯灭莱,莱恃谋也。(《左传·襄公六年》)

【疆域盈缩考释】齐国灭了莱国。据此史料,可知齐国疆域扩张,将莱国纳入版图。

33 (前558)夏,齐侯伐我北鄙,围成。公救成,至遇。季孙宿、叔孙豹帅师城成郛。秋八月丁巳,日有食之。邾人伐我南鄙。(《左传·襄公十五年》)

【疆域盈缩考释】齐伐鲁国北境,围鲁国的成(今山东宁阳县东北九十里)。鲁国救援成,到达遇(今曲阜与宁阳之间)。鲁国派兵在成的外围修筑城墙。不久,邾国伐鲁南部边境。据此史料可知齐、鲁边界在成、遇一带,鲁国拥有成、遇。

34 (前556)齐人以其未得志于我故,秋,齐侯伐我北鄙,围桃。高厚围臧纥于防。师自阳关逆臧孙,至于旅松。耶叔纥、臧畴、臧贾帅甲三百,宵犯齐师,送之而复。齐师去之。(《左传·襄公十七年》)

【疆域盈缩考释】因去年未达到目的,齐再伐鲁国北境,围攻鲁国的桃(今山东汶上县北而稍东约三十五里),并将臧纥包围在鲁国的防(今山东济宁市泗水县西南二十八里),鲁国从阳关(今山东泰安市偏东而南约六十里)出动军队,夜袭齐军,到达旅松(距离防不远)。齐国军队回退。据此史料,可知齐鲁在此区域的疆域界线,大抵在鲁国的桃、防、阳关以北。

35 (前555)冬十月,会于鲁济,寻溴梁之言,同伐齐。齐侯御诸平阴,堑防门而守之,广里。……晋人欲逐归者,鲁、卫请攻险。己卯,荀偃、士匄以中军克京兹。乙酉,魏绛、栾盈以下军克邿。赵武、韩起以上军围卢,弗克。十二月戊戌,及秦周,伐雍门之萩。范鞅门于雍门,其御追喜以戈杀犬于门中。孟庄子斩其以为公琴。己亥，焚雍门及西郭、南郭。刘难、士弱率诸侯之师焚申池之竹木。壬寅，焚东郭、北郭。范鞅门于扬门。州绰门于东闾，左骖迫，还于门中，以枚数阖。……齐侯驾，将走邮棠。……甲辰，东侵及潍，南及沂。（《左传·襄公十八年》）

【疆域盈缩考释】鲁会诸侯伐齐，齐国在平阴（今山东平阴县东北三十五里）抵御，在防门（今山东平阴县东北三十二里）挖掘战壕据守。不久，诸侯攻下平阴追赶齐军，一路攻占了齐国的京兹、邿、卢（这几处都是泰山山脉的险要之处），到达秦周，砍伐了齐国西门外的萩木。然后攻打齐国首都临淄的扬门、东闾。齐国国君打算逃到邮棠（今山东平度东南），被劝阻。诸侯伐齐的军队东进攻到潍水，南到达沂水。据此史料，可知齐鲁在此区域的边界，在齐国平阴一带；此次属于一次深入打击，并未实际长期占领齐国领土。

36 （前554）夏五月壬辰晦，齐灵公卒。庄公即位，执公子牙于句渎之丘。以夙沙卫易己，卫奔高唐以叛。（《左传·襄公十九年》）

（前554）晋闻齐乱，伐齐，至高唐。（《史记·齐太公世家》）

【疆域盈缩考释】齐国新任国君即位，在句渎之丘逮捕公子牙，齐国大臣逃亡到齐国的高唐（今山东高唐县东三十五里）并据以叛变。从此则史料可知，句渎之丘、高唐属齐无疑。

37 （前549）崔杼帅师送之，遂伐莒，侵介根。（《左传·襄公二十四年》）

【疆域盈缩考释】齐伐莒，侵入莒国的旧都介根（今山东高密东南四十里）。据此史料，可知齐、莒邻壤，边界到达介根，且齐国版图扩张。

38 （前548）晋侯使魏舒、宛没逆卫侯，将使卫与之夷仪。崔子止其帑，以求五鹿。（《左传·襄公二十五年》）

【疆域盈缩考释】齐国想谋取卫国的五鹿（今河南濮阳市濮阳县南）。据此史料可知，齐、卫邻壤；五鹿此时仍属卫国。

39 （前547）齐人城郏之岁，其夏，齐乌余以廪丘奔晋，袭卫羊角，取之；遂袭我高鱼。……(前546)二十七年春，胥梁带使诸丧邑者具车徒以受地，必周。使乌馀车徒以受封，乌馀以众出。使诸侯伪效乌馀之封者，而遂执之，尽获之。皆取其邑而归诸侯，诸侯是以睦于晋。(《左传·襄公二十七年》)

【疆域盈缩考释】齐国人乌馀率领廪丘(廪丘本卫国城邑，可能是齐国攻下后给乌馀，乌馀因此而能据以投降晋国，其地在今旧范县东南七十里义东堡)投奔晋国，并袭击占领了卫国的羊角(今山东郓城县西北而与范县接界)，然后袭击并攻占了鲁国的高鱼(在山东郓城县北，羊角城东、鄄城县东北)。最后，在晋国的主持下，乌馀所侵占的各城邑全部各归其主。从此则史料可知：齐国丢掉了廪丘；齐国廪丘与卫国羊角相近，齐、卫边境大抵在这两地之间；卫国的羊角与鲁国的高鱼相近，卫、鲁在这一区域的疆界当在这两城之间。

40 (前542)齐子尾害闾丘婴，欲杀之，使帅师以伐阳州。(《左传·襄公三十一年》)

【疆域盈缩考释】齐国派兵攻打鲁国的阳州(今山东东平县北境)。据此史料可知，齐鲁的边界在阳州以北。

41 (前535)七年春，王正月，暨齐平，齐求之也。癸巳，齐侯次于虢。……二月戊午，盟于濡上。(《左传·昭公七年》)

【疆域盈缩考释】齐国驻扎在临近燕国的虢(今河北任丘市西北)，两国在濡上(今河北任丘市西北，与齐师驻地不远)结盟。据此史料，可知齐、燕两国的大致边界在虢、濡水一带。

42 (前530)十二年春，齐高偃纳北燕伯款于唐，因其众也。(《左传·昭公十二年》)

【疆域盈缩考释】齐国将燕国国君送到唐(今河北顺平县西、唐县东北)。据此史料可知，齐燕邻壤。

43 (前526)二月丙申，齐师至于蒲隧。徐人行成。徐子及郯人、莒人会齐侯，盟于蒲隧，赂以甲父之鼎。(《左传·昭公十六年》)

【疆域盈缩考释】齐伐徐国,到达徐国的蒲隧(今江苏睢宁县西南)。徐国害怕,与齐国在蒲隧结城下之盟。

44 (前523)秋,齐高发帅师伐莒。莒子奔纪鄣。使孙书伐之。……七月丙子,齐师入纪。(《左传·昭公十九年》)

【疆域盈缩考释】齐伐莒,莒国国君逃到纪鄣(今江苏赣榆县北),齐派兵攻打纪鄣,并攻入城中。据此史料,可知齐国版图扩张,将齐、莒疆界推进到莒国的纪鄣。

45 (前522)十二月,齐侯田于沛,招虞人以弓,不进。(《左传·昭公二十年》)

【疆域盈缩考释】齐国在沛(今山东博兴县南)打猎。据此则史料,齐国拥有沛无疑。

46 (前516)二十六年春,王正月庚申,齐侯取郓。(《左传·昭公二十六年》)

【疆域盈缩考释】齐国攻占鲁国的郓地(今山东郓城县东十六里),齐、鲁在炊鼻(今山东宁阳县界)作战。据此史料可知齐鲁边界在炊鼻附近。

47 (前503)齐人归郓、阳关,阳虎居之以为政。(《左传·定公七年》)

【疆域盈缩考释】齐国将侵占鲁国的郓、阳关(今山东宁阳县东北八十余里)归还鲁国。据此史料,鲁国新得两地;齐、鲁边界在郓、阳关以北。

48 (前502)八年春,王正月,公侵齐,门于阳州。……公侵齐,攻廪丘之郭。……阳虎入于讙、阳关以叛。(《左传·定公八年》)

【疆域盈缩考释】鲁伐齐,攻打齐国的阳州(今山东东平县北境),可知齐、鲁边界在阳州以南。鲁攻齐廪丘(今山东鄄城县东北约四十里)的外城。可知齐、鲁边界在廪丘。鲁国的阳虎进入鲁国的讙(今山东宁阳县北而稍西)、阳关(今山东泰安市东南)而叛变。据此史料可知鲁国有讙、阳关。

49 (前501)秋,齐侯伐晋夷仪。(《左传·定公九年》)

【疆域盈缩考释】齐伐晋夷仪(今河北聊城市西南)。据此史料,可知齐、晋疆界在夷仪。

50 (前501)齐侯致禚、媚、杏于卫。(《左传·定公九年》)

【疆域盈缩考释】齐国将禚、媚、杏送给卫国国君。据此史料,可知卫国新有三地;齐、卫邻壤。

51 (前500)齐人来归郓、讙、龟阴田。(《左传·定公十年》)

【疆域盈缩考释】齐国将郓(今山东郓城县东十六里)、讙(今山东宁阳县西北三十里)、龟阴(今山东新泰市西南、泗水县东北)归还给鲁。据此史料,鲁国新得三地,齐国丢失三地。

52 (前489)使人迁晏孺子于骀。(《史记·齐太公世家》)

【疆域盈缩考释】据此史料,可知骀(今山东诸城市东南)属齐无疑。

53 (前487)齐侯怒,夏五月,齐鲍牧帅师伐我,取讙及阐。……冬十二月,齐人归讙及阐,季姬嬖故也。(《左传·哀公八年》)

【疆域盈缩考释】齐国人攻夺了鲁国的讙(今山东泰安市宁阳县北而稍西)、阐(今山东宁阳县东北三十里之堽城之北)。不久,齐国又归还了这两地。据此史料,可知鲁齐的部分疆界在讙及阐周边。

54 (前485)晋赵鞅伐齐,至赖而去。(《史记·齐太公世家》)

【疆域盈缩考释】赖在今山东济南市章丘区宁家埠镇。此史料言赵"至赖而去",似赵军属于深入齐国边境以内。尽管据此史料不详赵、齐彼时的准确边界,但由这则史料至少可知,赵齐边界在前485年到达今山东济南市章丘区宁家埠镇不远处。

55 (前481)庚辰,陈恒执公于舒州。(《左传·哀公十四年》)

(前481)田常既杀简公,惧诸侯共诛己,乃尽归鲁、卫侵地,西约晋、韩、魏、赵氏,南通吴、越之使,修功行赏,亲于百姓,以故齐复定。田常言于齐平公曰："德施人之所欲,君其行之;刑罚人之所恶,臣请行之。"行之五年,齐国之政皆归田常。田常于是尽诛鲍、晏、监止及公族之强者,而割齐自安平以东至琅邪,自为封邑。封邑大于平公之所食。(《史记·齐太公世家》)

【疆域盈缩考释】齐国人在舒州杀了他们的国君。舒州,在今河北廊坊市大城县界,此齐之极北,与燕界。

56 (前472)壬辰,战于犁丘。齐师败绩,知伯亲禽颜庚。(《左传·哀公二十三年》)

【疆域盈缩考释】齐、晋战于犁丘(今山东临邑县西),齐国战败。据此史料可知此时齐、晋在此区域的疆界。

从上面的史料,可大致勾勒春秋末期齐国的疆域情况(如图5-1所示):南境与鲁国沿桃丘→阳谷→郓→遂→谨→阳关→龙(隆)→博→长勺→艾陵→艾→堂阜→穆棱→无娄→莒→根牟→向→纪鄣邻壤;西境与晋国沿高唐→牡丘→北杏→枸邻壤;西南境与卫国沿柯→廪丘→生渎→高鱼→郓邻壤。

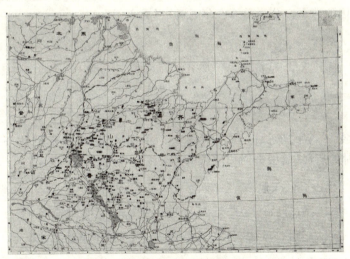

图5-1 春秋末期齐国疆域形势①

———————————

① 本图之底图采用谭其骧主编《中国历史地图集(第一册)》(北京:中国地图出版社,1982年,第26—27页)"春秋时期-齐鲁"。

自春秋进入战国后,齐国疆域又发生了极大变化:三家分晋后,齐的疆域分别与赵、魏邻壤。本书第四章大致考定了公元前 333 年齐国北与燕、西与赵的疆域界限。下面我们在前述基础上考察齐国南境与其他诸侯的疆域界线。

一　齐国城邑考

从已有史料分析来看,确定在公元前 333 年属于齐国城邑或势力范围的领地有:

狄

1 (前 275)田单将攻狄,往见鲁仲子,仲子曰:"将军攻狄,不能下也。"(《战国策·齐策六·田单将攻狄》)

此狄活动的范围,大致在今山东淄博市高青县高城镇西北(H18)。这则史料记载齐襄王五年(前 275),田单将齐闵王太子田法章从莒迎回首都临淄之后,继续收复失地而进攻狄。单据此史料未详公元前 333 年狄所属。不过,从狄近齐都临淄来看,以齐之强大,不可能容许被视为外族的狄部落居于齐郡这样近的地方,当是狄城。狄城此时当驻扎着公元前 284 年入侵齐国的燕军。公元前 333 年,狄城当属齐。

於陵

1 (前 264)於陵子仲尚存乎?是其为人也,上不臣于王,下不治其家,中不索交诸侯。此率民而出于无用者,何为至今不杀乎?(《战国策·齐策四·齐王使使者问赵威后》)

於陵,在今山东长山县西南(I18)。单据此史料,未知於陵在公元前 333 年时的所属,需根据周边城邑所属来综合判定。

太山、济、天唐、高宛、雍门

1 (前 341)然后背太山,左济,右天唐,军重踵高宛,使轻车锐骑冲雍门。(《战国策·齐策一·田忌为齐将》)

太山,即泰山(I18);济,即济水(K14—K15—K16—J16—J17—I17—I18—H18—H19);天唐,《图集》无,第二章第二节补释其地大抵在今山东邹平县西北(I18);高宛,《图集》将其标绘在今山东邹平县东北(I18)。据此史料,公元前 341 年,天唐、高宛、雍门均属齐无疑。

夜邑

①（前279）王乃杀九子而逐其家,益封安平君以夜邑万户。(《战国策·齐策六·貂勃常恶田单》)

（前279）当今将军,东有夜邑之奉,西有菑上之虞。(《战国策·齐策六·田单将攻狄》)

夜邑,在今山东文登市东北(H20)。据史料,公元前279年,齐有夜邑无疑。其地望在临淄以东,公元前333年当属齐。

胶东

①（前279）重燕、赵,以胶东委于燕,以济西委于赵。(《战国策·燕策二·秦召燕王》)

胶东,据钱穆《史记地名考》:"胶水源胶县西南胶山,北流经胶、高密、平度,至掖县境入海。"胶水以东也(H21－I21)。其地望在临淄以东,公元前333年当属齐。

赖

①（前485）(齐悼公四年,)晋赵鞅伐齐,至赖而去。(《史记·齐世家》)

赖,《图集》无,第二章第二节补释其地在今山东济南市章丘区西北宁家埠镇(I18)。此史料言赵"至赖而去",似赵军属于深入齐国边境以内。尽管据此史料不详赵、齐彼时的准确边界,但由这则史料至少可知,赵齐边界在前485年到达今山东济南市章丘区西北家埠镇之西不远处。公元前333年齐西部边防在济水以西的高唐、昌城一带,赖当属齐。

齐长城、防(巨防)

①（前404）十二年,王命韩景子、赵烈子、翟员伐齐,入长城。(《水经·汶水注》引《竹书纪年》)

②（前368）七年,侵齐,至长城。(《史记·赵世家》)

③（前350）梁惠成王二十年,齐筑防以为长城。(《水经·汶水注》引《竹书纪年》)

④（前293）吾闻之齐有清济、浊河可以为固,有长城、巨防足以为

塞,诚有之乎? ……且异日也,济西不役,所以备赵也;河北不师,所以备燕也。今济西、河北尽以役矣,封内弊矣。(《战国策·燕策一·苏秦死》)

齐长城之走向,大致东起今山东胶南市,西至今山东平阴县,途经今山东省中部泰山北麓(I17—I18—19—J20)。史料一载公元前405年周威烈王命韩、赵伐齐,侵入齐国长城。可知,前405年,齐已筑长城。史料二载公元前368年,赵侵齐,直到齐长城。这则史料所言具体侵占地,《史记正义》引《括地志》:"所侵处在密州南三十里。"又,史料言"至长城",可见赵、齐之真实边界应在长城之外,齐长城为实际武装防线。史料三记载公元前351年,齐国在防修筑长城。防,即巨防,巨防,起于今山东省平阴县东北广里乡,跨越泰山而止于大海的齐国长城。又史料四为公元前293年,苏代北上去见燕昭王汇报齐国的基本情况,言齐国西北境的济水、黄河,足以固守,自西向东的长城、巨防可作要塞。从上面的史料考辨可知,公元前333年,齐长城和巨防在齐国疆域内。

千乘、博昌、嬴、博、鼓里

1 (前284年)王奔莒,淖齿数之曰:"夫千乘、博昌之间方数百里,雨血沾衣,王知之乎?"王曰:"不知。""嬴、博之间地坼至泉,王知之乎?"……于是杀闵王于鼓里。(《战国策·齐策六·齐负郭之民有狐咺者》)

千乘,在今山东高青县(H18);博昌,在今山东博兴县(H19);嬴,在今山东莱芜市(I18);博,在今山东泰安市(H18);鼓里,在今山东莒县县城内(J19)。此史料言公元前284年燕攻击齐国,齐闵王逃到莒城,被楚国淖齿活捉。淖齿数落齐闵王的罪状,称齐闵王齐国境内的千乘、博昌、嬴、博等地有异象昭示,并杀闵王于齐国莒地鼓里。据此史料可知,这些地方都是齐国境内的地名,在燕攻齐的公元前284年之前,当都属齐。也即,公元前333年,千乘、博昌、嬴、博、鼓里均属齐。

临淄、即墨

1 (前378—前370)威王召即墨大夫。(《史记·田敬仲完世家》)

2 (前334)秦攻齐,则楚绝其后,韩守成皋,魏塞午道,赵涉河、漳、博关,燕出锐师以佐之。(《战国策·赵策二·苏秦从燕之

第五章 齐(含鲁)及周边诸侯疆域边界考 475

赵始合从》)

③ (前312)齐城之不下者,唯独莒、即墨。(《战国策·燕策一·燕昭王收破燕后即位》)

④ (前311)大王不事秦,秦驱韩、梁攻齐之南地,悉赵兵,渡清河,指博关、临菑、即墨非王之有也!(《资治通鉴·慎靓王四年》)

⑤ (前284)田单东保即墨。(《史记·田单列传》)

(前284)以即墨攻破燕军。(《史记·田敬仲完世家》)

即墨,在今山东平度东南(I21)。据史料一、二,可知公元前333年即墨属齐无疑。

最

① (前394)齐伐鲁,取最。(《资治通鉴·周安王八年》)

最,在今山东曲阜市东南(J18)。这则史料记载的是公元前394年,齐攻占鲁国的最邑。据此史料,公元前394年之后,最邑属齐。

平陆(右壤)

① (前390)鲁败齐平陆。(《史记·田敬仲完世家》)

(前390)十五,鲁败我平陆。(《史记·六国年表·齐》)

② (前299)未涉疆,秦以五十万临齐右壤。(《战国策·楚策二·楚襄王为太子之时》)

③ (前279)且弃南阳,断右壤,存济北,计必为之。(《战国策·齐策六·燕攻齐取七十余城》)

右壤,《史记索隐》:"齐右壤之地,平陆是也。"平陆,在今山东汶上县西北(J17)。此史料载公元前390年鲁在平陆击败齐。据此史料,未知平陆属鲁或齐,但大致可以判断其为齐鲁边境。据史料二,可知至公元前299年,平陆属齐。

郕

① (前408)四十八,取鲁郕。(《史记·六国年表·齐》)

(前408)宣公四十八年,取鲁之郕。(《史记·田敬仲完世家》)

郕,在山东省泰安市宁阳县华丰镇(J18)。据此史料可知,公元前408

年齐攻占鲁国的郕。此后当一直属齐。

阳关

① （前502）鲁定八年，阳虎奔阳关。（《史记·十二诸侯年表》）

② （前502）阳虎居阳关。（《史记·鲁周公世家》）

③ （前373）鲁伐我，入阳关。（《史记·齐世家》）

（前373）六，鲁伐入阳关。（《史记·六国年表·齐》）

阳关，在今山东宁阳县东北(I18)。据史料一、二，知阳关为齐、鲁边境鲁国境内的重要关塞。据史料三，公元前373年鲁伐齐，并攻入阳关。据这则史料，公元前373年之前，阳关应为齐、鲁边境齐国一方，前373年被鲁攻占，转属鲁。又因其南之郕属齐，阳关当属齐。

无盐

① （前356—前320之间某年）齐威王设大鼎于庭中，而数无盐令。（《淮南子·氾论训》）

无盐，在今山东东平县东(J17)。据此史料，可知无盐属齐。

邿

① （未详何年）邿造戈。（《沂蒙金文辑存》72.1）

《图集》无，第二章第二节补释其地在今山东泰安市东平县东(J17)。邿地之所属，从周边城邑的所属来看，公元前333年当属齐。

监(阚)

① （前517）叔孙昭子如阚，公居于长府。……左师展告公，公使昭子自铸归。（《左传·昭公二十五年》）

② （前283之后）信陵君曰："秦长驱梁北，东至陶、卫之交，北至平、阚。"（《读史方舆纪要·山东四·东平州·汶上县·阚亭》）

（前283之后）又长驱梁北，东至陶、卫之郊，北至平、监。（《史记·魏世家》）

（前283之后）又长驱梁北，东至陶、卫之郊，北至平、阚。（《战国策·魏策三·魏将与秦攻韩》）

阚，在今山东汶上县南旺西村(J17)。据此系年史料，可知齐有阚。

薛(上邳)、徐州

1. (前339)梁惠王三十一年,下邳迁于薛,改名徐州。(《水经·泗水注》引《竹书纪年》)

2. (前334)齐威王二十三年①田婴相齐,齐威王②与魏惠王③会徐州相王也。(《史记·孟尝君列传》)

3. (前333)楚围我徐州。(《史记·田敬仲完世家》)

   (前333)楚威王战胜于徐州,欲逐婴子于齐。(《战国策·齐策一·楚威王战胜于徐州》)

   (前333)齐孟尝君父田婴欺楚,楚威王伐齐,败之于徐州。(《史记·楚世家》)

   (前333)楚伐徐州。(《史记·魏世家》司马贞《索隐》引《竹书纪年》)

4. (前321)齐将封田婴于薛。楚王闻之大怒,将伐齐。(《战国策·齐策一·齐将封田婴于薛》)

   (前321)靖郭君将城薛,客多以谏。(《战国策·齐策一·靖郭君将城薛》)

   (前321)梁惠成王十三年,齐王封田婴于薛。十月,齐城薛。(《史记·孟尝君列传》张守节《正义》引《竹书纪年》)

5. (前286)宋康王之时,有雀生鸟旗于城之陬,使史占之,曰:"小而生巨,必霸天下。"康王大喜。于是灭滕伐薛,取淮北之地。(《战国策·宋卫策·宋康王之时》)

徐州,在今山东滕州市南(K18)。据上面史料,公元前334年齐、魏徐州相互称王,徐州非魏地,必为齐地。又,第二年楚败齐于徐州,但并未攻占。公元前321年,齐国国君将此地分封给宰相田婴。可知,公元前333年,徐州属齐无疑。

---

① 原文作"(齐)宣王九年",据杨宽《战国史料编年辑证》(台北:台湾商务印书馆,2002年)第334页校正。
② 原文作"齐宣王",依据同上。
③ 原文作"魏襄王",依据同上。

常

1 (前334)愿魏以聚大梁之下,愿齐之试兵南阳、莒地,以聚常、郯之境,则方城之外不南。《史记·越王勾践世家》

常,在今山东滕州市东南孟尝集(K18)。据此史料,前334年,常属齐。

建阳

1 (未详何年)建昜。(《集成》10918【建阳戈】)

《图集》无,第二章第二节补释其地在今山东枣庄市西南(K18)。关于建阳的所属,周翔引《战国文字通论》[①]:"'建昜'读为'建阳',今山东枣庄,战国齐邑。"考证为齐邑。

阴平

1 (未详何年)险(阴)平左库之艁(造)。(《集成》11609【险平剑】)

《图集》无,第二章第二节补释其地在今山东枣庄市西南(K18)。关于阴平的所属,周翔引《中国历史地名大辞典》[②]:"阴平,战国时齐邑,汉有阴平侯国、阴平县,今山东枣庄市旧峄县西南。"考证阴平为齐邑。

武城(南武城)

1 (约前436)曾子居武城,有越寇。(《孟子·离娄下》)

2 (前505—前435)曾参,南武城人。(《史记·仲尼弟子列传》)

3 (前355)吾臣有檀子者,使守南城,则楚人不敢为寇东取。(《史记·田敬仲完世家》)

武城,在今山东费县西南八十里石门山下(J18)。史料一、二,战国时期武城属鲁。史料三,公元前355年,武城即已属齐。

襄贲、开阳(启阳)

1 (前301)楚人则乃有襄贲、开阳以临吾左。(《荀子·强国》)

2 (前300—前284之间)陆子谓齐湣王曰:鲁费之众,臣甲舍于襄

---

① 周翔:《战国兵器铭文分域编年研究》,浙江师范大学硕士论文,2013年,第265页。
② 同上书,第264页。

贡者也。(《水经·沂水注》引《鲁连子》)

襄贲,在今山东郯城县西北(K19);开阳,即启阳,在今山东临沂市北(J19)。史料一为公元前301年荀子见齐闵王时对齐国形势的一个假设,并非楚国已经占有襄贲、开阳。史料二也为齐闵王之时。齐闵王在位时间为公元前300至前284年。据此史料可知,齐闵王之时,襄贲属齐。可推知公元前333年,襄贲、开阳均属齐。

阳都

|1| (未详何年)䧹都。(《集成》10937【䧹都戈】)

|2| (未详何年)阳都邑之□徙□玺。(《玺汇》0198)

《图集》无,第二章第二节补释其地在今山东沂南县南(J19)。阳都之所属,史料一,周翔引《中国历史地名大辞典》[①]:"'䧹都'可读为'阳都',当即西汉之阳都县,今山东沂南县南,战国时属齐。"史料二,吴良宝引李学勤《战国题铭概述(上)》,认定为齐邑[②]。从史料一、二可知阳都为齐邑无疑。

莒(东莒)、城阳

|1| (未详何年)古莒国,周武王封少昊后嬴兹舆于此。(《读史方舆纪要》卷三十五)

|2| (前583)楚子重自陈伐莒,莒溃。(《左传·成公八年》)

|3| (前468)东方有莒之国,其为国甚小,间于大国之间,不敬事于大,大国亦弗之从而爱利,是以东者越人夹削其壤地,西者齐人兼而有之,计莒之所以亡于齐、越之间者,以是攻战也。(《墨子·非攻中》)

|4| (前431)简王元年,北伐灭莒。(《史记·楚世家》)

(前431)楚简王仲元年灭莒。(《史记·六国年表·楚》)

(前431)莱、莒好谋,陈、蔡好诈,莒恃越而灭,蔡恃晋而亡。(《战国策·齐策五·苏秦说齐闵王曰》)

|5| (前341)今太子自将攻齐,大胜并莒,则富不过有魏,而贵不益

---

① 周翔:《战国兵器铭文分域编年研究》,浙江师范大学硕士论文,2013年,第265页。
② 吴良宝:《〈中国历史地图集〉战国部分地名校补》,《中国历史地理论丛》,2006年7月,第21卷第3辑,第144—151页。

为王。(《史记·魏世家》)

6 (前334)愿魏以聚大梁之下,愿齐之试兵南阳、莒地,以聚常、郯之境。(《史记·越王句践世家》)

7 (前313)王因令章子将五都之兵,以因北地之众以伐燕。(《战国策·燕策一·燕王哙既立》)

8 (前284年)燕攻齐,取七十余城,唯莒、即墨不下。(《战国策·齐策六·燕攻齐取七十余城》)

(前284年)四十,五国共击愍王,王走莒。(《史记·六国年表·齐》)

(前284年)淖齿既以去莒,莒中人及齐亡臣相聚求愍王子,欲立。法章惧其诛己也,久之,乃敢自言"我愍王子也"。于是莒人共立法章,是为襄王。以保莒城而布告齐国中:"王已立在莒矣。"(《史记·田敬仲完世家》)

9 (前281)还盖长城以为防,朝射东莒,夕发浿丘,夜加即墨,顾据午道。(《史记·楚世家》)

10 (前279年)燕人兴师而袭齐墟,王走而之城阳之山中。(《战国策·齐策六·貂勃常恶田单》)

(前279)齐城之不下者,唯独莒、即墨。(《战国策·燕策一·燕昭王收破燕后即位》)

莒(东莒),在今山东莒县(J19);城阳,在今山东莒县东北,为区域名(J19)。从史料五可知,公元前341年齐有莒,故而言假如魏太子一直东向将齐国最东部的莒地纳入版图,云云。又,史料六,莒为齐国五都之一。从这两则史料可知,莒在公元前333年属齐无疑。

盖

1 (前314)孟子为卿于齐,出吊于滕,王使盖大夫王驩为辅行。(《孟子·公孙丑下》)

盖,在今山东沂源县东南(I19)。据此史料可知,公元前314年,盖属齐。

艾陵

1. (前484)吴王夫差栖越于会稽,胜齐于艾陵。(《战国策·秦策五·谓秦王曰》)

艾陵,在今山东莱芜市东北(I18)。据此史料,知艾陵属齐。越灭吴后,艾陵归齐。

二 鲁国城邑考

鲁国的大致地理方位,据《汉书·地理志》:

> 鲁地,奎、娄之分野也。东至东海,南有泗水,至淮,得临淮之下相、睢陵、僮、取虑,皆鲁分也。……东平、须昌、寿良,皆在济东,属鲁,非宋地也,当考。(《汉书·地理志》)

《汉书·地理志》只言鲁国之概然方位及疆域。鲁的疆域范围,鲁《春秋》记载甚详,加之左氏作传,一些在《春秋》中被忽略的地名也被补上了,使得鲁国的疆域范围非常详细。鲁国的具体疆域范围,据《左传》,大致如下:

1. (未详何年)封周公旦于少昊之虚曲阜,是为鲁公。周公不就封,留佐武王。(《史记·鲁周公世家》)

【疆域盈缩考释】周公姬旦被封在曲阜(今山东曲阜市),但是没有去往封地而是留守在周武王身边辅佐周武王。据此史料,可知鲁国最初只有曲阜一城。

2. (未详何年)……周公卒,子伯禽固已前受封,是为鲁公。鲁公伯禽之初受封之鲁……伯禽即位之后,有管、蔡等反也,淮夷、徐戎亦并兴反。于是伯禽率师伐之于肸,作肸誓……作此肸誓,遂平徐戎,定鲁。(《史记·鲁周公世家》)

【疆域盈缩考释】周公姬旦逝世之后,其子伯禽继袭周公之地,随后,周王朝有管叔、蔡叔的叛乱,有淮夷、徐戎的叛乱。伯禽率师讨伐,平定了徐戎叛乱,安定了自己的封国鲁国。据此史料可知,鲁国与淮夷、徐戎相互独立。

3. (前722)三月,公及邾仪父盟于蔑。……九月,及宋人盟于宿。

（《左传·隐公元年》）

（前722）夏四月，费伯帅师城郎。不书，非公命也。（《左传·隐公元年》）

【疆域盈缩考释】此则史料记述鲁隐公摄政后鲁国在外交方面的一些举动：与郑在鲁国的蔑（今山东济南市泗水县东四十五里）会盟……九月，与宋在宿（今山东东平县东南二十里）会盟。另，从费伯筑城要征得鲁国命令来看，费国时当属鲁国。可知鲁国还有费（今山东费县西北二十里）、郎（今山东曲阜近郊）。

4（前721）二年春，公会戎于潜，修惠公之好也。戎请盟，公辞。……戎请盟。秋，盟于唐，复修戎好也。……司空无骇入极，费庈父胜之。（《左传·隐公二年》）

【疆域盈缩考释】鲁隐公摄政后鲁国在外交方面的一些举动：与戎在鲁国的潜地（今山东济宁市西南）会面。后来，又在鲁国的唐地（今山东鱼台县东北十二里武唐亭）会盟。据此史料，可知鲁和戎邻壤。又，鲁灭了其附庸国极国（今山东金乡县南而稍东三十五里）。可知鲁国的疆域在原有基础上扩张并包括了极国原有疆域。

5（前718）五年春，公将如棠观鱼者。……公曰："吾将略地焉。"（《左传·隐公五年》）

【疆域盈缩考释】鲁隐公在棠地（今山东鱼台县西南观鱼台）观鱼。当有人劝说隐公不要这么做，鲁隐公说他是在视察边境。可知鲁国有棠地，且棠地为鲁国的边境。

6（前716）夏，城中丘，书，不时也。（《左传·隐公七年》）

【疆域盈缩考释】鲁国在中丘（今山东临沂市东北）筑城，可知鲁国有中丘城。

7（前715）郑伯请释泰山之祀而祀周公，以泰山之祊易许田。三月，郑伯使宛来归祊，不祀泰山也。……（前711）元年春，公即位，修好于郑。郑人请复祀周公，卒易祊田。公许之。三月，郑伯以璧假许田，为周公、祊故也。（《左传·隐公八年—十二年》）

【疆域盈缩考释】鲁、郑交换土地,郑国用泰山旁边用于祭祀的祊地(今山东费县东约三十七里)交换鲁国在许的土地。两国最终在公元前711年完成交换。据这则史料,郑获得许的土地,鲁获得祊地。

⑧ (前714)夏,城郎,书,不时也。……冬,公会齐侯于防,谋伐宋也。(《左传·隐公十三年》)

【疆域盈缩考释】鲁国在郎地(此鲁国首都曲阜近郊之郎,非前722年费伯所筑之郎)筑城。可知,鲁国拥有郎地。又,齐、鲁在鲁国的东防(今山东费县东北四十里)会晤,商讨与郑国一起讨伐宋国。

⑨ (前713)十年春,王正月,公会齐侯,郑伯于中丘。癸丑,盟于邓,为师期。……壬戌,公败宋师于菅。庚午,郑师入郜。辛未,归于我。庚辰,郑师入防。辛巳,归于我。(《左传·隐公十四年》)

【疆域盈缩考释】齐、鲁、郑在鲁国的中丘举行会晤。不久,在鲁国的邓地(今地不详)正式结盟,以攻打宋国。又,本年六月,齐、鲁、郑三国起兵伐宋,鲁国在宋国的菅(山东单县之北)打败宋国军队,郑国军队进入宋国郜地(今山东成武县东南十八里),郑国军队再进入西防(今山东金乡县西南六十里)。所攻下的这三地,最后都归属于鲁国。

⑩ (前709)公会杞侯于讙,杞求成也。……齐侯送姜氏于讙,非礼也。(《左传·桓公三年》)

【疆域盈缩考释】鲁、杞在鲁国的成(今山东宁阳县东北九十里华丰镇)会晤,杞国要求媾和。由此史料,可知鲁有成。齐国国君送女儿到鲁国的讙(今山东宁阳县北而稍西三十余里)。据此史料,鲁国有讙地。

⑪ (前707)城祝丘。(《左传·桓公五年》)

【疆域盈缩考释】鲁国在祝丘(今山东临沂市稍东约三十五里)筑城。可知鲁国拥有祝丘。

⑫ (前705)七年春二月己亥,焚咸丘。(《左传·桓公七年》)

【疆域盈缩考释】鲁国在咸丘(今山东嘉祥县西南)以火焚地驱赶野兽来打猎。据此史料,可知咸丘属鲁。

⑬ (前 696)冬,城向,书,时也。(《左传·桓公十六年》)

【疆域盈缩考释】鲁国在向(今山东莒县南七十里向城)筑城。据此史料,知向属鲁无疑。

⑭ (前 695)及邾仪父盟于趡,寻蔑之盟也。……夏,及齐师战于奚,疆事也。于是齐人侵鲁疆,疆吏来告。(《左传·桓公十七年》)

【疆域盈缩考释】鲁、邾二国国君在趡(今山东泗水县与邹县之间)结盟,重申之前两国在蔑地的盟约。据此史料,知趡属鲁无疑。又,本年,齐国侵犯鲁齐边境鲁国境内的奚(今山东滕州市南六十里之奚公山下)。据此史料,可知奚属鲁无疑。

⑮ (前 684)公与之乘。战于长勺。……夏六月,齐师、宋师次于郎。……大败宋师于乘丘。齐师乃还。(《左传·庄公十年》)

【疆域盈缩考释】齐国公子纠的残余势力攻鲁,鲁反击,与齐在长勺(今山东莱芜市北偏东)战斗,齐大败。据此史料,知长勺属鲁。又,本年,齐、宋将军队驻扎在鲁国首都曲阜近邑的郎,鲁国发兵攻打齐、宋军队,在乘丘(今山东兖州市境内)大败宋军。齐、宋军队退兵。据此史料可知,郎、乘丘属鲁无疑。

⑯ (前 683)十一年夏,宋为乘丘之役故侵我。公御之,宋师未陈而薄之,败诸鄑。(《左传·庄公十一年》)

【疆域盈缩考释】宋国为前 684 年的乘丘之战侵袭鲁国,鲁国在鲁国的鄑(宋、鲁边境地带的鲁国境内)打败宋军。据此史料可知,鄑属鲁无疑。

⑰ (前 676)夏,公追戎于济西。(《左传·庄公十八年》)

【疆域盈缩考释】鲁国在济水之西追逐戎人(此为己氏之戎,活动于今山东曹县西南一带)。据此史料可知,鲁、戎邻壤,本年,鲁国开始驱逐戎人。

⑱ (前 667)二十七年春,公会杞伯姬于洮,非事也。天子非展义不巡守,诸侯非民事不举,卿非君命不越竟。(《左传·庄公二

十七年》）

【疆域盈缩考释】诸侯在鲁国的洮（今山东泗水县东南旧名桃墟者）会见。据此史料，可知鲁国有洮地。

⑲（前666）筑郿，非都也。凡邑有宗庙先君之主曰都，无曰邑。邑曰筑，都曰城。（《左传·庄公二十八年》）

【疆域盈缩考释】鲁国在郿（今山东寿张废县治南）筑城。可知郿属鲁。

⑳（前665）冬十二月，城诸及防，书，时也。（《左传·庄公二十九年》）

【疆域盈缩考释】鲁国在诸（今山东诸城市南三十里）、防（此为东防）筑城。可知诸、防属鲁。

㉑（前662）饮之，归及逵泉而卒，立叔孙氏。（《左传·庄公三十二年》）

【疆域盈缩考释】鲁国的僖叔在逵泉死了。据此史料，可知逵泉属鲁境无疑。

㉒（前660）共仲奔莒，乃入，立之。以赂求共仲于莒，莒人归之。及密，使公子鱼请，不许。（《左传·闵公二年》）

【疆域盈缩考释】鲁国的共仲从莒国逃亡返回鲁国，并到达鲁国的密（今山东费县东北）。据此史料，可知鲁国有密。

㉓（前659）公赐季友汶阳之田及费。（《左传·闵公三年》）

【疆域盈缩考释】鲁国国君将汶阳（今山东泰安市西南楼上村东北）的领土和费地（今山东费县西北二十里）赐给季友。据此史料，知汶阳、费属鲁无疑。

㉔（前653）秋，盟于宁母，谋郑故也。（《左传·僖公七年》）

【疆域盈缩考释】诸侯的军队在鲁国的宁母（今山东鱼台县境）结盟，策划攻打郑国。据此史料，鲁有宁母无疑。

㉕（前643）师灭项。淮之会，公有诸侯之事未归而取项。齐人

以为讨,而止公。……秋,申姜以公故,会齐侯于卞。(《左传·僖公十七年》)

【疆域盈缩考释】鲁国灭了项(今河南项城)。据此史料可知,鲁国疆域扩张,将项的全部领土纳入版图。又,本年,申姜在鲁国的卞(今山东泗水县东五十里)会见齐侯。据此史料,可知卞属鲁无疑。

[26] (前638)二十二年春,伐邾,取须句,反其君焉,礼也。(《左传·僖公二十二年》)

【疆域盈缩考释】鲁国攻占了邾国的须句(今山东东平县西南)

[27] (前637)宋以其善于晋侯也,叛楚即晋。冬,楚令尹子玉、司马子西帅师伐宋,围缗。(《左传·僖公二十三年》)

【疆域盈缩考释】齐国攻打宋国,并包围了宋国的缗(今山东金乡县东北二十五里)。据此史料可知,齐、宋邻壤,且宋国有缗地。

[28] (前631)二十九年春,葛卢来朝,舍于昌衍之上。(《左传·僖公二十九年》)

【疆域盈缩考释】鲁国让前来朝见的介葛卢住在昌衍山(今山东曲阜市东南五十里之屈山之西,接邹县界)

[29] (前629)三十一年春,取济西田,分曹地也。……分曹地,自洮以南,东傅于济,尽曹地也。……使臧文仲往,宿于重馆。(《左传·僖公三十一年》)

【疆域盈缩考释】鲁国分割了曹国的土地,取得了济水以西的土田。分割的土地范围,从洮水以南,东到济水。据此史料,可知鲁国疆域扩张到济西曹国部分领土。又,本年,臧文仲住在鲁国重馆(今山东金乡县东南)。据此史料,可知鲁国有重。

[30] (前627)公伐邾,取訾娄。(《左传·僖公三十三年》)

【疆域盈缩考释】鲁国攻打邾国,占领了邾国的訾娄(今山东邹县西南)。据此史料,可知鲁国疆域扩张到邾国的訾娄。

[31] (前620)遂城郚。(《左传·文公七年》)

【疆域盈缩考释】鲁国在郚(今山东泗水县东南)筑城。据此史料,可知郚属鲁。

32 (前608)六月,齐人取济西之田,为立公故,以赂齐也。(《左传·宣公元年》)

【疆域盈缩考释】鲁国将原先占有的曹国济西之地贿赂齐国。据此史料,可知齐国疆域扩张。

33 (前602)夏,公会齐侯伐莱,不与谋也。凡师出,与谋曰及,不与某曰会。(《左传·宣公七年》)

【疆域盈缩考释】齐国攻打莱国(今山东昌邑县东南)。据此史料,可知齐国、莱国邻壤。

34 (前601)城平阳,书,时也。(《左传·宣公八年》)

【疆域盈缩考释】鲁国在平阳(今山东新泰市)筑城。据此史料可知,鲁有平阳。

35 (前600)秋,取根牟,言易也。(《左传·宣公九年》)

【疆域盈缩考释】鲁国攻取了根牟国(今山东沂水县南)。据此史料,可知鲁国扩张,将根牟国纳入版图。

36 (前599)十年春,公如齐。齐侯以我服故,归济西之田。……师伐邾,取绎。(《左传·宣公十年》)

【疆域盈缩考释】齐国将鲁国贿赂给齐国的济西之地归还了鲁国。据此史料可知,齐国丢掉了济西之地,鲁国重新拥有济西之地。又,本年,鲁国攻打邾国,占领了邾国的绎地(今山东邹县东南)。据此史料可知鲁国疆域扩张,将邾国的绎地纳入版图。

37 (前589)二年春,齐侯伐我北鄙,围龙。……三日,取龙,遂南侵及巢丘。(《左传·成公二年》)

【疆域盈缩考释】齐伐鲁国北部边境的龙,攻占了龙(今山东泰安市东南),并继续进军,到达巢丘(距离龙不远)。据此史料,可知鲁国丢掉了龙至巢丘的领地,可见此时齐、鲁在这一区域的边界。

38 (前589)冬,楚师侵卫,遂侵我,师于蜀。(《左传·成公二年》)

【疆域盈缩考释】楚伐卫,乘机在蜀(今山东泰安市西)进攻鲁国。据此史料可知,楚、鲁疆域界线在蜀周边。

39 (前588)夏,公如晋,拜汶阳之田。……秋,叔孙侨如围棘,取汶阳之田。棘有服,故围之。(《左传·成公三年》)

【疆域盈缩考释】齐国退还了原属鲁国汶阳以西的领土,鲁国国君拜谢晋国国君。……由于汶阳之田的棘(今山东泰安市西南,汶水北八十里)不服,鲁伐之。据此史料,可知鲁国重新拥有了汶阳以西。

40 (前585)取鄟,言易也。(《左传·成公六年》)

【疆域盈缩考释】鲁国攻占了附庸小国鄟(今山东郯城县东北三十余里)。据此史料,鲁国版图扩张。

41 (前583)八年春,晋侯使韩穿来言汶阳之田,归之于齐。(《左传·成公八年》)

【疆域盈缩考释】晋国派人通知鲁国,要鲁国将之前齐国归还给鲁国的济西之地还给齐国。据此史料,可知鲁国丢掉了济西之地。

42 (前571)齐侯伐莱,莱人使正舆子赂夙沙卫以索马牛,皆百匹,齐师乃还。君子是以知齐灵公之为"灵"也。(《左传·襄公二年》)

【疆域盈缩考释】齐国攻打莱国,莱国贿赂齐国,齐国退兵。不久,齐在东阳(疑在今山东临朐县)筑城以逼迫莱国。据此史料可知,齐国有东阳;齐、莱仍是相互独立的诸侯国。

43 (前567)十一月,齐侯灭莱,莱恃谋也。(《左传·襄公六年》)

【疆域盈缩考释】齐国灭了莱国。据此史料,可知齐国疆域扩张,将莱国纳入版图。

44 (前566)城费。(《左传·襄公七年》)

【疆域盈缩考释】鲁国在费筑城。据此史料,可知费属鲁。

46 (前565)莒人伐我东鄙,以疆鄫田。(《左传·襄公八年》)

【疆域盈缩考释】莒灭鄫之后,攻打鲁国东部的边界,为的是将莒、鲁在鄫地的疆域划定。据此史料,可知莒、鲁邻壤。

46 (前561)十二年春,莒人伐我东鄙,围台。季武子救台,遂入郓,取其钟以为公盘。(《左传·襄公十二年》)

【疆域盈缩考释】莒国伐鲁东境,围台(今山东费县东南十二三里处)。鲁国救援台,进入莒国的郓地。从此则史料可知莒、鲁邻壤,其临界之处在台、郓。

47 (前560)夏,邿乱,分为三。师救邿,遂取之。……冬,城防,书事,时也。(《左传·襄公十三年》)

【疆域盈缩考释】鲁国攻占了邿(今山东济宁市南五十里)。从此则史料,可知鲁国疆域扩张。又,本年,鲁国在防(此为东防)筑城。可知鲁国有东防。

48 (前558)夏,齐侯伐我北鄙,围成。公救成,至遇。季孙宿、叔孙豹帅师城成郛。秋八月丁巳,日有食之。邾人伐我南鄙。……秋,齐侯围郕,孟孺子速徼之。齐侯曰:"是好勇,去之以为之名。"速遂塞海陉而还。(《左传·襄公十五年》)

【疆域盈缩考释】齐伐鲁国北境,围鲁国的成(今山东宁阳县东北九十里华丰镇)。鲁国救援成,到达遇(今曲阜与宁阳之间)。鲁国派兵在成的外围修筑城墙。不久,邾国伐鲁南部边境。齐国不久退兵,鲁国堵塞了齐鲁间鲁国方的隘道海陉(今山东宁阳县北)。据此史料可知齐、鲁边界在成、遇一带,鲁国拥有成、遇、海陉。

49 (前556)齐人以其未得志于我故,秋,齐侯伐我北鄙,围桃。高厚围臧纥于防。师自阳关逆臧孙,至于旅松。耶叔纥、臧畴、臧贾帅甲三百,宵犯齐师,送之而复。齐师去之。(《左传·襄公十七年》)

【疆域盈缩考释】因去年未达到目的,齐再伐鲁国北境,围攻鲁国的桃

(今山东汶上县北而稍东约三十五里),并将臧纥包围在鲁国的防(今泗水县西南二十八里),鲁国从阳关(今山东泰安市偏东而南约六十里)出动军队,夜袭齐军,到达旅松(距离防不远)。齐国军队回退。据此史料,可知齐鲁在此区域的疆域界线,大抵在鲁国的桃、防、阳关以北。

50 (前555)冬十月,会于鲁济,寻溴梁之言,同伐齐。齐侯御诸平阴,堑防门而守之,广里。……晋人欲逐归者,鲁、卫请攻险。己卯,荀偃、士匄以中军克京兹。乙酉,魏绛、栾盈以下军克邿。赵武、韩起以上军围卢,弗克。十二月戊戌,及秦周,伐雍门之萩。范鞅门于雍门,其御追喜以戈杀犬于门中。孟庄子斩其以为公琴。己亥,焚雍门及西郭、南郭。刘难、士弱率诸侯之师焚申池之竹木。壬寅,焚东郭、北郭。范鞅门于扬门。州绰门于东闾,左骖迫,还于门中,以枚数阖。……齐侯驾,将走邮棠。……甲辰,东侵及潍,南及沂。(《左传·襄公十八年》)

【疆域盈缩考释】释文见本章齐国疆域盈缩系年第35条。此不赘述。

51 (前554)十九年春,诸侯还自沂上,盟于督扬……执邾悼公,以其伐我故。遂次于泗上,疆我田。取邾田,自漷水归之于我。(《左传·襄公十九年》)

【疆域盈缩考释】伐齐的诸侯从沂水边回来,在督阳结盟。并在泗水边上划定鲁国和邾国的疆界,鲁国取得邾国漷水以西的领土。据此史料,可知邾、鲁两国的边界:以漷水为界,以西的领土归于鲁。

52 (前554)乃城武城。(《左传·襄公十九年》)

【疆域盈缩考释】鲁国在靠近齐国的武城筑城。据此史料可知,鲁有武城;齐、鲁此区域的边界在武城附近。

53 (前552)邾庶其以漆、闾丘来奔。(《左传·襄公二十一年》)

【疆域盈缩考释】邾国的庶其带着漆(今山东邹县东北)、闾丘(在山东邹县东北)投降鲁国。据此史料,可知鲁国疆域扩张,将邾国的漆、闾丘纳入版图。

54 (前549)崔杼帅师送之,遂伐莒,侵介根。(《左传·襄公二十四年》)

【疆域盈缩考释】齐伐莒,侵入莒国的旧都介根(今山东高密东南四十里)。据此史料,可知齐、莒邻壤,边界到达介根,且齐国版图扩张。

55 (前547)齐人城郏之岁,其夏,齐乌余以廪丘奔晋,袭卫羊角,取之;遂袭我高鱼。……(前546)二十七年春,胥梁带使诸丧邑者具车徒以受地,必周。使乌余车徒以受封,乌余以众出。使诸侯伪效乌余之封者,而遂执之,尽获之。皆取其邑而归诸侯,诸侯是以睦于晋。(《左传·襄公二十六年—二十七年》)

【疆域盈缩考释】齐国人乌余率领廪丘(廪丘本卫国城邑,可能是齐国攻下后给乌余,乌余因此而能据称投降晋国,其地在今旧范县东南七十里义东堡)投奔晋国,并袭击占领了卫国的羊角(今山东郓城县西北而与范县接界),然后袭击并攻占了鲁国的高鱼(在山东郓城县北,羊角城东、鄄城县东北)。最后,在晋国的主持下,乌余所侵占的各城邑全部各归其主。从此则史料可知:齐国丢掉了廪丘;齐国廪丘与卫国羊角相近,齐、卫边境大抵在这两地之间;卫国的羊角与鲁国的高鱼相近,卫、鲁在这一区域的疆界当在这两城之间。

56 (前542)齐子尾害闾丘婴,欲杀之,使帅师以伐阳州。(《左传·襄公三十一年》)

【疆域盈缩考释】齐国派兵攻打鲁国的阳州(今山东东平县北境)。据此史料可知,齐鲁的边界在阳州以北。

57 (前541)季武子伐莒,取郓,莒人告于会。(《左传·昭公元年》)

【疆域盈缩考释】鲁国攻打莒国,攻占了莒国的郓(今山东沂水县东北五十里)。据此,知鲁国疆域扩张。

58 (前538)九月,取鄫,言易也。莒乱,着丘公立而不抚鄫,鄫叛而来,故曰取。凡克邑不用师徒曰取。(《左传·昭公四年》)

【疆域盈缩考释】鲁国攻占了鄫国。据此史料,可知鲁国版图扩张。

59 (前538)初,穆子去叔孙氏,及庚宗……田于丘莸,遂遇疾焉。(《左传·昭公四年》)

【疆域盈缩考释】鲁国的穆公到达庚宗(今山东泗水县东),后又在丘莸(今地未详)打猎。据此史料可知,鲁国有庚宗、丘莸。

60 (前537)夏,莒牟夷以牟娄及防、兹来奔。……莒人来讨,不设备。戊辰,叔弓败诸蚡泉,莒未陈也。(《左传·昭公五年》)

【疆域盈缩考释】莒国的牟夷带了牟娄(今山东诸城市)、防(今山东安丘市西南六十里)、兹(今诸城市北、安丘市稍西而南)来投奔。莒国攻鲁,鲁国在蚡泉(今山东沂南县南稍西,为莒、鲁边境)打败莒。据此史料可知鲁国版图扩张,包括了莒国的牟娄、防、兹。

61 (前535)晋人来治杞田,季孙将以成与之。……辞以无山,与之莱、柞,乃迁于桃。晋人为杞取成。(《左传·昭公七年》)

【疆域盈缩考释】鲁国将成(今山东省泰安市宁阳县东北九十里华丰镇)给杞国,驻守成地的官员不同意,鲁国季孙劝说将鲁国境内的莱柞(今山东莱芜市)给他,他才同意。据此史料,可知鲁丢失了成;鲁国有莱柞。

62 (前534)秋,大蒐于红,自根牟至于商、卫,革车千乘。(《左传·昭公八年》)

【疆域盈缩考释】鲁国在红地阅兵,从根牟(今山东莒县西南五十里)到宋、卫边境。

63 (前532)秋七月,平子伐莒,取郠,献俘,始用人于亳社。(《左传·昭公十年》)

【疆域盈缩考释】鲁攻打莒国,占领莒国的郠(今山东沂水县),并在亳社开始用人祭。据此史料,可知鲁国版图扩张,将莒国的郠地纳入版图;鲁国有亳社。

64 (前523)秋,齐高发帅师伐莒。莒子奔纪鄣。使孙书伐之。……七月丙子,齐师入纪。(《左传·昭公十九年》)

【疆域盈缩考释】齐伐莒,莒国国君逃到纪鄣(今江苏赣榆县北),齐派兵攻入纪鄣。据此史料,可知齐国版图扩张,将齐、莒疆界推进到莒国的纪鄣。

65 (前517)叔孙昭子如阚,公居于长府。……左师展告公,公使昭子自铸归。(《左传·昭公二十五年》)

【疆域盈缩考释】鲁国的昭子去阚(今山东南旺湖)。据此史料,可知鲁国有阚。鲁国国君让昭子取道铸(今山东肥城市南之铸乡)回国。据此史料,可知鲁国有铸。

66 (前516)二十六年春,王正月庚申,齐侯取郓。(《左传·昭公二十六年》)

【疆域盈缩考释】释文详本章齐国疆域系年第46条。此不赘述。

67 (前511)冬,黑肱以滥来奔。(《左传·昭公三十一年》)

【疆域盈缩考释】邾国的黑肱带着滥(今山东滕州市东南)投奔鲁国。据此史料,可知鲁国疆域新增滥。

68 (前505)二月,公侵郑,取匡,为晋讨郑之伐胥靡也。(《左传·定公五年》)

【疆域盈缩考释】鲁侵郑,占领郑国的匡(今河南长垣县匡城),这是为晋国去讨伐郑国攻打晋国的胥靡(此时属晋,今河南偃师东)。据此史料可知,郑国丢失匡;郑、晋的边界在胥靡。

69 (前503)齐人归郓、阳关,阳虎居之以为政。(《左传·定公七年》)

【疆域盈缩考释】齐国将侵占鲁国的郓、阳关归还鲁国。据此史料,鲁国新得两地;齐、鲁边界在郓、阳关以北。

70 (前502)八年春,王正月,公侵齐,门于阳州。……公侵齐,攻廪丘之郛。……阳虎入于讙、阳关以叛。(《左传·定公八年》)

【疆域盈缩考释】鲁伐齐,攻打齐国的阳州(今山东东平县北境),可知齐、鲁边界在阳州以南。鲁攻齐廪丘(今山东鄄城县东北约四十里)的外城。可知齐、鲁边界在廪丘。鲁国的阳虎进入鲁国的讙(今山东宁阳县北而稍西)、阳关(今山东泰安市东南)而叛变。据此史料可知鲁国有讙、阳关。

71 (前500)齐人来归郓、讙、龟阴田。(《左传·定公十年》)

【疆域盈缩考释】齐国将郓(今山东郓城县东十六里)、讙(今山东宁阳县西北三十里)、龟阴(今山东新泰市西南、泗水县东北)归还给鲁。据此史料,鲁国新得三地,齐国丢失三地。

72 (前493)二年春,伐邾,将伐绞。邾人爱其土,故赂以漷、沂之田而受盟。(《左传·哀公二年》)

【疆域盈缩考释】鲁国打算进攻邾国的绞,邾国贿赂鲁国漷、沂。鲁国接受。据此史料,可知鲁国领土有新增。

73 (前489)使人迁晏孺子于骀。(《左传·哀公六年》)

【疆域盈缩考释】鲁国国君派人把晏孺子迁到骀(今山东临朐县),并杀之幕下。从此史料可知,骀属鲁。

74 (前487)齐侯怒,夏五月,齐鲍牧帅师伐我,取讙及阐。……冬十二月,齐人归讙及阐,季姬嬖故也。(《左传·哀公八年》)

【疆域盈缩考释】齐国人攻夺了鲁国的讙(今山东泰安市宁阳县北而稍西)、阐(今山东宁阳县东北三十里之堽城之北)。不久,齐国又归还了这两地。据此史料,可知鲁齐的部分疆界在讙及阐周边。

75 (前481)十四年春,西狩于大野,叔孙氏之车子锄商获麟。(《左传·哀公十六年》)

【疆域盈缩考释】在西部的大野泽(今山东巨野县北,跨东西两郊野,又入嘉祥县西北境)打猎。据此史料,可知鲁国邻近大野泽。

76 (前468)二十七年春,越子使后庸来聘,且言邾田,封于骀上。(《左传·哀公二十七年》)

【疆域盈缩考释】越王派人划定鲁、邾两国的疆界,以骀上(今山东滕州市南四十里)作为鲁、邾两国的边界。

从上面这些史料,可得到战国初期鲁国的大致疆域(如图5-2所示)。

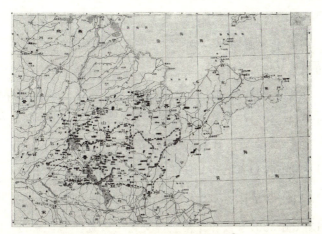

图 5—2　春秋末期鲁国疆域①

进入战国后,鲁国疆域盈缩的情况:

1 (前466)二十三,鲁悼公元年。三桓胜,鲁如小侯。(《史记·六国年表·楚》)

2 (前445)四十四年,楚灭杞。与秦平。是时越已灭吴而不能正江、淮北;楚东侵,广地至泗上。(《史记·楚世家》)

3 (前431)简王元年,北伐灭莒。(《史记·楚世家》)

(前431)楚简王仲元年,灭莒。(《史记·六国年表·楚》)

4 (前421)(晋)幽公三年,鲁季孙会晋幽公于楚丘,取葭密,遂城之。(《水经·济水注》引《竹书纪年》)

5 (前414)(于粤子朱句,)三十四年灭滕。(《史记·越王句践世家》司马贞《索隐》引《竹书纪年》)

6 (前413)(于粤子朱句,)三十五年灭郯。(《史记·越王句践世家》司马贞《索隐》引《竹书纪年》)

7 (前412)伐鲁、葛及安陵。(《史记·田敬仲完世家》)

(前412)四十四,伐鲁、莒及安阳。(《史记·六国年表·齐》)

---

① 本图之底图采用谭其骧主编《中国历史地图集(第一册)》(北京:中国地图出版社,1982年,第26—27页)"春秋时期—齐鲁"。

⑧（前411）四十五，伐鲁，取都。（《史记·六国年表·齐》）

（前411）取鲁之一城。（《史记·田敬仲完世家》）

⑨（前408）四十八，取鲁郕。（《史记·六国年表·齐》）

（前408）宣公四十八年，取鲁之郕。（《史记·田敬仲完世家》）

⑩（前405）（翳）六年，伐齐灭缯。（《史记·越王句践世家》司马贞《索隐》引《竹书纪年》）

⑪（前404）鲁败齐平陆。（《史记·田敬仲完世家》）

⑫（前394）十一，伐鲁，取最。（《史记·六国年表·齐》）

⑬（前390）鲁败齐平陆。（《史记·田敬仲完世家》）

⑭（前385）二十，伐鲁，破之。田和卒。（《史记·六国年表·齐》）

⑮（前373）鲁伐我，入阳关。晋伐我，至博陵。（《史记·田敬仲完世家》）

（前373）六，鲁伐入阳关。（《史记·六国年表·齐》）

⑯（前356）十五年，鲁、卫、宋、郑君来朝。（《史记·魏世家》）

（前356）十五，鲁、卫、宋、郑侯来。（《史记·六国年表·魏》）

⑰（前333）楚将伐齐，鲁亲之，齐王患之。张丐曰："臣请令鲁中立。"乃为齐见鲁君。鲁君曰："齐王惧乎？"曰："非臣所知也。臣来吊足下。"鲁君曰："何吊？"曰："君之谋过矣。君不与胜者，而与不胜者，何故也？"鲁君曰："子以齐、楚为孰胜哉？"对曰："鬼且不知也。""然则子何以吊寡人？"曰："齐、楚之权，敌也，不用有鲁与无鲁。足下岂如令众而合二国之后哉！楚大胜齐，其良士选卒必殪，其余兵（不）足以待天下；齐为胜，其良士选卒亦殪。而居以鲁众合战胜后，此其为德也亦大矣，其见恩德亦其大也。"鲁君以为然，身退师。（《战国策·齐策一·楚将伐齐鲁亲之》）

从上述史料，可知鲁国在公元前333年，约只剩曲阜、次室两城。这一点，可以根据公元前333年之后的史料来验证：

①（前286）于是齐遂伐宋，宋王出亡，死于温。齐南割楚之淮北，西侵三晋，欲以并周室，为天子。泗上诸侯邹、鲁之君皆称臣，

诸侯恐惧。(《史记·田敬仲完世家》)

②(前286)愍王不逊,人侵之。愍王去,走邹、鲁,有骄色,邹、鲁君弗内,遂走莒。(《史记·田敬仲完世家》)

③(前255)八,取鲁,鲁君封于莒。(《史记·六国年表·楚》)

④(前249)十四,楚灭鲁,顷公迁卞,为家人,绝祀。(《史记·六国年表·楚》)

次室(兰陵)

①(前255)楚春申君以荀卿为兰陵令。……楚人迁鲁于莒而取其地。(《资治通鉴·昭襄王五十二年》)

(前255)齐人或谗荀卿,荀卿乃适楚,而春申君以为兰陵令。(《史记·孟子荀卿列传》)

兰陵,在今山东苍山县西南(K18)。《读史方舆纪要·山东三·峄县·兰陵城》:"十三州志:兰陵故鲁之次室邑,其后楚取之,改为兰陵。"《史记·春申君列传》:"春申君相楚八年,为楚北伐灭鲁"。楚灭鲁的时间在鲁顷公元年,即公元前279年。据此史料可知,公元前279年次室自鲁转属楚。公元前333年,次室当属鲁。

三 泗上诸侯考

滕

①(前414)朱句三十四年灭滕,三十五年灭郯。(《越王句践世家》司马贞《索隐》引《竹书纪年》)

②(前322)滕文公问曰:"齐人将筑薛,吾甚恐,如之何则可?"孟子对曰:"昔者大王居邠,狄人侵之,去之岐山之下居焉,非择而取之。不得已也。苟为善,后世子孙必有王者矣。君子创业垂统,为可继也。若夫成功,则天也,君如彼何哉?强为善而已矣。"(《孟子·梁惠王下》)

③(前314)孟子为卿于齐,出吊于滕,王使盖大夫王驩为辅行。(《孟子·公孙丑下》)

④(前286)宋康王之时,有雀生鹯于城之陬,使史占之,曰:"小而

生巨,必霸天下。"康王大喜。于是灭滕伐薛,取淮北之地。(《战国策·宋卫策·宋康王之时》)

滕,在今山东滕州西南(J18)。史料一公元前414年,越王朱句灭滕。杨宽《战国史料编年辑证》:"至战国中期,滕又复国。"从史料二、三来看,杨宽所言可从,史料二言公元前322年,滕文公因齐人将筑薛而恐,问于孟子。史料三,可知公元前314年,仍有滕。史料四,公元前286年,滕灭于宋。从上面史料可知,公元前333年,有滕国。

休

1 (前314①)孟子去齐居休。(《孟子·公孙丑下》)

休,在今山东滕州市西二十五里(J18)。从史料看,休不属齐。

倪

1 (前285)王乃逃倪侯之馆,遂得而死。见祥而不为,祥反为祸。(《战国策·宋卫策·宋康王之时》)

倪,在今山东滕州东北(J18)。据此史料,公元前285年,倪仍存在。可推知公元前333年,倪仍存在。

邹(驺)

1 (前345)今大王之所从十二诸侯,非宋、卫也,则邹、鲁、陈、蔡,此固大王之所以鞭箠使也(《战国策·齐策五·苏秦说齐闵王曰》)

2 (前286)于是齐遂伐宋,宋王出亡,死于温。齐南割楚之淮北,西侵三晋,欲以并周室,为天子。泗上诸侯邹鲁之君皆称臣,诸侯恐惧。(《史记·田敬仲完世家》)

(前286)愍王不逊,人侵之。愍王去,走邹、鲁,有骄色,邹、鲁君弗内,遂走莒。(《史记·田敬仲完世家》)

3 (前281)驺、费、郯、邳者,罗鸞也。(《史记·楚世家》)

4 (前281)夫结怨于两周,以塞驺、鲁之心,交绝于齐,声失天下,其为事危矣。《史记·楚世家》

---

① 系年据杨宽《战国史料编年辑证》(台北:台湾商务印书馆,2002年)第540页。

邹，在今山东邹城东南(J18)。从上述史料看，公元前333年，邹为独立之诸侯国。

邳

1 (前281)邹、费、郯、邳者，罗鹂也。(《史记·楚世家》)

邳，《图集》无，第二章第二节补释其地在今山东滕州市西南(K18)。杨宽《战国史料编年辑证》："薛在今山东滕县南四十里。邳在薛之西，原为小国。……邳为小国长期留存。楚世家顷襄王十九年弋射者说楚王曰：'驺、费、郯、邳者，罗鹂也。'"

费

1 (前436)鲁人攻鄪，曾子辞于鄪君曰。(《说苑·尊贤》第二十八章)

2 (前281)邹、费、郯、邳者，罗鹂也。(《史记·楚世家》)

费，在今山东费县西北(J18)。杨宽《战国史料编年辑证》："费或作鄪，在今费县西北，为季孙氏之都邑……所谓鄪君即指季孙。季孙于战国时，据费而独立，成为小国之君，战国文献中常以费作为小国。……季孙氏仅据有其封邑费，而成为独立小国。费作为独立小国，当始于鲁元公时。孟子万章下有师事子思之费惠公，当与鲁穆公同时。楚世家顷襄王十八年弋射者见顷襄王曰：'故秦、魏、燕、赵者，䳢雁也；齐、鲁、韩、卫者，青首也；驺、费、郯、邳者，罗鹂也。'水经沂水注引鲁连子称：'陆子谓齐湣王曰：鲁费之众，臣甲舍于襄贲者也。'吕氏春秋慎势又云：'以大使小，以重使轻，以众使寡，此王者之所以家以完也，故曰：以滕、费则劳，以邹、鲁则逸，以宋、郑则犹倍日而驰也，以齐、楚则举而加纲旃而已矣。所用弥大，所欲弥易。'据此可知费为长期存在之小国。"杨辨可从。

郯

1 (前413)朱句……三十五年灭郯。(《史记·越王句践世家》司马贞《索隐》引《竹书纪年》)

2 (前313)愿魏以聚大梁之下，愿齐之试兵南阳、莒地，以聚常、郯之境。(《史记·越王句践世家》)

3 (前281)邹、费、郯、邳者，罗鹂也。(《史记·楚世家》)

4 (未详何年)丙辰，郯人□邹。(《包山楚简》简183)

郯,在今山东郯城县(K19)。据此史料,可知公元前333年郯非楚地,为一独立之诸侯国。

四 九夷(东夷)考

东夷的活动范围,《后汉书·东夷列传》记述:

> 王制云:"东方曰夷。"夷者,柢也,言仁而好生,万物柢地而出。故天性柔顺,易以道御,至有君子、不死之国焉。夷有九种,曰畎夷、于夷、方夷、黄夷、白夷、赤夷、玄夷、风夷、阳夷。故孔子欲居九夷也。
>
> 昔尧命羲仲宅嵎夷,曰旸谷,盖日之所出也。夏后氏太康失德,夷人始畔。自少康已后,世服王化,遂宾于王门,献其乐舞。桀为暴虐,诸夷内侵,殷汤革命,伐而定之。至于仲丁,蓝夷作寇。自是或服或畔,三百余年。武乙衰敝,东夷浸盛,遂分迁淮、岱,渐居中土。
>
> 及武王灭纣,肃慎来献石砮、楛矢。管、蔡畔周,乃招诱夷狄,周公征之,遂定东夷。康王之时,肃慎复至。后徐夷僭号,乃率九夷以伐宗周,西至河上。穆王畏其方炽,乃分东方诸侯,命徐偃王主之。偃王处潢池东,地方五百里,行仁义,陆地而朝者三十有六国。穆王后得骥騄之乘,乃使造父御以告楚,令伐徐,一日而至。于是楚文王大举兵而灭之。偃王仁而无权,不忍斗其人,故致于败。乃北走彭城武原县东山下,百姓随之者以万数,因名其山为徐山。厉王无道,淮夷入寇,王命虢仲征之,不克,宣王复命召分伐而平之。及幽王淫乱,四夷交侵,至齐桓修霸,攘而却焉。及楚灵会申,亦来豫盟。后越迁琅邪,与共征战,遂陵暴诸夏,侵灭小邦。
>
> 因秦并六国,其淮、泗夷皆散为民户。(《后汉书·东夷列传》)

此史料言周武王灭商之前,东夷分处海、岱地区。周武王灭商之后,商残余与东夷联合,协同三监反周。被周公瓦解。周国趁机将势力发展至东夷地区,灭东夷大国奄和蒲姑,而立鲁和齐两大国以殖民东方。周穆王之时,派徐偃王分裂东夷,没想到徐夷壮大,臣服的诸侯小国有三十六个,周穆王因而令楚文王伐徐夷并大败之。徐夷及所属部族被打散,徐偃王逃到彭城武原县的东山。后,在周厉王、周宣王之时伐淮夷,并未取得大的功绩。此后,虽时有攻伐,但东夷一直为诸夏的病患。秦统一六国后,分布在淮水、泗水一带的东夷成为普通民户。据此史料,至秦并六国之前,所谓的东夷,大致指的是活动于淮、泗一带的夷人。

又,《左传·昭公五年》:"(前537)冬十月,楚子以诸侯及东夷伐吴,以报棘、栎、麻之役。"其中提到的"东夷",杨伯峻注解曰:"胡渭禹贡锥指五谓东夷,即淮南之夷,在今江苏清江市至扬州市以东近海之夷。"

东夷与楚之关系,据《后汉书·东夷列传》"因秦并六国,其淮、泗夷皆散为民户"来看,截至公元前221年秦统一六国之后东夷方才成为普通民户。在战国时期,东夷被称为"九夷",见诸战国史料的记载有:

1 (前314)楚破南阳、九夷,内沛,许、鄢陵危。(《战国策·魏策一·楚许魏六城》)

2 (前301)齐有东国之地方千里,楚苞九夷,又方千里。(《战国策·秦策三·谓魏冉曰楚破》)

3 (前285)九夷方一百里,加以鲁、卫,强万乘之国也,而齐兼之,是益二齐也。(《战国策·燕策一·齐伐宋宋急》)

九夷,活动范围大致在今山东东部、淮河中下游江苏、安徽一带(L19—L20),为独立于齐楚之少数民族区域。史料一为策士的一个假设之辞,并非楚国已经破南阳、九夷了。由史料二可知九夷在公元前301年,未被楚攻占。史料三,至公元前285年,九夷也仍未被齐攻占。公元前333年,九夷当为独立于齐、楚的一个区域。

五 楚国城邑考

从已有史料分析来看,确定在公元前333年属于楚国城邑或势力范围的领地有:

符离塞

1 (前303)楚苞九夷,又方千里,北①有符离之塞,南②有甘鱼之口。(《战国策·秦策三·谓魏冉曰楚破》)

符离塞,在今安徽宿州市东北(L18)。这则史料记载的是前303年,齐国拉拢韩、魏攻楚。说客游说秦应帮楚而不是齐、韩、魏,对楚国基本情况的一个描述,言楚北有符离之塞。符离塞当在楚国北部的边界上。

---

① 原文为"南",据范祥雍笺证、范邦瑾协校《战国策笺证》(上海:上海古籍出版社,2006年)第302页校正。

② 原文为"北",校正依据同上。

泗上

⃞1 (前443)是时越已灭吴而不能正江、淮北;楚东侵,广地至泗上。(《史记·楚世家》)

泗上,指泗水上游一带,具体指今山东滕州市南、泗水以北的区域(J17—K18)。据此史料,可知楚国在公元前443年,版图即到达泗上。

徐州

⃞1 (前333)七,围齐于徐州。(《史记·六国年表·楚》)

(前333)十,楚围我徐州。(《史记·六国年表·齐》)

徐州,在今山东滕州市(K18)。据此史料,可知楚国的疆域扩张到齐国的徐州附近。

下东国(东国、东地)

⃞1 (前301)齐有东国之地,方千里。楚苞九夷,又方千里。(《战国策·秦策三·谓魏冉曰楚破》)

⃞2 (前300)长沙之难,楚太子横为质于齐。楚王死,薛公归太子横。因与韩、魏之兵,随而攻东国。(《战国策·楚策四·第七·长沙之难》)

⃞3 (前299)秦王闻之惧,令辛戎告楚曰:"毋与齐东国,吾与子出兵矣。"(《战国策·楚策四·长沙之难》)

⃞4 (前299)苏秦谓薛公曰:"君何不留楚太子,以市其下东国。"(《战国策·齐策三·楚王死太子在齐质》)

⃞5 (前298)薛公必破秦以张韩、魏。所以进兵者,欲王令楚割东国以与齐也。……楚王出,必德齐,齐得东国而益强,而薛世世无患。(《战国策·西周策·薛公以齐为韩魏》)

⃞6 (前288)夫有宋,则卫之阳城危;有淮北,则楚之东国危;有济西则赵之河东危;有陶、平陆,则梁门不启。(《战国策·齐策四·苏秦自燕之齐》)

东国(下东国、东地),《图集》无,第二章第二节补释其范围大致在今江苏淮北、徐州、宿迁、连云港和今山东临沂、郯城所辖(L19—K19—K20)。

从上面史料来看,公元前333年下东国为楚地无疑。

夏州、海阳

1 (前333)楚地……东有夏州、海阳。(《战国策·楚策一·苏秦为赵合纵说楚威王》)

夏州,在今湖北武汉汉口(O15);海阳,在今江苏常熟市北(M20—M21)。此史料是公元前333年苏秦游说楚威王时对楚国基本情况的一个描述,说楚国东有夏州、海阳。据此史料,可知夏州、海阳属楚无疑。

取吴地至浙江

1 (前334)于是越遂释齐而伐楚。楚威王兴兵而伐之,大败越,杀王无强,尽取故吴地至浙江,北破齐于徐州。而越以此散,诸族子争立,或为王,或为君,滨于江南海上,服朝于楚。(《史记·越王勾践世家》)

浙江,即今富春江(P19—Q19—P20—O21)。据此史料,可知楚国疆域扩张到故吴之地,到今富春江。

淮北、吴

1 (前263)以黄歇为相,封以淮北地,号曰春申君。(《资治通鉴·赧王五十二年》)

(前263)考烈王以左徒为令尹,封以吴,号春申君。(《史记·楚世家》)

淮北,当指淮河以北;吴,即旧吴之地,今江苏苏州一带(N21)。公元前334年楚灭越之后,拥有旧吴和越之地,此后至史料一发生的公元前263年,并未有其他诸侯侵占吴越之地,可知,淮北、吴在前333年时属楚无疑。

六 齐—鲁—楚—泗上诸侯—九夷疆域考绘

在绘制齐、鲁、楚、泗上诸侯和九夷边界时,还有以下问题需要进一步厘清:

(一)楚、齐在莒地的疆域界线考察

从前文的分析,莒地的所属非常复杂。楚国有莒的记载有:

1 (前431)简王元年,北伐灭莒。(《史记·楚世家》)

(前431)楚简王仲元年,灭莒。(《史记·六国年表·楚》)

（前 431）莱、莒好谋，陈、蔡好诈，莒恃越而灭，蔡恃晋而亡。（《战国策·齐策五·苏秦说齐闵王曰》）

齐国有莒的记载有：

1̄ （前 341）今太子自将攻齐，大胜并莒，则富不过有魏，而贵不益为王。（《史记·魏世家》）

2̄ （前 334）愿魏以聚大梁之下，愿齐之试兵南阳、莒地，以聚常、郯之境。（《史记·越王句践世家》）

3̄ （前 313）王因令章子将五都之兵，以因北地之众以伐燕。（《战国策·燕策一·燕王哙既立》）

4̄ （前 284 年）燕攻齐，取七十余城，唯莒、即墨不下。（《战国策·齐策六·燕攻齐取七十余城》）

（前 284 年）四十，五国共击愍王，王走莒。（《史记·六国年表·齐》）

（前 284 年）淖齿既以去莒，莒中人及齐亡臣相聚求愍王子，欲立之。法章惧其诛己也，久之，乃敢自言"我愍王子也"。于是莒人共立法章，是为襄王。以保莒城而布告齐国中："王已立在莒矣。"（《史记·田敬仲完世家》）

5̄ （前 281）还盖长城以为防，朝射东莒，夕发浿丘，夜加即墨，顾据午道。（《史记·楚世家》）

6̄ （前 279 年）燕人兴师而袭齐墟，王走而之城阳之山中。（《战国策·齐策六·貂勃常恶田单》）

（前 279）齐城之不下者，唯独莒、即墨。（《战国策·燕策一·燕昭王收破燕后即位》）

以上关于莒的记载，公元前 431 年楚灭莒国而拥有莒地，是非常清楚的；公元前 341 年至公元前 279 年齐国有莒也是非常清楚的。由于史料记载属楚或属齐的时间点不同，到底是莒国先被楚所灭，然后自楚转属齐，还是莒地一部分属楚，另一部分属齐？从传世史料的记载来看，第二种可能性更大。试论之：

公元前 473 年越灭吴，莒仗越势而轻楚，公元前 431 年楚简王灭莒。但是在楚灭莒之后不久，有传世史料记载越国北伐：

1̄ （前 414）（于粤子朱句，）三十四年灭滕。（《史记·越王句践世

家》司马贞《索隐》引《竹书纪年》)

2 (前413)(于粤子朱句,)三十五年灭郯。(《史记·越王勾践世家》司马贞《索隐》引《竹书纪年》)

3 (前405)(翳)六年,伐齐灭缯。(《史记·越王勾践世家》司马贞《索隐》引《竹书纪年》)

4 (前392)(翳)十九年,伐齐。(《史记·越王勾践世家》司马贞《索隐》引《竹书纪年》)

越国能自故吴出发北伐滕、郯、缯和齐,大抵可知楚国对莒地的掌控是很弱的。其中,公元前392年越伐齐所经路线尤值得仔细研究。在公元前392年,阳都、启阳、盖等地尚属鲁,越伐齐的路线当逆沭水而上过莒到达齐长城,或者沿海岸北向经今山东日照到达齐长城。这意味着越要伐齐,必须先灭莒。《墨子·非攻中》:"东方有莒之国,其为国甚小,间于大国之间,不敬事于大,大国亦弗之从而爱利,是以东者越人夹削其壤地,西者齐人兼而有之,计莒之所以亡于齐、越之间者,以是攻战也。"所描述的莒国介于大国之间,以东的领土被越国吞并,以西的领土被齐国侵占,亡于齐、越之间,当发生在公元前431年至公元前392年之间。而且从这则史料记载来看,莒是被一分为二的,越国获得了焦原山(今五连山)以东到海的领地。

公元前334年,楚灭越。楚灭越之后,莒地是否自越转属楚了呢?从前文的城邑考来看,公元前333年,邳、徐州、常(尝)、建阳、阴平、襄贲、武城(南武城)、启阳、阳都、盖、琅琊属齐。《荀子·强国》中说"楚人则乃有襄贲、开阳以临吾左",知楚地近襄贲、开阳(即启阳)。又,齐国自公元前341年至公元前279年有"莒"的记载是非常确凿的,楚国不可能占有旧莒全部疆域。可知,公元前334年楚灭越之后有莒,当如《墨子·非攻中》所说,以东者"楚"人夹削其壤地,西者齐人兼而有之。

这样一来,齐、楚在这一区域的大致疆域可以标绘。辅以地形,下邳、郯国、襄贲、启阳、阳都、莒(东莒)分布在沭水以北,楚国的下东国分布在沭水以南,沭水可成为齐、楚比较明显的一个分界线。又,从地形上,沭水以南的今安徽新沂市—山东临沭县—莒南县—五连山,有一片丘陵形成的丘陵带,也可以成为齐、楚天然的分界线。这样,齐、楚两国的疆界,当以沭水和沭水以南天然形成的丘陵为分界线。

(二)泗上齐楚疆域考察

楚国在公元前333年之前即拥有泗上之地,有详细的史料来佐证:

① (前443)是时越已灭吴而不能正江、淮北,楚东侵,广地至泗上。(《史记·楚世家》)

② (前369—前340)楚宣王灭邾,徙居于此。(《水经·江水注》)

③ (前334)愿魏以聚大梁之下,愿齐之试兵南阳、莒地,以聚常、郯之境,则方城之外不南,淮、泗之间不东,商、於、析、郦、宗胡之地,夏路以左,不足以备秦,江南、泗上不足以待越矣。(《史记·越王勾践世家》)

④ (前333)七,围齐于徐州。(《史记·六国年表·楚》)

(前333)十,楚围我徐州。(《史记·六国年表·齐》)

史料一明确记载在公元前443年,楚地已广地至泗上。史料二进一步证实楚国已广地至泗上,否则绝无可能灭泗上诸侯邾。史料三可以证实楚国北部边界到达常、郯。史料四也可以证实楚国已广地至泗上,否则是无法围齐徐州的。

又,从前文对齐国南部城邑的考证来看,齐国在公元前333年拥有建阳、阴平、次室、武城、次室、襄贲,可大致绘定楚国北部与齐国的边界:西起今微山湖,经山东枣庄南,东至郯城。

(三)泗上诸侯疆界考察

据前文考证,在泗上这一区域内的诸侯国有滕、休、倪、邹(驺)、邳、费、郯,彼时的这些诸侯国仅有一城而已。

从对公元前333年原属鲁国的城邑所属来看,监(阚)、桑丘、成(郕)、柴、最、阊丘、平阳、建阳、阴平、次室、武城、阳都、襄贲、开阳、莒(东莒)、盖等均属齐,彼时的鲁国只有曲阜一城而已。

又,《史记·六国年表·楚》"(前333)七,围齐于徐州",楚国在公元前333年能"围徐州",可见楚国已经抵达徐州附近。

(四)楚与东夷边界考察

前文已考证东夷(九夷)为独立于齐、楚的一个区域,活动于今山东东部、淮河中下游江苏、安徽一带。据《战国策·秦策三·谓魏冉曰楚破》"楚苞九夷"及《战国策·燕策一·齐伐宋宋急》"九夷方一百里",可知楚国疆域将九夷包裹在内,九夷范围方圆一百里。具体边界不详,在划定疆域之时不作具体标绘,仅列其方位。

根据前述(一)(二)(三)(四)(五)分析考察,公元前333年齐—鲁—楚

第五章　齐(含鲁)及周边诸侯疆域边界考　　507

－泗上诸侯－九夷图大致如图5－3所示：

图5－3　齐楚边界形势图

结合前文对齐国四周疆域界线的考察，公元前333年齐国的疆域形势总图当如图5－4所示。

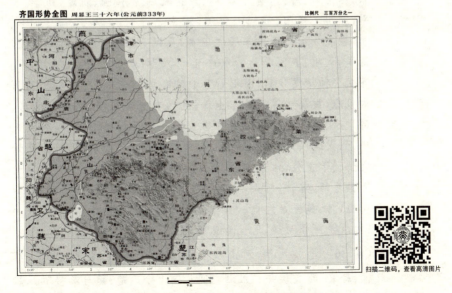

图5－4　公元前333年齐国形势全图

第六章
魏(含宋)及周边诸侯疆界考

描述魏国基本地理方位及疆域的史料有:

⃞1 (约前1600—前221)魏地,觜觿、参之分野也。其界自高陵以东,尽河东、河内,南有陈留及汝南之召陵、㶏强、新汲、西华、长平,颍川之舞阳、郾、许、傿陵,河南之开封、中牟、阳武、酸枣、卷,皆魏分也。河内本殷之旧都,周既灭殷,分其畿内为三国,诗风邶、鄘、卫国是也。……至十六世,懿公亡道,为狄所灭。齐桓公帅诸侯伐狄,而更封卫于河南曹、楚丘,是为文公。而河内殷虚,更属于晋。河东土地平易,有盐铁之饶,本唐尧所居,诗风唐、魏之国也。……自唐叔十六世至献公,灭魏以封大夫毕万,灭耿以封大夫赵夙,及大夫韩武子食采于韩原,晋于是始大。至于文公,伯诸侯,尊周室,始有河内之土。……文公后十六世为韩、魏、赵所灭,三家皆自立为诸侯,是为三晋。赵与秦同祖,韩、魏皆姬姓也。自毕万后十世称侯;至孙称王,徙都大梁,故魏一号为梁,七世为秦所灭。(《汉书·地理志》)

⃞2 (前361)孝公元年,河山以东强国六,与齐威、楚宣、魏惠、燕悼、韩哀、赵成侯并。淮泗之间小国十余。楚、魏与秦接界。魏筑长城,自郑滨洛以北,有上郡。(《史记·秦本纪》)

3 (前333)大王之地,南有鸿沟、陈、汝南、有许、鄢、昆阳、邵陵、舞阳、新郪;东有淮、颍、沂、黄、煮枣、海盐、无疏;西有长城之界;北有河外、卷、衍、燕、酸枣,垄方千里。(《战国策·魏策一·苏子为赵合从说魏王》)

4 (前317)魏地方不至千里,卒不过三十万。地四平,诸侯四通,条达辐凑,无有名山大川之阻。从郑至梁不过百里,从陈至梁二百余里。马驰人趋,不待倦而至梁。南与楚境,西与韩境,北与赵境,东与齐境,卒戍四方,守亭障者参列。(《战国策·魏策一·张仪为秦连横说魏王》)

史料一概述的是自殷商至秦统一千年间魏地的沿革,魏地的大致范围,自高陵(今陕西高陵)以东,包括了河东(今山西境内)和河内(今河南境内),魏国疆域南有陈留郡、汝南郡的召陵(今河南漯河市召陵区)、瀙强(今河南许州临颍县东)、新汲(今河南扶沟县西南二十里)、西华(今河南西华县)、长平(今河南西华县东北九公里),颍川郡的舞阳(今河南舞阳县)、郾(今河南漯河市郾城区)、许(今河南许昌)、傿陵(今河南鄢陵县)、河南郡的开封(今河南开封市南)、中牟(今河南中牟县)、阳武(今河南原阳东南)、酸枣(今河南新乡市延津县城西南)、卷(今河南原阳县旧原武西北)。由于这则史料没有确切的年份,加之战国时期魏国疆域时有变迁,我们只能从中知晓魏国在河东、河内均有领土,亦知魏国河内领土的南部的大致边界,无从考察具体的疆界细节。

史料二为公元前361年秦孝公即位之时魏国疆域的基本情况:在今陕西韩城至潼关一带的黄河流域拥有部分领土,这部分领土与秦接壤,魏国在秦魏边界建筑了一道军事防御的长城,这条长城的走向,近代史念海先生考证它南起今秦岭北麓的华阴市,北行至于渭河之滨,再转入洛河下游,溯洛河而上,经今大荔、澄城、合阳诸境,进入今陕西韩城市境内,而止于芝川镇的东西两原上[①];拥有自郑、洛水以北的领土,并设一郡,名"上郡"。

史料三为公元前333年苏秦在建立以赵国为中心的合纵联盟时描述魏国:南有鸿沟、陈、汝南,又有许、鄢、昆阳、邵陵、午阳、新郪等地;东有淮水、颍水、沂水、黄沟、煮枣、海盐、无疏等地;西有长城为其边界;北有河外、

---

① 史念海:《河山集(第七集)》,西安:陕西师范大学出版社,1999年,第257页。

卷、衍、燕、酸枣等地,国土方圆千里。

史料四为公元前317年,张仪为秦国连横之事游说魏襄王描述魏国的地缘形势。从这则史料中大致可以确定魏国与其他诸侯国的大致方位:魏国在列国中属于枢纽地带,南与楚接壤,西为韩国,北是赵,东与齐邻。

上述史料只是描述了魏国疆域的大致轮廓,从这个大致疆域范围来看,魏国有两大相对独立的区域:(一)以河东安邑为中心,北与赵邻壤,西与秦邻壤,东和南与韩邻壤的河西－河东区域;(二)以大梁为中心,北与赵邻壤,西与韩邻壤,东与齐、卫、宋邻壤,南与楚邻壤的大梁及周边区域。要考察这两大区域在公元前333年的疆域,为避免交叉论述,"河西－河东区域"可以细化为"魏河西－上郡区域""魏河东－安邑区域"和"魏上洛区域"三个子区域。下面,就对此四个区域进行逐一独立考察。

第一节　魏河西－上郡区域周边疆域考

一　魏城邑考

从已有史料分析来看,河西－上郡区域内或周边确定在公元前333年属于魏国城邑或势力范围的领地有:

雕阴

[1]（前330年）秦败我龙贾军四万五千于雕阴。围我焦、曲沃。予秦河西之地。（《史记·魏世家》）

雕阴,在今陕西富县北(I10)。雕阴所属变迁,据史料一,公元前330年,秦兵分两路:一军在雕阴大败魏将龙贾,一军围魏焦、曲沃。魏国迫于形势,将河西之地全部割让给秦国。大致可以推断公元前333年,雕阴属魏,秦、魏布防边界大致在雕阴以南近雕阴之处。

高奴（告奴）

[1]（未详何年）四年,告奴曹命壮譽工师赒疾、冶问。（《集成》11341【四年告奴曹令戈】）

2 (前320①)王五年,上郡疾造,高奴工楗(甕)。(《秦出土文献编年》五九之《王五年上郡疾戈》)

3 (未详何年)三年,漆工熙、丞诎造,工隶臣牟禾石高奴。(《秦出土文献编年》六五之《高奴禾石权》)

高奴,《图集》无,第二章第二节补释其地在今陕西延安市东北延河北岸(I10),在雕阴以北。据"雕阴"词条的考辨,公元前333年,秦魏在雕阴邻壤,秦之势力范围当不可能越过雕阴拥有高奴。史料一为出土的战国兵器铭文,据考证,此戈铸造于高奴入秦以前②,高奴为魏上郡属县之一。史料二据考证为秦惠文王更元五年(前320年)时的戈铭文,时高奴已入秦。又,据《史记·秦本纪》:"(前328)十年,张仪相秦。魏纳上郡十五县。"可知,公元前333年之前,高奴属魏。

定阳

1 (前353—前344年之间)昔者,魏王拥土千里,带甲三十六万,其强而拔邯郸,西围定阳,又从十二诸侯朝天子,以西谋秦。(《战国策·齐策五》)

2 (前294)(十二)年,上郡守(寿之)造,漆垣工师爽、工更长猗,定阳。(《集成》11363【□年上郡守戈】)

定阳,在今陕西宜川县西北(I10)。据史料一,魏在公元前353年至公元前344年之间的某年围定阳,西谋秦,可知定阳原属秦,后属魏。史料二为秦昭王十二年(前294)所铸"上郡守寿戈",可知迟至公元前294年,秦已有定阳。从史料一、二来看,在公元前344年至公元前294年之间,定阳又从魏转属秦。其转属的时间,可能为公元前328年"张仪相秦。魏纳上郡十五县"所纳十五县之一。如此,在公元前333年,定阳属魏无疑。

阳狐

1 (前401)二十四年,秦伐我,至阳狐。(《史记·魏世家》)

---

① 周翔《战国兵器铭文分域编年研究》(浙江师范大学硕士论文,2013年)第197页引杨宽《战国史》(第712页)认定此戈铸造时间在秦惠文王后元五年(前320)。
② 周振鹤,李晓杰:《中国行政区划通史·先秦卷》,上海:复旦大学出版社,2009年,第343页。

(前401)十四,伐魏,至阳狐。(《史记·六国年表·秦》)
(前401)二十四,秦伐我,至阳狐。(《史记·六国年表·魏》)

阳狐,第二章第二节校释其地大致在今陕西境内秦魏边境的魏国境内(K10)。据史料,公元前401年属魏。阳狐战役后,史料言秦伐魏至阳狐,未攻克,此后阳狐仍属魏。至于公元前333年阳狐之所属,当根据公元前333年阳狐周边城邑来综合确定。

河西魏长城

[1] (前385)故晋复强,夺秦河西地。(《史记·秦本纪》)

[2] (前362)魏筑长城,自郑滨洛以北有上郡。(《史记·秦本纪》)

魏河西长城,南起于今秦岭北麓的华阴市,北行至于渭河之滨,再转入洛河下游,溯河而上,经大荔、澄城、合阳诸县境,进入今韩城市境,而止于芝川镇的东西两原上(芝川镇之北就是魏国的少梁)(K10-J10-J11)。史料一记载公元前385年魏夺取秦河西之地。史料二是对秦孝公即位之初秦、魏形势的一个交代,魏国在河西修筑了一条长城。而且还交代,截至公元前362年,魏拥有郑县沿洛河直到上郡的大部分领土。《史记·魏世家》:魏惠王后元五年(前330),"秦败我龙贾军四万五千于雕阴。围我焦、曲沃。予秦河西之地"。魏河西长城当在公元前330年时全部自魏转属秦。公元前333年魏河西长城尚在魏国实际控制之下。

郑、合阳(郃阳)、洛阴

[1] (前411)十七年,西攻秦,至郑而还,筑洛阴、合阳。(《史记·魏世家》)

[2] (前290①)十七年,丞相启状造,合阳嘉、丞兼、库腄、工邪,合阳(《集成》11379【十七年丞相启状戈】)

郑,在今陕西华县(K10);合阳,在今陕西合阳县东南(J10);洛阴,《图集》无,第二章第二节补释其地在今陕西大荔县西南洛河南岸(K10)。史料一记载公元前411年魏西攻秦,一直打到渭水南岸的郑地才收兵,并在合阳、洛阴筑用于军事防御的城。据此史料,自公元前411年,秦、魏边境应该在郑、合阳、洛阴以西。史料二为出土的"十七年丞相启状戈",周翔《战

---

① 周翔:《战国兵器铭文分域编年研究》,浙江师范大学硕士论文,2013年,205页

国兵器铭文分域编年研究》(206 页)认定为秦昭襄王十七年(前 290)秦国铸造的兵器。从这两则史料来看,公元前 411 年至公元前 290 年期间的某年,合阳自魏转属秦。由于此后未见相关史料记载,疑秦、魏保持这个防卫边界到公元前 333 年。期间的魏惠王后元五年(前 330)魏献河西之地,合阳包含在内,当在公元前 330 年自魏转属秦。亦即,公元前 333 年,合阳尚属魏。

临晋

1 (前 409)十六年,伐秦,筑临晋、元里。(《史记·魏世家》)

(前 409)十六,伐秦,筑临晋、元里。(《史记·六国年表·魏》)

2 (前 313)十二年,王与梁王会临晋。庶长疾攻赵,虏赵将庄。张仪相楚。(《史记·秦本纪》)

(前 313)六年,秦来立公子政为太子。与秦会临晋。(《史记·魏世家》)

(前 313)六,秦来立公子政为太子。与秦王会临晋。(《史记·六国年表·魏》)

3 (前 310)武王元年,与魏惠王会临晋。诛蜀相壮。张仪、魏章皆东出之魏。伐义渠、丹、犁。(《史记·秦本纪》)

(前 310)九年,与秦王会临晋。张仪、魏章皆归于魏。(《史记·魏世家》)

4 (前 308)襄王四年,与秦武王会临晋。其秋,秦使甘茂攻我宜阳。(《史记·韩世家》)

(前 308)四,与秦会临晋。秦击我宜阳。(《史记·六国年表·韩》)

5 (前 302)十七年,与秦会临晋。秦予我蒲反。(《史记·魏世家》)

(前 302)十七,与秦会临晋,复归我蒲阪。(《史记·六国年表·魏》)

(前 302)十,太子婴与秦王会临晋,因至咸阳而归。(《史记·六国年表·韩》)

临晋,在今陕西大荔县东(K10)。临晋之所属变迁,据史料一:公元前409年魏国越过河西伐秦,之后在临晋、元里筑城。史料二言公元前310年秦、魏在临晋会晤,不详此时临晋属秦还是魏。又据《史记·魏世家》,魏惠王后元五年(前330),"秦败我龙贾军四万五千于雕阴。围我焦、曲沃。予秦河西之地"。在公元前330年河西已全属秦,可推知公元前310年临晋已属秦。史料三言前308年秦、韩在临晋会晤,会晤地点放在他国的可能性小。又,韩从未占领临晋。可知前308年时临晋已属秦。从上面的史料,由于前409年魏国在临晋修筑了军事防御的城墙,秦、魏边界应该在临晋以西。加之秦于前330年方攻占河西。大致可以推断秦、魏以临晋为攻防边界的格局在前409至前330年之间未有改变。亦即,公元前333年临晋属魏。

阴晋、华阴

[1] (前389)三十六年,秦侵我阴晋。(《史记·魏世家》)

[2] (前332)魏以阴晋为和于秦,实华阴。(《资治通鉴·显王三十七年》)

(前332)魏纳阴晋,阴晋更名宁秦。(《史记·秦本纪》)

阴晋,在今陕西华阴东(K11)。阴晋之所属,据史料一:公元前389年,秦侵犯魏之阴晋。据此可知时阴晋属魏无虞,且阴晋大致为秦、魏边境的城池,否则,秦不可能直接侵阴晋。史料二记载公元前332年魏将阴晋作为和谈筹码割让给秦,秦接受,并将阴晋改名宁秦,魏国将原阴晋百姓迁往华阴。从史料一、二大致可以判断公元前332年之前,阴晋、华阴均属魏,公元前332年之后,阴晋属秦国,秦更名为宁秦;华阴仍属魏。由上面推断,公元前333年左右,秦、魏防卫的边界在阴晋以西。

汪(注)

[1] (前625)晋襄王三年,秦伐晋,败于汪。(《史记·十二诸侯年表》)

(前625)秦报我殽,败于汪。(《史记·十二诸侯年表》)

(前625)伐晋报殽,败我于汪。(《史记·十二诸侯年表》)

(前625)郑穆公三年,从晋伐秦,败秦兵于汪。(《史记·郑世家》)

(前625)秦孟明伐晋,报崤之败,取晋汪以归。《史记·晋世家》)

②(前393)三十二年,败秦于注。(《史记·魏世家》)

注,当为"汪",在今陕西合阳县境(J11)。汪之所属变迁,据史料一:公元前625年,秦伐晋以报"崤之战"之仇,攻取晋国的汪。据此史料:公元前625年之前,汪属晋;公元前625年之后,汪转属秦。秦、晋本年的边界以汪为界。史料二,魏于公元前393年败秦于汪。结合史料一,可推断:公元前625至公元前393年之间,汪属秦;公元前393年之后,汪转属魏。由于此后未见相关史料记载,公元前333年,汪之所属当根据其周边城邑的所属来综合判定。

蒲坂(蒲反、蒲阪)、阳晋(晋阳)、封陵(封谷)

①(前306)秦昭王使向寿平宜阳,而使樗里子、甘茂伐魏。甘茂言于王,以武遂复归之韩。……茂惧,辍伐魏蒲阪,亡去。(《资治通鉴·赧王九年》)

②(前303)取蒲阪。(《史记·秦本纪》)

(前303)秦拔我蒲反、阳晋、封陵。(《史记·魏世家》)

(前303)复与魏蒲阪。(《史记·秦本纪》)

(前303)秦取魏蒲阪、晋阳、封陵。(《资治通鉴·赧王十二年》)

(前303)(魏襄王十六年,秦拔我蒲坂、)晋阳、封谷。(《竹书纪年》)

③(前302)与秦会临晋。秦予我蒲反。(《史记·魏世家》)

(前302)复与魏蒲阪。(《史记·秦本纪》)

④(前301)十八年,莆坂令钶、左工师命、冶主。(《近出》1177【十八年莆坂令戈】)

⑤(前296)秦与韩、魏河北及封陵以和。(《史记·秦本纪》)

(前296)秦复予我河外及封陵为和。(《史记·魏世家》)

(前296)秦与我河外及武遂。(《史记·韩世家》)

⑤(前290)秦以垣为蒲阪、皮氏。(《史记·秦本纪》)

蒲坂，在今山西永济市(K11)；阳晋(晋阳)，在今山西芮城县西(K11)；封陵，在今山西芮城县西南风陵渡(K11)。据公元前 306 年至公元前 290 年秦攻夺魏蒲坂、阳晋、封陵的记载来看，公元前 306 年之前，魏国拥有蒲坂、阳晋、封陵。

二 秦国城邑考

从已有史料分析来看，河西—上郡区域内或周边确定在公元前 333 年属于秦国城邑或势力范围的领地有：

石门

[1] (前 364)十一年，秦攻魏，赵救之石阿。(《史记·赵世家》)

(前 364)二十一年，与晋战于石门，斩首六万，天子贺以黼黻。(《史记·秦本纪》)

(前 364)二十一，章蟜与晋战石门，斩首六万，天子贺。(《史记·六国年表·秦》)

石门，战国时期，"石门"有二：一处在今陕西省咸阳旬邑县东(J9)，一处在今山西运城西南(K11)。本史料之"石门"当为今陕西旬邑县东之石门。此史料记载公元前 364 年秦献公在今陕西省咸阳旬邑县东之"石门"败三晋军队。据此史料，石门当属于秦、魏双方边境。由于此后未见秦、魏在石门有正面交锋，大致可以推断，公元前 364 年此战之后，石门属秦。又，结合前文对"雕阴"所属的史料分析，大致可以推断公元前 364 年至前 333 年，秦、魏边界以石门为限进行布防：秦在这条防线之南，魏在这条防线之北；公元前 333 年秦军越过这条防线北上进击雕阴。

漆垣

[1] (未详何年)漆垣一釿。(如货 6—1 所示)

[2] (前 300①)[内正面]七年，上郡守闲造，漆桓工师婴、工鬼薪带。[内背面][上层]平周。[下层]高奴。[胡部]平周。(《近出》1193【七年上郡守闲戈】)

---

① 周翔《战国兵器铭文分域编年研究》(浙江师范大学硕士论文，2013 年)第 200 页引杨宽《战国史》(174 页)认定此戈的铸造时间为秦昭王七年(前 300)。

3 (前295①)[内正面]十二年,上郡守寿造,漆垣工师乘,工更长绮;[内背面]洛都;洛都;平陆[胡正面]洛都;广衍②。(《集成》11404【十二年年上郡守戈】)

4 (前294③)[内正面]十三年,上郡守寿造,漆垣工师乘、工更长骑;[内背面]定阳。(《集成》11363【囗年上郡守戈】)

货6-1 魏"漆垣一釿"

漆垣,《图集》无,第二章第二节补释其地在今陕西铜川市西北(J9)。史料一,魏国有"漆垣一釿"货币,可知魏曾有"漆垣"④。又,出土了两批次的秦国兵器,其铭文均有"漆垣工师"字样,一批为山西屯留出土的秦昭襄王七年(前300)"上郡守间戈"⑤,另一批为秦昭襄王十二年(前295)"上郡守寿戈"。从《史记·魏世家》"(前330年)秦败我龙贾军四万五千于雕阴。围我焦、曲沃。予秦河西之地"的记载来看,彼时秦魏已在雕阴邻壤,从地望上看,地处今陕西铜川市西北的漆垣当已被秦攻占。公元前333年,漆垣当已属秦。

---

① 周翔《战国兵器铭文分域编年研究》(浙江师范大学硕士论文,2013年)第201页引杨宽《战国史》(174页)认定此戈的铸造时间为秦昭王七年(前300)。
② 崔璇:《秦汉广衍故城及其附近的墓葬》,《文物》1977年第5期。
③ 周翔《战国兵器铭文分域编年研究》(浙江师范大学硕士论文,2013年)第201页引杨宽《战国史》(174页)认定此戈的铸造时间为秦昭王七年(前300)。
④ 周振鹤、李晓杰:《中国行政区划通史·先秦卷》,上海:复旦大学出版社,2009年,第343页。
⑤ 陶正刚:《山西屯留出土一件"平周"戈》,《文物》,1987年第8期。

栎阳

① (前334①)四年,相邦樛斿之造,栎阳工上造閒,吾(衡)(《集成》11361【四年相邦樛斿戈】)

栎阳,在今陕西临潼市东北武屯镇附近古城村(K10)。此戈据周翔《战国兵器铭文分域编年研究》(194页)为秦惠文王四年(前334)秦国铸造之兵器。据此史料可知,公元前334年,栎阳属秦。

重泉

① (前409)六年,堑洛,城重泉。(《史记·秦本纪》)

(前408)七,堑洛,城重泉。(《史记·六国表·秦》)

② (前344)(秦孝公)十八年,齐率卿大夫众来聘。冬十二月乙酉,大良造鞅爰积十六尊五分尊壹为升。重泉。(上海博物馆《战国商鞅方升》铭文)

重泉,在今陕西蒲城县东南(K10),东靠洛水。从史料一可知,公元前409—前408年,秦在重泉筑城。史料二为出土商鞅方升铭文,言此升置放于重泉。可知重泉自公元前409至公元前344年一直属秦。秦孝公变法时期及变法后,魏未尝侵夺秦领土。可知公元前333年,重泉属秦无疑。

频阳

① (前456)二十一年,初县频阳。晋取武成。(《史记·秦本纪》)

频阳,在今陕西富平县东北(K10)。据此史料,公元前456年频阳属秦。公元前333年频阳之所属,据频阳东之"重泉"属秦可知应属秦。

梁(少梁、夏阳)

① (前641)秦穆公灭梁、芮。(《史记·秦本纪》)

(前641)秦穆公十九年,灭梁。(《史记·晋世家》)

② (前617)(秦康公四年,)晋伐我,取少梁。(《史记·秦本纪》)

③ (前419)秦灵公六年,晋城少梁,秦击之。(《史记·秦本纪》)

---

① 周翔《战国兵器铭文分域编年研究》(浙江师范大学硕士论文,2013年)第194页引杨宽《战国史》(710页)认定此戈的铸造时间为秦惠文公四年(前334)。

（前419）六年，城少梁。（《史记·魏世家》）

（前419）六，晋烈公止元年。魏城少梁。（《史记·六国年表·魏》）

4　（前418）秦灵公七年，与魏战少梁。（《史记·六国年表·秦》）

（前418）八，复城少梁。（《史记·六国年表·魏》）

5　（前363）十二年，秦攻魏少梁，赵救之。（《史记·赵世家》）

（前362）十三年，秦献公使庶长国伐魏少梁，虏其太子、痤。（《史记·赵世家》）

（前362）二十三年，与魏晋战少梁，虏其将公孙痤。（《史记·秦本纪》）

（前362）九年，与秦战少梁，虏我将公孙痤，取庞。（《史记·魏世家》）

6　（前354）十七年，与秦战元里，秦取我少梁。围赵邯郸。（《史记·魏世家》）

（前354）八，与魏战元里，斩首七千，取少梁。（《史记·六国年表·秦》）

（前354）十七，与秦战元里，秦取我少梁。（《史记·六国年表·魏》）

7　（前330年）五，与秦河西地少梁。秦围我焦、曲沃。（《史记·六国年表·魏》）

8　（前327年）更名少梁曰夏阳。（《史记·秦本纪》）

少梁，在今陕西韩城市西南（J11）。史料一记载公元前641年，秦灭梁、芮。据此史料，公元前641年之后，梁属秦。史料二记载公元前617年晋国伐秦，并攻下秦国的少梁。又，史料三、四，公元前419年，魏国在少梁筑城，秦击魏，未胜，公元前418年魏仍旧在少梁筑城。由此可推知，少梁自前617年转属晋国后至前418年一直由魏实际控制。据史料五，公元前363至公元前362年，秦进攻魏国的少梁，并擒获魏将公孙痤。可知少梁为秦魏攻防的边境地带。又，史料六：公元前354年，秦在元里大败魏军，并攻下魏国少梁。史料七言公元前330年，秦伐魏，围住魏国的焦、曲沃，魏国将少梁、河西之地割让给秦国，秦旋即（前327）将其更名为夏阳。可见公元前354年秦只攻占了魏少梁部分城邑,直至前330年才全部攻占。根据上述史料,少梁属于秦、魏双方边境,公元前362年秦、魏少梁战役之后,少梁(或部分)属秦;公元前354年元里战役后,少梁以南部分属秦;直至公元前330年,魏国将少梁全部划归秦国,少梁才正式成为秦国领土。也就是说,公元前333年,少梁部分被秦国占据,部分仍属魏国。

繁、庞

[1] (前415)十,补庞。(《史记·六国年表·秦》)

[2] (前412)三十四年①,使子击围繁、庞,出其民。(《史记·魏世家》)

(前412)三十四②,公子击围繁、庞,出其民。(《史记·六国年表·魏》)

[3] (前362)九年,伐败韩于浍。与秦战少梁,虏我将公孙痤,取庞。(《史记·魏世家》)

繁、庞,在今陕西韩城市东南(J11)。庞之所属,据史料一,公元前415年属秦,秦修补庞城。庞城此时属秦无疑。又,史料二,公元前412年,魏国派公子击围秦国的繁、庞,将秦国百姓驱逐。可验证公元前415年时庞城属秦,同时可知至公元前412年繁、庞转属魏。史料三言公元前362年,魏与秦在少梁大战,秦国俘虏魏国将领公孙痤,并将庞攻占。亦即,公元前362年庞又转属秦。通过上面史料判断,庞原属于秦,公元前412年,魏国攻占繁、庞;公元前362年,庞被秦国重新占领。公元前362年之后,未见史料有与庞相关的记载。由此,可以大致推断:公元前333年,繁、庞属秦。

元里(邧)

[1] (前623)晋襄五年,伐秦,围邧、新城。(《史记·十二诸侯年表》)

[2] (前409)十六年,伐秦,筑临晋、元里。(《史记·魏世家》)

---

① 原文为"十三年",据杨宽《战国史料编年辑证》(台北:台湾商务印书馆,2002年)第187页校正。

② 原文为"十三年",校正依据同上。

(前409)十六,伐秦,筑临晋、元里。(《史记·六国年表·魏》)

③ (前354)八年,与魏战元里,有功。(《史记·秦本纪》)

(前354)十七年,与秦战元里,秦取我少梁。围赵邯郸。(《史记·魏世家》)

(前354)八,与魏战元里,斩首七千,取少梁。(《史记·六国年表·秦》)

(前354)十七,与秦战元里,秦取我少梁。(《史记·六国年表·魏》)

元里,在今陕西澄城县南(J10)。元里之所属,据史料一:公元前623年,晋伐秦,围秦之祁、新城。据此史料,公元前623年之前,祁属秦。本年之后,未详所属关系。又,史料二:公元前409年,魏国伐秦,并在临晋、元里修筑军事防御的城墙。大致可以判断,公元前409年之后,元里属魏。又据史料三:公元前354年,秦魏在元里击败魏国,并进而攻下了魏国的少梁。根据这则史料,大致可以推断公元前354年后元里由魏转属秦。此后,未见有关元里所属权变更的记载,加之此后秦国对魏一直处于攻势,魏国节节败退,无重新夺回失地之记载。大致可以推断,至公元前333年,元里为秦、魏邻壤处的秦国一方。

征(北征)

① (前617)晋灵公四年,秦取晋北征。(《史记·十二诸侯年表》)

② (未详何年)穿渠,自征引洛水至商颜下。(《史记·河渠书》)

征(北征),在今陕西澄城县西南二十五里(J10)。据这二则史料,公元前617年,北征属晋,公元前617之后,转属秦。此后未见文字记载。公元前333年,北征之所属根据其东之"元里"所属来看,当属秦。

新城(新里)

① (前642)梁伯益其国而不能实,命曰新里,秦取之。(《左传·僖公十八年》)

② (前641)十九年,遂城而居之。(《左传·僖公十九年》)

③ (前623)晋襄公五年,伐秦,围祁、新城。(《史记·晋世家》)

新里,即新城,其地在今陕西澄城县东北。据上面史料,公元前642

年,秦攻梁国,并将攻夺之地命曰新里,次年修筑军事防御的城墙。从公元前623年晋伐秦围新里可知,新城属秦。虽史料言晋围秦邧、新城,但未言攻占。此地在公元前333年的所属,据其东边的"元里"的所属来看当属秦。

杜平

|1| (前355)十六年,与秦孝公会杜平。(《史记·魏世家》)

(前355)七年,与魏惠王会杜平。(《史记·秦本纪》)

杜平,其地在今陕西澄城东(J11)。此史料发生的年份在公元前355年,时秦国刚刚开始变法,魏国则国力强盛,此时魏国有北伐赵之意,故而外交上拉拢秦国。"杜平"应是秦、魏边境的城邑。不详其所属,姑认为公元前333年属秦。

籍姑

|1| (前415)十,补庞,城籍姑。灵公卒,立其季父悼子,是为简公。
(《史记·六国年表·秦》)

籍姑,其地与庞相近,在今陕西韩城市北(J11)。据此史料,公元前415年,籍姑属秦。又,《史记·魏世家》:"(前412)使子击围繁、庞,出其民。……(前362)九年,伐败韩于浍。与秦战少梁,虏我将公孙痤,取庞。"由于籍姑近繁、庞,疑籍姑于公元前412年随繁庞转属魏,公元前362年之后又随繁庞转属秦。自公元前361年秦孝公执掌国政,秦国转守为攻,公元前362至公元前333年,籍姑当属秦。

固阳

|1| (前352)筑长城,塞固阳。(《史记·魏世家》)

(前351)秦卫鞅围魏固阳,降之。(《资治通鉴·显王十八年》)

固阳,《图集》无,第二章第二节补释其地在今陕西合阳县境内(J11),魏河西长城附近。这则史料记载的是公元前352—公元前351,秦魏在固阳击败魏国。大致可以判断在公元前352—351年前后,固阳为秦、魏邻壤处。秦商鞅变法国力强盛,与魏国保持均势的同时有所进攻。公元前333年,固阳当属秦。

洛阳

① (前 385)十四年,城洛阳及安邑、王垣。(《史记·魏世家》司马贞《索隐》引《竹书纪年》)

② (前 366)十九,败韩、魏洛阳。(《史记·六国年表·秦》)

洛阳,《图集》无,第二章第二节补释其地在洛水以北(K10)。从上面两则史料,洛阳在公元前 385 年属魏,公元前 366 年,秦伐魏,败魏于洛阳。此后,虽无相关史料记载,但从公元前 361 年秦孝公执掌国政后秦国转守为攻的形势推断,公元前 333 年洛阳属秦。

庞戏(彭戏)

① (前 697)秦武公元年,伐彭戏氏。(《史记·秦本纪》)

② (前 461)十六,堑阿旁。伐大荔。补庞戏城。(《史记·六国表·秦》)

(前 461)十六年,堑河旁。以兵二万伐大荔,取其王城。(《史记·秦本纪》)

庞戏,其地当在今陕西华县一带(K11)。此史料言公元前 461 年,秦厉共公修补庞戏城。此时秦国的势力范围至今陕西华县一带。

武城、武下

① (前 619)秦伐我,取武城,报令狐之战。(《史记·十二诸侯年表》)

② (前 456)二十一年……晋取武城。(《史记·秦本纪》)

③ (前 390)十,与晋战武城。县陕。(《史记·六国年表·秦》)

④ (前 387)三十八年,伐秦,败我武下,得其将识。(《史记·魏世家》)

⑤ (前 343)十九,城武城。从东方牡丘来归。天子致伯。(《史记·六国年表·秦》)

武下,在今陕西华县东(K10)。武城之所属,据史料一:公元前 619 年,秦伐晋,并攻占晋国武城。由此则史料,殆武城在公元前 619 年之前属晋,公元前 619 年之后转属秦。史料二:公元前 456 年,晋国攻占秦国武城。据此史料,武城于公元前456年再转属晋。又据史料三、四,秦、魏在武城交战,史料言"(魏)伐秦",似魏主动进攻秦国武城。此战魏国未胜,在武城之下战败。史料五言公元前343年,秦在武城筑用于军事防御的城墙。据这则史料,武城此时属秦无疑。从秦、魏攻战的焦点来看,武城似为两国的军事防御线,在武城及武城以西为秦之势力范围,在武城以东为魏之势力范围。公元前333年武城当属秦。

大荔

1 (前623)秦穆公得由余,西戎八国服于秦,故自陇以西有绵诸、绲戎、翟、镕之戎,岐、梁山、泾、漆之北有义渠、大荔、乌氏、朐衍之戎。而晋北有林胡、楼烦之戎,燕北有东胡、山戎,各分散居溪谷,自有君长,往往而聚者百有余戎,然莫能相一。(《史记·匈奴列传》)

(前623)先是时,天下冠带之国七,而三国边于戎狄:秦自陇以西有绵诸、绲戎、翟、獂之戎,岐、梁、泾、漆之北有义渠、大荔、乌氏、朐衍之戎。(《资治通鉴·始皇帝三年》)

2 (公元前6世纪初)义渠、大荔最强,筑城数十,皆自称王。(《后汉书·西羌传》)

3 (前461)(秦厉公)十六年,巉河旁。以兵二万伐大荔,取其王城。(《史记·秦本纪》)

(前461)十六,堑阿旁。伐大荔。补庞戏城。(《史记·六国年表·秦》)

4 (前338)二十四,大荔围合阳。孝公薨。商君反,死彤地。(《史记·六国年表·秦》)

大荔戎的活动范围,《史记集解》:"徐广云:'今之临晋也。临晋有王城。'"《史记正义》引《括地志》:"同州东三十里朝邑县东三十步故王城,大荔近王城邑。"《后汉书·西羌传》"洛川有大荔之戎"下李贤注:"大荔,古戎国,秦获之,改曰临晋,今同州城是也。"《汉书·地理志·左冯翊·临晋》注:"故大荔国,秦获之,更名,有河水祠芮乡,故芮国。"根据这些史料,邱菊贤、杨东晨考证:大荔戎在今陕西大荔县至韩城一带活动十分频繁(K11)[①]。其说可从。史料二记载公元前6世纪初,义渠、大荔两个少数部落十分强大,各自筑城数十,并各自称王。史料三记载,公元前461年秦伐大荔戎,占领大荔戎的王城并将大荔戎打散。公元前338年,趁秦孝公逝世的国丧之时,大荔戎围秦之合阳(今陕西合阳县东南)。此后,未见秦与大荔戎之间相互征战的史料。从史料"(前461,秦)以兵二万伐大荔,取其王城"及"(前338)大荔围合阳"来看,大致可以推断前461年秦占据大荔戎的王城时,秦即已将大荔戎的版图纳入秦国实际控制范围。尽管公元前338年大荔戎的散兵聚集作乱,并没有改变秦国实际控制大荔戎的固定活动领地之情形。也即,截至公元前333年时,大荔戎的活动范围,今陕西大荔县至韩城市一带,早已经被秦国纳入版图范围。

三 义渠戎

义渠戎的活动范围大致在宁夏固原—六盘山—陕西陇县以东,甘肃平凉市—泾川县—陕西旬邑县—富县以北,陕西志丹—安塞—延安以西的区域,整个活动范围包含今甘肃宁县、平凉、庆阳,陕西吴起、定边、靖边等地。详见本书第七章第二节,在此不赘述。

四 魏河西区域疆域考绘

从前文考证来看,魏国在河西区域大致形成了一条阴晋→华阴→平舒→应→临晋→大荔→洛阴→洛阳→阳狐→合阳→汾阴→岸门→皮氏→雕阴→高奴的疆域界线;秦国大致形成了一条自彤→郑→武城(武下)→武堵→怀德→重泉→元里→杜平→汪(注)→少梁→繁→庞→籍姑→龙门→衙→漆垣→石门山的疆域界线,将频阳、栎阳等包裹在内。秦、魏两国在公元前333年的疆界及形势图大致如图6—1所示:

---

① 丘菊贤,杨东晨:《西戎简论》,《西北民族学院学报(哲学社会科学版)》,1989年第4期,第40页。

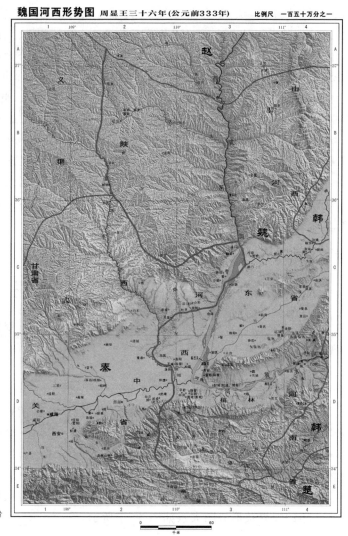

图 6−1　魏国河西形势图

第二节　魏河东－安邑区域周边疆域考

一　魏城邑考

在本书第三章韩国疆域考中,已经考察了平周－汾水流域韩、赵、魏三家的大致疆域界线,此处不再赘述。以下进一步考察除平周之外的魏国河东－安邑区域内属魏的城邑：

蒲、蒲阳(蒲子)

① (前332)三年,蒲子□□、工师兽、冶□(令)。(《集成》11293【三年蒲子戈】)

② (未详何年)莆子。(转引自朱华《三晋货币》)

③ (前328)秦公子华、张仪帅师围魏蒲阳,取之。张仪言于秦王,请以蒲阳复与魏,而使公子繇质于魏。仪因说魏王曰:"秦之遇魏甚厚,魏不可以无礼于秦。"魏因尽入上郡十五县以谢焉。(《资治通鉴·显王四十一年》)

(前328)十,张仪相。公子桑围蒲阳,降之。魏纳上郡。(《史记·六国年表·秦》)

(前328)魏纳上郡十五县。(《史记·秦本纪》)

(前328)魏尽入上郡于秦。秦降我蒲阳。(《史记·魏世家》)

④ (前311)秦樗里疾围蒲不克,而秦惠王薨。(《史记·樗里子列传》司马贞《索隐》)

⑤ (前239)(秦始皇)八年,……将军壁死,卒屯留、蒲、鶮反,戮其尸。(《史记·秦始皇本纪》)

蒲,《图集》无,第二章第二节补释其地在今山西隰县西北(I11);蒲阳(蒲子),在今山西隰县(I11)。史料一,周翔《战国兵器铭文分域编年研究》(161页):"从铭文风格来看,此戈应铸造于蒲子入秦以前。"并考证为战国魏国戈铭文,此戈铭文的时间大致为魏惠王更元三年(前332)。史料二为出土的带有"莆子"铭文的方足布,朱华《三晋货币》(157页)认定其为魏国货币。史料三,公元前328年,秦攻取魏之蒲阳,并以此为条件换取魏国上郡十五县。据此史料,可知蒲阳本年仍属魏。据上述史料,可知公元前332年之前,魏国拥有蒲阳(蒲子)。史料四、五,公元前311年秦围攻魏之蒲,未战胜。蒲在蒲阳之北,结合史料一、二、三,可知公元前311年之前,蒲属魏无疑。

岸门

[1] （前339）与晋战岸门①，虏其将魏错。（《史记·秦本纪》）

（前339）梁惠成王三十二年，与秦战岸门。（《史记·秦本纪》司马贞《索隐》引《竹书纪年》）

（前339）二十三，与晋战岸门。（《史记·六国年表·秦》）

[2] （前314）秦使樗里子伐取我曲沃。走犀首岸门。（《史记·魏世家》）

（前314）樗里疾攻魏焦，降之。败韩岸门，斩首百万，其将犀首走。（《史记·秦本纪》）

（前314）十九年，大破我岸门。太子仓质于秦以和。（《史记·韩世家》）

（前314）秦果大怒，兴师与韩氏战于岸门，楚救不至，韩氏大败。（《战国策·韩策一·秦韩战于浊泽》）

岸门，在今山西河津南（J11）。岸门之所属变迁，据史料一：公元前339年，秦、晋战于岸门，秦俘虏魏将魏错。大约在此年，秦、魏之边界已在岸门附近。又，史料二：公元前314年，秦派樗里疾攻伐魏国曲沃。韩、楚、魏联合伐秦，秦败韩于岸门，韩派太子韩仓到秦国做人质，请求和解。据这两则史料，岸门属于秦、魏交锋边境的魏国一方。

汾阴、皮氏

[1] （前329）渡河，取汾阴、皮氏。……围焦，降之。（《史记·秦本纪》）

（前329）秦取我汾阴、皮氏、焦。（《史记·魏世家》）

[2] （前307）秦来伐我皮氏，未拔而解。（《史记·魏世家》）

（前307）（魏襄王十二年，）秦公孙爰帅师伐我，围皮氏，翟章帅师救皮氏围。（《水经·汾水注》引《竹书纪年》）

[3] （前306）（魏襄王十三年，）城皮氏。（《水经·汾水注》引《竹书纪年》）

汾阴，在今山西万荣县西南（J11）；皮氏，在今山西运城市西北至河津市

---

① 原文为"雁门"，据《史记·六国表·秦》和《史记·秦本纪》司马贞《索隐》校正。

境(J11)。史料一记载公元前329年,秦兵分三路,将边界继续推向魏国腹地:一路从雕阴向北继续进攻魏国;一路从少梁渡过黄河攻击魏国,并占领魏国汾阴、皮氏部分领土;一路从阴晋向东,攻陷魏国焦城。史料二记载公元前307年秦又攻魏皮氏,未攻下。史料三言公元前306年,魏国在皮氏修筑城墙。根据上面史料可以推知:公元前329年之前魏国一直拥有汾阴、皮氏;前329年,秦攻占汾阴和皮氏部分城池,直到公元前306年皮氏仍有部分领地属魏。

解

[1] (前294)秦败魏师于解。(《资治通鉴·赧王二十一年》)

解,在今山西临猗县西南(J11)。此史料记载的是公元前294年,秦在解城大败魏国边防军。根据这则史料,公元前294年之前,解城属魏。至于公元前333年解的所属,根据周边蒲坂、岸门、汾阴、皮氏所属情况,知其属魏无疑。

瑕阳

[1] (前341)廿九年叚阳库冶。(《二编》1171【廿九年叚阳库戈】)

叚阳,即瑕阳,在今山西临猗县西南(J11)。此史料,周翔《战国兵器铭文分域编年研究》引杨宽《战国史》(709页)认定其为魏惠王二十九年(前341)魏国铸造。据此史料,可确定公元前341年,瑕阳属魏。公元前333年,瑕阳之所属根据彼时周边城邑蒲坂、岸门、汾阴、皮氏的所属来看,属魏无疑。

浊泽(涿泽、盐池)、浊阳、修鱼

[1] (前389①)三年,太公与魏文侯会浊泽,求为诸侯。魏文侯乃使使言周天子及诸侯,请立齐相田和为诸侯。周天子许之。……田和立为齐侯,列于周室,纪元年。(《史记·田敬仲完世家》)

[2] (前369)武侯元年封公子缓。赵侯种、韩懿侯伐我,取蔡,而惠王伐赵,围浊阳。(《史记·赵世家》司马贞《索隐》引《竹书纪年》)

(前369)六年……伐魏,败涿泽,围魏惠王。(《史记·赵世

---

① 据"齐康公十四年"的第三年,推此事为前389年。

（前369）六，败魏涿泽，围惠王。(《史记·六国年表·赵》)

（前369）懿侯说，乃与赵成侯合军并兵以伐魏，战于浊泽，魏氏大败，魏君围。(《史记·魏世家》)

3 （前317）秦败我修鱼，虏得韩将鲠、申差于浊泽。(《史记·韩世家》)

涿泽，即"浊泽""盐池"，第二章第二节校释其地在今山西夏县西南(J12)；浊阳，《图集》无，当在浊泽以北(J12)。史料一言前389年田姓齐太公田和与魏文侯在浊泽会晤。会晤地点当属魏或齐。从地望看，此浊泽当属魏。史料二记载公元前370至公元前369年韩、赵在魏武侯去世后介入魏国储君之争而伐魏，韩、赵联军在浊泽击败魏国。根据史料二，大致可以推断魏国当时应处于守势，韩、赵当是主动进击。这样，浊泽当属魏。史料三记载公元前318年五国伐秦，无功而返，第二年，秦反攻五国联军而败韩于修鱼，擒韩将于浊泽。截至公元前317年，魏国有阴晋、湖关、函谷关、曲沃、焦、陕、崤塞，韩国有渑池、宜阳，秦国绝无可能穿过层层防守进攻韩国的修鱼，然后回兵南下穿过韩国首都新郑，在今河南新郑市西南的浊泽大败韩国，修鱼在今山西永济市境内近浊泽，本书第二章"修鱼"词条已有考证，此不赘述。秦败韩修鱼，并不能说明修鱼属韩，因五国联军汇集伐秦，以地望来看，当属魏。也即，五国联军汇集在魏国与秦国交界的今陕西韩城至华阴黄河以东，联军无功而返时，秦国跨河击韩。从前文的史料分析来看，公元前333年，浊泽、浊阳、修鱼均属魏。

魏城

1 （前661）献公之十六年，赵夙为御，毕万为右，以伐霍、耿、魏，灭之。以耿封赵夙，以魏封毕万，为大夫。(《史记·魏世家》)

2 （前467）十，庶长将兵拔魏城。彗星见。(《史记·六国年表·秦》)

魏城，在今山西芮城县东北七里(K11)。魏城所属，据史料一，前661年之前，属于独立封国，前661年被晋所灭，转而成为晋大夫毕万之封国。前467年，秦攻取晋国之魏城（一说为修补魏城，详梁玉绳《史记志疑》195页）。盖在本年，魏城由魏转属秦。又，此后"（前412）公子击围繁、庞，出其民(《史记·六国年表·魏》)""（前409）十六，伐秦，筑临晋、元里(《史记·

六国年表·魏》)""(前408)(魏)伐秦至郑,还筑洛阴、合阳(《史记·六国年表·魏》)",公元前413年至公元前409年,魏国连年进攻秦国,夺取了河西之地,并设置河西郡。大概在此期间,秦国丧失魏城。此后的公元前330年时,秦收复河西失地,并围魏之焦、曲沃(《史记·魏世家》:"(前330)五年,秦败我龙贾军四万五千于雕阴。围我焦、曲沃。予秦河西之地。")。焦、曲沃,其地在今河南三门峡西南。以地形观之,秦之行军路线当沿黄河以南之临晋－魏城－桃林塞－曲沃。以此推断,在公元前333年,魏城当仍属魏,至公元前330年时,方转属秦。

二 赵城邑考

从已有史料分析来看,河东－安邑区域内或周边确定在公元前333年属于赵国城邑或势力范围的领地有:

平都

1 (未详何年)[正面]平都、湿成,[背面]大陵、雈柬(《集成》11542【平都矛】)

平都,在今陕西子长县西南(H10)。据周翔《战国兵器铭文分域编年研究》(113页),此为赵国兵器,兵器所铸年份不可考。

土匀

1 (未详何年)土匀容四斗錍。(《集成》9977)

2 (未详何年)土匀。(《货系》2007)

土匀,《图集》无,第二章第二节补释其地在今山西省石楼县西北(H10)。史料一为出土的战国錍,山西省博物馆《太原检选到土匀錍》[①]认定其为赵国器物。史料二为出土的有"土匀"币文的战国方足小布。吴良宝《战国部分地名校补》(147页)[②]也认定"土匀"为赵国城邑。

隰城

1 (未详何年)隰城。(转引自朱华《三晋货币》)

---

① 山西省博物馆:《太原检选到土匀錍》,《文物》,1981年第8期。
② 吴良宝:《〈中国历史地图集〉战国部分地名校补》,《中国历史地理论丛》,2006年7月,第21卷第3辑,第144－151页。

②(未详何年)[正面]平都、湿成,[背面]大陵、萑枣(《集成》11542【平都矛】)

隰城,《图集》无,第二章第二节补释其地在今山西省吕梁市离石区西(H11)。吴良宝《战国部分地名校补》(147页)①认定隰城为赵地。

蔺(北蔺)、皋狼、离石

①(前455)知伯说,又使人之赵,请蔺、皋狼之地,赵襄子弗与。知伯因阴结韩、魏将以伐赵。(《战国策·赵策一·知伯帅赵韩魏而伐范中行氏》)

②(前372)魏败赵师于北蔺。(《资治通鉴·周烈王四年》)
(前372)魏败我蔺。(《史记·赵世家》)

③(前351)秦攻我蔺。(《史记·赵世家》)

④(前331②)□九年蔺令㕣贯府铸戈。(《二编》1190【口九年蔺令戈】)
(前331)□九年閦命□买□釛旒(《新收》1993【口九年蔺令戈】)

⑤(前328)赵疵与秦战,败,秦杀疵河西,取赵蔺、离石。(《史记·赵世家》)

⑥(前313之前③)九年,蔺令陲隋、上库工师邢斯、冶同。(《二编》1215【九年蔺令陲隋戈】)

⑦(前313)庶长疾攻赵,虏将赵庄。(《史记·秦本纪》)
(前313)秦拔我蔺,虏将军赵庄。(《史记·赵世家》)
(前313)秦攻赵蔺、离石、祁,拔。(《战国策·赵策三·秦攻赵》)

⑧(前279)秦欲攻齐,恐天下救之,则以齐委于天下曰:"齐王四与寡人约,四欺寡人,必率天下以攻寡人者三。有齐无秦,无齐

---

① 吴良宝:《〈中国历史地图集〉战国部分地名校补》,《中国历史地理论丛》,2006年7月,第21卷第3辑,第144—151页。
② 周翔《战国兵器铭文分域编年研究》(浙江师范大学硕士论文,2013年)第84页引杨宽《战国史》(711页)考定为赵肃侯十九年。
③ 周翔:《战国兵器铭文分域编年研究》,浙江师范大学硕士论文,2013年,第85页。

有秦,必伐之,必亡之!"已得宜阳、少曲,致蔺、石,因以破齐为天下罪。(《战国策·燕策二·秦召燕王》)

蔺(北蔺),在今山西吕梁市离石区西(H11);皋狼,在今山西吕梁市离石区北(H11);离石,在今山西吕梁市离石区(H12)。从史料一可知,公元前455年,虽三家尚未分晋,但蔺、皋狼二地为赵控制之下的领地无疑。据史料二,可知公元前372年,魏、赵邻壤,魏攻赵之蔺。可见两国的边界在蔺附近。又,据史料三,公元前351年秦攻赵之蔺,可知,此时秦、赵邻壤,且两国边界在蔺附近。结合史料二,可推知公元前372年魏并未完全攻占赵之蔺地,两国边界在蔺附近。史料四,据周翔《战国兵器铭文分域编年研究》(84页),为赵肃侯十九年(前331)赵国所铸之兵器,蔺此时属赵无疑。史料五,结合《史记·秦本纪》"(前328)魏纳上郡十五县",迟至公元前328年,秦在获得魏国上郡十五县后东向攻赵,"取赵蔺、离石",只是攻取赵国蔺、离石部分领土。史料六据周翔《战国兵器铭文分域编年研究》(85页),为赵武灵王十三年(前313)之前赵国铸造之兵器。据史料五、六、七、八,可知史料五记载的公元前331年"赵疵与秦战,败,秦杀疵河西,取赵蔺、离石",只是蔺地的部分领土而不是全部。秦国真正意义上将蔺、离石全部纳入版图,是在公元前313年"取赵蔺、离石"之后"拔蔺"。

中都(西都)、西阳(中阳)、尹城、兹氏、大陵(大陆、平陵)、榆次、阳邑在第三章第二节之"一赵上党及周边城邑考"中已经确定,公元前333年属赵,此不赘述。

三 韩国城邑考

从已有史料分析来看,河东-安邑区域内或周边确定在公元前333年属于韩国城邑或势力范围的领地有:

蔺、离石

1 (前308)秦围宜阳,游腾谓公仲曰:"公何不与赵蔺、离石、祁,以质许地。"(《战国策·韩策一·秦围宜阳》)

蔺(北蔺),在今山西吕梁市离石区西(H11);离石,在今山西吕梁市离石区(H12)。据此史料,可知韩国在公元前308年之前有蔺、离石。

四 魏河东安邑区域北部边界考绘

从本节前述城邑的归属来看,赵国大致形成了一条从平都→土匀→平周的疆域界线，将隰城、蔺（北蔺）、离石、皋狼、中阳等城邑包裹在内；魏国大致形成了一条从雕阴→高奴→蒲→蒲阳→平周的疆域界线，将北屈、南屈、定阳包裹在内；韩国大致有蔺、离石两地的部分城邑。

在考察此区域内疆域范围时，有一个特别值得注意的问题——蔺、离石所属的问题。从前文对赵、韩两国城邑的考证来看，赵国在公元前333年有蔺、离石；韩国在公元前308年之前也拥有蔺、离石。两则史料关于韩、赵都有蔺、离石的记载都确凿无疑，蔺、离石到底是属赵还是属韩，还是赵、韩各有部分城池？之所以提出这个问题，主要是韩国的领土距离蔺、离石较远，如果蔺、离石部分属韩的话，韩国如何控制这些城池？从史料"（前308）秦围宜阳，游腾谓公仲曰：'公何不与赵蔺、离石、祁，以质许地'（《战国策·韩策一·秦围宜阳》）"来看，蔺、离石必有部分属韩，要不然连起码的城池所属都弄错，游腾是无法说服公仲的，因此应支持蔺、离石地区部分城池属赵，部分城池属韩的论断：直至公元前308年，蔺、离石、祁大部属赵，部分属韩。对于韩国而言，蔺、离石、祁属于飞地。

据以上分析，再结合第三章第一节对平周-汾水流域韩、魏疆域的考察，大致可以绘出魏河东-安邑区域北部与其他诸侯国的疆域界线，如图6-2所示。

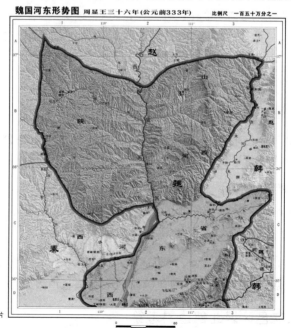

扫描二维码，查看高清图片

图6-2　魏国河东形势图

第三节 魏上洛及周边区域疆域考

一 魏国城邑考

从已有史料分析来看,上洛区域内或周边确定在公元前333年属于魏国城邑或势力范围的领地有:

上洛、卢氏

在第三章第三节中已有详考,此不赘述。

二 楚国城邑考

从已有史料分析来看,上洛区域内或周边确定在公元前333年属于楚国城邑或势力范围的领地:商、於、郦、宗、胡、夏路以左、於中、武关、汉中、丹阳,在第三章第三节中已有详考,此不赘述。此外还有:

析

[1] (前313)商、於、析、郦、宗胡之地,夏路以左,不足以备秦,江南、泗上不足以待越矣。(《史记·越王勾践世家》)

[2] (前298)(秦昭王)九年,攻析。(《睡虎地秦简·编年记》)

析,在今河南西峡县(L12)。从上面两则史料可知,公元前313年之前,析属楚。

三户

[1] (前491)将裂田以与蛮子而城之,且将为之卜。蛮子听卜,遂执之,与其五大夫,以畀楚师于三户。(《左传·哀公四年》)

三户,在今丹江北、河南西峡县西南(L12),在武关东南。据此史料,可知公元前491年,三户属楚。公元前333年,秦楚的边界在武关,三户在武关东南,当属楚。

塞城

[1] (未详何年)府东南八十里。战国时楚筑以备秦,据山为城,高峻险峭,即此山也。(《读史方舆纪要·湖广五·郧县·古塞山》)

塞城，《图集》无，第二章第二节补释其地约在今湖北郧县东南八十里习家店镇（M12）。据此史料可知塞城一度长期属楚，作为楚国防备秦国的要塞之一。塞城在公元前333年的所属，根据武关在彼时为秦楚分界的要塞来看，当属楚。

郇阳

① （前333）楚地……北有汾陉之塞、郇阳，地方五千里。（《战国策·楚策一·苏秦为赵合纵说楚威王》）

郇阳，在今陕西安康市旬阳县（M10）。此史料言公元前333年苏秦游说楚威王，说楚国北有汾陉塞、郇阳。一个游说之士要说服楚国国君，其对楚国的基本客观形势不能有误，据这则史料，公元前333年时，郇阳为楚地无疑。

上庸、汉北

① （未详何年）熊渠生子三年。当周夷王之时，王室微，诸侯或不朝，相伐。熊渠甚得江、汉间民和，乃兴兵伐庸、杨粤，至于鄂。（《史记·楚世家》）

② （前314）张仪西并巴、蜀之地，北取西河之外，南取上庸。（《战国策·秦策二·秦武王谓甘茂曰》）

③ （前311）今（秦）将以上庸之地六县赂楚。（《史记·楚世家》）

④ （前304）与楚上庸。（《史记·秦本纪》）

（前304）二十五年，怀王入与秦昭王盟，约于黄棘。秦复与楚上庸。（《史记·楚世家》）

（前304）二十五，与秦王会黄，秦复归我上庸。（《史记·六国年表·楚》）

⑤ （前280）又使司马错发陇西兵，因蜀攻楚黔中，拔之。楚献汉北及上庸地。（《资治通鉴·赧王三十五年》）

（前280）秦伐楚，楚军败，割上庸、汉北地予秦。（《史记·楚世家》）

庸，即上庸，在今湖北竹山县（M11）；汉北，即汉水以北。史料一言春秋时期，楚将庸国攻灭，并将其纳入楚国版图。史料二记载的是公元前314

年,秦客卿张仪攻取楚国上庸。据此史料可知,上庸在公元前 314 之前属楚,前 314 之后转属秦。史料三、四,可佐证"上庸在公元前 314 之前属楚,前 314 之后转属秦"的判断,公元前 304 年,上庸复归楚。史料五言公元前 280 年楚国将汉水以北之地、上庸割让给秦国。从上面对"郇""上庸""汉北"地的考辨,辅以地形图来看,"汉中六百里"之地当今陕西安康市石泉县、紫阳县境的广大地域;"汉北"之地当即汉水以北今陕西镇安县、山阳县境的广大地域。

煮枣

1 (前 307)秦拔宜阳,景翠果进兵。秦惧,遽效煮枣,韩氏果亦效重宝。景翠得城于秦,受宝于韩,而德东周。(《战国策·东周策·秦攻宜阳》)

"煮枣"之具体方位,据程恩泽《国策地名考》,其地不详。但从秦攻宜阳时的形势来看,煮枣应在陕西东南、湖北西北秦楚交界处,具体位置不详。公元前 333 年,煮枣属秦无疑;公元前 307 年转属楚。

三 秦国城邑考

从已有史料分析来看,上洛区域内或周边确定在公元前 333 年属于秦国城邑或势力范围的领地有:

武关

1 (前 333)秦攻燕,则赵守常山,楚军武关,齐涉渤海,韩、魏出锐师以佐之。秦攻赵,则韩军宜阳,楚军武关,魏军河外,齐涉渤海,燕出锐师以佐之。(《战国策·赵策二·苏秦从燕之赵始合从》)

(前 333)大王不从亲,秦必起两军:一军出武关,一军下黔中。若此,则鄢郢动矣。(《战国策·楚策一·苏秦为赵合纵说楚威王》)

2 (前 298)秦要怀王不可得地,楚立王以应秦,秦昭王怒,发兵出武关攻楚,大败楚军,斩首五万,取析十五城而去。(《史记·楚世家》)

武关,在今陕西商南县东南(L11)。据史料一,公元前 333 年武关当为秦楚分界之关口。

商、於

|1| (前351)十一,城商塞。卫鞅围固阳,降之。(《史记·六国年表·秦》)

|2| (前341)秦封卫鞅于邬,改名曰"商"。(《水经·浊漳水注》)

|3| (前340)三十年,秦封卫鞅于商,南侵楚。是年,宣王卒,子威王熊商立。(《史记·楚世家》)

|4| (前313)商、於、析、郦、宗胡之地,夏路以左,不足以备秦,江南、泗上不足以待越矣。《史记·越王勾践世家》

(前313)大王苟能闭关绝齐,臣请使秦王献商於之地,方六百里。(《战国策·秦策二·齐助楚攻秦》)

|5| (前300)司马庚三反于郢,甘茂与昭鱼遇于商於,其言收玺,实类有约也。(《史记·韩世家》)

商,在今陕西丹凤县(L11)。从史料一、二、三来看,迟至公元前340之时商、於属秦,从史料四、五来看,商、於近楚。公元前333年,商、於当为秦楚邻壤之地,秦楚当各占据商、於部分领土。

四　韩国城邑考

从已有史料分析来看,上洛区域内或周边确定在公元前333年属于韩国城邑或势力范围的领地有:

西山、商坂、卢氏、宜阳在第三章第三节中已有详考,此不赘述。

五　魏上洛区域疆域考绘

(一)上洛区域韩魏疆域界线考察

在本书第三章第三节"韩三川区域疆域考绘"已经对韩魏上洛区域的疆域界线进行了考证,此不赘述。

(二)上洛区域秦魏楚韩疆域界线考察

从前文的战国地名沿革考述中,确定公元前333年楚国在上洛地区的城邑有析城、三户、丹阳、丹、塞城和商、於部分领土;属于魏国的城邑或区域有上洛、卢氏;属于韩国的城邑有卢氏、宜阳;属于秦国的城邑有商、於、武关、商坂、西山。这个区域属于楚国疆域版图的城邑根据《左传》还可以更加细化。

> [1] (前491)夏,楚人既克夷虎,乃谋北方。左司马眅、申公寿余、叶公诸梁致蔡于负函,致方城之外于缯关,曰:"吴将泝江入郢,将奔命焉。"为一昔之期,袭梁及霍。单浮余围蛮氏,蛮氏溃。蛮子赤奔晋阴地。司马起丰、析与狄戎,以临上洛。左师军于菟和,右师军于仓野,使谓阴地之命大夫士蔑曰:"晋、楚有盟,好恶同之。若将不废,寡君之愿也。不然,将通于少习以听命。"士蔑请诸赵孟。赵孟曰:"晋国未宁,安能恶于楚,必速与之。"士蔑乃致九州岛之戎。将裂田以与蛮子而城之,且将为之卜。蛮子听卜,遂执之,与其五大夫,以畀楚师于三户。(《左传·哀公四年》)

此史料记载公元前491年,楚国在负函(今河南信阳市境)集合蔡国人,在缯关(今河南方城县)集结方城山之外的人,以袭击梁(今河南临汝县西)、霍(在梁之西南,今河南临汝县西南)。楚国领兵包围蛮氏,蛮氏溃散,逃到晋国的阴地(今河南卢氏县东北)。楚国召集丰(今河南淅川县西南与湖北十堰相接处)、析(今河南淅川县和内乡县之西北境)和狄戎入伍,逼近晋国的上洛(今陕西商洛市商州区),左翼部队驻扎在菟和(今陕西商洛市商州区东),右翼部队驻扎在仓野(今陕西商洛市商州区东南一百四十里),逼迫晋国交出蛮氏首领,否则将打通少习山(今陕西商洛市商州区东一百八十里,山下即武关),最后晋国逮捕了蛮氏首领,并在三户(今河南淅川县西南丹江之南)交给楚国。据这则史料可知,楚国在此一区域的势力范围东北有丰、析、狄戎、菟和、仓野、三户,临近晋国的上洛、阴地。

从这则史料还可以判定晋国与楚国在上洛以外的其他区域的疆界。史料中,楚派使者威胁晋国说"不然,将通于少习以听命","少习"即"少习山",少习山下即武关,楚使者所言"通于少习以听命",实际上是打通武关。可见,此时晋、楚以"武关"为界防守。从"起丰、析与狄戎,以临上洛。左师军于菟和,右师军于仓野"及"通于少习以听命"的整个大形势来看,晋国武关以西北至今陕西商洛市、连接今洛南县的广大区域在公元前491年全部为楚国势力范围无疑。

从后来的史料来看,晋国武关以西北的区域被秦国侵占：

1️⃣ (前351)十一,城商塞。(《史记·六国年表·秦》)

2️⃣ (前340)秦封卫鞅于邬,改名曰"商"。(《水经·浊漳水注》引《竹书纪年》)

(前340)三十年,秦封卫鞅于商,南侵楚。(《史记·楚世家》)

(前340)秦封卫鞅商於十五邑,号曰商君。(《资治通鉴·显王二十九年》)

商塞,位于今陕西丹凤县龙驹寨镇西之古城村,距武关四十公里,至公元前351年为秦之重要边城。商塞之筑,先于秦建都咸阳城前一年,当系卫鞅在秦国改革变法之产物。后来在秦孝公二十二年(前340),卫鞅因大破魏军封于"商""邬(即'於')"。从史料来看,"於"此时当属楚,秦攻占了"於"的部分领土,因此《史记·楚世家》才说"南侵楚"。从睡虎地秦简《编年记》"(前298)九年,攻析"及《史记·楚世家》"(前298)顷襄王横元年,秦要怀王不可得地,楚立王以应秦,秦昭王怒,发兵出武关攻楚,大败楚军,斩首五万,取析十五城而去"来看,秦封卫鞅于"於",实际是遥封,将楚国领地分封给卫鞅,希望卫鞅自己去争取。也就是说,秦拥有原属楚国的"商"地,当在秦孝公改革的公元前384—351年之间,秦虽在公元前340年封卫鞅商於之地,但实际并未占有楚国的於中。但是,秦、楚在商、於一带的边界轮廓比较清楚了。

在这一大致轮廓下,可以通过秦、楚在这一地域争夺的焦点来将疆界更加明晰。结合上述对商、於、析、郦、宗、胡、夏路以左、曲沃、於中、武关、汉中、丹阳、郇阳、上庸、汉北等地名的系年考辨来看,秦楚两国的疆界：秦与楚汉中的边界大致以终南山(今秦岭)为大致界线,汉水中段的汉中地区六百里属楚;秦自蓝田—商—武关的通道的延长线上的武关与楚国商、於、析、郦、宗胡、丹阳邻壤,汉北、郇、上庸、黔中属楚;楚国丰、析、菟和、仓野、三户,临近韩魏的上洛,其疆域界线大致在卢氏以南。其疆界及形势图大致如图6—3所示。

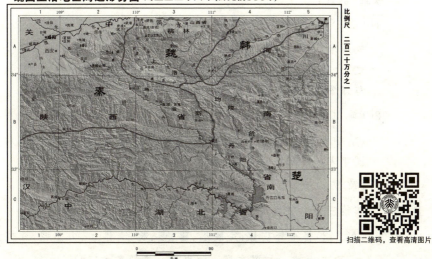

图 6-3 魏国上洛地区周边形势图

第四节 魏国大梁及周边区域疆域考

一 魏国城邑考

从已有史料分析来看,大梁区域内或周边确定在公元前 333 年属于魏国城邑或势力范围的领地有:

(一)大梁区域西部

蔡(上蔡)、邵(召陵)、郾、高陵、昆阳、舞阳、襄城、许、安陵(鄢陵)、桐丘、长社、马陵、三亭、林(林中、林乡、北林、棐林)、鸡鸣城、畠泽陂、榆关、启封、中阳、大梁、晖台、少海(沙海)、衍、宅阳(北宅)、魏长城、安城、阳武、卷、阳池、酸枣、圃田泽、逢泽、虚、燕、桃人等城邑属魏,在本书第三章第四节中已经考察,此处不再赘述。

(二)大梁区域北部及东部

平阳、蒲(蒲阳)、仁、小黄、几、观(观津、观泽)、濮上、垂都、菟密、煮枣、文台、釜丘、襄丘、首垣、平丘、户牖、黄池等城邑属魏,在本书第四章第三节中已考察,此处亦不再赘述。

雍丘(邕丘)

1. (前486)郑武子剩之嬖许瑕求邑,无以与之。请外取,许之。故围宋雍丘。宋皇瑗围郑师,每日迁舍,垒合,郑师哭。子姚救之,大败。二月甲戌,宋取郑师于雍丘,使有能者无死,以郑张与郑罗归。(《左传·哀公九年》)

2. (前408)景侯虔元年,伐郑,取雍丘。(《史记·韩世家》)

   (前408)韩景侯虔元年,伐郑,取雍丘。郑城京。(《史记·六国年表·韩》)

3. (前272)于是遂不救燕而攻魏邕丘,取之以与宋。(《战国策·燕策三·齐韩魏共攻燕》)

4. (前242)将军骜攻魏,定酸枣、燕、虚、长平、雍丘、山阳城,皆拔之,取二十城。初置东郡。(《史记·秦始皇本纪》)

雍丘,在今河南杞县(K15)。史料一,公元前486年,郑国伐宋国的雍丘,未攻下。据此史料,可知郑、宋邻壤,两国的部分疆界在雍丘一带。史料二,公元前408年,韩国伐郑国的雍丘,此时郑国的疆域近宋,韩伐取之。史料三,公元前272年,楚攻魏雍丘,然后将雍丘给宋。而史料四,秦取魏雍丘。从上面史料来看,雍丘当为宋、魏邻壤之地,近楚国。公元前333年,雍丘当属魏。

襄陵(平陵)

1. (前390)齐伐魏,取襄阳①。(《资治通鉴·周安王十二年》)

   (前390)魏武侯六年②,齐伐取我襄陵。(《史记·魏世家》)

2. (前353)宋景敳、卫公孙仓会齐师,围我襄陵。(《水经·淮水注》引《竹书纪年》)

   (前352)齐使田忌南攻魏襄陵。(《史记·齐世家》)

   (前352)邯郸之难,赵求救于齐。……(齐)乃起兵南攻襄陵。(《战国策·齐策一·邯郸之难》)

   (前352)诸侯围魏襄陵。(《资治通鉴·周显王十七年》)

---

① 即襄陵。
② 原文为"三十五年",杨宽《战国史料编年辑证》:"当作魏武侯六年"。今从之。

(前 352)(梁惠成王)十八年,王以韩师败诸侯师于襄陵。(《水经·淮水注》引《竹书纪年》)

3 (前 326)(韩)威侯(七年)与邯郸围襄陵。(《史记·韩世家》司马贞《索隐》引《竹书纪年》)

4 (前 323)楚败我襄陵。(《史记·魏世家》)

(前 323)六,败魏襄陵。(《史记·六国年表·楚》)

(前 323)昭阳为楚伐魏(襄陵),覆军杀将,得八城,移兵而攻齐。(《战国策·齐策二·昭阳为楚伐魏》)

(前 323)楚使柱国昭阳将兵而攻魏,破之于襄陵,得八邑。(《史记·楚世家》)

襄陵(平陵),在今河南睢县(K16)。史料一记载的是公元前 390 年,齐国攻魏,攻占了襄陵。据此史料,襄陵在前 390 年之前属魏,本年之后,转属齐国。又,史料二:前 353 年,齐和其他诸侯(宋、卫、楚)采用攻魏国南部重镇襄陵的方式迫使魏国解除围攻赵国首都邯郸的魏军。最终,魏、韩合兵反击,击败齐、宋、卫、楚师。据此史料,襄陵在前 353 年属魏无疑。史料三记载的是公元前 326 年,韩、赵联军围攻魏国襄陵。此处言"围",并未说"攻占"或"攻取",不详襄陵所属权是否变更,但可确定的是,截至前 326 年,襄陵属魏无疑。又史料四:公元前 323 年,楚国统帅昭阳率军伐魏之襄陵,并攻占了八座城池。此则史料亦可佐证史料三韩、赵联军并未攻取襄陵。通过上面史料对襄陵属权变更的记载,公元前 323 年之前襄陵应属于魏、楚的魏国防守重镇,前 323 年之后,襄陵部分城池属楚。

承匡

1 (未详何年)九年承匡命(令)大工师□大夫□冶期铸容四分。(转引自《西安文物精华·青铜器》)①

2 (前 323)犀首以梁为齐战于承匡而不胜。(《战国策·齐策二·犀首以梁为齐战》)

承匡,在今河南睢县西(K15)。史料一,据考证为魏国铜器"九年承匡

---

① 西安文物保护考古所:《西安文物精华·青铜器》,西安:世界图书出版公司,2005 年 10 月,第 14 页。

令"鼎,可确定承匡一度属魏。史料二,杨宽《战国史料编年辑证》:"顾观光系此于周赧王五年,于邕驳之曰:'不知此时犀首在秦而不在魏。'于邕以为齐、魏观泽之役,即此承匡之役,在周慎靓王四年。此说亦不确。观泽在今河南清丰县南,承匡在今河南睢县西南,两地相距极远。此章既言'梁王因相张仪',则此事必在魏惠王后元十三年张仪相魏时。所谓'犀首以梁与齐战于承匡而不胜','齐'当为'楚'之误。上年楚大败魏于襄陵,得八城。承匡即在'襄陵西南',当即为楚所攻取八城之一。承匡之战,犀首为将而大败。魏在为楚大败之后,惠王于是听信张仪连横策略,而以张仪为相。"杨宽所言可从,承匡之战,即楚、魏襄陵之战魏国所丢之城邑。据此史料,公元前323年,承匡自魏转属楚。公元前333年,承匡属魏无疑。

囲

1 (前537)晋韩起逆女于杞,还过郑,郑伯劳诸囲。(《左传·昭公五年》)

2 (前281)还射囲之东,解魏左肘而外击定陶,则魏之东外弃而大宋、方与二郡者举矣。(《史记·楚世家》)

囲,在今河南杞县南(K15)。据史料二,可知囲地近楚,属魏。

仪台

1 (前365)伐取宋仪台。(《史记·魏世家》)

仪台,在今河南虞城县西南(K16)。这则史料说的是公元前365年,魏国攻取了宋国的仪台。根据这则史料,公元前365年之前仪台为宋国领土,前365年之后转属魏。

句渎

1 (前700)公欲平宋、郑。秋,公及宋公盟于句渎之丘。宋成未可知也,故又会于虚。冬,又会于龟。宋公辞平,故与郑伯盟于武父。遂帅师而伐宋,战焉,宋无信也。(《左传·桓公十二年》)

2 (前554)夏五月壬辰晦,齐灵公卒。庄公即位,执公子牙于句渎之丘。以夙沙卫易己,卫奔高唐以叛。(《左传·襄公十九年》)

3̄ (未详何年)句犊五都□。(《玺汇》0353)

4̄ (未详何年)犊邑司马。(《玺汇》2131)

句渎,《图集》无,其地在今河南商丘市东南四十里(K16)。史料一,句渎之丘属宋。史料三、四,按吴振武,其地当在今河南商丘市东南,属魏。仅据史料三、四,不详句渎何时自宋转属魏,但结合公元前 365 年仪台自宋转属魏的史料,因句渎在仪台以西,魏攻仪台必经句渎,可知句渎当在公元前 365 年左右自宋转属魏。

(三) 大梁区域南部

长平

1̄ (前 242)将军骜攻魏,定酸枣、燕、虚、长平、雍丘、山阳城,皆拔之,取二十城。初置东郡。(《史记·秦始皇本纪》)

长平,在今河南省西华县东北(L15)。据此史料,可知公元前前 242 年之前,长平属魏,之后被秦攻占。

许、鄢、安陵(鄢陵)

1̄ (前 333)苏子为赵合从,说魏王曰:"大王之地,南有鸿沟、陈、汝南,有许、鄢、昆阳、邵陵。"(《战国策·魏策一·苏子为赵合从说魏王》)

2̄ (前 314)楚破南阳、九夷,内沛,许、鄢陵危。(《战国策·魏策一·楚许魏六城》)

3̄ (前 275)穰侯攻大梁,乘北宅①,魏王且从。谓穰侯曰:"君攻楚得宛,穰以广陶,攻齐得刚、博以广陶,得许、鄢陵以广陶。"(《战国策·魏策四·穰侯攻大梁》)

4̄ (前 273)梁氏寒心,许、鄢陵婴城。(《战国策·秦策四·物极必反》)

5̄ (前 262)今不存韩,则二周必危,安陵必易。(《战国策·魏策三·魏将与秦攻韩》)

---

① 原文为"郢",据范祥雍笺证、范邦瑾协校《战国策笺证》(上海:上海古籍出版社,2006 年)第 1424 页校正。

⑥ (前247)魏攻管而不下。安陵人缩高,其子为管守。信陵君使人谓安陵君曰……安陵之地亦犹魏也。(《战国策·魏策四·魏攻管而不下》)

⑦ (前243)秦出兵于三川,则南围鄢、蔡、邵之道不通矣。(《战国策·韩策三·建信君轻韩熙》)

⑧ (前241)魏且旦暮亡矣,不能爱其许、鄢陵与梧,割以予秦,去百六十里。(《战国策·韩策一·观鞅谓春申》)

⑨ (前225)秦王使人谓安陵君曰:"寡人欲以五百里之地易安陵,安陵君其许寡人?"(《战国策·魏策四·秦王使人谓安陵君》)

安陵,在今河南鄢陵县西北(K15);许,在今河南许昌市东(K15);梧,其地在今河南许昌、鄢陵一带(K15)。据上面系年史料,直至公元前241年,魏国仍拥有许、鄢陵和梧地。可很容易得出公元前333年安陵(鄢陵)属魏。

二 卫国城邑考

卫国的疆域在本书第四章第三节已经考绘,此不再赘述。

三 宋国城邑考

宋国的大致领土范围,据《汉书·地理志》:

> 宋地,房、心之分野也。今之沛、梁、楚、山阳、济阴、东平及东郡之须昌、寿张,皆宋分也。周封微子于宋,今之睢阳是也。……济阴定陶,诗风曹国也。武王封弟叔振铎于曹,其后稍大,得山阳、陈留,二十余世为宋所灭。……宋自微子二十余世,至景公灭曹,灭曹后五世亦为齐、楚、魏所灭,三分其地。魏得其梁、陈留,齐得其济阴、东平,楚得其沛。故今之楚彭城,本宋也,春秋经曰"围宋彭城"。宋虽灭,本大国,故自为分野。

《汉书·地理志》所言宋国之疆域范围是一个概然总括,在具体细节方面有缺失。此外,其所描述的疆域范围没有确切年份,在几乎年年都有疆域盈缩的战国时代,此则史料显得格外粗略。另,由于战国时期宋国史料相对贫乏,要考定其在战国时期的疆域范围,需要对其在春秋时期的疆域进行考察：

⬚1 (前718)郑伐宋,入其郛,以报东门之役。……宋人伐郑,围长葛,以报入郛之役也。……(前717)秋,宋人取长葛。(《左传·隐公五年—隐公六年》)

【疆域盈缩考释】郑伐宋,以报复公元前719年宋联合陈、蔡、卫攻打郑国,并进入了宋国的外城。后宋国反攻,攻打郑国,包围了郑国的长葛(今河南长葛市东北二十里),以报复其在本年攻入宋国外城。公元前717年,宋国攻占了郑国的长葛。

⬚2 (前713)十年春,王正月,公会齐侯,郑伯于中丘。癸丑,盟于邓,为师期。……壬戌,公败宋师于菅。庚午,郑师入郜。辛未,归于我。庚辰,郑师入防。辛巳,归于我。(《左传·隐公十年》)

【疆域盈缩考释】齐、鲁、郑在鲁国的中丘举行会晤。不久,在鲁国的邓地(今地不详)正式结盟,以攻打宋国,理由是宋国在前714年不觐见周天子。六月,齐、鲁、郑三国起兵伐宋,鲁国在宋国的菅(山东单县之北)打败宋国军队,郑国军队进入宋国郜地(今山东成武县东南十八里),郑国军队再进入西防(今山东金乡县西南六十里)。所攻下的这三地,最后都归属于鲁国。据此史料,宋国失去了原先拥有的菅、郜、西防。

⬚3 (前710)三月,公会齐侯、陈侯、郑伯于稷,以成宋乱。(《左传·桓公二年》)

【疆域盈缩考释】齐、陈、郑三国国君在宋国的稷(今河南商丘市境内)会晤,认可了叛乱而建立起来的政权。据此史料,宋国有稷无疑。

⬚4 (前700)公欲平宋、郑。秋,公及宋公盟于句渎之丘。宋成未可知也,故又会于虚。冬,又会于龟。宋公辞平,故与郑伯盟于武父。遂帅师而伐宋,战焉,宋无信也。(《左传·桓公十二年》)

【疆域盈缩考释】鲁国想让宋、郑两国和好,并试图从中斡旋。因担心宋国不同意,因此鲁、宋多次会晤:鲁、宋、南燕在宋国的谷丘(今河南商丘市东南四十里)会晤;鲁、宋在宋国的虚(今河南延津县东)会晤;鲁、宋在宋国的龟(今河南睢县境内)会晤。最终宋国仍拒绝与郑国和好。鲁因此与郑在武父(今山东东明县西南)结盟,联合攻打宋国。据此史料,可知:宋国有谷丘、虚、龟;郑国有武父。

⑤(前684)三月,宋人迁宿。(《左传·庄公十年》)

【疆域盈缩考释】宋国将首都迁宿(今江苏宿迁)。据此史料可知,宋国有宿地。

⑥(前682)十二年秋,宋万弑闵公于蒙泽。……群公子奔萧。公子御说奔亳。(《左传·庄公十二年》)

【疆域盈缩考释】宋国的臣子南宫长万在蒙泽(今河南商丘市北)杀死其国君。宋国的公子们,有的逃到宋国的附庸国萧国(今安徽萧县西北十五里),有的逃到宋国的亳(今河南商丘市北四五十里)。据此史料可知:蒙泽、亳为宋国领土无疑;萧国为宋国的附庸。

⑦(前662)齐侯为楚伐郑之故,请会于诸侯。宋公请先见于齐侯。夏,遇于梁丘。(《左传·庄公三十二年》)

【疆域盈缩考释】宋、齐在宋国的梁丘(今山东成武县东北三十里)举行非正式会见。据此史料,宋国拥有梁丘无疑。

⑧(前658)秋,盟于贯,服江、黄也。(《左传·僖公二年》)

【疆域盈缩考释】诸侯在宋国的贯(今山东曹县南十里)结盟。据此史料,可知宋国有贯。

⑨(前645)十五年春,楚人伐徐,徐即诸夏故也。三月,盟于牡丘,寻蔡丘之盟,且救徐也。孟穆伯师及诸侯之师救徐,诸侯次于匡以待之。(《左传·僖公十五年》)

【疆域盈缩考释】楚伐徐,因为徐(今安徽泗县西北五十里)靠近中原的其他诸侯国而背离楚国。其他诸侯在牡丘(齐地,今山东聊城市东北七里)结盟以救援徐国,并在匡(宋地,今河南睢县西三十里匡城)驻扎。后来,诸侯联军攻打楚国的附庸厉国(今河南鹿邑县东苦县厉乡)来救援徐国。据此史料,可知:宋有匡地。

⑩ (前639)二十一年春,宋人为鹿上之盟,以求诸侯于楚。……秋,诸侯会宋公于盂。……冬,会于薄以释之。(《左传·僖公二十一年》)

【疆域盈缩考释】诸侯在宋国的鹿上(今山东巨野县西南、曹县东北)会盟。不久,又在盂(今河南睢县之盂亭)会见宋国国君。不久,又在宋国的薄(即亳,今河南商丘市北)会盟。据此史料,可知宋有鹿上、盂。

⑪ (前616)夏,叔仲惠伯会晋郤缺于承筐,谋诸侯之从于楚者。……初,宋武公之世,鄋瞒伐宋,司徒皇父帅师御之,耏班御皇父充石,公子谷甥为右,司寇牛父驷乘,以败狄于长丘,获长狄缘斯,皇父之二子死焉。(《左传·文公十一年》)

【疆域盈缩考释】诸侯在宋国的承匡(今河南睢县西三十里)会晤。可知宋有承匡无疑。狄侵宋,宋国曾在长丘(今河南封丘县南旧有白沟,即此)打败狄人。可知长丘属宋无疑。

⑫ (前613)六月,同盟于新城,从于楚者服,且谋邾也。……宋高哀为萧封人,以为卿,不义宋公而出,遂来奔。(《左传·文公十四年》)

【疆域盈缩考释】诸侯在宋国的新城(今河南商丘市西南)会盟。据这则史料,宋国有新城无疑。宋国的高哀在萧做封人。从此则史料可知,宋国有萧地无疑。

⑬ (前611)冬十一月甲寅,宋昭公将田孟诸,未至,夫人王姬使帅甸攻而杀之。(《左传·文公十六年》)

【疆域盈缩考释】宋国国君准备在孟诸(今河南商丘市东北孟诸泽)打猎。据此史料可知,孟诸属宋无疑。

⑭ (前607)二月壬子,战于大棘,宋师败绩。(《左传·宣公二年》)

【疆域盈缩考释】郑伐宋,在宋国的大棘(今河南睢县南)战斗,宋国大败。据此史料,可知大棘属宋。但不详本年大棘是否转属郑。

⑮ (前600)滕昭公卒。……冬,宋人围滕,因其丧也。(《左传·宣公九年》)

【疆域盈缩考释】宋国趁滕国国丧之时包围滕国。据此史料,可知宋、滕邻壤。

⑯ (前575)郑子罕伐宋,宋将鉏、乐惧败诸汋陂。退,舍于夫渠,不儆,郑人覆之,败诸汋陵,获将鉏、乐惧。宋恃胜也。(《左传·成公十六年》)

【疆域盈缩考释】郑侵入宋国,宋国在汋陂(在河南商丘与宁陵之间)打败了郑国,宋军退守夫渠(距离汋陂不远)。不久郑国再次入侵,在宋国的汋陵(今河南宁陵县南)打败了宋国。据此史料,可知汋陂、汋陵属宋无疑。

⑰ (前573)夏六月,郑伯侵宋,及曹门外。遂会楚子伐宋,取朝郏。楚子辛、郑皇辰侵城郜,取幽丘,同伐彭城,纳宋鱼石、向为人、鳞朱、向带、鱼府焉,以三百乘戍之而还。……七月,宋老佐、华喜围彭城,老佐卒焉。……冬十一月,楚子重救彭城,伐宋,宋华元如晋告急。韩献子为政,曰:"欲求得人,必先勤之,成霸安强,自宋始矣。"晋侯师于台谷以救宋,遇楚师于靡角之谷。楚师还。……(前572)彭城降晋,晋人以宋五大夫在彭城者归,置诸瓠丘。(《左传·成公十八年—成公十九年》)

【疆域盈缩考释】前573年,郑、楚伐宋,攻占了宋国的朝郏(今河南夏邑县)、城郜(今安徽萧县)、幽丘(今安徽萧县东),并攻占宋国的首都彭城(今江苏徐州市)。之后,将宋国隐居在外的几个人送回彭城,用三百辆战车留守,然后回国。不久,宋国的另一派伐彭城,楚国救援,攻打宋国。宋国于是向晋国求救,晋军驻扎在台谷救援宋国。晋、楚军队在靡角之谷(彭城附近)相遇,楚军避退。前572年,彭城投降晋国。据此史料,可知宋国有朝郏、城郜、幽丘、彭城。

⑱ (前572)夏五月,晋韩厥、荀偃帅诸侯之师伐郑,入其郛,败其徒兵于洧上。于是东诸侯之师次于鄫,以待晋师。晋师自郑以鄫之师侵楚焦夷及陈,晋侯、卫侯次于戚,以为之援。秋,楚

子辛救郑,侵宋吕、留。郑子然侵宋,取犬丘。(《左传·襄公元年》)

【疆域盈缩考释】晋伐郑,进入了郑国的外城,并和诸侯的军队继续进军,攻打了楚国的焦、夷和陈(这三地都是原陈国领地)。楚国救援郑国,攻打晋国所率的宋国,侵入宋国的吕(今江苏徐州市东南五十里)、留(今江苏沛县东南、徐州市北),郑国也反击,侵袭了宋国的犬丘(今河南永城市西北三十里)。据此史料,可知宋国的吕、留、犬丘丢掉了;晋国将疆域南扩到楚国的焦、夷和陈;晋—楚、楚—宋、郑—宋邻壤。

19 (前563)五月庚寅,荀偃、士匄帅卒攻偪阳,亲受矢石。甲午,灭之。……乃予宋公。……六月,楚子囊、郑子耳伐宋,师于訾毋。庚午,围宋,门于桐门。(《左传·襄公十年》)

【疆域盈缩考释】晋灭了诸侯小国偪阳(今江苏邳州市西北),并将偪阳送给宋国。据此史料,可知宋版图新增偪阳。楚伐宋,楚军队驻扎在訾毋(今河南鹿邑县南),包围宋国并攻打宋国的北门桐门。据此史料,可知宋国有訾毋;且楚、宋的疆界在訾毋附近。

20 (前563)秋七月,楚子囊、郑子耳伐我西鄙。还,围萧,八月丙寅,克之。九月,子耳侵宋北鄙。(《左传·襄公十年》)

【疆域盈缩考释】楚、郑伐宋,到达鲁国的西部边境,然后围攻宋国的萧(今安徽萧县北而稍西十五里),并将其攻下,并进而侵犯宋国的北部边界。据此史料可知:宋、鲁在萧接壤;宋国有萧。

21 (前561)冬,楚子囊、秦庶长无地伐宋,师于扬梁,以报晋之取郑也。(《左传·襄公十二年》)

【疆域盈缩考释】楚秦伐宋,将军队驻扎在宋国的杨梁(今河南商丘市东南三十里),用来报复去年晋国得到郑地。据此史料,可知宋国有杨梁,且楚近杨梁,因此能得以伐之。

22 (前551)秋七月辛酉,叔老卒。冬,公会晋侯、齐侯、宋公、卫侯、郑伯、曹伯、莒子、邾子、薛伯、杞伯、小邾子于沙随。(《左传·襄公二十二年》)

【疆域盈缩考释】诸侯在宋国的沙随(今河南宁陵县西北)会盟。据此史料,可知沙随属宋无疑。

23 (前495)郑罕达败宋师于老丘。(《左传·定公十五年》)

【疆域盈缩考释】郑在宋国的老丘(今河南开封市东南、陈留镇东北四十五里)打败宋国。据此史料,可知郑、宋边界当在老丘附近。

24 (前488)宋人伐之,晋人不救。筑五邑于其郊,曰黍丘、揖丘、大城、钟、邘。(《左传·哀公七年》)

【疆域盈缩考释】宋国在其首都郊外建造了五个城邑,分别为黍丘(今河南夏邑县西南)、揖丘(今山东曹县界)、大城(今山东菏泽市界)、钟(今山东定陶县界)、邘(今山东定陶县界)。

25 (前486)郑武子剩之嬖许瑕求邑,无以与之。请外取,许之。故围宋雍丘。宋皇瑗围郑师,每日迁舍,垒合,郑师哭。子姚救之,大败。二月甲戌,宋取郑师于雍丘,使有能者无死,以郑张与郑罗归。(《左传·哀公九年》)

【疆域盈缩考释】郑国伐宋国的雍丘(今河南杞县),未攻下。据此史料,可知郑、宋邻壤,两国的部分疆界在雍丘一带。

根据上述史料,可大致描绘春秋截止之时宋国的疆域范围:自今河南延津县的虚→长丘→承匡→新城→谷丘→萧→彭城→(临近滕国)→(临近鲁国的郜、菅、防)→梁丘→鹿上→揖丘→大城→钟→邘→(临近郑国的武父)→虚,将贯、亳、孟诸泽、蒙泽、沙随、盂、汋陵、新城、杨梁、谷丘等地包裹在内;郑国的军事力量攻占了原宋国的老、雍丘、大棘,将边界推进到睢水以南宋国的盂→承匡→新城→谷丘一带;楚国通过攻占原宋国的訾毋、杨梁、朝郏、犬丘、城郜、幽丘、吕、留,将边界推进到宋国的萧→彭城→留一带,公元前563年晋攻下并送给楚国的偪阳显然已经失守入楚;鲁国接受公元前713郑国赠送的郜、菅、防,与宋国的梁丘→鹿上邻壤(如图6—4所示)。

第六章 魏(含宋)及周边诸侯疆界考

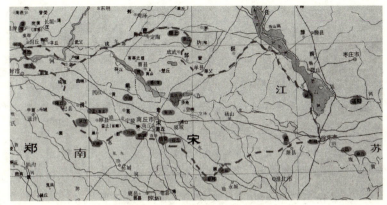

图 6—4 春秋末期宋国疆域①

进入战国后,宋国的疆域盈缩情况:

1 (前 439)公输般为楚设机,将以攻宋。墨子闻之,百舍重茧,往见公输般……墨子见楚王曰:"……荆之地方五千里,宋方五百里。"王曰:"善哉!请无攻宋。"(《战国策·宋卫策·公输般为楚设机》)

2 (前 385)文侯二年,……伐宋,到彭城,执宋君。(《史记·韩世家》)

(前 385)二……伐宋,到彭城,执宋君。(《史记·六国年表·韩》)

3 (前 365)六年,伐取宋仪台。(《史记·魏世家》)

(前 365)六,伐宋,取仪台。(《史记·六国年表·魏》)

4 (前 361)二年,宋取我黄池。魏取朱。(《史记·韩世家》)

(前 361)二,宋取我黄池。魏取我朱。(《史记·六国年表·韩》)

(前 361)二年,宋取我黄池。魏取朱。(《史记·韩世家》)

5 (前 356)十九年,与齐、宋会平陆,与燕会阿。(《史记·赵世家》)

---

① 此图底图采用谭其骧主编《中国历史地图集(第一册)》(北京:中国地图出版社,1982 年,第 24—25 页)"春秋时期—郑宋卫"。

（前356）十五年，鲁、卫、宋、郑君来朝。（《史记·魏世家》）

（前356）十五，鲁、卫、宋、郑侯来。（《史记·六国年表·魏》）

6 （前355）十六年，与秦孝公会杜平。侵宋黄池，宋复取之。《史记·魏世家》）

（前355）十六，与秦孝公会杜平。侵宋黄池，宋复取之。（《史记·六国年表·魏》）

7 （前354）梁王伐邯郸，而征师于宋。宋君使使者请于赵王曰："夫梁兵劲而权重，今征语于弊邑，弊邑不从，则恐危社稷；若扶梁伐赵以害赵国，则寡人不忍也。愿王之有以命弊邑。"赵王曰："然。夫宋之不足如梁也，寡人知之矣。弱赵以强梁，宋必不利也。则吾何以告子而可乎？"使者曰："臣请受边城，徐其攻而留其日，以待下吏之有城而已。"赵王曰："善。"宋人因遂举兵入赵境，而围一城焉。梁王甚说，曰："宋人助我攻矣。"赵王亦说曰："宋人止于此矣。"故兵退难解，德施于梁而无怨于赵。故名有所加而实有所归。（《战国策·宋卫策·梁王伐邯郸》）

（前354）邯郸之难……楚因使景舍起兵救赵。邯郸拔，楚取睢、濊之间。（《战国策·楚策一·邯郸之难昭奚恤》）

8 （前353）宋景敾、卫公孙仓会齐师，围我襄陵。（《水经·淮水注》引《竹书纪年》）

9 （前345）魏太子自将，过宋外黄。（《战国策·宋卫策·魏太子自将过宋外黄》）

10 （前342）（魏惠王）二十九年，（五月，）齐田盼及宋人伐我东鄙，围平阳。（《水经·泗水注》引《竹书纪年》）

11 （前336）二，天子贺。行钱。宋太丘社亡。（《史记·六国年表·秦》）

（前336）或曰宋太丘亡，而鼎没于泗水彭城下。（《史记·封禅书》）

综合公元前439年至公元前336年的史料，公元前333年宋国的疆域范围在春秋时期疆域的基础上有进一步盈缩：从史料一，可知宋国疆域并不大，只有方圆五百里左右。从史料二可知，截至公元前385年，宋国有彭城无疑。从史料三,可知公元前365年宋国丢失了仪台,仪台入魏。从史料四和史料六可知,公元前361年,宋国将韩国黄池攻占。公元前355年,魏国攻宋国于二年前攻占的韩国黄池,不久宋国重新夺回,据此二则史料可知,黄池为宋、魏边境的宋国城邑。据史料七,公元前354年魏国攻击赵国邯郸时,楚国趁魏国分身乏术,北上进攻宋国,攻占了宋国睢水、濊水之间的地带。睢、濊之间,在魏国的东南、楚国的北部,大致包括今河南睢县、商丘、宁陵、永城、宿州一带。本史料只言楚国攻占宋国的大致领土范围在睢、濊之间,具体城邑并未述及,从这一区域的城邑分布来看,截至公元前333年,魏国确定拥有雍丘、襄陵、承匡、首、句渎、仪台,宋国拥有新城、太丘、铚,楚国有符离之塞、蕲。史料八言宋、卫、齐三国联合进攻魏国的襄陵,阻止魏国攻赵邯郸,据此史料,可知襄陵属魏。从史料九可知,截至公元前345年,外黄属宋无疑。史料十言齐、宋在魏马陵战败后伐魏东部边境,围攻魏国的平阳,据此史料,大致可知在公元前342年,齐、宋已邻壤,因此能够得以快速合兵一处以伐魏。史料十一言公元前336年,宋国设立在太丘的地神祭坛崩塌。据此史料,太丘此时属宋无疑。

公元前333年之后,宋国的疆域又有进一步盈缩:

⑴ (前334)(梁惠成王十三年,)婴初封彭城。(《史记·孟尝君列传》司马贞《索隐》引《竹书纪年》)

⑵ (前318)六,宋自立为王。(《史记·六国年表·齐》)

⑶ (前317)与宋攻魏,败之观泽。(《史记·田敬仲完世家》)

⑷ (前314)王之所得者新观也。(《战国策·魏策一》)

⑸ (前312)濮上之事,赘子死,章子走。盼子谓齐王曰:"不如易余粮于宋,宋王必说。梁氏不敢过宋伐齐。齐固弱,是以余粮收宋也;齐国复强,虽复责之宋,可;不偿,因以为辞而攻之,亦可。"(《战国策·齐策六·濮上之事》)

(前312)齐、宋围煮枣。(《史记·韩世家》裴骃《集解》徐广曰引《竹书纪年》)

⑹ (前296)十一年,齐、韩、魏、赵、宋、中山五国共攻秦,至盐氏而还。(《史记·秦本纪》)

⑺ (前293)齐攻宋,宋使臧子索救于荆。……齐王果攻拔宋五城

而荆王不至。(《战国策·宋卫策·齐攻宋宋使臧子索救于荆》)

8 (前291)宋与楚为兄弟。齐攻宋,楚王言救宋,宋因卖楚重以求讲于齐,齐不听。苏秦为宋谓齐相曰:"不如与之,以明宋之卖楚重于齐也。楚怒,必绝于宋而事齐,齐、楚合,则攻宋易矣。"(《战国策·宋卫策·宋与楚为兄弟》)

9 (前288)十九年,王为西帝,齐为东帝,皆复去之。吕礼来自归。齐破宋,宋王在魏,死温。任鄙卒。(《史记·秦本纪》)

(前288)十一年,董叔与魏氏伐宋,得河阳于魏。秦取梗阳。(《史记·赵世家》)

(前288)宋康王之时,有雀生鹯于城之陬,使史占之,曰:"小而生巨,必霸天下。"康王大喜。于是灭滕伐薛,取淮北之地,乃愈自信,欲霸之亟成,故射天笞地,斩社稷而焚灭之,曰:"威服天下鬼神。"骂国老谏曰,为无颜之冠,以示勇。剖伛之背,锲朝涉之胫,而国人大骇。齐闻而伐之,民散,城不守。王乃逃倪侯之馆,遂得而死。见祥而不为,祥反为祸。(《战国策·宋卫策·宋康王之时》)

(前288)宋康王喜,起兵灭滕;伐薛;东败齐,取五城;南败楚,取地三百里,西败魏军。……(《史记·宋世家》)

10 (前287)齐将攻宋而秦、楚禁之。(《战国策·赵策四·齐将攻宋而秦楚禁之》)

11 (前286)泠向谓秦王曰:"向欲以齐事王,使攻宋也。宋破,晋国危,安邑,王之有也。燕、赵恶齐、秦之合,必割地以交于王矣,齐必重于王。则向之攻宋也,且以恐齐而重王,王何恶向之攻宋乎?向以王之明为先知之,故不言。"(《战国策·秦策一·泠向谓秦王》)

(前286)十,宋王死我温。(《史记·六国年表·魏》)

(前286)三十八,齐灭宋。(《史记·六国年表·齐》)

(前286)十年,齐灭宋,宋王死我温。(《史记·魏世家》)

12 (前273)秦、楚之构而不离,魏氏将出兵而攻留、方与、铚、胡陵、砀、萧、相,故宋必尽。齐人南面,泗北必举。(《战国策·

秦策四·物极必反》)

　　史料一虽言齐"婴初封彭城",但彭城不一定已被齐国占领。战国时期普遍存在"遥封"的情况,如秦封卫鞅于商、於,秦封魏冉于陶均是如此,将别国的城邑或疆土名义上封给臣下,实际上只是一种期许,并未纳入实际控制。但结合史料《史记·韩世家》:"(前385)文侯二年……伐宋,到彭城,执宋君",齐国早在公元前 385 年就已与宋邻壤。从史料一"初封"二字,以及《史记·六国年表·齐》和《史记·田敬仲完世家》"封田婴于薛"①来看,"婴初封彭城"当是遥封。史料二,在公孙衍的合纵下,公元前 318 年五国称王。宋国即在此年称王。据此史料,宋国仍是一个独立的诸侯国。史料三,公元前 317 年齐联合宋伐魏之观泽,据此史料,宋国的疆域当近齐,否则二国不可能合兵一处。史料四,公元前 312 年齐国已经扩张到濮上,但是本年吃了败仗。据此史料,可知宋国在齐、魏之间。史料五,公元前 296 年宋国以独立诸侯国的身份参与五国伐秦。史料六,公元前 293 年,齐拔宋五城,可知齐、宋邻壤,但未知哪五城。史料七,公元前 291 年齐打算进攻宋国。可知齐、宋当邻壤。史料八结合史料九、十,虽公元前 288 年宋灭滕、伐薛、东败齐取五城、南败楚取地三百里、西败魏军,但不久(前 286)即被齐国灭国。史料十一是公元前 273 年楚国春申君黄歇游说时推测秦楚交战楚国无暇他顾,魏国必定攻取楚国从宋国侵占的留、方与、铚、胡陵、砀、萧、相等地,齐国如果南下攻取楚国从宋国侵占的泗北之地,泗北之地将全部被齐国吞并。根据这则史料的语境和游说逻辑,留、方与、铚、胡陵、砀、萧、相、泗北等宋国故地在前 273 年时当已全部属楚。宋国故地,在前 286 年齐灭宋之后转属齐。前 285 年燕国乐毅的五国联军攻齐国,疑此时楚国北向攻占了原宋国故地,并保有至前 273 年。也就是说,公元前 333 年时,留、方与、铚、胡陵、砀、萧、相、泗北等地属宋,公元前 286 年齐灭宋而有其地,公元前 285 楚与其他四国伐齐而有其地。

　　除了上面对宋国疆域系年的考辨,我们还可以考察具体地名变迁,以此来细化宋国在公元前 333 年拥有城邑的状况:

外黄

1　(前345)魏太子自将,过宋外黄。(《战国策·宋卫策·魏太子自将过宋外黄》)

---

① 《史记·六国年表·齐》:"三封田婴于薛。"《史记·田敬仲完世家》:"封田婴于薛。"

2̄ (前311)决白马之口,魏无外黄、济阳。(《史记·苏秦列传》)

外黄,其地当在今河南杞县东之民权县(K15)。史料一记载的是公元前342年齐、魏马陵之战时,魏国军队经过宋国的外黄追击齐军,据此史料可知公元前342年外黄属宋。史料二为公元前311年张仪游说魏王加入连横,据此史料可知外黄属魏。从返两则史料,可知,公元前342年至公元前311年之间,外黄自宋转属魏。外黄在公元前333年时,当属宋。

菑

1̄ (前293)今燕、勺(赵)之兵皆至矣,俞(愈)疾功(攻)菑。(《战国纵横家书》)

菑,在今河南兰考县东、宁陵县北(K16)。史料言当燕、赵之兵来到时,梁更加紧攻宋国的菑。据此史料,可知截至公元前287年,菑仍为宋、魏交界处的宋邑。

宁陵

1̄ (前225)魏豹者,故魏诸公子也。其兄魏咎,故魏时封为宁陵君。秦灭魏,迁咎为家人。(《史记·魏豹列传》)

宁陵,在今河南宁陵县(K16)。据此史料可知,公元前225年,宁陵属魏。在公元前225年之前,宁陵当属宋。

芒砀

1̄ (未详何年)芒阳守令虡、工师锴、冶□。(《近出》1172【芒阳守令戈】)①。

2̄ (未详何年)□年,芒昜守命虡、工帀铜、冶㠯。(《新收》1998【□年芒砀守令虡戈】)

《金文人名汇编(修订本)》(351页):"'芒昜',读为'芒砀',地名,今河南永城市东北。近出释为'芒阳',非。"其地在今河南商丘市永城市东北(K17)。

---

① 韩自强、冯耀堂:《安徽阜阳地区出土的战国时期铭文兵器》,《东南文化》,1991年第2期,第258—261页。

蒙

1️⃣ (前290)公玉丹之勺致蒙,奉阳君受。(《战国纵横家书》第十一)

蒙,在今河南商丘市东北(K16)。杨宽《战国史料编年辑证》:"齐使公玉丹至赵,致蒙邑作为奉阳君封邑,当是约定待攻灭宋国后以蒙邑赠予奉阳君。苏秦为此至齐,恶齐、赵之交,使齐不以蒙予奉阳君而通宋使。"可知,蒙迟至公元前290之时,仍为宋邑。公元前333年,蒙当属宋。

留、方与、铚、胡陵、砀、萧、相

1️⃣ (前273)秦、楚之兵构而不离,魏氏将出兵而攻留、方与、铚、胡陵、砀、萧、相,故宋必尽。

留,在今江苏沛县东南(K18);方与,在今山东鱼台县西(J17);铚,在今江苏宿州市西南(L17);砀,在今河南永城市北(K17);萧,在今江苏徐州市西南(K17);相,在今江苏淮北市西(L17)。据此史料,截至公元前273年,楚国有这些地方。杨宽《战国史料编年辑证》:"宋世家言齐与魏楚共'灭宋而三分其地',汉书地理志更谓:'宋为齐、楚、魏所灭,三分其地。魏得其梁(指睢阳)、陈留,齐得其济阴、东平,楚得其沛。'其说不确。东平属鲁,原非宋地。陈留一带早于战国初期已为魏有,魏得睢阳,楚得沛,当在合纵破齐之后。"楚攻取故宋之地当在公元前285年齐灭宋后五国攻齐之后,楚国将故宋地纳为己有。可知,公元前285年之前的公元前333年,这些地方属宋。

睢阳

1️⃣ (前246)魏安釐王……睢阳之事,荆军老而走;蔡、召陵之事,荆军破;兵四布于天下,威行于冠带之国,安釐王死而魏以亡。(《韩非子·有度》)

睢阳,在今河南商丘市(K16),为宋国首都。杨宽《战国史料编年辑证》:"韩非子有度叙魏战胜楚之二战役,于'魏安釐王攻燕救赵,取地河东;攻尽陶、卫之地;加兵于齐,私平陆之都;攻韩拔管,胜于淇下("淇"疑"泽"之误)'之后,盖魏安釐王晚年之事。睢阳原为宋之旧都,战国时宋已迁都彭城,睢阳一带当已为魏所有。是时魏已据有陶、卫之地,而略取齐东边之地,楚亦已灭鲁,攻齐之南阳。魏、楚两国因扩张领土而引起冲突,先在睢阳相战,楚军因疲困而退走,继在上蔡、召陵相战,楚军又为魏所破。"又言:"宋世家言齐与魏楚共'灭宋而三分其地',汉书地理志更谓:'宋为齐、楚、魏所灭,三分其地。魏得其梁(指睢阳)、陈留,齐得其济阴、东平,楚得其沛。'其说不确。东平属鲁,原非宋地。陈留一带早于战国初期已为魏有,魏得睢阳,楚得沛,当在合纵破齐之后。"

四　楚国城邑考

从已有史料分析来看,大梁区域内或周边确定在公元前333年属于楚国城邑或势力范围的领地有:巣狐、汝阳、赫、牛阑、南梁(三梁)、鲁阳、上容、重丘、方城、叶(叶庭)、象禾、冒焚、繁阳、高丘、棠溪、安陵、邓、阳城、陈、阳夏、项、漾陵。在第三章第四节之"三楚国城邑考"已经考定公元前333年上述城邑属楚在此不赘述。除上面提到的这些城邑外,楚国北部还有如下城邑:

城阳

1 (前279—前278)庄辛去之赵,留五月,秦果举鄢、郢、巫、上蔡、陈之地,襄王流揜于城阳。(《史记·楚世家》)

城阳在合伯、棠溪、冒焚以南,今河南信阳市西北(M15),从地望,结合此史料,可知公元前333年城阳属楚无疑。

巨阳

1 (前253)楚迁于巨阳。(《资治通鉴·昭襄王五十四年》)

巨阳,在今安徽阜阳市北(L16)。公元前279年楚迁都至陈,从地望上,陈在巨阳以北,公元前253年又迁都至巨阳。由于公元前333年陈属楚,可知公元前333年,陈南之巨阳亦当属楚无疑。

苦、焦

1 (前645)十五年春,楚人伐徐,徐即诸夏故也。三月,盟于牡丘,寻蔡丘之盟,且救徐也。孟穆伯帅师及诸侯之师救徐,诸侯次于匡以待之。……楚败徐于娄林,徐恃救也。(《左传·僖公十五年》)

2 (前637)秋,楚成得臣帅师伐陈,讨其贰于宋也。遂取焦、夷,城顿而还。(《左传·僖公二十三年》)

苦,在今河南鹿邑县(L16);焦,在今安徽亳县(L16)。据史料一,公元前645年楚伐徐,因为徐(今安徽泗县西北五十里)靠近中原诸侯而背离楚国。中原诸侯在牡丘(齐地,今山东聊城市东北七里)结盟以救援徐国,并在匡(宋地,今河南睢县西三十里匡城)驻扎。后来,诸侯联军攻打楚国的附庸厉国(今河南鹿邑县东苦县厉乡)来救援徐国。据此史料,可知楚国有苦。又,史料二,公元前637年楚伐陈,讨伐它和宋国勾结,攻取了陈国的焦(今安徽亳县)、夷(今安徽亳县东南七十里),并在顿(今河南项城市稍西之南顿故城)筑城后回国。据此史料,可知楚国版图扩张,囊括了陈国的焦、夷、顿。又,公元前333年,楚国一直拥有陈地,并迁都至陈,原陈国的苦、焦二地当在公元前333年仍属楚。

城父

1 (前533)二月庚申,楚公子弃疾迁许于夷,实城父,取州来淮北之田以益之。伍举授许男田。然丹迁城父人于陈,以夷濮西田益之。迁方城外人于许。《左传·昭公九年》

2 (前523)楚子为舟师以伐濮。……大城城父而置大子焉。《左传·昭公二十年》

(前523)六年,使太子建居城父,守边。《史记·楚世家》

3 (前489)二十七年春,吴伐陈,楚昭王救之,军城父。《史记·楚世家》

城父,在今安徽亳州市东南七十里城父故城(L16)。史料一,公元前533年,楚把许国迁到夷(即城父,今安徽亳县东南七十里城父故城),将州来、淮北的领土补给许国,把城父的人迁到陈地,用濮、夷西部的领土补给陈地,把方城山外的人迁到许。由据此史料,可知楚有城父、州来、淮北、濮、夷、方程山外、许。史料二、三可知,公元前523年、公元前489年楚有城父无疑。

睢濊之间

1 (前354)邯郸之难……楚因使景舍起兵救赵。邯郸拔,楚取睢、濊之间。《战国策·楚策一·邯郸之难昭奚恤》

睢濊水之间,今河南永城—江苏宿州市—江苏灵璧县睢水与濊水之间的地带(L17—L18)。这则史料记载的是公元前354年魏国攻赵国邯郸时,楚国趁魏国分身乏术北上进攻宋国，攻占了宋国睢水、濊水之间的地带。据这则史料，前354年之前，宋国睢水、濊水之间的地带属宋，前354年之后转属楚。

平舆、蕲

1 （前224）秦王复召王翦，强起之，使将击荆。取陈以南至平舆，虏荆王。秦王游至郢陈。荆将项燕立昌平君为荆王，反秦于淮南。（《史记·秦始皇本纪》）

（前224）秦将王翦破我军于蕲，而杀将军项燕。（《史记·楚世家》）

平舆，在今河南平舆县（L15）；蕲，在今安徽宿州市南（L18）。这则史料记载的是公元前224年，秦灭楚，攻下了陈以南的所有领土，直到平舆。后来，秦军又继续南下，一直到蕲之南。

五 韩国城邑考

从已有史料分析来看，大梁区域内或周边确定在公元前333年属于韩国城邑或势力范围的领地有：雍氏（雍梁）、陉山、宛、郑、华阳、市丘、管、格氏、巫沙、广武、荥口、扈、垣雍（衡雍）等。本书第三章第四节有详考，此不赘述。

六 魏国大梁区域疆域考绘

尽管前文对公元前333年各国所属城邑进行了考辨，但是在绘制这一区域各诸侯国之间疆域图时，还有一些问题需要厘清：

（一）宋国疆域考察

从前文对楚、魏城邑的考察来看：公元前333年明确属于魏国的城邑有平阳、蒲（蒲阳）、仁、小黄、几、观（观津、观泽）、濮上、垂都、葭密、煮枣、文台、釜丘、襄丘、首垣、平丘、户牖、外黄、雍丘（邕丘）、襄陵（平陵）、承匡、圉、句渎、仪台；明确属于楚国的城邑有城阳、巨阳、苦、焦、城父、睢濊之间、平舆、蕲。相对于春秋末期，宋国的疆域大致有如下三个变化：

（1）宋国自虚→长丘→承匡→新城这一疆域界线在战国时期有明显的收缩。战国时期的公元前361年，韩、宋在黄池（春秋时期的长丘附近）攻伐，一方面佐证了宋国在春秋时不仅拥有长丘（近黄池）而且一直到战国还保有其地,另一方面,说明韩灭郑后有其地,疆域与宋国的黄池邻近,以至于韩、宋在黄池争夺城邑。战国时期的公元前345年,魏过宋外黄(春秋时期的新里附近),佐证了春秋时期宋国拥有新里而且一直到战国还保有其地。进入战国后,虽然传世史料对宋国城邑得失未有明确的记载,但是对其周边属魏国的城邑记载却非常清楚:魏国拥有襄陵、承匡、句渎、仪台,临近宋国的菑、新观、贯丘。而魏国可以临近宋国的菑、新观、贯丘,可知宋国在春秋时期城邑组成虚→长丘→承匡→新城这一疆域界线收缩到了新城→宁陵→菑→贯丘→新观→陶一线。

(2) 宋国睢、濊之间领土的得而复失。在春秋时期,楚国虽已越过睢、濊攻占宋国的朝郏(前573)、犬丘(前572)、城郚(前573),将兵力推进到丹水以南临近宋国的附庸萧和彭城,以及泗水流域的幽丘(前573)、留(前572)、吕(前572),但由于晋国的介入,楚国稍微退出对宋国彭城的围攻。后来,随着楚、郑与晋、宋的和解,楚国的势力应该退出到濊水以南,睢、濊之间成了楚、宋的军事缓冲地带。进入战国后的公元前354年,齐国围魏救赵之时,楚国趁机攻取宋国睢水、濊水之间领土(《战国策·楚策一·邯郸之难昭奚恤》"邯郸之难……楚因使景舍起兵救赵。邯郸拔,楚取睢、濊之间"),这意味着原来楚宋之间的缓冲地带睢、濊之间彻底不存在,楚国将疆域范围推进到睢水。也就是说,截至公元前354年,原属宋国睢、濊之间的朝郏、犬丘、铚全部被楚国纳入版图。

(3) 楚宋以泗水为界的疆域界线自春秋以降变化不大。春秋时期的公元前572年,楚在上一年(前573)攻下宋国朝郏、城郚和幽丘的基础上,为救郑而伐宋吕、留,将势力范围推进到泗水。进入战国后,公元前333年楚围齐徐州。如若楚国不是临泗水而保持春秋时期楚有幽丘、吕、留的格局,楚国是不可能一下子就兵临齐国徐州的。可见,楚宋以泗水为界的疆域界线自春秋以降变化不大。

从上面的分析来看,公元前333年宋国城邑大致形成了一个自陶→新观→贯丘→菑→宁陵→仪台→睢水→彭城→留→胡陵→方与→济阴→陶的疆域界线,大致如图6—5所示。

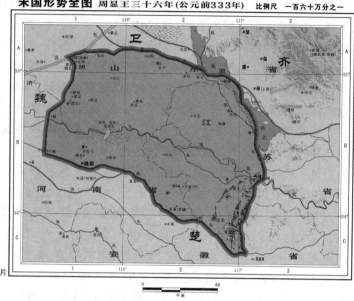

扫描二维码，查看高清图片

图6-5 公元前333年宋国形势全图

(二) 魏大梁区域与楚疆域考察

从前文对城邑的考辨，公元前333年魏国靠近楚国的城邑有澭阴→澭阳→召陵→长平→囲→承匡→襄陵（平陵）→首→句渎（句渎）→仪台，将安陵、许、梧、桐丘包裹在内；楚国边界的城邑有上蔡→邓→安陵→阳城→陈→阳夏→苦→焦，将巨阳、城父、睢濊之间、平舆、蕲包裹在内。据此，可大致勾勒魏国南境与楚国北境的疆域界线，如图6-6所示。

第六章　魏(含宋)及周边诸侯疆界考　565

图 6—6　魏楚边界形势图

根据本章第一至四节的考证,公元前 333 年全境的形势当如图 6—7 所示:

图 6—7　公元前 333 年魏国形势全图

第七章
秦(含义渠、巴、蜀)及周边诸侯疆域边界考

描述秦国基本地理方位及疆域的大致有如下一些:

⃞1 (未详何年)秦地,于天官东井、舆鬼之分野也。其界自弘农故关以西,京兆、扶风、冯翊、北地、上郡、西河、安定、天水、陇西,南有巴、蜀、广汉、犍为、武都,西有金城、武威、张掖、酒泉、敦煌,又西南有牂柯、越巂、益州,皆宜属焉。(《汉书·地理志》)

⃞2 (前337—前335①)大王之国,西有巴、蜀、汉中之利,北有胡貉、代马之用,南有巫山、黔中之限,东有肴、函之固。田肥美,民殷富,战车万乘,奋击百万,沃野千里,蓄积饶多,地势形便。此所谓"天府",天下之雄国也。(《战国策·秦策一·苏秦始将连横说秦惠王》)

---

① 按《史记·苏秦列传》,苏秦先游说秦惠文公(即"秦惠文王",亦省称"秦惠王")"说秦王书十上而说不行,黑貂之裘弊,黄金百斤尽,资用乏绝,去秦而归。……乃夜发书,陈箧数十,得太公阴符之谋,伏而诵之,简练以为揣、摩。读书欲睡,引锥自刺其股,血流至足。期年揣、摩成……于是乃摩燕乌集阙,见说赵王于华屋之下,抵掌而谈"。苏秦游说赵王的时间在公元前333年,中间加上至少一年的自学时间,加上其在游说秦王后在秦国停留的时间,其游说秦惠文公的时间当至少在前335年之前。而秦惠文公即位的时间在前337年。可以推断其游说秦王的时间在前337—前335年之间。

第七章 秦(含义渠、巴、蜀)及周边诸侯疆域边界考 567

③ (前 270)大王之国,北有甘泉、谷口,南带泾、渭,右陇、蜀,左关、阪,战车千乘,奋击百万。(《战国策·秦策三·范雎至秦》)

史料一描述的是战国时期而非秦统一六国后的秦国疆域。由于在战国后期秦国疆域不断扩张,单从这则史料,不知此疆域版图所指具体在哪一年。

史料二描述秦惠文公即位时秦国的疆域范围:西南有巴、蜀的物资为秦所用,北有林胡部落、楼烦部落、代地的貂皮良马为秦所用,南有巫山、黔中的险阻阻隔,东有崤关、函谷关的阻隔。从策士的游说之辞来看,当时秦国四塞之内的疆域轮廓比较清晰。但是,事实上策士的这个描述是不准确的,其所谓"西有巴、蜀、汉中之利,北有胡貉、代马之用,南有巫山、黔中之限,东有肴、函之固。田肥美,民殷富,战车万乘,奋击百万,沃野千里,蓄积饶多,地势形便"的天府之国并不存在:西方(应为西南方)的巴、蜀此时是独立的诸侯国,并不属于秦国,而是在秦惠文公执政的第二十二年(前316)为张仪、司马错所攻取①;北方的林胡当时属于独立的部落,赵武灵王二十年(前298、秦昭王元年)方为赵所攻取②;代地在秦厉公二十年(前457)由赵襄子攻取③,并一直到秦始皇十九年(前228)还属赵④,并不在秦国版图之内;南方的黔中、巫山属楚国领土,秦昭王三十年(前277)才为秦所攻取⑤;东边的崤山、函谷关被魏国占据,秦国还没有打通⑥。尽管策士为让其主张被君王接受,对客观事物描述方面应是基本可信的,但从此次游说后

---

① 详《战国策·秦策一·张仪与司马错争论于王前》。
② 秦武王四年(前307),《史记·赵世家》记述赵国的疆域情况,赵武灵王对其叔父公子成说:"今中山在我腹心,北有燕,东有胡,西有林胡、楼烦、秦、韩之边,而无强兵之救,是亡社稷,奈何?"显然,此时赵国还不拥有林胡、楼烦。秦昭王元年(前306),《史记·赵世家》记载:"二十年,王略中山地,至宁葭;西略胡地,至榆中。林胡王献马。"林胡才被赵国纳入版图。
③ 《史记·六国年表·秦》:"襄子元年未除服,登夏屋,诱代王,以金斗杀代王。封伯鲁子周为代成君。"
④ 《史记·秦始皇本纪》:"十九年……赵公子嘉率其宗数百人之代,自立为代王,东与燕合兵,军上谷。大饥。"《史记·六国年表·赵》:"八年,秦王翦房子迁邯郸。公子嘉自立为代王。"
⑤ 《史记·秦本纪》:"三十年,蜀守若伐楚,取巫郡,及江南,为黔中郡。"《史记·楚世家》:"二十二年,秦复拔我巫、黔中郡。"《史记·六国年表·楚》:"二十二秦拔我巫、黔中。"
⑥ 《水经·渠水注》引《竹书纪年》(魏襄王)十六年,秦公子壮帅师伐郑,围焦城不克",记述秦孝公七年(前354)秦尚在攻魏之焦。焦城地望在函谷关以西,焦城未攻下,函谷关应没有攻占。并直至秦惠文公八年(前330),秦仍在围魏焦、曲沃,《史记·魏世家》:"五年,秦败我龙贾军四万五千于雕阴,围我焦、曲沃。"

秦惠文公的答复来看，苏秦上面这番言论确实言过其实。秦惠文公回复苏秦说："寡人闻之：毛羽不丰满者不可以高飞，文章不成者不可以诛罚，道德不厚者不可以使民，政教不顺者不可以烦大臣。今先生俨然不远千里而庭教之，愿以异日。"秦惠文公所谓的"毛羽不丰满""文章不成""道德不厚者"和"政教不顺"，实际指秦国并未达到苏秦所描述的那样，也正因为如此，刚刚即位的秦惠文公并未听信苏秦的主张。亦即，公元前337—前335年左右苏秦对秦国的描述是不能作为秦国彼时疆域轮廓或范围来参考的。

史料三为公元前270年范雎初见秦昭襄王时对秦国基本疆域范围的一个描述：北有甘泉、谷口，南绕泾水和渭水的广大地区，西南有陇山、蜀地，东面有函谷关、崤坂。

由于自春秋至战国，秦的政权和疆域版图未曾间断，加之进入战国后，秦及周边区域相关史料较为欠缺，要弄清公元前333年秦国的确切疆域，对战国之前秦之疆域盈缩进行考辨是有必要的。秦自非子居犬丘至秦悼公十年，其疆域盈缩可从《左传》《史记·秦本纪》中找到线索，其疆域盈缩系年及考释如下：

|1|（前894）有非子居犬丘，好马及畜，善养息之。犬丘人言之周孝王，孝王召使主马于汧渭之间，马大蕃息。（《史记·秦本纪》）

【疆域盈缩考释】此则史料言秦之先祖发端于犬丘。"犬丘"之地理方位，《史记集解》："徐广曰：'今槐里也。'"《史记正义》："括地志云：'犬丘故城一名槐里，亦曰废丘，在雍州始平县东南十里。地理志云扶风槐里县，周曰犬丘，懿王都之，秦更名废丘，高祖三年更名槐里也。'"《史记集解》《史记正义》所记录的"犬丘"地在今陕西兴平市东南。而从周幽王烽火戏诸侯后秦襄公救周有功，"赐岐以西之地"，以及从秦文公十六年"地至岐，岐以东献之周"来看，秦至彼时才名至实归将疆域开拓到"岐"，不可能在秦之先祖非子时即到今陕西兴平市境内。近人徐卫民《秦汉历史地理研究》（156页）引何清谷《嬴秦族西迁考》："西垂大夫应是今甘肃天水市一带为食邑，治所在西犬丘，所以西犬丘又名西垂"，认为"犬丘、西犬丘、西垂作为秦的都城在一个地方，即现在甘肃省陇东地区的礼县"，并在进一步考证后，认为犬丘在今甘肃礼县永兴乡的大堡子山附近。徐说可从。其地当在今甘肃省陇南市礼县永兴乡。又，"汧渭之间"所指方位，史料言"周孝王召，使非子主马于汧、渭之间"，可知，秦之先祖的主要活动区域为汧渭之间。"汧渭之

间"，《史记正义》："言于二水之间,在陇州以东。"汧水在今宝鸡市东入渭。"汧渭之间"大致为今陕西宝鸡市陈仓区、凤翔县一带。

2 (前894—前886之间)孝王……邑之秦,使复续嬴氏祀,号曰秦嬴。亦不废申侯之女子为骆适者,以和西戎。(《史记·秦本纪》)

【疆域盈缩考释】邑之秦,意味着秦之先祖有了固定的领地。所邑之"秦",《史记集解》："徐广曰：'今天水陇西县秦亭也。'"《史记正义》："括地志云：'秦州清水县本名秦,嬴姓邑。十三州志云秦亭,秦谷是也。周太史儋云"始周与秦国合而别",故天子邑之秦。'"钱穆《史记地名考》认为《史记集解》所说在今甘肃天水秦亭有误,所邑之"秦"当从《元和郡县图志》："秦城在陇州东南二十五里。"钱穆之辨非也。从下文"(周平王)赐岐以西之地"可知,秦至周平王之时,活动范围在"岐西"。近人徐卫民《秦汉历史地理研究》(166—167页)："张家川所在地,是后来从甘肃清水县分出去的,因此应该说以前人们讲在甘肃清水是没有错误的。……这里所邑的秦,是离犬丘不远的张家川县。……秦邑的地望就在今甘肃省天水市张家川自治县的瓦泉一带。"徐说可从,非子所邑之秦当在今甘肃省天水张家川回族自治县的瓦泉一带。

3 (前866)周宣王乃召庄公昆弟五人,与兵七千人,使伐西戎,破之。于是复予秦仲后,及其先大骆地、犬丘并有之,为西垂大夫。(《史记·秦本纪》)

【疆域盈缩考释】此史料说秦之先祖在周天子"邑秦"的基础上,将大骆之地、犬丘之地全部交由秦仲之后经营,并封其后为"西垂大夫"。"西垂"的具体方位,《史记正义》："括地志云：'秦州上邽县西南九十里,汉陇西西县是也。'"钱穆《史记地名考·西垂》认为："所谓'西垂大夫'者,亦通称,非专名。……后人皆以陇西西县说之,大误。"并在《史记地名考·大骆》中认为："大骆与骆谷名字相关,殆居渭北。犬丘跨渭而南,兼有今周至县境也。"钱穆说不可信。秦此时的活动范围不可能向东越过"岐山",否则,周幽王烽火戏诸侯后秦襄公救周有功,反而将秦的活动范围从岐山以东缩小为"赐岐以西之地",谈何奖励？且从秦文公十六年"地至岐,岐以东献之周"来看,秦至彼时才名至实归将疆域开拓到"岐"。当从《史记正义》,西垂当今甘肃天水市西南的陇南市礼县。

④ (前776)《史记正义》:"括地志云:'故汧城在陇州汧源县东南三里。帝王世纪云秦襄公二年徙都汧,即此城。'"

【疆域盈缩考释】《史记正义》记述秦襄公二年,将首都迁往"汧城":"括地志云:'故汧城在陇州汧源县东南三里。帝王世纪云秦襄公二年徙都汧,即此城。'""汧源县"即今陕西宝鸡市陇县,位于宝鸡西端,与甘肃接壤,古有汧水流出,称"汧邑""汧县""汧源""陇州"等。

⑤ (前770)周避犬戎难,东徙洛邑,襄公以兵送周平王。平王封襄公为诸侯,赐之岐以西之地。……乃用骝驹、黄牛、羝羊各三,祠上帝西畤。(《史记·秦本纪》)

【疆域盈缩考释】赐岐以西之地,"岐",《大清一统志》:"山有两岐,故名。"《六书故》:"在今凤翔府岐山县,禹贡导岍及岐,是也。"岐山在今陕西省岐山县东北。赐岐以西之地,当是今山西岐山县以西的所有地域。周平王"赐岐以西之地"是对秦襄公的奖赏,秦的合法疆域范围东向到达"岐山"一带。

⑥ (前766)十二年,伐戎而至岐,卒。生文公。(《史记·秦本纪》)

【疆域盈缩考释】西畤,秦襄公在"西畤"祭祀先祖,"西畤"所在方位,《史记集解》:"徐广曰:'年表云立西畤,祠白帝。'"《史记索隐》:"襄公始列为诸侯,自以居西,西,县名,故作西畤,祠白帝。畤,止也,言神灵之所依止也。亦音市,谓为坛以祭天也。"按《史记集解》《史记索隐》,"西畤"和"西垂"在同一个范围之内,为秦固有活动范围的今甘肃天水市西南之陇南市礼县永兴乡一代,是也。

⑦ (前765)文公元年,居西垂宫。(《史记·秦本纪》)

【疆域盈缩考释】西垂宫,《史记正义》:"即上西县是也。"其地在今甘肃天水市西南陇南市礼县永兴乡一带。

⑧ (前763—前762)三年,文公以兵七百人东猎。……四年,至汧、渭之会。(《史记·秦本纪》)

【疆域盈缩考释】所谓的"汧渭之会",指的是汧水、渭水会合之处。《史

第七章　秦（含义渠、巴、蜀）及周边诸侯疆域边界考　571

记正义》"《括地志云：'郿县故城在岐州郿县东北十五里。毛苌云郿，地名也。秦文公东猎汧渭之会，卜居之，乃营邑焉，即此城也。'"文公东向田猎于汧水、渭水会合之处，并在此地安营筑城邑。《史记正义》云其地在今陕西眉县东北，非也。其地当在今陕西宝鸡市东北，汧水、渭水会合之处。

⑨（前756）十年，初为鄜畤，用三牢。（《史记·秦本纪》）

【疆域盈缩考释】鄜畤，《史记集解》："徐广曰：'鄜县属冯翊。'"《史记索隐》："亦县名。于鄜地作畤，曰鄜畤。故封禅书曰'秦文公梦黄蛇自天下属地，其口止于鄜衍'，史敦以为神，故立畤也。"《史记正义》："《括地志云：'三畤原在岐州雍县南二十里。封禅书云秦文公作鄜畤，襄公作西畤，灵公作吴阳上畤，并此原上，因名也。'"其地当在今陕西凤翔县南二十里处长青镇孙家南头村。

⑩（前750）十六年，文公以兵伐戎，戎败走。于是文公遂收周余民有之，地至岐，岐以东献之周。（《史记·秦本纪》）

【疆域盈缩考释】地至岐，岐以东献之周，可知，迟至秦文公十六年，秦国才名至实归，将周平王所赐"岐以西之地"实际纳入版图。

⑪（前747）十九年，得陈宝。（《史记·秦本纪》）

【疆域盈缩考释】秦文公十九年所得之宝，与"得陈宝"之处，《史记索隐》按："汉书郊祀志云'文公获若石云，于陈仓北阪城祠之，其神来，若雄雉，其声殷殷云，野鸡夜鸣，以一牢祠之，号曰陈宝'。又臣瓒云'陈仓县有宝夫人祠，岁与叶君神会，祭于此者也'。苏林云'质如石，似肝'。云，语辞。"《史记正义》："《括地志云：'宝鸡在岐州陈仓县东二十里故陈仓城中。晋太康地志云"秦文公时，陈仓人猎得兽，若彘，不知名，牵以献之。逢二童子，童子曰：'此名为媦，常在地中，食死人脑。'即欲杀之，拍捶其首，媦亦语曰：'二童子名陈宝，得雄者王，得雌者霸。'陈仓人乃逐二童子，化为雉，雌上陈仓北阪，为石，秦祠之"。搜神记云其雄者飞至南阳，其后光武起于南阳，皆如其言也。'"其地在今陕西宝鸡市东陈仓区。

⑫（前739）二十七年，伐南山大梓，丰大特。（《史记·秦本纪》）

【疆域盈缩考释】秦文公二十七年"伐南山大梓"，其伐梓之处，《史记集解》："徐广曰：'今武都故道有怒特祠，图大牛，上生树本，有牛从木中出，后见丰水之中。'"《史记正义》:"《括地志云:'大梓树在岐州陈仓县南十里仓山上。录异传云"秦文公时,雍南山有大梓树,文公伐之,辄有大风雨,树生合不断。时有一人病,夜往山中,闻有鬼语树神曰:'秦若使人被发,以朱丝绕树伐汝,汝得不因耶?'树神无言。明日,病人语闻,公如其言伐树,断,中有一青牛出,走入丰水中。其后牛出丰水中,使骑击之,不胜。有骑堕地复上,发解,牛畏,人不出,故置髦头。汉、魏、晋因之。武都郡立怒特祠,是大梓牛神也。'按:今俗画青牛障是。"所谓的南山,其地在今陕西宝鸡市南的秦岭。秦之活动范围仍在岐以西。

⑬(前716)五十年,文公卒,葬西山。(《史记·秦本纪》)

【疆域盈缩考释】文公逝世后所葬之西山,《史记集解》:"徐广曰:'皇甫谧云葬公之长子于西山,在今陇西之西县。'"按《史记集解》,秦文公被安葬在秦之先祖固定活动区域之甘肃天水市西南陇南市礼县永兴乡一带。

⑭(前714—前704)宁公二年,公徙居平阳。遣兵伐荡社。……三年,与亳战,亳王奔戎,遂灭荡社。……十二年,伐荡氏,取之。(《史记·秦本纪》)

【疆域盈缩考释】宁公徙居之平阳,《史记集解》:"徐广曰:'郿之平阳亭。'"《史记正义》:"帝王世纪云秦宁公都平阳。按:岐山县有阳平乡,乡内有平阳聚。括地志云:'平阳故城在岐州岐山县西四十六里,秦宁公徙都之处。'"其地当在今陕西岐山县西五十里处阳平镇。秦之活动范围未超越"岐",仍囿于"岐之西"。又,伐荡社之"荡社",《史记索隐》:"西戎之君号曰亳王,盖成汤之胤。其邑曰荡社。徐广云一作'汤杜',言汤邑在杜县之界,故曰汤杜也。"《史记正义》:"《括地志云:'雍州三原县有汤陵。又有汤台,在始平县西北八里。'按:其国盖在三原始平之界矣。"其地在今陕西三原县、兴平市一带。

⑮(前710)芮伯万之母芮姜恶芮伯之多宠人也,故逐之,出居于魏。……(前709)秋,秦师侵芮,败焉,小之也。冬,王师、秦师围魏,执芮伯以归。……(前702)秋,秦人纳芮伯万于芮。(《左传·桓公三年—四年—十年》)

【疆域盈缩考释】芮国国君的母亲将其从芮国赶走,让他住到魏城(今山西芮城县北七里之河北城)去了。前709年,秦国的军队攻打芮国(今陕西朝邑镇南芮城），但是由于轻敌，被芮国大败。不久，又与周天子的军队包围芮国，并将芮国国君俘虏到秦国。直到公元前702年才将芮国国君送回。据此史料，可知秦国的势力范围已经到达芮国一带。

16 （前697）武公元年，伐彭戏氏，至于华山下，居平阳封宫。（《史记·秦本纪》）

【疆域盈缩考释】武公所伐之彭戏氏，《史记正义》："戎号也。盖同州彭衙故城是也。"所至之华下，《史记正义》："即华岳之下也。"所居之平阳封宫，《史记正义》："宫名，在岐州平阳城内也。"

17 （前688）十年，伐邽、冀戎，初县之。（《史记·秦本纪》）

【疆域盈缩考释】所伐邽、冀之地，《史记集解》："地理志陇西有上邽县。应劭曰：'即邽戎邑也。'冀县属天水郡。"邽县在今甘肃天水市西北的清水县境内。冀县，在今甘肃甘谷县城东。

18 （前687）十一年，初县杜、郑。灭小虢。（《史记·秦本纪》）

【疆域盈缩考释】所县之"杜""郑"，《史记集解》："地理志京兆有郑县、杜县也。"《史记正义》："括地志云：'下杜故城在雍州长安县东南九里，古杜伯国。华州郑县也。毛诗谱云郑者，周畿内之地。宣王封其弟于咸林之地，是为郑桓公。'按：秦得皆县之。"杜县在今陕西西安市长安县东南。郑县，在今陕西华县。又，所灭之"小虢"，《史记集解》："班固曰西虢在雍州。"《史记正义》："括地志云：'故虢城在岐州陈仓县东四十里。次西十余里又有城，亦名虢城。舆地志云此虢文王母弟虢叔所封，是曰西虢。'按：此虢灭时，陕州之虢犹谓之小虢。又云，小虢，羌之别种。"其地当在今陕西宝鸡市陈仓区境内。

19 （前678）二十年，武公卒，葬雍平阳。初以人从死，从死者六十六人。有子一人，名曰白，白不立，封平阳。立其弟德公。（《史记·秦本纪》）

【疆域盈缩考释】平阳。武公所葬之"平阳"，及公子白所封之"平阳"，《史记正义》："即雍平阳也。平阳时属雍，并在岐州。解在上也。"

20 （前677）德公元年，初居雍城大郑宫。以牺三百牢祠鄜畤。

卜居雍。后子孙饮马于河。梁伯、芮伯来朝。(《史记·秦本纪》)

【疆域盈缩考释】德公将首都从平阳迁居至雍城大郑宫,"雍",《史记集解》:"徐广曰:'今县在扶风。'"其地当在今陕西凤翔县城南。"大郑宫",《史记正义》:"括地志云:'岐州雍县南七里故雍城,秦德公大郑宫城也。'"其地当在今陕西凤翔县城南约七里。所祠之鄜畤,在今陕西凤翔县南二十里处长青镇孙家南头村。所谓的饮马于河,《史记正义》:"卜居雍之后,国益广大,后代子孙得东饮马于龙门之河。"

[21] (前672)宣公四年,作密畤。与晋战河阳,胜之。(《史记·秦本纪》)

【疆域盈缩考释】所作之"密畤",《史记正义》:"括地志云:'汉有五畤,在岐州雍县南,则鄜畤、吴阳上畤、下畤、密畤、北畤。秦文公梦黄蛇自天而下。属地,其口止于鄜衍,作畤,郊祭白帝,曰鄜畤。秦宣公作密畤于渭南,祭青帝。秦灵公作吴阳上畤,祭黄帝;作下畤,祠炎帝。汉高帝曰"天有五帝,今四,何也?待我而具五"。遂立黑帝,曰北畤是也。'"其地在今陕西宝鸡市东卧龙寺火车站西北的陈仓县故城。

[22] (前663)成公元年,梁伯、芮伯来朝。(《史记·秦本纪》)

【疆域盈缩考释】梁伯、芮伯所在之地,《史记正义》:"括地志云:'同州韩城县南二十二里少梁故城,古少梁国。都城记云梁伯国,嬴姓之后,与秦同祖。秦穆公二十二年灭之。'"此时秦之版图未超过梁、芮。

[23] (前659)缪公任好元年,自将伐茅津,胜之。(《史记·秦本纪》)

【疆域盈缩考释】所伐之茅津,《史记正义》:"刘伯庄云:'戎号也。'括地志云:'茅津及茅城在陕州河北县西二十里。水经注云茅亭,茅戎号。'"地在今河南平陆县境。

[24] (前655)五年,晋献公灭虞、虢……百里傒亡秦走宛,楚鄙人执之。(《史记·秦本纪》)

【疆域盈缩考释】所谓亡秦走宛,《史记集解》:"地理志南阳有宛县。

《史记正义》:"今邓州县。"地在今河南南阳市。

25 (前655)五年,秋,缪公自将伐晋,战于河曲。晋骊姬作乱,太子申生死新城,重耳、夷吾出饹。(《史记·秦本纪》)

【疆域盈缩考释】所战之河曲,《史记集解》:"公羊传曰'河千里而一曲也'"。服虔曰'河曲,晋地'。杜预曰'河曲在蒲阪南'。《史记正义》:"河曲在华阴县界也。"晋之新城,《史记正义》:"韦昭云:'曲沃新为太子城。'括地志云:'绛州曲沃县有曲沃故城,土人以为晋曲沃新城。'"

26 夷吾谓曰:"诚得立,请割晋之河西八城与秦。"(《史记·秦本纪》)

【疆域盈缩考释】割晋之河西八城与秦,《史记正义》:"谓同、华等州地。"

27 (前645)十五年……九月壬戌,与晋惠公夷吾合战于韩地。……初,缪公亡善马,岐下野人共得而食之者三百余人……十一月,归晋君夷吾,夷吾献其河西地,使太子圉为质于秦。秦妻子圉以宗女。是时秦地东至河。(《史记·秦本纪》)

(前645)赂秦伯以河外列城五,东尽虢略,南及华山,内及解梁城,既而不与。……三败及韩。……壬戌,战于韩原,晋戎马还泞而止。(《左传·僖公十五年》)

【疆域盈缩考释】所战之韩地,《史记正义》:"左传云僖公十五年,秦、晋战于韩原,秦获晋侯以归。括地志云:'韩原在同州韩城县西南十八里。十六国春秋云魏颗梦父结草抗秦将杜回,亦在韩原。'"岐下野人之处,《史记正义》:"括地志云:'野人坞在岐州雍县东北二十里。'按:野人盗马食处,因名焉。"秦地东至河,《史记正义》:"晋河西八城入秦,秦东境至河,即龙门河也。"晋侯在逃亡之时,请求秦国帮助其返国,并许诺将黄河以西和以南的五座城,东到虢略镇(今河南灵宝县),南到华山,还有黄河之内的解梁城(今山西永济市五姓湖北之解城)给秦国,但是当他返国后,拒绝履行诺言。秦伐晋,晋国退到韩(一说在今山西芮城县之韩亭,一说在今山西河津市与万荣县之间,未详孰是),并在韩原与秦会战,结果晋国大败,晋侯被秦国俘虏。据此史料,可知秦晋疆域的大体情况:晋国是拥有黄河以西和以南的一些城邑的,东到虢略镇,南到华山,还有黄河之内的解梁城都属晋国;在本年的战斗之后,秦国将势力范围推进到属晋国的韩地,并夺得该地。

28 (前642)梁伯益其国而不能实也,命曰新里,秦取之。(《左传·僖公十八年》)

【疆域盈缩考释】秦国攻占了梁国新开辟的新里(即秦之新城,今陕西澄城县东北二十里)。据此史料,可知秦国版图扩张,将新里纳入版图。

29 (前640)二十年,秦灭梁、芮。(《史记·秦本纪》)

【疆域盈缩考释】秦灭梁、芮,《史记正义》:"梁、芮国皆在同州。秦得其地,故灭二国之君。"

30 (前638)缪公于是复使孟明视等将兵伐晋,战于彭衙。秦不利,引兵归。(《史记·秦本纪》)

【疆域盈缩考释】所战之彭衙,《史记集解》:"杜预曰:'冯翊合阳县西北有衙城。'"《史记正义》:"括地志云:'彭衙故城在同州白水县东北六十里。'"

31 (前635)秋,秦、晋伐鄀。楚斗克、屈御寇以申、息之师戍商密。秦人过析隈,入而系舆人以围商密,昏而傅焉。宵,坎血加书,伪与子仪、子边盟者。(《左传·僖公二十五年》)

【疆域盈缩考释】秦国攻打秦、楚边界的小国鄀国(今河南淅川县西南),楚国派军事将领统帅申、息两国的军队在商密戍守。秦军绕过析(今河南内乡县、淅川县之西北境皆析地),包围商密。据此史料,可知秦、楚边境在鄀国,析、商密属于秦、楚边境的楚国。

32 (前625)冬,晋先且居、宋公子成、陈辕选、郑公子归生伐秦,取汪,及彭衙而还,以报彭衙之役。(《左传·文公二年》)

【疆域盈缩考释】晋国攻下了秦国的汪(今山西白水县汪城)、彭衙(今陕西白水县东北四十里之彭衙堡)。据此史料,可知秦国领土缩小,本年丢掉了汪、彭衙。

33 (前624)三十六年,缪公复益厚孟明等,使将兵伐晋,渡河焚

第七章　秦(含义渠、巴、蜀)及周边诸侯疆域边界考　577

船,大败晋人,取王官及鄗,以报殽之役。晋人皆城守不敢出。于是缪公乃自茅津渡河,封殽中尸,为发丧,哭之三日。(《史记·秦本纪》)

(前624)秦伯伐晋,济河焚舟,取王官,及郊。晋人不出,遂自茅津济,封殽尸而还。遂霸西戎,用孟明也。(《左传·文公三年》)

【疆域盈缩考释】所取之"王官"及"鄗","鄗",《史记集解》:"徐广曰:'左传作"郊"。'骃案:服虔曰'皆晋地,不能有'。《史记正义》:"鄗音郊。左传作'郊'。杜预云:'书取,言易也。'括地志云:'王官故城在同州澄城县西北九十里。又云南郊故城在县北十七里。又有北郊故城,又有西郊古城。左传云文公三年,秦伯伐晋,济河焚舟,取王官及郊也。'括地志云:'蒲州猗氏县南二里又有王官故城,亦秦伯取者。'上文云'秦地东至河',盖猗氏王官是也。"王官在今山西闻喜县西。"自茅津渡河"之"茅津",《史记正义》:"括地志云:'茅津在陕州河北县、大阳县也。'"其地在今山西平陆县之茅津渡。这则史料说的是公元前624年,秦攻晋,渡过黄河,攻占了晋国的王官(今山西闻喜县西)、郊,并从茅津(今山西平陆县之茅津渡)渡过黄河,在殽地为前627年殽之战中牺牲的秦国将士树立标记后返回。晋国没有出战。

34 (前623)秋,晋侯伐秦,围刓、新城,以报王官之役。(《左传·文公四年》)

前623年,晋攻打秦国,包围秦国的刓(即元里,今山西澄城县南)、新城(今陕西澄城县东北二十里之故新城),以报复秦国在去年攻占王官。从两则史料来看,秦并未长久占领王官,只是一次袭击;秦晋的边界在刓、新城。

35 (前623)三十七年,秦用由余谋伐戎王,益国十二,开地千里,遂霸西戎。(《史记·秦本纪》)

【疆域盈缩考释】《史记正义》:"韩安国云'秦穆公都地方三百里,并国十四,辟地千里',陇西、北地郡是也。"

36 (前622)初,鄀叛楚即秦,又贰于楚。夏,秦人入鄀。(《左传·文公五年》)

【疆域盈缩考释】秦侵入鄀国并占有了鄀。据此史料,可知秦国版图扩张。

<u>37</u> (前621)三十九年,缪公卒,葬雍。从死者百七十七人,秦之良臣子舆氏三人名曰奄息、仲行、针虎,亦在从死之中。(《史记·秦本纪》)

【疆域盈缩考释】所葬之"雍",《史记集解》:"皇览曰:'秦缪公冢在橐泉宫祈年观下。'"《史记正义》:"庙记云:'橐泉宫,秦孝公造。祈年观,德公起。盖在雍州城内。'括地志云:'秦穆公冢在岐州雍县东南二里。'"三良冢,《史记正义》:"应劭云:'秦穆公与群臣饮酒酣,公曰"生共此乐,死共此哀"。于是奄息、仲行、针虎许诺。及公薨,皆从死。黄鸟诗所为作也。'杜预云:'以人葬为殉也。'括地志云:'三良冢在岐州雍县一里故城内。'"

<u>38</u> (前620)康公元年。往岁缪公之卒,晋襄公亦卒;襄公之弟名雍,秦出也,在秦。晋赵盾欲立之,使随会来迎雍,秦以兵送至令狐。晋立襄公子而反击秦师,秦师败,随会来奔。(《史记·秦本纪》)

(前620)及堇阴……戊子,败秦师于令狐,至于刳首。己丑,先蔑奔秦。士会从之。(《左传·文公七年》)

【疆域盈缩考释】令狐,《史记集解》:"杜预曰:'在河东。'"《史记正义》:"括地志云:'令狐故城在蒲州猗氏县界十五里也。'"晋国军队伐秦,集结在晋国的堇阴(今山西临猗县东,与令狐相距不远)。不久,出兵伐秦,在令狐(今山西临猗县)打败秦军,一直追击到刳首(今山西临猗县西四十五里临晋县废治处)。据此史料,可知堇阴属晋;秦国领土缩小,丢掉了令狐、刳首。

<u>39</u> (前619)二年,秦伐晋,取武城,报令狐之役。(《史记·秦本纪》)

(前619)夏,秦人伐晋,取武城,以报令狐之役。(《左传·文公八年》)

【疆域盈缩考释】秦伐晋,取武城,《史记正义》:"括地志云:'故武城一名武平城,在华州郑县东北十三里也。'"秦攻晋,占领了晋国的武城(今陕西华县东北十七里),以报复令狐那场战斗。据此史料,晋国丢失了武城;

秦晋边界在武城附近。

40 (前617)四年,晋伐秦,取少梁。(《史记·秦本纪》)

(前617)十年春,晋人伐秦,取少梁。夏,秦伯伐晋,取北征。(《左传·文公十年》)

【疆域盈缩考释】晋伐秦,取少梁,《史记正义》:"前入秦,后归晋,今秦又取之。"秦伐晋,占领了晋国的北征(今陕西澄城县)。据此史料,可知秦国领土有盈有缩。但其边界是比较明显的了。

41 (前615)六年,秦伐晋,取羁马。(《史记·秦本纪》)

(前615)秦为令狐之役故,冬,秦伯伐晋,取羁马。晋人御之。赵盾将中军,荀林父佐之。郤缺上军,臾骈佐之。栾盾将下军,胥甲佐之。范无恤御戎,以从秦师于河曲。(《左传·文公十二年》)

(前615)秦师夜遁。复侵晋,入瑕。(《左传·文公十二年》)

【疆域盈缩考释】秦伐晋,取羁马,战于河曲,《史记集解》:"服虔曰:'晋邑也。'"秦伐晋,攻占了晋国的羁马(今山西永济市南三十六里)。晋国发兵抵御,与秦在河曲(永济黄河转弯处)大战。据此史料,可知:晋国丢掉了羁马;秦、晋的边界到达河曲。秦国后来又攻打晋国,进入瑕地(今山西芮城南)。据此史料,可知秦国、晋国的部分疆域到达瑕地。

42 (前614)十三年春,晋侯使詹嘉处瑕,以守桃林之塞。(《左传·文公十三年》)

【疆域盈缩考释】晋国派人在瑕地,戍守桃林(今河南灵宝市阌乡以西,接陕西潼关界)这个要冲。据此史料可知,晋国拥有瑕地,瑕地以东为桃林要冲。秦晋此时在这一带的疆域可知。

43 (前608)晋欲求成于秦,赵穿曰:"我侵崇,秦急崇,必救之。吾以求成焉。"冬,赵穿侵崇,秦弗与成。(《左传·宣公元年》)

【疆域盈缩考释】晋攻打晋、秦之间与秦国友好的崇国(在渭水以北黄河之湄,虽为秦之友邦,但地近晋国)来增加与秦媾和的筹码。据此史料,可知崇国附庸于秦。

44 (前607)秦师伐晋,以报崇也,遂围焦。夏,晋赵盾救焦,遂自阴地,及诸侯之师侵郑,以报大棘之役。(《左传·宣公二年》)

【疆域盈缩考释】秦因晋伐崇而伐晋,包围了晋国的焦(今河南陕县南)。晋国救援焦地。可能由于晋国救援的路线以经过郑国最为快速,晋国于是在阴地(今河南卢氏县东北之阴地城)联合其他诸侯的军队攻打郑国,说是为了报复郑国进攻宋国大棘。据此史料,可知:秦、晋、郑在焦周边领土犬牙交错;秦、晋边界的一部分被推进到晋国的焦周边;晋国拥有阴地。

45 (前594)秋七月,秦桓公伐晋,次于辅氏。及洛,魏颗败秦师于辅氏。获杜回,秦之力人也。(《左传·宣公十五年》)

【疆域盈缩考释】秦伐晋,秦国在临近晋国的辅氏(今陕西大荔县东)驻扎,晋国到达洛水一带(今陕西大荔县东南),并在辅氏俘虏了秦国的大力士。据此史料,可知晋国有辅氏;秦晋的部分疆界在洛水、辅氏一带。

46 (前579)桓公二十六年,晋率诸侯伐秦,秦军败走,追至泾而还。(《史记·秦本纪》)

【疆域盈缩考释】追至泾而还,也是一次孤军深入式的打击。

47 (前578)五月丁亥,晋师以诸侯之师及秦师战于麻隧。秦师败绩,获秦成差及不更女父。曹宣公卒于师。师遂济泾,及侯丽而还。迓晋侯于新楚。(《左传·成公十三年》)

【疆域盈缩考释】晋率领诸侯军队伐秦,在麻隧(秦地,今陕西泾阳县北)作战,秦军大败。联军渡过泾水,到达侯丽(泾水南岸,今礼泉县境)然后回去,军队在新楚(秦地,今陕西大荔县)迎接晋侯。据此史料,晋国率领诸侯伐秦,当并没有占领秦国的城邑,不久就回去了。

48 (前562)景公十五年,救郑,败晋兵于栎。(《史记·秦本纪》)

(前562)秦庶长鲍、庶长武帅师伐晋以救郑。鲍先入晋地,士鲂御之,少秦师而弗设备。壬午,武济自辅氏,与鲍交伐晋师。己丑,秦、晋战于栎,晋师败绩,易秦故也。(《左传·襄公十一年》)

【疆域盈缩考释】败晋兵于栎,《史记集解》:"杜预曰:'晋地也。'"《史记正义》：" 栎音历。括地志云：'洛州阳翟县，古栎邑也。'"秦伐晋以救郑（时晋率领诸侯攻打郑国，郑国几乎要亡国），秦军从辅氏（今山西大荔县东不足二十里）渡河，和晋国在栎地（在黄河以北，具体位置不详）作战，晋国大败。从此则史料，可知秦国的疆域有稍微扩张，从辅氏扩张到栎地。

49 （前559）十八年，晋悼公强，数会诸侯，率以伐秦，败秦军。秦军走，晋兵追之，遂渡泾，至棫林而还。（《史记·秦本纪》）

（前559）夏，诸侯之大夫从晋侯伐秦，以报栎之役也。晋侯待于竟，使六卿帅诸侯之师以进。及泾，不济。……二子见诸侯之师而劝之济，济泾而次。秦人毒泾上流，师人多死。郑司马子蟜帅郑师以进，师皆从之，至于棫林，不获成焉。（《左传·襄公十四年》）

【疆域盈缩考释】渡泾，至棫林而还，也是一次孤军深入打击，《史记集解》："杜预曰'秦地也'。"诸侯大夫跟从晋国讨伐秦国，到达泾水。不久渡过泾水，到达棫林（今陕西泾阳县泾水之西南）。据此史料，似秦晋在渭水以北、泾水以东的边界为泾水以东不远处。

50 （前475）厉共公二年，蜀人来赂。（《史记·秦本纪》）

51 （前471）六年，义渠来赂，绵诸乞援。（《史记·秦本纪》）

从上述史料的系年疆域考辨中，可以知道，秦自非子的"犬丘"逐步扩张，在公元前468年春秋时期结束之时，秦国主要活动范围有冀县、邦县、犬丘、西垂宫、西山、郿畤、雍、岐山、陈、平阳、南山、侯丽、棫林、麻隧、亳、荡社、郑县、杜县、武城、彭戏氏、华下、芮、辅氏、羁马、河曲、瑕、北征、祁、汪、新城、彭衙、少梁（如图8—1所示）。仅从上述史料，还可以知道秦的周边有晋、楚、蜀等诸侯国和义渠、绵诸等戎狄。

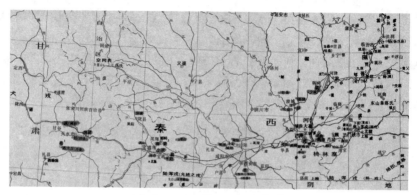

图 7—1　春秋末期秦国疆域①

从《汉书·地理志》《战国策》和战国之前秦疆域盈缩史料来看,可以分四个区域对秦国的疆域进行考察:(一)秦陇西及周边区域;(二)秦北部义渠及周边区域;(三)秦南郑及巴蜀区域;(四)秦东部河西及周边区域。其中,东部的河西及周边区域本书第六章第一节已经考绘,本章不再赘述。下面我们就以其余三个区域分章节来详细考察公元前333年的疆域情况。

第一节　秦陇西及周边区域疆域考

秦陇西之地,史料载是处于戎狄与秦及周边诸侯国杂居的:

1　(前?—前621)秦穆公得由余,西戎八国服于秦,故自陇以西有绵诸、绲戎、翟、镕之戎,岐、梁山、泾、漆之北有义渠、大荔、乌氏、朐衍之戎。而晋北有林胡、楼烦之戎,燕北有东胡、山戎。各分散居溪谷,自有君长,往往而聚者百有余戎,然莫能相一。(《史记·匈奴列传》)

2　(前?—前621)先是时,天下冠带之国七,而三国边于戎狄:秦自陇以西有绵诸、绲戎、翟、獂之戎,岐、梁、泾、漆之北有义渠、大荔、乌氏、朐衍之戎。(《资治通鉴·始皇帝三年》)

3　(约在前457年前后)自是之后百有余年,晋悼公使魏绛和戎

---

① 本图的底图采用谭其骧主编《中国历史地图集(第一册)》(北京:中国地图出版社,1982年,第22—23页)"春秋时期—晋秦"。

第七章　秦(含义渠、巴、蜀)及周边诸侯疆域边界考　583

翟,戎翟朝晋。后百有余年,赵襄子逾句注而破并代以临胡貉。其后既与韩、魏共灭智伯,分晋地而有之,则赵有代、句注之北,魏有河西、上郡,以与戎界边。其后义渠之戎筑城郭以自守,而秦稍蚕食,至于惠王,遂拔义渠二十五城。惠王击魏,魏尽入西河及上郡于秦。秦昭王时……杀义渠戎王于甘泉,遂起兵伐残义渠。于是秦有陇西、北地、上郡,筑长城以拒胡。(《史记·匈奴列传》)

4 (约在前 327—前 272 年之间)其后义渠筑城郭以自守,而秦稍蚕食之,至惠王遂拔义渠二十五城。昭王之时,宣太后诱义渠王,杀诸甘泉,遂发兵伐义渠,灭之;始于陇西、北地、上郡筑长城以拒胡。(《资治通鉴·始皇帝三年》)

5 (公元前 720 年前后)及平王之末,周遂陵迟,戎逼诸夏。自陇山以东,及乎伊、洛,往往有戎。于是渭首有狄、獂、邽、冀之戎,泾北有义渠之戎,洛川有大荔之戎,渭南有骊戎,伊、洛间有杨拒、泉皋之戎。(《后汉书·西羌列传》)

史料一、二大致记载秦穆公时(前？—前 621)秦国周边的八个戎狄部落臣服于秦,秦国在陇西有绵诸、绲戎、翟、镕等少数民族部落,在岐山、梁山、泾河、漆水北面有义渠、大荔、乌氏、朐衍等部落。在晋国的北部有林胡、楼烦等少数民族部落,在燕国北部有东胡、山戎等少数民族部落。这些少数民族的部落散居在山谷,有各自的部落首领,虽然有上百部落,但是相互之间没有统一。史料三、四记载自秦穆公(前？—前 621)之后百余年,晋国的晋悼公派魏绛与戎狄改善关系,戎狄朝贡晋国。此后又百余年后(约在前 457 年前后),晋国的卿大夫赵襄子越过勾注山吞并了代地,与胡、貉少数民族部落相邻。之后(前 453 年),晋国的卿大夫赵襄子与韩康子、魏桓子灭了另一个卿大夫智瑶后三分晋国领土,赵国的领土范围直至代地、勾注山以北。另一个诸侯国魏国的领土北有河西、上郡,也与戎狄相邻壤。在公元前 453 年以后,秦国北部的义渠部落修筑城郭以自守,秦国对义渠部落稍微有侵蚀,直到公元前 327 年秦惠王时,才攻占义渠部落,占领义渠部落二十五座城池。公元前 330 年,魏国将其河西及上郡全部割让给秦国。到秦昭王时(大约在前 272)……杀义渠部落首领于甘泉宫,秦国起兵伐义渠部落。自此之后,秦全部拥有陇西、北地、上郡,并修筑长城以抵挡少数民族部落。史料五是《汉书·西羌列传》中对周平王末年(前 720)前后秦周边戎狄的概述:渭水的发源地带有狄、獠、圭、冀之戎,泾水以北有义渠戎,洛水一带有大荔戎,渭水之南有骊戎。

从上述史料,我们大致可以确定秦国西北、正北的基本边界情况:秦与戎狄处于杂居状况,秦之陇西有绵诸、绲戎、翟、镕等部落,在岐山、梁山、泾河、漆水北面有义渠、大荔、乌氏、朐衍等部落。这些部落各自相互独立。秦与戎狄杂居现状的沿革我们具体来研究。

一　秦与绵诸戎

将已有史料系年编排,大致可以看出秦与绵诸戎的疆域沿革:

$\boxed{1}$（前471）（秦厉公）六,义渠来赂。绵诸乞援。（《史记·六国年表·秦》）

$\boxed{2}$（前457）（秦厉公）二十,公将师与绵诸战。（《史记·六国年表·秦》）

$\boxed{3}$（前395）（秦惠公）五,伐绵诸。（《史记·六国年表·秦》）

绵诸戎的活动范围,邱菊贤、杨东晨考证大致在今甘肃天水市东、清水县南部地区,西与天水市相接（K6）①,可从。据史料一、二、三,秦与绵诸戎的大致情况:公元前471年绵诸向秦乞求援兵,可知秦与绵诸分属两个不同的族群;前457年,秦与绵诸会战,可知秦应与绵诸邻近,二者之间不当有其他部落或诸侯,否则史料不会如此直接言"公将师与绵诸战";前395年,秦伐绵诸。

单从史料来看,未详公元前395年秦伐绵诸战役的结果。但此后,未见秦与绵诸之间的史料。徐卫民引徐日辉《绵诸续考》（523页）:"秦惠文王伐绵诸之后,史书中再看不到绵诸戎的记载,说明绵诸戎被秦灭亡,退出了历史舞台。"大约截至公元前395年,秦将绵诸戎征服。这样的话,截至公元前333年,秦国在疆域上是拥有原绵诸戎活动范围的,即秦国的西部疆域囊括了今甘肃天水市东、清水县南的地区。

二　秦与邽、冀之戎

秦与邽、冀之戎的关系,见诸史料的有:

---

①　丘菊贤、杨东晨:《西戎简论》,《西北民族学院学报（哲学社会科学版）》,1989年第4期,第39页。

1⃣ (前688)(秦武公)十年伐邽、冀戎,初县之。(《史记·秦本纪》)

邽、冀之戎的活动范围,据林剑鸣考证,邽戎据今甘肃天水市南(K6),冀戎在今甘肃甘谷县南(K6)①。据上面的史料,秦在公元前688年征服邽、冀活动范围是确定无疑的了。也就是说,早在公元前688年,秦国的疆域囊括今甘肃天水市南、甘谷县南。

三 秦与乌氏戎

乌氏戎,见诸史料的记载:

1⃣ (前?—前621)秦穆公得由余,西戎八国服于秦,故自陇以西有绵诸、绲戎、翟、镕之戎、岐、梁山、泾、漆之北有义渠、大荔、乌氏、朐衍之戎。而晋北有林胡、楼烦之戎,燕北有东胡、山戎。各分散居溪谷,自有君长,往往而聚者百有余戎,然莫能相一。(《史记·匈奴列传》)

2⃣ (前?—前621)先是时,天下冠带之国七,而三国边于戎狄:秦自陇以西有绵诸、绲戎、翟、䝠之戎、岐、梁、泾、漆之北有义渠、大荔、乌氏、朐衍之戎。(《资治通鉴·始皇帝三年》)

3⃣ (前221—前210之间)乌氏倮畜牧。及众,斥卖,求其缯物,间献遗戎王。戎王十倍其偿,与之畜,畜至用谷量马牛。秦始皇帝令倮比封群,以时与列臣朝请。(《史记·货殖列传》)

对于史料一、二所言之"乌氏",各家均有进一步的注解。《史记集解》:"徐广云:'在安定。'"《史记正义》:"《括地志》云:'乌氏故城,在泾州安定县东三十里,周之故地,后入戎。秦惠王取之,置乌氏县也。'"《汉书·地理志》:"安定郡有乌氏县。"本注云:"乌水出西,北入河,都卢山在西。"徐卫民《秦汉历史地理研究》(527页):"乌水即清水,源于宁夏六盘山,乌氏位置当在今固原东。顾颉刚先生认为乌氏在今甘肃平凉县西北,符合汉书地理志的记载。"钱穆《史记地名考》:"今平凉县西北。"从注解来看,诸家所指方位基本一致,在今宁夏固原市东、甘肃平凉市西北(J7)。

---

① 林剑鸣:《秦史稿》,上海:上海人民出版社,1981年版,第41页。

乌氏戎与秦之关系,从《史记正义》"秦惠王取之,置乌氏县也"和史料三来看,在秦惠王时期乌氏被秦征服,迟至秦始皇时期,乌氏仍为秦之藩属,因其所养牲畜数量多而受秦始皇帝嘉奖。秦惠王执政时期为公元前337至公元前311,其间,与戎狄部落相关的记载有即位的第七年(前331),"义渠内乱,庶长操将兵定之";即位的第十一年(前327),"义渠君为臣";称王后的第五年(前320),"王北游戎地,至河上"。从史料来看,称王后的第五年(前320),戎狄当已经归顺于秦,否则,秦惠文王不可能游一个动乱或者还未归顺之地。这样,《史记正义》所言"秦惠王取之,置乌氏县也"的时间,当是在公元前331或公元前327年。也就是说,在公元前333年,乌氏戎还应该属于一支独立的游牧部落,其活动范围大致在今宁夏固原市东、甘肃平凉市西北一带。

四 秦与朐衍戎

秦与朐衍戎,见诸史料的记载:

⑴ (前？—前621)秦穆公得由余,西戎八国服于秦,故自陇以西有绵诸、绲戎、翟、镕之戎,岐、梁山、泾、漆之北有义渠、大荔、乌氏、朐衍之戎。(《史记·匈奴列传》)

⑵ (前？—前621)先是时,天下冠带之国七,而三国边于戎狄:秦自陇以西有绵诸、绲戎、翟、獂之戎,岐、梁、泾、漆之北有义渠、大荔、乌氏、朐衍之戎。(《资治通鉴·始皇帝三年》)

⑶ (未详何年)朐衍,在北地。(《史记·匈奴列传》裴骃《集解》)

⑷ (未详何年)(朐衍),县名,在北地。(《史记正义》引《汉书·地理志》)

⑸ (未详何年)盐州,古戎狄居之,即朐衍之地,秦北地郡也。(《史记正义》引《括地志》)

6 (前320)秦惠文王①五年,游朐衍,有献五足牛者。(《汉书·五行志》)

(前320)秦惠文王更元五年,王游至北河。(《史记·秦本纪》)

史料一、二言朐衍戎与义渠、大荔、乌氏戎在岐山、梁山、泾、漆以北,据这些史料,大致是义渠、大荔、乌氏、朐衍杂居在一起,"各分散居溪谷,自有君长,往往而聚者百有余戎,然莫能相一"。

史料三、四言朐衍的主要活动范围在秦之北地。秦之"北地",《史记正义》:"今宁州也。"钱穆《史记地名考·北地》:"汉志北地首县马岭,殆郡治,今甘肃环县西南。"虽其治所以今甘肃环县为中心,但所辖区域甚广,无从具体勘定。

又,史料五,言"盐州"为朐衍之地。"盐州"之具体方位,《元和郡县图志·关内道·盐州》:"禹贡,雍州之域,春秋为戎狄所居地。史记'梁山、泾、漆之北,有义渠、朐衍',谓此也。"徐卫民《秦汉历史地理研究》:"盐州,西魏废帝三年改西安州置,因境内有盐池而得名,治所在五原(今陕西定边县),辖境相当今陕西定边、宁夏盐池及其以北地区。"钱穆《史记地名考·朐衍》:"今宁夏盐池县北为汉北地郡朐衍县。"这样看来,朐衍戎的活动范围是非常明确的了,当在今陕西定边、宁夏盐池及其以北地区(H7)。

又史料六,公元前320年,秦惠文王在北河游朐衍。"北河",《史记正义》:"王游观北河,至灵、夏州之黄河也。"此时之朐衍是独立之部落,还是秦之郡县?据《后汉书·西羌传》:"(前272)宣太后诱杀义渠王于甘泉宫,因起兵灭之。始置陇西、北地、上郡焉。"秦灭义渠后,才置陇西、北地和上郡,而朐衍在乌氏以北,乌氏在公元前327年左右被秦惠王攻占,置乌氏县。尔后不久的公元前320年,秦惠文王游朐衍,可知彼时朐衍已被征服。其被征服的时间,大致在公元前327年秦征服乌氏之时或稍后。从上面的分析来看,在公元前333年,朐衍尚为独立之部落。

---

① 原文为"秦孝文王",杨宽《战国史料编年辑证》(台北:台湾商务印书馆,2002年)第1063页校正,为"秦文文王元年"似不准确。秦昭襄王五十六年后九月逝世,秦孝文王元年即位改元,三天后去世。秦昭襄王逝世至秦孝文王即位改元的时间并不长,以当时秦君逝世守孝的形势,必无暇远游,"游北河"的可能性不大。此记载的时间当为"秦惠文王五年",正与《史记·秦本纪》记载相呼应。

五　秦与獂戎

獂戎,见诸史料的记载有:

⃞1 (前？—前621)秦穆公得由余,西戎八国服于秦,故自陇以西有绵诸、绲戎、翟、镕之戎,岐、梁山、泾、漆之北有义渠、大荔、乌氏、朐衍之戎。(《史记·匈奴列传》)

⃞2 (前？—前621)先是时,天下冠带之国七,而三国边于戎狄:秦自陇以西有绵诸、绲戎、翟、獂之戎,岐、梁、泾、漆之北有义渠、大荔、乌氏、朐衍之戎。(《资治通鉴·始皇帝三年》)

⃞3 (前384)秦献公即位,欲复穆公之迹,兵临渭首,灭獂、狄戎。(《后汉书·西羌传》)

⃞4 (前361)(孝公)于是乃出兵东围陕城,西斩戎之獂王。(《史记·秦本纪》)

史料一"镕"即"獂"。獂戎之活动范围,《史记正义》:"括地志云:'獂道故城在渭州襄武县东南三十七里。古之獂戎邑。汉獂道属天水郡。'"《史记集解》:"徐广曰:'獂在天水。'"裴骃:"地理志天水有獂道县。应劭曰:'獂,戎邑。'"钱穆《史记地名考·獂》:"今甘肃陇西县东北,渭水北。"徐卫民《秦汉历史地理研究》(528页):"獂道是在獂戎基础上建立的,其地理位置很清楚,在唐代渭州襄武县东南三十七里。由读史方舆纪要知唐襄武城在陇西县东南二十五里。"诸家之说所指方位一致,即獂戎的活动范围在今甘肃陇西县东南(K5),渭水以北。

獂戎与秦之关系,虽《史记·秦本纪》:"(秦穆公)三十七年(前623),秦用由余谋伐戎王,益国十二,开地千里,遂霸西戎。"但迟至秦献公即位(前384)、秦孝公即位之时(前361),方完全将獂戎征服。这意味着,迟至公元前333年,獂戎活动之今甘肃陇西县东南,渭水以北的地区被秦纳入版图。

六　秦与翟戎

先秦史料"狄""翟"互通,但所指又各不相同,有时是概指,将居住在中国北方的古代民族通称为"狄"或"北狄",有时是实指狄之支系,譬如"赤狄""白狄"(《史记·匈奴列传》:"晋文公攘戎翟,居于河内圁、洛之间,号曰赤翟、白翟。")。本节所讨论之"翟",是《史记·匈奴列传》所谓:"秦穆公得由余，西戎八国服于秦，故自陇以西有绵诸、绲戎、翟、獂之戎，岐、梁山、泾、漆之北有义渠、大荔、乌氏、朐衍之戎"的"翟"。该"翟"当在陇西，因此，这里只讨论陇西的这一支翟的活动范围及与秦的关系。

见诸史料的有：

[1]（约前720前后）平王及平王之末，周遂陵迟，戎逼诸夏，自陇山以东，及乎伊、洛，往往有戎。于是渭首有狄、獂、邽、冀之戎，泾北有义渠之戎，洛川有大荔之戎，渭南有骊戎，伊、洛间有杨拒、泉皋之戎，颍首以西有蛮氏之戎。（《后汉书·西羌传》）

[2]（前384）秦献公即位，欲复穆公之迹，兵临渭首，灭獂、狄戎。（《后汉书·西羌传》）

[3]（前361—前311）时秦孝公雄强，威服羌戎。孝公使太子驷率戎、狄九十二国朝周显王。（《后汉书·西羌传》）

史料一、二，狄在渭首，即渭河的源头一带。又，《汉书·地理志》："狄道，白石山在东。"《十三州志》："狄道古城，今日武始也，洮水在城西北流。"《读史方舆纪要》："狄道古城在今（临洮）府，治西南，汉所置也。"参诸家之说，其地当在今甘肃临洮县一带（K5）。

又据史料二、三，公元前384年，秦献公灭獂、狄，将其活动范围全部纳入版图。也即，迟至公元前333年，翟戎已入秦。

七 秦与羌戎

在考察完秦与邽戎、冀戎、绵诸戎、绲戎、獂戎、翟戎的关系后，还需要考察一下秦与羌戎的关系。羌，见诸史料的有：

[1]（未详何年）西羌之本，出自三苗，姜姓之别也。其国近南岳。及舜流四凶，徙之三危，河关之西南羌地是也。滨于赐支，至乎河首，绵地千里。赐支者，禹贡所谓析支者也。南接蜀、汉徼外蛮夷，西北接鄯善、车师诸国。所居无常，依随水草。（《后汉书·西羌列传》）

[2]（前476—前443之间）时为羌无弋爰剑者，秦厉公时为秦所拘执，以为奴隶。不知爰剑何戎之别也。后得亡归，而秦人追之急，藏于岩穴中得免。羌人云爰剑初藏穴中，秦人焚之，有景象

如虎,为其蔽火,得以不死。既出,又与劓女遇于野,遂成夫妇。女耻其状,被发覆面,羌人因以为俗,遂俱亡入三河间。诸羌见爰剑被焚不死,怪其神,共畏事之,推以为豪,河、湟间少五谷,多禽兽,以射猎为事,爰剑教之田畜,遂见敬信,庐落种人依之者日益众。羌人谓奴为无弋,以爰剑尝为奴隶,故因名之。其后世世为豪。(《后汉书·西羌列传》)

③ (前384)至爰剑曾孙忍时,秦献公初立,欲复穆公之迹,兵临渭首,灭狄獂戎。忍季父卬畏秦之威,将其种人附落而南,出赐支河曲西数千里,与众羌绝远,不复交通。其后子孙分别,各自为种,任随所之。或为牦牛种,越嶲羌是也;或为白马种,广汉羌是也;或为参狼种,武都羌是也。忍及弟舞独留湟中,并多娶妻妇。忍生九子为九种,舞生十七子为十七种,羌之兴盛,从此起矣。(《后汉书·西羌列传》)

④ (前361—前311)既及忍子研立,时秦孝公雄强,威服羌戎。孝公使太子驷率戎狄九十二国朝周显王。研至豪健,故羌中号其后为研种。(《后汉书·西羌列传》)

⑤ (前246—前210)及秦始皇时,务并六国,以诸侯为事,兵不西行,故种人得以繁息。秦既兼天下,使蒙恬将兵略地,西逐诸戎,北却众狄,筑长城以界之,众羌不服南度。(《后汉书·西羌列传》)

⑥ (前221—前210)地东至海暨朝鲜,西至临洮、羌中,南至北乡户,北据河为塞,并阴山至辽东。(《史记·秦始皇本纪》)

⑦ (前203之后)至于汉兴,匈奴冒顿兵强,破东胡,走月氏,威震百蛮,臣服诸羌。景帝时,研种留何率种人求守陇西塞,于是徙留何等于狄道、安故,至临洮、氐道、羌道县。及武帝征伐四夷,开地广境,北却匈奴,西逐诸羌,乃度河、湟,筑令居塞;初开河西,列置四郡,通道玉门,隔绝羌、胡,使南北不得交关。于是障塞亭燧出长城外数千里。时先零羌与封养牢姐种解仇结盟,与匈奴通,合兵十余万,共攻令居、安故,遂围枹罕。汉遣将军李息、郎中令徐自为将兵十万人击平之。始置护羌校尉,持节统领焉。羌乃去湟中,依西海、盐池左右。汉遂因山为塞,河西地

空,稍徙人以实之。(《后汉书·西羌列传》)

史料一言羌之始祖为游牧民族,"所居无常,依随水草",其活动范围,"滨于赐支,至乎河首,绵地千里","南接蜀、汉徼外蛮夷,西北接鄯善、车师诸国"。"赐支",又称析枝、鲜支、河曲羌。《尚书·禹贡》:"织皮昆仑、析支、渠搜、西戎即叙。"孔颖达疏引王肃曰:"析支在河关西。"《史记·五帝本纪》:"南抚交趾、北发,西戎、析枝。"其活动范围大致在今青海积石山至贵德县河曲一带。"鄯善",《汉书·西域传上·鄯善国》:"鄯善国本名楼兰,王治扜泥城。"《汉书·西域传上·鄯善国》:"〔元凤四年〕乃立尉屠耆为王,更名其国为鄯善。"故址在今新疆鄯善县东南。"车师",《汉书·匈奴传上》:"其明年,匈奴怨诸国共击车师,遣左右大将各万余骑屯田右地,欲以侵迫乌孙、西域。"南朝梁江淹《遂古篇》:"车师、月支,种类繁兮。"汉宣帝时,分其地为车师前后两部等,后皆属西域都护。车师前部治交河城,后部治务涂谷。据此史料来看,羌之始祖的活动范围为今甘肃陇西西北、青海祁连山至今新疆鄯善县一带(K4—K5—K6),但是它们属于游牧民族,没有固定住所。

史料二言羌人中的一支"俱亡入三河间",并言及"河、湟间"。"河、湟",《新唐书·吐蕃传下》:"湟水出蒙谷,抵龙泉与河合……故世举谓西戎地曰'河湟'。"是黄河与湟水的并称,指黄河、湟水之间的地区。大抵羌人的一支,其活动范围转移到此间。

史料三称秦献公之时,羌人中的一支畏秦之威,带领自己的种族和附属部落向南,走出赐支河曲,再向西行数千里,此后与其他羌人部族相距极远,不再往来。羌分为数支,各自成为不同的部族,并随意迁徙。

史料四言秦孝公之时,用武力威服羌戎,并派太子驷率领九十二个戎狄国朝拜周显王。羌戎当是九十二各戎狄国中的一个。

史料五言秦始皇执政之初,因伐灭六国而无暇顾及西羌,羌人得以繁衍生息。秦国兼并天下以后,派蒙恬率领军队攻占土地,向西驱逐各戎族,向北打退众狄族,修筑长城用来挡住羌狄,羌人再没有南渡。

史料六言秦始皇统一六国后的疆域范围,"西至临洮、羌中","临洮",《史记正义》:"括地志云:'临洮郡即今洮州,亦古西羌之地,在京西千五百五十一里羌中。从临洮西南芳州扶松府以西,并古诸羌地也。'"

史料七虽言汉时期之事,但对定位羌的活动范围非常有帮助。此则史料言到汉兴起之时,匈奴冒顿兵力强大,打败了东胡,赶跑了月氏,威震众蛮,使众羌族臣服。汉景帝时,研种留何率领部族要求把守陇西边塞,于是将留何等人迁到狄道、安故,有些迁到临洮、氐道、羌道各县。到汉武帝之时,征讨四夷,开辟国土,扩大国境,向北击退匈奴,向西驱逐众羌,接着渡过黄河、湟水,修筑令居塞;开始打通河西走廊,设置四个郡,使道路通到玉门关,隔断了羌人和胡人,使羌胡南北不能勾结。彼时,边塞的城堡和烽火台伸出长城以外达几千里。当时先零羌与封养牢姐种化解冤仇,结成联盟,与匈奴勾结,会合了十多万人马,一同攻打令居、安故,接着包围了枹罕。汉朝派将军李息、郎中令徐自为率领十万人马进攻并平定了入侵者。朝廷开始设置护羌校尉,持节统领羌人。羌人这才离开湟中,到西海、盐池附近居住。汉朝于是以山岭作为屏障,因河西地区空旷无人,朝廷逐步迁徙人口来充实河西。

从上述史料系年来看,秦孝公至秦始皇时期,诸羌仍然是存在的,其大致活动区域在今甘肃临洮县及西南一带,至秦孝公时起,有羌戎之名,而实际臣服于秦。这样来看,公元前333年时,羌戎与秦的关系也是如此。

八 秦陇西及周边区域疆域考绘

从对秦与邽戎、冀戎、绵诸戎、绲戎、獂戎、翟戎和羌戎的考证中,我们可以看到秦国在很早之前即基本将今甘肃天水市东、甘肃清水县南部地区,甘肃天水市南、甘谷县南的大部分区域纳入版图,并设置邽县、冀县。那么,秦经营原属绵诸戎、邽戎、冀戎等戎狄活动区域的西部边界在哪里呢?我们从两份史料来大致确定:

一是《史记·秦始皇本纪》。《史记·秦始皇本纪》记载秦灭六国后:

分天下以为三十六郡,郡置守、尉、监。……地东至海暨朝鲜,西至临洮、羌中,南至北乡户,北据河为塞,并阴山至辽东。……二十七年,始皇巡陇西、北地,出鸡头山,过回中。

"临洮",《括地志》云:"临洮郡即今洮州,亦古西羌之地,在京西千五百五十一里羌中。从临洮西南芳州扶松府以西,并古诸羌地也。""洮州"的具体方位,臧励龢《中国古今地名大辞典》:"故城在今甘肃临潭县西南七十里,即古洮阳地。隋改置临洮郡,唐复曰洮州,移治洪和城,即今临潭县治。寻于故州治置临潭县,移州还治之,后陷于吐蕃。宋仍曰洮州。明移而东,为洮州卫,以此为堡。明、清时有守备驻之。"在今甘肃省甘南藏族自治州临潭县西南七十里的岷县。"羌中"即今甘南藏族自治州临潭县、卓尼县一带。"陇西",《史记正义》:"陇西,今陇右;北地,今宁州也。""陇右"所指,南朝梁刘勰《文心雕龙·檄移》:"陇右文士,得檄之体矣。"詹锳注:"陇右,即陇西,今甘肃省陇山以西地区。"明何景明《陇右行送徐少参》:"陇右地,长安西行一千里。"谭其骧等《我国省区名称的来源·甘肃省》:"简称'甘';又因省境在'陇山'之西,旧时别称'陇西'或'陇右',简称'陇'。"大致可知,"陇西",一是今甘肃省旧时之别称,二是古地区名,泛指"陇山"以西地区,古代以西为右,故名,约当今甘肃六盘山以西,黄河以东一带。

从已有史料来看,秦在秦惠公五年(前395)伐绵诸戎之后,未见秦以西再有兵事,而主要是向北、东、南三个方向扩张。秦始皇二十七年"巡陇西、北地",实际是对固有势力范围的巡视。可以推知,秦在秦惠公五年(前395)之后,基本拥有了临洮、羌中、陇西之地。

二是《汉书·地理志》。《汉书·地理志》记述:

> 自武威以西,本匈奴昆邪王、休屠王地,武帝时攘之,初置四郡,以通西域,隔绝南羌、匈奴。

"武威",《中国古今地名大辞典》:"汉初为匈奴地。武帝开置武威郡。今甘肃旧凉州府地。治姑臧,即今武威县。唐时郡废。"而"武威县",《中国古今地名大辞典》:"汉置。晋省。故城在今甘肃镇番县北。汉太初四年,匈奴昆邪王杀休屠王,以其众降,置武威县。即此。汉置姑臧县。后魏改县曰林中。隋仍曰姑臧。唐陷于吐蕃。废。宋时属西夏。元为西凉州。明为凉州卫。清改置武威县,为甘肃凉州府治,设凉州镇总兵驻此。今为甘肃甘凉道治,地当西通新疆大道。南山雪水倾泻,构成多数河流,饶沃冠于河西,有塞北江南之喻。民多家自为垒,门小而高,上建土楼,以便瞭望及射击之用,皆明代遗风,藉防北寇者也。""匈奴",《中国古今地名大辞典》:"北狄之一族,秦、汉时最盛,领有今内、外蒙古之地,后分南北,北匈奴为汉窦宪所破,远走西方,南匈奴归汉,汉之季世,杂居今山西省之北部,渐次繁殖,魏时分五部,晋初势力益增,刘渊崛起,遂为五胡乱华之首云。""羌",《括地志》:"从临洮西南芳州扶松府以西,并古诸羌地也。""芳州",即今甘肃省甘南藏族自治州迭部县。"南羌",当指陇西以南。汉几乎接管秦以来的所有领地,据这则史料,"武威"以东实际在秦和汉初是秦汉王朝的传统势力范围。从《史记·秦始皇本纪》《汉书·地理志》的记载来看,秦西部疆域的范围,拥有武威至六盘山以西的广大地区,包含临洮、羌中、陇西之地。通过以上分析,大致可以描绘出秦国在陇西一带的疆域界线,如图7

—2所示。

图7-2 秦国陇西边界形势图

第二节 秦北部义渠及周边区域疆域考

一 义渠戎

义渠戎活动的大致范围,见诸史料的有:

1 (未详何年)泾北有义渠之戎。(《后汉书·西羌列传》)

2 (前659—前621年,秦穆公时)岐、梁山、泾、漆之北有义渠、乌

氏、朐衍之戎。(《史记·匈奴列传》)

3 (未详何年)宁、庆、原三州,秦北地郡,战国及春秋时为义渠戎国之地,周先公刘、不窋居之。(《史记正义》引《括地志》)

4 (前430)十三年,义渠来伐,至渭南。(《史记·秦本纪》)

(前430)十三,义渠伐秦,侵至渭阳。(《史记·六国年表·秦》)

5 (前335)义渠败秦师于洛。(《后汉书·西羌传》)

6 (前319)秦伐义渠,取郁郅。(《后汉书·西羌传》)

7 (前272)(秦昭襄王三十五年)宣太后诱杀义渠王于甘泉宫,因起兵灭之。始置陇西、北地、上郡焉。(《后汉书·西羌传》)

史料一言义渠戎的活动范围在泾北。所谓的"泾北",指的是泾河流域的北面。"泾河"的流域范围,《说文解字》:"泾水,出安定泾阳开头山,东南入渭。"段玉裁《说文解字注》:"禹贡雍州曰:'泾属渭汭。'周礼职方氏曰:'雍州,其川泾。'前志曰:'安定郡泾阳,开头山在西,禹贡泾水所出,东南至阳陵入渭,过郡三,行千六十里。雍州川。'阳陵属左冯翊,过郡三者,安定、扶风、冯翊也,今甘肃平凉府附郭平凉县府西南有故泾阳城,汉县也。开头山亦作笄头山,始皇纪作鸡头山,在今平凉府西南四十里。今泾水出山之泾谷,经泾州,又经陕西邠州长武县,至西安府高陵县西南二十里入渭,曰泾口。大致东南流也。泾浊渭清,故诗曰泾以渭浊。泾水溉田之利,自秦汉郑国白公而后,迄于唐、宋、元、明,皆修饬白渠。"泾河的源头有二:南源出于宁夏六盘山东麓固原市泾源县老龙潭,北源出于固原大湾镇,至平凉市崆峒区八里桥汇合,东流经平凉市泾川县,于泾川县杨家坪进入陕西咸阳市长武县,再经甘肃庆阳市政平乡、陕西咸阳长武县亭口乡、陕西咸阳市彬县、泾阳县等,于西安市高陵县陈家滩注入渭河。从这则史料来看,义渠戎的主要活动范围之"泾北",当在今宁夏固原市泾源县—甘肃平凉市崆峒区八里桥—泾川县杨家坪—陕西咸阳市长武县—甘肃庆阳市政平乡—陕西咸阳市长武县亭口乡—咸阳市彬县—泾阳县—西安市高陵县陈家滩以北。

史料二言"秦穆公时",秦穆公在位执政的时间大致在公元前659至公元前621年,岐山、梁山、泾水、漆水的北面有义渠戎、乌氏戎、朐衍戎。"岐山",《中国古今地名大辞典》:"在陕西岐山县东北。书禹贡:'荆岐既旅。'

国语周语：'内史过曰：周之兴也，鸑鷟鸣于岐山。'史记封禅书：'自华以西名山曰岐山。'汉书地理志：'岐山在扶风美阳县西北。'"位于今陕西省西部，宝鸡市境内东北部，北接麟游县，南连太白县，东与扶风、眉县接壤，西同凤翔、陈仓区毗邻。"梁山"，《中国古今地名大辞典》："在陕西乾县西北五里。孟子梁惠王：'太王去邠，逾梁山。'唐书朱泚传：'德宗幸奉天，使高重杰屯梁山御泚。'禹贡锥指：'雍州有二梁山：一在韩城县西北，一在乾州西北。在乾州者即孟子所云大王自邠踰梁。非禹贡之梁山也。'"位于今陕西咸阳市乾县城北六公里。。"泾水"，见史料一。"漆水"，《中国古今地名大辞典》："在陕西邠县西。诗大雅：'民之初生，自土沮、漆。'传：'沮水、漆水也。'书禹贡：'漆、沮既从。'史记周纪：'古公去时度漆、沮。'陕西通志：'有水帘河在邠州南十里，北流入泾，即漆水也。'漆水源出陕西同官县东北大神山，西南流至耀县，沮水一名宜君水，出县北分水岭，东南流来会，是为石川河，又东南流经富平、临潼，折西南会清谷水注于渭。按漆、沮旧与洛水合流入渭，故亦谓之洛水。孔传于导渭下云：'漆、沮二水名，亦曰洛水，自郑渠湮废，二水隔绝，漆、沮遂无洛水之名矣。'"源出麟游县庙湾附近山丘。东流折南流，经麟游县、永寿县、乾县、扶风县，至武功县白石滩入渭河。据此史料，未详义渠戎、乌氏戎、朐衍戎各自具体的活动范围，但指明了其大致的活动范围在岐山、梁山、泾水、漆水的北面。

史料三言唐时期的宁、庆、原三州在春秋战国时期属义渠戎国之地，后来为秦北地郡。"宁"，《中国古今地名大辞典》："春秋战国义渠戎国，汉置泥阳县，后汉末废，后魏置定安县，西魏于县置宁州，金改县曰安定，元省安定县入州，清属甘肃庆阳府，民国降州为县，原属甘肃泾原道。"大致在今甘肃、宁夏的六盘山以东，今甘肃省庆阳、庆城、华池、合水等市县地。"庆州"，《中国古今地名大辞典》："隋置，寻改曰弘化郡。唐复置，改曰安化郡，又改顺化郡，寻复为庆州，宋曰庆州安化郡后升为庆阳府，即今甘肃庆阳县。"大致在今甘肃庆阳市和宁夏回族自治区南部一带。"原州"，《中国古今地名大辞典》："后魏置，治高平，即今甘肃固原县治。隋废，唐复置，改曰平凉郡。寻复曰原州，后没于吐蕃，置行原州于临泾县，即今甘肃镇原县。宋曰原州平凉郡，金曰原州，元改曰镇原州。"大致在今甘肃庆阳市镇原县、宁夏回族自治区固原市、甘肃平凉市一带。这则史料将义渠戎的活动范围更加具体化了。

又，据史料四，可知义渠戎的势力范围一度达到当时的渭水以北。"渭水"的流域范围，《中国古今地名大辞典》："源出甘肃渭源县西鸟鼠山，东南流经陇西、武山、伏羌、天水、清水诸县,入陕西境,东经宝鸡、郿县至长安县南,纳黑水、涝河及丰、浐、潏、灞诸水,至高陵会泾水,又东经临潼、渭南、华县、华阴至朝邑县纳洛水,东流至潼关入黄河。渭水浊,泾水清,世称泾清渭浊。清季有自陕西长安县北之草滩,试行小汽船达于河南陕县之议,未成。书禹贡:'导渭自鸟鼠同穴,东会于沣,又东会于泾,又东过漆沮,入于河。'"此史料只谓"侵至渭阳",不知道是渭水流域的哪一段。但是,可以确定的是,义渠部落的实际势力范围在公元前430年之前未超越渭水,以致《史记·六国年表·秦》中特别提到此事。

据史料五,可知公元前335年义渠势力范围东至洛水,与秦邻壤。"洛水"的流域范围,《中国古今地名大辞典》:"源出陕西定边县东南白于山,东南流经保安、甘泉,南流入郿县,纳沮水。又南流至朝邑南,合渭水,东入于河。一名北洛水。周礼职方'雍州。其浸渭、洛。'按洛河旧受漆沮水入渭,故洛与漆沮二名可以通称,自郑渠废后,二水隔绝,各自入渭。明时洛水尝改流入河,后复故,并筑堤障之。清一统志按周礼雍州浸曰渭、洛。史记魏筑长城,自郑滨洛以北有上郡。汉志洛水出北地归德县北蛮夷中入河,韦昭以为三川之一,其源流绵远,与泾、渭等。水经注失去洛水篇,惟沮水渭水注中各一见,余虽散见他书,源流不能明晰。"这则史料说"义渠败秦师于洛",未知在洛水流域的哪一段,但义渠与秦在某个区域长期以洛水为界,是显而易见的。

据史料六,"郁郅",《中国古今地名大辞典》:"本义渠戎地。后汉书西羌传:'秦惠王伐义渠。取郁郅。'是也,汉置县,后汉废,即今甘肃庆阳县治。"其地即今甘肃庆阳市。据此史料可判断:至公元前319年,秦、义渠的边界在郁郅之南,本年之后,郁郅属秦。

又,据史料七,秦灭义渠之后才开始设立陇西郡、北地郡、上郡。史料六、七可与史料三互参,义渠无疑拥有今甘肃庆阳市。

由此,我们可以推断义渠戎的大约活动范围:在宁夏固原—六盘山—陕西陇县以东,甘肃平凉市—泾川县—陕西旬邑县—富县以北,陕西志丹—安塞—延安以西,整个范围包含今甘肃宁县、平凉、庆阳,陕西吴起、定边、靖边(J8—I9)。

上述史料只是大致说了义渠戎的活动范围。义渠戎与秦之边界的考定,可从义渠戎与秦及周边各部落的攻伐征战中来确定。义渠戎与秦的攻伐征战,见诸史料的有:

① (前 6 世纪初) 义渠、大荔最强, 筑城数十, 皆自称王。(《后汉书·西羌传》)

② (前 471)(秦厉共公) 六, 义渠来赂。绵诸乞援。(《史记·六国年表·秦》)

③ (前 461)(周贞定王八年) 自是中国无戎寇, 唯余义渠种焉。(《后汉书·西羌传》)

④ (前 444) 三十三年, 伐义渠, 虏其王。(《史记·秦本纪》)

(前 444) 三十三, 伐义渠, 虏其王。(《史记·六国年表·秦》)

⑤ (前 430) 十三年, 义渠来伐, 至渭南。(《史记·秦本纪》)

(前 430) 十三, 义渠伐秦, 侵至渭阳。(《史记·六国年表·秦》)

⑥ (前 331) 后百许年, 义渠败秦师于洛。(《后汉书·西羌传》)

⑦ (前 327) 后四年, 义渠国乱, 秦惠文王遣庶长操将兵定之, 义渠遂臣于秦。(《后汉书·西羌传》)

(前 327) 十一年, 县义渠。义渠君为臣。(《史记·秦本纪》)

(前 327) 十一, 义渠君为臣。(《史记·六国年表·秦》)

⑧ (前 319 年) 后八年, 秦伐义渠, 取郁郅。(《后汉书·西羌传》)

⑨ (前 318) 义渠君之魏, 公孙衍谓义渠君曰: "道远, 臣不得复过矣, 请谒事情。" 义渠君曰: "愿闻之。" 对曰: "中国无事于秦, 则秦且烧焫获君之国。中国为有事于秦, 则秦且轻使重币, 使事君之国也。" 义渠君曰: "谨闻令。" 居无几何, 五国伐秦。陈轸谓秦王曰: "义渠君者, 蛮夷之贤君, 王不如赂之以抚其心。" 秦王曰: "善。" 因以文绣千匹、好女百人, 遗义渠君。义渠君致群臣而谋曰: "此乃公孙衍之所谓也。" 因起兵袭秦, 大败秦人于李帛之下。(《战国策·秦策二·义渠君之魏》)

(前 318) 七年, 乐池相秦。韩、赵、魏、燕、齐帅匈奴共攻秦。秦使庶长疾与战修鱼, 虏其将申差, 败赵公子渴、韩太子奂, 斩首八万二千。(《史记·秦本纪》)

(前 318) 后二年, 义渠败秦师于李伯。(《后汉书·西羌传》)

⑩ (前314)十(一)年,伐取义渠二十五城。(《史记·秦本纪》)

(前314)十一,侵义渠,得二十五城。(《史记·六国年表·秦》)

(前314)秦伐义渠,取徒泾二十五城。(《后汉书·西羌传》)

⑪ (前310)武王元年……伐义渠、丹、犁。(《史记·秦本纪》)

⑫ (前306)及昭王立,义渠王朝秦。遂与昭王母宣太后通,生二子。(《后汉书·西羌传》)

⑬ (前272)至王赧四十三年,宣太后诱杀义渠王于甘泉宫,因起兵灭之。始置陇西、北地、上郡焉。(《后汉书·西羌传》)

⑭ (前270)范雎至秦,王庭迎,谓范雎曰:"寡人宜以身受令久矣。今者义渠之事急,寡人日自请太后。今义渠之事已,寡人乃得以身受命。"(《战国策·秦策三·范雎至秦》)

⑮ (前6世纪初—前270)其后义渠之戎筑城郭以自守,而秦稍蚕食,至于惠王,遂拔义渠二十五城。惠王击魏,魏尽入西河及上郡于秦。秦昭王时……杀义渠戎王于甘泉,遂起兵伐残义渠。于是秦有陇西、北地、上郡,筑长城以拒胡。(《史记·匈奴列传》)

史料一记载,在公元前6世纪之初,义渠、大荔两个少数部落十分强大,各自筑城数十,并各自称王。史料二言秦厉共公即位之初(前476),秦对周边小部落进行剪除,并在即位的第二年(前475),迫使蜀国来朝贡,即位的第六年(前471),义渠部落来朝贡。从史料一、二,大致可推断:彼时的义渠为一个独立的部落,其朝贡秦,只是迫于形势的权宜之计;义渠戎在彼时已经属于定居部族而非游牧部族,这意味着义渠有固定的势力范围。

史料三言彼时(前461)周王朝周边没有其他戎狄的威胁,唯有义渠戎。依此史料,大致可以推断这种情形之所以发生,要么是义渠戎将其他戎狄统一,要么是周之诸侯将义渠戎之外的其他戎狄降服。总之,义渠戎是周王朝首都周边的最大威胁。

史料四记载,秦厉共公三十三年(前444),秦攻伐义渠部落,俘虏其首领。此则史料言"伐"而"虏",并未言"攻"城"取"地,仅据此史料,无从知道义渠戎是否被秦国纳入实际版图。史料五对史料四是一个补充,言秦躁公十三年(前430)，义渠部落攻伐秦国，一直入侵到渭水北岸。据史料四、五，大致可以看出，尽管前444年秦攻伐义渠部落并俘虏其首领，但义渠并未被消灭，截至前430年义渠不仅仍为一个独立的部落未臣服于秦，而且还将势力范围扩张到原先并不拥有的渭水以北。

史料六记载，秦惠文王七年(前331)，义渠在洛水沿线击败秦。从这则史料，大致可以确定，义渠戎的势力范围东达洛水沿线，秦、义渠边界之一部分在洛水附近。

史料七言秦惠文王十一年(前327)义渠国乱，秦平定之，并设立义渠县。又，根据史料八至十四，前319年"秦伐义渠，取郁郅"、前318年义渠响应六国伐秦、前314年秦取义渠二十五城、前310年秦惠王逝世的国丧之年平定义渠及蜀国、丹、犁等国的叛变、前306义渠王朝秦、前272年秦诱杀义渠王灭其国，可知截至前327年时，尽管秦明文书"设义渠县"，其实并未彻底臣服义渠部落，其"设县"，只是一种名义上的羁縻，实际上义渠与秦之间若即若离。

从上面史料的系年分析，大致可以推断，直至公元前333年，义渠部落一直为秦北方的一个威胁，秦、义渠部落之间一直处于攻防拉锯状态。其活动范围大致在宁夏固原—六盘山—陕西陇县以东，甘肃平凉县—泾川县—陕西旬邑县—富县以北，陕西安塞—延安以西所构成的一个区域，整个活动范围包含今甘肃宁县、平凉、庆阳，陕西吴起、定边、靖边等地。

二　秦城邑考

尽管如此，有几处重要的地理坐标似可将义渠戎南部与秦的边界更加细化：

甘泉、谷口

1　(前270)大王之国，北有甘泉、谷口，南带泾、渭，右陇、蜀，左关、阪，战车千乘，奋击百万。(《战国策·秦策三·范雎至秦》)

这则史料为公元前270年范雎初入秦时对秦国地理形势的一个概括。从范雎的概括中，虽此时秦北向版图已经征服义渠(前272)，但范雎仍言秦蜷缩在甘泉、谷口之南，大致可以推断秦国北部的甘泉山、谷口为秦国传统的防守区域。从范雎的语境中可以知道，甘泉山当为秦非常重要的一个北方屏障，可能就是防守义渠戎的一个重要边防。"甘泉""谷口"的地理方位，《史记正义》："括地志云：甘泉山一名鼓原，俗名磨石岭，在雍州云阳县西北九十里。关中记云甘泉宫在甘泉山上,年代永久,无复甘泉之名,失其实也。宫北云有连山,土人谓磨石岭。郊祀志公孙卿言黄帝得仙寒门,寒门者,谷口也。按:九嵕山西谓之谷口,即古寒门也。在雍州醴泉县东北四十里。"据《史记正义》,甘泉山当在今陕西淳化县北三十公里甘泉山(J9),谷口当在今陕西礼泉东北(K9)。

阴密

[1]（前257）十月,武安君白起有罪,为士伍,迁阴密。(《史记·秦本纪》)

据这则史料,公元前 257 年,秦将白起流放到阴密。似阴密为秦国的一个传统边防区。"阴密"的地理方位,《史记正义》:"括地志云:'阴密故城在泾州鹑觚县西,即古密须国也。'"其地当在今甘肃灵台县(J8)。

李帛

[1]（前318）因起兵袭秦,大败秦人于李帛之下。(《战国策·秦策二·义渠君之魏》)

李帛,今地不详。史料言公元前 318 年,五国攻秦时,义渠偷袭秦,并在李帛击败秦军。可见,此时秦与义渠的边界防卫地李帛在秦、义渠边界的秦国境内。

槐谷

[1]（前306）不如重其(甘茂)贽,厚其禄以迎之。彼来,则置之槐谷,终身勿出。天下何从图秦?(《战国策·秦策二·甘茂亡秦且之齐》)

"槐谷"的具体方位,在今陕西兴平市东南(K9)。又,公元前 306 年甘茂逃离秦国后苏代为抬高甘茂身价对秦王说的一番话,让秦王用高官侯爵诱捕甘茂返回秦国,一旦甘茂返回秦国,就将其软禁在槐谷。据这则史料,公元前 306 年及之前秦拥有槐谷无疑。

三 秦与义渠疆域考

据以上考辨,可知公元前 333 年义渠与秦的大致边界为:今宁夏固原—六盘山—陕西陇县以东,岐山、梁山、泾水、渭水、漆水流域以北的李帛、甘泉山、谷口、槐谷、阴密等城邑关塞之北(今甘肃平凉市—泾川县—陕西旬邑县—富县以北），魏国雕阴—高奴（今陕西富县—延安—安塞）以西，整个范围包含今甘肃宁县、平凉、庆阳，陕西吴起、定边、靖边。结合本章第一节"三秦与乌氏戎"，大致可绘出公元前333年秦、义渠、乌氏的边界形势图（如图7－3所示）。

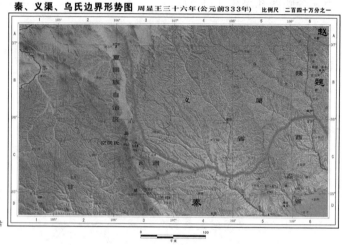

图7－3　秦—义渠—乌氏边界形势图

第三节　秦南郑及巴蜀区域疆域考

在考察秦与蜀、巴的疆域范围之前，需要先看分别看蜀国与巴国的活动范围，然后再看其与秦的具体疆界。

一　蜀国城邑考

蜀国的活动范围，《蜀王本纪》《华阳国志·蜀志》和《史记》相关篇章中有记载。我们将相关史料以时间先后次序系年如下：

1 （未详何年）蜀王据有巴蜀之地，本治广都樊乡，徙居成都。（《蜀王本纪》）

2 （前475）厉共公二年，蜀人来赂。（《史记·秦本纪》）

（前475）二，蜀人来赂。（《史记·六国年表·秦》）

3 （前337—前321）秦惠王时，蜀王不降秦，秦亦无道出于蜀。蜀王从万余人,东猎褒谷,卒见秦惠王。秦王以金一笥遗蜀王,蜀王报以礼物,礼物尽化为土。秦王大怒,臣下皆再拜,贺曰:"土者,地也,秦当得蜀矣"。秦惠王本纪曰:秦惠王欲伐蜀,乃刻五石牛,置金其后。蜀人见之,以为牛能大便金。牛下有养卒,以为此天牛也,能便金。蜀王以为然,即发卒千人,使五丁力士拖牛成道,致三枚于成都。秦道得通,石牛之力也。后遣丞相张仪等随石牛道伐蜀焉。(《蜀王本纪》)

(前337—前321)周显王之世,蜀王有褒、汉之地。因猎谷中,与秦惠王遇。惠王以金一笥遗蜀王。王报珍玩之物,物化为土。惠王怒。群臣贺曰:"天承我矣!王将得蜀土地。"惠王喜。乃作石牛五头,朝泻金其后,曰"牛便金"。有养卒百人。蜀王悦之,使使请石牛,惠王许之。蜀遣五丁迎石牛。既不便金,怒遣还之。乃嘲秦人曰:"东方牧犊儿。"秦人笑之,曰:"吾虽牧犊,当得蜀也。"(《华阳国志·蜀志》)

4 (前337)武都丈夫化为女子,颜色美好,盖山之精也。蜀王娶以为妻。不习水土,疾病欲归,蜀王留之。无几物故,蜀王发卒之武都担土,于成都郭中葬之。盖地三亩,高七丈,号曰武担,以石作镜一枚表其墓,径一丈,高五尺。于是,秦王知蜀王好色,乃献美女五人于蜀王。蜀王爱之,遣五丁迎女。还至梓潼,见一大蛇入山穴中。一丁引其尾,不出。五丁共引蛇,山乃崩,压五丁。五丁踏地大呼,秦王五女及迎送者皆上山,化为石,蜀王登台,望之不来,因名五妇侯台。蜀王亲埋作冢,皆致万石,以志其墓。(《蜀本纪》)

(前337)周显王三十二年,蜀侯使朝秦。秦惠王数以美女进,蜀王感之,故朝焉。惠王知蜀王好色,许嫁五女于蜀。蜀遣五丁迎之,还到梓潼,见一大蛇入穴中,一人揽其尾,掣之,不禁。至五人相助,大呼拽蛇,山崩,同时压杀五人及秦五女,并将从,而山分为五岭,直顶上有平石。蜀王痛伤,乃登之,因命曰五妇冢山,川平石上为望妇堠,作思妻台,今其山,或名五丁冢。(《华阳国志·蜀志》)

(前337)惠文君元年,楚、韩、赵、蜀人来朝。(《史记·秦本纪》)

(前337)秦惠文王元年,楚、韩、赵、蜀人来。(《史记·六国年

表·秦》)

⑤(前316)蜀王别封弟葭萌于汉中,号曰苴侯。命其邑曰葭萌焉。苴侯与巴王为好。巴与蜀仇,故蜀王怒,伐苴。苴侯奔巴。巴为求救于秦。秦惠王方欲谋楚,与群臣议曰:"夫蜀,西僻之国,戎狄为邻,不如伐楚。"司马错、中尉田真黄曰:"蜀有桀纣之乱。其国富饶,得其布帛金银,足给军用。水通于楚。有巴之劲卒,浮大舶船以东向楚,楚地可得。得蜀则得楚。楚亡,则天下并矣。"惠王曰:"善!"周慎王五年秋,秦大夫张仪,司马错、都尉墨等从石牛道伐蜀。蜀王自于葭萌拒之,败绩。王遁走至武阳,为秦军所害。其傅相及太子退至逢乡,死于白鹿山。开明氏遂亡,凡王蜀十二世。冬十月,蜀平。司马错等因取苴与巴焉。(《华阳国志·蜀志》)

(前316)秦惠王遣张仪、司马错伐蜀。王开明拒战,不利,退走武阳,获之。张仪伐蜀。蜀王开明战不胜,为仪所灭。(《蜀王本纪》)

(前316)司马错伐蜀,灭之。(《史记·秦本纪》)

(前316)王从错计,起兵伐蜀。十月取之。贬蜀王,更号为侯,而使陈庄相蜀。蜀既属秦,秦以益强,富厚,轻诸侯。(《资治通鉴·慎靓王五年》)

⑥(前314)周赧王元年,秦惠王封子通国为蜀侯,以陈壮为相。置巴、蜀郡,以张若为蜀守。戎伯尚强,乃移秦民万家实之。(《华阳国志·蜀志》)

⑦(前312)三年,分巴、蜀置汉中郡。(《华阳国志·蜀志》)

⑧(前310)(赧王)五年,仪与若城成都,周回十二里,高七丈。郫城,周回七里,高六丈。临邛城,周回六里,高五丈。造作下仓,上皆有屋。门置观楼,射兰。成都县本治赤里街。若徙置少城。内城营广府舍,置盐铁市官并长、丞。修整里阓,市张列肆,与咸阳同制。其筑城取土,去城十里,因以养鱼,今万岁池是也。惠王二十七年也。城北又有龙坝池,城东有千秋池,城西有柳池,(西北有天井池,津流径通),冬夏不竭。其园囿因之。平阳山亦有池泽,蜀王渔畋之地也。(《华阳国志·蜀志》)

(前310)秦惠王遣张仪、司马错定蜀,因筑成都而县之。成都

在赤里街,张若徙置少城内。始造府县寺舍,令与长安同制。(《蜀王本纪》)

⑨ (前309)六年,陈壮反,杀蜀侯通国。秦遣庶长甘茂、张仪、司马错复伐蜀。诛陈壮。(《华阳国志·蜀志》)

⑩ (前308)七年,封子恽为蜀侯。司马错率巴、蜀众十万,大舶船万艘,米六百万斛,浮江伐楚,取商於之地,为黔中郡。(《华阳国志·蜀志》)

⑪ (前301)赧王十四年,蜀侯恽祭山川,献馈于秦昭襄王,恽后母害其宠,加毒以进王。王将尝之。后母曰:"馈从二千里来,当试之。"王与近臣,近臣即毙。王大怒,遣司马错赐恽剑,使自裁。恽惧,夫妇自杀。秦诛其臣郎中令婴等二十七人。蜀人葬恽郭外。(《华阳国志·蜀志》)

(前301)秦王诛蜀侯恽,后迎葬咸阳。天雨,三月不通,因葬成都。(《蜀王本纪》)

⑫ (前300)十五年,王封其子绾为蜀侯。(《华阳国志·蜀志》)

⑬ (前298)十七年,闻恽无罪冤枉死,使使迎丧入葬郭内。初则炎旱三月,后又霖雨七月,车溺不得行。丧车至城北门,忽陷入地中。因葬焉。蜀人因名北门曰咸阳门。为蜀侯恽立祠。其神有灵,能兴云致雨。水旱祷之。(《华阳国志·蜀志》)

⑭ (前285)三十年,疑蜀侯绾反,王复诛之。但置蜀守。张若因取笮及楚江南地焉。(《华阳国志·蜀志》)

⑮ (前250)周灭后,秦孝文王以李冰为蜀守。冰能知天文、地理,谓汶山为天彭门;乃至湔氐道。见两山对如阙,因号天彭阙;仿佛若见神。遂从水上立祀三所。祭用三牲,珪璧沈濆。汉兴,数使使者祭之。冰乃壅江作堋。穿郫江、捡江,别支流,双过郡下,以行舟船。岷山多梓、柏、大竹,颓随水流,坐致材木,功省用饶。又溉灌三郡,开稻田。于是蜀沃野千里,号为陆海。旱则引水浸润,雨则杜塞水门,故记曰:"水旱从人,不知饥馑。""时无荒年,天下谓之天府"也。外作石犀五头以厌水精。穿石犀渠于南江,命曰犀牛里。后转为耕牛二头,一在府

市市桥门,今所谓石牛门是也。一在渊中。乃自湔堰上分穿羊、摩江灌江西。于玉女房下白沙、邮作三石人,立水中。与江神要:水竭不至足,盛不没肩。时青衣有沫水,出蒙山下,伏行地中,会江南安;触山胁溷崖;水脉漂疾,破害舟船,历代患之。冰发卒凿平溷崖,通正水道。或曰:冰凿崖时,水神怒,冰乃操刀入水中,与神斗。迄今蒙福。僰道有故蜀王兵阑亦有神,作大滩江中。其崖崭峻,不可凿;乃积薪烧之。故其处悬崖有赤白五色。冰又作笮通汶井江,径临邛。与蒙溪水、白木江会,至武阳天社山下合江。此其渠皆可行舟。又导洛通山洛水,出瀑口,经什邡、洛,别江会新都大渡。又有绵水,出紫岩山,经绵竹入洛。合流过资中,会江阳。皆溉灌稻田,膏润稼穑。是以蜀人称郫、繁曰膏腴,绵、洛为浸沃也。又识齐水脉,穿广都盐井,诸陂池。蜀于是盛有养生之饶焉。(《华阳国志·蜀志》)

(前250)江水为害,蜀守李冰作石犀五枚。二枚在府中,一枚在市桥下,二枚在水中,以厌水精,因曰石犀里也。李冰以秦时为蜀守,谓汶山为天彭阙,号曰天彭门。云亡者悉过其中,鬼神精灵数见。县前有两石,对如阙,号曰彭门。宣帝地节中,始穿盐井数十所。(《蜀王本纪》)

史料一言蜀国当时的疆域范围包含巴、蜀,最初的首都在樊乡(今四川成都市双流县境内),后来迁都到成都(今四川成都市)。

史料二记述公元前475年,秦厉共公二年,蜀人来赂秦。蜀人贿赂秦国的原因是厉共公欲图武力征服周围戎狄,大约是受秦国的武力威慑而前来贿赂。从此则史料,可以知道蜀是没有任何隶属关系的独立部族。

史料三言周显王之世、秦惠王之时,秦通蜀道。周显王在位执政的时间为公元前368年—公元前321年,秦惠王执政的时间为公元前337年至公元前311年,显王之世、秦惠王之时,大致时间当在公元前337年至公元前321年之间。彼时蜀国"有褒、汉之地","褒"即褒国所在之地,今陕西勉县东南;"汉",即汉水流域,《中国古今地名大辞典》:"源出陕西宁羌县北之嶓冢山,亦曰东汉水,初名漾水,书禹'嶓冢导漾。东流为汉'即此。东南经沔县为沔水,经褒城县纳褒水,始为汉水,东经南郑、城固、洋县数县之南。""石牛道"的具体地理方位,《中国古今地名大辞典》:"在四川剑阁县东北。华阳国志秦惠王谋伐蜀,乃作石牛五头,朝泻金其后,曰牛便金。蜀人悦之,有养卒百人,使之请石牛。惠王许之,乃遣五丁迎石牛入蜀。至周慎王五年,秦大夫张仪、司马错等从石牛道伐蜀,灭之。元和志:'即剑阁道也。'"剑阁道,在今四川剑阁县北。从史料中的"蜀王以为然,即发卒千人,使五丁力士拖牛成道,致三枚于成都"来看,在伐蜀之前通蜀道但蜀道的整个工程由蜀国完成,这一地域当由蜀国实际控制。迟至公元前316年"遣丞相张仪等随石牛道伐蜀"秦由石牛道伐蜀,并在同年灭巴、蜀后,转属秦。这样来看,至公元前333年,石牛道处秦、蜀边界,但实际当在蜀国的控制之下。

史料四言周显王三十二年(前337)蜀、秦之间的交往。秦孝公逝世,秦惠文王即位之初,诸侯前来吊唁。"蜀"与"韩""魏"并提,可知此时蜀仍为独立之王国。

史料五记述的是秦惠文王九年(前316)秦张仪、司马错伐蜀,并灭了蜀国。秦趁此时机,攻占了苴与巴国。史料中言及"蜀王别封弟葭萌于汉中,号曰苴侯,命其邑曰葭萌焉",可知截至公元前316年,蜀有汉中。"汉中",汉水之中游,并无确指。又,所封之邑为"葭萌","葭萌"的地理方位,《中国古今地名大辞典》:"古苴侯国。华阳国志:'蜀王封其弟葭盟于汉中,号曰苴侯,命其邑曰葭萌。'汉置葭明县,后汉改名葭萌,三国蜀改曰汉寿,故城在今四川昭化县东南五十里。"其地在今四川广元市昭化区东南。

史料六记述的是秦惠文王十一年(周赧王元年、前314)秦惠王封儿子嬴通于蜀为蜀侯,并将新攻占的巴国、蜀国设为巴郡、蜀郡,移民充实这两个新设置的郡。

史料七记述秦惠文王十三年(周赧王三年、前312),秦重新调整巴郡、蜀郡的管辖范围,分巴蜀二郡为三郡,新设汉中郡。

史料八记述的是秦武王元年(周赧王五年、前310),张仪奉命在蜀国修筑用于军事防御的城墙,开展建设。

史料九记述的是秦武王二年(周赧王六年、前309),秦平定蜀国叛乱。

史料十记述的是秦武王三年(周赧王七年、前308),秦以巴蜀为依托,攻伐楚国,并将楚国的商於之地纳入秦国版图,并在商於之地设置黔中郡。

史料十一记述的是秦昭襄王六年(周赧王十四年、前301),彼时秦武王举鼎绝膑而死,秦国出现争夺王位之乱。蜀侯欲图毒杀刚刚即位不久的秦昭襄王,秦昭襄王发觉而将蜀侯赐死。

史料十二记述秦昭襄王封其子嬴绾为蜀侯。

史料十三记秦昭襄王九年(周赧王十七年、前298),调查原蜀侯毒杀秦王之事子虚乌有,为蜀侯嬴恽迁葬。

史料十四记述的是秦昭襄王二十二年(周赧王三十年、前285)秦昭襄王怀疑蜀侯嬴绾谋反,将其诛杀。张若依托蜀地攻占了楚国的笮和江南之地。

史料十五记述的是在周灭国后,秦孝文王即位之初对蜀地的经营。秦孝文王即位不久即死,时间可确定"秦孝文王以李冰为蜀守"是公元前250年。

从上面对秦、蜀关系的梳理来看,公元前316年为一个非常重要的时间节点,这一年,秦灭巴、蜀、苴。又,公元前337年至前316年之间,从文献来看,秦只是通过一些手段打通了入蜀的通道,但对蜀国并没有实质性的控制。而公元前316年之后的史料六至史料十五,秦已经对巴蜀汉中进行了实际控制。这样看来,公元前333年,蜀国是一个独立于秦国的诸侯国。

二 巴国城邑考

巴国的活动范围,见诸史料的记载有:

1 (未详何年)西南有巴国。太皞生咸鸟,咸鸟生乘厘,乘厘生后照,后照是始为巴人。……其地,东至鱼复,西至僰道,北接汉中,南极黔、涪。……其属有濮、賨、苴、共、奴、獽、夷、蜑之蛮。(《山海经·海内经》)

2 (未详何年)巴郡南郡蛮,本有五姓:巴氏、樊氏、瞫氏、相氏、郑氏。皆出于武落钟离山。其山有赤黑二穴。巴氏之子生于赤穴,四姓之子皆生黑穴,未有君长,俱事鬼神。乃共掷剑于石穴,约能中者奉以为君。巴氏子务相乃独中之,众皆叹。又令各乘土船,约能浮者当以为君,余姓悉沉,惟务相独浮。因共立之,是为廪君。乃乘土船,从夷水至盐阳,盐水有神女谓廪君曰:"此地广大,鱼盐所出,愿留共居。"廪君不许,盐神暮辄来取宿,旦即化为虫,与诸虫群飞,蔽掩日光,天地晦冥,积十余日。廪君伺其便因射杀之,天乃开明。廪君于是乎君于夷城,四姓皆臣之。(《后汉书·南蛮西南夷列传》)

3 (未详何年)(禹)会诸侯于会稽,执玉帛者万国,巴、蜀往焉。(《左传·哀公七年》)

4 (未详何年)夏后启之臣曰孟涂,是司神于巴,巴人请讼于孟涂之所,其衣有血者乃执之。是请生。(孟涂)居山上,在丹山西。

第七章 秦(含义渠、巴、蜀)及周边诸侯疆域边界考

丹山在丹阳南,丹阳居属也。(《山海经·海内经》)

⑤ (未详何年)有人无首,操戈盾立,名曰夏耕之尸。故成汤伐夏桀于章山,克之,斩耕厥前。耕既立,无首,厥咎,乃降于巫山。(《山海经·大荒西经》)

⑥ (未详何年)巴师勇锐,歌舞以凌殷人,前徒倒戈,故世称之曰"武王代纣,前歌后舞"也。武王既克殷,以其宗姬封于巴。(《华阳国志·巴志》)

⑦ (前703)周之仲世,虽奉王职,与秦、楚、邓为比。《春秋》鲁桓公九年,巴子使韩服告楚,请与邓为好。楚子使道朔将巴客聘邓。邓南鄙攻而夺其币。巴子怒,伐邓,败之。其后巴师、楚师伐申。楚子惊巴师。(《华阳国志·巴志》)

(前703)巴子使韩服告于楚,请与邓为好。楚子使道朔将巴客以聘于邓。邓南鄙鄾人攻而夺之币,杀道朔及巴行人。楚子使薳章让于邓,邓人弗受。夏,楚使斗廉帅师及巴师围鄾。邓养甥、聃甥帅师鄾救。三逐巴师,不克。斗廉衡陈其师于巴师之中,以战,而北。邓人逐之,背巴师而夹攻之。邓师大败,鄾人宵溃。(《左传·桓公九年》)

⑧ (前676)鲁庄公十八年,巴伐楚,克之。(《华阳国志·巴志》)

(前676)初,楚武王克权,使斗缗尹之。以叛,围而杀之。迁权于那处,使阎敖尹之。及文王即位,与巴人伐申而惊其师。巴人叛楚而伐那处,取之,遂门于楚。阎敖游涌而逸。楚子杀之,其族为乱。冬,巴人因之以伐楚。(《左传·庄公十八年》)

⑨ (前611)鲁文公十六年,巴与秦、楚共灭庸。(《华阳国志·巴志》)

(前611)楚人、秦人、巴人灭庸。(《左传·文公十六年》)

⑩ (前477)哀公十八年,巴人伐楚,败于鄾。(《华阳国志·巴志》)

(前477)巴人伐楚,围鄾。初,右司马子国之卜也,观瞻曰:"如志。"故命之。及巴师至,将卜帅。王曰:"宁如志,何卜焉?"使帅师而行。请承,王曰:"寝尹、工尹,勤先君者也。"三月,楚公孙宁、吴由于、薳固败巴师于鄾,故封子国于析。(《左

传·哀公十八年》)

11 (未详何年)周之季世,巴国有乱。将军蔓子请师于楚,许以三城。楚王救巴。巴国既宁,楚使请城。蔓子曰:"藉楚之灵,克弭祸难。诚许楚王城。将吾头往谢之。城不可得也。"乃自刎,以头授楚使。王叹曰:"使吾得臣若巴蔓子,用城何为!"乃以上卿礼葬其头。巴国葬其身,亦以上卿礼。(《华阳国志·巴志》)

12 (未详何年)巴、楚数相攻伐,故置扞关、阳关及沔关。(《华阳国志·巴志》)

13 (前316)周显王时,巴国衰弱。秦惠文王与巴、蜀为好。蜀王弟苴侯私亲于巴。巴蜀世战争,周慎王五年,蜀王伐苴。苴侯奔巴。巴为求救于秦。秦惠文王遣张仪、司马错救苴、巴。遂伐蜀,灭之。仪贪巴、苴之富,因取巴,执王以归。置巴、蜀及汉中郡。分其地为四十一县。仪城江州。司马错自巴涪水,取楚商於地,为黔中郡。(《华阳国志·巴志》)

14 (前298—前277)始楚威王时,使将军庄蹻将兵循江上,略巴、黔中以西。(《汉书·西南夷两粤朝鲜传》)

15 (前306—前251)秦昭襄王时,白虎为害,自黔、蜀、巴、汉患之。秦王乃重募国中:"有能煞虎者邑万家,金帛称之。"于是夷朐忍廖仲、药何、射虎秦精等乃作白竹弩于高楼上,射虎。中头三节。白虎常从群虎,瞋恚,尽搏煞群虎,大呴而死。秦王嘉之曰:"虎历四郡,害千二百人。一朝患除,功莫大焉。"欲如约,嫌其夷人。乃刻石为盟要:复夷人顷田不租,十妻不算;伤人者,论;煞人雇死,倓钱盟曰:"秦犯夷,输黄珑一双。夷犯秦,输清酒一锺。"夷人安之。(《华阳国志·巴志》)

史料一记述了巴之起源及活动的大致疆域范围:东至鱼复(今重庆奉节),西至僰道(今四川宜宾市),北接汉中(今陕西汉中市汉水中游一带),南极黔、涪(今彭水、涪水流域)。

史料二记述很久以前清江中游地区曾有巴人的几个氏族部落生活和迁徙过,他们通过掷剑和赛土船的方式,推举廪君为五姓部落联盟的首领,其后,他们在廪君带领下,沿夷水(清江)进入今恩施州境内,战胜盐水女神部落后,称君夷城(恩施)。近人朱世学《清江流域的远古文化与巴文化考辨》中说:廪君立城后,其后裔一部分继续西迁至川东(今重庆市境内),建立巴国,一部分继续留居在清江流域,并陆续向西部和南部流动,其中一部分进入了湘西①。

史料三为鲁哀公七年(前488)对以前夏禹时期历史事件的一个回顾。据这则史料,"诸侯"与"巴、蜀"并举,可知在这个时期巴、蜀与夏王朝并无宗藩关系,仅仅是前来贺喜。

史料四记述的是夏王朝时期夏启之时,巴向夏诉讼某事。从这则史料来看,巴某种程度上已经融入夏王朝的政治体制之内。

史料五之"巫山"乃巴国之所在,记述的是夏灭亡之时,巴国收留了夏亡国后的部分百姓。

史料六记述巴国的军队勇武,参加了武王伐纣,并在周灭殷商之后正式成为周王朝的诸侯国之一。

史料七记述的是鲁桓公九年(前703)巴、邓、楚三国之间的交往与攻战。从巴、楚、邓的交往地域来看,此"巴"当即史料二中今湖北恩施土家族苗族自治州境内的巴人,非川东重庆境内的巴人。

史料八记述的是鲁庄公十八年(前676),巴又伐楚,败楚。此"巴"与史料七之巴一样,当即史料二中今湖北恩施土家族苗族自治州境内的巴人,非川东重庆境内的巴人。

史料九、十分别记述的是鲁文公十六年(前611)巴与秦、楚灭庸,鲁哀公十八年(前477)巴伐楚,这两则史料中的"巴"为今湖北恩施土家族苗族自治州境内的巴人。

史料十一记述当时巴国可能遭到了蜀国的攻伐,巴国的国内可能也发生了动乱,巴国将军巴蔓子不得已向楚国求救。因为两国王室通婚,加上有获得三城的巨大诱惑,所以楚王立即派兵援助,很快就平息了巴国的动乱。接下来楚王便要求巴蔓子兑现诺言,割让三城。巴蔓子是巴国的忠勇之臣,当然不会将巴国的领土拱手送给楚王,于是自刎以谢楚使。

史料十二,未详所记录的时间,巴国与楚国经常相互攻伐,因此设置扞关、阳关及沔关。"扞关",吕祖谦《大事记》:"赵之扞关,陆地之关;楚之扞

---

① 朱世学:《清江流域的远古文化与巴文化考辨》,《三峡大学学报(人文社会科学版)》,2005年第4期。

关,水道之关也。"即今夔门关。"阳关",朱圣钟《论秦巴郡政区的形成》①:"阳关在今重庆市长寿县东南黄草峡北。"

史料十三记述的是周显王五年(前316)秦灭蜀,取巴。并设置巴郡、蜀郡及汉中郡。巴国灭。

史料十四,"楚威王"当为"楚顷襄王"。此则史料说,楚顷襄王在位时(前298—前263),被招抚的原大盗庄𫏋奉命南征,大军沿长江,侵入巴、黔中以西的地带,一直到滇池(今云南省昆明市一带)。庄𫏋以武力平定西南,正要归报楚王时(前277),不想楚国的巴郡、黔中郡被秦国攻占之,庄𫏋归路断绝,遂留在滇池建立滇国,自立为滇王。秦统一六国后,修筑了一条连接中原、四川与云南的通道,庄𫏋所建立之滇国部分地区通此道。据此史料,可知庄𫏋略巴、黔中以西的时间,大致在公元前298年至公元前277年之间,所略之地,大抵只是取道而已,并非长久固守。

史料十五记述的是秦昭襄王时期(前306—前251在位执政),已经被纳入秦国版图的巴郡境内白虎为患。从"白虎为害,自黔、蜀、巴、汉患之,秦王乃重募国中"来看,秦王无理由去关心一个行政上独立的部落或诸侯国,可知秦确实已经统治巴郡。此则史料可以将史料十二所言"置巴、蜀、及汉中郡"证实。

从对上面史料的分析来看,秦灭巴、蜀重要的时间节点在周显王五年(前316,秦惠文王更元九年),在此之前,秦虽与巴有往来,但是彼时的巴还是独立的诸侯国。亦即,迟至公元前333年,巴独立于秦、楚。

三 秦国城邑考

从史料看,截至公元前333年,这一区域明确属于秦国的地名有:

南郑

1 (前451)二十六,左庶长城南郑。(《史记·六国年表·秦》)

3 (前441)躁公二年,南郑反。(《史记·秦本纪》)

(前441)二,南郑反。(《史记·六国年表·秦》)

4 (前387)伐蜀,取南郑。(《史记·秦本纪》)

7 (前300)请道南郑、蓝田,出兵于楚以待公。(《史记·韩世家》)

---

① 朱圣钟:《论秦巴郡政区的形成》,《铜仁学院学报》,2010年第1期。

南郑,据《读史方舆纪要》:周时为褒地。及周衰,郑桓公殁犬戎,其民南奔居此,因曰南郑。其地当为今陕西汉中市(L8)。据史料一、二,公元前451年,秦在南郑修筑军事防御的城墙;公元前441年,已经被秦侵占的南郑叛离秦国。史料三:公元前387年,秦国再次攻占了原属于蜀国的南郑,但并未继续向南。秦、蜀的疆域界限,《华阳国志·蜀志》:"(前316)蜀王别封弟葭萌于汉中,号苴侯,命其邑曰葭萌焉。苴侯与巴王为好,巴与蜀仇,故蜀王怒,伐苴侯。苴侯奔巴,求救于秦。"史料中所说的"汉中",指的是汉水之中游,并无确指。"葭萌"地理方位,《中国古今地名大辞典》:"古苴侯国。华阳国志:'蜀王封其弟葭盟于汉中,号曰苴侯,命其邑曰葭萌。'汉置葭明县,后汉改名葭萌,三国蜀改曰汉寿,故城在今四川昭化县东南五十里。"其地在今四川广元市昭化区东南。从《华阳国志》可见,秦、蜀的边界在公元前316年之前大致在葭萌与南郑之间。

四 秦与巴蜀疆域考

根据以上考辨,可判断在公元前316年秦伐蜀之前的公元前333年,秦、蜀的边界当在葭萌与南郑之间,辅以地形,其疆域界线大致从岷山向东,以宁强→米仓山→大巴山为界,具体疆域界线当如图7—4所示。

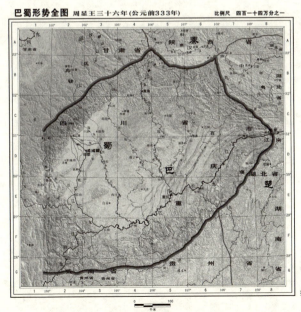

扫描二维码,查看高清图片

图7—4 巴蜀形势全图

综合前文对"秦陇西及周边区域""秦北部义渠及周边区域""秦南郑及巴蜀区域"和"秦东部河西及周边区域"(详第六章第一节)疆域的考察,公元前333年秦国形势全图当如图7-5所示。

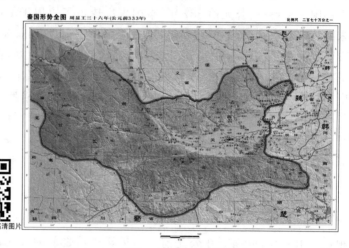

图7-5 公元前333年秦国形势全图

第八章
楚(含越)及周边诸侯疆域边界考

描述楚国的大致方位及疆域的史料有:

1. (前1055—前279)楚地,翼、轸之分野也。今之南郡、江夏、零陵、桂阳、武陵、长沙及汉中、汝南郡,尽楚分也。周成王时,封文、武先师鬻熊之曾孙熊绎于荆蛮,为楚子,居丹阳。后十余世至熊达,是为武王,浸以强大。后五世至庄王,总帅诸侯,观兵周室,并吞江、汉之间,内灭陈、鲁之国。后十余世,顷襄王东徙于陈。(《汉书·地理志》)

2. (前484—前202)(吴)至子夫差,诛子胥,用宰嚭,为粤王句践所灭。粤既并吴,后六世为楚所灭。后秦又击楚,徙寿春,至子为秦所灭。……句践乘胜复伐吴。吴大破之,栖会稽,臣服请平。后用范蠡、大夫种计,遂伐灭吴,兼并其地。度淮与齐、晋诸侯会,致贡于周。周元王使使赐命为伯,诸侯毕贺。后五世为楚所灭,子孙分散,君服于楚。后十世,至闽君摇,佐诸侯平秦。(《汉书·地理志》)

3. (未详何年)昔者楚人地,南卷沅、湘,北绕颍、泗,西包巴蜀,东裹郯、邳,颍、汝以为洫,江、汉以为池,垣之以邓林,绵之以方

城,山高寻云,溪肆无景。(《淮南子·兵略训》)

④ (前333)楚地西有黔中、巫郡,东有夏州、海阳,南有洞庭、苍梧,北有汾陉之塞、郇阳,地方五千里。(《战国策·楚策一·苏秦为赵合纵说楚威王》)

⑤ (前303)楚苞九夷,又方千里,北①有符离之塞,南②有甘鱼之口。(《战国策·秦策三·谓魏冉曰楚破》)

史料一,汉之"南郡",《中国古今地名大辞典》:"秦置,湖北旧荆州、安陆、汉阳、武昌、黄州、德安、施南诸府及襄阳府之南境皆其地。"《汉书·地理志》:"南郡,秦置,高帝元年(前206)更为临江郡。"前150年,太子刘荣被废,为临江王,中元二年(前148)自杀,国除,复称"南郡",辖域为西汉时期南郡全境,汉初时辖江陵县、秭归县、临沮县、夷陵县、醴陵县、孱陵县、销县、竟陵县、安陆县、州陵县、沙羡县、西陵县、夷道县、下隽县等县。"江夏郡",《中国古今地名大辞典》:"汉置,在今湖北云梦县东南,元和志云梦县东南涢水之北有江夏故城,周数里,南近夏水,余址宽大,前汉江夏郡是也",西汉末年,江夏郡领西陵、竟陵、西阳、襄、郏、轪、鄂、安陆、沙羡、蕲春、鄳、云杜、下雉、钟武等十四县。"零陵郡",《中国古今地名大辞典》:"汉置,治零陵,在今广西全县北三十里。"为汉武帝元鼎六年(前111)分桂阳郡而置,其地大致相当于今广西桂林市、湖南省永州市及邵阳市、衡阳市的一部分。"桂阳郡",汉高祖二年(前205)置,治所在郴县。辖境约当今湖南省桂东、郴州、嘉禾、宁远、道县以南,广东省连县、乐昌及广西壮族自治区兴安等县地。"武陵郡",《中国古今地名大辞典》:"汉置,治义陵,在今湖南溆浦县南三里,后汉移治临沅,在今湖南常德县西",辖境约当今湖南省沅江流域以西,贵州省东部,湖北省长阳、五峰、鹤峰、来凤等县,重庆市秀山土家族苗族自治县和广西壮族自治区龙胜各族自治县地。"长沙郡",秦代的长沙郡,以今长沙地区为中心,涵盖今湖南大部分地区,北起洞庭,南逾五岭,东邻鄱阳湖西岸和罗霄山脉,西接沅水流域。"汉中郡",治所在南郑,辖境相当于今陕西秦岭以南,留坝、勉县以东,乾佑河流域以西及湖北部分地区。"汝南郡",秦汉之际,其地属陈郡,于西汉初年置郡,领平舆、阳安、阳

---

① 原文为"南",据范祥雍笺证、范邦瑾协校《战国策笺证》(上海:上海古籍出版社,2006年)第302页校正。

② 原文为"北",校正依据同上。

城、澺强、富波、女阳、鲖阳、吴房、安成、南顿、朗陵、细阳、宜春、女阴、新蔡、新息、灈阳、期思、慎阳、慎、召陵、弋阳、西平、上蔡、寝、西华、长平、宜禄、项、新郪、归德、新阳、安昌、安阳、博阳、成阳、定陵等三十七县，辖境大致相当于今河南东南部、安徽阜阳一带。由于《汉书·地理志》所言时间跨度从公元前 1055 年至公元前 279 年，无从知晓公元前 333 年楚国的疆域范围。

史料二言越灭吴，然后楚灭越，并有吴、越之地。从此史料，知楚疆域曾从其传统势力范围扩张到吴、越。

史料三言楚疆域南境囊括沅水、湘水流域，北境囊括颍水、泗水流域，西包括巴、蜀，东包括郯、淮，四境之内有颍、汝、江、汉、邓林、方城等川塞为防守要地。此史料所言无具体的时间点，未详是何时楚国之疆域情况。

史料四为公元前 333 年苏秦游说楚威王（公元前 339 年－前 329 年在位执政）时对楚国基本情况的一个描述，言楚国西有黔中、巫郡，东有夏州、海阳，南有洞庭、苍梧，北有汾陉、郇阳，全国土地方圆五千里。

史料五为公元前 303 年齐拉拢韩、魏攻楚时说客游说秦，言楚国领土广包九夷，也是方圆千里之国，不仅幅员辽阔，而且地势险要，北有符离之塞，南有甘鱼之口。

以上史料除史料四、五有确切时间点外，其余均没有确切时间点，要考定其疆域范围颇有难度。所幸的是，自周至战国，楚的政权和疆域变迁未曾间断，要弄清公元前 333 年楚国的疆域，对楚之发端及疆域盈缩系年考察是必要的。据《史记·楚世家》《左传》等史料，楚国发端及疆域盈缩系年如下：

[1]（前 1045）熊绎当周成王之时，举文、武勤劳之后嗣，而封熊绎于楚蛮，封以子男之田，姓芈氏，居丹阳。《史记·楚世家》

【疆域盈缩考释】丹阳之地，《史记集解》徐广曰："在南郡枝江县。"《史记正义》颜容传例云："楚居丹阳，今枝江县故城是也。"括地志云："归州巴东县东南四里归故城，楚子熊绎之始国也。又熊绎墓在归州秭归县。舆地志云秭归县东有丹阳城，周回八里，熊绎始封也。"当在今湖北秭归县东。其后，熊绎之后裔以丹阳为基地不断向外扩张，并时有盈缩。

2 (前885—前878①)当周夷王之时……熊渠甚得江、汉间民和,乃兴兵伐庸、杨粤,至于鄂。乃立其长子康为句亶王,中子红为鄂王,少子执疵为越章王,皆在江上楚蛮之地。(《史记·楚世家》)

【疆域盈缩考释】据此史料,楚在此时攻伐庸、杨粤,到达鄂,并拥有句亶、越章等地。

3 (前827)熊霜元年,周宣王初立。(前822)熊霜六年,卒,三弟争立。仲雪死;叔堪亡,避难于濮。(《史记·楚世家》)

【疆域盈缩考释】据此史料,可知楚国此时有濮。

4 (前706)楚武王侵随,使薳章求成焉。军于瑕以待之。随人使少师董成。……随侯惧而修政,楚不敢伐。(《左传·桓公六年》)

(前706)三十五年,楚伐随。是也。随曰:"我无罪。"楚曰:"我蛮夷也。今诸侯皆为叛相侵,或相杀。我有敝甲,欲以观中国之政,请王室尊吾号。"随人为之周,请尊楚,王室不听,还报楚。(《史记·楚世家》)

【疆域盈缩考释】此则史料言楚武王侵袭随国,并将军队驻扎在随国的瑕地。随国派人与楚国讲和。后来,楚国没有攻打随国。虽然没有发生战事,但是据此史料,楚、随邻壤,且瑕为楚、随边界的随国境内。

5 (前704)夏,楚子合诸侯于沈鹿。黄、随不会,使薳章让黄。楚子伐随,军于汉、淮之间。……秋,随及楚平。(《左传·桓公八年》)

【疆域盈缩考释】楚在楚国的沈鹿(今湖北钟祥市东六十里)会合诸侯的军队,黄国(今河南潢川县西北)、随国拒绝与楚会合,楚将军队驻扎在汉水、淮水间准备攻打随国。经过战斗,随国大败。后来,随、楚媾和。从这则史料可知:沈鹿属楚无疑;黄国是独立于楚的诸侯国。

---

① 周夷王在位之年限范围,据夏商周断代工程年表《夏商周年表》,大致为公元前885年至公元前878年。

6 (前703)巴子使韩服告于楚,请与邓为好。楚子使道朔将巴客以聘于邓。邓南鄙鄾人攻而夺之币,杀道朔及巴行人。楚子使薳章让于邓,邓人弗受。夏,楚使斗廉帅师及巴师围鄾。邓养甥、聃甥帅师鄾救。三逐巴师,不克。斗廉衡陈其师于巴师之中,以战,而北。邓人逐之,背巴师而夹攻之。邓师大败,鄾人宵溃。(《左传·桓公九年》)

【疆域盈缩考释】楚、巴攻邓南部边境的鄾(今湖北襄阳市襄州区东北),将其打败。据这则史料:鄾属邓国;楚国周边有邓(今湖北省襄阳市)、巴(今湖北襄阳市附近)二国。

7 (前702)楚屈瑕将盟贰、轸。郧人军于蒲骚,将与随、绞、州、蓼伐楚师。……君次于郊郢,以御四邑。我以锐师宵加于郧……遂败郧师于蒲骚,卒盟而还。(《左传·桓公十年》)

【疆域盈缩考释】楚国打算和贰(今湖北应山县境)、轸(今湖北应城市西)两国结盟,郧国人把军队驻扎在蒲骚(今湖北应城市西北三十里),并打算和随、绞(今湖北郧县西北)、州(湖北监利县东之州陵城)、蓼(今河南唐河县南稍西八十里)四国一起攻楚。楚国大臣献计,让楚王在郊郢(今湖北钟祥市郢州故城)拖住四国,然后奇袭郧。果然,楚在蒲骚打败了郧国军队,并和贰、轸两国订立了盟约回国。从这则史料可知:楚国的周边有贰、轸、随、绞、州、蓼、郧等国;蒲骚属郧国;郊郢属于楚国。这样,可以勾勒出楚国的基本疆界了。

8 (前700)楚伐绞,军其南门。……明日,绞人争出,驱楚役徒于山中。楚人坐其北门,而覆诸山下,大败之,为城下之盟而还。伐绞之役,楚师分涉于彭。罗人欲伐之,使伯嘉谍之,三巡数之。(《左传·桓公十二年》)

【疆域盈缩考释】楚国攻打绞国,分兵渡过彭水(今名南河,源出今湖北房县西南),罗国(今湖北宜城市西二十里之罗川城)侦查楚军的人数。最后楚大败了绞国,与绞国签订了城下之盟。据此史料可知:楚国周边还有罗国;彭水当为楚、绞边境的一条河,这条河应该不在楚国境内,否则,不可能让罗国人来侦查。

⑨ (前699)十三年春,楚屈瑕伐罗……楚子使赖人追之,不及。……及鄢,乱次以济。遂无次,且不设备。及罗,罗与卢戎两军之。大败之。莫敖缢于荒谷,群帅囚于冶父以听刑。楚子曰:"孤之罪也。"皆免之。(《左传·桓公十三年》)

【疆域盈缩考释】楚国讨伐罗国,为增兵,派赖国(今湖北随州市东北之厉山店)人追赶但是没有追赶上。楚国军队渡过鄢水(今名蛮河,源出今湖北保康县西南,流经南漳、宜城入于汉水。楚师渡水处当在今宜城市南三十里)。罗国和卢戎(今湖北南漳县中卢镇)夹击楚军,楚国大败。楚军统帅在荒谷(今湖北江陵县西)吊死,将领们在冶父(今湖北江陵县南)听候处罚。从这则史料可知:赖国为楚国的附庸;楚国周边除了赖国,还有罗国、卢戎;鄢水为楚、罗之间的一条河流;荒谷、冶父属于楚国境内之地。

⑩ (前690)五十一年,周召随侯,数以立楚为王。楚怒,以随背己,伐随。武王卒师中而兵罢。子文王熊赀立,始都郢。《史记·楚世家》

【疆域盈缩考释】据此史料,楚有郢(今湖北江陵县)。

⑪ (前688)文王二年,伐申过邓。……(前678)十二年,伐邓,灭之。(《史记·楚世家》)

【疆域盈缩考释】据此史料可知,楚在本年将邓(今湖北襄阳市境内)纳入版图。

⑫ (前684)秋九月,楚败蔡师于莘,以蔡侯献舞归。(《左传·庄公十年》)

(前684)六年,伐蔡,虏蔡哀侯以归,已而释之。楚强,陵江、汉间小国,小国皆畏之。《史记·楚世家》

【疆域盈缩考释】楚国侵入蔡国的莘地击败蔡国。据此史料可知,楚国疆域扩张到蔡国的莘地(今河南汝南县境内)。

⑬ (前680)蔡哀侯为莘故,绳息妫以语楚子。楚子如息,以食入享,遂灭息。……秋七月,楚入蔡。(《左传·庄公十四年》)

【疆域盈缩考释】楚国灭了息国(今息县),并侵蔡国。据此史料,可知楚国疆域扩张并将息国纳入版图。

⑭ （前678）郑伯自栎入，缓告于楚。秋，楚伐郑，及栎，为不礼故也。《左传·庄公十六年》

【疆域盈缩考释】楚国因为郑厉公回国没有通告楚国，伐郑，一直到达郑国的栎。从此则史料，可知楚国疆域扩张到郑国的栎，此时的栎仍为郑国领土。

⑮ （前678—前675之间）初，楚武王克权，使斗缗尹之。以叛，围而杀之。迁权于那处，使阎敖尹之。《左传·庄公十八年》

【疆域盈缩考释】楚攻灭权国（今湖北丹阳市东南之权城），并将权地的百姓迁到那处（湖北荆门市那口城）。从此则史料可知，楚国疆域扩张，包括权国；楚国拥有那处。

⑯ （前675）十九年春，楚子御之，大败于津。还，鬻拳弗纳。遂伐黄，败黄师于踖陵。还，及湫，有疾。夏六月庚申卒，鬻拳葬诸夕室，亦自杀也，而葬于绖皇。《左传·庄公十九年》

【疆域盈缩考释】巴人伐楚，楚国抵御，但是在楚国的津（今枝江市津乡）被打败。楚回退，楚国大臣不开城门，楚王因此而讨伐黄国，并在黄国的踖陵（今河南潢川县西南境）打败了黄国军队。最后，楚王返国，到达湫（今湖北钟祥市北、宜城东南），发病而亡。

⑰ （前656）楚国方城以为城，汉水以为池，虽众，无所用之。《左传·僖公四年》

（前656）十六年，齐桓公以兵侵楚，至陉山。《史记·楚世家》

【疆域盈缩考释】楚国有方城山为城墙，有汉水为池。据此史料，可知楚国的疆域已大致延伸到方城山、汉水一带。

⑱ （前655）楚斗谷于菟灭弦，弦子奔黄。《左传·僖公五年》

【疆域盈缩考释】楚灭弦国（今河南潢川县西北、息县南，或云在今河南光山县西北之仙居镇，不详孰是）。据此史料，楚国疆域范围扩大，将弦国领地纳入版图。

19 (前654)十八年,成王以兵北伐许。《史记·楚世家》

【疆域盈缩考释】据此史料可知,楚国疆域北至许国(今河南许昌市)。

20 (前650)二十二年,伐黄。《史记·楚世家》

【疆域盈缩考释】据此史料,可知楚国疆域扩张到黄国(今河南潢川县境)境内。

21 (前648)黄人恃诸侯之睦于齐也,不共楚职,曰:"自郢及我九百里,焉能害我?"夏,楚灭黄。(《左传·僖公十二年》)

【疆域盈缩考释】楚国灭了黄国(今河南潢川县)。从此则史料,可知楚国疆域范围扩大,将黄国全部领地纳入版图。

22 (前646)二十六年,灭英。《史记·楚世家》

【疆域盈缩考释】据此史料,可知楚疆域扩张,将英纳入版图。英之地理方位,《中国历史地图集》在今安徽六安市西南。

23 (前645)十五年春,楚人伐徐,徐即诸夏故也。三月,盟于牡丘,寻蔡丘之盟,且救徐也。孟穆伯帅师及诸侯之师救徐,诸侯次于匡以待之。……楚败徐于娄林,徐恃救也。(《左传·僖公十五年》)

【疆域盈缩考释】楚伐徐,因为徐(今安徽泗县西北五十里)靠近中原的其他诸侯国而背离楚国。其他诸侯在牡丘(齐地,今山东聊城市东北七里)结盟以救援徐国,并在匡(宋地,今河南睢县西三十里匡城)驻扎。诸侯联军攻打楚国的附庸厉国(今河南鹿邑县东苦县厉乡)来救援徐国。最后,楚国在娄林(今安徽泗县东北)打败了徐国。据此史料可知:楚、徐邻壤;楚国新得徐国娄林之地。

24 (前638)冬十一月己巳朔,宋公及楚人战于泓。(《左传·僖公二十二年》)

三十四年,郑文公南朝楚。楚成王北伐宋,败之泓,射伤宋襄公,襄公遂病创死。《史记·楚世家》

【疆域盈缩考释】楚攻宋,楚国越过泓水击败了宋国。据此史料,不知楚国是否一直占有了该地。不过可以肯定的是,楚宋邻壤,且楚、宋的边界到达泓水一带。

25 (前637)秋,楚成得臣帅师伐陈,讨其贰于宋也。遂取焦、夷,城顿而还。(《左传·僖公二十三年》)

【疆域盈缩考释】楚伐陈,讨伐它和宋国勾结,占取了陈国的焦(今安徽亳县)、夷(今安徽亳县东南七十里),并在顿(今河南项城市稍西之南顿故城)筑城后回国。据此史料,可知楚国版图扩张,囊括了陈国的焦、夷、顿。

26 (前635)秋,秦、晋伐鄀。楚斗克、屈御寇以申、息之师戍商密。秦人过析隈,入而系舆人以围商密,昏而傅焉。宵,坎血加书,伪与子仪、子边盟者。(《左传·僖公二十五年》)

【疆域盈缩考释】秦国攻打秦、楚边界的小国鄀国(今河南淅川县西南),楚国派军事将领统帅申、息两国的军队在商密戍守。秦军绕过析(今河南内乡县、淅川县之西北境皆析地),包围商密。据此史料,可知秦、楚边境在鄀国,析、商密属于秦、楚边境的楚国。

27 (前634)秋,楚人灭夔,以夔子归。(《左传·僖公二十六年》)

(前634)三十九年,鲁僖公来请兵以伐齐,楚使申侯将兵伐齐,取谷。灭夔,夔不祀祝融、鬻熊故也。晋果败子玉于城濮。成王怒,诛子玉。(《史记·楚世家》)

【疆域盈缩考释】楚国灭了夔国(今湖北秭归东南)。据此史料,可知楚国疆域扩张,将夔国所在地纳入版图。

28 (前624)楚师围江。晋先仆伐楚以救江。冬,晋以江故告于周。王叔桓公、晋阳处父伐楚以救江,门于方城,遇息公子朱而还。(《左传·文公三年》)

【疆域盈缩考释】楚国攻打江,周天子及诸侯伐楚以救江。联军攻打楚国方城山关口,无功而返。第二年,楚灭了江国(今河南息县西南)。据此史料,可知楚国的北部边界到达方城山关口;楚国疆域扩张,将江国纳入版图。

29 (前623)穆王三年,灭江。(《史记·楚世家》)

【疆域盈缩考释】据此史料,楚将江国(今河息县西南,或说在今河南正阳县南)纳入版图。

30 (前622)六人叛楚即东夷。秋,楚成大心、仲归帅师灭六。冬,楚公子燮灭蓼。(《左传·文公五年》)

(前622)四年,灭六、蓼。(《史记·楚世家》)

【疆域盈缩考释】楚国灭了六国(今安徽六安市北)、蓼国(今河南固始县东北)。据此史料,楚国疆域扩张,将六国(今安徽六安市北)、蓼国(今河南固始县东北)纳入版图。

31 (前618)夏,楚侵陈,克壶丘,以其服于晋也。(《左传·文公九年》)

(前618)八年,伐陈。(《史记·楚世家》)

(前618)楚子师于狼渊以伐郑。(《左传·文公九年》)

【疆域盈缩考释】楚国攻陈国,攻占了陈国的壶丘(今河南新蔡县东南)。据此史料,可知楚国版图扩张,将陈国的壶丘纳入版图。楚国在狼渊(今河南许昌市西)驻军以讨伐郑国。据此史料,可知狼渊属楚无疑。

32 (前616)十一年春,楚子伐麇,成大心败麇师于防渚。潘崇复伐麇,至于锡穴。(《左传·文公十一年》)

【疆域盈缩考释】楚国攻打麇国(今湖北郧县),在防渚(今湖北房县)打败麇国军队,一直打到锡穴(今陕西白河县东、郧县西北百八十里)。据此史料可知楚国的版图扩张到锡穴。

33 (前615)楚令尹大孙伯卒,成嘉为令尹。群舒叛楚。夏,子孔执舒子平及宗子,遂围巢。(《左传·文公十二年》)

【疆域盈缩考释】楚国攻打群舒,因为群舒背叛楚国,楚国包围了群舒的巢(今安徽巢湖市东北五里之居巢故城)。据此史料,可知楚国疆域扩张到群舒的巢地。

34 (前611)楚大饥,戎伐其西南,至于阜山,师于大林。又伐其东南,至于阳丘,以侵訾枝。庸人帅群蛮以叛楚。麇人率百濮聚于选,将伐楚。于是申、息之北门不启。楚人谋徙于阪高。……乃出师。旬有五日,百濮乃罢。自庐以往,振廪同食。次于句澨。使庐戢黎侵庸,及庸方城。……楚子乘驲,会师于临品,分为二队,子越自石溪,子贝自仞,以伐庸。秦人、巴人从楚师,群蛮从楚子盟。遂灭庸。(《左传·文公十六年》)

(前611)庄王即位三年,……是岁灭庸。(《史记·楚世家》)

【疆域盈缩考释】戎人攻楚西南部,到达楚国的阜山(楚邑,在今湖北房县南一百五十里),将军队驻扎在大林(楚邑,今湖北荆门市西北),不久,又进攻楚国的东南部,到达楚国的阳丘(今地未详)以进攻訾枝(楚邑,今湖北枝江市)。庸国率领蛮人(活动范围在今湖北境内,与庸相近)叛变楚国,原先被楚国人臣服的麇人也率领百濮(今湖北石首市境内)在选(今湖北枝江市境)聚集,打算攻打楚国。楚国北边的申、息二地的城门都不敢打开。形势严峻,楚国考虑迁都到阪高(今湖北襄阳市西,可能是当阳东北二十里之长坂),在大臣的建议下没有成行,而是武力反击。楚国从庐出发,将军队驻扎在句澨(楚国西界,今湖北均县废治西),进攻庸国,抵达庸国方城(今湖北竹山县东四十五里之方城),最后灭了庸(今湖北竹山县)。从这则史料,可知楚国西南部的阜山、大林在楚国疆域之内;楚国东南部的阳丘、訾枝在楚国疆域范围内;阪高、庐、句澨等地在楚国疆域范围内;楚国新得到庸国。

35 (前606)楚子伐陆浑之戎,遂至于洛,观兵于周疆。(《左传·宣公三年》)

(前606)八年,伐陆浑戎,遂至洛,观兵于周郊。(《史记·楚世家》)

【疆域盈缩考释】楚国攻打陆浑之戎,到达伊川县洛水一线,问鼎周室。陆浑戎的活动范围,《史记集解》:"服虔曰:'陆浑戎在洛西南。'"其地当在今河南嵩县及伊川县境内。据此史料,可知楚国北部边界到达洛水一线,洛水出今陕西洛南县冢岭山,东南流合丹水,东经河南卢氏县、洛宁县,在河南宜阳受涧河,又经洛阳市纳瀍水,偃师市受伊河,在巩县东北洛口入于黄河,楚国此时北部边界当在河南伊川县一带。

36 (前601)楚为众舒叛,故伐舒蓼,灭之。楚子疆之,及滑汭。盟吴、越而还。(《左传·宣公八年》)

(前601)十三年,灭舒。(《史记·楚世家》)

【疆域盈缩考释】楚国灭了舒蓼,并划定了楚国的疆界,到达滑水的转弯处,楚和吴、越结盟而去。舒的地理方位,《史记集解》:"杜预曰:'庐江六县东有舒城也。'"滑水,今地不知在何处,有一说在今合肥市、庐江县之东,巢县、无为县之间。据此史料,可知楚国疆域扩张到滑水。

37 (前600)楚子为厉之役故,伐郑。晋郤缺救郑,郑伯败楚师于柳棼。(《左传·宣公九年》)

【疆域盈缩考释】楚伐郑,晋国救援郑国,郑国在郑国的柳棼(今地不详)大败楚国。据此史料,可知柳棼属郑。

38 (前599)楚子伐郑。晋士会救郑,逐楚师于颍北。(《左传·宣公十年》)

【疆域盈缩考释】楚伐郑,晋救援郑国,在颍水北面(颍水出河南登封市西之颍谷,东南流经禹县、临颍、西华而南与沙河合而东流,此当在禹县之北)赶走了楚国军队。据此史料可知楚国北部与郑的疆界已经到达颍水。

39 (前598)十一年春,楚子伐郑,及栎。(《左传·宣公十一年》)

【疆域盈缩考释】楚伐郑,到达郑国的栎(今河南禹县)。据此史料可知楚北部与郑的疆界到达栎地。

40 (前598)冬,楚子为陈夏氏乱故,伐陈。谓陈人无动,将讨于少西氏。遂入陈,杀夏征舒,轘诸栗门,因县陈。陈侯在晋。……乃复封陈,乡取一人焉以归,谓之夏州。(《左传·宣公十一年》)

(前598)十六年,伐陈,杀夏征舒。征舒弑其君,故诛之也。已破陈,即县之。(《史记·楚世家》)

【疆域盈缩考释】楚伐陈,并将陈设置为楚国的一个县。不久,重新封立陈国。并将陈国每一乡抽取一人,将他们聚集在夏州(今湖北武汉市汉阳区北)。据此史料可知:楚国虽设陈县,但不久又还政于陈,大致反映出楚国的野心;楚国版图有夏州无疑。

⓸⓵ (前597)十二年春,楚子围郑。……三月克之。入自皇门,至于逵路。……夏六月,晋师救郑。……楚子北师次于郔……王病之,告令尹,改乘辕而北之,次于管以待之。……楚潘党逐之,及荥泽……及昏,楚师军于邲,晋之余师不能军,宵济,亦终夜有声。丙辰,楚重至于邲,遂次于衡雍。(《左传·宣公十二年》)

(前597)十七年春,楚庄王围郑,三月克之。入自皇门,夏六月,晋救郑,与楚战,大败晋师河上,遂至衡雍而归。(《史记·楚世家》)

【疆域盈缩考释】楚国完全攻破了郑国,本可灭郑,但未灭,与郑签订城下之盟。不久,晋国救援郑国。从晋前来郑国救援的形势来看,楚晋交战之时,楚几乎已经扩张到郑国全境,楚晋交战时的郔(今河南郑州市北)、管、荥泽(即荥泽,今河南荥阳市东)、邲(今河南荥阳市东北)、衡雍(即河雍,在今河南原武县西北)等都在楚国的版图之内了。

⓸⓶ (前597)冬,楚子伐萧,宋华椒以蔡人救萧。萧人囚熊相宜僚及公子丙。王曰:"勿杀,吾退。"萧人杀之。王怒,遂围萧。萧溃。(《左传·宣公十二年》)

【疆域盈缩考释】楚国灭了萧(今安徽萧县)。据此史料,可知楚国疆域扩张,将萧国全境纳入版图。

⓸⓷ (前589)冬,楚师侵卫,遂侵我,师于蜀。(《左传·成公二年》)

【疆域盈缩考释】楚伐卫,乘机在蜀(今山东泰安市西)进攻鲁国。据此史料可知,楚、鲁疆域界线在蜀周边。

⓸⓸ (前585)楚子重伐郑,郑从晋故也。……晋栾书救郑,与楚师遇于绕角。楚师还,晋师遂侵蔡。楚公子申、公子成以申、息之师救蔡,御诸桑隧。(《左传·成公六年》)

【疆域盈缩考释】楚伐郑,晋救郑,在绕角(今河南鲁山县东南)与楚相遇,楚避退,晋进军伐楚国的附庸蔡,楚国帅申、息二地军队救蔡,两军在蔡国的桑隧(今河南确山县东)战斗。据此史料可大致知道楚、郑、蔡三国的边界。

46 (前584)秋,楚子重伐郑,师于汜。诸侯救郑。郑共仲、侯羽军楚师,囚郧公钟仪,献诸晋。(《左传·成公七年》)

【疆域盈缩考释】楚国攻打郑国,军队驻扎在汜(南汜,今河南襄城县),诸侯救郑。据此史料,可知楚、郑此时的疆界到达汜。

46 (前582)冬十一月,楚子重自陈伐莒,围渠丘。渠丘城恶,众溃,奔莒。戊申,楚入渠丘。莒人囚楚公子平,楚人曰:"勿杀!吾归而俘。"莒人杀之。楚师围莒。莒城亦恶,庚申,莒溃。楚遂入郓,莒无备故也。(《左传·成公九年》)

【疆域盈缩考释】楚国自陈伐莒,围莒国的渠丘(今山东莒县北),莒国反击,诛杀了楚国公子平,楚国进一步进入莒的郓。据此史料,可知楚、莒邻壤,且楚国版图扩张到达莒国境内。

47 (前576)楚子侵郑,及暴隧,遂侵卫,及首止。郑子罕侵楚,取新石。(《左传·成公十五年》)

【疆域盈缩考释】楚伐郑,到达郑国的暴隧(即暴,今河南原阳县西),然后顺带侵犯卫国,到达卫国的首止。郑国反击,侵入楚国的新石(今河南叶县境内)。据此史料,可知楚侵犯的是郑国的一个方向,郑国侵犯的是楚国的另一个方向。

48 (前576)许灵公畏逼于郑,请迁于楚。辛丑,楚公子申迁许于叶。(《左传·成公十五年》)

【疆域盈缩考释】许国害怕郑国,楚国将许迁到楚国的叶。据此史料,可知楚国已经拥有了叶。

49 (前575)十六年春,楚子自武城使公子成以汝阴之田求成于郑。郑叛晋,子驷从楚子盟于武城。(《左传·成公十六年》)
(前575)共王十六年,晋伐郑。郑告急,共王救郑。与晋兵战鄢陵,晋败楚,射中共王目。《史记·楚世家》

【疆域盈缩考释】楚国将汝阴之地(在今河南郏县与叶县之间)给郑国

以向郑国求和。郑国答应,并背叛晋国。据此史料,可知楚国丢掉了汝阴之地;同时也可知道楚、郑在这一区域的大致疆域。

50 (前574)冬,诸侯伐郑。十月庚午,围郑。楚公子申救郑,师于汝上。十一月,诸侯还。(《左传·成公十七年》)

【疆域盈缩考释】诸侯再次伐郑,楚救援,军队驻扎在汝上(即汝水边)。诸侯退兵。据此史料可知,楚、郑以汝水为界。

51 (前574)舒庸人以楚师之败也,道吴人围巢,伐驾,围厘、虺,遂恃吴而不设备。楚公子囊师袭舒庸,灭之。(《左传·成公十七年》)

【疆域盈缩考释】舒庸伐楚,取道吴国围楚国的巢,伐楚国的驾,围楚国的厘(今安徽无为县境)、虺(今安徽庐江县境)。楚军反击,灭了舒庸。据此史料可知:楚国有巢、驾、厘、虺;楚国疆域扩张,将舒庸纳入版图。

52 (前572)夏五月,晋韩厥、荀偃帅诸侯之师伐郑,入其郛,败其徒兵于洧上。于是东诸侯之师次于鄫,以待晋师。晋师自郑以鄫之师侵楚焦、夷及陈,晋侯、卫侯次于戚,以为之援。秋,楚子辛救郑,侵宋吕、留。郑子然侵宋,取犬丘。(《左传·襄公元年》)

【疆域盈缩考释】晋伐郑,进入了郑国的外城,并和诸侯的军队继续进军,攻打了楚国的焦、夷和陈(这三地都是原陈国领地)。楚国救援郑国,攻打晋国所率的宋国,侵入宋国的吕(今江苏徐州市东南五十里)、留(今江苏沛县东南、徐州市北),郑国反击,侵袭了宋国的犬丘(今河南永城市西北三十里)。据此史料,可知宋国的吕、留、犬丘丢掉了;晋国将疆域南扩到楚国的焦、夷和陈;晋—楚、楚—宋、郑—宋邻壤。

53 (前569)三年春,楚子重伐吴,为简之师,克鸠兹,至于衡山。使邓廖帅组甲三百、被练三千以侵吴。吴人要而击之,获邓廖。其能免者,组甲八十、被练三百而已。子重归,既饮至,三日,吴人伐楚,取驾。(《左传·襄公三年》)

【疆域盈缩考释】楚攻吴,攻下了吴国的鸠兹(今安徽芜湖市东南二十五里),到达衡山(安徽当涂县东北六十里之横山)。吴国反击,俘虏了楚国的将军,并占领了楚国的驾。据此史料,可知楚国丢掉了驾;获得了鸠兹至衡山的领土。

54 (前568)四年春,楚师为陈叛故,犹在繁阳。(《左传·襄公四年》)

楚国因为陈国背叛,军队还驻扎在繁阳(今河南新蔡县北)。据此史料可知,繁阳属楚。

55 (前563)秋七月,楚子囊、郑子耳伐我西鄙。还,围萧,八月丙寅,克之。九月,子耳侵宋北鄙。(《左传·襄公十年》)

【疆域盈缩考释】楚、郑伐宋,到达鲁国的西部边境,然后围攻宋国的萧(今安徽萧县北而稍西十五里),并将其攻下,并进而侵犯宋国的北部边界。据此史料可知:宋、鲁在萧接壤;宋国有萧。

56 (前560)战于庸浦,大败吴师,获公子党。(《左传·襄公十三年》)

【疆域盈缩考释】吴国伐楚,楚迎敌,两国在楚国的庸浦(今安徽无为县南长江北岸)作战,吴大败。据此史料,可知吴楚在此区域的边界;庸浦属楚。

57 (前559)秋,楚子为庸浦之役故,子囊师于棠以伐吴,吴不出而还。(《左传·襄公十四年》)

【疆域盈缩考释】楚国因为庸浦之战伐吴,将军队驻扎在棠。吴军不出战,楚国退兵。据此史料,可知吴楚在此区域的边界,棠属楚吴疆界的楚国境内。

58 (前557)晋荀偃、栾黡帅师伐楚,以报宋扬梁之役。楚公子格帅师及晋师战于湛阪,楚师败绩。晋师遂侵方城之外,复伐许而还。(《左传·襄公十六年》)

【疆域盈缩考释】晋伐楚,楚、晋在湛阪(今平顶山市北)会战,楚军大败,晋军进攻方城之外,并再次攻打许国后回去。据此史料,可知晋国的势力范围已经扩张到楚国的方城山之外。

59 (前555)子庚帅师治兵于汾。……楚师伐郑,次于鱼陵。右师城上棘,遂涉颍,次于旃然。蒍子冯、公子格率锐师侵费滑、胥靡、献于、雍梁,右回梅山,侵郑东北,至于虫牢而反。子庚门于纯门,信于城下而还。涉于鱼齿之下,甚雨及之,楚师多冻,役徒几尽。(《左传·襄公十八年》)

【疆域盈缩考释】郑国军队在汾(河南襄城县东北有汾丘城,在今许昌市西南、颍水南岸)颁发武器,用以抵御楚国。楚国伐郑,驻扎在鱼陵(今河南郏县鱼齿山)、上棘(今河南禹县南),徒步渡过颍水,驻扎在旃然水边,然后攻打费滑(今河南偃师县南之缑氏镇)、胥靡(今河南偃师县东)、献于(今地未知)、雍(雍氏城,今河南禹县北)、梁(今河南临汝县东),向右绕过梅山(今郑州市西南、与新郑市接界),进攻郑国东北部,到达虫牢(今河南封丘县北)后班师。在班师途中,军队渡过鱼齿山(今河南平顶山市西北)的滍水时遇到大雨,军队被冻坏了。据此史料,可以更详细判定楚国与郑国的边界。

60 (前549)冬,楚子伐郑以救齐,门于东门,次于棘泽。诸侯还救郑。(《左传·襄公二十四年》)

诸侯在晋国的夷仪(今河北邢台市西)会见,打算攻打齐国。楚伐郑以救齐,攻打郑国的东门,并将军队驻扎在棘泽(今河南新郑市东南,近长葛)。据此史料,可知楚的势力范围与郑的首都极为接近,起兵后可很快兵临郑国首都。

61 (前549)吴人为楚舟师之役故,召舒鸠人,舒鸠人叛楚。楚子师于荒浦,使沈尹寿与师祁犁让之。……(前548)舒鸠人卒叛楚。令尹子木伐之,及离城。……八月,楚灭舒鸠。(《左传·襄公二十四年—襄公二十五年》)

【疆域盈缩考释】前549年,楚国的附庸舒鸠人在吴国的唆使下背叛楚国,楚国在荒浦(即黄陂,今安徽舒城县)发兵后,舒鸠人表示没有那回事,楚国退兵。前548年,舒鸠人终于还是背叛楚国,楚国派兵讨伐,到达离城(今舒城县之西,为楚军至舒鸠所经之邑)。最终,楚灭了舒鸠。据此史料,可知楚版图扩张,将舒鸠纳入版图。

62 (前547)楚子、秦人侵吴,及雩娄,闻吴有备而还。遂侵郑,五月,至于城麇。郑皇颉戍之,出,与楚师战,败。(《左传·襄公二十六年》)

【疆域盈缩考释】楚伐吴,军队到达雩娄(在今河南商城县东,安徽金寨县北),听说吴国有准备了,因此而退兵。退兵途中伐郑,到达郑国的城麇(今地不详),并与郑国作战,郑国战败。据此史料可知楚、吴的边界到达雩娄;楚郑的某一区域边界到达城麇。

63 (前547)十二月乙酉,入南里,堕其城。涉于乐氏,门于师之梁。县门发,获九人焉。涉汜而归,而后葬许灵公。(《左传·襄公二十六年》)

【疆域盈缩考释】楚伐郑,进入南里(今河南新郑市南五里),然后徒步从乐氏(今河南新郑市境内)渡过济水,攻打郑国的师之梁城门。然后徒步渡过汜水(南泛水,今河南襄城县南一里)回国。据此史料,可知此时楚、郑的边界北向极为临近郑国的城南;另一区域的边界大致在汜水。

64 (前541)楚公子围使公子黑肱、伯州犁城犨、栎、郏,郑人惧。(《左传·昭公元年》)

【疆域盈缩考释】楚国在犨(今河南鲁山县东南五十里)、栎(今河南新蔡县北二十里)、郏(今河南三门峡市西北之郏县旧治)筑城。据此史料,可知楚国此时已经拥有犨、栎、郏。

65 (前538)秋七月,楚子以诸侯伐吴。宋大子、郑伯先归。宋华费遂、郑大夫从。使屈申围朱方,八月甲申,克之。(《左传·昭公四年》)

(前538)七月,楚以诸侯兵伐吴,围朱方。八月,克之,囚庆封,灭其族。(《史记·楚世家》)

【疆域盈缩考释】楚伐吴,围攻并占领了吴之朱方(今江苏镇江市丹徒镇南,吴国曾将此地赐给齐国的庆封),并诛杀了齐国的叛国之人庆封。据此史料,可知此时楚、吴在这一区域的边界,楚国版图延伸到达吴国的朱方一带。

第八章 楚(含越)及周边诸侯疆域边界考 633

66 (前538)遂以诸侯灭赖。……迁赖于鄢。(《左传·昭公四年》)

【疆域盈缩考释】楚灭了赖国(今湖北随州稍东北),将赖迁移到楚国版图内的鄢(今湖北宜城市南)。据此史料可知楚国疆域扩张,将赖国纳入版图。

67 (前538)冬,吴伐楚,入棘、栎、麻,以报朱方之役。楚沈尹射奔命于夏汭,咸尹宜咎城钟离,薳启强城巢,然丹城州来。东国水,不可以城。彭生罢赖之师。(《左传·昭公四年》)

【疆域盈缩考释】吴伐楚,报复楚国在朱方的侵略,攻入楚国的棘(今河南永城市)、栎(今河南新蔡县北二十里)、麻(今安徽砀山县东北二十五里),楚国沈地(今安徽临泉县)的长官奔赴夏汭(今安徽凤台县西南,西肥河入淮处)听命,然后其他人分别在钟离(今安徽凤阳县东北二十里)、巢(即居巢,今安徽巢县东北五里之居巢故城)、州来(今安徽凤台县)修筑城墙以戒备。据此史料,可知楚、吴在这一带的边界。

68 (前537)冬十月,楚子以诸侯及东夷伐吴,以报棘、栎、麻之役。薳射以繁扬之师,会于夏汭。越大夫常寿过帅师会楚子于琐。闻吴师出,薳启强帅师从之,遽不设备,吴人败诸鹊岸。楚子以驲至于罗汭。吴子使其弟蹶由犒师,楚人执之,将以衅鼓。……楚师济于罗汭,沈尹赤会楚子,次于莱山。薳射帅繁扬之师,先入南怀,楚师从之。及汝清,吴不可入。楚子遂观兵于坻箕之山。是行也,吴早设备,楚无功而还,以蹶由归。楚子惧吴,使沈尹射待命于巢。薳启强待命于雩娄。礼也。(《左传·昭公五年》)

【疆域盈缩考释】楚率领诸侯和东夷伐吴,以报棘、栎、麻之役。楚率领繁阳(今河南新蔡县)的军队在夏汭会师,越楚在琐(今安徽霍邱县东)会师。首战,吴军在鹊岸(今安徽无为县南至铜陵市北沿长江北岸一带)击败楚军。楚王到达罗汭(河南罗山县罗水入淮处),并渡过罗汭,驻扎在莱山,进入南怀(今河南光山县南一百五十里天台山),到达汝清(在江、淮间),由于吴军有所准备,楚国未能进入吴国,楚王在坻箕之山(今安徽巢县南三十七里踟蹰山)阅兵。楚国退兵,但是担心吴国反击,让沈地的长官在巢(今安徽巢县东北五里居巢城)待命,让薳启疆在零娄(今安徽金寨县北)待命。据此史料,可知楚国疆域范围内有繁阳、夏汭、琐、罗汭、莱山、南怀、汝清、坻箕之山、巢、零娄。

69 (前536)徐仪楚聘于楚。楚子执之,逃归。惧其叛也,使薳泄伐徐。吴人救之。令尹子荡帅师伐吴,师于豫章,而次于干溪。吴人败其师于房钟,获宫厩尹弃疾。子荡归罪于薳泄而杀之。(《左传·昭公六年》)

【疆域盈缩考释】楚伐吴,在豫章(今安徽之霍邱、六安、霍山县之间,西经河南光山、固始二县,抵河南信阳市和湖北应山县之东北)发兵而驻军干溪(今安徽亳县东南七十里,与城父村相近),吴国在房钟(今安徽蒙城县西南、西肥水北岸之阚疃集)大败楚军。据此史料,可知吴楚在此区域的疆界,豫章之干溪属楚,房钟当是吴、楚交接地带。

70 (前534)七年,就章华台。(《史记·楚世家》)

(前534)冬十月壬午,楚师灭陈。执陈公子招,放之于越。(《左传·昭公八年》)

【疆域盈缩考释】楚国灭陈。据此史料可知,楚国疆域扩张,将陈纳入版图。

71 (前533)二月庚申,楚公子弃疾迁许于夷,实城父,取州来淮北之田以益之。伍举授许男田。然丹迁城父人于陈,以夷濮西田益之。迁方城外人于许。(《左传·昭公九年》)

(前533)八年,使公子弃疾将兵定陈。(《史记·楚世家》)

【疆域盈缩考释】楚把许国迁到夷(即城父,今安徽亳县东南七十里城父故城),将州来、淮北的领土补给许国,把城父的人迁到陈地,用濮、夷西部的领土补给陈地,把方城山外的人迁到许。据此史料,可知楚有城父、州来、淮北、濮、夷、方城山外、许。

72 (前531)楚子在申,召蔡灵侯。……五月丙申,楚子伏甲而飨蔡侯于申,醉而执之。夏四月丁巳,杀之,刑其士七十人。公子弃疾帅师围蔡。……冬十一月,楚子灭蔡,用隐大子于冈山。(《左传·昭公十一年》)

(前531)十年,召蔡侯,醉而杀之。使弃疾定蔡,因为陈蔡公。(《史记·楚世家》)

【疆域盈缩考释】楚王在申地召见蔡灵侯,诱杀了他,并包围蔡国。最后灭了蔡国。据此史料,可知楚国疆域扩张,将蔡国纳入版图。

73 (前531)楚子城陈、蔡、不羹。(《左传·昭公十一年》)

(前531)今吾大城陈、蔡、不羹。(《史记·楚世家》)

【疆域盈缩考释】楚国在陈、蔡、不羹筑城。不羹有二,《史记集解》:"韦昭曰:'二国,楚别都也。颍川定陵有东不羹,襄城有西不羹。'"《史记正义》:"括地志云:'不羹故城在许州襄城县东三十里。地理志云此乃西不羹者也。'"一为今河南襄城县东南二十里处的西不羹,一为在今河南舞阳县北的东不羹。此处当是东不羹。据此史料可知,楚国拥有陈、蔡、不羹。

74 (前530)楚子狩于州来,次于颍尾,使荡侯、潘子、司马督、嚣尹午、陵尹喜帅师围徐以惧吴。楚子次于干溪,以为之援。(前529)楚师还自徐,吴人败诸豫章,获其五帅。(《左传·昭公十二年》)

(前530)十一年,伐徐以恐吴。(《史记·楚世家》)

【疆域盈缩考释】公元前530年,楚王在州来围猎,驻扎在颍尾(颍水入淮处,亦曰颍口,在今安徽正阳关),并发兵伐徐以震慑吴国。楚王驻扎在干溪作为后援。公元前529年,楚军从徐回师,吴军在豫章打败楚军。据此史料,楚国有州来、颍尾、干溪;楚、徐邻壤。

75 (前529)楚之灭蔡也,灵王迁许、胡、沈、道、房、申于荆焉。平王即位,既封陈、蔡,而皆复之,礼也。(《左传·昭公十三年》)

(前529)十二年春,楚灵王乐干溪,不能去也。(《史记·楚世家》)

(前529)于是王乘舟将欲入鄢。(《史记·楚世家》)

【疆域盈缩考释】楚国灭蔡的时候,楚灵王把许、胡(今安徽阜阳市)、沈(今河南沈丘县东南沈丘城,即安徽阜阳市西北)、道、房(今河南遂平县)、申(今河南南阳市北)的人迁到楚国国内,平王即位,又将它们重新迁回。据此史料,可知楚国拥有许、胡、沈、道、房、申。

76 (前529)吴灭州来。(《左传·昭公十三年》)

【疆域盈缩考释】吴灭了楚国的州来。

77 (前528)夏,楚子使然丹简上国之兵于宗丘,且抚其民。……使屈罢简东国之兵于召陵,亦如之。(《左传·昭公十四年》)

【疆域盈缩考释】楚国在宗丘(今湖北秭归县)、召陵(今河南郾城县东三十五里)选拔武装人员。据此史料,可知楚国拥有宗丘、召陵。

78 (前526)楚子闻蛮氏之乱也,与蛮子之无质也,使然丹诱戎蛮子嘉杀之,遂取蛮氏。既而复立其子焉,礼也。(《左传·昭公十六年》)

【疆域盈缩考释】楚取蛮氏(今河南汝阳县东南、临汝县西南)。据此史料,可知楚国疆域扩张,将蛮氏纳入版图。

79 (前525)吴伐楚。……战于长岸,子鱼先死,楚师继之,大败吴师,获其乘舟余皇。(《左传·昭公十七年》)

【疆域盈缩考释】吴伐楚,在长岸(今安徽当涂县西南三十里有西梁山,与和县南七十里东梁山夹江相对,如门之阙,亦曰天门山。)会战,楚胜。

80 (前524)叶在楚国,方城外之蔽也。……楚子说。冬,楚子使王子胜迁许于析,实白羽。(《左传·昭公十八年》)

【疆域盈缩考释】叶在楚国,是楚国方城山外边的屏障。楚国迁许于析。据此史料,可知楚国有方城山之外的叶;楚国有析(也称白羽)。

81 (前523)十九年春,楚工尹赤迁阴于下阴,令尹子瑕城郏。(《左传·昭公十九年》)

【疆域盈缩考释】楚国把阴戎(散居的陆浑之戎)迁到下阴(今湖北老河口市西,汉水北岸),并在郏(今河南三门峡市稍西北)筑城。据此史料,可知楚国有下阴、郏。

82 (前523)楚子为舟师以伐濮。……大城城父而置大子焉。(《左传·昭公十九年》)

(前523)六年,使太子建居城父,守边。(《史记·楚世家》)

【疆域盈缩考释】楚发动水军攻打濮,并在城父筑城,扩大城父的规模。据此史料可知,楚有城父,且版图向濮扩张。

83 (前523)楚人城州来。(《左传·昭公十九年》)

【疆域盈缩考释】楚国在州来筑城。据此史料,州来为吴、楚疆界之处。

84 (前519)吴人伐州来,楚薳越帅师及诸侯之师奔命救州来。吴人御诸钟离。……楚大子建之母在郹,召吴人而启之。冬十月甲申,吴大子诸樊入郹,取楚夫人与其宝器以归。……乃缢于薳澨。(《左传·昭公二十三年》)

(前519)十年,楚太子建母在居巢,开吴。吴使公子光伐楚,遂败陈、蔡,取太子建母而去。楚恐,城郢。……初,吴之边邑卑梁与楚边邑钟离小童争桑,两家交怒相攻,灭卑梁人。卑梁大夫怒,发邑兵攻钟离。楚王闻之怒,发国兵灭卑梁。吴王闻之大怒,亦发兵,使公子光因建母家攻楚,遂灭钟离、居巢。楚乃恐而城郢。(《史记·楚世家》)

【疆域盈缩考释】吴伐州来,楚救州来,吴在钟离抵御。据此史料,州来、钟离、卑梁为吴、楚边界地带,两国在这一地域接壤。楚太子建的母亲将吴国人引入其居住地,吴国人掳了一些宝器走了。据此史料可知,吴、楚在此区域的疆界在郹(今河南新蔡县境)附近。因为此事,楚国司马在薳澨(今湖北京山县西百余里,汉水东岸)上吊自杀。可知薳澨属楚。又,楚在郢(今湖北江陵县东北荆州市纪南城)修筑城墙。

85 (前518)越大夫胥犴劳王于豫章之汭。越公子仓归王乘舟,仓及寿梦帅师从王,王及圉阳而还。吴人踵楚,而边人不备,遂灭巢及钟离而还。(《左传·昭公二十四年》)

【疆域盈缩考释】越国大夫在豫章的江边上慰劳楚王,楚王到达圉阳(今安徽巢湖市南)后回去。吴国人趁机灭了楚国的巢和钟离(今安徽凤阳县东而稍北)。据此史料,可知楚、越邻壤;圉阳属楚;楚国丢失了巢和钟离。

86 (前517)楚子使薳射城州屈,复茄人焉。城丘皇,迁訾人焉。

使熊相谋郭巢,季然郭卷。(《左传·昭公二十五年》)

【疆域盈缩考释】楚国在州屈(今安徽凤阳县西)筑城,让茄(近淮水的小邑)地人去居住,在丘皇(今河南信阳市)筑城,让訾地人前去居住,在巢地筑内城,在卷地(今河南叶县西南建城故城,即此地)筑内城。

87 (前515)吴子欲因楚丧而伐之,使公子掩余、公子烛庸帅师围潜。使延州来季子聘于上国,遂聘于晋,以观诸侯。楚莠尹然,工尹麇帅师救潜。左司马沈尹戌帅都君子与王马之属以济师,与吴师遇于穷。令尹子常以舟师及沙汭而还。左尹郤宛、工尹寿帅师至于潜,吴师不能退。(《左传·昭公二十七年》)

【疆域盈缩考释】吴趁楚丧而伐楚,包围楚国的潜(今安徽霍山县东北三十里),楚发兵救援,和吴军在穷(今安徽霍邱县西南)相遇,舟师到达沙汭(今安徽怀远县东北)而回。据此史料可知,吴、楚的边界在潜、穷、沙汭。

88 (前511)秋,吴人侵楚,伐夷,侵潜、六。楚沈尹戌帅师救潜,吴师还。楚师迁潜于南冈而还。吴师围弦。左司马戌、右司马稽帅师救弦,及豫章。吴师还。始用子胥之谋也。(《左传·昭公三十一年》)

(前512)四年,吴三公子奔楚,楚封之以扦吴。……(前511)五年,吴伐取楚之六、潜。(《史记·楚世家》)

【疆域盈缩考释】吴袭楚,攻打楚国的夷,侵袭楚国的潜、六,楚救援,吴退走。吴围楚国的弦(今河南息县南),到达豫章,然后再撤退。从此则史料,可知吴国开始采纳伍子胥的建议,不断对楚国的边界进行侵扰但是又不占领。但吴、楚的疆界却因此而渐次清晰,大致在楚国的夷、潜、六、弦的外围。

89 (前509)七年,楚使子常伐吴,吴大败楚于豫章。(《史记·楚世家》)

【疆域盈缩考释】据此史料可知豫章为吴楚边界地带。豫章的具体方位,今安徽之霍邱、六安、霍山县之间,西经河南光山、固始二县,抵河南信阳市和湖北应山县之东北。

90 (前508)秋,楚囊瓦伐吴,师于豫章。吴人见舟于豫章,而潜师于巢。冬十月,吴军楚师于豫章,败之。遂围巢,克之,获楚公子繁。(《左传·定公二年》)

【疆域盈缩考释】楚伐吴,吴假装在豫章正面迎击楚军,却在巢地集结军队,不仅在豫章击败了楚军,而且还包围并攻占了楚国的巢地。据此史料,可知吴获得楚巢,楚国丢了巢。

91 (前508)桐叛楚。(《左传·定公二年》)

【疆域盈缩考释】楚国的桐地(今安徽通城县北有古桐城,即此城)背叛楚国。可知楚国丢掉了桐。

92 (前506)六月,葬陈惠公。许迁于容城。(《左传·定公四年》)

【疆域盈缩考释】楚国的许迁到容城(今河南鲁山县南稍东约三十里)。

93 (前506)楚子涉雎,济江,入于云中。王寝,盗攻之,以戈击王。王孙由于以背受之。中肩。王奔郧。(前505)越入吴,吴在楚也。……申包胥以秦师至,秦子蒲、子虎帅车五百乘以救楚。……使楚人先与吴人战,而自稷会之,大败夫㮣王于沂。吴人获薳射于柏举,其子帅奔徒以从子西,败吴师于军祥。秋七月,子期、子蒲灭唐。(《左传·定公四年》)
(前506)十年冬,吴王阖闾、伍子胥、伯嚭与唐、蔡俱伐楚,楚大败,吴兵遂入郢,辱平王之墓,以伍子胥故也。吴兵之来,楚使子常以兵迎之,夹汉水阵。吴伐败子常,子常亡奔郑。楚兵走,吴乘胜逐之,五战及郢。己卯,昭王出奔。庚辰,吴人入郢。昭王亡也至云梦。……王走郧。……乃与王出奔随。……楚昭王灭唐(《史记·楚世家》)

【疆域盈缩考释】蔡、吴伐楚,楚战败于柏举,尔后接连五败,吴攻入楚国首都郢。楚王逃走,路线为徒步涉雎水,渡过长江,进入云,逃到郧地。前505,越进入吴国,秦也救援楚国。在稷(今河南桐柏县)、沂(今河南正阳县)、军祥(今湖北随州西南)等地打败吴国。可见楚国拥有这些地方。楚灭唐(今湖北枣阳市东南唐县镇)。

[94] (前505)十一年六月,败吴于稷。阖闾闻之,引兵去楚,归击夫概。夫概败,奔楚,楚封之堂溪,号为堂溪氏。(《史记·楚世家》)

【疆域盈缩考释】据此史料可知,稷(今河南桐柏县)、棠溪(今河南舞阳县东南)属楚。棠溪所在方位,《史记正义》:"括地志云:'堂溪故城在豫州郾城县西八十有五里也。'"

[95] (前504)十二年,吴复伐楚,取番。楚恐,去郢,北徙都鄀。(《史记·楚世家》)

【疆域盈缩考释】据此史料可知,郢、鄀(今湖北宜城市东南)为楚地无疑。至于番地(今江西上饶市鄱阳县境),本年之前番为楚地,本年被吴攻占。至楚反攻吴之后,此地仍属楚无疑。

[96] (前496)顿子牂欲事晋,背楚而绝陈好。二月,楚灭顿。(《左传·定公十四年》)

(前496)二十年,楚灭顿,灭胡。(《史记·楚世家》)

【疆域盈缩考释】楚国灭了顿国、胡国。据此史料,可知楚国版图扩张,将顿国纳入版图。

[97] (前495)吴之入楚也,胡子尽俘楚邑之近胡者。楚既定,胡子豹又不事楚,曰:"存亡有命,事楚何为?多取费焉。"二月,楚灭胡。(《左传·定公十五年》)

【疆域盈缩考释】楚国灭了胡国。据此史料,可知楚国版图扩张,将胡国纳入版图。

[98] (前494)元年春,楚子围蔡,报柏举也。里而栽,广丈,高倍。夫屯昼夜九日,如子西之素。蔡人男女以辨,使疆于江、汝之间而还。蔡于是乎请迁于吴。(前493)冬,蔡迁于州来。(《左传·哀公元年年—哀公二年》)

【疆域盈缩考释】公元前494年,楚围攻蔡,勒令蔡国迁移到长江、汝水之间就退兵了。公元前493年,蔡国迁到吴国的州来(今安徽凤台县)。据此史料可知,楚国版图扩张到达蔡国。

99 (前491)夏,楚人既克夷虎,乃谋北方。左司马眅、申公寿余、叶公诸梁致蔡于负函,致方城之外于缯关,曰:"吴将溯江入郢,将奔命焉。"为一昔之期,袭梁及霍。单浮余围蛮氏,蛮氏溃。蛮子赤奔晋阴地。司马起丰、析与狄戎,以临上洛。左师军于菟和,右师军于仓野,使谓阴地之命大夫士蔑曰:"晋、楚有盟,好恶同之。若将不废,寡君之愿也。不然,将通于少习以听命。"士蔑请诸赵孟。赵孟曰:"晋国未宁,安能恶于楚,必速与之。"士蔑乃致九州岛之戎。将裂田以与蛮子而城之,且将为之卜。蛮子听卜,遂执之,与其五大夫,以畀楚师于三户。(《左传·哀公四年》)

【疆域盈缩考释】楚国在负函(今河南信阳市境)集合蔡国人,在缯关(今河南方城县)集结方城山之外的人,以袭击梁(今河南临汝县西)、霍(在梁之西南,今河南临汝县西南)。楚国包围蛮氏,蛮氏溃散,逃到晋国的阴地(今河南卢氏县东北)。楚国召集丰(今河南淅川县西南与湖北十堰相接处)、析(今河南淅川县和内乡县之西北境)和狄戎入伍,逼近晋国的上洛(今陕西商洛市商州区),左翼部队驻扎在菟和(今陕西商洛市商州区东),右翼部队驻扎在仓野(今陕西商洛市商州区东南一百四十里),逼迫晋国交出蛮氏首领,否则将打通少习山(今陕西商洛市商州区东一百八十里,山下即武关),最后晋国逮捕了蛮氏首领,并在三户(今河南淅川县西南丹江之南)交给楚国。从这则史料可知,楚国北部的势力范围到达方城山之外的梁、霍,东北有丰、析、狄戎、菟和、仓野、三户,临近晋国的上洛、阴地。

100 (前489)二十七年春,吴伐陈,楚昭王救之,军城父。(《史记·楚世家》)

【疆域盈缩考释】据此史料,城父(今安徽亳州市东南七十里城父故城)属楚。

101 (前487)惠王二年,子西召故平王太子建之子胜于吴,以为巢大夫,号曰白公。……是岁也,灭陈而县之。(《史记·楚世家》)

【疆域盈缩考释】据此史料可知,楚灭陈,将陈国纳入版图。

|102| (前480)夏,楚子西、子期伐吴,乃桐汭。(《左传·哀公十五年》)

【疆域盈缩考释】楚伐吴,到达桐汭(今江苏高淳县)。可知桐汭属楚,亦可知此时楚、吴的疆界在桐汭。

|103| (前478)使帅师取陈麦。陈人御之,败,遂围陈。秋七月己卯,楚公孙朝帅师灭陈。(《左传·哀公十七年》)

【疆域盈缩考释】楚灭陈,陈国全部被纳入楚国版图。

|104| (前476)秋,楚沈诸梁伐东夷,三夷男女及楚师盟于敖。(《左传·哀公十九年》)

【疆域盈缩考释】楚攻打东夷,三处的夷人(三夷当在今浙江宁波、台州、温州三地区间)和楚军在敖地(东夷地,今浙江滨海处)结盟。据此史料可知楚国疆域扩张到东夷。

从上述疆域盈缩系年来看,截至公元前476年,楚国自丹阳向外扩张的大致疆域范围,西境到达仓野、菟和、麇国全境、庸国全境、夔国全境;北境囊括了郏、荥泽、管、陆浑戎、蛮氏、费滑、栎、雍、狼渊、绕角、不羹、泛、棠溪、城父,将陈、蔡、顿、胡、房、道、萧、随、唐、濮、邓、鄀、许、蔡、黄、英等小国全境纳入版图,攻占了宋国的犬丘、留、吕,徐国全境,拥有淮水流域的江、息、弦、黄、蓼、州来、颍尾、夏汭、沙汭、钟离;东境至海,拥有长江以北的原吴国全部领土,长江以南的鸠兹、桐汭、衡山、朱方等地区,以及越国东南的三夷之地。

进入战国后,楚国疆域的盈缩情况系年如下:

|1| (前447)四十二年,楚灭蔡。(《史记·楚世家》)

　　(前447)四十二,楚灭蔡。(《史记·六国年表·楚》)

|2| (前445)四十四年,楚灭杞。与秦平。(《史记·楚世家》)

　　(前445)四十四,灭杞。杞,夏之后。(《史记·六国年表·楚》)

|3| (前443)是时越已灭吴而不能正江、淮北;楚东侵,广地至泗上。(《史记·楚世家》)

④ (前 439)荆有云梦,犀、兕、麋、鹿盈之,江汉鱼、鳖、鼋、鼍为天下饶。(《战国策·宋卫策·公输般为楚设机》)

⑤ (前 431)简王元年,北伐灭莒。(《史记·楚世家》)

(前 431)楚简王仲元年,灭莒。(《史记·六国年表·楚》)

⑥ (前 413)晋烈公三年,楚人伐我南鄙,至于上洛。(《水经·丹水注》引《竹书纪年》)

⑦ (前 412)四十四,伐鲁、莒及安阳。(《史记·六国年表·齐》)

⑧ (前 399)三,归榆关于郑。(《史记·六国年表·楚》)

⑨ (前 393)九,伐韩,取负黍。(《史记·六国年表·楚》)

(前 393)九年,伐韩,取负黍。(《史记·楚世家》)

⑩ (前 391)十一年,三晋伐楚,败我大梁、榆关。楚厚赂秦,与之平。(《史记·楚世家》)

⑪ (前 377)肃王四年,蜀伐楚,取兹方。于是楚为扞关以距之。(《史记·楚世家》)

(前 377)四,蜀伐我兹方。(《史记·六国年表·楚》)

⑫ (前 371)十六年,伐楚,取鲁阳。武侯卒,子䓨立,是为惠王。(《史记·魏世家》)

(前 371)十年,魏取我鲁阳。(《史记·楚世家》)

(前 371)十六,伐楚,取鲁阳。(《史记·六国年表·魏》)

(前 371)十,魏取我鲁阳。(《史记·六国年表·楚》)

⑬ (前 358)楚师出河水,以水长垣之外者也。(《水经·河水注》引《竹书纪年》)

⑭ (前 369—前 340)楚宣王灭邾,徙居于此。(《水经·江水注》)

⑮ (前 334)愿魏以聚大梁之下,愿齐之试兵南阳、莒地,以聚常、郯之境,则方城之外不南,淮、泗之间不东,商、於、析、郦、宗胡之地,夏路以左,不足以备秦,江南、泗上不足以待越矣。……楚三大夫张九军,北围曲沃、于中,以至无假之关者三千七百里,景翠之军北聚鲁、齐、南阳,分有大此者乎?且王之所求者,斗晋楚也;晋楚不斗,越兵不起,是知二五而不知十也。此

时不攻楚，臣以是知越大不王，小不伯。复雠、庞、长沙，楚之粟也；竟泽陵，楚之材也。越窥兵通无假之关，此四邑者不上贡事于郢矣。臣闻之，图王不王，其敝可以伯。然而不伯者，王道失也。故原大王之转攻楚也。"于是越遂释齐而伐楚。楚威王兴兵而伐之，大败越，杀王无强，尽取故吴地至浙江，北破齐于徐州。而越以此散，诸族子争立，或为王，或为君，滨于江南海上，服朝于楚。(《史记·越王勾践世家》)

(前334)越王无疆伐齐。齐王使人说之以伐齐不如伐楚之利，越王遂伐楚。楚人大败之，乘胜尽取吴故地，东至于浙江。越以此散，诸公族争立，或为王，或为君，滨于海上，朝服于楚。(《资治通鉴·周显王三十五年》)

16 (前333)七，围齐于徐州。(《史记·六国年表·楚》)

(前333)十，楚围我徐州。(《史记·六国年表·齐》)

截至公元前333年，楚国在原有基础上新增蔡、杞、负黍、泗上、莒、扞关、邾、吴国之地至浙江、徐州；楚国丢失之地有榆关、鲁阳。

从《汉书·地理志》《淮南子》《战国策》和战国之前楚疆域盈缩史料，可以分西、南、北、东四个区域对楚国的疆域进行考察。其中，北部与韩和二周(详见第三章第三节、第四节)、魏(详见第六章第三节、第四节)、齐(详见第五章)的疆域界线前文已考察，本章不再赘述。下面我们就分章节以(一)楚西境疆域、(二)楚南境疆域、(三)楚东境疆域三个区域来详细考察公元前333年楚国与周边诸侯的疆域情况。

第一节　楚西境疆域考

一　楚与巴国

巴人的活动范围，第七章第三节"秦南郑及巴蜀区域疆域考"已指出：一支活动于今重庆市境内，另一支活动于今湖北恩施土家族苗族自治州境内。迟至公元前333年，巴独立于秦、楚。楚与巴的关系，见诸史料的记载有：

1 (前703)周之仲世，虽奉王职，与秦、楚、邓为比。《春秋》鲁桓公九年,巴子使韩服告楚,请与邓为好。楚子使道朔将巴客聘邓。邓南鄙攻而夺其币。巴子怒,伐邓,败之。其后巴师、楚师伐申。楚子惊巴师。(《华阳国志·巴志》)

(前703)巴子使韩服告于楚,请与邓为好。楚子使道朔将巴客以聘于邓。邓南鄙鄾人攻而夺之币,杀道朔及巴行人。楚子使薳章让于邓,邓人弗受。夏,楚使斗廉帅师及巴师围鄾。邓养甥、聃甥帅师鄾救。三逐巴师,不克。斗廉衡陈其师于巴师之中,以战,而北。邓人逐之,背巴师而夹攻之。邓师大败,鄾人宵溃。(《左传·桓公九年》)

②(前676)鲁庄公十八年,巴伐楚,克之。(《华阳国志·巴志》)

(前676)初,楚武王克权,使斗缗尹之。以叛,围而杀之。迁权于那处,使阎敖尹之。及文王即位,与巴人伐申而惊其师。巴人叛楚而伐那处,取之,遂门于楚。阎敖游涌而逸。楚子杀之,其族为乱。冬,巴人因之以伐楚。(《左传·庄公十八年》)

③(前611)鲁文公十六年,巴与秦、楚共灭庸。(《华阳国志·巴志》)

(前611)楚人、秦人、巴人灭庸。(《左传·文公十六年》)

④(前477)哀公十八年,巴人伐楚,败于鄾。(《华阳国志·巴志》)

(前477)巴人伐楚,围鄾。初,右司马子国之卜也,观瞻曰:"如志。"故命之。及巴师至,将卜帅。王曰:"宁如志,何卜焉?"使帅师而行。请承,王曰:"寝尹、工尹,勤先君者也。"三月,楚公孙宁、吴由于、薳固败巴师于鄾,故封子国于析。(《左传·哀公十八年》)

⑤(未详何年)周之季世,巴国有乱。将军蔓子请师于楚,许以三城。楚王救巴。巴国既宁,楚使请城。蔓子曰:"藉楚之灵,克弭祸难。诚许楚王城。将吾头往谢之。城不可得也。"乃自刎,以头授楚使。(楚)王叹曰:"使吾得臣若巴蔓子,用城何为!"乃以上卿礼葬其头。巴国葬其身,亦以上卿礼。(《华阳国志·巴志》)

⑥(未详何年)巴、楚数相攻伐,故置扞关、阳关及沔关。(《华阳国

志·巴志》）

⑦（前298—前277）始楚威王时，使将军庄蹻将兵循江上，略巴、黔中以西。（《汉书·西南夷两粤朝鲜传》）

史料一至七在第七章第三节"巴国城邑考"中已释，此不再赘述。

从对上面史料的分析来看，史料一、二、三、四之巴，乃是原巴人在今湖北恩施的一支。真正与楚国产生关系的巴国，为史料五、六、七。从史料五、六、七的分析来看，楚、巴虽邻壤，但是彼时的巴国是独立的诸侯国，楚、巴的边界大致在扞关，即今夔门关。以致秦灭巴之后的前298—前277，楚逆江而上取道巴、黔中进入西南夷滇国。迟至公元前333年，巴独立于秦、楚，楚、巴两国以扞关为界。

楚、巴的具体疆界，还可以根据城邑沿革细化：

江南

①（前341）楚果封之于江南。（《战国策·齐策一·田忌亡齐而之楚》）

②（前277）蜀守若伐楚，取巫郡及江南，为黔中郡。（《史记·秦本纪》）

此江南，在重庆奉节至湖北宜昌长江段以南（O10—O11）。从史料看，公元前333年，江南属楚。

兹方、扞关

①（前377）肃王四年，蜀伐楚，取兹方。于是楚为扞关以距之。（《史记·楚世家》）

②（前311）不费马汗之劳，不至十日而距扞关；扞关惊，则从竟陵已东尽城守矣。（《战国策·楚策一·张仪为秦破纵连横说楚王》）

兹方，在今重庆奉节（M10）；扞关，在今重庆奉节夔门关一带（M10）。从史料一、二，及前述楚国江南郡在公元前333年属楚，可推知兹方当为楚、蜀边境的楚国境内，扞关为两国的边界。

巫郡、黔中

①（前362）楚自汉中，南有巴、黔中。（《资治通鉴·周显王七

年》)

②（前333）楚地西有黔中、巫郡。（《战国策·楚策一·苏秦为赵合纵说楚威王》）

③（前311）秦西有巴、蜀，方船积粟起于汶山，循江而下，至郢三千余里。舫船载卒，一舫载五十人，与三月之粮，下水而浮，一日行三百余里，里数虽多，不费马汗之劳，不至十日而距扞关；扞关惊，则从竟陵已东尽城守矣，黔中、巫郡非王之有已。（《战国策·楚策一·张仪为秦破纵连横说楚王》）

（前311）秦西有巴、蜀，治船积粟，浮岷江而下，一日行五百余里，不至十日而拒扞关，扞关惊则从境以东尽城守矣，黔中、巫郡非王之有。秦举甲出武关，则北地绝。秦兵之攻楚也，危难在三月之内，而楚待诸侯之救在半岁之外。（《资治通鉴·慎靓王四年》）

④（前299）秦因留楚王，要以割巫、黔中之郡。（《史记·楚世家》）

⑤（前277）蜀守若伐楚，取巫郡，及江南为黔中郡。（《史记·秦本纪》）

（前277）秦复拔我巫、黔中郡。（《史记·楚世家》）

巫郡，在今湖北清江中上游和重庆市部分地区(M10)；黔中郡，战国时期之黔中郡范围分两个时期，一个是公元前277年之前的楚黔中郡(P10—P11)，一是公元前277年之后的秦黔中郡。据史料五，秦黔中郡包含了原楚国的巫郡、江南郡和黔中郡。《图集》所标绘的"黔中郡"当是公元前277年之前的楚黔中郡，范围涵盖了今湖南西部常德以西和贵州东北部区域。从上述史料来看，公元前333年楚有巫郡、黔中郡。

西陵、鄢、郢、夷陵

①（前279—前278）顷襄王二十年，秦白起拔楚西陵，或拔鄢、郢、夷陵，烧先王之墓。王徙东北，保于陈城。（《战国策·秦策四·物极必反》）

（前279—前278）庄辛去之赵，留五月，秦果举鄢、郢、巫、上蔡、陈之地，襄王流揜于城阳。（《史记·楚世家》）

西陵,在今湖北宜昌市西北(O12);鄢,在今湖北宜城市南(N13);郢,在今湖北荆州市江陵县(O13);夷陵,在今湖北宜昌市东南(O12)。据史料一、二,截至公元前279和公元前278年西陵、鄢、郢和夷陵方自楚转秦。公元前333年,西陵、鄢、郢、夷陵属楚无疑。

从城邑所属沿革考察来看,巴、楚的疆域分界线大致在巫郡—扞关—江南—黔中郡以西,以东的西陵、鄢、郢、夷陵等城属楚。

二 楚与西南夷

西南夷的种类及活动范围,《汉书·西南夷两粤朝鲜传》记述:

> 南夷君长以十数,夜郎最大。其西,靡莫之属以十数,滇最大。自滇以北,君长以十数,邛都最大。此皆椎结,耕田,有邑聚。其外,西自桐师以东,北至叶榆,名为嶲、昆明,皆编发,随畜迁徙,亡常处,亡君长,地方可数千里。自嶲以东北,君长以十数,徙、筰都最大。自筰以东北,君长以十数,冉駹最大。其俗,或土著,或移徙。在蜀之西。自駹以东北,君长以十数,白马最大,皆氐类也。此皆巴、蜀西南外蛮、夷也。(《汉书·西南夷两粤朝鲜传》)

史料言南夷的君长数以十计,其中夜郎最大。"夜郎"之地,《史记索隐》:"荀悦云:'犍为属国也。'韦昭云:'汉为县,属牂柯。'按:后汉书云'夜郎东接交址,其地在胡南,其君长本出于竹,以竹为姓也'。"《史记正义》:"今泸州南大江南岸协州、曲州,本夜郎国。"可知夜郎的活动范围大致在今四川泸州南贵州西部、北部及云南东北部一带。又言在南夷之西,有"靡莫之夷",《史记正义》:"在蜀南以下及西也。靡非在姚州北,去京西南四千九百三十五里,即靡莫之夷。"唐之姚州,治所在今云南省姚安县西北旧城,下辖三县:姚城县、泸南县、长明县。据《史记正义》,其活动方位大致在今四川南部、云南楚雄市一带。靡莫之夷数以十计,其中,滇夷最大。滇夷的活动范围,《史记索隐》:"崔浩云:'后为县,越嶲太守所理也。'"《史记正义》:"昆州、郎州等本滇国,去京西五千三百七十里也。"大致在今云南省东部的滇池一带。又,滇之北,夷狄君长数以十计,"邛都"最大。邛都的活动范围,大致在今四川西昌市东南。又,在夜郎、滇夷、邛都等夷狄之外,西至桐师以东,北至叶榆,有名为嶲、昆明的夷狄。桐师就是东汉设立的永昌郡,现在的保山市,叶榆就是现在的洱海地区,嶲、昆明的活动范围,大致在今云南楚雄市以西、保山市东北和大理市洱海地区。

又，在寯的东北，夷狄的君长数以十计，其中徙、筰最大。其活动范围，《史记集解》："徐广曰：'徙在汉嘉。筰音昨，在越巂。'"《史记索隐》："服虔云：'二国名。'韦昭云：'徙县属蜀。筰县在越巂。'"《史记正义》："括地志云：'筰州本西蜀徼外，曰猫羌巂。地理志云徙县也。华阳国志雅州邛郲山本名邛筰山，故邛人、筰人界。'"大致在邛都、蜀郡以西的汉嘉郡，即在今四川省西昌市以北到雅安市以南的广大地区。又，在筰之东北，夷狄的君长数以十计，其中冉駹最大。冉駹的活动范围，《史记索隐》："应劭云'汶江郡本厓駹。'"《史记正义》："括地志云：'蜀西徼外羌，茂州、厓州本厓駹国地也。后汉书云厓駹其山有六夷、七羌、九氐，各有部落也。'"西汉在元鼎六年（前111）于冉駹夷的地区设立汶山郡，治所在汶江道，即今四川茂县。据此可知其主要活动范围大致在今四川茂县一带。又，在"蜀之西，駹之东北，夷狄的君长数以十计，其中白马最大"。白马氏，《史记索隐》："夷邑名，即白马氏。"《史记正义》："括地志云：'陇右成州、武州皆白马氏，其豪族杨氏居成州仇池山上。'"其活动范围大致在今四川西北部及甘肃南部。

以上是西南夷的分布情况。西南夷与楚之间的关系，《汉书·西南夷两粤朝鲜传》记述：

> 始楚威王时，使将军庄蹻将兵循江上，略巴、黔中以西。庄蹻者，楚庄王苗裔也。蹻至滇池，方三百里，旁平地肥饶数千里，以兵威定属楚。欲归报，会秦击夺楚巴、黔中郡，道塞不通，因乃以其众王滇，变服，从其俗以长之。秦时尝破，略通五尺道，诸此国颇置吏焉。十余岁，秦灭。及汉兴，皆弃此国而关蜀故徼。巴、蜀民或窃出商贾，取其筰马、僰僮、髦牛，以此巴、蜀殷富。（《汉书·西南夷两粤朝鲜传》）

根据上面对史料的分析，公元前333年楚国西境疆界及形势，大致如图8—1所示：

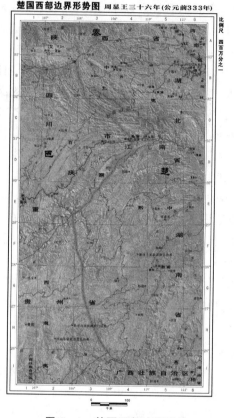

图 8-1 楚国西部边界形势

第二节 楚南境疆域考绘

一 楚国城邑和区域考

楚国南境疆域范围内确定在公元前 333 年属于楚国的城邑或势力范围的领地有：

州

[1]（前 262）纳州于秦以平。（《史记·楚世家》）

州，在今湖北咸宁西北（O14）。据此史料，公元前 262 年之前，州属楚。

洞庭、苍梧、五渚、随、江南

1. (前333)南有洞庭、苍梧。(《战国策·楚策一·苏秦为赵合纵说楚威王》)

2. (前311)蜀地之甲,轻舟浮于汶,乘夏水而下江,五日而至郢。汉中之甲,乘舟出于巴,乘夏水而下汉,四日而至五渚。寡人积甲宛东,下随,知者不及谋,勇者不及怒,寡人如射隼矣。王乃待天下之攻函谷,不亦远乎?(《战国策·燕策二·秦召燕王》)

3. (前279)秦与荆人战,大破荆,袭郢,取洞庭、五都、江南。荆王亡奔走,东伏于陈。(《战国策·秦策一·张仪说秦王》)

洞庭,在今湖南岳阳市西(P13—P14);苍梧,第二章第二节校释其地在今湖南零陵—道县—广西全州一带(U10—U11)。据此史料可知,楚有苍梧;五都,即"五渚",《图集》无,第二章第二节补释为湘江、沅江、资江、澧水同注洞庭,北汇长江之处(P13);随,在今湖北随州市(N14);江南,《图集》无,第二章第二节补释为在今湖北松滋—湖南华容—湖南岳阳一带以南(P13)。史料一明确言公元前333年楚南有洞庭、苍梧。史料二为公元前279年(秦昭王二十八年)苏代劝阻燕王不入秦而对公元前311年秦攻楚战略的描述。据此史料可知,公元前311年之前,楚国拥有郢、五渚、随。由史料三可知,公元前279年之前,楚有郢、洞庭、五都(五渚)、江南和陈。

南蛮之地

1. 平王东迁,蛮遂侵暴上国。晋文侯辅政,乃率蔡共侯击破之。至楚武王时,蛮与罗子共败楚师,杀其将屈瑕。庄王初立,民饥兵弱,复为所寇。楚师既振。然后乃服,自是遂属于楚。鄢陵之役,蛮与恭王合兵击晋。及吴起相悼王,南并蛮越,遂有洞庭、苍梧。秦昭王使白起伐楚,略取蛮夷,始置黔中郡。汉兴,改为武陵。岁令大人输布一匹,小口二丈,是谓賨布。虽时为寇盗,而不足为郡国患。(《后汉书·南蛮西南夷列传》)

南蛮之地,从史料记述来看,南蛮的活动范围在洞庭以南至苍梧一带。南蛮与楚国的关系,据史料,在公元前390年吴起相楚悼王之后不久即已将其纳入版图,公元前277年秦伐楚取巫郡、黔中郡时将南蛮活动之地纳入版图,并设置黔中郡。

二 杨越考

[1] （前390—前381）吴起为楚悼罢无能，废无用，损不急之官，塞私门之请，壹楚国之俗。南攻杨越，北并陈、蔡，破横散从，使驰说之士无所开其口。（《战国策·秦策三·蔡泽见逐于赵》）

杨越，在今江西赣州—瑞金至福建漳平—泉州以南的区域(T15—T16—T17—T18—T19)。史料言吴起南攻杨越，并未言攻占了杨越，只是将南部边境扩张到与杨越接壤之处。据此史料可知，杨越在战国时为相对独立之部族，楚国疆域范围在杨越以北。

三 东越考

[1] 闽越王无诸及越东海王摇者，其先皆越王句践之后也，姓驺氏。秦已并天下，皆废为君长，以其地为闽中郡。及诸侯畔秦，无诸、摇率越归鄱阳令吴芮，所谓鄱君者也，从诸侯灭秦。当是之时，项籍主命，弗王，以故不附楚。汉击项籍，无诸、摇率越人佐汉。汉五年，复立无诸为闽越王，王闽中故地，都东冶。孝惠三年，举高帝时越功，曰闽君摇功多，其民便附，乃立摇为东海王，都东瓯，世俗号为东瓯王。（《史记·东越列传》）

此史料之"闽越"，被《史记》辑录属"东越"，《史记集解》对"闽越"的注释："韦昭曰：'东越之别名'"，也归闽越于东越。也就是，"东越"是一个统称，但是，在不同的区域有不同的别名，如闽越、瓯越。东越的活动范围，大致自今浙江台州，至温州、福建福安、宁德、福州、莆田(Q21—R21)。《图集》标绘之"东越"范围可从。从史料来看，东越是独立于任何诸侯国的部族。东越的北部是鄱阳、越王勾践之越，详见本章第三节"二楚与越王勾践之'越'疆域盈缩考"。

从前文对楚国南境城邑、东越、杨越的考察看，楚国南部大致疆域界线比较清晰了，为西起苍梧（今广西全州—道州），东至杨越（今江西赣州—瑞金至福建漳平—泉州）、东越（今福建莆田—福州—宁德—福安—今浙江温州—台州）一线以北区域。

第三节 楚东境疆域考绘

楚之东境有吴、越,《汉书·地理志》"(吴)至子夫差,诛子胥,用宰嚭,为粤王句践所灭。粤既并吴,后六世为楚所灭",越灭吴,楚灭越。越国灭吴的时间,据《史记·吴太伯世家》为公元前473年:"二十三年十一月丁卯,越败吴。……越王灭吴,诛太宰嚭,以为不忠,而归。"楚灭越的时间,据《史记·越王勾践世家》为公元前334年:"于是越遂释齐而伐楚。楚威王兴兵而伐之,大败越,杀王无强,尽取故吴地至浙江,北破齐于徐州。而越以此散,诸族子争立,或为王,或为君,滨于江南海上,服朝于楚。"截至公元前333年,楚已吞并越国广大地域,越国被打散,虽然还有一些支脉残存,但均滨于江、海,臣服于楚。

那么,楚拥有吴、越之地,吴国、越国的疆域范围到底有多大呢?考察楚国的东境,必须先考察吴、越。

一 楚与吴疆域盈缩考

吴国大致疆域状况,据《汉书·地理志》:

> 吴地,斗分野也。今之会稽、九江、丹阳、豫章、庐江、广陵、六安、临淮郡,尽吴分也。……后二世而荆蛮之吴子寿梦盛大称王。其少子则季札,有贤材。兄弟欲传国,札让而不受。自寿梦称王六世,阖庐举伍子胥、孙武为将,战胜攻取,兴伯名于诸侯。至子夫差,诛子胥,用宰嚭,为粤王句践所灭。……粤既并吴,后六世为楚所灭。后秦又击楚,徙寿春,至子为秦所灭。(《汉书·地理志》)

《汉书·地理志》未言具体时间,不详所指为哪个具体年份吴之疆域。为弄清楚吴国的具体疆域范围,我们需从有史料以来吴国的疆域盈缩来考察。吴国疆域盈缩,在《左传》和《史记·吴太伯世家》中有详细记载。为清楚描绘吴国的疆域和变迁轮廓,下面以系年的方式进行编次考辨:

1 (前584)七年春,吴伐郯,郯成。……马陵之会,吴入州来。(《左传·成公七年》)

【疆域盈缩考】吴国伐郯国,郯国和吴国媾和。据此史料,可知吴、郯邻壤。诸侯在马陵会盟,吴国攻入州来。吴国开始强大。

②（前570）三年春，楚子重伐吴，为简之师，克鸠兹，至于衡山。使邓廖帅组甲三百、被练三千以侵吴。吴人要而击之，获邓廖。其能免者，组甲八十、被练三百而已。子重归，既饮至，三日，吴人伐楚，取驾。（《左传·襄公三年》）

（前570）十六年，楚共王伐吴，至衡山。（《史记·吴太伯世家》）

【疆域盈缩考】楚攻吴，取吴国的鸠兹（今安徽芜湖市东南二十五里），到达衡山（安徽当涂县东北六十里之横山）。吴国反击，俘虏了楚国的将军，并占领了楚国的驾（今安徽无为县境）。据此史料，可知楚国丢掉了驾；获得了鸠兹至衡山的领土。

③（前560）战于庸浦，大败吴师，获公子党。（《左传·襄公十三年》）

（前560）元年，秋，吴伐楚，楚败我师。（《史记·吴太伯世家》）

【疆域盈缩考】吴国伐楚，楚迎敌，两国在楚国的庸浦（今安徽无为县南长江北岸）作战，吴大败。据此史料，可知吴楚在此区域的边界；庸浦属楚。

④（前559）秋，楚子为庸浦之役故，子囊师于棠以伐吴，吴不出而还。（《左传·襄公十四年》）

【疆域盈缩考】楚国因为庸浦之战，伐吴，将军队驻扎在棠。吴军不出战，楚国就退兵了。据此史料，可知吴楚在此区域的边界，棠属楚吴疆界的楚国境内。

⑤（前554）十三年，王诸樊卒。季札封于延陵。（《史记·吴太伯世家》）

【疆域盈缩考】季札被封在延陵，因此号为延陵季子。从此史料可知，延陵属吴。

⑥（前545）三年，齐相庆封有罪，自齐来赂吴。吴予庆封朱方之县，以为奉邑。（《史记·吴太伯世家》）

【疆域盈缩考】据此史料，朱方属吴。

7 (前538)秋七月,楚子以诸侯伐吴。宋大子、郑伯先归。宋华费遂、郑大夫从。使屈申围朱方,八月甲申,克之。(《左传·昭公四年》)

(前538)六年①,楚灵王会诸侯而以伐吴之朱方,以诛齐庆封。吴亦攻楚,取三邑而去。(《史记·吴太伯世家》)

(前538)冬,吴伐楚,入棘、栎、麻,以报朱方之役。楚沈尹射奔命于夏汭,咸尹宜咎城钟离,薳启强城巢,然丹城州来。东国水,不可以城。彭生罢赖之师。(《左传·昭公四年》)

【疆域盈缩考】楚伐吴,释文在本章楚国疆域系章第65条已详述,此不赘述。吴伐楚,报复楚国在朱方的侵略,攻入楚国的棘(今河南永城市)、栎(今河南新蔡县北二十里)、麻(今安徽砀山县东北二十五里),楚国沈地(今安徽临泉县)的长官奔赴夏汭(今安徽凤台县西南,西肥河入淮处)听命,然后其他人分别在钟离(今安徽凤阳县东北二十里)、巢(即居巢,今安徽巢湖市东北五里之居巢故城)、州来(今安徽凤台县)修筑城墙以戒备。据此史料,可知楚、吴在这一带的边界。

8 (前537)冬十月,楚子以诸侯及东夷伐吴,以报棘、栎、麻之役。薳射以繁扬之师,会于夏汭。越大夫常寿过帅师会楚子于琐。闻吴师出,薳启强帅师从之,遽不设备,吴人败诸鹊岸。楚子以驲至于罗汭。吴子使其弟蹶由犒师,楚人执之,将以衅鼓。……楚师济于罗汭,沈尹赤会楚子,次于莱山。薳射帅繁扬之师,先入南怀,楚师从之。及汝清,吴不可入。楚子遂观兵于坻箕之山。是行也,吴早设备,楚无功而还,以蹶由归。楚子惧吴,使沈尹射待命于巢。薳启强待命于雩娄。礼也。(《左传·昭公五年》)

(前537)七年②,楚伐吴,至雩娄。(《史记·吴太伯世家》)

【疆域盈缩考】繁扬,即"繁阳"。楚率领诸侯和东夷伐吴,以报复棘、栎、麻的战役。楚率领繁阳(今河南新蔡县)的军队在夏汭会师,越楚在琐

---

① 《史记·吴太伯世家》作"余祭十年",今据杨宽《列国纪年订正表》(辑录于《战国史料编年辑证》,台北:台湾商务印书馆,2002年,第81—99页)校正。

② 《史记·吴太伯世家》作"余祭十一年",校正依据同上。

（今安徽霍邱县东）会师。首战，吴军在鹊岸（今安徽无为县南至铜陵市北沿长江北岸一带）击败楚军。楚王到达罗汭（河南罗山县罗水入淮处），并渡过罗汭，驻扎在莱山，进入南怀（今河南光山县南一百五十里天台山），到达汝清（在江、淮间），由于吴军有所准备，楚国未能进入吴国，楚王在抵箕之山（今安徽巢县南三十七里踟蹰山）阅兵。楚国退兵，但是担心吴国反击，让沈地的长官在巢（今安徽巢湖市东北五里居巢城）待命，让薳启强在雩娄（今安徽金寨县北）待命。据此史料，可知楚国疆域范围内有繁阳、夏汭、瑣、罗汭、莱山、南怀、汝清、抵箕之山、巢、雩娄。

⑨（前536）徐仪楚聘于楚。楚子执之，逃归。惧其叛也，使薳泄伐徐。吴人救之。令尹子荡帅师伐吴，师于豫章，而次于干溪。吴人败其师于房钟，获宫厩尹弃疾。子荡归罪于薳泄而杀之。（《左传·昭公六年》）

（前536）八年①，楚复来伐，次于干溪，楚师败走。（《史记·吴太伯世家》）

【疆域盈缩考】楚伐吴，在豫章（今安徽之霍邱、六安、霍山县之间，西经河南光山、固始二县，抵河南信阳市和湖北应山县之东北）发兵而驻军干溪（今安徽亳县东南七十里，与城父村相近），吴国在房钟（今安徽蒙城县西南、西肥水北岸之阚疃集）大败楚军。据此史料，可知吴楚在此区域的疆界，豫章之干溪属楚，房钟当是吴、楚交接地带。

⑩（前529）吴灭州来。（《左传·昭公十三年》）

【疆域盈缩考】吴国灭了楚国的州来。据此史料可知吴国扩张。

⑪（前525）吴伐楚。……战于长岸，子鱼先死，楚师继之，大败吴师，获其乘舟余皇。（《左传·昭公十七年》）

（前525）二年，公子光伐楚，败而亡王舟。光惧，袭楚，复得王舟而还。（《史记·吴太伯世家》）

【疆域盈缩考】吴伐楚，在长岸（今安徽当涂县西南三十里有西梁山，与和县南七十里东梁山夹江相对，如门之阙，亦曰天门山。）会战，楚胜。

---

① 《史记·吴太伯世家》作"余祭十二年"，校正依据同上。

|12| (前519)八年,吴使公子光伐楚,败楚师,迎楚故太子建母于居巢以归。因北伐,败陈、蔡之师。(《史记·吴太伯世家》)

【疆域盈缩考】

|13| (前518)越大夫胥犴劳王于豫章之汭。越公子仓归王乘舟,仓及寿梦帅师从王,王及圉阳而还。吴人踵楚,而边人不备,遂灭巢及钟离而还。(《左传·昭公二十四年》)

(前518)九年,公子光伐楚,拔居巢、锺离。(《史记·吴太伯世家》)

【疆域盈缩考】越国大夫在豫章的江边上慰劳楚王,楚王到达圉阳(今安徽巢县南)后回去。吴国人趁机灭了楚国的巢和钟离(今安徽凤阳县东而稍北)。据此史料,可知楚、越邻壤;圉阳属楚;楚国丢失了巢和钟离。

|14| (前515)吴子欲因楚丧而伐之,使公子掩馀、公子烛庸帅师围潜。使延州来季子聘于上国,遂聘于晋,以观诸侯。楚莠尹然,工尹麇帅师救潜。左司马沈尹戌帅都君子与王马之属以济师,与吴师遇于穷。令尹子常以舟师及沙汭而还。左尹郤宛、工尹寿帅师至于潜,吴师不能退。(《左传·昭公二十七年》)

(前515)十三年①春,吴欲因楚丧而伐之,使公子盖馀、烛庸以兵围楚之六、灊。……吴公子烛庸、盖馀二人将兵遇围于楚者,闻公子光弑王僚自立,乃以其兵降楚,楚封之于舒。(《史记·吴太伯世家》)

【疆域盈缩考】吴趁楚丧而伐楚,包围楚国的潜(今安徽霍山县东北三十里),楚发兵救援,陆军和吴军在穷(今安徽霍邱县西南)相遇,水军到达沙汭(今安徽怀远县东北)而回。据此史料可知,吴、楚的边界在潜、穷、沙汭。

|15| (前512)冬十有二月,吴灭徐,徐子章羽奔楚。(《左传·昭

---

① 《史记·吴太伯世家》作"橑十二年",据杨宽《列国纪年订正表》(辑录于《战国史料编年辑证》,台北:台湾商务印书馆,2002年,第81—99页)校正。

三十年》）

（前512）三年，吴王阖庐与子胥、伯嚭将兵伐楚，拔舒，杀吴亡将二公子。（《史记·吴太伯世家》）

【疆域盈缩考】吴灭徐。

16 （前511）秋，吴人侵楚，伐夷，侵潜、六。楚沈尹戌帅师救潜，吴师还。楚师迁潜于南冈而还。吴师围弦。左司马戌、右司马稽帅师救弦，及豫章。吴师还。始用子胥之谋也。（《左传·昭公三十一年》）

（前511）四年，伐楚，取六与灊。（《史记·吴太伯世家》）

【疆域盈缩考】释文详见本章楚国疆域系年第88条。此不赘述。

17 （前510）五年，伐越，败之。（《史记·吴太伯世家》）

【疆域盈缩考】吴伐越，并战胜。不详具体位置。

18 （前509）六年，楚使子常囊瓦伐吴。迎而击之，大败楚军于豫章，取楚之居巢而还。（《史记·吴太伯世家》）

【疆域盈缩考】吴攻占楚国的居巢（今安徽巢湖市东北五里之居巢故城）。据此史料可知，居巢自楚转属吴。

19 （前508）秋，楚囊瓦伐吴，师于豫章。吴人见舟于豫章，而潜师于巢。冬十月，吴军楚师于豫章，败之。遂围巢，克之，获楚公子繁。（《左传·定公二年》）

【疆域盈缩考】楚伐吴，吴假装在豫章正面迎击楚军，却在巢地集结军队，不仅在豫章击败了楚军，而且还包围并攻占了楚国的巢地。据此史料，可知吴获得楚国的巢。

20 （前506）九年，吴王阖庐……悉兴师，与唐、蔡西伐楚，至于汉水。楚亦发兵拒吴，夹水陈。……以其部五千人袭冒楚，楚兵大败，走。于是吴王遂纵兵追之。比至郢，五战，楚五败。楚昭王亡出郢，奔郧。……吴兵遂入郢。（《史记·吴太伯世家》）

【疆域盈缩考】此史料载吴伐楚直至楚都郢。据此史料,可知吴国疆域扩张到楚国郢都;同时可知,楚国有郧。

[21] (前505)十年春,越闻吴王之在郢,国空,乃伐吴。吴使别兵击越。楚告急秦,秦遣兵救楚击吴,吴师败。阖庐弟夫概见秦、越交败吴,吴王留楚不去,夫概亡归吴而自立为吴王。阖庐闻之,乃引兵归,攻夫概。夫概败奔楚。楚昭王乃得以九月复入郢,而封夫概于堂溪,为堂溪氏。(《史记·吴太伯世家》)

【疆域盈缩考】楚在秦的救援下反击吴,并在吴内乱的情况下,反攻收复郢都。据此史料,吴疆域缩回到公元前505年之前;同时可知,楚国有棠溪(今河南舞阳县东南)。

[22] (前504)十一年,吴王使太子夫差伐楚,取番。楚恐而去郢徙鄀。(《史记·吴太伯世家》)

【疆域盈缩考】吴伐楚,攻占楚国的番(今江西上饶市鄱阳县境)。据此史料,吴国实际疆域扩展到番。

[23] (前496)吴伐越。越子句践御之,陈于檇李。……灵姑浮以戈击阖庐,阖庐伤将指,取其一屦。还,卒于陉,去檇李七里。(《左传·定公十四年》)

(前496)十九年夏,吴伐越,越王句践迎击之檇李。……越因伐吴,败之姑苏。(《史记·吴太伯世家》)

【疆域盈缩考】吴伐越,越王勾践抵御,在越国的檇李(今浙江嘉兴县南四十五里)摆开阵势。吴王阖闾死在陉地,距离檇李七里地。据此史料,可知吴越两国的边界距离檇李不远,檇李属于越国。

[24] (前494)吴王夫差败越于夫椒,报檇李也。遂入越。越子以甲楯五千,保于会稽。使大夫种因吴太宰嚭以行成,吴子将许之。……三月,越及吴平。吴入越。(《左传·哀公元年》)

(前494)二年,吴王悉精兵以伐越,败之夫椒,报姑苏也。越王句践乃以甲兵五千人栖于会稽。(《史记·吴太伯世家》)

【疆域盈缩考】吴败越于夫椒,乘势进入越国。越王守会稽山,并请求与吴讲和俯首称臣。据此史料,可知吴国版图扩张,占领越国全境。

25 (前489)吴伐陈,复修旧怨也。楚子曰:"吾先君与陈有盟,不可以不救。"乃救陈,师于城父。……庚寅,昭王攻大冥,卒于城父。(《左传·哀公六年》)

(前489)七年,吴王夫差闻齐景公死而大臣争宠,新君弱,乃兴师北伐齐。……败齐师于艾陵。至缯,召鲁哀公而征百牢。季康子使子贡以周礼说太宰嚭,乃得止。因留略地于齐鲁之南。(《史记·吴太伯世家》)

【疆域盈缩考】吴伐陈,楚国救援陈国,将军队驻扎在城父(今河南宝丰县东、平顶山市北),不久进攻吴国的大冥(今河南项城市境)。

26 (前487)九年,为驺伐鲁,至与鲁盟乃去。(《史记·吴太伯世家》)

【疆域盈缩考】吴伐鲁,并与鲁达成协议后班师。据此史料可知,吴国疆域未有盈缩。

27 (前486)秋,吴城邗沟,通江、淮。(《左传·哀公九年》)

【疆域盈缩考】吴国在邗(今江苏扬州市北、运河西岸)筑城,沟通长江、淮水。

28 (前486)十年,因伐齐而归。……(前485)十一年,复北伐齐。……从海上攻齐。齐人败吴,吴王乃引兵归。(《史记·吴太伯世家》)

【疆域盈缩考】吴伐齐,无功而返。从以上两则史料,吴国疆域未有盈缩。

29 (前484)为郊战故,公会吴子伐齐。五月,克博,壬申,至于嬴。……甲戌,战于艾陵,展如败高子,国子败胥门巢。王卒助之,大败齐师。(《左传·哀公十一年》)

【疆域盈缩考】吴、鲁攻齐,攻下了齐国的博(今山东泰安市东南三十里旧县村),到达齐国的嬴(今山东莱芜市西北),最后,齐、吴在艾陵(今山东泰安市南六十里)交战,吴国大败齐军。

㉚ (前482)六月丙子,越子伐吴。(《左传·哀公十三年》)

【疆域盈缩考】越伐吴。

㉛ (前480)夏,楚子西、子期伐吴,乃桐汭。(《左传·哀公十五年》)

【疆域盈缩考】楚伐吴,到达桐汭(今江苏高淳县)。可知桐汭属楚,亦可知此时楚、吴的疆界在桐汭。

㉜ (前479)吴人伐慎,白公败之。(《左传·哀公十六年》)

【疆域盈缩考】吴伐楚国的慎地(今安徽颍上县北江口集),楚白公败吴国。据此史料可知吴、楚边界在慎周边。

㉝ (前478)三月,越子伐吴。吴子御之笠泽,夹水而陈。越子为左右句卒,使夜或左或右,鼓噪而进。吴师分以御之。越子以三军潜涉,当吴中军而鼓之,吴师大乱,遂败之。(《左传·哀公十七年》)

(前478)十八年,越益强。越王句践率兵伐败吴师于笠泽。(《史记·吴太伯世家》)

【疆域盈缩考】越败吴。

㉞ (前476)二十年,越王句践复伐吴。(《史记·吴太伯世家》)

【疆域盈缩考】此史料仅记载越伐吴,未详疆域具体盈缩情况。

㉟ (前475)吴公子庆忌骤谏吴子,曰:"不改,必亡。"弗听。出居于艾,遂适楚。(《左传·哀公二十年》)

(前475)二十一年,遂围吴。(《史记·吴太伯世家》)

【疆域盈缩考】吴王离开国都住在艾地(今江西修水县西百里之龙岗坪)。据此史料,可知吴国有艾。

㊱ (前473)冬十一月丁卯,越灭吴。请使吴王居甬东,辞曰:"孤老矣,焉能事君?"乃缢。越人以归。(《左传·哀公二十二年》)

(前473)二十三年十一月丁卯,越败吴。……越王灭吴,诛太宰嚭,以为不忠,而归。(《史记·吴太伯世家》)

【疆域盈缩考】越灭吴。请求让吴王住在甬东(今浙江定海县东之翁山)。据此史料,可知越国有甬东。

从上面的史料系年来看,在前473年之前,吴地的疆域范围大致情况:西境与楚以衡山(楚地)、棘、栎、麻、朱方、居巢、锺离、六、潜、豫章、舒、棠谷为界;东境与越以槜李、姑苏、夫椒、笠泽为界;北境与齐鲁以艾陵、缯为界。

公元前473年,吴地虽全部转属越,但是越并没有完全按吴之疆域与楚为邻,《史记·越王勾践世家》记载:"(前473之后)句践已平吴,乃以兵北渡淮,与齐、晋诸侯会于徐州,致贡于周。周元王使人赐句践胙,命为伯。句践已去,渡淮南,以淮上地与楚,归吴所侵宋地于宋,与鲁泗东方百里。当是时,越兵横行于江、淮东,诸侯毕贺,号称霸王。"越将吴之前侵占的楚国淮上之地、宋国之地,以及鲁泗水以东之地全部物归原主。

自公元前473年至公元前333年,楚越疆域的盈缩变迁需进一步考察。

二 楚与越王勾践之"越"疆域盈缩考

越地的大致疆域状况,据《汉书·地理志》:

> 粤地,牵牛、婺女之分野也。今之苍梧、郁林、合浦、交阯、九真、南海、日南,皆粤分也。……后二十世,至句践称王,与吴王阖庐战,败之槜李。夫差立,句践乘胜复伐吴。吴大破之,栖会稽,臣服请平。后用范蠡、大夫种计,遂伐灭吴,兼并其地。度淮与齐、晋诸侯会,致贡于周。周元王使使赐命为伯,诸侯毕贺。后五世为楚所灭,子孙分散,君服于楚。(《汉书·地理志》)

"粤"即"越",《中国古今地名大辞典·南越》:"汉书作南粤。粤即越也。今人多以两广为粤、闽浙为越矣。"《汉书·地理志》描述的是今两广及闽浙诸越的概况,与越王勾践之"越"混淆在一起。尽管《汉书·地理志》"越""粤"未分,但实际上,越、粤是有别的。杨越、东越等诸越已在上一节讨论,本节只讨论越王勾践之"越"。越王勾践及之后,越地领土盈缩系年为:

1 (未详何年)越王句践,其先禹之苗裔,而夏后帝少康之庶子也。封于会稽,以奉守禹之祀。(《史记·越王勾践世家》)

第八章 楚(含越)及周边诸侯疆域边界考

【疆域盈缩考】《史记正义》:"吴越春秋云:'禹周行天下,还归大越,登茅山以朝四方群臣,封有功,爵有德,崩而葬焉。至少康,恐禹迹宗庙祭祀之绝,乃封其庶子于越,号曰无馀。'《越绝书》:"无馀都,会稽山南故越城是也。"此史料记载越国最初都会稽。据此可知,越国的发展当是以会稽为中心逐步扩大的。

②(前496)吴伐越。越子句践御之,陈于檇李。……灵姑浮以戈击阖庐,阖庐伤将指,取其一屦。还,卒于陉,去檇李七里。(《左传·定公十四年》)

(前496)十九年夏,吴伐越,越王句践迎击之檇李。……越因伐吴,败之姑苏。(《史记·吴太伯世家》)

【疆域盈缩考】释文在本章"楚与吴疆域盈缩考"第23条备述,此不赘述。

③(前494)吴王夫差败越于夫椒,报檇李也。遂入越。越子以甲楯五千,保于会稽。使大夫种因吴大宰嚭以行成,吴子将许之。……三月,越及吴平。吴入越。(《左传·哀公元年》)

(前494)二年,吴王悉精兵以伐越,败之夫椒,报姑苏也。越王句践乃以甲兵五千人栖于会稽。(《史记·吴太伯世家》)

【疆域盈缩考】此史料记载公元前494年吴败越于夫椒,乘势进入越国。越王带部队守会稽山,并请求与吴讲和俯首称臣。吴同意。并长驱直入进入越国。据此史料,可知吴国版图扩张,占领越国全境。

④(前482)六月丙子,越子伐吴。(《左传·哀公十三年》)

(前478)三月,越子伐吴。吴子御之笠泽,夹水而陈。越子为左右句卒,使夜或左或右,鼓噪而进。吴师分以御之。越子以三军潜涉,当吴中军而鼓之,吴师大乱,遂败之。(《左传·哀公十七年》)

(前478)十八年,越益强。越王句践率兵伐败吴师于笠泽。(《史记·吴太伯世家》)

(前476)二十年,越王句践复伐吴。(《史记·吴太伯世家》)

【疆域盈缩考】此史料记载自公元前482至公元前476年,越屡次败吴。

⑤ (前473)冬十一月丁卯,越灭吴。请使吴王居甬东,辞曰:"孤老矣,焉能事君?"乃缢。越人以归。(《左传·哀公二十二年》)
(前473)二十三年十一月丁卯,越败吴。……越王灭吴,诛太宰嚭,以为不忠,而归。(《史记·吴太伯世家》)

【疆域盈缩考】史料记载公元前473年越灭吴,吴王请求住在甬东(今浙江定海县东之翁山),越拒绝。据此史料,可知越国有甬东。

⑥ (前473之后)句践已平吴,乃以兵北渡淮,与齐、晋诸侯会于徐州,致贡于周。周元王使人赐句践胙,命为伯。句践已去,渡淮南,以淮上地与楚,归吴所侵宋地于宋,与鲁泗东方百里。当是时,越兵横行于江、淮东,诸侯毕贺,号称霸王。(《史记·越王句践世家》)

【疆域盈缩考】据此史料可知,虽越灭吴,但是只占领了故吴之地,将吴之前侵占的楚国淮上之地、宋国之地,以及鲁泗水以东之地全部物归原主。

⑦ (前414)(于粤子朱句,)三十四年灭滕。(《史记·越王句践世家》司马贞《索隐》引《竹书纪年》)

【疆域盈缩考】此史料记载,越王朱句复侵泗水以东之地,灭了滕国。据此史料,可知越国版图扩张到泗水以东的滕。

⑧ (前413)(于粤子朱句,)三十五年灭郯。(《史记·越王句践世家》司马贞《索隐》引《竹书纪年》)

【疆域盈缩考】此史料记载,越王朱句北侵,灭了郯国。据此史料,可知越国版图扩张到郯。

⑨ (前405)(翳)六年,伐齐灭缯。(《史记·越王句践世家》司马贞《索隐》)

【疆域盈缩考】此史料记载,越王翳伐泗上小国,灭了缯国。据此史料,可知越国将缯纳入版图。

⑩ (前392)(翳)十九年,伐齐。(《史记·越王句践世家》司马贞《索隐》)

第八章 楚(含越)及周边诸侯疆域边界考

【疆域盈缩考】据此史料,知越向北部扩张伐齐,未详疆域盈缩情况。

11 (前378)(翳)三十三年,徙都吴。(《史记·越王勾践世家》司马贞《索隐》)

【疆域盈缩考】据此史料,越自会稽迁都到旧吴之都。

12 (前373)(孚错枝)寺区定粤乱。(《史记·越王勾践世家》司马贞《索隐》)

【疆域盈缩考】此史料言越国内乱被平定。

13 (前335)(无强)二十一年,我援魏。(《史记·越王勾践世家》司马贞《索隐》)

14 (前334)(无强)二十二年,伐楚,败。(《史记·越王勾践世家》司马贞《索隐》)

(前334)于是越遂释齐而伐楚。楚威王兴兵而伐之,大败越,杀王无强,尽取故吴地至浙江,北破齐于徐州。而越以此散,诸族子争立,或为王,或为君,滨于江南海上,服朝于楚。(《史记·越王勾践世家》)

(前334)越王无疆伐齐。齐王使人说之以伐齐不如伐楚之利,越王遂伐楚。楚人大败之,乘胜尽取吴故地,东至于浙江。越以此散,诸公族争立,或为王,或为君,滨于海上,朝服于楚。(《资治通鉴·周显王三十五年》)

【疆域盈缩考】此史料记载公元前334年楚灭越,吞并故吴国全部领土及越国领土,东方疆域直至浙江(钱塘江)。越国的残留力量,流散在"江南海上",这里的"江",当指的是钱塘江。也就是说,楚所灭之越,为公元前378年越徙都旧吴的越,越之残余南逃到钱塘江以南滨海一带,臣服于楚。

15 (前306)王尝用滑于越,而纳句章,昧之难,越乱,故楚南察濑胡,而野江东。计王之功所以能如此者,越乱而楚治也。"(《战国策·楚策一·楚王问于范环》)

【疆域盈缩考】此史料记载公元前306年楚跨过钱塘江南下,将越国的句章之地纳入版图。据此史料可知,虽然越南迁到钱塘江以南,但实际上是独立于楚国的,直至公元前306年楚将越全部纳入版图。

从上面的史料沿革来看,截至公元前333年,楚国东南界当以浙江(今钱塘江)为分界线,浙江以北全部为楚所吞并,浙江以南属越。在越王勾践这一支脉的"越"之南,还有东越,本章第二节已经考辨,此不赘述。公元前333年楚国形势全图当如图8-2所示:

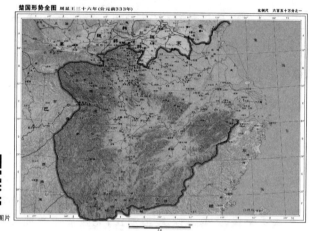

扫描二维码,查看高清图片

图8-2 公元前333年楚国形势全图

第九章
燕(含东胡)及周边诸侯疆域边界考

描述燕国方位及疆域的史料有:

1. (前1122—前221)燕地,尾、箕分野也。武王定殷,封召公于燕,其后三十六世与六国俱称王。东有渔阳、右北平、辽西、辽东,西有上谷、代郡、雁门,南得涿郡之易、容城、范阳、北新城、故安、涿县、良乡、新昌,及勃海之安次,皆燕分也。乐浪、玄菟,亦宜属焉。燕称王十世,秦欲灭六国,燕王太子丹遣勇士荆轲西刺秦王,不成而诛,秦遂举兵灭燕。……上谷至辽东,地广民希,数被胡寇,俗与赵、代相类,有渔盐枣栗之饶。北隙乌丸、夫馀,东贾真番之利。(《汉书·地理志》)

2. (前333)燕东有朝鲜、辽东,北有林胡、楼烦,西有云中、九原,南有呼沱、易水。……南有碣石、雁门之饶,北有枣栗之利,民虽不由田作,枣栗之实足食与民矣。……且夫秦之攻燕也,逾云中、九原,过代、上谷,弥埊踵道数千里,虽得燕城,秦计固不能守也。秦之不能害燕亦明矣。今赵之攻燕也,发兴号令,不至十日,而数十万之众,军于东垣矣。度呼沱,涉易水,不至四五日距国都矣。(《战国策·燕策一·苏秦将为从北说燕文侯》)

3 (前300之后)其后，燕北有东胡、山戎。……燕贤将秦开破走东胡，东胡却千余里。(《史记·匈奴列传》)

4 (未详何年)燕东北边胡，上谷至辽东，地踔远。(《史记·货殖列传》)

史料一燕国"东有渔阳、右北平、辽西、辽东，西有上谷、代郡、雁门，南得涿郡之易、容城、范阳、北新城、故安、涿县、良乡、新昌，及勃海之安次"，但时间跨度从公元前1122年至公元前221年，不详其所言为何时之燕，但可知其大致方位在今河北北部、北京市境内。

史料二为公元前333年苏秦在游说赵肃侯建立以赵国为中心的合纵联盟之前，北上游说燕文侯。据此史料可知燕国的大致疆域：东有朝鲜、辽东、北有林胡、楼烦，西有云中、九原，南有呼沱、易水及碣石、雁门。

史料三所谓"其后"，杨宽《战国史料编年辑证》(873页)："指的是赵武灵王北破林胡、楼烦置云中、雁门、代郡之后。"赵武灵王北破林胡、楼烦置云中、雁门代郡的时间为公元前300年。具体的时间，吕祖谦《大事记·解题》卷四："秦开不知当燕何君之世，然秦武阳乃开之孙，计其年，或在昭王时。"

史料四言燕北与胡邻壤。

上述史料一、二、三、四为不同时期燕国疆域的大致情况，将此四则史料所描述方位和疆域重叠起来，大致可知燕：西有云中、九原；南有碣石、雁门，至滹沱河、易水；北边有东胡、山戎、林胡、楼烦；东有朝鲜、辽东。可分两个区域进行细致考察：(一)上谷－雁门区域；(二)首都蓟区域。其中的"上谷－雁门区域"已在第四章第一节详考，此不赘述。

燕首都蓟区域见诸史料的城邑或部落有：

东胡

1 (前300之后)其后，燕北有东胡、山戎。……燕贤将秦开破走东胡，东胡却千余里。筑长城，自造阳至襄平。置上谷、渔阳、右北平、辽西、辽东郡以拒胡。(《史记·匈奴列传》)

2 (未详何年)燕东北边胡，上谷至辽东，地踔远。(《史记·货殖列传》)

史料一记述在秦开破走东胡之前，燕"北有东胡、山戎"，之后才"筑长城，自造阳至襄平。置上谷、渔阳、右北平、辽西、辽东郡以拒胡"，可见，在公元前300年之前，燕北有东胡、山戎，且燕国的襄平至造阳、上谷郡、渔阳郡、右北平郡、辽西郡、辽东郡当都在东胡、山戎的活动范围。史料二言燕国东北与胡界边，此"胡"，当即"东胡"，又言"上谷至辽东，地踔远"，按文意，当是接上文，指的是"边胡"之"胡"的活动范围。这么来看，史料二与史料一是相互呼应的，史料二所言是东胡活动的大致走向，而史料一是具体活动范围：自上谷至造阳、襄平，以南的渔阳、右北平、辽西、辽东（E18—E19—E20）。

从上面的史料分析来看，公元前333年东胡未被破走之时，燕国的版图蜷缩在自上谷至造阳、襄平一线的渔阳、右北平、辽西、辽东之南的区域内。也即，要考察前333年燕国北境的疆界，实际上就是考察燕国在秦开破走东胡后所设渔阳郡、右北平郡、辽西郡、辽东郡的南界。上谷，《史记正义》："今妫州也，在幽州西北。"钱穆《史记地名考》："汉上谷郡治沮阳，今察哈尔怀来县南。"当今河北怀来县南。渔阳，《史记正义》："括地志云：渔阳故城在檀州密云县南十八里，在渔水之阳也。"钱穆《史记地名考》："秦、汉渔阳郡治渔阳，今河北密云县西南三十里。"其地当在今北京市密云县。右北平，钱穆《史记地名考》："渔阳东七十里之右北平城当在今玉田县界。"其地在今河北玉田县。辽西，钱穆《史记地名考》："今河北抚宁县西，或说在今滦县西南。"襄平，《史记索隐》："韦昭云：今辽东所理。"《史记正义》："辽东郡在辽水东，始皇长城东至辽水，西南至海上。"钱穆《史记地名考》："汉辽东郡治襄平，今辽宁辽阳县北。秦长城不尽于此，如正义说。"造阳，钱穆《史记地名考》："通典：造阳在妫州北。唐妫州，今察哈尔怀来县治。"当今河北怀来沽源县北。

在上述这几个区域之内，还有几个有助于明确疆域的地名：

孤竹、令支

[1]（未详何年）伯夷、叔齐，孤竹君之二子也。（《史记·伯夷列传》）

[2]（前664）（齐桓公）遂北伐山戎，刜令支，斩孤竹而南归，海滨诸侯莫敢不来服。（《国语·齐语》）

孤竹之方位，《史记正义》引《括地志》："孤竹古城在卢龙县南十二里，殷时诸侯孤竹国也。"《史记索隐》:"地理志孤竹城在辽西令支县。应劭云伯夷之国也。"《史记正义》与《史记索隐》所指方位不同,不详孰是。从近代考古发现来看,在今河北北部、辽宁西部等地出土过大批与孤竹相关的器物,彭华《燕国史稿》(189页)综合传世文献和出土文献,认定:"孤竹国的疆域在西南起今河北迁安、卢龙,沿渤海北岸东抵辽宁兴城,北达辽宁北票和内蒙古敖汉旗南部的广袤范围之内。"令支,韦昭《国语·齐语》注曰:"令支,今为县,属辽西郡,孤竹之城存焉。"彭华《燕国史稿》(191页)综合传世文献后认为:"令支故城就在今河北迁安市一带。其活动范围肯定超过迁安一带,东部已到辽西的西部地区。"从史料二来看,公元前664年山戎伐燕,燕国向齐国求救,齐桓公"北伐山戎,刜令支,斩孤竹而南归",根据此后史料中再无孤竹、令支的记载,彭华《燕国史稿》(189页、192页)认为,孤竹国在此役中被灭国,令支就此溃散,其部众或融于燕国,或散入东胡。从史料来看,彭华的判断可从。

无终

1 (前569)无终之子嘉父使孟乐如晋。(《左传·襄公四年》)

2 (前541)晋中行穆子败无终及群狄于大原。(《左传·昭公元年》)

无终之活动范围,杨伯峻《春秋左传注》(935页)综合各家之说曰:"无终,山戎国名。疑本在今山西太原市东,后为晋所并,迁至今河北涞源一带,又奔于今蓟县治,最后被逼至张家口市北长城之外。"《图集》将其标绘在今河北蓟县。从战国历史来看,无终被逼走至张家口北长城外的时间当是秦开破走东胡之时。也即,此时的无终在东胡与燕接壤处,公元前333年当仍存在"无终戎"。

徐无

1 (未详何年)余无都瑞。(《陶汇》3·752)

徐无,《图集》无,第二章第二节补释其地在今河北唐山市遵化市东(E19)。吴良宝引董珊《释燕系文字中的"无"字》,认为属燕地。[①]

---

① 吴良宝:《〈中国历史地图集〉战国部分地名校补》,《中国历史地理论丛》,2006年7月,第21卷第3辑,第144—151页。

沟城

|1| （未详何年）沟城都司徒（《玺汇》0017）

沟城，《图集》无，第二章第二节补释其地在今河北廊坊市三河市境（F17）。吴良宝引黄盛璋《所谓"夏墟都"三玺与夏都问题》，认定为燕国境内之地。①

有了孤竹、令支、无终的活动范围，再结合其周边徐无、沟城属燕的史料及周边的山形，按照山川形便的原则划分疆域，大致可认定公元前664年齐桓公助燕破山戎之后，将山地以南的孤竹、令支疆域纳入版图，山地以北的散入山戎，而无终在山地周边，沟城以东，当为东胡与燕之中间地带的独立戎国。

这样，燕国北部的疆域基本可以确定：西起古湖灌水（今白河），往东自今北京市密云区，天津市蓟州区，河北迁西县北，河北秦皇岛市山海关一带。其他史料所载朝鲜、辽东等地，在公元前333年，未在燕国版图之内。

在燕国北部疆域与南部疆域（南部疆界的燕国城邑在第四章第二节有详细考证，此不赘述）之间，除了之前提到临近赵国的候台、金台、武阳、汾门（长城门）、龙兑、武遂、三台、广养城、夏屋、唐（阳）、武垣、高阳、阿（安、葛）、容城、易、文安、平舒等城邑之外，属于燕国都城蓟周边区域的燕国城邑还有：

蓟丘

|1| （前278）蓟丘之植，植于汶篁。（《史记·乐毅列传》）

"蓟丘"与"蓟城"为二地。第二章第二节补释其地大致在今北京市西城区白云观一带（F17）。

安次

|1| （未详何年）安即生晨。（《玺汇》3453）

安次，《图集》无，第二章第二节补释其地在今河北廊坊市安次区（F17）。

---

① 吴良宝：《〈中国历史地图集〉战国部分地名校补》，《中国历史地理论丛》，2006年7月，第21卷第3辑，第144—151页。

泉州

1️⃣（未详何年）[正面]郾（燕）王职乍（作）雩萃锯（戳），[背面]㴲州都尉。（《集成》11304）

"㴲州"即"泉州"，第二章第二节补释其地在今天津市武清区西（F18）。此戈据考证为燕国铸造兵器。

方城、武遂

1️⃣（前311—前279）燕襄王以河为境，以蓟为国，袭涿、方城，残齐，平中山。（《韩非子·有度》）

2️⃣（前243）李牧将，攻燕，拔武遂、方城。……城韩皋。（《史记·赵世家》）

（前243）赵使李牧攻燕，拔武遂、方城。（《史记·燕召公世家》）

方城，在今河北固安县西南（F17）；武遂，在今河北满城县东北（F16）。

韩皋

1️⃣（前243）二年……城韩皋。（《史记·赵世家》）

2️⃣（未详何年）䶈刀。（《货系》2340）

韩皋，《图集》无，第二章第二节补释其地在今河北廊坊市固安县东南（F17）。

临乐

1️⃣（前247）十九年，赵与燕易土：以龙兑、汾门、临乐与燕，燕以葛、武阳、平舒与赵。（《史记·赵世家》）

临乐，在今河北固安县西南（F17）。

综上，公元前333年燕国形势全图大致如图9—1所示：

第九章 燕(含东胡)及周边诸侯疆域边界考

图 9-1 公元前 333 年燕国形势全图

总-1 公元前 333 年诸侯疆域形势图

附 录
战国诸侯年表[①]

时间	周	秦	赵	魏	韩	楚	燕	姜齐/田齐	宋	越	晋	鲁	卫	中山	郑
前481	周敬王39	秦悼公10	赵简子37	魏献子	韩宣子	楚惠王8	燕孝公12	姜齐简公4	宋景公36	勾践16	晋定公31	鲁哀公14	卫出公12		郑声公20
前480	40	11	38			9	13	姜齐平公1	37	17	32	15	卫庄公1		21
前479	41	12	39			10	14	2	38	18	33	16 孔子卒	2		22
前478	42	13	40			11	15	3	39	19	3	34	17		23
前477	43	14	41			12	16	4	40	20	35	18	卫君起1		24
前476	44	秦厉公1	42			13	17	5	41	21	36	19	卫出公后1		25
前475	周元王1	2	赵襄子1			14	18	6	42	22	37	20	2		26
前474	2	3	2			15	19	7	43	23	晋出公1	21	3		27

---

① 此年表在杨宽《列国纪年订正表》(辑录于《战国史料编年辑证》,台北:商务印书馆,2002年,第81—99页)基础上补充了宋、越、晋、鲁、卫、中山和郑。

附录　战国诸侯年表　675

续表

时间	周	秦	赵	魏	韩	楚	燕	姜齐/田齐	宋	越	晋	鲁	卫	中山	郑
前473	3	4	3			16	20	8	44	24	2	22	4		28
前472	4	5	4			17	21	9	45	25	3	23	5		29
前471	5	6	5			18	22	10	46	26	4	24	6		30
前470	6	7	6		韩贞子立	19	23	11	47	27	5	25	7		31
前469	7	8	7			20	24	12	48	28	6	26	卫悼公1		32
前468	周贞定王1	9	8			21	25	13	宋昭公1	29	7	27	2		33
前467	2	10	9			22	26	14	2	30	8	鲁悼公1	3		34
前466	3	11	10			23	27	15	3	31	9	2	4		35
前465	4	12	11	魏襄子立	韩简子立	24	28	16	4	32	10	3	5		36
前464	5	13	12			25	29	17	5	33	11	4	卫敬公1		37
前463	6	14	13			26	30	18	6	鹿郢1	12	5	2		38
前462	7	15	14			27	31	19	7	2	13	6	3		郑哀公1
前461	8	16	15			28	32	20	8	3	14	7	4		2
前460	9	17	16	魏桓子立	韩庄子立	29	33	21	9	4	15	8	5		3
前459	10	18	17			30	34	22	10	5	16	9	6		4
前458	11	19	18			31	35	23	11	6	17	10	7		5
前457	12	20	19			32	36	24	12	不寿1	18	11	8		6
前456	13	21	20			33	37	25	13	2	19	12	9		7
前455	14	22	21			34	38	姜齐宣公1	14	3	20	13	10		8 郑共公1
前454	15	23	22			35	燕成公1	2	15	4	21	14	11		2
前453	16	24	23			36	2	3	16	5	22	15	12		3
前452	17	25	24			37	3	4	17	6	23	16	13		4
前451	18	26	25			38	4	5	18	7	晋哀公1	17	14		5

续表

时间	周	秦	赵	魏	韩	楚	燕	姜齐/田齐	宋	越	晋	鲁	卫	中山	郑
前450	19	27	26			39	5	6	19	8	2	18	15		6
前449	20	28	27			40	6	7	20	9	3	19	16		7
前448	21	29	28			41	7	8	21	10	4	20	17		8
前447	22	30	29			42	8	9	22	朱勾1	5	21	18		9
前446	23	31	30			43	9	10	23	2	6	22	19		10
前445	24	32	31	魏文侯1		44	10	11	24	3	7	23	20		11
前444	25	33	32	2		45	11	12	25	4	8	24	21		12
前443	26	34	33	3		46	12	13	26	5	9	25	22		13
前442	27	秦躁公1	34	4		47	13	14	27	6	10	26	23		14
前441	28	2	35	5		48	14	15	28	7	11	27	24		15
前440	周考王1	3	36	6		49	15	16	29	8	12	28	25		16
前439	2	4	37	7		50	16	17	30	9	13	29	26		17
前438	3	5	38	8		51	燕闵公1	18	31	10	14	30	27		18
前437	4	6	39	9		52	2	19	32	11	15	31	28		19
前436	5	7	40	10		53	3	20	33	12	16	鲁元公1	29		20
前435	6	8	41	11		54	4	21	34	13	17	2	30		21
前434	7	9	42	12		55	5	22	35	14	18	3	31		22
前433	8	10	43	13		56	6	23	36	15	晋幽公1	4	32		23
前432	9	11	44	14		57	7	24	37	16	2	5	33		24
前431	10	12	45	15		楚简王1	8	25	38	17	3	6	卫昭公1		25
前430	11	13	46	16		2	9	26	39	18	4	7	2		26
前429	12	14	47	17		3	10	27	40	19	5	8	3		27
前428	13	秦怀公1	48	18		4	11	28	41	20	6	9	4		28
前427	14	2	49	19		5	12	29	42	21	7	10	5		29

附录　战国诸侯年表　677

续表

时间	周	秦	赵	魏	韩	楚	燕	姜齐/田齐	宋	越	晋	鲁	卫	中山	郑
前426	15	3	50	20		6	13	30	43	22	8	11	6		30
前425	周威烈王1	4	51	21		7	14	31	44	23	9	12	卫怀公1		31
前424	2	秦灵公1	赵桓子1	22	韩武子1	8	15	32	45	24	10	13	2		32
前423	3	2	赵献侯1	2	2	9	16	33	46	25	11	14	3		郑幽公1
前422	4	3	2	3	3	10	17	34	47	26	12	15	4		郑繻公1
前421	5	4	3	4	4	11	18	35	48	27	13	16	5		2
前420	6	5	4	5	5	12	19	36	49	28	14	17	6		3
前419	7	6	5	6	6	13	20	37	50	29	15	18	7		4
前418	8	7	6	7	7	14	21	38	51	30	16	19	8		5
前417	9	8	7	8	8	15	22	39	52	31	17	20	9		6
前416	10	9	8	9	9	16	23	40	53	32	18	21	10		7
前415	11	10	9	10	10	17	24	41	54	33	晋烈公1	鲁穆公1	11		8
前414	12	秦简公1	10	11	11	18	燕简公1	42	55	34	2	2	卫慎公1	中山武公1	9
前413	13	2	11	12	12	19	2	43	56	35	3	3	2	2	10
前412	14	3	12	13	13	20	3	44	57	36	4	4	3	3	11
前411	15	4	13	14	14	21	4	45	58	37	5	5	4	4	12
前410	16	5	14	15	15	22	5	46	59	翳1	6	6	5	5	13
前409	17	6	15	16	16	23	6	47	60	2	7	7	6	6	14
前408	18	7	赵烈侯1	17	韩景侯1	24	7	48	61	3	8	8	7	7	15
前407	19	8	2	18	2	楚声王1	8	49	62	4	9	9	8	8	16
前406	20	9	3	19	3	2	9	50	63	5	10	10	9	9	17
前405	21	10	4	20	4	3	10	51	64	6	11	11	10		18
前404	22	11	5	21	5	4	11	姜齐康公1	65	7	12	12	11		19

续表

时间	周	秦	赵	魏	韩	楚	燕	姜齐/田齐	宋	越	晋	鲁	卫	中山	郑
前403	23	12	6	22	6	5	12	2	宋悼公1	8	13	13	12		20
前402	24	13	7	23	7	6	13	3	2	9	14	14	13		21
前401	周安王1	14	8	24	8	楚悼王1	14	4	3	10	15	15	14		22
前400	2	15	9	25	9	2	15	5	4	11	16	16	15		23
前399	3	秦惠公1	赵武公1	26	韩烈侯1	3	16	6	5	12	17	17	16		24
前398	4	2	2	27	2	4	17	7	6	13	18	18	17		25
前397	5	3	3	28	3	5	18	8	7	14	19	19	18		26
前396	6	4	4	29	4	6	19	9	8	15	20	20	19		27
前395	7	5	5	魏武侯1	5	7	20	10	9	16	21	21	20		郑康公1
前394	8	6	6	2	6	8	21	11	10	17	22	22	21		2
前393	9	7	7	3	7	9	22	12	11	18	23	23	22		3
前392	10	8	8	4	8	10	23	13	12	19	24	24	23		4
前391	11	9	9	5	9	11	24	14	13	20	25	25	24		5
前390	12	10	10	6	10	12	25	15	14	21	26	26	25		6
前389	13	11	11	7	11	13	26	16	15	22	27	27	26		7
前388	14	12	12	8	12	14	27	17	16	23	晋桓公1	28	27		8
前387	15	13	13	9	13	15	28	18	17	24	2	29	28		9
前386	16	秦出公1	赵敬侯1	10	韩文侯1	16	29	田齐太公1	18	25	3	30	29		10
前385	17	2	2	11	2	17	30	2	宋休公1	26	4	31	30		11
前384	18	秦献公1	3	12	3	18	31	田齐废公1	2	27	5	32	31		12
前383	19	2	4	13	4	19	32	2	3	28	6	33	32		13
前382	20	3	5	14	5	20	33	3	4	29	7	鲁共公1	卫声公1		14
前381	21	4	6	15	6	21	34	4	5	30	8	2	2		15

附录　战国诸侯年表　679

续表

时间	周	秦	赵	魏	韩	楚	燕	姜齐/田齐	宋	越	晋	鲁	卫	中山	郑
前380	22	5	7	16	7	楚肃王1	35	5	6	31	9	3	3		16
前379	23	6	8	17	8	2	36	6	7	32	10	4	4	中山桓公复国	17
前378	24	7	9	18	9	3	37	7	8	33	11	5	5	中山桓公1	18
前377	25	8	10	19	10	4	38	8	9	34	12	6	6	2	19
前376	26	9	11	20	韩哀侯1	5	39	9	10	35	13	7	7	3	20
前375	周烈王1	10	12	21	2	6	40	10	11	36	14	8	8	4	21
前374	2	11	赵成侯1	22	韩懿侯1	7	41	田齐桓公1	12	孚错枝1	15	9	9	5	
前373	3	12	2	23	2	8	42	2	13	2	16	10	10	6	
前372	4	13	3	24	3	9	43	3	14	初无余之1	17	11	11	7	
前371	5	14	4	25	4	10	44	4	15	2	18	12	卫成侯1	8	
前370	6	15	5	26	5	11	45	5	16	3	19	13	2	9	
前369	7	16	6	魏惠王1	6	楚宣王1	燕桓公1	6	17	4	20	14	3	10	
前368	周显王1	17	7	2	7	2	2	7	18	5		15	4	11	
前367	2	18	8	3	8	3	3	8	19	6		16	5	12	
前366	3	19	9	4	9	4	4	9	20	7		17	6	13	
前365	4	20	10	5	10	5	5	10	21	8		18	7	14	
前364	5	21	11	6	11	6	6	11	22	9		19	8	15	
前363	6	22	12	7	12	7	7	12	23	10		20	9	16	
前362	7	23	13	8	韩昭侯1	8	8	13	宋桓公1	11		21	10	17	

续表

时间	周	秦	赵	魏	韩	楚	燕	姜齐/田齐	宋	越	晋	鲁	卫	中山	郑
前361	8	秦孝公1	14	9	2	9	燕文公1	14	2	12		22	11	18	
前360	9	2	15	10	3	10	2	15	3	无颛1		23	12	19	
前359	10	3	16	11	4	11	3	16	4	2		24	13	20	
前358	11	4	17	12	5	12	4	17	5	3		25	14	21	
前357	12	5	18	13	6	13	5	18	6	4		26	15	22	
前356	13	6	19	14	7	14	6	田齐威王1	7	5		27	16	23	
前355	14	7	20	15	8	15	7	2	宋剔成君1	6		28	17	24	
前354	15	8	21	16	9	16	8	3	2	7		29	18	25	
前353	16	9	22	17	10	17	9	4	3	8		30	19	26	
前352	17	10	23	18	11	18	10	5	4	9		鲁康公1	20	27	
前351	18	11	24	19	12	19	11	6	5	10		2	21	28	
前350	19	12	25	20	13	20	12	7	6	11		3	22	29	
前349	20	13	赵肃侯1	21	14	21	13	8	7	12		4	23	30	
前348	21	14	2	22	15	22	14	9	8	13		5	24	31	
前347	22	15	3	23	16	23	15	10	9	14		6	25	32	
前346	23	16	4	24	17	24	16	11	10	15		7	26	33	
前345	24	17	5	25	18	25	17	12	11	16		8	27	34	
前344	25	18	6	26	19	26	18	13	12	17		9	28	35	
前343	26	19	7	27	20	27	19	14	13	18		鲁景公1	29	36	
前342	27	20	8	28	21	28	20	15	14	无强1		2	卫平侯1	37	
前341	28	21	9	29	22	29	21	16	15	2		3	2	38	
前340	29	22	10	30	23	30	22	17	16	3		4	3	39	
前339	30	23	11	31	24	楚威王1	23	18	17	4		5	4	中山成公1	
前338	31	24	12	32	25	2	24	19	18	5		6	5	2	

附录　战国诸侯年表

续表

时间	周	秦	赵	魏	韩	楚	燕	姜齐/田齐	宋	越	晋	鲁	卫	中山	郑
前337	32	秦惠文王1	13	33	26	3	25	20	19	6		7	6	3	
前336	33	2	14	34	27	4	26	21	20	7		8	7	4	
前335	34	3	15	35	28	5	27	22	21	8		9	8	5	
前334	35	4	16	36更元1	29	6	28	23	22	9		10	卫嗣君1	6	
前333	36	5	17	2	30	7	29	24	23	10		11	2	7	
前332	37	6	18	3	韩宣惠王1	8	燕易王1	25	24	11		12	3	8	
前331	38	7	19	4	2	9	2	26	25	12		13	4	9	
前330	39	8	20	5	3	10	3	27	26	13		14	5	10	
前329	40	9	21	6	4	11	4	28	27	14		15	6	11	
前328	41	10	22	7	5	楚怀王1	5	29	宋王偃1	15		16	7	12	
前327	42	11	23	8	6	2	6	30	2	16		17	8	中山王𰻝1	
前326	43	12	24	9	7	3	7	31	3	17		18	9	2	
前325	44	13	赵武灵王1	10	8	4	8	32	4	18		19	10	3	
前324	45	14更元1	2	11	9	5	9	33	5	19		20	11	4	
前323	46	2	3	12	10	6	10	34	6	20		21	12	5	
前322	47	3	4	13	11	7	11	35	7	21		鲁平公1	13	6	
前321	48	4	5	14	12	8	12	36	8	22		2	14	7	
前320	周慎靓王1	5	6	15	13	9	燕王哙1	37	9	23		3	15	8	
前319	2	6	7	16	14	10	2	田齐宣王	10	24		4	16	9	
前318	3	7	8	魏襄王1	15	11	3	2	11	25		5	17	10	
前317	4	8	9	2	16	12	4	3	12	26		6	18	11	

续表

时间	周	秦	赵	魏	韩	楚	燕	姜齐/田齐	宋	越	晋	鲁	卫	中山	郑
前316	5	9	10	3	17	13	5	4	13	27		7	19	12	
前315	6	10	11	4	18	14	6	5	14	28		8	20	13	
前314	周王赧1	11	12	5	19	15	7	6	15	29		9	21	14	
前313	2	12	13	6	20	16	8	7	16	30		10	22	15	
前312	3	13	14	7	21	17	9	8	17	31		11	23	中山王(姜子)1	
前311	4	14	15	8	韩襄王1	18	燕昭王1	9	18	32		12	24	2	
前310	5	秦武王1	16	9	2	19	2	10	19	33		13	25	3	
前309	6	2	17	10	3	20	3	11	20	34		14	26	4	
前308	7	3	18	11	4	21	4	12	21	35		15	27	5	
前307	8	4	19	12	5	22	5	13	22	36		16	28	6	
前306	9	秦昭襄王1	20	13	6	23	6	14	23	37		17	29	7	
前305	10	2	21	14	7	24	7	15	24			18	30	8	
前304	11	3	22	15	8	25	8	16	25			19	31	9	
前303	12	4	23	16	9	26	9	17	26			20	32	10	
前302	13	5	24	17	10	27	10	18	27			鲁文公1	33	11	
前301	14	6	25	18	11	28	11	19	28			2	34	12	
前300	15	7	26	19	12	29	12	田齐闵王1	29			3	35	13	
前299	16	8	27	20	13	30	13	2	30			4	36	14	
前298	17	9	赵惠文王1	21	14	楚顷襄王1	14	3	31			5	37	中山王尚1	
前297	18	10	2	22	15	2	15	4	32			6	38	2	
前296	19	11	3	23	16	3	16	5	33			7	39	3	
前295	20	12	4	魏昭王1	韩厘王1	4	17	6	34			8	40		
前294	21	13	5	2	2	5	18	7	35			9	41		

续表

时间	周	秦	赵	魏	韩	楚	燕	姜齐/田齐	宋	越	晋	鲁	卫	中山	郑
前293	22	14	6	3	3	6	19	8	36			10	42		
前292	23	15	7	4	4	7	20	9	37			11	卫怀君1		
前291	24	16	8	5	5	8	21	10	38			12	2		
前290	25	17	9	6	6	9	22	11	39			13	3		
前289	26	18	10	7	7	10	23	12	40			14	4		
前288	27	19	11	8	8	11	24	13	41			15	5		
前287	28	20	12	9	9	12	25	14	42			16	6		
前286	29	21	13	10	10	13	26	15	43			17	7		
前285	30	22	14	11	11	14	27	16				18	8		
前284	31	23	15	12	12	15	28	17				19	9		
前283	32	24	16	13	13	16	29	田齐襄王1				20	10		
前282	33	25	17	14	14	17	30	2				21	11		
前281	34	26	18	15	15	18	31	3				22	12		
前280	35	27	19	16	16	19	32	4				23	13		
前279	36	28	20	17	17	20	33	5				鲁顷公1	14		
前278	37	29	21	18	18	21	燕惠王1	6				2	15		
前277	38	30	22	19	19	22	2	7				3	16		
前276	39	31	23	魏安厘王1	20	23	3	8				4	17		
前275	40	32	24	2	21	24	4	9				5	18		
前274	41	33	25	3	22	25	5	10				6	19		
前273	42	34	26	4	23	26	6	11				7	20		
前272	43	35	27	5	韩桓惠王1	27	7	12				8	21		
前271	44	36	28	6	2	28	燕武成王1	13				9	22		
前270	45	37	29	7	3	29	2	14				10	23		
前269	46	38	30	8	4	30	3	15				11	24		
前268	47	39	31	9	5	31	4	16				12	25		

续表

时间	周	秦	赵	魏	韩	楚	燕	姜齐/田齐	宋	越	晋	鲁	卫	中山	郑
前267	48	40	32	10	6	32	5	17				13	26		
前266	49	41	33	11	7	33	6	18				14	27		
前265	50	42	赵孝成王1	12	8	34	7	19				15	28		
前264	51	43	2	13	9	35	8	田齐王建1				16	29		
前263	52	44	3	14	10	36	9	2				17	30		
前262	53	45	4	15	11	楚考烈王1	10	3				18	31		
前261	54	46	5	16	12	2	11	4				19	32		
前260	55	47	6	17	13	3	12	5				20	33		
前259	56	48	7	18	14	4	13	6				21	34		
前258	57	49	8	19	15	5	14	7				22	35		
前257	58	50	9	20	16	6	燕孝王1	8				23	36		
前256	59	51	10	21	17	7	2	9				24	37		
前255		52	11	22	18	8	3	10					38		
前254		53	12	23	19	9	燕王喜1	11					39		
前253		54	13	24	20	10	2	12							
前252		55	14	25	21	11	3	13							
前251		56	15	26	22	12	4	14							
前250		秦孝文王1	16	27	23	13	5	15							
前249		秦庄襄王1	17	28	24	14	6	16							
前248		2	18	29	25	15	7	17							
前247		3	19	30	26	16	8	18							
前246		秦王政1	20	31	27	17	9	19							
前245		2	21	32	28	18	10	20							
前244		3	赵悼襄王1	33	29	19	11	21							

续表

时间	周	秦	赵	魏	韩	楚	燕	姜齐/田齐	宋	越	晋	鲁	卫	中山	郑
前243		4	2	34	30	20	12	22							
前242		5	3	魏景愍王1	31	21	13	23							
前241		6	4	2	32	22	14	24							
前240		7	5	3	33	23	15	25							
前239		8	6	4	34	24	16	26							
前238		9	7	5	韩王安1	25	17	27							
前237		10	8	6	2	楚幽王1	18	28							
前236		11	9	7	3	2	19	29							
前235		12	赵幽缪王1	8	4	3	20	30							
前234		13	2	9	5	4	21	31							
前233		14	3	10	6	5	22	32							
前232		15	4	11	7	6	23	33							
前231		16	5	12	8	7	24	34							
前230		17	6	13	9	8	25	35							
前229		18	7	14		9	26	36							
前228		19	8	15		10	27	37							
前227		20	代王嘉1	魏王假1		楚王负刍1	28	38							
前226		21	2	2		2	29	39							
前225		22	3	3		3	30	40							
前224		23	4			4	31	41							
前223		24	5			5	32	42							
前222		25	6				33	43							
前221		26						44							
前220		27													

战国地名索引

二划

九夷(东夷) ………………… —500—
九江郡 ……………………… —264—
九里(臼里) ………………… —333—
九限 ………………………… —391—
九原 ………………………… —391—
几 …………………………… —432—

三划

三川郡 ……………………… —260—
三户 ………………………… —535—
三台 ………………… —122—,—160—
三亭 ………………………… —351—
三梁 ……………… *请参阅* 南梁(三梁)
於陵 ………………………… —472—
干河 ………………………… —276—
土匀 ………………… —178—,—531—
下东国 …… *请参阅* 东国(下东国、东地)
下东国(东国、东地) ………… —68—
下邑(下) …………………… —202—
下博 ………………………… —201—
下落 ………………………… —201—
大阴(阴) …………………… —66—
大沟(河沟) ………………… —64—
大陆 ……………… *请参阅* 大陵(大陆、平陵)
大荔 ………………………… —524—
大陵(大陆、平陵) ………… —291—
大野泽 ……………………… —65—
大梁 ………………………… —353—
大箕(箕) …………………… —65—
弋阳 ………………………… —229—
上艾 ………………………… —166—
上曲阳(曲阳) ……………… —167—
上邡 ……………… *请参阅* 邡(上邡)
上谷郡 ……………………… —253—
上洛 ………………………… —330—
上郡 ………………………… —257—
上党郡 ……………………… —260—
上唐 ………………………… —168—
上容 ………………… —167—,—360—

战国地名索引

上庸	—536—
上博	—166—
上蔡	请参阅 蔡(上蔡)
上赣	—167—
小黄	—432—
山阳	—163—，—308—
山南	—163—，—334—
山桑	—163—
千亩	—149—
千乘	—474—
勺梁	—165—
广阳郡	—264—
广武	—346—
广衍	—97—
广养城	—96—
义渠戎	—525—
义渠县	—249—
女盐池	—137—
女戟	—137—
马服	—296—
马陵	—296—，—351—，—446—

四划

王公台	—251—
王垣	—180—
王屋	—180—
天唐	—176—
元里(邧)	—521—
元城	—428—
无穷	—185—
无穷之门	—375—
无终	—670—
无盐	—476—
云中	—391—
云中郡	—189—，—253—

五阰	—196—
五花台	—252—
五俓	—195—
五都	请参阅 五渚(五都)
五渚(五都)	—198—
市丘	—344—
币丘	请参阅 富丘(币丘)
不其	—53—
太山	—472—
太丘	—173—
太原	—174—
太原郡	—261—
历山	请参阅 磨山(历山)
巨阳	—260—，—261—，—560—
巨防	请参阅 防(巨防)
巨鹿郡	—265—
屯留(纯留)	—299—
少曲	—162—
少海(沙海)	—354—
少梁	请参阅 梁(少梁、夏阳)
中人(中阳)	—241—，—401—
中山	—395—
中阳	请参阅 中人(中阳)
中牟	—242—
中邑	—243—
中都	请参阅 西都(中都)
午道	—187—
牛阑	—359—
长子(尚子)	—301—
长平	—57—
长平水	—58—
长羊	—61—
长阳宫	—252—
长沙	请参阅 重丘(长沙、垂沙)
长社	—351—
长城	

中山长城	—399—	艾陵	—481—
赵邯郸长城	—421—	左氏	—447—
齐长城	—473—	左邑	—238—
赵武灵王长城	—253—	左邑县	—250—
楚长城	请参阅 方城	左郭	—237—
燕长城	—253—,—408—	右北平郡	—253—
魏大梁长城	—355—	右壤	请参阅 平陆(右壤)
魏河西长城	—512—	石门	—516—
长城门	请参阅 汾门(长城门)	石门(尧门山)	—169—
仁	—432—	石邑	—402—
什谷	—333—	龙兑	—409—
公陵	—92—	龙泽	—126—
丹水	—67—	平丘	—435—
丹丘	—403—	平台	—143—
丹阳	—335—	平阳	—424—,—431—
丹徒	—265—	平阴	—387—
乌氏戎	—585—	平邑	—387—,—426—
乌氏县	—249—	平陆(右壤)	—475—
乌程	—184—	平阿	—139—
卞	请参阅 下邑(卞)	平周	—276—,—280—,—282—
六	—99—	平城	—140—
文台	—183—	平都	—141—,—531—
文安	—183—	平原	—414—
方与	—78—,—254—,—361—, —559—,—672—	平陵	—110—,请参阅 大陵(大陆、平陵),请参阅 襄陵(平陵),请参阅菱夫(金陵、平陵)
户牖	—435—	平陶	—144—
尹城	—231—,—291—	平舒	—141—
巴国	—608—	平舒(徐州)	—142—
巴郡	—250—	平舆	—562—
邓	—256—,—364—	东地	请参阅东国(下东国、东地)
冊丘(贯丘)	—96—	东夷	请参阅 九夷(东夷)
五划		东阳	—70—
邘	—235—	东武城	—69—
邛(临邛)	—251—	东国(下东国、东地)	—68—
甘泉	—600—	东垣	—402—

东莒	请参阅 莒(东莒)	宁	—136—
东胡	—668—	宁秦	—249—
东闾	—71—	宁陵	—558—
东郡	—261—	宁葭	—403—
东越	—652—	宁新中	—260—
北平	—46—	永陵	—233—
北地郡	—257—	辽东郡	—253—
北宅	请参阅 宅阳(北宅)	辽西郡	—253—
北林	请参阅 林(林中、林乡、北林、棐林)	召陵	请参阅 邵(召陵)
北征	请参阅 征(北征)	皮氏	—528—
北蔺	请参阅 蔺(北蔺)	皮牢	—276—

六划

卢氏	—319—，—331—
卢奴	—127—
叶庭	请参阅 叶(叶庭)
冉駹	—649—
代	—276—
代郡	—253—
仪台	—544—
白马口	—46—
白马氏	—649—
令支	—669—
乐阳	—117—
乐城	—117—
句注山	—379—
句莫	请参阅 姑幕(句莫)
句渎	—544—
句渎(句犊)	—92—
句犊	请参阅 句渎(句犊)
外黄	—557—
邙(盲)	—131—
玄武	请参阅 泫氏(玄武)
兰陵	请参阅 次室(兰陵)
汉中	—335—
汉中郡	—251—
汉北	—536—

邢	—393—
祁	请参阅 元里(祁)
扞关	—646—
扞关(糜关、挺关)	—90—
巩	—333—
共	—308—
芒砀	请参阅 芒易(芒砀)
芒易(芒砀)	—131—
西山	—319—，—572—
西成	—199—
西南夷	—648—
西垒壁	—259—
西都(中都)	—199—
西陵	—647—
列人	—421—
成(成都)	—251—
成固	—61—
成都	请参阅 成(成都)
成皋	—327—
夷陵	—647—
尧门山	请参阅 石门(尧门山)
光狼城	—96—

当城	—68—	安陆	—44—
曲阳	请参阅 上曲阳(曲阳)	安城	—356—
曲沃	—329—	安陵	—43—
曲逆	—406—	安陵(鄢陵)	—349—
同是(铜鞮)	—298—	安陵国	—254—
刚	—452—	祁	—297—
刚平	—445—	许	—349—
先俞	—379—	阳	—222—,请参阅 唐(阳)
休	—498—	阳人	—334—
臼里	请参阅 九里(臼里)	阳丘	—227—
延陵	—219—	阳曲	—227—
华阳	—344—,—403—	阳关	—476—,—612—
华阴	—108—	阳池	—224—
伊阙	—323—	阳邑	—292—
会稽郡	—265—	阳武	—356—
合阳(郃阳)	—512—	阳周	—228—
负黍	—325—	阳狐	—226—,—225—
邬	—281—	阳	—222—
齐城	—147—	阳城	—223—
齐郡	—266—	阳侯	—226—
次室(兰陵)	—260—,—497—	阳侯之塞	—168—
亘	请参阅 邙(亘)	阳都	—225—
羊肠(羊唐)	—220—	阳晋	—446—
羊唐	请参阅 羊肠(羊唐)	阳晋(晋阳)	—515—
州	—244—,—650—	亢父	—446—
江	—112—	阳夏	—366—
江南	—113—	阳原	—228—
江陵	—112—	阳陵	—364—
江渊	请参阅 洞庭(江渊)	阳翟	—341—
汲	—307—	阴	—230—,请参阅 大阴(阴)
汝阳	—158—	阴平	—230—
汝南	—157—	阴晋	—230—
宅阳(北宅)	—354—	阴密	—601—
安次	—43—	防(巨防)	—473—
安阳	—45—	羽阳宫	—252—
安邑	—277—	观(观津、观泽)	—95—

观泽 ……… *请参阅* 观（观津、观泽）
观津 ……… *请参阅* 观（观津、观泽）

七划

寿 …………………………… —452—
寿阴 ………………………… —170—
寿陵 ………………………… —170—
麦丘 ………………………… —414—
扶柳 ………………………… —405—
赤丽 ………………………… —62—
寿国 ………………………… —262—
邯郸 ………………………… —422—
邯郸郡 ……………………… —263—
苍梧 ………………………… —54—
苍梧郡 ……………………… —266—
杜平 ………………………… —522—
巫沙 ………………………… —184—
巫郡 ……………………… —257—,—646—
李帛 ………………………… —601—
杨越 ………………………… —652—
邳（上邳） ………………… —139—
巠分 ………………………… —209—
卤城 ………………………… —128—
邺 …………………………… —428—
吴（虞） …………………… —278—
呕夷水 ……… *请参阅* 滱水（呕夷水）
围津 ……… *请参阅* 垝津（围津）
利 …………………………… —322—
伯阳 ………………………… —428—
余吾 ………………………… —235—
谷口 ………………………… —600—
谷川 ………………………… —93—
邸阁城 …………………… —73—,—258—

狄 …………………………… —472—
邹（驺） …………………… —498—
应 …………………………… —232—
羌戎 ………………………… —589—
汪（注） …………………… —179—
汪陶 ………………………… —179—
沅阳 ………………………… —235—
沙丘 ………………………… —394—
沙海 ……… *请参阅* 少海（沙海）
汾门（长城门） …………… —80—
汾阴 ………………………… —528—
汾陉塞 ……………………… —81—
汾旁 ………………………… —80—
沟城 ………………………… —92—
汶阳 ………………………… —183—
怀德 ………………………… —108—
宋子 ………………………… —404—
启阳 ………………………… —148—
启封 ………………………… —353—
灵丘 ……………………… —125—,—415—
即墨 ………………………… —474—
阿 …………………………… —75—
阿（葛） …………………… —409—
阿武 ………………………… —76—
陇西郡 ……………………… —257—
陈 …………………………… —365—
陉 …………………………… —403—
陉山 ………………………… —209—
陉城 ………………………… —274—
邵（召陵） ………………… —348—
鸡鸣城 ……………………… —109—
纯留 ……… *请参阅* 屯留（纯留）
纶氏 ………………………… —324—

八划

词条	页码
武下	—523—
武功	—188—
武平	—189—
武关	—334—
武州塞	—198—
武安	—296—
武阳	—196—
武邑	—197—
武始	—193—
武垣	—195—
武城	—188—，—478—
武城(南武城)	—478—
武都	—188—
武陵	—188—
武遂	—190—
武强	—190—
青阳	—153—
孟	—295—
邦戎	—584—
苦	—560—
苦陉	—116—
昔阳	—404—
林(林中、林乡、北林、棐林)	—352—
林乡 …… 请参阅 林(林中、林乡、北林、棐林)	
林中 …… 请参阅 林(林中、林乡、北林、棐林)	
林胡	—122—，—384—
林营	—413—
析	—334—，—535—
砀郡	—263—
砀	—559—
郲	—475—
虎候山祠	—108—
尚子 …… 请参阅 长子(尚子)	
昆阳	—347—
昆明夷	—648—
昌成(昌壮)	—55—
昌国	—56—
昌城	—55—
易	—412—
易水	—408—
固阳	—95—
呼沲(呼沱)	—405—
呼沱 …… 请参阅 呼沲(呼沱)	
岸门	—528—
钖	—219—
垂沙 …… 请参阅 重丘(长沙、垂沙)	
垂都	—433—
郖	—107—
征(北征)	—521—
金台	—251—
金陵 …… 请参阅 菱夫(金陵、平陵)	
邰阳 …… 请参阅 合阳(邰阳)	
肤施	—380—
肥	—421—
郇阳	—536—
兔台	—178—
郃奴 …… 请参阅 高奴(郃奴、高女)	
郃荅 …… 请参阅 皋落(郃荅)	
京	—326—
庞	—138—
庞戏(彭戏)	—138—
夜邑	—473—
夜郎	—648—
废丘	—79—
於	—334—
於中	—334—
於陵	—184—
郑	—343—

郑国渠 …………………… —261—	驺 ………………… 请参阅 邹（驺）
卷 ………………………… —356—	贯丘 ……………… 请参阅 册丘（贯丘）
单父 ……………………… —448—	甾丘 ……………………… —236—
河 …………………………… —98—	
河东郡 …………………… —257—	**九划**
河阳 ………………… 请参阅 阳	
河间 ……………………… —417—	封龙 ……………………… —402—
河沟 …… 请参阅 梁沟（河沟），请参阅	封谷 ……………… 请参阅 封陵（封谷）
大沟（河沟）	封陵（封谷） ……………… —515—
河桥 ……………………… —260—	封斯 ……………………… —81—
河梁 ……………………… —444—	垣（新垣） ………………… —234—
河雍 ………………… 请参阅 阳	垣雍（衡雍） ……………… —346—
沮阳 ……………………… —115—	项 ………………………… —367—
沮居 ……………………… —114—	城父 ……………………… —561—
泗上 ……………………… —161—	城阳 …………………… —479—，—560—
泗水郡 …………………… —264—	赵垒 ……………………… —259—
泗北 ……………………… —161—	赵郭 ……………………… —258—
泒水 ……………………… —93—	赵壁 ……………………… —259—
注 ………………… 请参阅 汪（注）	挺关 ……………… 请参阅 扞关（廥关、挺关）
泫水 ……………………… —213—	垝津（围津） ……………… —182—
泫氏（玄武） ……………… —212—	莒（东莒） ………………… —479—
泌阳 ……………………… —47—	荡阴 ……………………… —430—
宗胡 ……………………… —237—	荥口 ……………………… —346—
定阳 ……………………… —73—	荥阳 ……………………… —327—
宜阳 ……………………… —320—	胡陵 ……………………… —559—
宛 ………………………… —179—	南阳 …………………… —135—，—307—
宛冯 ……………………… —326—	南阳郡 …………………… —257—
房子 ……………………… —402—	南武城 …………… 请参阅 武城（南武城）
房陵 ……………………… —429—	南郑 ……………………… —612—
郓 ………………………… —236—	南屈 ……………………… —134—
建阳 ……………………… —112—	南宫 ……………………… —134—
承匡 ……………………… —543—	南郡 ……………………… —256—
孤竹 ……………………… —669—	南梁（三梁） ……………… —134—
陕 ………………………… —164—	南蛮之地 ………………… —651—
函谷关 …………………… —330—	相 ………………………… —559—
姑幕（句莫） ……………… —93—	枳道 ……………………… —307—

柏人	—393—	兹方	—236—
栎阳	—518—	洱阳	—77—
柳城	—125—	洪波台	—106—
畐焚	—363—	浊阳	—248—
郲	—334—	浊泽(涿泽、盐池)	—245—
厘	—345—	浊鹿	—245—
轵道	—240—	洞庭	—60—,—464—
临邛	请参阅 邛(临邛)	洞庭(江渊)	—71—
临乐	—409—	洞庭郡	—257—,—265—
临汾	—121—	浍(浍水)	—276—
临晋	—513—	浍水	请参阅浍(浍水)
临虑	—304—	洮阳	—175—
临淄	—474—	洛水	—129—
尝	请参阅常(尝)	洛阳	—130—,—333—
郢	—647—	洛阴	—512—
钟离	—243—	洛林	—129—
重丘	—439—	济	—340—
重丘(长沙、垂沙)	—62—	费	—499—
重泉	—518—	绛	—277—
复	—83—	绝水	—115—
修武	—210—		
修鱼	—211—	**十划**	
信城	—208—		
信宫	请参阅 信都(信宫)	房城	—120—
信都(信宫)	—208—	盐	—218—
泉州	—155—	盐池	—219—,请参阅 浊泽(涿泽、盐池)
衍	—354—		
朐衍戎	—586—	都(都关)	—74—
朐衍县	—249—	都关	请参阅 都(都关)
饶	—262—	垺	—118—
饶安	—414—	垺阳	—118—
闾丘	—126—	莃夷	—648—
美阳	—131—	晋	—114—
羑	—234—	晋下	—114—
首垣	—435—	晋阳	—293—请参阅 阳晋(晋阳)
兹氏	—280—	桂陵	—447—

战国地名索引

郴	—61—
桐丘	—176—
桃人	—358—
枸	—213—
格氏	—91—
夏	—202—
夏口 ……… *请参阅* 夏浦(睹口、夏口、夏汭)	
夏水	—202—
夏水口 ……… *请参阅* 夏首(夏水口)	
夏州	—202—，—503—
夏阳 ……… *请参阅* 梁(少梁、夏阳)	
夏汭 ……… *请参阅* 夏浦(睹口、夏口、夏汭)	
夏首(夏水口)	—202—
夏屋	—406—
夏屋山	—379—
夏浦(睹口、夏口、夏汭)	—202—
夏路	—334—
原阳	—391—
顿丘	—74—
柴	—54—
虑虒	—127—
监(阚)	—476—
逍遥台	—255—
晖台	—354—
圃田泽	—358—
圄阳	—231—
乘轩里	—62—
候台	—107—
倪	—498—
射熊馆	—252—
皋狼	—532—
皋落(咎苔)	—87—
虒	—160—
徐无	—212—
徐州 …… —477—*请参阅* 平舒(徐州)	
郁塞	—328—
釜丘	—434—
胶东	—473—
鸥之塞 ……… *请参阅* 鸿上塞(鸥之塞)	
狸	—119—
狼孟	—295—
逢泽	—358—
留	—559—
栾	—129—
高女 ……… *请参阅* 高奴(咎奴、高女)	
高平 …… —85—，*请参阅* 向(高平)	
向(高平)	—306—
高丘	—85—
高奴(咎奴、高女)	—86—
高安	—84—
高阳	—410—
高宛	—472—
高泉宫	—253—
高间	—88—
高都	—307—
高唐	—414—
高陵	—349—
高望	—87—
高阙塞	—88—
郭(虢)	—97—
离石	—532—，—533—
唐	—278—
唐(阳)	—406—
益阳	—229—
郯	—500—
浙江	—503—
涞川	—162—
涉	—303—
涉谷	—169—
涅	—297—

洇丘	……………………	—138—
海阳	……………………	—503—
涂水	……………………	—177—
浮水(繁水)	…………	—82—
容城	……………	—156—,—629—
陵观	……………………	—324—
桑中	……………………	—158—
邕丘	………… 请参阅 雍丘(邕丘)

十一划

琅琊郡	…………………	—266—
聊城	……………………	—448—
菱夫(金陵、平陵)		—123—
黄(黄城)	………………	—430—
黄华山	…………………	—108—
黄池	……………………	—435—
黄城	…………… 请参阅 黄(黄城)
萧	………………………	—559—
菑	………………………	—558—
梗阳	……………………	—296—
梧	……………………	—186—,—187—
梧台	……………………	—187—
郾	………………………	—349—
鄄	……………… 请参阅 甄(鄄)
雪宫	……………………	—213—
虚	………………………	—211—
常	………………………	—478—
常(尝)	…………………	—57—
野王	…………………	—262—,305—
野台	……………………	—228—
畦畤	……………………	—148—
圉	………………………	—544—
鄂	………………………	—76—
崞	………………………	—97—
铚	………………………	—559—

铜鞮	………… 请参阅 同是(铜鞮)
符离塞	…………………	—501—
徙夷	……………………	—649—
象禾	……………………	—363—
鹿	………………………	—128—
商	……………………	—248—,—384—
商丘	……………………	—165—
商阪	……………………	—165—
阏与	…………………	—214—,—294—
阏与山	…………………	—218—
盖	………………………	—480—
清	………………………	—150—
清水	……………………	—152—
清河	……………………	—150—
鸿上塞(鸥之塞)	……	—403—
涿泽	………… 请参阅 浊泽(涿泽、盐池)
渑池	……………………	—322—
淮北	……………………	—503—
淮阳郡	…………………	—264—
渔阳郡	…………………	—253—
梁(少梁、夏阳)	……	—249—,518
梁沟(河沟)	…………	—121—
扈	………………………	—346—
尉氏县	…………………	—261—
屠何	……………………	—390—
江南	…………………	—113—,—646—
隆	………………………	—126—
绵诸戎	…………………	—584—

十二划

越	………………………	—662—
博	………………………	—474—
訾狐	……………………	—359—
博关	……………………	—48—
博昌	……………………	—474—

博望	—48—
彭戏	请参阅 庞戏（彭戏）
煮枣	—434—，—537—
鄑	—412—
葛	请参阅 阿（葛）
葛薛	请参阅 葛孽（葛薛、葛筑）
葛筑	请参阅 葛孽（葛薛、葛筑）
葛孽（葛薛、葛筑）	—91—
韩皋	—98—
朝歌	—431—
葭密	—433—
葵	—305—
棫阳宫	—252—
棘沟（棘蒲）	—109—
棘蒲	请参阅 棘沟（棘蒲）
雁门郡	—253—
棐林	请参阅 林（林中、林乡、北林、棐林）
棠溪	—363—
最	—475—
遗遗之门	—391—
筑阳	—244—
筑阳县	—256—
焦	—111—
番	—145—
鲁阳	—360—
颍川郡	—262—
鄐	—402—
善无	—164—
湖阳	—107—
湘陵	—204—
渤海	—52—
漻州	—155—
富丘（帀丘）	—84—
富春	—84—
犀陵	—54—
毚	—272—
猴氏口	—333—

十三划

瑕阳	—529—
鄢	—647—
鼓	—94—
鼓里	—94—
蓟丘	—110—
蒲（蒲阳）	—145—
蒲子	请参阅 蒲阳（蒲子）
蒲反	请参阅 蒲坂（蒲反、蒲阪）
蒲阳	请参阅 蒲（蒲阳）
蒲阳（蒲子）	—527—
蒲阪	请参阅 蒲坂（蒲反、蒲阪）
蒲坂（蒲反、蒲阪）	—515—
蒲鹬	—145—
蒙	—559—
槐谷	—601—
榆中	—391—
榆次	—292—
榆关	—352—
楼烦	—382—
赖	—116—
甄（鄄）	—451—
频阳	—518—
虞城	请参阅 吴城（虞城）
睦口	请参阅 夏浦（睦口、夏口、夏汭）
睢阳	—559—
睢濊之间	—561—
鄗衍	47—
鄡旭	—130—
路	—302—
蜀国	—602—

蜀郡	−250−	舞阳	−347−
郿阳	−155−	箕	请参阅 大箕（箕）
衙	−214−	管	−344−
猨戎	−588−	端氏	−301−
解	−529−	阚	请参阅 监（阚）
新处	−206−	漆（漆垣）	−146−
新阳	−207−	漆垣	请参阅 漆（漆垣）
新里	请参阅 新城（新里）	漯水	−170−
新垣	请参阅 垣（新垣）	漳水	−238−
新城	−206−，−255−	漾陵	−221−
新城（新里）	−521−	滮水（呕夷水）	−115−
新郪	−250−	翟戎	−588−
新都	−207−		
新野	−207−	**十五划**	
雍	−230−		
雍门	−472−	蕲	−562−
雍氏（雍梁）	−342−	寓夷	−649−
雍丘（邑丘）	−542−	黎	−118−
雍梁	请参阅 雍氏（雍梁）	晶泽陂	−206−
滇夷	−648−	虢	请参阅 郭（虢）
源仇城	−255−	虢山	−330−
塞城	−158−	虢宫	−253−
		滕	−497−
十四划		摩笄山	−132−
		襃斜	−46−
赫	−359−		
蔷	−149−	**十六划**	
漹阳	−349−		
漹阴	−232−	燕	−358−
蔡（上蔡）	−348−	薛（上邳）	−477−
蔺	−533−	薛郡	−264−
蔺（北蔺）	−532−	薛陵	−449−
蓼	−121−	薄洛水	−49−
酸水	−162−	薄洛津	−52−
酸枣	−357−	橑杨	请参阅 橑阳（橑杨）
碣石宫	−113−	橐泉宫	−73−

冀	—110—	襄垣	—297—
冀戎	—584—	襄城	—347—
黔中	—646—	襄贲	—478—
黔中郡	—257—	襄陵(平陵)	—204—
衡山郡	—266—	糜关	请参阅 扞关(糜关、挺关)
衡雍	请参阅 垣雍(衡雍)	濡水	—157—
雕阴	—510—	濮上	—433—
磨山(历山)	—133—	濮阳	—262—
磨笄山	请参阅 摩笄山	濮磨之北	—452—
廪丘	—324—		
嬴	—474—	**十八划**	
藨泽	—301—		
瀕胡	—117—	襜褴	—385—
隰城	—200—		
		十九划	
十七划			
		藜	—173—
檀台	—258—	藿人	—378—
檀衢	—175—	轑阳(橑杨)	—294—
魏	—427—	靡莫之夷	—648—
魏城	—530—		
繁	—77—	**二十划**	
繁水	请参阅 浮水(繁水)		
繁寺	—78—	轘辕关	—333—
繁阳	—425—	籍姑	—522—
襄丘	—435—		